F.B. Meyer

Grandes Hombres de la Biblia

TOMO 2

Editorial **Vida**

DEDICADOS A LA EXCELENCIA

GRANDES HOMBRES DE LA BIBLIA- TOMO 2
©2003 EDITORIAL VIDA
Miami, Florida

Publicado en inglés bajo el título:
Great Men of the Bible, volume 2
por The Zondervan Corporation / Marshall Publishing
©1981 por The Zondervan Corporation

Diseño interior: *Grupo Nivel Uno Inc.*
Diseño de cubierta: *Gustavo Camacho*

Reservados todos los derechos. A menos que se indique lo contrario, el texto bíblico se tomó de la Santa Biblia Reina-Valera ©1960 Sociedades Bíblicas Unidas.

ISBN: 0-8297-5020-7

Categoría: Estudio Bíblico/ Estudio bíblico general/General

Impreso en Estados Unidos de América
Printed in the United States of America

07 08 09 10 ❖ 6 5 4 3 2

Índice

PEDRO: pescador, discípulo y apóstol

PABLO: siervo de Jesucristo

DAVID: PASTOR, SALMISTA Y REY

1
TOMADO DE LOS CORRALES
1 Samuel 16:1

La historia de David comienza con un contraste conmovedor entre la lozana esperanza de su vida joven y el hecho de que fue rechazado por el obstinado rey Saúl, cuya marcha iba descendiendo con rapidez hacia el campo fatal de Gilboa.

Son pocos los que han tenido una oportunidad mejor que la de Saúl. De excelentes facultades, apariencia hermosa, favorecido por la naturaleza y la oportunidad, hubiera podido ser uno de los nombres más grandes de la historia. Su primera hazaña, la liberación de Jabes de Galaad, creó en sus amigos una entusiasta esperanza. Sin embargo, poco después se nubló aquella bella alborada.

El anuncio final de que había sido depuesto se hizo en Gilgal. Saúl, se dice, rechazó la palabra del Señor; y el Señor lo desechó para que no fuera rey.

De Gilgal, Saúl se marchó a su casa en Gabaa, en las alturas de Benjamín, en tanto que Samuel se fue a Ramá, un poco al sur, donde vivía. Allí había juzgado a Israel durante veinte años.

La selección de todo hombre para el alto oficio de servir a Dios y al hombre tiene dos aspectos: el divino y el humano. Tenemos que considerar, por tanto: (1) la raíz de David en Dios; (2) el tronco de Isaí, es decir, las circunstancias locales que pudieran explicar lo que fue el muchacho; y (3) la formación temprana de una vida noble.

1. La raíz de David. A nuestro Señor se le da el nombre de «raíz de David», una vez en la profecía de Isaías y dos veces en el libro de Apocalipsis. «He aquí que el León de la tribu de Judá, la raíz de David, ha vencido para abrir el libro y desatar sus siete sellos» (Apocalipsis 5:5).

La idea que se sugiere es la de una vieja raíz, escondida profundamente en la tierra, que produce verdes renuevos y fuertes troncos. El carácter de David puede considerarse como una expresión de la vida del Hijo de Dios, antes que este tomara para sí naturaleza de hombre y una prefiguración de lo que habría de ser cuando llegara el cumplimiento del tiempo. Jesús fue el Hijo de David, pero en otro sentido fue su progenitor. Así volvemos al antiguo enigma: que Jesús de Nazaret es a la vez Señor de David e Hijo de este (Marcos 12:35-37).

Hay cuatro declaraciones relacionadas con la elección de David, la última de las cuales penetra en el corazón de este gran misterio.

a. *«Jehová se ha buscado un varón»* (1 Samuel 13:14). Nadie puede saber el día ni la hora en que Dios pasará cerca buscando vasos escogidos y perlas preciosas. Estemos siempre alerta, con nuestras lámparas encendidas y nuestras redes remendadas y limpias.

b. *«Hallé a David mi siervo»* (Salmo 89:20). Hay un éxtasis en la voz, como el que se advierte en las expresiones «he encontrado» y «es hallado» de Lucas 15. David fue hallado mucho tiempo antes de que Samuel lo mandara a buscar. ¿Cuál fue el momento de ese bendito descubrimiento? ¿No hubo alguna respuesta secreta y alegre al llamado del Maestro, como la que dieron los discípulos cuando Jesús los halló con las redes y les dijo: «Venid en pos de mí»?

c. *«Eligió a David su siervo»* (Salmo 78:70). El pueblo eligió a Saúl, pero Dios eligió a David. Esto lo hizo fuerte. El pensamiento de que él había sido divinamente comisionado fue la base de su confianza (2 Samuel 7:21). Cuando nos afirmamos en el fundamento de la elección de Dios, y le oímos decir: «... instrumento escogido me es este, para llevar mi nombre ...» (Hechos 9:15), somos inconmovibles.

d. *«Jehová [lo] ha designado para que sea príncipe»* (1 Samuel 13:14). Las designaciones no son del arbitrio humano, ni son ganadas por la diligencia humana; son de Dios. Prepárese usted para el servicio de Dios: sea fiel. Pronto lo designará; la promoción no viene de hombre alguno, sino de arriba.

e. *«... me he provisto de rey»* (1 Samuel 16:1). Esa es la respuesta a todo. La provisión divina satisface toda necesidad, calma todo afán. Dios se ha prevenido contra todas las contingencias y ha preparado a su instrumento escogido. Hasta ahora la flecha está escondida en su aljaba, en la sombra de su mano; pero en el momento preciso en que más necesite y cuando sea más eficaz, la sacará y la lanzará al aire.

2. «El tronco de Isaí». Regresemos un momento para considerar las influencias formadoras de la vida juvenil de David. La familia moraba en la propiedad de los antepasados que Booz, rico terrateniente, había comprado a la Rosa de Moab. Su riqueza pudo haber decaído algo, diezmada por las exacciones de la guarnición filistea que parece haber estado destacada en el pueblecito.

David no dice nada acerca de su padre, pero dos veces se refiere a su madre como «la sierva de Jehová». De ella heredó su talento poético, su naturaleza sensible, su profundo carácter religioso. Para el padre, él era el muchacho que cuidaba las ovejas, a quien no valía la pena invitar a la fiesta religiosa; para la madre, él era David el amado. David los honró .... con amorosa solicitud. Cuando pensó que la mezquina persecución que Saúl desató contra él los exponía a serios peligros, los mudó para que estuvieran bajo el cuidado seguro del rey de Moab, la tierra de sus antepasados.

El joven David pudo haber recibido algo de las escuelas de los profetas, establecidas por la sabia previsión de Samuel para mantener el conocimiento de la ley en Israel. Parece que estas escuelas fueron ricamente dotadas con el bondadoso poder del Espíritu Santo.

Pero fue la naturaleza la nodriza de David, su compañera, su maestra. Belén está a casi diez kilómetros de Jerusalén, por el camino principal que conduce a Hebrón. El área en que está situada se halla a 610 metros sobre el nivel del mar Mediterráneo, en la ladera nororiental de un cerro que a cada lado tiene un profundo valle. Estos valles se unen a poca distancia de allí hacia el este y descienden hacia el mar Muerto. En las suaves laderas de las colinas crecen en abundancia la higuera, los olivos, y las vides; y en los valles hay ricos trigales, donde una vez espigó Rut, los cuales dieron el nombre a este lugar: la Casa del Pan. Las tierras altas que rodean a Belén forman la mayor parte de la altiplanicie de Judea. Pero no se distinguen por su belleza, sino que son desiertas, sombrías, fuertes modeladoras del carácter.

Tales fueron las escuelas y los maestros de la juventud de David. Pero ante todo, su espíritu se mantuvo receptivo al Espíritu de Dios, quien se cernía sobre su vida joven, lo enseñaba, le daba vitalidad, lo ennoblecía, le abría los libros de la naturaleza y de la revelación, e impregnaba su corazón de una confianza tan ingenua como la que tenían en él los mansos animales que estaban bajo su cuidado.

3. La formación temprana de una vida noble. David no era fornido como su hermano Eliab, quien impresionó al viejo profeta. Pero era fuerte y atlético. Sus pies eran ágiles como gacelas; podía saltar un muro o sobrepasar a una tropa. Con sus brazos podía fácilmente doblar un arco de hierro; y la piedra que lanzara con su honda daba precisamente en el blanco. Demasiado delgado para llevar la armadura de un guerrero, podía sin embargo matar un león o un oso. Su rostro resplandecía de salud. Sus ojos azules y la belleza de su cutis formaban un fuerte contraste con los semblantes más oscuros de sus compañeros. La sensibilidad de su alma de poeta combinaba con su osadía y con su habilidad y poder de mando. Su ropa era una túnica sencilla y ordinaria; sus pertrechos, la honda, la vara, y el cayado.

¡Ah, joven inocente y confiado! ¡No tienes ni la menor idea de que morirás entre el sonido de las trompetas que anunciarán la ascensión de tu hijo, el espléndido Salomón, al trono, y mucho menos sospechas que tu naturaleza inmaculada perderá algún día su pureza! Sin embargo, tu Dios te ama, y tú nos enseñarás muchas lecciones siempre que volvamos a las páginas de tu carrera y las leamos a la luz fulgurante que procede del rostro de tu más grande Hijo, quien nació de tu simiente según la carne ¡pero que fue declarado Señor por su resurrección de entre los muertos!

2
«DESDE AQUEL DÍA EN ADELANTE»
1 Samuel 16:13

Pocos hombres han tenido una vida tan variada como la de David: pastor de ovejas y monarca; poeta y soldado; campeón del pueblo, y fugitivo en las cuevas de Judea; amado por Jonatán y perseguido por Saúl; vencedor de los filisteos un día, y aliado en la batalla al siguiente. Pero en todo parecía estar dotado de un poder especial delante de Dios y de los hombres. El secreto nos elude, hasta que leamos las trascendentales palabras que resumen el resultado de un día memorable en los años oscuros de su juventud: «... desde aquel día en adelante el Espíritu de Jehová vino sobre David».

1. Aquel día comenzó como cualquier otro ordinario. No lo anunció ninguna trompeta angelical; no hubo caras que se asomaran desde el cielo. Con el primer resplandor del día, el muchacho se puso en marcha para llevar su rebaño hacia las tierras donde había pastos cubiertos de abundante rocío. Así que avanzaban las horas de la mañana numerosas preocupaciones absorbían su alma vigilante.

En este escenario pastoril de pronto se presenta un jadeante mensajero. Trae la noticia de que Samuel ha llegado a la aldea y de que el profeta se ha negado a comer del banquete que apresuradamente le han preparado hasta que el joven pastor se reúna con los invitados. ¡Cómo tuvieron que habérsele iluminado los ojos al joven por el placer que le causaba aquella noticia! Nunca antes había sido solicitado, ni lo habían mandado a buscar de esta manera. Era causa de gran placer sentir que, ante los ojos del profeta, el círculo familiar no estaba completo hasta que él llegara. Por tanto, dejó sus ovejas con el mensajero, y a toda velocidad corrió a su casa.

2. Aquello fue la consumación de una preparación previa. No tenemos que suponer que ahora el Espíritu de Dios obraba en el corazón de David por primera vez, y que él quizás nunca antes había experimentado aquel toque especial del Espíritu simbolizado por el aceite de la unción. No podemos tener esta bendita unción para el servicio sin antes experimentar una previa obra de gracia en el corazón. David estaba preparado para esta unción especial por razón de que el Espíritu Santo había obrado todo esto en él. Estimado lector, tal vez usted, en la oscuridad de su vida, esté siendo preparado para una experiencia similar.

3. La unción fue realizada por Samuel. El viejo profeta había conferido muchos beneficios a su tierra nativa, pero ninguno podía compararse con la viva solicitud que sentía por su juventud. La creación de las escuelas de los profetas se debió a él.

Con una becerra delante de sí entró el profeta por la única calle larga de Belén. Convocó a los ancianos para una fiesta a fin de no despertar las sospechas del rey celoso y malhumorado, que habría tratado de quitarle la vida si hubiera sospechado el objeto real de su visita.

Cuando David llegó a la aldea, una extraña escena se presentó ante sus ojos. Allí estaban su padre Isaí y sus siete hermanos, quienes probablemente lo estaban esperando en su casa antes de ir todos en grupo al banquete público al cual habían sido invitados los principales de la aldea. Apenas hubo entrado David, con las mejillas enrojecidas por la carrera, la cara radiante y la mirada reflejando ingenio, y un porte de realeza, el Señor le dijo a Samuel: «Levántate y úngelo, porque este es». Entonces Samuel tomó el cuerno del aceite que había llevado desde Nob, y derramó su contenido sobre la cabeza del atónito joven.

Es probable que los circunstantes no comprendieran la significación de aquel acto; pero David probablemente sí lo entendió. Josefo, por cierto nos dice que el profeta le susurró en el oído el significado del sagrado símbolo. ¿Se acercaron los ancianos labios a la cabeza del joven, y mientras la mano temblorosa empujaba hacia atrás los rizos arracimados, le susurraron al oído del joven las emocionantes palabras: «Tú serás rey»? A partir de ese día memorable, David volvió a estar con sus ovejas; y a medida que pasaban lentamente los meses, algunas veces tuvo que haberse preguntado cuándo llegaría la hora del suceso. ¿Cuándo tendría la oportunidad de demostrar y usar la nueva fuerza que había recibido? Tenía que aprender que algunas veces somos fortalecidos con todo poder en paciencia y resignación como preludio de obras heroicas. Tenemos que luchar contra el león y el oso en las colinas de Belén, a fin de estar preparados para hacer frente a Goliat en el valle de Ela.

4. Aquel fue un día en que hubo rechazamiento. No se tuvo en cuenta a siete de los hijos de Isaí. Siete es el número perfecto: los siete hijos de Isaí representan la perfección de la carne. Esta tiene que ser sojuzgada para que no se gloríe delante de Dios. Es difícil aprender esta lección, pero es imperativo.

3
LLAMADO AL PALACIO
1 Samuel 16:18, 19

Después de haber sido ungido, David volvió a estar con sus ovejas. Cuando Saúl, años después, aconsejado por sus cortesanos, lo envió a buscar para que le quitara la melancolía, esta fue la indicación específica que envió a Isaí, su padre: «Envíame a David tu hijo, el que está con las ovejas». Esto dice mucho acerca de la sencillez y de la inocencia del carácter del muchacho. Simplemente había regresado al rebaño, a las humildes tareas pastoriles, a cumplir fielmente la rutina del deber diario mientras esperaba que Dios hiciera lo que Samuel le había dicho.

Un contemporáneo había ofrecido al rey un breve retrato de este personaje tal como aparecía entonces a un observador indiferente. Uno de los criados de Saúl le dijo: «He aquí yo he visto a un hijo de Isaí de Belén, que sabe tocar, y es valiente y vigoroso y hombre de guerra, prudente en sus palabras, y hermoso, y Jehová está con él».

1. El cantor. David poseía temperamento poético, era sensible a la naturaleza, y tenía la capacidad de trasladar sus impresiones al verso y al canto. Así admiramos su maravillosa facultad al describir el sagrado silencio de la aurora, donde no hay voz ni palabras, antes que salte el sol como un esposo para recorrer su camino; y la solemne pompa de la noche, en que miríadas de astros centellean ante la mirada asombrada. Y a esto pudiéramos agregar la maravillosa descripción de las tormentas que rugen sobre Palestina, resonando vez tras vez, desde las azotadas aguas del Mediterráneo hasta los cedros del Líbano y hasta el distante desierto de Cades, hasta que los truenos, que se hacen sonar siete veces, son seguidos por los torrentes de llu-

via, y estos, por el claro resplandor en que Jehová bendice
blo con paz (Salmos 8, 19, 23, 29).

Los salmos que David compuso en aquellos días primitivos es
ban destinados a ser cantados en todo el mundo, y a producir en los
hombres efectos como los que produjeron en el rey, de quien se dice que se sentía aliviado cuando David tomaba el arpa y tocaba con
su mano.

2. El joven guerrero. David tuvo abundante oportunidad de
ejercitar su bravura. La frontera de los filisteos no se hallaba muy lejos de su pueblo natal. Los hombres de Belén tenían frecuentes escaramuzas con los guerreros de la frontera, quienes les arrebataban
el producto de sus viñas y de sus trigales cuando la cosecha estaba
madura. En estas escaramuzas adquirió David la fama de ser un
hombre valiente y poderoso para la guerra.

Pero él habría sido el último en atribuir tales hazañas a la fuerza
de su brazo. Por la fe había aprendido a aprovecharse del poder de
Dios. ¿No era él su siervo, designado para una gran misión, llamado
a librar una guerra sin cuartel contra los incircuncisos?

Contigo desbarataré ejércitos,
y con mi Dios asaltaré muros ...
Dios es el que me ciñe de poder ...
Quien hace mis pies como de ciervas ...
Quien adiestra mis manos para la batalla ...
Has humillado a mis enemigos debajo de mí.
Salmo 18

3. Prudente en sus palabras. El discernimiento de David se
hace aparente a todo lo largo de su vida. Era tan prudente para
aconsejar y proyectar como rápido para ejecutar. Parecía saber precisamente cómo hacerle frente a cualquier emergencia que amena-
zara. Sin duda esto se debía al hecho de que su espíritu reposaba
en Dios. Los tristes errores que cometió pueden haberse debido a
que se rindió al dominio del impulso y de la pasión, a que descuidó el hábito de acercarse a Dios e inquirirle antes de dar cualquier
paso importante.

Cuando los hombres viven como David han de estar constantemente vigilantes de sus palabras y sus actos y ser capaces de discernir el buen consejo.

4. El encanto de su presencia. Él era David el amado. Dondequiera que iba ejercía un magnetismo personal. Pasó por la vida co-

...sistible dominio sobre hombres y mujeres. ...os seres humanos, con un corazón sensible al ...o de su alma era capaz de producir cosechas ...ndo, pero también de soportar el más agudo ...ra posible resistir a un hombre.

...on él. Él pensó que Dios era su Roca, su Redentor, su Pastor, ...nfitrión en la casa de la vida, su Consolador en todo valle estrecho y sombrío. Cuando estaba fatigado, hallaba pastos verdes; si tenía sed, hallaba aguas tranquilas; en la perplejidad, encontraba la guía correcta; en el peligro tenía segura defensa: todo esto lo hallaba en lo que el Señor era para su alma. Para él, la Palabra de Dios, aunque no conocía sino una parte de ella, era perfecta, y pura. Él tenía al Señor siempre delante de sí; por cuanto estaba a su mano derecha, no podría ser conmovido; por tanto, su corazón se alegraba.

4
UN FONDO OSCURO
1 Samuel 17:11

Ya se ha apuntado que evidentemente el historiador tiene el propósito de destacar el gran contraste existente entre Saúl y David. El retrato de Saúl está pintado con los colores de Rembrandt para hacer resaltar la excelente belleza del rey designado por Dios. Notaremos algunos puntos del oscuro eclipse de Saúl que servirán para ilustrar los rasgos sobresalientes del carácter del joven pastor.

1. Abandonado por el Espíritu de Dios. Browning ve a Saúl en medio del silencio y la oscuridad de la tienda, de la cual durante días no salió ni un sonido hacia los ansiosos cortesanos. La negrura de la oscuridad reinaba adentro, y la figura de Saúl descansaba contra el puntal de la carpa, inmóvil, mudo, y sin deseos de comer. Con el hechizo de la música, temblaba un momento, para luego volver a asumir su total insensibilidad.

Nada puede compararse al horror que se produce cuando Dios se aparta de nosotros. Cuando se pierde su presencia, todos los poderes del alma se levantan en revuelta. ¡Ah, qué amargo lamento cuando un hombre exclama como Saúl: «Estoy muy angustiado, pues ... Dios se ha apartado de mí, y no me responde más»! (1 Samuel 28:15).

¡Qué diferente lo que le ocurría a David! El Señor estaba con él. Para los ojos claros e iluminados de su fe, Dios era más real que el gigante que se pavoneaba cada mañana delante de las huestes de Israel. ¿No lo había librado el Señor de la garra del león y de la garra del oso? ¿Y no era Él igualmente real en medio de la dignidad de la corte, o en medio del choque en el campo de batalla?

2. Lo atormentaba un espíritu malo de parte del Señor. Evidentemente aquí se nos presenta el concepto de que Jehová está rodeado por espíritus, unos buenos y otros malos. El solo tiene que hablar, y un espíritu que tiene poder para ejercer influencia maligna y mortal se apresura a hacer lo que Él ordena. Esta manera de hablar no es familiar. Preferimos decir que Dios siempre quiere hacer lo mejor para toda criatura que hizo; pero que nosotros tenemos el poder para convertir lo bueno de Él en un mal, de transformar la luz del sol y la lluvia en cicuta y en hierba venenosa y en veneno puro. Cuando los hombres se vuelven contra Dios, parece como si Él hubiera comenzado a ser nuestro enemigo, y estuviera peleando contra nosotros. La realidad es que, aun cuando una vez íbamos con la corriente de la bendición divina, ahora estamos nadando contra ella con dificultad y peligro. Con el obstinado, Dios se muestra obstinado; y al perverso, sus ángeles, la conciencia, la gratitud, el recuerdo del pasado, las convicciones del deber, que tienen el propósito de elevar y salvar, se oponen a su progreso como enemigos mortales.

En el caso de David, por otra parte, el Espíritu de Dios cooperaba constantemente con él. David vivió y anduvo en comunión con el Invisible.

3. La discordia de Saúl. El hecho de que la música tuviera un efecto benéfico para el trastorno del rey parece indicar que, como él estaba mal con Dios, no estaba en armonía con el universo, que es la circunferencia de la cual Dios es el centro. Él estaba alejado de Dios y, en consecuencia, había discordia en su corazón y en su vida. La música que llegaba a sus oídos le traía recuerdos de su mejor yo anterior, y producía un breve alivio en los elementos discordantes de su alma; los reducía a un orden momentáneo. Pero estaban condenados a volver a su condición anterior tan pronto cesaban los dulces sonidos. Sí, siempre es así. Si usted no ha recibido la expiación, si no está en paz con Dios por medio de Cristo, está en enemistad con Dios por medio de las obras perversas y del temperamento interno. El arte, la música, los compromisos de los negocios diarios, el ajetreo de la sociedad, y los rituales de la religión pueden hacer lo que el arpa de David hacía con Saúl; producir una tranquilidad momentánea y una sensación de armonía con el ambiente; pero eso es pasajero.

Cuando se retira el encanto, el viejo espíritu de desorden se reafirma.

Para David, por otra parte, el arpa era símbolo de un alma que descansa en Dios. Y por el hecho de que su propio espíritu estaba en perfecta armonía con la naturaleza de Dios y con el universo, él podía producir sobre todo el encanto de una influencia que calmaba y aquietaba. Los siervos de Saúl, por tanto, tenían base para instalrlo, en uno de sus momentos lúcidos, a que les permitiera buscar un hombre que supiera tocar el arpa. Y el poder que David ejerció sobre él es una ilustración de un encanto similar que nosotros podemos ejercer individualmente sobre los espíritus intranquilos, abatidos por las tormentas, que están alrededor de nosotros. Insistamos, pues, en la tarea de persuadir a los hombres a que se reconcilien con Dios y aprendan el misterio de aquella paz de que habló Jesús.

4. La incredulidad de Saúl. Si un hombre está a mal con Dios le es imposible tener fe, pues esta es la flor saludable del alma. Así pues, cuando Goliat se pavoneaba en el valle de Ela y desafiaba a los ejércitos de Israel, Saúl sintió temor. En condiciones más felices, él hubiera llegado a ser el campeón de su pueblo; ahora estaba acobardado metido en su carpa.

Para David, por otra parte, no había tal temor. Su alma estaba llena de Dios. Dios era su luz y su salvación, ¿de quién temería? Él era su vida, ¿de quién habría de atemorizarse? No había falta de firmeza en la mano que disparó la honda, ni temblor en el corazón. Su fe se mantuvo fuerte porque su joven corazón estaba en comunión viva con Jehová.

5
LA FE DE LOS ELEGIDOS DE DIOS
1 Samuel 17

Habiéndose recuperado del castigo que les habían infligido David y Jonatán en Micmas, los filisteos marcharon hacia el valle de Ela y acamparon en su ladera occidental. Saúl estableció su campamento en el otro lado del valle. Tres personajes se destacan de manera muy definida en aquel día memorable.

1. El campeón filisteo. Goliat era alto: aproximadamente 2,90 metros de altura, y estaba fuertemente armado. Su armadura llegó a ser un despojo para Israel; la examinaron cuidadosamente y la describieron en forma pormenorizada. Incluso la pesaron y hallaron que pesaba cinco mil siclos de bronce, equivalentes a 209 kilogramos. Estaba protegido por un inmenso escudo que era llevado por otro que iba delante de él, como para que sus brazos y sus manos le quedaran libres. Blandía una poderosa lanza, mientras a su lado llevaba espada y jabalina. Era bastante fanfarrón, pues habló del banquete que iba a ofrecer a las aves y a las bestias, y desafió a los ejércitos del Dios vivo.

2. Saúl. Entre los hijos de Israel no había una persona superior a él. De los hombros hacia arriba sobresalía por encima de cualquiera del pueblo. Él también tenía una buena armadura, un casco de bronce, y una coraza; pero no se atrevía a aventurarse en conflicto con los que consideraba que eran enemigos absolutamente superiores. Él intimidó a David con su materialismo y su incredulidad: «No podrás tú ir contra aquel filisteo, para pelear con él; porque tú eres muchacho, y él un hombre de guerra desde su juventud».

3. David. Este era solo un muchacho vigoroso y bien parecido. No llevaba espada en la mano, sino una vara, probablemente su cayado de pastor. No tenía armadura ni armas, excepto una honda en su mano y cinco piedras lisas que había escogido en el lecho del arroyo y las había puesto en su saco pastoril. Pero poseía un poder espiritual místico; el Dios vivo era una realidad para él. David no tenía dudas de que el Señor vindicaría su glorioso nombre y entregaría en sus manos al incircunciso filisteo.

Estudiemos el origen y la calidad de esta fe heroica.

a. *Había nacido en secreto y se había nutrido en la soledad.* Dios era tan real para él como Isaí, o como sus hermanos, o como Saúl, o como Goliat. Su alma se había arraigado de tal modo en este concepto de la presencia de Dios que lo llevaba consigo, sin que le perturbaran los gritos de los soldados que marchaban a la batalla o las preguntas escudriñadoras que le dirigió Saúl.

Este es el secreto que no falla. Solo así puede llegar a ser una posesión fija del alma la percepción de la presencia de Dios. El alma puede entonces decir repetidamente con el salmista: «Cercano estás tú, oh Jehová».

b. *Había sido ejercitada en conflictos solitarios.* Con natural modestia David probablemente se habría guardado la historia del león y del oso, a menos que le hubiera sido extraída por un deseo de magnificar a Jehová. Posiblemente había tenido muchos conflictos similares, de modo que su fe se había fortalecido por el uso, así como los músculos de su vigoroso cuerpo juvenil se habían fortalecido por el ejercicio.

c. *Había resistido la prueba de la vida diaria.* Parece que algunos piensan que las más altas realizaciones de la vida espiritual son incompatibles con la molienda del trabajo diario y con la fricción del hogar. No fue así en el caso de David. Cuando Isaí, que anhelaba saber cómo estaban sus tres hijos mayores, quienes habían seguido a Saúl en la batalla, le pidió a David que les llevara raciones, y un presente para el capitán de la división a la cual pertenecían, hubo en él una aquiescencia inmediata y dispuesta a la proposición de su padre: «Se levantó ... de mañana ... se fue con su carga como Isaí le había mandado». Y antes de dejar su rebaño tuvo el cuidado de encomendárselo a un guarda. Hemos siempre de estar atentos a no descuidar ningún deber para cumplir con otro: si somos llamados al campo de batalla, tenemos primero que dejar a alguien a cargo del rebaño. El que es fiel en lo más grande, primero tiene que haber sido fiel en lo pequeño.

d. *Soportó mansamente la mala interpretación y la represión.* Al llegar al campo, halló que las tropas estaban ya en orden de batalla, y corrió al frente. Ya había visto a sus hermanos y los había saludado, cuando fue atraído por la voz jactanciosa de Goliat desde el otro lado del valle y con mortificación vio que los hombres de Israel daban vuelta para huir, dominados por el pánico. David exteriorizó su sorpresa, y supo por los que estaban cerca que aun Saúl compartía el pánico general, y que había ofrecido recompensas al campeón que lo venciera. Fue entonces pasando entre los soldados de grupo en grupo, haciendo preguntas, reuniendo información adicional que confirmara sus primeras impresiones y haciéndoles ver su asombro: «No desmaye el corazón de ninguno por causa de él».

Eliab perdió la paciencia ante las palabras y la actitud de su joven hermano. ¡Cómo se atrevía a sugerir que la conducta de los hombres de Israel era indigna de ellos y de su religión! ¿Qué se proponía tratando de averiguar tan minuciosamente los particulares de la recompensa del rey? ¿Estaba pensando en ganársela? ¡Era absurdo hablar de ese modo! «¿Para qué has venido acá? ¿y a quién —le preguntó con un ademán despectivo— has dejado aquellas pocas ovejas en el desierto?» ¡Ah, qué veneno había en esas palabras!

David, sin embargo, dominó su espíritu, y respondió suavemente con palabras que significaban: «Ciertamente el deseo de mi padre de saber si ustedes estaban bien fue el motivo que me trajo acá». En este punto fue donde realmente ganó la victoria sobre Goliat. De haber perdido la calma ante aquel exabrupto injustificado, la alianza de su alma con Dios habría sufrido y hubiera caído un velo sobre la percepción que tenía de la presencia divina. Pero el hecho de pagar el mal con el bien y de mantener una compostura inconmovible cimentó su alianza con el Cordero de Dios.

e. *Sobrepasó el razonamiento humano*. Saúl quiso que David se protegiera con la armadura real, aunque él mismo no se atrevía a ponérsela. Le había llamado la atención la ingenua sinceridad del joven, pero le aconsejó que tomara precauciones. «Por sobre todo confía en Dios y ve, pero sé sabio. Debemos estar bien preparados».

Pero una mano invisible apartó a David de las redes de la tentación. Él ya se había rendido al consejo de Saúl hasta el punto de vestir la armadura de este y ceñirse su espada. Pero volviéndose a Saúl, le dijo: «Yo no puedo andar con esto». Y se quitó todo aquello. Lo que valía no era la armadura de Saúl y el Señor, sino solo el Señor. Y David pudo, sin vacilación, dirigirse al gigante con las siguientes palabras: «Jehová no salva con espada y con lanza».

Ahora que Goliat haga lo que quiera; él sabrá que hay Dios en Israel.

6
«EN EL NOMBRE DE JEHOVÁ DE LOS EJÉRCITOS»
1 Samuel 17:45

Mientras los dos ejércitos estaban a la expectativa a uno y otro lado del valle, todas las miradas se volvieron de repente hacia la esbelta figura del joven que, cayado en mano, emergió de las filas de Israel y descendió por la ladera. Por breves instantes David se ocultó de sus observadores. Se había inclinado sobre los guijarros que cubrían el fondo, de los cuales prestamente seleccionó cinco piedras lisas y las puso en su saco pastoril. Luego, para asombro de los filisteos, y especialmente de su gigantesco campeón, David reapareció en la ladera opuesta, y rápidamente avanzó hacia el gigante.

Al ver lo que hacía David, Goliat lo maldijo y amenazó con dar color a la hierba del campo con su sangre y con no sepultar su cuerpo sino entregarlo a las aves del cielo y a las bestias del campo. «Entonces dijo David al filisteo: Tú vienes a mí con espada y lanza y jabalina; mas yo vengo a ti en el nombre de Jehová de los ejércitos, el Dios de los escuadrones de Israel, a quien tú has provocado».

1. El secreto de la victoria. «El nombre de Jehová de los ejércitos». A lo largo de las Escrituras los nombres no son como ahora una simple designación; en la Biblia los nombres constituyen una descripción del carácter. De modo que el nombre de Dios, tal como lo usaron con frecuencia los héroes y santos de la historia sagrada, representa aquellos atributos y cualidades divinas que se combinan para expresar de Dios lo que Dios es. La cualidad especial que David había seleccionado de entre el conjunto de cualidades contenidas en el nombre divino de Dios se indica con las palabras *Jehová de los ejércitos*.

El venir en el nombre de Jehová de los ejércitos implicaba su propia identificación por fe con todo lo que estaba comprendido en este sagrado nombre. Una persona que está en un país extranjero como viajero ordinario habla de una manera, pero si actúa como representante y embajador de su país, habla de otra. En el primer caso, habla en su propio nombre y recibe el respeto y la atención que ese nombre pueda obtener. En el segundo, actúa a conciencia de que está identificado con todo lo que se relaciona con el nombre de su patria. El hecho de que un hombre hable en nombre de Inglaterra significa que Inglaterra habla a través de sus labios; que el poder de Inglaterra está dispuesto a respaldar sus demandas; y que toda clase de poder que tenga Inglaterra se le promete para vengar cualquier afrenta o indignidad a que pueda ser expuesto.

Hay mucho que tenemos que aprender con respecto a esta íntima identificación con Dios antes de que podamos decir con David: «Yo vengo a ti en el nombre de Jehová de los ejércitos». Muy bien valdría la pena llegar a estar absolutamente identificados con Dios, tanto que su nombre sea nuestro castillo, nuestro refugio, nuestro grito de batalla, nuestro secreto de victoria.

2. Las condiciones sobre las cuales se nos permite el uso de ese nombre:

a. *Cuando nuestros motivos son puros*. No hay duda en cuanto al motivo que impulsaba a David en este conflicto. Es cierto que él les había hablado a los hijos de Israel, diciéndoles: «¿Qué harán al hombre que venciere a este filisteo, y quitare el oprobio de Israel?» Pero nadie pensó que él actuaba movido por la recompensa real que se ofrecía. Su única ambición era quitar el reproche de Israel, y que toda la tierra supiera que había Dios en Israel.

Aquí debemos tener cuidado. Es sumamente fácil confundir cosas que están tan separadas como los polos, y suponer que estamos contendiendo para la gloria de Dios, cuando en realidad estamos combatiendo a favor de nuestra iglesia, de nuestra causa, de nuestros prejuicios o de nuestras opiniones.

Caer en este pecado, inconscientemente, es abandonar el derecho de usar el sagrado nombre de Dios. Con cuánta frecuencia necesitamos exponer nuestros corazones a la inspiración del Espíritu Santo, a fin de que él los limpie totalmente y los llene de una ferviente consagración a la gloria de Dios.

b. *Cuando estamos dispuestos a permitir que Dios ocupe el lugar que le corresponde.* David dijo repentinamente que todo el asunto era de Dios. Y su actitud fue la de todo hombre que ha hecho grandes cosas a favor de la justicia. Tenemos que reconocer a Jesucristo como el Guerrero esencial, el Trabajador, el Organizador y el Administrador de su Iglesia por medio del Espíritu Santo. Cualquier cosa que se deba hacer correctamente, es él quien tiene que hacerla. Somos llamados no a obrar para él sino a permitirle que obre por medio de nosotros. Es su habilidad la que tiene que dirigirnos; su fortaleza, facultarnos; sus manos levantadas, llevarnos a la victoria.

c. *Cuando no seguimos el consejo de la carne.* Tuvo que haber sido difícil para un joven no estar de acuerdo con Saúl, especialmente cuando el rey se manifestó tan solícito por su bienestar. En realidad, fue bueno que David resistiera el canto de la sirena y no permitiera que lo afectaran las lisonjas del favor real. Si se hubiera rendido a Saúl, habría quedado fuera del círculo del ambiente divino.

3. El comportamiento de los que usan el nombre del Señor.

a. Están dispuestos a actuar solos. El joven no solicitó compañeros para la pelea. Estaba perfectamente preparado para llevar todo el peso de la refriega sin simpatía ni refuerzos ... tan seguro estaba de que el Señor de los ejércitos estaba con él, y de que el Dios de Jacob era su refugio.

b. *Son decididos.* David se sintió libre del temblor nervioso que con tanta frecuencia nos incapacita para desempeñar el papel que nos corresponde en una grave situación. De manera serena y quieta descendió la ladera y seleccionó las piedras más adecuadas para su propósito. En esta quietud y confianza halló su fortaleza. No tuvo que huir porque el Señor iba delante de él, y el Santo de Israel era su protección.

c. *No tienen temor.* Cuando llegó el momento del encuentro David no vaciló, sino corrió hacia el ejército filisteo para enfrentarse a su campeón. En su joven corazón no había miedo a las consecuencias; ni temblor en la voz que respondió al ... desafío; ni titubeo en el brazo que volteó la honda; ni falta de precisión en la puntería que lanzó la piedra hacia la única parte del cuerpo del filisteo que era vulnerable y no estaba protegida.

d. *Son más que vencedores.* La piedra se incrustó en la frente del gigante y en un instante cayó sin sentido a tierra. No había tiempo para perder; antes de que Goliat pudiera recuperarse, o de que sus asombrados compañeros reaccionaran de su estupefacción, ya David le había separado la cabeza del cuerpo con un tajo que le asestó con la propia espada del gigante. Y cuando los filisteos vieron que su campeón estaba muerto, huyeron. Los despojos de la victoria quedaron en manos del vencedor. David alzó la cabeza del filisteo como un trofeo, y llevó su armadura para su tienda.

Vivamos a solas con Dios. El hombre más débil es fuerte para hacer proezas si conoce a Dios. Esta es la victoria que vence al mundo, al diablo y a la carne: nuestra fe.

7
JONATÁN
1 Samuel 18:1

Existen en la bóveda celeste pares de estrellas llamadas binarias, cada una de las cuales probablemente es un sol, pero mezclan sus rayos de tal modo que llegan al ojo del espectador como un solo claro rayo de luz. Así vemos acercarse a nosotros las nobles e inseparables figuras de Jonatán y David. Con toda probabilidad, David fue influido profundamente por el carácter de Jonatán, quien debe haber sido mayor que él.   «Aconteció que cuando él [David] hubo acabado de hablar con Saúl, el alma de Jonatán quedó ligada con la de David, y lo amó Jonatán como a sí mismo».

1. Consideremos las cualidades de este amigo a quien Jehová escogió para modelar el carácter de su escogido.

a. *Era todo un hombre*. La primera condición para que dos hombres sean amigos, es que concuerden en personalidad. Y el vínculo de una común hombría enlazó a estas dos almas gemelas desde el principio. Jonatán era un hombre en toda la extensión de la palabra; tan diestro con el arco como su amigo con la honda. Era capaz de arder de indignación. Fuerte para soportar sin acobardarse el estallido de la ira de su padre, no tenía temor de abrazar la causa de sus amigos a cualquier costo. También era capaz de inspirar a un solo escudero con su propio espíritu ardiente, de atacar a un ejército, de rechazar una invasión y de conquistarse la admiración y el afecto de todo el pueblo, el cual se interpuso entre él y su padre para evitar que Jonatán muriera.

b. *Era sensible y tierno*. Es corriente en ciertos círculos destacar aquellas cualidades que supuestamente caracterizan en forma especial la condición viril: la fuerza, el valor, la resistencia y subestimar las gracias más tiernas, pensando que a menudo se asociaban con las mujeres. Pero en todo verdadero hombre tiene que haber un toque de delicadeza, como lo hubo en el Hombre ideal, el Señor Jesús. En nosotros también debe haber fuerza y dulzura, valor y simpatía.

c. *Jonatán tenía una maravillosa capacidad de afecto*. Amó a David como a sí mismo. Estuvo preparado para entregar a su amigo, sin dolor alguno, la sucesión al trono que le podía haber correspondido. Juzgamos a un hombre por sus amigos y por la admiración que despierta en ellos. Cualquier hombre que fuera verdadero amigo de David, tuvo que haber poseído muchos de aquellos rasgos distintivos que había en él mismo.

d. *Era genuinamente religioso.* Cuando se nos presenta por primera vez viene acompañado por su paje de armas. Sube sin ayuda para atacar a la guarnición de los filisteos, fuertemente atrincherados detrás de los peñascos escarpados. Entre tanto, habla como uno que está familiarizado con los caminos de Dios, para quien no hay restricción, pues puede «salvar con muchos o con pocos». Y cuando se da la señal convenida, la acepta como una señal de la victoria que el Señor está a punto da darle (1 Samuel 14).

Cuando los dos amigos están por separarse el uno del otro, con poca esperanza de volver a los buenos tiempos pasados, Jonatán halla solaz en el hecho del encuentro divino y en que el Señor estuviera entre los dos, no en el sentido de división sino en el de relación así como el océano nos une con las tierras distantes. Por más lejos que estemos de los seres que amamos, estamos muy cercanos a ellos en Dios; y cuando, por un arreglo secreto, se encontraron en un bosque en la última entrevista que tuvieron, «Jonatán ... vino a David ... y fortaleció su mano en Dios». No es fácil describir todo lo que estas palabras significan: nuestros corazones interpretan las palabras, e imaginan que de aquel espíritu noble se derramó una corriente de santa animación hacia el corazón de su amigo.

2. Consideremos el conflicto en la vida de Jonatán. El era fiel a su padre. Siempre se lo halla asociado con aquel personaje extraño y oscuro.

Cuando su padre ascendió al trono de Israel, el Señor estaba con él y Jonatán lo sabía (1 Samuel 20:13). Tuvo que haber sido un deleite para él pensar que las afirmaciones de su padre coincidían con las de Dios, y el corazón del joven tuvo que haber saltado con una lealtad unida hacia los dos. Pero la bella perspectiva no tardó en ensombrecerse. El Señor se apartó de Saúl, y el poder de este para mantener el reino se esfumó de inmediato. Los filisteos invadieron su tierra, las armas de su defensa fallaron, y su pueblo lo seguía temblando. Por último Samuel le dijo que su reinado no podría continuar. Vino luego el día nefasto en que Saúl se entrometió en el oficio sacerdotal y ofreció sacrificio. Fue entonces cuando se pronunció la ominosa sentencia: «Jehová se ha buscado un varón conforme a su corazón, al cual Jehová ha designado para que sea príncipe sobre su pueblo».

A partir de ese momento, la carrera de Saúl tomó un curso inexorable hacia abajo. Pero Jonatán se mantuvo junto a él como si esperara que, por medio de su lealtad a Dios, pudiese detener los efectos del fracaso de su padre y aun conservar el reino para su pueblo.

Al principio no pareció difícil. No había quien pudiera apartar su corazón de su padre. Pero con David, una imprevista dificultad entró en su vida. No externamente, pues aunque Saúl miraba a David con envidia, no había una ruptura sincera. David entraba y salía de palacio y gozaba de una posición de confianza. Pero cuando las llamas de la hostilidad, que hacía tiempo ardían en el corazón de Saúl, se manifestaron, comenzó la verdadera angustia para Jonatán. Por una parte, su deber como hijo y súbdito lo mantenía apegado a su padre; aunque sabía que ya estaba condenado, y que la unión con él significaba el desastre para sí mismo. Por otra parte, sentía profundamente su amistad con David.

Esta fue la que lo hizo buscar afanosamente la reconciliación entre su padre y su amigo. Solo cuando el fracaso repetido probó que su sueño no cuajaba en realidad se dio por vencido; y fue entonces cuando lo tuvo que haber asaltado un pensamiento: ¿Por qué no unes tu fortuna con aquel a quien Dios ha escogido? En torno a él está dibujándose un nuevo y hermoso reino para el futuro: identifícate con él, aunque ello vaya contra tu padre.

La tentación era atractiva y fuerte. Pero en algún momento crítico cayó brusca y lamentablemente al suelo. Jonatán dio la espalda al llamado de la amistad y decidió permanecer junto a su padre. De esa decisión nunca desistió. Cuando David se marchó a donde le pareció, Jonatán regresó a la ciudad. Su padre podía mofarse de la alianza de Jonatán con el hijo de Isaí, pero él callaba; y finalmente, cuando Saúl marchó a su última batalla contra los filisteos, Jonatán peleó al lado de su padre.

Jonatán murió como un héroe; no solo por su denuedo en el campo de batalla contra los enemigos de su patria, sino también por su profunda amistad con otro hombre fuerte, con quien lo unían los lazos de la religión y de un entusiasmo por todo lo bueno y recto.

8
FUERA DE LA CASA Y EN ELLA
Salmos 59:9, 17

En hebreo, la diferencia entre los verbos «esperaré» y «cantaré», tal como aparecen en este pasaje, es poca. Se escriben de igual manera con excepción de una sola letra. Por tanto, el paralelo entre los dos versículos es muy notable.

Porque has sido mi amparo
y refugio en el día de mi angustia.
Fortaleza mía, a ti cantaré;
porque eres, oh Dios, mi refugio.

La inscripción que encabeza este salmo, uno de los más antiguos, indica la ocasión en que se escribió: «Mictam de David, cuando envió Saúl, y vigilaron la casa para matarlo».

1. Los eventos que condujeron a este asalto a la casa de David.

Cuando el ejército victorioso regresó del valle de Ela, la gente de toda la tierra salió a vitorear. Al cántico de victoria se agregaba este estribillo:

Saúl hirió a sus miles,
y David a sus diez miles.

En aquel momento se despertó la envidia en el corazón de Saúl. «Y se enojó Saúl en gran manera ... Y desde aquel día Saúl no miró con buenos ojos a David».

Pero Saúl estaba más que envidioso. Intencionalmente se propuso frustrar el propósito de Dios. Samuel le había dicho claramente que el Señor había quitado de él el reino de Israel, y se lo había dado a un prójimo suyo mejor que él. Y, sin duda alguna, cuando vio que el mozalbete regresaba con la cabeza de Goliat en la mano, le sobrevino la terrible certidumbre de que este era el rey divinamente designado. Saúl se dijo: «Yo soy el rey, y buscaré la manera de que esta predicción por lo menos no se cumpla. Un hombre muerto no puede reinar; y hay muchas maneras que no son asesinato directo por medio de las cuales se le puede quitar la vida a un hombre. Pero a esto tiene que llegar el asunto». Él supuso que si solo podía quitarle la vida a David, el propósito de Dios se frustraría, y resultaría falsa la predicción de Samuel.

Saúl trató de concretar su pasión asesina de muchos modos. El día siguiente, mientras David intentaba tranquilizarlo con el arpa, dos veces le arrojó la lanza, con la esperanza de que si lo clavaba en la pared, el acto pudiera interpretarse como de demencia; pero en cada ocasión, el arma pasó sin tocarlo, para clavarse en la pared de atrás y no en el corazón del joven.

Luego, Saúl le dio una importante comisión militar y lo hizo jefe de mil, con la esperanza de que este súbito ascenso hacia el lugar resbaloso de la prominencia y del poder mundanos se le fuera a la cabeza y lo hiciera cometer alguna traición, de la cual la muerte sería la obvia pena. Pero David se conducía prudentemente en todos sus asuntos, de tal modo que el rey, que lo vigilaba de cerca para ver cuándo caería, llegó a convencerse más que nunca antes de que David era el protegido de Dios, y lo miraba con respeto.

Luego ofreció al joven soldado la mano de su hija mayor en matrimonio, y cuando se acercaba el tiempo de la boda, traicioneramente le retiró la oferta. La intención era la de despertar su ardiente espíritu para que se vengara, y así poderlo acusar de traición; pero todos sus intentos fueron insuficientes para despertar en David aunque fuera un impulso pasajero de venganza.

De nuevo, cuando le ofreció su segunda hija, Mical, como premio que habría de ganar al presentar la evidencia de que había matado a cien filisteos, David regresó ileso con un número doble de evidencias. Y el amor del pueblo crecía.

Frustrado en todos sus intentos, el monarca abandonado por Dios, movido por la horrible furia de la envidia, dijo a Jonatán y a todos sus siervos que ellos tenían que hacer desaparecer la atormentadora presencia de David. Pero, por supuesto el plan fracasó porque Jonatán era un gran amigo de David, y además todo Israel y Judá lo amaban. Jonatán en realidad le arrancó a su padre la promesa de que no mataría a su amigo. Pero poco después, cuando el joven músico tocaba el arpa buscando aliviarle la melancolía, la lanza que le arrojó la mano de Saúl volvió a pasar cerca de él, y lo hubiera clavado en la pared si David no hubiera sido tan ágil. Era ya de noche, y David huyó a su casa, donde estaba su joven esposa. Mas persistiendo en el propósito de matarlo, «Saúl envió luego mensajeros a casa de David para que lo vigilasen, y lo matasen a la mañana».

La mente ágil de Mical salvó la vida de su marido. Ella lo descolgó por una ventana, y él pudo escapar. Luego ella colocó una figura en la cama cubierta con una colcha, lo cual hizo que los emisarios de Saúl pensaran que él estaba enfermo. Cuando poco después, el rey se propuso arrebatar a su presa de en medio del lugar sagrado y de la misma presencia de Samuel, tres grupos de mensajeros enviados allí quedaron impotentes. Saúl fue vencido por el Espíritu de Dios (1 Samuel 19:24).

Aquella debió haber sido una maravillosa experiencia para David. Para el sentido de la vista no había absolutamente nada que impidiera que los mensajeros del rey, o el mismo rey, lo capturaran. Pero por fe él sabía que estaba siendo guardado dentro de las cortinas de un pabellón intangible, y que estaba guarecido bajo las alas invisibles. La presencia de Dios circundaba y protegía tanto a Samuel como a David. Y así hará nuestro Dios por cada uno de sus hijos perseguidos.

2. La compostura de David en medio de los asaltos de sus enemigos. Este hombre perseguido es una lección para los humanos y para los ángeles. Saúl es su empedernido enemigo, que le tiende trampas y lazos por todas partes. Sin embargo, a través de todo ello el corazón de David está tranquilo y sereno. En realidad, prorrumpe en alabanza, como se ve en los versículos finales de este salmo. ¿Cuál fue el secreto de su serenidad?

Le sostenía sobre todo su convicción de lo que era Dios: su fortaleza: eso era Dios dentro de él; Dios era su refugio: eso era Dios fuera de él. No había demanda que Dios no pudiera satisfacer, ni peligro que no pudiera mantener a raya. ¡Aunque sea usted el más débil de los débiles, recuerde a Jesucristo y tómelo como la fortaleza de su vida; sea fuerte, sí, sea fuerte en la gracia que es en Cristo Jesús!

O mire a aquellos soldados fugitivos perseguidos de cerca por sus enemigos. A la distancia hay un peñasco en que está situada una fortaleza, cuyas torres, y muros poderosos, con solo llegar allá, les asegurarán protección. Jadeantes trepan la cuesta, se apresuran a cruzar el puente levadizo, bajan la verja, y se tiran a tierra, pues saben que están seguros. Dios es todo eso para el alma que ha aprendido a situarlo a él entre sí y todo lo demás.

La compostura de David residía luego en su actitud hacia Dios. «En ti, oh fortaleza mía esperaré». El verbo que se tradujo «esperaré» se usaba en hebreo con respecto a un pastor que esperaba su rebaño, al guarda de una torre, al centinela que va y viene haciendo su ronda. ¿Es esta nuestra actitud habitual? Hay muchos que elevan sus oraciones sin mirar hacia la escalera por la que descienden los ángeles cargados con la respuesta celestial. Oramos, pero no esperamos; pedimos, pero no esperamos recibir; llamamos, pero nos vamos antes de que se abra la puerta.

Esta es la lección que tenemos que aprender: depender de Dios; esperar la visión; creer que el que nos enseñó a confiar no puede decepcionar nuestra confianza; estar seguros de que ninguno que espere en él puede ser avergonzado. Esto es esperar en Dios. Nos guardará calmados y tranquilos y cambiará nuestra espera en cántico.

9
EL MENSAJE DE LAS SAETAS
1 Samuel 20:21-37

Jonatán ejercía una profunda influencia sobre su padre. Saúl no hacía ninguna cosa, grande o pequeña, que no la «descubriera a su oído». Por el bien de su amigo, como también por el de su padre, Jonatán anhelaba mucho efectuar una reconciliación entre aquel a quien debía su lealtad de hijo y de súbdito y aquel excepcional pastor, músico y guerrero, cuya amistad últimamente había sido como un rayo de luz sobre su vida.

Era la víspera de la fiesta de la luna nueva, cuando Saúl invitaba a los principales del reino a un banquete; y los dos amigos estuvieron de acuerdo en que este era un momento oportuno para probar los verdaderos sentimientos de Saúl. David propuso que él se ausentaría del banquete real, para visitar en cambio la casa de su padre en Belén. Sería bastante fácil para él hacer esto y regresar al tercer día. Entretanto, Jonatán vigilaría atentamente la conducta de su padre, observando el tono de su voz para ver si era cruel o bondadoso.

El esquema general de este plan se arregló dentro del palacio, pero les pareció prudente continuar la conversación en algún lugar retirado. Jonatán propuso el ingenioso plan en que las instrucciones que él le diera a un muchacho expresarían, mediante una rápida telegrafía, el secreto que animaría a David con paz y seguridad, o que lo empujaría hacia profundidades de desesperación.

1. Las saetas indicaban que un amigo fuerte y noble estaba en guardia. No fue un juego de niños el que emprendió Jonatán por el sagrado motivo de la amistad; y probablemente estaba muy bien preparado para la explosión que vendría como resultado de su protesta por la ausencia del amigo. El primer día Saúl notó la ausencia de David, pero no dijo nada; el segundo, sin embargo, cuando vio que el asiento de David estaba vacío aún, se volvió con enojo hacia su hijo Jonatán y le preguntó la razón: «¿Por qué no ha venido a comer el hijo de Isaí hoy ni ayer?» Jonatán le dio de inmediato la respuesta que habían concertado respecto al deseo que tenía David de ir a visitar a su familia, y dijo que él mismo le había dado permiso para estar ausente. La furia de Saúl no tuvo límites: con una hiriente alusión a la madre de Jonatán, la propia esposa de él, a la cual señaló como la culpable de la perversidad de su hijo, y con la demanda de que se le trajera a David de inmediato para que muriera, el monarca demostró claramente el inveterado odio que sentía hacia David. Jonatán hizo un vano esfuerzo de razonar con el furioso monarca, pero el rey le arrojó la lanza para herirlo. Entonces comprendió Jonatán que él y David tenían que prepararse para lo peor; y se retiró de la mesa ardiendo de ira, pues sufría por el caso de su amigo y porque su padre lo había afrentado.

No se avergüence usted jamás de su propio amigo. Cuando haga alianza con otra alma, a la cual ama como Jonatán amó a David, tenga el valor de defender a su amigo a toda costa. Pero hay algo aun más noble: aquel momento en que alguien se atreve, en medio de cualquier compañía, a declarar su lealtad al Señor Jesús. Como en el caso de David, el Señor Jesús está ahora en oscuridad y en descrédito en muchos lugares; su nombre no es popular; su evangelio es mal entendido; sus seguidores están sometidos a represión y a desprecio. Las saetas de Jonatán indicaban que él no vacilaba en defender a David; así también, que nuestras palabras le aseguren al Señor que estamos dispuestos a recibir escarnio, reproche y muerte por su querido nombre.

2. Las saetas indicaban el peligro inminente. «... entendió Jonatán que su padre estaba resuelto a matar a David ... y cuando el muchacho iba corriendo, él tiraba la saeta de modo que pasara más allá de él ... luego que el muchacho se hubo ido, se levantó David del lado del sur, y se inclinó tres veces postrándose hasta la tierra; y besándose el uno al otro, lloraron el uno con el otro; y David lloró más». No hubo necesidad de explicaciones por parte de Jonatán, pues David comprendió que el Señor había determinado que se marchara.

«He ahí las saetas más allá de ti». Usted ha esperado con poca esperanza; ha tratado de conservar su posición; ha cumplido con su deber; ha defendido su causa; ha buscado la intercesión de sus amigos; ha orado, llorado, y agonizado. Pero todo en vano. El mensaje de esas saetas es inexorable. No hay alternativa sino salir e irse, aunque usted no sabe a dónde. Pero escuche estos pensamientos para consuelo suyo.

a. *Hay cosas que nunca dejamos.* David tenía una posesión inalienable: el amor de su amigo, la devoción de su pueblo, el recuerdo de la bondad de Dios y la experiencia divina que estaba siempre con él. Hay hebras en la tela de nuestra vida que nunca pueden extraerse ni destruirse.

b. *Hay un propósito divino que determina nuestra carrera.* Para el muchacho no había sino un capricho real en el vuelo de la saeta. «¿Qué estás haciendo, jovencito?» «Estoy recogiendo las saetas del príncipe; generalmente salimos a jugar, pero hoy está jugando él». Eso era lo único que él sabía; pero qué poco entendía lo que se proponía su amo, y menos aún, que cada una de aquellas flechas era, por decirlo así, sacada de la aljaba de Dios y lanzada por su mano. No hay casualidad en la vida de un hombre bueno.

c. *La salida es necesaria para lograr mayor felicidad que la que dejamos.* Si David hubiera permanecido en el palacio, su vida habría sido olvidada, y habría perdido toda la gloria y la felicidad que luego en años posteriores hicieron rebosar su copa. Este era el camino hacia el trono. Solo así podría cumplirse la sentencia que el profeta Samuel había susurrado en su oído años atrás.

Entonces pues, siga usted el vuelo de la saeta; más allá del cordial círculo en que por tanto tiempo ha tenido acogida; más allá de lo conocido, hacia lo desconocido. como otro Abraham, váyase a la tierra que Dios le mostrará.

3. Las saetas indicaban que el amor humano tiene que sufrir separación. Este fue el último encuentro de estos dos nobles corazones. No se volverían a ver durante un largo tiempo. En verdad, estos amigos solo se encontraron una vez más, poco antes de la muerte de Jonatán. Pero habían comprendido que tenía que ser así. «Vete en paz», le dijo finalmente Jonatán, como si ya no pudiera soportar la horrible angustia de la despedida. «Y él se levantó y se fue», y se convirtió en fugitivo y proscrito, expuesto a ser capturado en cualquier momento y a una muerte violenta; mientras Jonatán regresaba pensativo y triste al palacio, donde tendría que pasar el resto de su vida en contacto con uno que no miraba con simpatía sus nobles sentimientos, que había ultrajado sus más tiernas sensibilidades.

Estas son las cosas que dejan cicatrices en los corazones y emblanquecen el cabello. Pero Cristo viene a nosotros en tales oscuros momentos, como lo hizo con los discípulos, a quienes había manifestado el pleno significado de la partida de su Maestro que ya se acercaba. No hay nada que sirva de puente sobre el profundo golfo de la separación como creer que él está dirigiendo cada detalle y confiar absolutamente en él.

10
CASI LOCO
1 Samuel 21; Salmo 56

No es fácil andar con Dios. El aire que bate en las cumbres del Himalaya de la comunión divina es raro y difícil de respirar. Los pies humanos se cansan pronto, y la fe flaquea ante el esfuerzo de mantener el paso a la par del divino. David descubrió que esto era así, y cayó en un terrible desplome. Las etapas y las consecuencias de este lapso, junto con su recuperación, han de ocuparnos por algún tiempo.

1. Las etapas de la declinación de David. La primera indicación de la amenaza existente fue la observación que David le hizo a Jonatán en el sentido de que no había sino un paso entre él y la muerte (1 Samuel 20:3). Evidentemente su fe estaba comenzando a titubear, pues no podría haber habido nada más definido que la seguridad divina de que él habría de ser rey. David estaba mirando a Dios a través de la niebla de las circunstancias, que ciertamente para los ojos de los sentidos eran amenazantes, en vez de mirar las circunstancias a través del vapor dorado de la misma ayuda de Dios que estaba presente. Pero David posiblemente confiaba de manera demasiado absoluta en lo que había recibido, y descuidó la diaria renovación de la unción celestial (Juan 1:33, 34; 1 Juan 3:34).

Luego adoptó un subterfugio que no era digno de él, ni de su divino y poderoso Amigo. Ya avanzada la tarde, la víspera del día de reposo semanal, llegó el yerno del rey, con solo un puñado de seguidores al pequeño poblado de Nob, situado entre las montañas a unos ocho kilómetros al sur de Gabaa. Aquel era un lugar apacible y apartado, como convenía al carácter y a la vocación de sus habitantes, quienes se ocupaban en el servicio del santuario. Un número de 86 hombres que usaban el efod de lino vivían allí con sus respectivas esposas, hijos, bueyes, asnos y ovejas. A la tranquila corriente de la existencia en aquel lugar santo y retirado, apenas llegaba algún murmullo procedente de las tormentas del mundo externo. El sendero que conducía al sencillo santuario solo era hollado por ocasionales visitantes, como Doeg, quien había llegado allí a pagar sus votos, o a ser purificado de la contaminación ritual.

Era necesario responder las preguntas y calmar las sospechas del sacerdote; así que David indujo a Ahimelec a creer que sus jóvenes ayudantes y él habían estado en esta expedición por lo menos durante tres días; que el rey había insistido especialmente en que la misión era privada y secreta; y que una gran escolta lo esperaba a la distancia. Pero mientras urdía estas excusas para el sacerdote de mente sencilla, y aseguraba su voluntaria cooperación en lo que respecta a provisiones y armas, y un escalofrío le sacudió el corazón, cuando vio el oscuro semblante de Doeg, el edomita, «el principal de los pastores de Saúl». David sabía que toda la historia se volvería a contar sin misericordia al vengativo monarca. La intranquilidad por este huésped insospechado y el temor por sí mismo le sobrecogieron el corazón; y tan pronto como pasó el día de reposo se marchó de allí y apresuradamente anduvo por las colinas en dirección sureste hasta atravesar la profunda depresión del valle de Ela, donde él había logrado la gran victoria de su vida. Unos dieciséis kilómetros más adelante se hallaba la orgullosa ciudad filistea de Gat, que en el tiempo de la batalla había enviado a su campeón con todo el despliegue de su estatura y de su fuerza. Atrás, David había dejado a un enemigo implacable. ¡Qué peor destino podría esperarle en Gat que aquel que lo amenazaba cada momento que permaneciera dentro de los límites de Judá! Por tanto, resolvió aventurarse, probablemente con la esperanza de que, como ya era un guerrero maduro, no lo reconocerían como el muchacho pastor de años atrás; o de que los filisteos se alegrarían de contar con su ayuda en sus guerras contra los compatriotas de David.

Tal vez por el hecho de que la espada de Goliat colgaba de su cinturón fue instantáneamente reconocido. Sus manos se habían empapado en sangre filistea. La fortuna de él se había levantado del polvo a expensas de los acongojados corazones y hogares de toda la tierra de los filisteos. David comprendió el inmenso peligro en que se hallaba de ser encarcelado y ejecutado. Recurrió entonces, para salvarse, a la treta indigna de imitar la conducta de un loco; y escribía en las hojas de las puertas de la ciudad, y dejaba que la saliva le corriera por la barba. Su ardid tuvo éxito: Aquis lo descartó con una salida humorística a sus siervos, en el sentido de que él ya tenía suficientes locos y no necesitaba otro. Este fue ciertamente uno de los episodios menos dignos en la agitada vida de David, muy indigno del ungido de Dios. Y lo vergonzoso está en que no habría habido necesidad de ello si él, por su incredulidad, no se hubiera apartado del Dios vivo.

2. El salmo de la paloma silenciosa. A primera vista nos asombramos por la discrepancia aparentemente irreconciliable entre las escenas que acabamos de describir y el Salmo 56, cuya inscripción lo relaciona con ellas. Una mirada más de cerca pondrá de manifiesto muchos parecidos entre las circunstancias del cantor y sus palabras conmovedoras. Y así se nos recuerda que, debajo de mucho de lo que es indigno y despreciable, puede estar ardiendo una verdadera devoción, un vigoroso anhelo de Dios, un alma de bien entre las cosas malas. La mayor parte de este exquisito salmo está estructurada en dos estrofas, cada una de las cuales termina con el mismo estribillo. El resto del salmo está lleno de esperanza y alabanza, y es una expresión del gozo con que el salmista espera andar delante de Dios en la luz de la vida.

a. *Primera estrofa* (1-4). El salmista se vuelve del hombre a Dios; de las apretadas filas de sus enemigos a la misericordia divina. Sus enemigos surgen en torno a él, y amenazan con engolfarlo y tragárselo. Él se considera como una paloma solitaria que está lejos de sus bosques nativos; su corazón tiembla y se llena de dudas, entre los muchos que pelean contra él con soberbia. Sin embargo, contrasta el temor con la fe, y discute consigo mismo con respecto a que su temor no tiene base; y contrasta la fuerza carnal del hombre con el supremo poder de Dios. Un nuevo canto surge en su boca, cuya esencia es «No temeré». ¡Oh, qué feliz es el alma que ha aprendido a estar al lado de Dios como su Roca y su Fortaleza!

b. *Segunda estrofa* (5-9). De nuevo se halla en las profundidades. Nunca hay un momento de interrupción en la lucha de sus palabras; ni un destello de alivio en la hostilidad de sus pensamientos; ni un paso que no sea vigilado atentamente por los que acechan su alma.

Vaga a intervalos de refugio en refugio; sus lágrimas caen densas y rápidas; sus enemigos son tan numerosos como los cabellos de su cabeza. Sin embargo, volvemos a oír la voz de la fe que resuena con una positiva declaración: «Esto sé, que Dios está por mí».

c. *Tercera estrofa* (10-13). No hay más recaída. Su corazón está firme, confía en el Señor. Los votos de Dios están sobre su cabeza. Mira hacia atrás, hacia el oscuro abismo en que su alma casi había ido a parar, y comprende que está libre para siempre. Al llegar la mañana, ve huellas al borde del precipicio, y reconoce que el poder y la gracia divinos lo han librado de la caída. Y ahora está seguro de que, desde ese día en adelante, andará en la luz de la vida. En la extrema angustia de aquellas horas que pasó en Gat, el que había caído regresó a Dios, y una vez más se sentó, como un hijo en el hogar, ungido con aceite, a la mesa aderezada en presencia de sus enemigos.

3. Las consecuencias para Ahimelec. Un hijo de Dios puede ser perdonado y restaurado; sin embargo, las consecuencias de su pecado pueden implicar sufrimientos para muchas vidas inocentes. Así sucedió en este caso. Poco después cuando Saúl se propuso despertar la simpatía de sus siervos enumerando los males que había sufrido a manos de David, Doeg aprovechó la oportunidad de congraciarse con el favor real narrando lo que había visto en Nob. Contó lo ocurrido de tal modo que pareciera que el sacerdote y su casa eran cómplices en la acción de David, y tal vez estaban inclinados a que David ganara el poder supremo. En vano afirmó Ahimelec su inocencia, enumeró los servicios de David y se refirió a las numerosas ocasiones en que este había buscado su ayuda. Persistió en declarar que él no estaba al tanto de la lucha que había entre Saúl y su yerno. Pero antes que cayera la noche las blancas túnicas de los sacerdotes estaban empapadas en sangre, y todo ser viviente del pueblecito de la montaña fue herido a espada. Por medio de un acto despiadado, toda la comunidad sacerdotal fue exterminada.

Pero hubo un sobreviviente, pues Abiatar escapó, y llevó en sus manos el efod; y un día vio David, para horror suyo, que la forma desgreñada y manchada de sangre del sacerdote atravesaba veloz y jadeante el valle de Ela, para hallar refugio con la banda de proscritos en la cueva de Adulam. De este hombre volveremos a hablar más adelante.

Entretanto, ¡que los hijos de Dios tengan cuidado! El pecado es amargo para la conciencia del pecador y también las consecuencias que produce en otros. Sus semillas pueden esparcirse sin que luego puedan recuperarse, para producir amargas cosechas en las vidas de aquellos que, a través de su misteriosa unión con nosotros, están inevitablemente involucrados en las consecuencias de nuestras obras.

11
LA CUEVA DE ADULAM
1 Samuel 22; Salmo 34

Habiendo salido de Gat, con un corazón agradecido por la misericordia liberadora de Dios, David se apresuró a volver a cruzar la frontera y se halló de nuevo en el reino de Saúl. Su vida, sin embargo, estaba en gran peligro, y no se atrevía a exponerse a los celos del rey. Aparentemente no había otra alternativa que adoptar la vida de un fugitivo errante en las montañas de Judá, con las cuales su vida de pastor lo habían familiarizado tanto.

A unos tres kilómetros de Gat, por el valle de Ela hacia arriba, hay un laberinto de colinas y valles profusamente agujereados con cuevas. Una de estas, cerca de la antigua ciudad cananea de Adulam, de la cual tomó el nombre, le ofreció a David durante un considerable período el refugio que estaba buscando. El lugar en que estaba situada hacía posible que pudiera cruzar de un país a otro, según lo exigiera la ocasión. Toda su familia huyó hacia al sitio donde se hallaba David, sin duda alguna por miedo a la violencia del odio de Saúl. También acudieron a él todos los que estaban afligidos, los endeudados, los descontentos, y él se convirtió en su capitán.

No es necesario abundar aquí acerca del amor filial de David, quien atravesó toda la distancia desde Adulam hasta Moab con el fin de conseguir asilo para sus padres. Baste decir que los dos viajes que hizo, primero para conseguir refugio para ellos y luego para escoltar a la anciana pareja hasta allí, nos muestran un rasgo enaltecedor del carácter de David. Ciertamente era fiel al primer mandamiento con promesa. Sin embargo, lo que ahora vamos a considerar es la cueva y su heterogéneo grupo de adherentes.

1. La cueva y sus lecciones. No puede haber duda de que el Espíritu Santo desea que tracemos una analogía entre la historia de David y la del Señor Jesús en el momento en que este es rechazado y proscrito del trono del mundo.

a. *Un rey rechazado estaba en el trono.* Aunque Saúl había sido ungido por Samuel, a causa de la desobediencia había perdido su derecho a reinar. Ya se había pronunciado la sentencia de destitución, y se esperaba que se ejecutara en el momento apropiado. De la misma manera, Satanás, el oscuro espíritu caído, que fue una vez un ángel que estaba sentado sobre el monte de Dios, y era perfecto en sus caminos desde el día en que fue creado hasta que se halló injusticia en él, aún retiene el trono del mundo. Él lanza su jabalina contra el rey que Dios escogió conforme a su propio corazón. En la tentación y en el Getsemaní quiso más bien haberlo clavado en el muro. Pero todos sus intentos tenían que fallar. Como Saúl cayó en el campo de Gilboa, así el príncipe de las tinieblas será echado finalmente en el abismo.

b. *El reino de David estuvo escondido.* Era un verdadero reino, aunque era un misterio velado en la oscuridad de la cueva de Adulam y escondido en el laberinto formado por valles y montañas. Tal fue también la experiencia del Rey divino, quien cayó en el misterio del abandono en la cruz y en el de ser rechazado en la tumba y cuya Persona y reino están ahora completamente ocultos del mundo de los hombres. Por ahora, su reino es «un misterio».

c. *David y sus seguidores estuvieron separados.* Sacados del campamento de Israel, no tenían otra alternativa. No tenían conexión inmediata con las fiestas, ni con los espectáculos públicos, ni con los concilios, ni con las decisiones, ni con la política interna, ni con las guerras contra los extranjeros que libraba Saúl. El destino de un exilio, y el sendero del errante y extranjero, les fueron asignados a David y a los que estuvieron dispuestos a compartir su suerte. Tuvo que haber habido una perpetua tristeza y soledad en su alma.

El verdadero Rey de los hombres está aún fuera de la política y de la sociedad humanas. No podemos tenerlo a él y a la vez tener esa política y esa sociedad. Los que deseen ser sus súbditos tienen que salir a encontrarse con él fuera del campamento, dispuestos a abandonar todo lo que tienen y ser considerados como desecho del mundo.

d. *David se conformó con esperar el tiempo oportuno de Dios.* David nunca se vengó de ninguna provocación que le hiciera Saúl. Por más fácil que fuera la oportunidad de lograr ventaja sobre su vengativo perseguidor, él nunca la aprovechó. Estaba preparado para esperar el tiempo oportuno de Dios, y para recibir el poder supremo según el método de Dios. Y así ha ocurrido a través de estos siglos que van pasando en que nuestro Salvador está esperando. Ahora es el tiempo del reino y de la paciencia de Jesucristo; aquí está la paciencia de los santos, mientras toda la creación anhela la manifestación de los hijos de Dios.

2. La cueva y sus huéspedes. La noticia de que David había regresado a Judá y de que se hallaba en el refugio de la cueva se extendió rápidamente por toda la tierra; y los que estaban afligidos por la desdicha, la pobreza, y la amargura del alma comenzaron a reunirse en torno a él. ¡El joven líder pronto se halló a la cabeza de cuatrocientos hombres, una banda muy heterogénea! El historiador sagrado dice que sus rostros eran como de leones, y que eran tan rápidos como los ciervos en las montañas; pero sus temperamentos eran probablemente turbulentos y feroces. Se necesitaba toda la gracia, y el tacto, y la habilidad de estadista de que era capaz el joven gobernante para reducirlos a la disciplina y al orden. Ciertamente no fue pequeña hazaña el organizar tales materiales, de tal modo que llegaron a constituir el núcleo del más grande ejército de su tiempo, y llevaron el estandarte de Israel hasta los límites más remotos a que jamás había llegado.

Es imposible no volvernos de David hacia Aquel que, aunque proscrito del esquema de este mundo y de su príncipe, está siempre reuniendo en torno a su estandarte a los pobres y desechados, a los leprosos y pecadores; a los ciegos, los magullados, y los de corazón quebrantado; a los que están en aflicción, endeudados y descontentos; y convirtiéndolos en soldados que ganarán el mundo para él.

Estos soldados bravíos y rudos ¿hallaron en David un nuevo centro para su vida? Nosotros, en el Señor Jesús, hemos hallado un nuevo objeto. Vivir para él es vivir en verdad, y morir por él es ganar.

¿Abandonaron ellos los modales y costumbres de su vida anterior y permitieron que la lanzadera del amor y de la devoción tejiera un nuevo carácter? Nosotros tenemos que despojarnos del viejo hombre con sus obras, y vestirnos del nuevo hombre.

¿Estimaban ellos a David porque había quitado su descontento, alivió su aflicción y los redimió del desorden y la ansiedad de su existencia? Mucho más tenemos que amar a Aquel que ha hecho más a favor de nosotros que lo que hizo David a favor de sus pobres seguidores. Él pagó nuestras deudas con su preciosa sangre; nos exoneró de nuestros acreedores al pagarles personalmente; nos vistió con su perfecta belleza; alivió nuestros dolores; calmó y tranquilizó nuestras almas.

3. La cueva y su canto. Hay muchas alusiones en el Salmo 34 que lo relacionan con la cueva de Adulam. Fue allí donde la pequeña hueste necesitaba que el ángel acampara alrededor de ellos; allí rugían los leoncillos mientras deambulaban por los desiertos en busca de alimento; allí también se solicitó perpetuamente el cuidado de Dios para que guardara los huesos de los fugitivos, a fin de que no se quebraran al caer en las hendiduras (versículos 7, 10, 20).

El alma que practica una vida de separación, que deja tras sí el pecado que ha sido juzgado, abandonado y perdonado, puede contar con las siguientes bendiciones:

a. *Liberación, aun en medio de las dificultades y perplejidades causadas por sus propios delitos* (versículos 4, 7, 17, 19).

b. *Iluminación,* pues lo que es la alborada para el fatigado observador, eso será Dios para el alma que en medio de la oscuridad ha estado buscando a tientas, si solo levanta su rostro hacia el de él (versículo 5).

c. *Perfecta provisión,* de tal modo que no le falte nada de lo que realmente necesite (versículo 10).

d. *La percepción de la cercanía a Dios.* Él estará más cercano que lo más próximo, y será más real que la presencia o la ausencia de cualquiera (versículo 18).

12
LA PIEDRA BLANCA
1 Samuel 23:6; Salmo 27

No está perfectamente claro dónde se encontraba David cuando Abiatar se unió a él. En lo que se refiere a tiempo, se requiere que fijemos el asesinato de los sacerdotes poco después de que él huyera a Gat; y en ese caso, Abiatar tuvo que haber acudido a David mientras este estuvo escondido por primera vez y durante un período prolongado en la cueva de Adulam. Basados en esta suposición ya hemos esbozado la llegada del fugitivo allí jadeante y desgreñado.

1. La práctica habitual de David. La razón especial por la cual David se sintió satisfecho de recibir a Abiatar fue que este trajo consigo, rescatado del pillaje a que fue sometido el pueblecito, el sagrado efod, dentro del cual estaba el sagrado Urim y Tumim, palabras que significan «Luz y Perfección». No hay certidumbre de ninguna clase en cuanto a qué se referían. Sin embargo, la explicación más probable es la siguiente:

La ropa que llevaba debajo el sumo sacerdote era una túnica de lino blanco, sobre la cual usaba un manto azul, y sobre este el efod, hecho de lino tejido con hebras de azul, púrpura, escarlata y oro. A este se fijaba el pectoral, en el cual había doce piedras preciosas, que representaban a las doce tribus de Israel. En este pectoral probablemente había uno o dos diamantes bellos y resplandecientes, a través de los cuales Dios manifestaba su voluntad. Si al hacer con reverencia el sacerdote a Dios cualquier pregunta, la luz de estas piedras preciosas se opacaba, eso significaba que la respuesta era negativa; si por el contrario, fulguraban de esplendor, eso significaba que la respuesta era afirmativa.

Obviamente fue una gran ganancia para David tener a mano este inapreciable método de comunicación entre Jehová y él. Ya Gad estaba con él como representante del oficio profético; ahora Abiatar y el efod representaban la más preciosa prerrogativa del sacerdocio. Por cualquiera de estos medios, y tal vez en estos primeros días especialmente por el último, él podía en cualquier momento saber la voluntad de Dios.

Si le llegan noticias de que los filisteos están saqueando a Keila, él no se atreve a perseguirlos hasta consultar primero con el Señor. Si la gente del pueblo se propone traicionar cobardemente a su libertador, él no se atreve a salir de la pequeña ciudad hasta haber recibido instrucciones divinas que le indiquen que tiene que marcharse. En una de las más horribles experiencias de su vida, cuando sus hombres hablaban de apedrearlo en vez de defender su causa, él le dijo a Abiatar: «Yo te ruego que me acerques el efod». Abiatar se lo acercó, y David consultó a Jehová. Mucho tiempo después de haber sido reconocido como rey de la tierra, en sus conflictos con los filisteos, tenía el cuidado de consultar con el Señor con respecto al método mismo de ataque (1 Samuel 30:7; 2 Samuel 5:17-25).

Evidentemente esta era la práctica santa de su vida: esperar en Dios hasta haber dado tiempo suficiente para una clara manifestación del propósito y del plan divinos.

2. La lección para nosotros mismos. Cuando Israel salió de Egipto fueron guiados a través del desierto por medio de una columna de nube y fuego. Después que se establecieron en su propia tierra, el Urim y el Tumim ocuparon su lugar. Después de algún tiempo, este método de confirmar la voluntad de Dios cayó en desuso. Entonces los profetas hablaban movidos por el Espíritu Santo. El Nuevo Testamento nos los presenta en la iglesia, jugando un papel muy importante en ordenar al pueblo en el camino de Dios.

En uno de los últimos mensajes que dio el ascendido Señor a su iglesia, a través del apóstol Juan, predijo que el que venciera al mundo recibiría una «piedrecita blanca», y el adjetivo blanca, significa resplandeciente o lustrosa. Por tanto, puede denotar un diamante, o probablemente se refiera a aquellas piedras antiguas que había en el pectoral del sacerdote, que se opacaban o fulguraban con los oráculos divinos.

Dicho esto en otros términos, cada hijo de Dios tiene su propia piedra de Urim y Tumim, que es una conciencia libre de pecado, un corazón limpio en la sangre de Cristo, una naturaleza espiritual llena del Espíritu Santo de Dios.

Cuando estemos en duda o en dificultad, cuando muchas voces nos impulsen a hacer esto o lo otro, quedémonos quietos en la presencia de Dios; estudiemos su Palabra con una actitud de devota atención; elevemos nuestra naturaleza hacia la luz pura de su rostro, con el anhelo de saber solo lo que Dios el Señor determine, y antes que pase mucho tiempo tendremos una impresión muy clara, la inequívoca predicción de su consejo secreto. En las primeras etapas de la vida cristiana no es prudente depender solo de esto, sino que es mejor esperar la corroboración de las circunstancias. Pero los que han tenido numerosos tratos con Dios conocen bien el valor de la comunión secreta con él para confirmar su voluntad. Los diarios de George Fax están llenos de referencias a este secreto del Señor, que está con todos los que le temen.

¿Está usted en dificultad con respecto a su camino? Acuda a Dios con su pregunta, y aprenda de la luz de su sonrisa o de la nube de su negativa. Si se atreve a esperar en silencio y con expectación, aunque todos los que le rodean insistan en una decisión o acción inmediata, comprenderá claramente la voluntad de Dios.

13
CANTOS NACIDOS DEL DOLOR
1 Samuel 23

Es notable el hecho de que muchos de los salmos de David datan de aquellos días oscuros y tristes en que él era perseguido como una perdiz en las montañas. Podemos seguir su sendero a través del Salterio, como también en las sagradas narrativas de sus peregrinaciones. Keila, Zif, Maón, En-gadi entregan sus temas para que hagamos esfuerzos que vivirán para siempre. Ahora trazaremos el paralelo entre la historia de David y sus cantos.

1. Un ramillete de salmos.

a. *Keila*. Mientras David estaba escondido en el bosque de Haret, le llegaron las noticias de una incursión de los filisteos a uno de los infortunados pueblos de la frontera. «He aquí que los filisteos combaten a Keila, y roban las eras». En ese tiempo, la cosecha del año estaba extendida para trillarla; por tanto, era el momento oportuno para los saqueadores. El enemigo más amargo e implacable de Israel se estaba llevando el trabajo del año y arreando el ganado. David se levantó y descendió de las colinas de Judea hacia los llanos, se encontró con los merodeadores cuando ya iban de regreso, fuertemente cargados con el botín y experimentando dificultades con el ganado. El mató a muchos de ellos y devolvió todo el despojo a la regocijada gente del pueblo que, en recompensa por sus servicios, con alegría le dieron alojamiento y lo agasajaron junto con sus hombres.

Aquella recepción tuvo que haber sido algo muy bueno para la pequeña banda de hombres agotados. El hecho de volver a estar en un pueblo que tenía puertas y vallados fue bien recibido como un cambio por la vida en cuevas y cavernas metidas en las entrañas de la tierra. Y este rayo de consuelo fue el que probablemente hizo que el músico principal produjera el Salmo 31: «Bendito sea Jehová, porque ha hecho maravillosa su misericordia para conmigo en ciudad fortificada».

b. *Zif.* Su estadía en Keila llegó a su fin cuando recibió noticias, tal vez enviadas por Jonatán, de que Saúl estaba preparando una expedición para ir a capturarlo. Estas informaciones fueron confirmadas por el efod, mediante el cual David consultó con el Dios de Israel; por este medio también recibió la comunicación de que el pueblo de la ciudad, cobarde e ingrato, cuando se viera obligado a escoger entre el rey y David, no vacilarían en salvarse entregando a su libertador. Entonces David y sus hombres, que eran como seiscientos, se levantaron y se marcharon de Keila, y fueron a cualquier parte donde pudieran ir. Tal vez se dividieron en pequeños grupos, mientras el líder, con sus devotos seguidores más intrépidos, se abrió paso hacia la vecina localidad de Zif, situada a unos cinco kilómetros al sur de Hebrón.

Este fue más o menos el período más adverso en la vida de David. El rey lo buscaba todos los días con una malicia que indicaba que evidentemente había salido a buscar su vida. Además de este implacable odio, estaba la traición premeditada de los zifitas, quienes trataron de obtener el favor del rey denunciando el escondite de David. A este le llegó la noticia de la traición que ellos intentaban y se movió más al sur, al desierto de Maón, donde una montaña cónica permite un amplio panorama de la zona circundante. Pero los hombres de Zif condujeron al rey hacia dicho lugar con tal mortal precisión, que antes de que David y su banda pudieran escapar, el pequeño grupo sitiado descubrió que la montaña en que ellos estaban reunidos se hallaba rodeada por las tropas reales, y que era imposible escapar. Para ellos fue afortunado el hecho de que en esta coyuntura, un jadeante mensajero irrumpió ante Saúl con estas palabras: «Ven luego, porque los filisteos han hecho una irrupción en el país».

Fue entonces cuando David dio un gran suspiro de alivio y cantó el Salmo 54: «Oh Dios, sálvame por tu nombre, Y con tu poder defiéndeme».

c. *En-gadi.* De Maón, cuando el calor de la persecución hubo pasado, David trasladó su centro de operaciones hacia el este, hacia los baluartes de la cabra montés situados en las costas del mar Muerto. Se dice que piedras grises curtidas por la intemperie indican el sitio de una antigua ciudad, y que se han descubierto trazados de palmas incrustados en las piedras. Este fue el siguiente lugar de reunión de David: En-gadi, la guarida de la cabra montés. Aquí de nuevo el salmista expresa sus experiencias a través de la música en dos inapreciables cantos. El primero es el Salmo 57: «Ten misericordia de mí, oh Dios, ten misericordia de mí; Porque en ti ha confiado mi alma». El segundo, el Salmo 142: «Con mi voz clamaré a Jehová; Con mi voz pediré a Jehová misericordia. Delante de él expondré mi queja».

Las experiencias del desierto dieron también origen a otros salmos, todos los cuales se caracterizan por una recurrencia a las mismas metáforas tomadas del escenario del desierto y de los peñascos; de sus mismas protestas de inocencia; de los mismos ruegos para que lo cubriera la sombra del Altísimo; de las mismas referencias a Saúl, las cuales expresa con delicadeza. Entre estos están los salmos 11, 13, 17, 22, 25, 64.

2. Algunas características de estos salmos. No podemos tratar estos salmos detalladamente, pero una o dos características cautivarán la mirada más superficial.

a. *Hay en ellos una consciente rectitud.* Su conciencia estaba limpia y desprovista de delitos, tanto hacia Dios como hacia los humanos. Si alguien lo hubiera desafiado en cuanto a la absoluta ausencia del pecado, él habría reconocido que también necesitaba constantemente ofrecer sacrificios propiciatorios a fin de solicitar el favor de Dios para sí, como cualquier otro israelita. Sin embargo, con respecto a Saúl, o a cualquier traición contra él o su casa, protestó tranquilamente su absoluta inocencia, y se volvió confiadamente hacia Dios con las manos limpias y el corazón puro, como un hombre que no había «elevado su alma a la vanidad, ni jurado con engaño» (Salmo 7:3-5, 24).

b. *En ellos hay gran evidencia de sufrimiento.* De todas las fuentes de dolor no hay ninguna que sea tan difícil de soportar como la malicia de nuestros compañeros. Esto hizo sufrir a David más que cualquier otra cosa. Aunque él era absolutamente inocente, aunque estaba dispuesto a entregarse a la oración y al ministerio a favor de ellos, sus calumniadores no obstante lo persiguieron con inexorable malicia: «Sus dientes son lanzas y saetas, Y su lengua espada aguda» (Salmo 57:4).

    c. *Pero él clamaba a Dios.*

     Oh Dios, sálvame por tu nombre,
     y con tu poder defiéndeme (Salmo 54:1).
     He aquí, Dios es el que me ayuda (Salmo 54:4).
     Clamaré al Dios Altísimo,
     Al Dios que me favorece.
     Él enviará desde los cielos, y me salvará ...
     Dios enviará su misericordia y su verdad (Salmo 57:2, 3).
     No tengo refugio, ni hay quien cuide mi vida;
     Clamé a ti, oh Jehová;
     Dije: Tú eres mi esperanza (Salmo 142:4, 5).

¡Qué profundidades tan patéticas hay en estas estrofas de petición! Él se encomienda a Aquel que juzga justamente. Si algunos de los que leen estas líneas están siendo injustamente calumniados y perseguidos, que reposen en el Señor y esperen pacientemente en Él. Tal vez pueda transcurrir algún tiempo antes de la hora de la liberación, pero pronto Dios se levantará y elevará a los pobres por encima del polvo, «para hacerlos sentar con los príncipes y heredar un sitio de honor».

14
LA MODERACIÓN DE DAVID
1 Samuel 24 y 26; Salmo 40:1-3

Cuando David repasó su vida y escribió la crónica de sus experiencias, estaba bien al tanto de los innumerables males que lo habían rodeado, y de los muchos que habían tratado en vano de destruir su alma. Pero de todo había sido librado. Notemos lo que él anota sobre los tratos de Dios con él, mientras se coloca de pie en la eminencia de los años y echa una mirada hacia abajo y hacia atrás:

    «Y se inclinó a mí, y oyó mi clamor.
    Y me hizo sacar del pozo de la desesperación,
    del lodo cenagoso;
    Puso mis pies sobre la peña, y enderezó mis pasos.
    Puso luego en mi boca cántico nuevo,
    alabanza a nuestro Dios» (Salmo 40:1-3).

Y si insistimos en averiguar cuál fue su actitud durante todas estas experiencias largas y tristes, él responde:

«Pacientemente esperé a Jehová».

Esperamos al Señor con paciencia y sumisión. Es muy necesario aprender esta lección de silencio, paciencia y resignación; y en los dos incidentes que tenemos delante de nosotros, es interesante ver cuán perfectamente había adquirido David estas virtudes.

1. La base para esperar a Dios. Tiene que haber alguna promesa que justifique nuestra espera o algún compromiso definido de Dios en el cual podamos descansar. Cuando Jonatán y David se encontraron por última vez en el bosque de Zif, Jonatán se le había dado a su amigo. Le había hablado como un mensajero de Dios. «No temas —le había dicho—, pues no te hallará la mano de Saúl mi padre, y tú reinarás sobre Israel y yo seré segundo después de ti». Incluso le había dicho que esta era también la convicción de su padre Saúl: «... y aun Saúl mi padre así lo sabe».

Además de esto, David estaba consciente de la facultad y el poder que Dios le había dado; de la capacidad para tomar el timón del perturbado reino, y para guiar la azotada nave hacia aguas más calmadas. Llegó a la convicción de que Dios tenía un gran propósito con su vida, y determinó en su propia mente que esperaría pacientemente a que el Señor hiciera lo que había dicho, y que no levantaría un dedo para asegurar el reino para sí mismo. Cuando llegara el momento para que él se sentara en el trono como el rey reconocido por el pueblo, sería desde el principio hasta el fin don y obra de Dios.

2. Dos incidentes notables.

a. *En-gadi*. Una tarde en que Saúl con tres mil hombres perseguía con saña a David por entre las desoladas y agrestes rocas de En-gadi, un extraño incidente lo colocó completamente en manos de David. Él y sus hombres estaban en los rincones más profundos de una inmensa cueva cuando Saúl entró en ella. Sus hombres habían seguido adelante, pero la intensa soledad y el silencio que había por dentro y por fuera lo dejaron impresionado; así que se demoró un poco en la entrada de la cueva.

El rey no tenía la más mínima idea del intenso interés con que estaba siendo vigilado por seiscientos pares de ojos, ¡ni del peligro a que estaba expuesto! Toda la banda se estremeció por la emoción.

Esta era la oportunidad para que David terminara sus peregrinaciones y sus penurias con una sola arremetida de la lanza. Los hombres le susurraban: «¡Aprovecha la oportunidad!» David los contuvo y reprimió su propia pasión que como fuego le corría por las venas, y luchó consigo mismo para acercarse calladamente y cortar el borde del manto de Saúl, a fin de probarle después que había estado completamente en sus manos. Pero aun así, después que Saúl salió de la cueva, y los hombres de David se apiñaron en torno a él, llenos de convenciones malhumorados por la debilidad que había mostrado, a él lo turbó el remordimiento, y les dijo: «Jehová me guarde de hacer tal cosa contra mi señor, el ungido de Jehová, que yo extienda mi mano contra él; porque él es el ungido de Jehová».

b. *Haquila*. David mismo casi había sido atrapado antes en este mismo lugar. Esta vez cambiaron las cosas. Una vez más, Saúl, probablemente instigado por una influencia maligna (que estudiaremos en el capítulo siguiente), estaba persiguiendo a su rival, «llevando consigo tres mil hombres escogidos de Israel». Habiendo confirmado por medio de exploradores la exacta situación del campamento real, David fue personalmente a inspeccionar desde un peñasco sobresaliente. En las afueras habían formado una ruda barricada con los carretones; dentro de esta estaba el cuartel de los soldados, y en el círculo más interno estaban Saúl y Abner. Pero no se guardaban adecuadamente las vigilias de la noche, ni se había tomado precaución contra un ataque repentino.

Una súbita inspiración se apoderó de David, e invitó a Abisai y a Ahimelec el heteo a visitar el campamento por la noche. Con alegría, Abisai se ofreció voluntariamente para acompañarlo, y guiados por la clara luz de la luna se arrastraron colina abajo, cruzaron la hondonada, se abrieron camino a través de los carretones y de las filas dormidas de soldados y se detuvieron un momento a susurrar sobre la forma postrada en que se encontraba el rey. Tomaron la lanza del rey y la vasija de agua que colgaba del cuello de Saúl, y luego «se fueron; y no hubo nadie que viese, ni entendiese, ni velase, pues todos dormían; porque un profundo sueño enviado de Jehová había caído sobre ellos». Una vez más había estado Saúl en su poder, pero él se había reprimido.

En cada una de estas ocasiones, David actuó con tal magnanimidad que llegó a ser un héroe y un santo. Él no se aprovecharía vilmente de su adversario. Decidió esperar el lento desarrollo del propósito divino.

3. La conducta que tiene el que espera en Dios.

a. *Aparta del delito*. Amargo en verdad hubiera sido el remordimiento de David si hubiera puesto atención a sus camaradas y hubiera acabado con la vida de Saúl. Eso le habría quitado toda la música a su arpa. Hubiera habido entonces cierta justificación para las palabras de maldición que contra él pronunciara Simei un oscuro día más adelante en su vida; pero aunque tales palabras lo hirieran hasta el tuétano, él sabría que la rebelión de Absalón y el hecho de que le había usurpado el trono no podía ser, como le diría Simei, una retribución de la misma clase por los tratos que él le había dado a Saúl. Ciertamente, aún habrían de pasar meses de ansiedad y suspenso antes que los vítores de la coronación resonaran por las calles de Hebrón. Pero no había nada que deplorar; no había ningún augurio fatídico en el fondo de su copa de gozo. ¡Ten calma, oh corazón! Espera en Dios; ello te librará de acciones y palabras que, de llevarlas a hecho, ensombrecerán el resto de tu vida.

b. *Inspira valor.* ¡Qué intrépido fue este espíritu que se atrevía a llorar por el rey mientras levantaba la orilla del manto que le había cortado! ¡Qué intrépido el espíritu que desafió a los dos hombres más valientes de su pequeño ejército a realizar una hazaña, ante la cual uno de ellos se acobardó! ¡Ah! El hombre que vive de conformidad con el propósito divino posee el secreto de un valor inextinguible. No le teme a nada, excepto a lo malo y a ofender a Dios.

c. *Produce gran descanso.* Fue ciertamente basado en experiencias como estas que David escribió el Salmo 37. Aunque pertenece a un período posterior, recoge para siempre las enseñanzas de este.

No te impacientes a causa de los malignos,
Ni tengas envidia de los que hacen iniquidad.
Porque como hierba serán pronto cortados,
y como la hierba verde se secarán.

Viva en conformidad con el propósito divino. Descanse; tenga calma y confíe; Dios está desarrollando el plan de su vida; a él no puede usted apresurarlo; eso solo le haría gastar las energías de su alma sin ningún propósito. A su debido tiempo, en su oportunidad, él le dará los deseos de su corazón.

d. *Produce el arrepentimiento en otros.* Cuando David dio tan inequívocas evidencias de moderación, de continua lealtad, de que aún sobrevivía el afecto a pesar de todo lo que se había hecho para extinguirlo, Saúl levantó su voz y lloró y confesó: «He aquí yo he hecho neciamente, y he errado en gran manera». Saúl reconoció la nobleza de David y hasta llegó a reconocer que este sería rey. Nada que no fuera moderación por parte de David habría podido acercarlo más al arrepentimiento.

Esta es la manera en que todavía podemos ganar a los hombres. Ganamos más cuando parece que entregamos más; y ganamos ventajas al negarnos a aprovecharlas de manera ilícita. El hombre que puede esperar a Dios es un hombre de poder.

15
CUS: UN BENJAMITA
Salmo 7

Es algo sorprendente encontrar a Saúl persiguiendo a David, luego del primero de los dos incidentes que acabamos de describir en el capítulo anterior. Parecía como si la reconciliación que hubo entre ellos en En-gadi hubiera sido completa. Y sin embargo, luego de un breve lapso, otra vez andaba Saúl por la senda de la guerra.

Por supuesto, estos cambios caprichosos pueden haberse debido a la enfermedad que padecía, pero se ha sugerido otra explicación que arroja nueva luz sobre el Salmo 7. El doctor Maclaren, cuya obra sobre el Salterio ha hecho que toda la iglesia le esté en deuda, hace especial hincapié en la relación de este salmo con esta parte de la historia de David y señala su valor por cuanto nos ayuda a comprender las frecuentes vacilaciones en la conducta de Saúl. En el encabezamiento del salmo leemos: «Sigaión de David, que cantó a Jehová acerca de las palabras de Cus hijo de Benjamín». ¿Quién fue este Cus? Si examinamos detenidamente el salmo, hallaremos que guarda un estrecho parecido con las palabras que dijo David cuando Saúl y él tuvieron la breve discusión al salir de la cueva de En-gadi y con las que posteriormente se cruzaron en la montaña de Haquila.

En realidad, las correspondencias son tan numerosas y minuciosas que establecen, casi fuera de toda duda, que la fecha del salmo sincroniza con los incidentes que se narran en el último capítulo (1 Samuel 26) y así es, podemos inferir la causa de la renovada pasión de Saúl. Parece más que probable que Cus era uno de los amigos íntimos y constantes compañeros de Saúl y que incesantemente envenenaba la mente del rey con falsedades malévolas e intencionales acerca de David. Cuando Saúl estaba aparte de este hombre y bajo la noble influencia y generosa naturaleza de David, dejaba a un lado su espíritu de venganza y respondía a los llamados de amistad e hidalguía; pero cuando Cus regresaba al palacio, y tenía nuevas oportunidades de influir en él, se entregaba al lado más pobre de su carácter y volvía a asumir el desesperado intento de frustrar el propósito divino. Así que era lanzado para allá y para acá entre los dos hombres, ya inclinado a la misericordia por David, ya a la venganza por Cus.

Tales calumniadores se hallan en los salones de la sociedad moderna como estaba este en el palacio del primer rey de Israel; y causan tanta tortura a las naturalezas sensibles y tiernas en el día de hoy como este hombre causó a David en los desiertos de En-gadi. Aprendamos cómo tratarlos.

1. Examine usted su corazón para saber si estos calumniadores se basan en los hechos. Puede ocurrir que en estas palabras hirientes haya más de verdad de lo que a primera vista usted se incline a admitir. Tal vez esos ojos rápidos y envidiosos han discernido que en usted hay debilidad de carácter; de lo cual están enterados sus más íntimos amigos pero se han abstenido de decírselo. Antes que usted destruya esa carta anónima, o descarte el rumor poco amable que ha estado rodando entre los que le conocen, es una buena norma que se siente ante el trono del juicio de Cristo y a su clara luz se pregunte si usted puede decir con David:

Mi escudo está en Dios,
Quien salva a los rectos de corazón.

2. Si las calumnias carecen de fundamento. ¡Regocíjese! ¡Cuán agradecidos debiéramos estar por el hecho de que Dios nos ha guardado de ser realmente culpables de las cosas de que se nos acusa! Nosotros hubiéramos podido cometer esas faltas, y aun peores. solo por la gracia de Dios no somos culpables de haberlas cometido. El hecho de que tenemos el testimonio de la buena conciencia y de su Espíritu en nuestros corazones debe ser una fuente perenne de alegría.

3. Refúgiese en el justo juicio de Dios. Todos somos sus siervos, y si él está satisfecho con nosotros, ¿por qué afligirnos por lo que digan nuestros compañeros de servicio? Él es quien nos coloca en las posiciones que ocupamos; y si a él le place mantenemos allí, nada que los hombres digan o hagan podrá desalojarnos.

4. No haga caso a las reacciones de la carne. ¿Por qué nos irritamos por estas palabras no amables y calumniosas, tan carentes de base como de caridad?

Si en todo fuéramos realmente nada, y Dios fuera todo en todo; si estuviéramos muertos a la carne y vivos solamente a Dios; ciertamente nos sentiríamos indiferentes ante lo que le ocurra a nuestro buen nombre en los labios de los necios y pecadores.

5. Permita que Dios defienda su buen nombre. Cualquier imputación o afrenta injusta que se arroje sobre nosotros es parte del mal del mundo y una manifestación de su pecado. A nosotros nos es imposible hacerle frente o quitarla; así que tenemos que esperar pacientemente hasta que Dios se levante a vengar el mal que se nos ha hecho y a defender nuestra reputación. Fue así como actuó David. Él acudió al Dios justo que juzga los corazones.

Tal es el proceder verdadero y más sabio. Quédese tranquilo; no dé lugar a la ira; preocúpese más bien por la desgracia de aquella alma de la cual proceden las calumniosas palabras. Trate usted de dominar el mal de su propio corazón por medio del bien generoso; y deje tanto la defensa como la venganza a cargo de Dios.

16
UNA MANO FRESCA SOBRE UNA FRENTE ARDIENTE
1 Samuel 25

Como el fuego por la hierba de la llanura pasó por toda la tierra la noticia de que Samuel había muerto; e Israel se reunió para lamentar la muerte del profeta y santo y para rendirle los últimos tributos. David acudió a tomar parte en las ceremonias funerales de su maestro y amigo. Sin embargo, como estaba tan cerca de Saúl, no tenía confianza para permanecer un momento más de lo absolutamente necesario. Tan pronto terminó todo, David se marchó a la escasamente poblada región de Parán, en el extremo sur de Judá. Su llegada trajo tranquilidad y seguridad a esas tierras fronterizas, que durante largo tiempo habían sido desoladas por guerras de frontera. Los dueños de ovejas tenían abundantes razones para estar agradecidos por su protección. Como alguien dijo de David y de sus compañeros: «.. .aquellos hombres han sido muy buenos con nosotros, y nunca nos trataron mal, ni nos faltó nada en todo el tiempo que anduvimos con ellos, cuando estábamos en el campo. Muro fueron para nosotros de día y de noche, todos los días que hemos estado con ellos apacentando las ovejas».

Cuando se aceptaban tales servicios y se contaba con ellos, era naturalmente justo— y en realidad estaba en conformidad con la costumbre de ese tiempo— que se diera alguna recompensa de la misma clase. Así que David tenía completa justificación para enviar diez jóvenes a que saludaran al opulento Nabal, rico hacendado que tenía un gran rebaño de ovejas y a la sazón gozaba de prosperidad, a la cual habían contribuido en gran manera los esfuerzos de David y de sus hombres, a fin de recordarle sus obligaciones y pedirle lo que él voluntariamente quisiera ofrecer. El trato mísero que Nabal le dio a los jóvenes que hicieron esta petición hirió a David hasta los tuétanos.

La historia se centra en Nabal, David y Abigail.

1. Nabal, el miserable. Su carácter se esboza, a la manera de la Biblia, en tres o cuatro rasgos sobresalientes, y no necesitamos detenernos en ellos. ¡Qué adecuado boceto se nos da de la clase de individuo que era Nabal en la declaración confidencial de un siervo de su esposa: «él es un hombre tan perverso, que no hay quien pueda hablarle».

a. *Era muy importante, según el historiador*. Pero su grandeza era de la más baja categoría. Hay cuatro clases de grandeza. ¡Jóvenes, escojan la mejor como meta de su vida! La grandeza en posesiones es pequeña; mejor es la grandeza en hechos; aún mejor es la que consiste en concebir y proclamar grandes pensamientos; pero la grandeza mejor de todas es la del carácter.

b. *Era insensato, según su esposa*. « ... porque conforme a su nombre, así es. Se llama Nabal, y la insensatez está con él. » Ciertamente Nabal tuvo que haber sido un retrato de cuerpo entero del necio de la parábola de nuestro Señor, que pensó que su alma podía estar tranquila y alegre porque sus graneros estaban repletos.

c. *Era un hombre perverso, según su siervo*. El trato que dio a la modesta petición de David puso bien de manifiesto su carácter. De hecho dio a entender que David estaba promoviendo una revuelta contra su señor Saúl. También afirmó que prefería dar su pan y la carne que tenía dispuesta a los que, como los trasquiladores, habían trabajado para ganar esos alimentos y no a unos hombres vanos que andaban ociosos y vivían de las frutas maduras que cayeran en sus bocas.

2. David precipitado y apasionado. Uno de los rasgos más característicos del temperamento y de la conducta de David a través de todos estos años tediosos fue su dominio propio. Año tras año, reposó en la promesa de Dios, y permitió que él cumpliera la palabra en que lo había hecho esperar. En dos ocasiones en que Saúl había estado en sus manos, se había dominado a sí mismo. Pero el terraplén que se había levantado con el hábito formado durante largo tiempo, se fue abajo, como un dique marino abandonado, ante el repentino paroxismo que le despertaron las palabras de Nabal. Con ardiente furia les dijo a sus hombres: «Cíñase cada uno su espada». Y alrededor de cuatrocientos hombres hicieron lo que David ordenó.

En esta hora David estuvo al borde de cometer un crimen que hubiera ensombrecido el resto de sus años. De esta vergüenza y desgracia lo salvó Abigail.

3. Abigail, la bella intercesora. Era ella una mujer de buen entendimiento y de hermosa apariencia: una adecuada combinación. Su carácter había escrito una leyenda en su rostro. No siempre van juntas estas dos cosas.

Es notable el hecho de que muchísimas Abigailes se casan con Nabales. Hay mujeres que temen a Dios, de sensibilidad tierna y bondadosa, de ideales altos y nobles, que establecen unión indisoluble con hombres con los cuales no pueden tener verdadera afinidad. En el caso de Abigail, esta decisión probablemente no había dependido de ella, sino que era resultado de la costumbre oriental que obligaba a una señorita a aceptar la selección de su padre en el asunto del matrimonio.

Si alguna señorita de buenos sentimientos y sinceras aspiraciones que lee estas líneas secretamente piensa que, si tuviera la oportunidad, se casaría para obtener dinero y posición, sin tener en cuenta el carácter, piénselo bien. Recuerde que entrar en el vínculo matrimonial con un hombre, intencionalmente y sin recibir consejo, con ese propósito, es una profanación del plan divino. Semejante unión solo puede tener un resultado: ella no elevará a su marido al nivel de ella, sino que descenderá al nivel de él.

Los siervos de Nabal conocían el carácter de su señora; así que a ella se lo dijeron todo, ella inmediatamente comprendió la situación. Envió a un grupo de criados con asnos cargados de provisiones por el camino en que David vendría, luego siguió en pos de ellos montada en su asno. Se encontró con los vengativos guerreros en un refugio de la montaña y la entrevista se debió tanto a su sagacidad de mujer como a la gracia de su corazón. Tan franco y noble como era siempre David, no vaciló en reconocer que quedaba profundamente endeudado con esta amable mujer y en ver en la intercesión de ella la intervención bondadosa de Dios. «Y dijo David a Abigail: Bendito sea Jehová Dios de Israel, que te envió para que hoy me encontrases. Y bendito sea tu razonamiento, y bendita tú, que me has estorbado hoy de ir a derramar sangre, y a vengarme por mi propia mano».

¡Qué revelación esta sobre los ministerios con que Dios trata de apartarnos de nuestros malos caminos! Estos ministerios son algunas veces muy sutiles y débiles, muy pequeños y tranquilos. ¡Ah, con cuánta frecuencia hubiéramos podido salvarnos de acciones que posteriormente hemos tenido que lamentar durante largo tiempo, si tan solo hubiéramos puesto atención! Y por encima de todas estas voces e influencias han estado las del Espíritu Santo, que con pasión y convicción bienhechoras nos llama a una vida mejor. Bendito Espíritu, desciende con más frecuencia, y detén nuestra loca carrera.

Nabal murió de un ataque causado por la relajación de su vida, o por la ira a causa del trato que su esposa les dio a David y a sus hombres. David le propuso matrimonio a Abigail, a quien debía muchísimo. Ella, aunque pensó que no era digna de tan alto honor, aceptó con gracia y humildad.

17
UN ATAQUE DE DESCONFIANZA
1 Samuel 27

Los salmos que con más o menos probabilidad, se pueden asignar a este período de la vida de David se caracterizan por una creciente tristeza y depresión. Entre ellos podemos considerar los salmos 10, 13, 17, 22, 25, 64. Y tal vez los salmos 40 y 69. Los del primer grupo tienen muchos rasgos en común. El escenario del desierto, el salmista como un animal silvestre perseguido, la perenne insistencia en que es inocente, la invocación para que Jehová intervenga, la amarga descripción de sus dolores: tales son los rasgos característicos de estos salmos. Pero hay un tono de desesperación:

¿Por qué estás lejos, oh Jehová,
y te escondes en el tiempo de la tribulación? (10:1).
¿Hasta cuándo, Jehová? ¿Me olvidarás para siempre?
¿Hasta cuándo esconderás tu rostro de mí? (13:1).
Dios mío, Dios mío, ¿por qué me has desamparado?
¿Por qué está tan lejos de mi salvación y de las
palabras de mi boca? (22).
Sálvame, oh Dios,
Porque las aguas han entrado hasta el alma.
Estoy hundido en cieno profundo, donde no puedo hacer pie;
He venido a abismos de aguas, y la corriente
me ha anegado (Salmos 69:1, 2).

Es como si el que estaba sufriendo estuviera al borde de su resistencia. Parecía desesperado el anhelo de producir algún cambio en los sentimientos de Saúl hacia él, mientras Cus, Doeg, Abner y otros que habían demostrado ser sus inveterados enemigos pudieran instilar tan rápidamente su veneno en el oído real. Había llegado a ser cada vez más difícil eludir la ardua persecución de las tropas reales, que con la larga práctica se habían familiarizado con los escondites y guaridas. Cada vez se le hacía más problemática la necesidad de conseguir provisiones para el gran número de seguidores que habían engrosado sus filas. Todos los días tenía que proveer sustento para seiscientos hombres, sin contar las mujeres y los niños y la presencia de estas almas más tiernas hacía que fuera peligrosamente difícil mantener una perpetua condición de migración y huida. Él tenía ya dos esposas; y según lo que se dice de las incursiones que hacían en Siclag, poco después, debiéramos juzgar que la mayor parte de los proscritos que formaban la banda de David se componía de aquellos que tenían esposas, hijos, hijas y propiedades (1 Samuel 27:3, 6, 9-12).

Cuando su fe estaba aún lozana, estas consideraciones no hubieran podido hacer mucho para conmover la constancia de su alma tan probada: él habría confiado en Dios. Pero ahora su fe se había deteriorado de tal modo que dijo en su corazón: «Al fin seré muerto

algún día por la mano de Saúl; nada, por tanto, me será mejor que fugarme a la tierra de los filisteos, para que Saúl no se ocupe de mí y no me ande buscando más por todo el territorio de Israel; y así escaparé de su mano».

1. Examinemos esta repentina resolución.

a. *Fue sugerencia de una sagacidad mundana.* «Dijo luego David en su corazón». En otras ocasiones, como hemos observado más de una vez, había tenido la costumbre de llamar al sacerdote para que le acercara el efod, o de consultar con Dios por medio de Gad, el profeta; pero en esta resolución no había recurrido ni al uno ni al otro. No diga usted en su corazón lo que hará o no hará; sino espere en Dios hasta que él abra su propio camino. Mientras ese camino esté oculto, está claro que no hay ninguna necesidad de acción, y que él considera que es responsable de todos los resultados que haya por mantenerlo a usted donde está.

b. *No le rindió honor alguno a Dios.* ¿No había jurado Dios que haría rey a David, y que echaría a sus enemigos de delante de él como con una honda, y que le daría una casa segura? ¿No le habían sido confirmadas estas promesas por Samuel, por Jonatán, por Abigail y hasta por el mismo Saúl? El dorado aceite ¿no lo había designado a él como el ungido de Dios? ¡Cuán imposible era que Dios mintiera u olvidara su pacto!

También fue indigno que David dijera, en efecto, algo así como: «Estoy comenzando a temer que Dios se ha comprometido a hacer más de lo que puede llevar a cabo. Ciertamente, él me ha cuidado hasta ahora, pero dudo que pueda hacerme superar las crecientes dificultades de mi situación. Tarde o temprano, Saúl llevará a cabo sus designios contra mí; es un error intentar lo imposible. He esperado hasta cansarme; es tiempo de usar mi propia sagacidad y desenredarme mientras puedo, de las redes que me han tendido en el camino».

c. *Fue una decisión sumamente grave.* La tierra de los filisteos estaba llena de templos dedicados a los ídolos y de sacerdotes idólatras (2 Samuel 5:21). Quedaba fuera de la heredad del Señor, la sagrada tierra de Palestina, estimada por los israelitas piadosos de esos días como la localidad especial y lugar de morada del Altísimo. Estar desterrado de esas sagradas fronteras parecía como entrar en una tierra desierta y desolada de separación y abandono de Dios. ¿Qué comunión podría buscar David con el divino Espíritu que había escogido a Israel como su pueblo y a Jacob como su heredad? ¿Cómo podría él cantar los cánticos del Señor en una tierra extraña?

d. *Fue el inicio en una carrera que demandaba la práctica perenne del engaño.* David fue recibido en Gat con los brazos abiertos. Antes, cuando él había buscado refugio en la corte de Aquis, solo tenía un puñado de compañeros; ahora era capitán de una banda formidable de guerreros, que fácilmente podrían inclinar la balanza de la fuerza en la larga lucha entre Israel y los filisteos. «Y moró David con Aquis en Gat, él y sus hombres, cada uno con su familia».

Esta proximidad al palacio real y a la corte, sin embargo, llegó a ser extremadamente molesta para los hebreos. Sus movimientos eran siempre vigilados y les era difícil preservar su autonomía e independencia. Finalmente David pidió, por tanto, que se le asignara uno de los pueblos más pequeños; y para gran consuelo de él, se le concedió establecerse en Siclag, pueblo rural del sur que originalmente se le asignó a Judá y luego fue transferido a Simeón y posteriormente fue capturado por los filisteos, pero estos no lo ocuparon (Josué 15:31; 19:5; 1 Crónicas 4:30).

La sensación de seguridad y alivio para estos hombres perseguidos tuvo que haber sido muy grande al encontrarse dentro de las escasas fortificaciones del pueblecito. Durante dieciséis meses, tuvieron cierta medida de reposo y seguridad. «Y vino a Saúl la nueva de que David había huido a Gat, y no lo buscó más».

Pero la mente de David estaba constantemente en actividad, haciendo un tejido de duplicidad y crueldad. Por supuesto, tenía que proveer sostenimiento para él mismo y para sus seguidores; así que levantaba su espada contra las tribus insignificantes del sur, aliadas de los filisteos, pero que eran enemigos hereditarios de su propio pueblo. Entre estos estaban los gesuritas, los gezritas, y los amalecitas, todas tribus nómadas que vivían del pillaje. Para evitar que algún informe sobre sus andanzas llegara a oídos de Aquis, David se vio obligado a adoptar el plan de no dejar con vida a ningún hombre ni mujer. Y cuando Aquis, en virtud de su señorío feudal, le pedía alguna explicación de sus expediciones, David evasivamente le decía que había estado incursionando contra el sur de Judá, o contra tribus de las cuales se sabía que se hallaban bajo la protección de Israel. «Y Aquis creía a David, y decía: Él se ha hecho abominable a su pueblo de Israel, y será siempre mi siervo».

La conducta de David en este tiempo fue absolutamente indigna de su alto carácter como siervo ungido de Dios. Ese fue también un tiempo estéril en su experiencia religiosa. No se asigna ninguno de los salmos a este período. El dulce cantor estaba mudo.

¡De qué manera tan precisa se corresponden estos síntomas de decadencia y recaída de la antigüedad con los que observamos en nosotros mismos y en otros! Cuando descendemos a las tierras bajas de la ventaja y de los planes mundanos, cae una plaga sobre el paisaje del alma, un silencio sobre el canto del corazón. Comprendemos que hemos pagado un precio demasiado alto por la liberación de la presión de circunstancias adversas.

18
LA MISERICORDIA DE DIOS QUE LLEVÓ AL ARREPENTIMIENTO
1 Samuel 29, 30

A través de la época de decadencia y recaída que hemos venido estudiando, la bondadosa misericordia de Dios aleteó tiernamente sobre la vida de David. Esto queda ilustrado por este período de la historia de David. Hubo un enfoque especial de la benignidad y la bondad divinas para apartarlo de su propósito, y evitar que su alma cayera en el abismo. Trazaremos ahora las etapas sucesivas del amoroso proceso de la restauración divina.

1. Inclinando a hombres fuertes y nobles para que se identificaran con la causa de David. «Estos son —dice el cronista— los que vinieron a David en Siclag, estando él aún encerrado por causa de Saúl hijo de Cis, y eran de los valientes que le ayudaron en la guerra» (1 Crónicas 12:1). Y procede a enumerarlos. Algunos de ellos descendían de la propia tribu de Saúl, experimentados tiradores al blanco, que podían usar con igual destreza la derecha o la izquierda para lanzar piedras y manejar el arco y la flecha. Algunos llegaron de la ribera oriental del Jordán, nadando cuando el río se desbordaba, poderosos hombres de valor, preparados para la guerra. Otros procedían de Benjamín y de Judá, los cuales le aseguraron a David que no había ninguna base para que él sospechara de la lealtad de ellos.

Evidentemente el espíritu de descontento se había extendido por toda la tierra. El pueblo, fatigado por la opresión y el mal gobierno de Saúl, estaba comenzando a comprender que la verdadera esperanza de Israel estaba en el hijo de Isaí. Así, de día en día, «venía ayuda a David, hasta hacerse un gran ejército, como ejército de Dios» (1 Crónicas 12:22).

2. Rescatando a su siervo de la falsa posición en que había caído. Los filisteos de repente decidieron adelantar un plan audaz. Estaban enterados de la desintegración que lentamente dividía el reino de Saúl; y habían notado con secreta satisfacción que un número creciente de hombres poderosos estaban abandonándolo para buscar alianza con David. Presumían por esto que se estaban identificando con ellos. No contentos con las hostilidades fronterizas que los habían mantenido en lucha durante tanto tiempo, decidieron asestar un golpe en el mismo corazón de la tierra, el fértil llano de Esdraelón, lugar destinado a ser uno de los más grandes campos de batalla del mundo. Este campo fue empapado con la sangre de grandes adalides como Sísara, Saúl y Joás, y de numerosos ejércitos, como los de los filisteos, los hebreos, los egipcios, los asirios, los romanos, los macabeos, los sarracenos, y muchos otros. «Los filisteos juntaron todas sus fuerzas en Afec, e Israel acampó junto a la fuente que está en Jezreel».

Cuando se estaba planificando esta campaña, el cándido rey filisteo le aseguró a David que él lo acompañaría. Esto tal vez lo dijo como una indicación especial de confianza. Él no había visto ninguna falta en su protegido desde el momento de su entrada en la corte. Por tanto, no vaciló en convocarlo a marchar junto a él, ni siquiera en darle el nombramiento como capitán de su escolta personal. «Por tanto, yo te constituiré guarda de mi persona durante toda mi vida». Fue un alivio para la naturaleza benévola del rey el apartarse de sus imperiosos señores hacia esta alma generosa y de corazón franco y encomendarse a su fuerte cuidado.

Sin embargo, aquella fue una coyuntura muy crítica para David. No tenía otra alternativa que seguir a su señor hacia la batalla, pero tuvo que haberlo hecho con un corazón deprimido. Le parecía como si se viera forzado a pelear contra Saúl, de quien había huido durante muchos años y, contra Jonatán, su amado amigo; y contra el pueblo escogido, sobre el cual esperaba reinar algún día. No podía hacer otra cosa que responder evasivamente, con una compostura y un alborozo forzados. «Muy bien, tú sabrás lo que hará tu siervo». Pero cada kilómetro de aquellos noventa o cien que atravesaron tuvo que haberlo caminado con cara triste y corazón atribulado. Para él no había esperanza en el hombre. Bien pudo haber sucedido que su corazón ya se había vuelto hacia Dios con oración anhelante, para pedirle que lo librara de la red que su pecado había tejido a sus propios pies.

Si usted, por sus errores y pecados, se ha reducido a una falsa posición como esta, no se desespere; siga confiando en Dios. Confiese el pecado y apártese de él, y humíllese delante del Señor, y él se levantará para librarlo.

De repente se abrió una inesperada puerta de esperanza en el valle de Acor. Cuando Aquis pasaba revista a sus tropas en Afec, David y sus hombres pasaron en la retaguardia con el rey. Esto despertó los celos y las sospechas en los imperiosos príncipes filisteos, por lo cual acudieron ante Aquis con palabras furiosas y amenazas. «¿Qué hacen aquí estos hebreos? ... Despide a este hombre, para que se vuelva al lugar que le señalaste, y no venga con nosotros a la batalla, no sea que en la batalla se nos vuelva enemigo». En vano abogó Aquis por su favorito; los filisteos no querían nada de eso. Ellos señalaron que él había sido un enemigo muy violento y que esa sería una tentadora oportunidad para él de buscar la reconciliación con Saúl, traicionándolos en la batalla.

Al fin el rey tuvo que rendirse. Le costó mucho informarle a David sobre la inevitable decisión a que había sido llevado; pero no tenía ni la más mínima idea de la explosión de alivio con que fue recibido su anuncio. David recibió con satisfacción no fingida la severa orden de partir del campamento al amanecer.

3. A través de los tratos divinos con él con respecto a la quema de Siclag. Por la misericordia de Dios se habían levantado de ese modo los señores filisteos contra la continuación de David en el campamento de ellos. Pensaron que estaban ejecutando un procedimiento ordinario, dictado por la prudencia y la previsión sin entender que se habían convertido en tijeras con las cuales Dios estaba cortando las mallas de la red en que David estaba atrapado. Su protesta se había producido exactamente en el momento preciso: si ellos la hubieran pospuesto solo unas pocas horas, David hubiera tenido que participar en la batalla, o no hubiera regresado a tiempo para sorprender a los amalecitas con las manos sobre todo lo que habían saqueado en Siclag.

Cuando David iba saliendo del campo de batalla, los filisteos le asignaron cierto número de hombres de Manasés —quienes parecían haber desertado de Aquis—, no fuera que los traicionaran en el campo de batalla. Así que él salió del campamento con un séquito grandemente aumentado. Esto también fue una prueba de la tierna solicitud de Dios, pues en ningún tiempo de su vida tuvo David mayor necesidad de refuerzos como ahora.

En contra de la costumbre, David no había dejado hombres que defendieran a Siclag durante su ausencia. Es difícil entender la laxitud de los arreglos que él hizo para proteger la ciudad en aquellos tiempos salvajes y peligrosos; pero aparentemente no quedó ni un soldado para proteger a las mujeres y a los niños. Sin embargo, esto resultó para bien, pues cuando una banda de amalecitas cayó de repente sobre el pueblecito no hubo nadie que los provocara ofreciendo resistencia.

Con la primera explosión de dolor y horror, nada excepto la misericordia de Dios pudo haber salvado la vida de David. Al llegar al sitio que ellos consideraban como su hogar, luego de tres días de agotadora marcha, los soldados lo hallaron convertido en una pila de ruinas humeantes; y en vez de la bienvenida de las esposas y de los hijos, reinaban supremos el silencio y la desolación. Los que algún tiempo antes habían clamado: «Paz, paz a ti, hijo de Isaí, tu Dios te ayuda», ahora hablaban de apedrearlo. La lealtad y la devoción que nunca antes había dejado de recibir de sus seguidores, de repente se cambiaron en hiel y vinagre.

Pero este fue el momento en que él se volvió a Dios. En esa horrible hora, con las ascuas chamuscadas que humeaban a sus pies, cuando sentía la fría mano de la ansiedad en su corazón con respecto al destino de sus esposas, de repente saltó hacia atrás, hacia su antiguo lugar de reposo: el regazo de Dios.

Desde este momento, David vuelve a ser el de antes, fuerte, alegre y noble. Por primera vez, luego de varios meses de desuso, le pide a Abiatar que le acerque el efod y consulta con el Señor. Con maravilloso vigor se levanta a perseguir a la tropa de merodeadores, y los alcanza, dirigió a sus hombres en la obra de rescate y venganza con tan irresistible impetuosidad que solo cuatrocientos jóvenes lograron montar en camellos y escapar. Y cuando sus avaros seguidores propusieron no dar participación del botín a aquellos cuyo temor los había hecho quedarse en el torrente de Besar, él se atrevió a enfrentarse solo contra todos ellos, e insistió en que no debería ser así, sino que la parte del que fue a la batalla y del que se quedó con el bagaje debieran ser iguales. Así que el que tuvo poder delante de Dios tuvo poder también sobre los hombres y cuando, poco después, un jadeante mensajero irrumpió en la presencia de David con las noticias de la fatal derrota de Gilboa, aunque eso significaba el cumplimiento de las esperanzas de tanto tiempo, fue capaz de comportarse con humildad y manifestar una tristeza no afectada, expresar su lamento por medio de la oda fúnebre más exquisita que existe y dar al amalecita su merecido.

Él era dulce, también fuerte, cortés y valiente. Pues cuando regresó a Siclag, su primera acción consistió en enviar presentes del despojo que había tomado de los amalecitas a los ancianos de todos los pueblos de la frontera sur, donde él y sus hombres acostumbraban estar. De ese modo reconoció que se sentía endeudado con ellos, y hasta donde le fuera posible les pagaba la deuda.

Así que la luz del favor de Dios vino a reposar de nuevo sobre su alma. Dios lo había sacado del horrible abismo y del lodo cenagoso en que se hallaba sumido. Había puesto sus pies sobre la roca y había enderezado sus pasos; y había puesto también en su boca un nuevo cántico de alabanza. Que todos los que han caído pongan atención y reciban de aquí su consuelo y esperanza.

19
TRES VECES CORONADO
2 Samuel 1—4

Dos días completos habían pasado desde la triunfante marcha de regreso de la matanza de los amalecitas a las chamuscadas y ennegrecidas ruinas de Siclag. ¿Cuál sería el siguiente paso a dar? ¿Debía comenzar a reconstruir la ciudad arruinada? ¿O habría alguna otra cosa en el programa divino para su vida?

El tercer día, un joven llegó jadeante y corriendo al campamento, con sus ropas rotas y con tierra sobre la cabeza. Se dirigió directamente a David, y se postró en tierra a sus pies. Inmediatamente dio las noticias que traía. Cada palabra hería a David hasta los tuétanos. Israel había huido de delante de sus enemigos; gran número de soldados habían caído en el campo de batalla; Saúl y Jonatán también habían muerto. En ese momento comprendió David que las expectaciones que había tenido durante años estaban a punto de realizarse; pero él no se dedicó a pensar en sí mismo ni en el maravilloso cambio de su fortuna. Su alma generosa, olvidada de sí misma, derramó un diluvio de las lágrimas más nobles que jamás hombre alguno haya derramado, por Saúl y por Jonatán su hijo y por el pueblo del Señor, por cuantos habían caído a espada.

1. El trato que dio David a la memoria de Saúl. No podía haber duda de que Saúl había muerto. Su corona y el brazalete que usaba en su brazo ya estaban en manos de David. Según lo que contó el amalecita, él mismo le había quitado la vida al rey, por cuanto así se lo pidió este. «El me volvió a decir —dijo, el amalecita—: Te ruego que te pongas sobre mí y me mates, porque se ha apoderado de mí la angustia; pues mi vida está aún toda en mí. Yo entonces me puse sobre él y le maté, porque sabía que no podía vivir después de su caída». Parece que David se quedó atolondrado hasta la noche, y luego se levantó a demostrar su respeto a la memoria de Saúl.

a. *El prestó poca atención al amalecita.* El portador de las tristes noticias había sido arrestado, por cuanto él mismo declaró que había matado al ungido del Señor. Y cuando cayó la noche, el desdichado hombre fue presentado de nuevo ante el caudillo. David, con un tono de horror le preguntó: «¿Cómo no tuviste temor de extender tu mano para matar al ungido de Jehová?» Luego llamó a uno de sus hombres y le dijo que matara al amalecita.

b. *Luego derramó su dolor por medio de una endecha,* que ha pasado a la literatura del mundo como modelo de un canto fúnebre sin rival. La Marcha fúnebre de Saúl es una pieza musical conocida en toda conmemoración de luto nacional.

El salmista irrumpe en patéticas reminiscencias de la antigua amistad que lo había unido con el difunto. Olvida todo lo que había sufrido a manos de Saúl; piensa solo en el ideal de su rey. «Amado y amable», fue el epitafio que colocó en la lápida sepulcral.

Pero para Jonatán tenía que haber una estrofa especial. A él también se le había dado fortaleza: ¿No había atacado él solo a un ejército y había producido una gran liberación? Pero con toda su fortaleza, él había sido bondadoso. Era un hermano del alma cuyo recuerdo era muy querido; terrible como un torbellino en la batalla; pero capaz de ser un amigo de verdad.

c. *Además, envió un mensaje de agradecimiento y congratulación a los hombres de Jabes de Galaad.* La indignación con que los filisteos habían tratado los cadáveres reales había sido ampliamente expiada por la devoción de los hombres de Jabes de Galaad. Estos no habían olvidado que el primer acto de Saúl como rey había sido el de librarlos a ellos de un horrible destino. Habían organizado una expedición que quitó los cuerpos de Saúl y de sus tres hijos de los muros de Betsán, en el cual, después de haberles cortado la cabeza, los habían colgado; los hombres de Jabes de Galaad los habían llevado durante la noche a su propia ciudad, donde los habían incinerado para salvarlos de posteriores deshonras. Las cenizas las sepultaron reverentemente debajo de un árbol en Galaad.

Tan pronto como David oyó acerca de esta acción, envió mensajeros a los hombres de Jabes de Galaad, para darles las gracias por su caballerosa devoción a la memoria del rey caído y prometió recompensarles la bondad como una acción que habían hecho a favor de toda la nación y de él mismo.

2. La actitud de David con respecto al reino. Hay algo muy bello en sus movimientos en está coyuntura, lo cual evidencia que su alma había vuelto a confiar completamente en Dios.

Esta actitud fue muy notable, en el momento en que hubieran podido darse muchas razones para la acción inmediata. El reino había sido destruido por los filisteos; en verdad, probablemente, durante los cinco años siguientes no hubo gobierno establecido entre las tribus del norte. Tuvo que haber sido difícil para el corazón patriota de David refrenarse de reunir las fuerzas dispersas de Israel y lanzarse contra el enemigo. También sabía que él era el rey designado por Dios, y hubiera sido natural que hubiera ascendido al trono y asumido el cetro por derecho propio. Posiblemente nadie le hubiera disputado un plan decisivo de esta clase. Así hubiera sobrepujado a Abner en maniobras, y este hubiera retirado su plan de proclamar a Is-boset como rey en Mahanaim. Ese hubiera sido un juicio meramente humano. Pero David estaba mejor aconsejado. Él consultó con el Señor: «¿Subiré a alguna de las ciudades de Judá?» Y cuando el oráculo divino lo dirigió a proseguir hacia Hebrón, no parece que fue allí sin pretensiones de rey o adalid, sino que se estableció tranquilamente con sus seguidores en los pueblos y aldeas de la vecindad y esperó hasta que llegaron los hombres de Judá y lo proclamaron rey. Fue entonces cuando fue ungido por segunda vez.

3. Características del reinado de David en Hebrón. Durante siete años y seis meses reinó David en Hebrón sobre la casa de Judá. Estaba en la flor de su vida, treinta años de edad, y parece que se dedicó al pleno disfrute de las apacibles cosas sagradas del hogar. Entre las dos narraciones de la larga guerra que hubo entre la casa de David y la casa de Saúl, se halla el informe sobre las esposas de David y los nombres de sus hijos (3:2-5).

A través de esos años, él preservó el mismo espíritu de esperar con expectación que era el hábito y el temperamento de su alma y que rara vez se interrumpió de ahí en adelante. Él se sentó en el trono de Judá en la ciudad de Hebrón —que significa comunión—, y esperó hasta que Dios allanara el camino que lo llevaría a la suprema dignidad que él le había prometido. La única excepción de este proceder fue el hecho de que pidió que se le devolviera su esposa

Mical. Tal vez hubiera sido más prudente para los dos si la mujer se hubiera dejado a su nuevo marido, quien parecía amarla realmente. Pero David pudo haber pensado que le era legítimo insistir en su condición legal como yerno del rey identificado por el matrimonio con la casa real.

Las ofertas para la transferencia del reino de Israel las hizo finalmente el mismo Abner, de manera completamente independiente de David. Fue Abner quien se comunicó con los ancianos de Israel y habló a los oídos de Benjamín y finalmente fue a hablar personalmente con David en Hebrón para decirle todo lo que parecía bien a Israel y a toda la casa de Benjamín.

A través de estas transacciones, David recibió tranquilamente lo que se le ofrecía; y solo se afirmó con intensidad y pasión en dos ocasiones, en que le fue necesario mantenerse libre de complicidad en crímenes viles, y dar a entender que detestaba a los que los habían cometido.

El espectáculo fue noble cuando el rey siguió el féretro de Abner y lloró en su tumba. Olvidó que este hombre había sido su persistente enemigo, y lo recordó solo como un príncipe y un gran hombre. Luego se produjo el drástico asesinato del rey títere Is-boset. Su reinado había sido débil desde principio a fin. Su sede estaba ubicada en Mahanaim, en el lado oriental del Jordán y nunca había ejercido sino una soberanía nominal. Todo su poder lo debía a Abner, y cuando este fue asesinado, todo el castillo de naipes de Is-boset se vino abajo, y el infortunado monarca cayó bajo las dagas de los traidores. David juró solemnemente que demandaría de los criminales la sangre de la víctima.

Luego vinieron todas las tribus de Israel a aquel «largo pueblo de piedras situado en la ladera occidental de una montaña formada por terrazas estériles», y le ofrecieron la corona de todo el reino. Estos consideraron el parentesco de ellos con él. Le dijeron que eran carne y hueso de él. Le recordaron los servicios que él había prestado cuando, aun en los días de Saúl, era él quien sacaba a los ejércitos de Israel a la guerra y los traía de vuelta, puesto que actuaba como rey suyo. Así fue solemnemente ungido por tercera vez como rey sobre todo el pueblo.

A este período podemos atribuir el Salmo 18, que indudablemente toca el punto culminante de la gratitud y la adoración. Todo nombre precioso de Dios aparece como contribución en este salmo; la figura de la venida del Señor en medio de una tormenta a rescatar a su siervo es de una sublimidad que no tiene paralelo; pero a través de todo se aprecia la ternura y el amor de los tratos de Dios para con sus hijos.

Me diste asimismo el escudo de tu salvación;
Tu diestra me sustentó,
y tu benignidad me ha engrandecido (Salmo 18:35).

20
¡QUIÉN ME DIERA A BEBER DEL AGUA DEL POZO DE BELÉN ...!
2 Samuel 5:17-25; 21:15

Tuvo que haber sido una asamblea rara e imponente la que acudió a coronar a David como rey de todo Israel, durante tres días permanecieron con él, celebrando un gran festival. Todo Israel participó en el gozo de la ocasión.

Los filisteos, sin embargo, estaban observando la escena con profunda insatisfacción. Mientras David se conformó con gobernar como rey de todo Israel, todos los filisteos descendieron a buscarlo. Los filisteos cayeron sobre Judá en numero tan elevado que él se vio obligado a descender con sus seiscientos hombres fuertes y fieles a la fortaleza que, según lo indica la comparación de los pasajes, tuvo que haber sido la célebre cueva de Adulam (2 Samuel 5:17; 23:13, 14).

1. Un repentino cambio de fortuna. Solo ayer David era el centro de la mayor asamblea de guerreros que su tierra hubiera visto durante muchas generaciones; pero hoy es echado de Hebrón, de nuevo hacia la fortaleza desolada de las montañas en que años antes se había refugiado del odio de Saúl. Fue un sorprendente cambio de fortuna. Sin embargo, es probable que él se refugiara en Dios. Estos fueron días en que anduvo en íntima compañía con su poderoso Amigo, y su confianza en que Dios lo establecería firmemente en el reino no titubeó ni un momento.

Fue saludable que en esta crisis de su historia David recordara que dependía de Dios como siempre.

2. Rayos de luz. La nebulosa tenebrosidad de estas horas oscuras se iluminó por algunos incidentes notables. Los seguidores de David realizaron prodigios de valor alrededor de la persona de su príncipe, a quien se deleitaban en llamar «la lámpara de Israel», a pesar de que esa hora estaba oscurecida por la nubosidad que se cernía sobre ellos (2 Samuel 21:7).

¡Qué maravillas pueden producirse por la inspiración de una sola vida! No podemos menos que hacer volver nuestro pensamiento a aquella hora en que, cerca de ese mismo lugar, un joven desconocido salió de entre las aterradas huestes de Israel y dio unos pasos hacia adelante para enfrentarse al temible Goliat. Solo, en cuanto se refiere a la fuerza humana, se enfrentó él a su terrible antagonista y lo derrotó. Pero ahora ya habían transcurrido unos catorce o quince años, y él ya no estaba solo. Había un gran número de hombres, animados por su espíritu, inspirados por su fe, que suavemente lo empujaban hacia atrás y le decían que tenía que permitirles a ellos soportar lo más arduo del conflicto, puesto que la vida de él, que era la fuente de la energía de ellos, tenía que ser retirada con cuidado de peligros innecesarios.

Así, las vidas de los grandes hombres iluminan e inspiran otras vidas. Ellos moldean a sus contemporáneos.

3. Un incidente conmovedor. Adulam no estaba lejos de Belén. Con frecuencia había llevado David, en sus primeros años, los rebaños de su padre a pastar en los valles donde ahora se hallaba refugiado; y los escenarios conocidos le trajeron recuerdos.

Una tarde sofocante se apoderó de él el irresistible deseo de beber del agua del pozo de Belén, que estaba junto a la puerta. Casi involuntariamente expresó su deseo. No sospechó que algunos de sus valientes alcanzarían a oír, ni que, en el caso de que lo oyeran serían lo suficientemente temerarios como para intentar satisfacer su capricho.

Tres de sus más valientes guerreros alcanzaron a oír el deseo de su caudillo y secretamente se escaparon de la cueva hacia el valle, irrumpieron a través de la huesta de filisteos, sacaron agua del pozo, y, antes de que los hubieran echado de menos, colocaron el vaso rebosante en las manos de David. Era la inapreciable expresión de un amor que era más fuerte que la muerte. Él no pudo beberla. A él le pareció que el vaso tenía un color carmesí fulgurante por la sangre que hubiera podido costar. Con aquella instintiva caballerosidad de alma que en todos los cambios de su fortuna lo hizo de un carácter tan absolutamente real como para despertar la devoción de sus adherentes, se levantó y la derramó en libación a Dios, como si este don fuera solo adecuado para él. Y mientras esto hacía, dijo: «Lejos sea de mí, oh Jehová, que yo haga esto ¿He de beber yo la sangre de los varones que fueron con peligro de su vida?»

¡Con cuánta frecuencia suspiramos por las aguas del pozo de Belén! ¡Quién viera de nuevo ese rostro; quién sintiera el toque de esa bondadosa mano; quién oyera esa voz! ¡Quién volviera a estar como en aquellos felices años de inocencia, cuando no se había probado nunca la fruta prohibida, ni la espada encendida se había movido jamás! ¡Quién tuviera aquella nueva visión de la vida, aquella devoción al servicio del Salvador, aquel nuevo brote alegre de amor! ¡Quién nos diera a beber del agua del pozo de Belén que está junto a la puerta! ... Estas son vanas lamentaciones; no hay nada que sea suficientemente fuerte para penetrar a través de la hilera de los años y traernos lo pasado. Pero la búsqueda del alma puede aún ser satisfecha; no en el pozo de Belén, sino en Aquel que nació allí; en él mitigará el alma su sed para siempre.

4. La derrota de los filisteos. La prosperidad no había alterado la actitud del alma de David en su persistente espera en Dios. Tal como era cuando llegó por primera vez a Hebrón, así era aún; y en esta hora de perplejidad, consultó con el Señor. Le preguntó: «¿Iré contra los filisteos? ¿Los entregarás en mi mano?» Recibió la seguridad divina de que le daría una victoria cierta. Y cuando comenzó la batalla, a él le pareció que el mismo Señor iba delante de él como corriente impetuosa. El derrotado enemigo no tuvo tiempo ni para recoger sus ídolos, los cuales cayeron en manos de los vencedores.

De nuevo los filisteos se levantaron para afirmar su antigua supremacía, y otra vez David esperó la dirección del Señor. Fue bueno que así lo hiciera, pues el plan de acción no fue como el anterior. En la primera batalla, los filisteos fueron atacados por asalto; en la segunda, se les tendió una emboscada.

Este movimiento en las copas de las balsameras, que indicaba que la emboscada tenía que comenzar su avance hacia el enemigo, sugiere las pisadas de escuadrones angélicos invisibles que pasaban hacia la batalla. «Jehová saldrá delante de ti a herir el campamento de los filisteos». Fue entonces cuando David cayó sobre las filas de ellos y los persiguió desde Geba hasta el corazón de la llanura marítima.

21
JERUSALÉN, LA CIUDAD SANTA
2 Samuel 5

Uno de los primeros actos del nuevo rey consistió en conseguir una capital adecuada para su reino. Y la elección que hizo de Jerusalén fue una pieza maestra de política y habilidad de hombre de estado. Ciertamente fue más: fue el resultado de la dirección directa del Espíritu de Dios.

Era sumamente deseable que la capital fuera accesible a todo el país; debía estar en tales condiciones que pudiera fortificarse sólidamente. Tenía que combinar la fuerza y la belleza como para despertar el orgullo y la devoción nacionales. Tenía que ser santificada por medio de asociaciones sagradas de tal modo que llegara a ser el centro religioso de la vida más santa del pueblo. Todos estos rasgos se combinaban en Jerusalén, y la recomendaban al criterio divinamente dirigido de David.

1. La historia previa de la ciudad. Para los judíos no había ciudad como Jerusalén. Fue la ciudad de Dios, situada en su santo monte: «Hermosa provincia, el gozo de toda la tierra». Las montañas que tenía alrededor parecían simbolizar la presencia circundante de Jehová. El que estaba exiliado abría sus puertas hacia Jerusalén mientras se arrodillaba para orar. El más noble pecho que alguna vez palpitara con verdadera emoción que la amenazaba. Que matas a los profetas, y apedreas a los que te son enviados! ¡Cuántas veces quise juntar a tus hijos, como la gallina junta sus polluelos debajo de las alas, y no quisiste!» (Mateo 23:37).

La ciudad no siempre había sido así. Había surgido como ciudad de cananeos. Durante años después, Israel ocupaba el resto del país, pero Jerusalén estaba aún en poder de los jebuseos.

2. La captura de la ciudad. Luego de hacer un reclutamiento en todo Israel, David subió contra Jerusalén. Por primera vez en siete años tomó el mando de su ejército personalmente. Los jebuseos se burlaron del intento de desalojarlos. Habían mantenido esa fortaleza durante tanto tiempo, y estaban tan confiados de que sus muros eran inexpugnables, que en son de burla colocaron sobre ellos cierto número de inválidos, y se jactaban de que estos serían suficientes para mantener a raya a David y a todo su ejército. Pero según un relato de Josefo, parece que Joab, incitado por la proclama de David, según la cual al que capturara la ciudad lo nombraría comandante en jefe, irrumpió a través de un pasaje subterráneo excavado en la roca suave, se abrió camino hasta el mismo centro de la ciudadela y abrió las puertas a todo el ejército.

Si esta versión es verdadera o no, lo cierto es que gracias a la valentía de Joab pronto cayó la ciudad en manos de David. Él moró en la fortaleza que luego se conoció como Sion o Ciudad de David. Esta era solo una parte de lo que después se conoció con el nombre de Jerusalén. Moriah, donde posteriormente se erigió el templo, era un sitio que probablemente no estaba ocupado. Ornán el jebuseo tenía allí una era.

Lo primero que hizo David fue extender la fortificación: «edificó alrededor desde Milo hacia adentro»; mientras Joab parece que se dedicó a reparar y a embellecer los edificios de la ciudad misma. Este primer éxito estableció el fundamento de la grandeza de David.

3. Un bello amanecer. Se ha sugerido que debemos el Salmo 101 a esta hora de la vida de David, quien se ve llamado de repente a conducir la administración interna de una gran nación. Era muy necesario tranquilizar al país con respecto al carácter de los hombres a quienes el rey estaba preparando para encomendarles los intereses de la nación. Este salmo pudo haber sido preparado con tales fines. En todo caso, cuadra exactamente con tal ocasión y tal propósito.

El salmista real declara que él se comportará prudentemente de una manera perfecta. No pondrá delante de sus ojos cosa injusta. Sus primeras y mejores energías se dedicarían a la destrucción de todos los perversos del país, al tiempo que favorecería a los que eran fieles.

Escogería como sus servidores favoritos a los que anduvieran en el camino de la perfección.

22
EL TRASLADO DEL ARCA AL MONTE DE SION
2 Samuel 6

Tan pronto como David adquirió una capital, quiso convertirla en el centro religioso y político de la vida nacional. Con este objeto en mente, resolvió colocar el arca, que ya casi estaba olvidada, en una estructura temporal cerca del palacio. Desde que el arca regresó de la tierra de los filisteos, había hallado reposo temporal en un lugar de la «ciudad de los bosques», situada a unos dieciocho kilómetros de Jerusalén, en la casa de Abinadab y bajo su cuidado.

Sin embargo, David no quería dar ningún paso por su propia iniciativa, sino que tomó consejo con los capitanes de millares y de centenas, y con todo individuo de influencia. Con la aquiescencia de ellos, fue por todas partes a través de toda la tierra de Israel, reuniendo a los sacerdotes, a los levitas y al pueblo para traer el sagrado emblema.

1. El error de colocar el arca en un carro. Fue una gran procesión la que se encaminó ese día hacia la pequeña aldea. Además de la gran hueste de sacerdotes y levitas, y de una gran concurrencia del pueblo, había treinta mil soldados escogidos, cuya presencia sería suficiente para proteger a los reunidos de cualquier incursión o sorpresa hostil.

Probablemente debemos el Salmo 132 a esta ocasión. En dicho salmo el cantor real registra la determinación de establecer un lugar para el Señor, un tabernáculo para el Poderoso de Jacob.

Pero un fatal error empañó los eventos de ese día, y pospuso el cumplimiento de lo que era la más alta esperanza de un propósito nacional. Estaba estrictamente ordenado en la ley de Moisés que solo los levitas, quienes estaban especialmente consagrados para esta tarea, podían llevar el arca sobre sus hombros, sin tocarla con las manos, para que no murieran (Números 4:15; 7:9). Nada podía ser más claro que este mandamiento, ni más obvio que la razón por la cual se dio, para reforzar la santidad de todo lo que pertenecía al servicio del Altísimo. Este mandamiento, sin embargo, había caído en desuso junto con muchos otros. Así que se hicieron arreglos para que el arca fuera llevada en un carro nuevo por dos hijos de Abinadab.

Los bueyes iniciaron la marcha en medio de una explosión de canto y sonido de trompeta. Mientras anduvieron los tres primeros kilómetros, todo marchó bien. Pero entonces llegaron a un trayecto de camino rudo en el cual los bueyes tropezaban, y el arca se sacudió tan violentamente que estuvo en peligro de caer a tierra. Entonces Uza, el hijo menor de Abinadab, extendió su mano para sostenerla, e inmediatamente cayó muerto. Fue terrible el efecto que esto produjo en la procesión. El horror silenció el canto y el pánico se difundió entre la multitud atemorizada, cuando se esparció por las filas la noticia de la catástrofe. David se sintió grandemente desanimado. Ese día le tuvo miedo a Dios, y dijo: «¿Cómo ha de venir a mí el arca de Jehová?» Entonces dio instrucciones para que el arca se depositara en la casa de Obed-edom, un levita que vivía en las cercanías y allí permaneció tres meses. Las aterradas multitudes regresaron a Jerusalén consternadas y desalentadas.

2. Hombros de hombres vivos, « ...y bendijo Jehová a Obed-edom ya toda su casa». Josefo afirma que desde el momento en que el arca reposó bajo el techo de este hombre, entró allí una marejada de prosperidad, de tal modo que él paso de la pobreza a la riqueza; signo evidente de que Jehová no tenía controversia con los que obedecían las normas y condiciones establecidas en la antigua ley.

Se volvió a reunir una gran asamblea. Esta vez, sin embargo, se observó minuciosamente el rito prescrito, los hijos de los levitas llevaron el arca de Dios sobre sus hombros, con las varas colocadas en su puesto, tal como Moisés lo mandó de conformidad con la palabra del Señor. Cuando el arca entró en la ciudad, David, vestido con un efod de lino, saltaba y danzaba delante del Señor.

Así llevaron el arca del Señor, y la colocaron en su puesto, en medio de la tienda que David había preparado para ella; y él ofreció holocaustos y ofrendas de paz al Señor. Luego se volvió para bendecir al pueblo en el nombre del Señor de los ejércitos; y les repartió pan, vino, y uvas pasas. La única nube que empañó la alegría de este día fueron las amargas palabras de Mical, en la cual no había simpatía para la religión de su marido. ¡Pobre mujer! Tal vez estaba aún afligida por haber perdido a Paltiel, su otro marido. O tal vez ella tenía celos por el hecho de que David era independiente de ella y de la casa de su padre; de ahí el veneno que había en las palabras que le dirigió al hombre a quien había amado y cuya vida ella había salvado una vez.

3. Tres salmos majestuosos. En esta ocasión fueron compuestos tres de los salmos más excelentes: el 15, el 68, y el 24. El Salmo 15 evidentemente fue compuesto en relación directa con la muerte de Uza, y para contestar la siguiente pregunta:

¿Quién habitará en tu tabernáculo?
¿Quién morará en tu monte santo?

El Salmo 68 se cantaba como un himno para procesión. Comienza con la antigua fórmula que se pronunciaba en la marcha del desierto cada vez que se desmantelaba el campamento:

Levántese Dios, sean esparcidos sus enemigos,
y huyan de su presencia los que le aborrecen.

Cuando el arca era llevada hacia adelante y avanzaba majestuosamente, se tocaba suavemente la sinfonía que recordaba los antiguos tiempos en que el Señor iba delante de su pueblo y marchaba por el desierto, mientras la tierra temblaba y los cielos destilaban ante su presencia.

Cuando los levitas que llevaban el arca se acercaron a la cuesta del camino hacia la ciudadela de Sion, los coristas prorrumpieron en una estrofa de grandeza sin par, cuyo pleno significado solo pudo cumplirse cuando Cristo ascendió, por encima de todo principado y autoridad, a la presencia de su Padre:

Subiste a lo alto, cautivaste la cautividad,
Tomaste dones para los hombres,
y también para los rebeldes, para que habite
entre ellos JAH Dios.

Luego sigue una enumeración de las partes constitutivas de la poderosa hueste. Finalmente, el salmista prevé la reunión de las naciones distantes en ese sagrado lugar:

Vendrán príncipes de Egipto;
Etiopía se apresurará a extender sus manos hacia Dios.

Pero de estos tres, tal vez el Salmo 24 sea la obra maestra. Comienza con un maravilloso concepto, si tenemos en cuenta la estrechez de la ordinaria exclusividad judía:

De Jehová es la tierra y su plenitud;
El mundo y los que en él habitan.

La primera parte del salmo responde la pregunta relacionada con la clase de hombres que pueden estar delante del Señor (versículos 3-6). Tienen que ser «limpios de manos, y puros de corazón»; que no eleven «su alma a la vanidad ni juren con engaño». El requisito del Dios santo es la justicia que solo él puede dar a los que buscan su rostro.

La segunda parte declara la disposición de Dios a morar con el hombre en la tierra. Se les ordena a las puertas de frente inclinada que se levanten y permitan la entrada al Rey. Los coristas vestidos de blanco, con truenos de voces e instrumentos, se paraban ante los portales cerrados y exclamaban:

Alzad, oh puertas, vuestras cabezas,
y alzaos vosotras, puertas eternas,
y entrará el rey de gloria.

Desde adentro, una sola voz, como algún guarda asombrado y suspicaz, preguntaba:

¿Quién es este rey de gloria?

Esta pregunta encontraba inmediata respuesta, enfática y poderosa:

Jehová el fuerte y valiente,
Jehová el poderoso en batalla.

Otra vez había el desafío a que se abrieran las puertas. Y de nuevo había la averiguación.

Y de nuevo se producía la magnífica respuesta, de que el rey de gloria, para quien se solicitaba admisión en esta antigua ciudad, es Jehová de los ejércitos. Así llegó al fin el arca a su lugar de reposo.

23
«HAZ TODO LO QUE ESTÁ EN TU CORAZÓN»
2 Samuel 7; 2 Crónicas 6-8

Con la ayuda de Hiram, rey de Tiro, se había erigido un palacio de cedro para David en el monte de Sion. Sin embargo, había un gran contraste entre este edificio y la estructura temporal que servía como casa para el arca. Un día David llamó a Natán el profeta, y le anunció su intención de edificar una casa para Dios. Por el momento, el profeta asintió cordialmente a la proposición, pero en la tranquilidad de la noche, cuando se hallaba en mejores condiciones para comprender el pensamiento de Dios, le vino la palabra de Dios, y le dijo que detuviera al rey de dar pasos ulteriores en este sentido.

El día siguiente él le dio las noticias a David con suma delicadeza y bondad. La oferta del rey fue rechazada, pero esta denegación estuvo envuelta en tantísimas seguridades de bendición que el rey casi no sintió la desilusión en medio del torrente de sobrecogedora alegría que despertaron en él las palabras de Natán. «¿Tú edificarás casa para Dios? Él te edificará una casa».

1. El concepto de un noble propósito. Aquel fue un gran pensamiento que le vino a David. En parte le fue sugerido por la urgencia de la situación. Después que el arca hubo llegado a su nuevo hogar, fue designado Asaf junto con otros para celebrar y dar gracias, y alabar al Señor y ministrar delante de él (1 Crónicas 16:4-37). Y se supone que en este período se establecieron las veinticuatro órdenes de sacerdotes, un arreglo que duró hasta el tiempo de nuestro Señor. También se supone que los levitas ya estaban organizados: 24.000 para ayudar a los sacerdotes; 4.000 como músicos y cantores; 4.000 como guardas y vigilantes. Los demás estaban esparcidos por toda la tierra para enseñar la ley, administrar justicia y realizar otros oficios públicos. De este modo, un inmenso número de hombres se reunía en torno al arca y al palacio, para los cuales era necesario hallar un lugar de alojamiento adecuado. Pero ciertamente había una razón más profunda: manifestar su amor, su reverencia, su devoción y su perenne gratitud a Dios.

De manera que es especialmente en la juventud cuando las grandes concepciones visitan el alma; cuando los ideales de excelente belleza arrojan luz sobre lo futuro y se toman decisiones de servir a Dios. Jóvenes, nunca abandonen ustedes su ideal, no desobedezcan la visión celestial.

2. El ideal no siempre se realiza. Los labios de Dios no pronuncian un definido No. Él amontona sobre nosotros sus promesas y bendiciones, y nos guía hacia adelante en medio de una dorada neblina de amor, la cual oculta su respuesta negativa. Como le ocurrió a David, nosotros no podemos señalar la palabra ni el momento de la divina negativa. Amorosamente somos llevados de frase en frase a lo largo del gran discurso de la vida acerca del interés de Dios por nosotros y su generosidad. Es solo en momentos de reflexión cuando descubrimos que nuestro propósito no está destinado a salir tan bien como lo pensábamos.

3. Dios explica luego sus razones. Lo que ahora no entendemos, lo entendemos más tarde ... después David dijo a Salomón su hijo (quien en estos momentos todavía no había nacido): «Más vino a mí palabra de Jehová, diciendo: Tú has derramado mucha sangre, y has hecho grandes guerras; no edificarás casa a mi nombre» (1 Crónicas 22:8). La mano manchada por la sangre no podía edificar el templo de la paz. Si en aquel tiempo se le hubiera dicho a David esto, eso lo habría herido sin necesidad. Fue suficiente envolver la respuesta negativa de Dios en una promesa de infinita bendición, pero a medida que pasaron los años, la razón por la cual Dios rechazó su plan se hizo clara y distinta para él. Entretanto, David permaneció paciente, y se dijo: Dios tiene alguna razón que yo no puedo entender, pero está bien.

Algún día entenderemos que Dios tiene alguna razón por cada respuesta negativa que nos dé a través del lento curso de la vida. Llegará el día —probablemente en esta vida, y ciertamente en la próxima— en que entenderemos por qué nos dirigió de la manera como lo hizo.

4. Una esperanza sin realizar puede cumplirse aún con inmensa bendición. Dios nos dará el crédito de lo que hubiéramos sido si hubiéramos podido. El que tiene un corazón de misionero, aunque esté pegado a la silla de una oficina, es considerado como uno que pertenece a ese noble grupo. La mujer de Sarepta, que lo único que hizo fue compartir su última comida con el profeta, recibirá recompensa de profeta. El alma que vibra con los más altos impulsos, pero que tiene que cuidar a la madre viuda o a un familiar que depende de ella, algún día se sorprenderá al hallar que se le da crédito por la cosecha que se hubiera obtenido si sus semillas hubieran sido sembradas en suelo más propicio. En la gloria David descubrirá que se le concede el crédito de haber edificado el templo sobre el monte de Sion.

5. Haga usted lo que pueda. La energía que David hubiera gastado en la construcción del templo se puso de manifiesto en la acumulación de los materiales para su construcción. «Yo con todas mis fuerzas he preparado para la casa de mi Dios ...» (1 Crónicas 29:2).

Si usted no puede hacer lo que esperaba, no se entregue a la desesperación, permitiendo que todas las energías de su vida se malgasten; sino levántese y dedíquese a ayudar a otros para que logren el éxito. Si usted no puede construir, puede acumular los materiales para el que sí ha de construir. Si no puede bajar a la mina, puede sostener las cuerdas.

Luego entró David y se presentó delante del Señor, y dijo: «Señor Jehová, ¿quién soy yo ...?» (2 Samuel 7:18). No tenemos palabras para calificar la exuberancia de su alma en aquella hora trascendental. En medio de las sucesivas oleadas de gloria que lo inundaron, no se quejó de que el propósito de su corazón fuera frustrado.

24
«PERO YO HE PUESTO MI REY»
2 Samuel 8; 1 Crónicas 18, 19, 20

La tranquilidad que sobrevino después que el arca fue trasladada fue interrumpida por una sucesión de feroces guerras. Una tras otra, las naciones circundantes se levantaron, bien por sí solas o en confederaciones, contra David. «Bramaron las naciones, titubearon los reinos».

Los filisteos. Se levantaron por última vez; pero David los sometió.

Los moabitas. La alianza hereditaria entre el monarca hebreo y sus intranquilos vecinos, que databa desde el tiempo de Rut, no fue suficiente para restringirlos. Benaía fue comisionado para dirigir una expedición contra ellos. Esta tuvo tanto éxito que todo el ejército cayó en sus manos y fue tratado conforme a la terrible costumbre de su tiempo: solo la tercera parte se salvó.

Los sirios. El rey Soba y los sirios de Damasco fueron absolutamente derrotados. Grandes despojos de oro y bronce cayeron en las manos de David. La frontera de Israel fue llevada hasta la línea del Eufrates y así se cumplió la antigua promesa que Dios le había hecho a Abraham.

Edom. Mientras David guerreaba en el norte, los edomitas invadieron a Judá. David envió contra ellos a Abisai. Este se encontró con ellos en la costa occidental del mar Muerto y destruyó a 18.000 en el valle de la Sal. Toda la tierra de ellos, incluso Petra, la capital rocosa, fue poco a poco sometida. Y con excepción de Hadad, quien huyó a Egipto, la familia real fue exterminada.

Amón. Una oferta amistosa por parte de David para con este pueblo recibió como respuesta un grosero insulto. Hanún, al comprender que se le infligiría una adecuada venganza, formó una inmensa coalición. Los ejércitos combinados llegaban a 32.000 soldados, con un fuerte contingente de caballería y carros, contra los cuales David solo podía enviar la infantería hebrea. El uso de caballos les estaba prohibido por la legislación mosaica. Sin embargo, por la buena mano de Dios, obtuvieron la victoria. La marejada de la invasión israelita asoló al país hostil. Rabá, la ciudad capital, cayó en manos de David. Al pueblo lo pusieron a trabajar con sierras, trillos de hierro, y hachas, probablemente en la preparación de materiales para las obras públicas y tal vez para el mismo templo.

Estos años de guerra dieron nacimiento a algunos de los salmos más grandes, entre los cuales podemos enumerar los salmos 2, 20, 21, 60 y 110.

1. El enemigo. Las naciones braman; los pueblos piensan cosas vanas; los reyes y los príncipes de la tierra consultan unidos contra el Señor y contra su ungido. Confían en carros y en caballos; sus reyes piensan que se salvarán por el tamaño de sus ejércitos. Tan tremendo es su asalto que toda ayuda de hombre parece vana.

2. La actitud de fe. Mientras las cerradas filas del enemigo están a la vista, al rey héroe se le permite una visión de lo invisible y eterno. No hay temor en el rostro de Dios, ni cambio en su determinación de establecer a su rey sobre su santo monte. De hecho, parece que el día del ataque de sus enemigos es aquel en que él recibió una nueva seguridad de su condición de hijo y fue invitado a reclamar las naciones como herencia suya, y los confines de la tierra como su posesión. Cuando prevé la batalla, oye el repique de la promesa divina por sobre la confusión de su temor:

Los quebrantarás con vara de hierro;
Como vasija de alfarero los desmenuzarás.

Con perfecta paz prevé el resultado: el Señor enviará desde Sion la vara de su fuerza y pondrá a sus enemigos por estrado de sus pies. En los años venideros ... podrá combinar el oficio de sacerdote y rey, como lo hizo Melquisedec en el mismo sitio siglos antes.

3. Los guerreros del rey sacerdote. Contagiados con la fe de David, triunfan con la salvación de Dios y en el nombre de él levantan sus banderas. Creen que Dios sale como hombre de guerra con sus huestes y que aplastaría sus adversarios. Los soldados de David no están cubiertos con armadura sino con el lino fino de los sacerdotes: «la hermosura de la santidad». Esta expresión sugiere que la guerra era conducida por hombres religiosos, como acto de adoración a Dios (Salmo 110).

4. La perfección de la victoria. Los ejércitos de los enemigos no pueden resistir la arremetida de los soldados que tienen vestidura celestial. Cuando regresa el ejército triunfante, después de haber dejado la desolación en el sitio en que sus enemigos habían formado enjambre, expresan con cánticos su gratitud a su poderoso Libertador. *Dios es para nosotros un Dios de victoria.*

Todo esto tiene inferencias para el porvenir. David fue una prefiguración del Mesías. Porque es cierto que contra el santo Siervo Jesús, a quien Dios ungió, se han levantado tanto los gentiles como el mismo pueblo de Israel. Los hombres han rechazado su gobierno y continúan rechazándolo. Pero Dios juró, y no se arrepentirá, que toda rodilla se doblará ante él, y toda lengua confesará que «los reinos del mundo han venido a ser de nuestro Señor y de su Cristo; y reinará por los siglos de los siglos» (Apocalipsis 11:15).

25
EL PECADO DE LA VIDA DE DAVID
2 Samuel 11-19

El cronista omite toda referencia a la terrible mancha en la vida de David. Pero la historia anterior anota cada detalle sin atenuación ni excusa. Para todos los que sufren de pecado, la ganancia sobrepasará en mucho a la pérdida en el crédito del hombre que agradó al corazón de Dios.

1. Las circunstancias que condujeron a David al pecado. El ardiente temperamento poético del rey lo exponía especialmente a una tentación de este tipo; pero el hábito de moderación que él tenía en su vida habría prevalecido de no ser que se descuidó en la autovigilancia.

Durante diecisiete años había disfrutado de ininterrumpida prosperidad. En todas las guerras había tenido éxito, y en toda grande ocasión había aumentado la adulación de sus súbditos. Pero tal prosperidad está siempre llena de peligros.

En violación directa a la ley de Moisés, aumentó el número de sus concubinas y esposas cosa que fomentó en él el deseo de la gratificación sensual. Y una tarde cayó en la tentación.

Encima de eso también se había entregado a la ociosidad. Dejando a un lado el espíritu marcial del León de Judá, permitió que Joab y sus valientes soldados hicieran la guerra alrededor de los muros de Rabá mientras él esperaba en Jerusalén.

Una tarde sofocante el rey se había levantado de su siesta vespertina y se paseaba perezosamente en la azotea de su palacio. En esa hora de holgura debilitante, digámoslo en palabras del profeta Natán, «vino uno de camino», tuvo un mal pensamiento. Para satisfacer el hambre del visitante entró en el hogar de un pobre hombre y tomó su única corderita, aunque sus propios rediles estaban llenos de rebaños. No vamos a atenuar el pecado de David al insistir en la dispuesta complicidad de Betsabé, o en la estricta purificación de ella. Basta decir que ella despreció los votos que había hecho a su marido ausente. El relato bíblico coloca la carga del pecado solo sobre el rey, ante cuyo poder absoluto Betsabé pudo haberse sentido obligada a rendirse.

¡Un breve rato de complacencia apasionada, y su carácter se destrozó irreparablemente; su paz se desvaneció; los fundamentos de su reino se pusieron en peligro; el Señor se desagradó; y sus enemigos tuvieron una gran ocasión para blasfemar! Se debe tener más temor a los momentos de ociosidad que a los de trabajo agotador.

Un día su compañera de pecado envió a David la noticia de que los resultados no podrían esconderse. Eso hizo que le hirviera la sangre. La ley de Moisés castigaba el adulterio con la muerte de los dos culpables. ¡Había que dar pasos de inmediato para ocultar el pecado!

El marido vino a la ciudad, pero su venida no ayudó en el asunto. Él se negó a entrar en su casa, aunque la primera noche el rey le envió una comida directamente de su mesa y la segunda noche lo embriagó. La caballerosa alma de este soldado rehusó dormir aun con su propia esposa, mientras la gran guerra siguiera su proceso.

No había alternativa: este hombre tenía que morir, pues los hombres muertos no cuentan nada. Si iba a nacer un niño, por lo menos los labios de Urías no debían tener la capacidad de negar que fuera suyo. El mismo soldado le llevó a Joab, de manera completamente inconsciente, la carta que sería su propia sentencia de muerte. Cuando Joab la recibió tuvo que haberse reído internamente. Urías fue colocado al frente de la más recia batalla, y abandonado para que fuera herido y muriera. El caso significativo de la muerte de este hombre se insertó en el boletín que fue enviado al rey desde el campo de batalla. David suponía que solo él y Joab sabían acerca de esto. Betsabé probablemente no supo por cuál método costoso se estaba protegiendo su reputación. Ella hizo las lamentaciones por su marido muerto, como acostumbraban las matronas hebreas, y entretanto se congratuló de la afortunada coincidencia. Pasados los siete días del luto, la mujer fue llevada a la casa de David. ¡Qué alivio! ¡El niño nacería bajo la cubierta de un legítimo connubio! Sin embargo, hubo un defecto fatal en todo este arreglo: «Esto que David había hecho, fue desagradable ante los ojos de Jehová». David y el mundo habrían de oír más acerca de ello. ¡Pero ah, qué dolor tan amargo que él hubiera caído de este modo! El salmista, el rey, el hombre, el amante de Dios, todos fueron pisoteados en el lodo por una explosión de pecado oscura, salvaje, y apasionada. ¡Dios mío, concédeme que yo pueda llevar la flor blanca de una vida sin mancha hasta el fin!

2. Arrepentimiento demorado. Cuanto mejor sea el hombre, tanto mayor será el precio que pagará por una corta temporada de placer pecaminoso. Durante doce meses enteros, el pecador real envolvió el pecado en su seno, cerró los labios y se negó a confesar. Pero en el Salmo 32 nos dice cómo se sentía. Sus huesos envejecieron por el gemir todo el día. Día y noche se agravó la mano del Señor sobre él.

La aparición de Natán en el escenario tuvo que haber sido un alivio positivo. El profeta, por derecho de ser su antiguo amigo, buscó una audiencia privada. Le contó lo que parecía ser una historia real y patética de una maldad arbitraria. La ira de David se encendió contra el hombre que la había perpetrado. El espíritu que siempre caracteriza a una conciencia sombría e intranquila salió a relucir en su sentencia. En caso talla ley levítica solo demandaba una restitución cuádruple (Exodo 22:1). El rey pronunció sentencia de muerte. Luego, así como un rayo de luz en una oscura noche de repente le hace comprender al viajero que está a punto de caer en el precipicio, la declaración breve, terrible, y aplastante del profeta: «Tú eres aquel hombre", hizo que David volviera en sí y lo puso de rodillas. Natán le recordó la abundante bondad de Dios» ...tuviste en poco la palabra de Jehová... A Urías heteo heriste a espada, y tomaste por mujer a su mujer." El hijo morirá; tus esposas serán tratadas como tú has tratado a la de él; de tu misma casa se levantará el mal contra ti. «Pequé contra Jehová», «Pequé contra Jehová», fue la única respuesta de David.

Cuando Natán se hubo ido, David expresó esa breve confesión en el Salmo 51, para que todo el mundo pudiera usarla. Pero mucho tiempo antes de su patética oración, tan pronto como él reconoció su pecado, sin que transcurriera ningún intervalo entre la confesión y la seguridad, Natán le había dicho: «También Jehová ha remitido tu pecado».

¡Alma penitente! Atrévase a creer en el perdón instantáneo de los pecados. Usted solo tiene que pronunciar la confesión, y se dará cuenta de que es interrumpida por el estallido del amor del Padre. Tan pronto como las palabras de arrepentimiento salgan de sus labios, les salen al encuentro las apresuradas seguridades de un amor que, aunque odia el pecado, nunca cesa de suspirar por el hijo pródigo.

26
LOS AZOTES QUE RECIBEN LOS HIJOS DE LOS HOMBRES
2 Samuel 12-19

El pecado puede ser perdonado, como lo fue el de David. Sin embargo, una larga serie de tristes consecuencias puede venir luego. La ley de causa y efecto continuará con su cadena de desastres. Estos hechos se destacan en las páginas que cuentan la historia de los castigos, alivios y victorias que Dios dio.

1. Los castigos de Dios. El niñito de Betsabé enfermó gravemente. Era el hijo del pecado y la vergüenza, pero sus padres se quedaron en suspenso por este motivo. Durante siete días la madre lo vigiló y el padre ayunó acostado en tierra. Sufrió más al ver la angustia de su hijito que si se le hubiera infligido a él diez veces el dolor. Corta hasta los tuétanos el hecho de que un inocente sufra por nuestros crímenes. El séptimo día, el niño murió.

Dos años más tarde, uno de los hijos de David trató a su hermana como David había tratado a la mujer de Urías. En el pecado de Amón, David observó los rasgos de sus propias pasiones desenfrenadas. Y en el asesinato de que fue víctima Amón a manos de Absalón dos años más tarde, David volvió a encontrar su propia culpa de homicidio. El fratricidio que cometió Absalón nunca hubiera ocurrido si David hubiera tomado al instante medidas para castigar a Amón. ¿Pero cómo podía él infligir una sentencia a la impureza de su hijo cuando él mismo no se la había aplicado (Levítico 18:9-29)?

Ni tampoco podía castigar a Absalón por el asesinato, cuando él recordaba que él mismo, un asesino, había eludido el destino de los asesinos.

No pasó mucho cuando estalló la rebelión de Absalón. ¿Qué fue lo que arrastró a Ahitofel, el más confiable consejero de David, hacia las filas de aquella gran conspiración? La respuesta se halla en las genealogías, las cuales nos indican que él fue abuelo de Betsabé y que su hijo Eliam era camarada y amigo de Urías.

El golpe más desastroso y terrible fue la rebelión de Absalón. Su bella figura, su rápido ingenio; su aparente simpatía con las ansiedades y desilusiones del pueblo, que estaba molesto por la lenta administración de la ley; su extravagante gasto y esplendor ... todos estos elementos habían estado socavando durante cuatro años el trono de David y robándose el corazón del pueblo. Así que, cuando Absalón erigió su estandarte en Hebrón y fue proclamado rey por toda la tierra, era evidente que el pueblo había perdido su antigua reverencia y amor hacia David, y se apresuraba a rendir homenaje ante el altar de un nuevo príncipe.

No necesitamos relatar los pasos sucesivos de aquellos días tormentosos. La huida del rey, dominado por el pánico: «Levantaos y huyamos, ...daos prisa a partir»; su ascenso descalzo por el monte de los Olivos; la angustia y el llanto en alta voz; la vergonzosa maldición de Simei; la aparente traición de Mefi-boset; la humillación de las concubinas de David a la vista de aquel sol que había sido testigo de su propio pecado; la unión de todo Israel a Absalón, con aparente olvido de los lazos que durante tantos años los habían unido a David.

Estos fueron los golpes de la vara del Padre que cayeron duros y rápidos sobre su hijo. Parecían proceder de la calumnia y el odio del hombre; pero David miraba hacia los corazones de los hombres y comprendía que la copa que ellos llevaban a los labios de él había sido mezclada en el cielo y que aquello era no la pena impuesta por un Juez sino la disciplina de un Padre.

Aparte de la historia de Cristo, en la Biblia no hay nada más bello que la conducta de David al pasar por esta maraña de espinas.

«Vuelve el arca de Dios a la ciudad —le dijo a Sadoc—. Si yo hallare gracia ante los ojos de Jehová, él hará que vuelva, y me dejará verla y a su tabernáculo. Y si dijere: No me complazco en ti; aquí estoy, haga de mí lo que bien le pareciere». Y cuando Simei le dijo que él era hombre sanguinario, a causa de sus tratos con la casa de Saúl, David dijo a Abisai: «Si él así maldice, es porque Jehová le ha dicho que maldiga a David. ¿Quién, pues, le preguntará por qué lo hace así?»

Nunca olvidemos la lección. El dolor y la aflicción pueden venir contra nosotros por la calumnia de un Ahitofel, de un Simei o de un Judas; pero si Dios permite que tales cosas nos alcancen cuando ya han pasado por el delgado alambre de su cedazo, es que han llegado a ser su voluntad para nosotros. Podemos levantar los ojos hacia su rostro y comprender que estamos siendo disciplinados como hijos.

2. El alivio de Dios. Se manifestó de muchas maneras. La amarga hora de la prueba hizo que se pusiera de relieve un amor por parte de sus seguidores, del cual el viejo rey tal vez se había olvidado un poco.

La defección de Ahitofello hirió profundamente, pero Husai arquita acudió a encontrarse con él con gran demostración de pena, y estuvo dispuesto, como su amigo, a defenderlo en el concilio de Absalón.

Simei pudo maldecirlo; pero Itai, el extranjero, un hombre de Gat, juró lealtad a David para vida o muerte, junto con todos sus hombres.

Sadoc y Abiatar estaban allí con el arca. Con la tristeza que sentían por su señor habían olvidado su antigua animosidad. Siba salió á encontrarlo con frutas de verano, racimos de uvas pasas, y hogazas de pan. Sobi, Maquir, y Barzilai les brindaron abundantes provisiones a David y a sus hambrientos, fatigados y sedientos seguidores. El pueblo en pleno le dijo a David que él no debía entrar en la batalla porque su vida era inapreciable para la nación y él valía tanto como diez mil de ellos.

Fue así como él llegó a cantar algunos de sus cánticos más dulces, entre ellos los salmos 3, 4, 61, 62, 143.

De estos, los dos primeros son sus himnos de la mañana y de la tarde, cuando tuvo que cambiar su palacio de cedro por la bóveda azul del cielo. Él sabe que tiene muchos adversarios que dicen: «No hay para él salvación en Dios»; pero él se imagina que está muy bien custodiado.

Mas tú, Jehová, eres escudo alrededor de mí;
Mi gloria, y el que levanta mi cabeza.

Él no teme de diez millares de gente; se acuesta en paz a dormir y despierta seguro, porque Jehová lo sustenta.

3. La victoria de Dios. Las tropas novatas que Absalón reclutó apresuradamente fueron incapaces de resistir el ataque de los veteranos de David, y huyeron. El mismo Absalón murió. Le dio muerte el despiadado Joab mientras aquel se balanceaba colgando de las ramas de una inmensa encina. El péndulo de la lealtad del pueblo volvió a su antigua fidelidad y con mucho anhelo se disputaron el honor de hacer volver al rey. Aun los hombres de Judá, conscientes de haber abandonado la confianza de él y de haber seguido inmediatamente a Absalón, se arrepintieron y lo urgieron a que regresara. Simei se postró delante del rey. Mefi-boset estableció su firme lealtad. Barzilai quedó vinculado a la casa real para siempre por sus profusos reconocimientos y por las ofertas del rey a Quimam.

Muchas fueron las aflicciones del siervo de Dios, pero de todas ellas fue librado. Cuando él hubo aprendido la lección, la vara se quedó quieta. Había sido castigado con vara de hombres y con azotes de los hijos de los hombres. Pero Dios no le retiró su misericordia, como lo hizo con Saúl: su casa, su trono, su reino, a pesar de las muchas fuerzas conflictivas, fueron afirmados. Siempre hay la vara, los azotes, las disciplinas; pero en ellos está el amor de Dios, llevando a cabo su propósito redentor. Luego viene la bendición del resplandor crepuscular, el final calmado de la vida en un ocaso sereno.

(27)
LA PUESTA DEL SOL Y LA ESTRELLA VESPERTINA
1 Crónicas 20 - 29

David tuvo un período de diez años de relativo reposo desde la represión final de las revueltas de Absalón y Seba hasta su muerte. Son pocos los incidentes de esos años que aparecen escritos. Probablemente David anduvo con paso suave y humilde delante de Dios, y concentró su atención en la erección del templo. Si él no podía construirlo, haría todo lo posible por ayudar al que lo iba a construir.

1. El sitio del templo. Este sitio fue indicado de la siguiente manera. David concibió el plan de empadronar a Israel y Judá. El cronista dice que fue Satanás quien lo movió a hacer eso, en tanto que el registro antiguo atribuye la sugerencia a la ira del Señor. El pecado de hacer un censo probablemente estuvo en el motivo por el cual se hizo. David estaba animado por un espíritu de orgullo y prestigio.

A pesar de los reproches de Joab y de otros, el rey prevaleció. Los oficiales fueron por toda la tierra empadronando el pueblo. Excluyendo las tribus de Leví y Benjamín, y la ciudad de Jerusalén, los hombres de guerra de Israel fueron casi un millón y los de Judá, quinientos mil.

Cuando el censo estaba a punto de terminar, y los oficiales habían llegado a Jerusalén, a David le pesó en su corazón haber hecho esto, y le dijo al Señor: «Yo he pecado gravemente por haber hecho esto». Una noche de angustia, sin embargo, no podía limpiar el mal y la necedad que había puesto en práctica durante nueve meses. David podía ser perdonado, pero tuvo que someterse a una de tres formas de castigo. Él fue prudente cuando escogió caer en mano de Jehová; pero la plaga que devastó a su pueblo con una severidad sin precedentes lo hirió profundamente.

La plaga arrasó a todo el país, y al fin llegó a la santa ciudad. Parecía como si el ángel del Señor revoloteara sobre ella, espada en mano, para comenzar a cumplir su terrible comisión. Fue entonces cuando David rogó al Señor que detuviera sus juicios: «Yo pequé, yo hice la maldad; ¿qué hicieron estas ovejas? Te ruego que tu mano se vuelva contra mí». Y el ángel del Señor estaba junto a la era de Arauna (Ornán) jebuseo. Algunos han pensado que este había sido el rey depuesto de la antigua ciudad jebusea. Allí, en el monte Moriah, donde siglos antes el ángel del Señor detuvo la mano levantada de Abraham con el cuchillo, Dios dijo al ángel: «Basta ahora; detén tu mano». Ese lugar se convirtió en el sitio del templo. Por instrucciones del profeta Gad, David compró la era, los instrumentos, y los bueyes que trillaban el grano. El rey insistió en pagar el precio total para no dar a Dios lo que no le costara nada. Y desde ese día, el monte Moriah llegó a ser el centro de adoración nacional, el sitio de templos sucesivos y el escenario de la manifestación del Hijo del Hombre.

2. El constructor. El último año de la vida de David, y el año cuarenta de su reinado, fue amargado por una final revuelta de elementos discordantes que frecuentemente le habían causado dificultades. Joab al fin traicionó a su antiguo señor; y Abiatar, pròbablemente instigado por los celos de Sadoc, se unió a Joab; y los dos abrazaron la causa de Adonías, el hijo sobreviviente mayor del rey.

Cuando se le llevó a David el informe sobre la revuelta, el corazón del viejo león fue sacudido, y aunque había llegado a un punto extremo de agotamiento físico, se levantó con un destello de su antigua energía para tomar medidas a fin de ejecutar la voluntad divina que años antes se le había comunicado. No pasaron muchas horas antes de que llegaran las noticias a la fiesta de Adonías en Rogel, de que Salomón había sido ungido rey en Gihón, por mano de Sadoc el sacerdote y de Natán el profeta y que había marchado a través de la ciudad montado en la mula real y escoltado por Benaía y sus hombres de armas. En el término de una hora se habían esfumado todos los que apoyaban a Adonías y él mismo se hallaba fugitivo asido de los cuernos del altar.

Probablemente fue alrededor de este tiempo cuando David le encomendó a Salomón que construyera la casa de Dios. David enumeró los tesoros que había acumulado y las obras preparatorias que había iniciado. Para nosotros casi es imposible comprender el peso inmenso de metal precioso, la ilimitada provisión de cobre, hierro y madera, ni los ejércitos de trabajadores. A los países circundantes se les habían quitado sus riquezas y sus depósitos para hacer que esta casa fuera magnífica.

Al final de este solemne encargo, David añadió instrucciones a Salomón en cuanto a su conducta para con Joab y Simei. Estos cargos tienen la apariencia de la vindicación, pero tenemos que dar al moribundo monarca el crédito de haber estado animado de un solo propósito de paz para su reino. Si la venganza hubiera estado en su corazón, él mismo la hubiera puesto en práctica.

3. El modelo. La constitución política de los judíos exigía que el rey no solo fuera ungido por el sacerdote sino que también fuera reconocido por todo el pueblo. Por tanto, era necesario que la decisión de David fuera ratificada en una asamblea popular, que debía reunirse por mandato real (1 Crónicas 28:1). Por última vez, el monarca y su pueblo estuvieron juntos delante de Dios. Otra vez repitió las circunstancias por las cuales había escogido a Salomón, su deseo de edificar el templo y el hecho de que Salomón lo sustituiría en esto. Luego, volviéndose hacia el joven que estaba de pie a su lado, lo instó a ser fuerte y a llevar adelante el propósito divino.

Después le entregó el plano de la casa que el Espíritu de Dios había comunicado a David, y un inventario de los tesoros con los cuales se había de construir cada artículo. Para la imaginación de David, el templo estaba delante de él completo en todas sus partes. La contribución de su propia fortuna privada para este proyecto había sido muy generosa, y con esto como argumento, se volvió a la inmensa concurrencia y pidió a los principales y al pueblo que vinieran con las manos llenas de presentes. La respuesta fue hermosa. Es probable que nunca antes, ni después, haya habido una contribución como aquella en una sola ocasión con propósitos devotos. Pero lo mejor de todo fue que el pueblo contribuyó voluntariamente y con alegría.

Con el corazón rebosante, David bendijo al Señor delante de la congregación. Sus labios tenían un toque del antiguo fuego. Estaba en el umbral del otro mundo; sus días parecían como una sombra que se iba. Luego el rey y padre intercedió por Salomón, para que este guardara los estatutos divinos y construyera la casa. Por último, se volvió hacia el pueblo e instó a la multitud a que alabaran a Dios, y hubo tal grito de júbilo, de bendición, y de alabanza, que el firmamento volvió a retumbar. Con un gran festival religioso terminaron los actos.

¡Fue una conclusión digna de una gran vida! No podemos decir cuánto tiempo vivió David después de esto. Un documento dice sencillamente que «durmió David con sus padres, y fue sepultado en su ciudad». Otro dice: «Y murió en buena vejez, lleno de días, de riquezas y de glorias».

ELÍAS:
EL CELO DE DIOS

1
LA FUENTE DE LA FORTALEZA DE ELÍAS
1 Reyes 17

Este capítulo comienza con el adverbio de tiempo «entonces» lo que da a entender que lo que sigue es continuación a lo que precede en el tiempo, algo que Dios añade a lo anterior. Cuando hemos leído hasta el fin del capítulo anterior, pudiéramos suponer que hasta ahí llegó todo, y que la adoración a Jehová nunca volvería a adquirir el prestigio y el poder que había perdido y, sin duda alguna, los principales actores de la historia también pensaron así. Acab pensó así; también Jezabel; los falsos profetas pensaron lo mismo; el remanente de fieles que estaba escondido pensó igual.

Pero ellos olvidaron algo en sus cálculos: dejaron fuera al mismo Jehová. Cuando los hombres han hecho lo peor y han terminado, es tiempo de que Dios comience. Y cuando él comienza, es probable que con un solo golpe revierta todo lo que se ha hecho sin él.

El cuadro, era bastante sombrío. Después de la muerte de Salomón, el reino se dividió en dos partes: la parte sur, dominada por Roboam su hijo; y la parte norte, bajo el poder de Jeroboam. Este anhelaba desesperadamente mantener su dominio sobre su pueblo, pero temía que lo perdería, si ellos continuaban yendo dos o tres veces por año a las fiestas anuales en Jerusalén. Por tanto, decidió establecer la adoración a Jehová en sus propios dominios. Así que erigió dos templos: uno en Dan, en el extremo norte, y otro en Bet-el, en el extremo sur. Y en cada uno de estos lugares colocó un becerro de oro, para que el Dios de Israel fuera adorado «en la forma de un becerro que come heno». Este pecado quebrantó el segundo mandamiento, que prohibía a los hijos de Israel hacer imágenes, o inclinarse ante la semejanza de cualquier cosa que estuviera arriba en el cielo, o en la tierra, o debajo de la tierra. En la Santa Escritura nunca se olvidó la maldad de Jeroboam. Como el tañido de las campanas en un funeral, las palabras vuelven a resonar vez tras vez: «Jeroboam, hijo de Nabat, quien hizo pecar a Israel».

Después de muchas revoluciones y de mucho derramamiento de sangre, el reino pasó a las manos de un aventurero militar, Omri, hijo de este hombre fue Acab, de quien se dijo que «hizo lo malo ante los ojos de Jehová, más que todos los que reinaron antes de él». Esto ocurrió porque él era un hombre débil, instrumento de una mujer astuta, inescrupulosa y cruel. Cuando la joven y bella Jezabel salió a Tiro para convertirse en la consorte del rey de Israel recién coronado, sin duda alguna aquella se consideró como una espléndida pareja. En ese tiempo, la ciudad de Tiro gozaba el prestigio de reina de los mares. Estaba en el cenit de su gloria: sus colonias salpicaban las costa del Mediterráneo hasta España; sus naves emblanquecían todos los mares con sus velas; su ciudad hija, Cartago, alimentaba al cachorro de león Aníbal, y era suficientemente fuerte como para hacer temblar a los romanos, Pero como muchas espléndidas parejas, la de Acab y Jezabel estuvo llena de desdicha y de desastre.

Cuando Jezabel salió del palacio que había sido su hogar, fue urgida vehemente por los sacerdotes —bajo cuya influencia había sido educada— a hacer cuanto le fuera posible para introducir en Israel los ritos de su religión hereditaria. Ella no fue remisa en obedecer. Parece que lo primero que hizo fue erigir un templo a Astarté en la vecindad de Jezreel, y que sostuvo a sus 450 profetas de sus ingresos privados. Luego Acab y ella construyeron un templo a Baal en Samaria, la capital del reino, de un tamaño tal que podía dar cabida a una inmensa multitud de adoradores (2 Reyes 10:21). Después comenzaron a levantarse altares y templos por todas partes del país en honor de estas falsas deidades, mientras los altares de Jehová, como el del monte Carmelo, eran lastimosamente destruidos. La gente hacía enjambre en torno a los sacerdotes de Baal y en los bosques. Las escuelas de profetas fueron cerradas y la hierba creció en sus patios. Los profetas mismos fueron perseguidos y asesinados a espada, «...anduvieron de acá para allá cubiertos de pieles de ovejas y de cabras, pobres, angustiados, maltratados» (Hebreos 11:37). Tan fue así que el piadoso Abdías tuvo gran dificultad para salvar a unos pocos de ellos en las cuevas del Carmelo, alimentándolos a riesgo de su propia vida. Pero Dios nunca pierde. La tierra puede estar infestada por el pecado; puede parecer que todas las lámparas de los testigos se han apagado; pero él estará preparando a un hombre débil en algún oscuro pueblo de las alturas; y en el momento de mayor necesidad, lo enviará como respuesta completamente suficiente para las peores conspiraciones de sus enemigos. Así ha ocurrido; y así continuará ocurriendo.

1. Elías era de los moradores de Galaad. Galaad estaba al este del Jordán. Era un sitio desierto y escabroso. Los moradores participaban del carácter de su tierra: salvajes, desenfrenados, desgreñados. Vivían en rudas aldeas de piedra y subsistían cuidando rebaños de ovejas.

La niñez de Elías fue como la de los demás jóvenes de su tiempo. En sus primeros años probablemente trabajó como pastor en aquellas desoladas montañas. Cuando llegó a ser hombre, su erguida figura, su apariencia hirsuta, su manto de pelo de camello, su contextura fornida, la fortaleza de sus tendones —que podían sobrepasar a los briosos caballos de la carroza real, y soportar la excesiva fatiga física—, lo distinguieron de los moradores de los valles bajos.

A medida que avanzaba en años, crecía en él una intensa piedad. Sentía «un vivo celo por Jehová Dios de los ejércitos». Cuando los mensajeros, uno tras otro, le decían que Jezabel había destruido los altares de Dios, había asesinado a sus profetas, y los había reemplazado por los ritos impíos de sus deidades tirias, su indignación reventó todas las ataduras. Sintió «un vivo celo por Jehová Dios de los ejércitos».

¿Pero qué podía hacer él, un muchacho indómito del desierto sin instrucción? solo podía hacer una cosa —el recurso de todas las almas bajo la agonía de la prueba—: podía orar. Y Elías lo hizo: «oró fervientemente» (Santiago 5:17). Y en su oración parece que fue guiado hacia una denuncia que, muchos años antes, había hecho Moisés al pueblo: que si ellos se apartaban y servían a otros dioses y los adoraban, la ira del Señor sería enviada contra ellos, y él cerraría los cielos, y no habría lluvia (Deuteronomio 11:17). Y así se dedicó a orar para que aquella terrible amenaza se cumpliera al pie de la letra. « ...oró fervientemente para que no lloviese» (Santiago 5:17). Y mientras Elías oraba, llegó a su mente la convicción de que ocurriría tal como él había orado; y que él debía poner al corriente a Acab sobre este hecho. Cualquiera que fuera el peligro para él, tanto el rey como el pueblo tenían que discernir la razón de sus calamidades. Que la sequía se debió a la oración de Elías se infiere también por las palabras con que él anunció el hecho al rey: « ...no habrá lluvia ni rocío en estos años, sino por mi palabra».

Una entrevista así demandaba extraordinaria fuerza moral. ¿Qué posibilidad había de que él escapara con vida? Sin embargo, él fue y volvió ileso, con la armadura de una fortaleza que parecía invulnerable.

¿Cuál fue el secreto de esa fortaleza? Si se puede demostrar que se debió a alguna cosa inherente en Elías y peculiar a él, entonces muy bien podemos retirarnos de las inaccesibles alturas que se burlan de nosotros. Pero si se puede demostrar, como yo pienso que se puede, que su vida espléndida no se debió a cualidades inherentes en él sino a fuentes de fortaleza que están al alcance del más humilde hijo de Dios que lea estas líneas, entonces, cada palabra del relato es una inspiración.

La fortaleza de Elías no estaba en sí mismo ni en sus circunstancias. Él era de extracción humilde. Cuando, a través del fracaso de su fe, fue separado de su fuente de fortaleza, él mostró más cobardía de la que hubieran mostrado la mayoría de los hombres: se tiró sobre las arenas del desierto y le pidió a Dios que le quitara la vida.

2. Elías nos da tres indicaciones sobre la fuente de su fortaleza.

«Vive Jehová Dios de Israel». Para todos los demás, Jehová podía estar muerto; pero para él, el Señor era la suprema realidad de la vida. Y si queremos ser fuertes, nosotros también tenemos que poder decir: «Yo sé que mi Redentor vive». La persona que ha oído a Jesús decir: «Yo soy el que vive», también lo oirá decir: «No temas, esfuérzate y sé valiente».

«En cuya presencia estoy». Elías estaba en la presencia de Acab, pero estaba consciente de la presencia de uno mayor que cualquier monarca terrenal, la presencia de Jehová. El mismo Gabriel no pudo emplear una explicación más elevada sobre la posición en que él se encontraba (Lucas 1:19). Cultivemos este reconocimiento habitual de la presencia de Dios, pues nos elevará por encima de todo otro temor. Además de esto, había quedado impresa en la mente de Elías la convicción de que él había sido escogido por Dios como su siervo y mensajero, y que en esa condición estaba delante de él.

El nombre «Elías» se puede traducir: Jehová es mi Dios. Pero hay otra posible traducción: Jehová es mi fortaleza. Esto nos da la clave de su vida. ¡Qué revelación la que se nos ofrece por medio de este nombre! ¡Ah, que eso se cumpliera en cada uno de nosotros! Pero, ¿por qué no? De hoy en adelante, renunciemos a nuestra propia fuerza, que, en el mejor de los casos, es debilidad; y apropiémonos la de Dios mediante la fe día tras día y hora tras hora.

2
JUNTO AL ARROYO QUE SE SECABA
1 Reyes 17

Estamos estudiando la vida de un hombre que tenía pasiones semejantes a las nuestras: era débil donde nosotros somos débiles; fallaba donde nosotros fallaríamos. Pero este hombre se levantó solo contra su pueblo, detuvo la marejada de la idolatría y del pecado, e hizo que la nación volviera a Dios. Y lo hizo mediante el uso de recursos que están al alcance de todos nosotros. Esto es lo fascinante de su historia.

La fe hizo de él todo lo que llegó a ser, y la fe hará lo mismo por nosotros si tan solo la ejercemos como él la ejerció. ¡Oh, que tuviéramos la receptividad de Elías, que estuviéramos tan llenos del poder divino como él lo estuvo, y que, por tanto, fuéramos capaces de hacer proezas por Dios y por la verdad!

Pero, antes de que esto ocurra, tenemos que pasar por la misma educación que él pasó. Antes de que podamos pararnos en el monte Carmelo, tenemos que ir al arroyo de Querit y a Sarepta.

Notemos, entonces, los pasos sucesivos en la educación de Dios para sus siervos.

1. Los siervos de Dios tienen que aprender a avanzar paso a paso. Esta es una lección elemental, pero es difícil de aprender. Sin duda alguna a Elías le pareció difícil. Antes de salir de Tisbe hacia Samaria, a dar salida al mensaje que pesaba sobre su alma, naturalmente inquiere qué debe hacer después que lo haya expresado. ¿Cómo lo recibirían? ¿Cuál sería el resultado de todo? Si él le hubiera hecho estas preguntas a Dios, y esperado por una respuesta, antes de salir de su lugar en la altiplanicie, lo más probable es que no hubiera salido nunca. El Padre en los cielos nos muestra los pasos uno a uno; el resto los tenemos que dar nosotros por fe.

Pero tan pronto como el siervo de Dios dio el primer paso, y entregó el mensaje que tenía que dar, « ...vino a él la palabra de Jehová, diciendo: Apártate de aquí y vuélvete al oriente, y escóndete en el arroyo de Querit ...» y fue solo cuando el arroyo se había secado que volvió a él palabra del Señor, diciendo: «Levántate, vete a Sarepta».

A mí me gusta esa frase, « ...vino a él la palabra de Jehová». Elías no tuvo que esforzarse buscándola: vino a él. Y así vendrá también a usted; Dios lo encontrará dondequiera que se halle y le dirá lo que tiene que hacer.

Puede ser que por mucho tiempo usted haya estado bajo la fuerte impresión de que tiene que hacer algo, pero se ha detenido por no saber por dónde tiene que empezar, cuál será el primer paso. Bien, ¡no titubee más! Salga y avance hacia lo que parece una espesa neblina; debajo de sus pies sentirá como una losa firme, y cada vez que dé un paso hacia adelante hallará que Dios ha colocado allí un lugar para pasar, y así en el próximo, y en el otro y en el otro, tan pronto como usted llega al lugar. Dios no nos da todas las instrucciones de una vez, no sea que no nos confundamos. Él nos dice lo que podamos recordar y hacer. Luego tenemos que mirar a él para que nos dé más instrucciones; y así aprendemos los hábitos sublimes de la obediencia y la confianza.

2. A los siervos de Dios hay que enseñarles el valor de la vida oculta. «Apártate de aquí, y vuélvete al oriente, y escóndete en el arroyo de Querit». El hombre que ha de asumir una alta posición ante sus semejantes tiene primero que asumir una baja posición delante de Dios. Y no hay mejor manera de abatir a un hombre que sacándolo de repente de una actividad en que estaba comenzando a pensar que él era esencial, enseñarle que él no es necesario en absoluto para el plan de Dios, y obligarlo a considerar, en el solitario valle de algún Querit, cuán confundidos están sus motivos y qué insignificante es su fuerza.

Toda alma santa que quiera ejercer gran poder sobre las gentes tiene que conquistarlo en algún Querit oculto. No podemos dar a menos que antes hayamos recibido. Nuestro Señor encontró su Querit en Nazaret y en el desierto de Judea, en medio de los Olivos de Betania y en las soledades de Gadara. Ninguno de nosotros puede descartar un Querit donde podamos probar las dulzuras y absorber el poder de una vida escondida con Cristo y en Cristo mediante el poder del Espíritu Santo.

3. Los siervos de Dios tienen que aprender a confiar en El absolutamente. Al principio obedecemos solo tímidamente un mandamiento que parece envolver muchas imposibilidades; pero cuando descubrimos que Dios es aun mejor que su palabra, nuestra fe crece extraordinariamente y avanzamos hacia mayores hazañas de fe y servicio. Al final, nada es imposible. Esta fue la clave de la experiencia de Elías.

¡Qué extraño que él fuera enviado a un arroyo que, por supuesto, estaría sometido a la sequía como cualquier otro! ¡Qué contrario a la naturaleza suponer que los cuervos, que se alimentan de carroña, hallarían alimento como el que podría consumir el hombre; o que, habiéndolo hallado, se lo llevaran regularmente mañana y tarde! ¡Qué improbable, también, que él pudiera permanecer oculto de la búsqueda de los esbirros de Jezabel en cualquier parte dentro de los límites de Israel! Pero el mandamiento de Dios fue claro e inequívoco. A Elías no le quedó otra alternativa que obedecer. En el original hay un hincapié especial en la palabra «allí». « ... he mandado a los cuervos que te den allí de comer». Elías pudo haber preferido muchos otros escondites y no Querit, pero ese era el único lugar al cual los cuervos le llevarían las provisiones; y mientras él estuviera allí, Dios estaba comprometido a proveerle. Nuestro pensamiento supremo debe ser: «¿Estoy dónde Dios quiere que esté?» Si es así, Dios obrará un milagro directo, en vez de permitir que perezcamos por falta de algo. Dios no envía a ningún soldado a la guerra a que se las maneje por sí solo.

No nos vamos a detener para discutir la probabilidad de que este relato sea cierto. La presencia de lo sobrenatural no ofrece dificultades para los que pueden decir: «Padre nuestro», y creen en la resurrección de nuestro Señor Jesús. Pero si fuera necesaria la corroboración, podría multiplicarse muchas veces, y podría tomarse de la experiencia de personas que viven, a las cuales se les ha suplido lo necesario en formas tan maravillosas como la atención que le prestaron los cuervos al solitario profeta. Dios tiene recursos infinitos; y si usted está haciendo su obra, donde él quiere que usted esté, él proveerá lo que usted necesite, aunque caigan los cielos. ¡No más confíe en él!

4. Los siervos de Dios son llamados con frecuencia a sentarse en arroyos que se están secando. «Pasados algunos días, se secó el arroyo». ¿Qué pensó Elías? ¿Pensó que Dios lo había olvidado? ¿Comenzó a hacer planes por su propia cuenta? Confiamos que él esperó tranquilamente en Dios. Muchos de nosotros hemos tenido que sentarnos en arroyos que se están secando; tal vez algunos están allí sentados ahora: en el arroyo de la popularidad que se está secando, que está menguando, como ocurrió en el caso de Juan el Bautista; o en el arroyo de la salud que se está secando, hundiéndose bajo una parálisis progresiva, o en una lenta declinación; o en el arroyo del dinero que se está secando, menguando lentamente ante las demandas de las enfermedades, las deudas excesivas y otras extravagancias de la gente. Quizá en el arroyo de la amistad que se está secando, que durante largo tiempo ha venido languideciendo, y amenaza con marchitarse del todo. ¡Ah!, es difícil sentarse uno junto a un arroyo que se está secando; y mucho más difícil hacer frente a los profetas de Baal en el Carmelo.

¿Por qué permite Dios que se sequen? Él quiere enseñarnos a que confiemos no en sus dones sino en él mismo. Aprendamos estas lecciones, y volvámonos de nuestros Querits que fallan, a nuestro Salvador que no falla. Toda la suficiencia reside en él.

3
SE LE ORDENA IR A SAREPTA
1 Samuel 17

Un amigo mío, que estaba pasando unos pocos días en las cercanías de nuestros lagos ingleses, se encontró con los más bellos arbustos que jamás había visto. Cautivado por su extraordinaria exuberancia, supo que ello se debía al inteligente sistema de transplante que se practica constantemente. También nuestro Padre celestial nos transplanta constantemente. Y estos cambios, si se aceptan como es debido, dan como resultado las más exquisitas manifestaciones del carácter en la experiencia cristiana.

Jeremías dice: «Quieto estuvo Moab desde su juventud, y sobre su sedimento ha estado reposado, y no fue vaciado de vasija en vasija, ni nunca estuvo en cautiverio; por tanto, quedó su sabor en él, y su olor no se ha cambiado» (Jeremías 48:11). El jugo de uvas, cuando se exprime primero del hondo lagar, es impuro y espeso; se deja en recipientes durante algún tiempo hasta que la fermentación haya cumplido su obra y el sedimento se haya ido al fondo. Cuando esto ha ocurrido, el líquido se vacía cuidadosamente en otro recipiente, de tal modo que todo el sedimento quede en el anterior. Este proceso de vaciamiento se repite varias veces hasta que el líquido se ha vuelto claro y bello.

¿No arrojaría luz este procedimiento sobre la manera en que Dios trató a Elías? Una vez él estuvo en la vasija del «hogar»; luego fue vaciado en la vasija «Jezreel»; luego, a la vasija «Querit»;y ahora es vaciado en la cuarta vasija: «Sarepta». y todo para que él no se asiente sobre su sedimento, sino que sea llevado hacia una meta de grandeza moral que de otro modo jamás habría alcanzado, pero que lo hizo apto para aparecer años después en el monte de la Transfiguración, junto con Moisés, en compañía de Jesús.

Y sin embargo, cuando un espíritu humano está completamente absorto en Dios, como lo estuvo Elías, estos cambios resultan comparativamente inocuos e insignificantes, como la picada que un mosquito le inflige a un soldado en medio del ardor de la batalla. Cumplir los planes de Dios, obedecer la más mínima intimación de su voluntad, esperar en su mano: esa es la única pasión del espíritu feliz al cual, como a Elías, se da esta gracia.

Aquí hay varias lecciones.

1. La fe aguarda los planes de Dios. «Pasados algunos días, se secó el arroyo, porque no había llovido sobre la tierra». Semana tras semana, con espíritu constante y firme, Elías observó que el arroyo iba menguando. El arroyo menguante se convirtió en un hilo de plata, y al poco tiempo el hilo de plata en pocetas al pie de las grandes piedras, las pocetas mermaron y por fin el arroyo quedó seco. Solo entonces le vino a este firme espíritu «palabra de Jehová, diciendo: Levántate, vete a Sarepta».

La mayoría nos habríamos afanado y agotado haciendo planes

mucho tiempo antes. Y probablemente mucho antes de secarse el arroyo habríamos inventado algún plan y, después de pedir a Dios que bendijera dicho plan, nos habríamos marchado a otra parte. El Señor a menudo nos saca del problema por cuanto su misericordia permanece para siempre, pero si solo hubiéramos esperado primero para ver el desarrollo de sus planes, nunca nos hubiésemos visto en un laberinto tan intrincado. Quiera Dios que nos conformemos con esperar hasta que él nos manifieste su plan, de tal modo que nuestra vida sea sencillamente la realización de su pensamiento, la ejemplificación de su ideal.

2. Los planes de Dios exigen obediencia implícita. «Entonces él se levantó y se fue a Sarepta». Esto lo hizo como antes había ido a Querit, y como pronto iría a presentarse a Acab.

A muchas vidas cristianas viene un mandamiento claro e inequívoco. Tenemos que salir de algún Querit amado, e ir a alguna Sarepta que no nos gusta; tenemos que decir algo, dar algún paso, abandonar algún hábito. Y lo rehuimos porque el costo nos parece demasiado grande. Pero tan pronto como nos negamos a obedecer, sombras de nubes oscuras nos circundan.

Nosotros no conseguimos la salvación por nuestra obediencia; la salvación es completamente un don de Dios. Pero por el hecho de que somos salvos, tenemos que obedecer.

3. La obediencia implícita nos lleva algunas veces a un horno de fundición. «Sarepta» significa horno de fundición y estaba fuera de la tierra de Canaán. Muchas cosas podrían haber hecho que al profeta no le gustara aquel lugar. Pertenecía a la tierra de la cual Jezabel había traído su tribu impía. Estaba sufriendo de la maldición de la terrible sequía al igual que Canaán. Era imposible llegar hasta allí, excepto mediante una agotadora jornada de 160 kilómetros a través del corazón de la tierra, donde el nombre del profeta era detestado y su persona denunciada. ¡Y encima tendría que ser sostenido por una viuda de un pueblo pagano! Ciertamente eso era un horno de fundición para purificar cualquier aleación de orgullo, o de confianza en sí mismo o de espíritu de independencia que pudiera estar al acecho en lo recóndito de su corazón.

Y hubo mucho de fuego refinador en el carácter de la recepción que se le dio. Cuando él llegó a aquel pueblo disperso, probablemente a la caída de la noche, en la puerta de la ciudad estaba una viuda recogiendo leña para preparar la cena. Evidentemente esta era la viuda de la cual Dios le había hablado. Secándose de sed y agotado por el largo viaje, pero sin dudar nunca de que sus necesidades serían ampliamente satisfechas, le pidió a la mujer que le diera un poco de agua en un vaso para beber. La viuda pudo haber tenido cierta premonición de la llegada de él. Pareciera haber cierta sugerencia de que esto fue así en las siguientes palabras del Señor: «Yo he dado orden allí a una mujer viuda que te sustente».

Por tanto, ella no se sorprendió con la petición del profeta, y silenciosamente se fue a buscar el vaso de agua fría (Mateo 10:42). Estimulado por la disposición de ella, Elías le pidió que le trajera un bocado de pan. Aquella era una petición modesta, pero tuvo la virtud de liberar la silente agonía del alma de ella. No tenía pan cocido, solo un puñado de harina en una tinaja y un poco de aceite en una vasija; y ella estaba a punto de preparar la última comida para ella y para su hijo, quien probablemente a causa del prolongado ayuno estaba tan débil que no pudo acompañarla. Y después de comer no tenían otra alternativa que acostarse juntos y morir. Eso fue muy deprimente para el hombre de Dios, después de su largo y agotador viaje.

4. Cuando Dios pone a sus hijo en el horno, él provee todo lo que necesiten. Las circunstancias eran ciertamente muy deprimentes, ¿pero qué es eso para un hombre cuyo ser interno está ocupado con la presencia y el poder de Dios? Él había dicho que Elías sería alimentado, y por esa viuda; de manera que así sería, aunque pasaran la tierra y el cielo. De manera que con fe heroica, Elías dijo: «No tengas temor; ve, haz como has dicho; ... Porque Jehová Dios de Israel ha dicho así: La harina de la tinaja no escaseará, ni el aceite de la vasija disminuirá, hasta el día en que Jehová haga llover sobre la faz de la tierra».

Unicamente necesitamos averiguar si estamos en aquel punto del plan de Dios donde él quiere que estemos. Si estamos allí, aunque parezca imposible que seamos sostenidos, se hará lo imposible. Si los medios ordinarios no son suficientes, seremos sostenidos por un milagro. «Mas buscad primeramente el reino de Dios y su justicia, y todas estas cosas os serán añadidas» (Mateo 6:33).

4
«EL ESPÍRITU Y EL PODER DE ELÍAS»
1 Reyes 17

En los días de Elías, solo aquellos de carácter elevado comprendían lo que significaba la eterna plenitud del Espíritu. « ...los santos hombres de Dios hablaron siendo inspirados por el Espíritu Santo» (1 Pedro 1:21). Elías fue uno de estos hombres llenos del

Espíritu Santo. El único deseo de Eliseo fue el de heredar el Espíritu que tan manifiestamente había estado en su señor (2 Reyes 2:9). «El espíritu de Elías» era una expresión muy familiar en los labios de los hijos de los profetas (2 Reyes 2:15). Y cuando el ángel de Dios habló a Zacarías en el templo, no halló mejor ilustración de la presencia del Espíritu en el niño que se le prometía que decir: «E irá delante de él con el espíritu y el poder de Elías» (Lucas 1:17).

El glorioso ministerio de Elías no se debió, por tanto, a ningunas cualidades inherentes en él mismo, sino a que el Espíritu Santo moró en él de manera extraordinaria por medio de la fe. Este Espíritu se le dio a él como a otros santos hombres de Dios. Lo que debemos preguntarnos es si el Espíritu Santo está obrando con nosotros y a través de nosotros con poder. Si es así, entonces, aunque nuestra naturaleza sea indigna y débil, él efectuará a través de nosotros las mismas obras poderosas que realizó a través de hombres que fueron superiores a nosotros en capacidad mental y moral. Más aun, podemos gloriarnos hasta en nuestras flaquezas para que este poder divino repose sobre nosotros de manera más notable y para que sea más evidente que solo Dios merece la gloria.

Ahora surge la pregunta: ¿Podemos nosotros, individuos cristianos ordinarios, tener la esperanza de recibir el Espíritu Santo en aquella medida extraordinaria y especial con que reposó sobre Elías?

Nuestro bendito Señor, como el Siervo perfecto, la tuvo cuando, lleno del Espíritu Santo, volvió en el poder del Espíritu a Galilea y afirmó que su maravilloso poder se debía al hecho de que el Espíritu del Señor estaba sobre él (Lucas 4:1, 14, 18). Los apóstoles la tuvieron desde el día de Pentecostés, cuando recibieron la plenitud del Espíritu para dar el testimonio.

Esto es ciertamente lo que queremos. Y esto es lo que podemos tener. Esta unción especial para el servicio no es solo para hombres como Elías, Pablo o Pedro, que se remontan más allá de nosotros hacia los cielos azules; sino para todos nosotros.

Pero hay tres condiciones que tenemos que cumplir si queremos recibir y mantener este bendito Don.

1. Tenemos que estar vacíos. Dios no puede llenarnos, si ya estamos llenos. Elías aparentemente necesitó tres años y seis meses para eso; fue un tiempo largo y agotador de espera, pero fue bien empleado. En la proporción en que él se iba despojando de sí mismo, se iba llenando del Espíritu y de poder; de tal modo que lo que ocurrió en el monte Carmelo, con todas sus obras heroicas, a él le fue gloriosamente posible.

¿Estamos dispuestos a pagar este precio? ¿Estamos preparados para que Dios vacíe de nosotros todo lo que en alguna forma sea contrario a su voluntad? Si no lo estamos, pidámosle que obre en nosotros para que queramos hacer su buena voluntad: meter nuestra fría terquedad de hierro en el hamo ardiente de su gracia, hasta que tal terquedad pueda doblarse en perfecta conformidad con su gloriosa voluntad. Pero si estamos dispuestos, creamos que él nos llenará tan pronto como nos entreguemos a él. La gracia, como la naturaleza, detesta el vacío; y así como el aire fresco se apresura a entrar para llenar un recipiente vacío tan pronto como pueda entrar, así la gracia del Espíritu entra en aquel corazón que no se puede jactar de nada sino de un doloroso vacío.

Si hemos cumplido las instrucciones de Dios, tenemos que creer, tanto si sentimos alguna diferencia como si no la sentimos, que Dios ha hecho su parte y ha cumplido la promesa que nos hizo a través de Jesucristo nuestro Señor. Tenemos que exclamar con la seguridad de la fe: «Te alabo, bendito Señor, porque Tú has realizado tu obra preferida; has venido a hacer morada en mí: en lo sucesivo, harás lo que quieras conmigo, para que yo quiera hacer, y haga, tu propia voluntad».

Los síntomas más seguros de que el Espíritu Santo está dentro de nosotros son: sensibilidad con respecto al pecado, ternura de conciencia, la creciente conciencia de la presencia de Jesús: la fragancia de su nombre y la identificación con sus propósitos. ¿Tiene usted estos síntomas en medida creciente? Entonces usted sabe algo de su plenitud de gracia.

2. Tenemos que ser obedientes. Casi en cada declaración de las palabras de despedida que Cristo dirigió a sus discípulos reiteró el llamado a guardar sus mandamientos (Juan 14:15, 21, 23, 24). La obediencia instantánea e implícita a la enseñanza de su Palabra y a los impulsos internos del Espíritu Santo es condición absoluta para mantener, o incrementar, el depósito de la influencia santa. Esa obediencia tampoco es difícil; pues todos los mandamientos de Dios se pueden cumplir y su gracia es suficiente. Desde las alturas de una obediencia constante divisamos el amplio y abierto mar de la bienaventuranza. La obediencia exacta de Elías es la condición inviolable para recibir y mantener «el espíritu y el poder de Elías».

3. Tenemos que vivir de la Palabra de Dios. Elías la viuda y su hijo vivieron de los recipientes que se volvían a llenar cada día. Pero el profeta tenía otra comida que comer de la cual la viuda y su hijo no sabían nada: «No solo de pan vivirá el hombre, sino de toda palabra que sale de la boca de Dios» (Mateo 4:4). De esa palabra se alimentó Elías durante aquellos largos y lentos días.

Esta es la otra condición absoluta para llegar uno a ser lleno del Espíritu Santo y permanecer lleno. El Espíritu obra con la palabra de Dios y por medio de ella. Luego pues, si nosotros descuidamos el estudio reverente de la Escritura, nos privamos del mismo medio a través del cual el Espíritu de Dios entra en los espíritus humanos. Y esta es la gran falta de nuestros tiempos. Los individuos cristianos asisten a convenciones, se meten en toda clase de actividad cristiana, leen muchos libros buenos relacionados con la Biblia y con la vida cristiana; pero a la Biblia misma le ponen atención solo de la manera más superficial. Y por esta razón la Biblia no les habla. No hay libro que devuelva el valor del tiempo que se gasta en sus páginas como la Palabra de Dios. Una Biblia descuidada significa un espíritu hambriento y sin fortaleza, un corazón sin consuelo, una vida estéril; y también significa entristecer al Espíritu Santo. Si las personas que ahora andan perpetuamente deambulando de iglesia en iglesia para recoger las migajas de ayuda y consuelo, se quedaran en casa y se dedicaran a escudriñar la Biblia, habría más felicidad en la iglesia y más bendición en el mundo. Este es un consejo muy prosaico, pero es cierto.

Tenemos que reservar para el siguiente capítulo alguna explicación sobre la vida de este hombre lleno del Espíritu con su pequeña familia. Por ahora baste notar la notable admisión de la viuda: «Ahora conozco que tú eres varón de Dios» (1 Reyes 17:24).

Nosotros hablamos de hombre de letras, de honor, hombre de éxito; pero es infinitamente mejor ser conocido como hombre de Dios: ¡un hombre conforme al propio corazón de Dios!

5
LA PRUEBA DE LA VIDA EN EL HOGAR
1 Reyes 17

Muchos hombres pudieran parecer como héroes y santos en las soledades de Querit o en las alturas del Carmelo y sin embargo fracasar miserablemente en la vida de hogar en Sarepta. Una cosa es tener comunión con Dios en las soledades de la naturaleza y realizar actos de devoción y celo por él en presencia de millares de personas; pero otra cosa completamente diferente es andar con él día tras día en la rutina del hogar, donde constantemente tenemos que olvidarnos de nosotros mismos. Es allí donde hay una perenne necesidad de ejercitar la bondad, la paciencia, la abnegación, la moderación personal.

En el capítulo anterior vimos algo con respecto al poder y al Espíritu de que Elías fue lleno y dotado. Pero ahora hemos de observarlo en un hogar y ver cómo pasa la prueba de la vida doméstica; aprenderemos a admirarlo y amarlo aún más. La suya fue una vida verdaderamente humana; él fue el mismo hombre en la casa de la viuda que en las alturas del Carmelo. Su ejemplo nos demuestra que cuando un hombre está lleno del Espíritu Santo lo evidenciará en todo el temor de su andar diario y en su estilo de vida. En esto, Elías nos recuerda a Lutero, cuya vida familiar fue un modelo de belleza: un oasis en el desierto. Quienes solo lo recuerden como reformador, lean las cartas que él escribió a su hijita; quedarán cautivados por la gracia y la ternura de aquella alma grande y noble.

1. Elías nos enseña a contentarnos con lo que tenemos. La comida en la casa de la viuda era bastante frugal; solo había lo suficiente para las necesidades diarias. La naturaleza humana, que era tan fuerte en el profeta como en todos nosotros, hubiera preferido poder contar sacos de harina y barriles de aceite. Pero por lo general, este no es el método de Dios; ni es la disciplina más saludable para que vivamos mejor.

La norma de Dios es esta: día por día. El maná caía en las arenas del desierto día por día. Se nos promete el pan nuestro de cada día. Y a los que viven de este modo se les recuerda constantemente su bendita dependencia del amor del Padre.

Si Dios nos permitiera escoger entre ver nuestra provisión y conservarla por nuestra cuenta, y no verla y dejar que él se encargue de ella día tras día, la mayoría de nosotros casi seguro escogeríamos la primera alternativa. Pero sería mucho más prudente decir: «Me contento con confiar en ti, Padre. Consérvalo todo en tu mano; así tendré menos afanes; así las provisiones no me harán caer en tentación; no me expondrán a envidiar a otros más favorecidos que yo».

Y los que viven de este modo no están en condiciones inferiores que otros. No; en el sentido más verdadero están en mejores condiciones. Porque la responsabilidad de mantenerlos descansa completamente en Dios; y quedan libres de la inquietud de los afanes, de la tensión de la preocupación diaria y de las tentaciones que hacen casi imposible que un rico entre en el reino de Dios. Lo principal es entender esta preciosa promesa: «Mas buscad primeramente el reino de Dios y su justicia, y todas estas cosas os serán añadidas». Luego, continuemos cumpliendo nuestro deber, ocupando nuestro tiempo, realizando el plan de nuestra vida. Nuestro Padre tiene amplios recursos: de él es el ganado que hay en mil colinas; de él, los campos de trigo que ondean; de él, las miríadas de peces de las profundidades del océano. Él ha preparado una provisión para nuestra necesidad, y nos la entregará a tiempo, si solo confiamos en él.

Si estas palabras las leen aquellos que dependen del pan de cada día —que tienen muy poca esperanza de poseer alguna vez más que un puñado de harina y un poco de aceite en el fondo de una vasija—, que el ejemplo de Elías les sirva de consuelo. Tal vez han raspado hoy el fondo de la tinaja, pero cuando vayan allí mañana habrá precisamente lo suficiente para las necesidades de ese día. Tal vez se haya sacado la última gota de aceite hoy, pero habrá más mañana, lo suficiente. Los afanes no le hacen bien a usted, pero la oración de fe sí. «...vuestro Padre celestial sabe que tenéis necesidad de todas estas cosas».

2. Elías también nos enseña a ser apacibles cuando se nos provoca. No sabemos durante cuánto tiempo vigiló la madre a su hijo agonizante, pero sí sabemos que ella habló con imprudencia y crueldad al hombre que había traído la salvación a su hogar. «¿Has venido a mí para traer a memoria mis iniquidades, y para hacer morir a mi hijo?»

Una observación tan inapropiada e injusta bien hubiera podido herir al profeta hasta los tuétanos o provocar una amarga respuesta. Indudablemente tal hubiera sido su reacción si su bondad no hubiera estado inspirada por el Espíritu Santo. Pero sin agregar ninguna otra cosa, Elías simplemente le dijo: «Dame acá tu hijo».

Si el Espíritu Santo llena realmente el corazón se producirá un cambio en la persona más ruda, más inculta y más egoísta. Habrá una apacibilidad en las palabras, en el tono mismo de la voz; un delicado esmero en las acciones más pequeñas; una paz que refleja la comprensión en el rostro. Y estas cosas constituirán el sello evidente del Espíritu Santo. ¿Son evidentes en usted estas características?

Tierno Espíritu, mora en mí,
que yo muestre tu ternura.
Con palabras de dulzura
pueda revelarte a ti.

3. Elías también nos enseña que hay poder en una vida santa. En alguna parte de la vida anterior de esta mujer había habido un hecho oscuro que hacía palidecer en su recuerdo todas las demás malas obras que había hecho, y sobresalía en su mente como su pecado: «mis iniquidades» (1 Reyes 17:18). No sabemos qué era lo malo que había hecho; tal vez pudo haber estado relacionado con el nacimiento de ese hijo. Probablemente había cometido la iniquidad muchos años antes y esto le había llenado la mente de agonía. Pero en los últimos años el agudo remordimiento había llegado a opacarse. Incluso algunas veces se le olvidaba por completo el pecado durante semanas y meses seguidos.

Es interesante notar que los diferentes estados de la mente requieren estímulos para despertar los recuerdos dormidos. En el caso de la mujer de Sarepta, lo que despertó el recuerdo fue la vida santa de Elías combinado con el propio terrible dolor de ella. Bajo el efecto de estos dos estímulos el recuerdo de ella abandonó su letargo y su conciencia despertó a una aguda actividad. «¿Has venido a mí para traer a memoria mis iniquidades?»

4. Por último, Elías nos enseña el secreto de entregar la vida. A aquellos que están llenos del Espíritu Santo les es característico llevar dondequiera que van el espíritu de vida, es decir, la vida de resurrección. Así era el profeta. Pero notemos que solo podremos cumplir esta gloriosa función si se cumplen ciertas condiciones.

a. *Luchas solitarias.* «Entonces él lo tomó de su regazo, y lo llevó al aposento donde él estaba, y lo puso sobre su cama. Y clamando a Jehová ...» Nosotros no somos suficientemente específicos en la oración, ni pasamos suficiente tiempo deteniéndonos con fervor santo en el nombre de cada ser amado. ¡No es extraño que logremos tan poco!

b. *Humildad.* «.. .se tendió sobre el niño». ¡Qué maravilloso pensar que un hombre tan grande gastara tanto tiempo y pensara tanto en aquel delgado cuerpo, y se pusiera en contacto directo con aquello de lo cual pudiera pensarse que contaminaría! Tenemos que buscar la conversión de los niños, ganarlos antes que Satanás o el mundo los consigan. Pero para hacerlo, tenemos que inclinarnos hacia ellos; llegar a ser como niñitos a fin de ganarlos para Jesús.

c. *Perseverancia.* «Y se tendió sobre el niño tres veces, y clamó a Jehová». Elías no se descorazonaba fácilmente. Así es como Dios prueba la genuinidad de nuestro deseo. Estas respuestas retardadas nos llevan a períodos prolongados de santa osadía y persistencia ... no habríamos soñado ser capaces, pero de los cuales nunca retrocederemos.

Y sus súplicas hallaron el favor de Dios. «Y Jehová oyó la voz de Elías, y el alma del niño volvió a él, y revivió». Y cuando el profeta lo presentó a la madre agradecida y regocijada, él tuvo que haberse sentido satisfecho por encima de todo con el sencillo testimonio que ella dio sobre la realidad y el poder de la vida que el Espíritu Santo había establecido en él: «Ahora conozco que tú eres varón de Dios, y que la palabra de Jehová es verdad en tu boca».

6
ABDÍAS, UN CONTRASTE
1 Reyes 18

Después de muchos días, la palabra del Señor volvió a llamar a Elías para que se pusiera en camino. Meses, y aun años, había pasado en el retiro de Sarepta; la viuda y su hijo se habían vinculado a él mediante los lazos más sagrados; el humilde hogar con su tinaja de harina y su vasija de aceite se santificó con los recuerdos del infalible cuidado de Dios.

Para él tuvo que haber sido una gran prueba salir de allí; ¡y qué gran contraste lo esperaba! Probablemente había oído que Acab lo estaba buscando. No había nación ni reino donde el encolerizado monarca no hubiera tratado de encontrarlo. Por tanto, no era probable que fuera recibido con mucha cortesía. Lo que sí era posible era que él sería inmediatamente arrestado, y tal vez sometido a torturas para obligarlo a anular las palabras que habían colocado al reino bajo el maleficio de la sequía. Pero él no tenía otra alternativa que ir. Él que le había dicho: «Escóndete», ahora le dice: «Ve muéstrate». Y así, con implícita obediencia, «fue, pues, Elías a mostrarse a Acab».

Tuvo que haber sido muy amargo para él el ver la devastación que se había producido en la tierra. En nuestras regiones no tenemos ni siquiera un reflejo de los horrores de una sequía oriental. Todo esto se había producido por medio de la oración del profeta; y hubiera sido intolerable, si él no hubiera esperado con anhelo que este pueblo entendiera la excesiva maldad y perversidad del pecado.

Aunque el hambre se extendía por todas partes, parece haber sido más severa en Samaria y esta fue la prueba que puso de manifiesto el verdadero carácter de Acab. Pudiéramos haber imaginado que él se habría puesto a aliviar las desdichas de su pueblo; pero no, solo pensaba en sus caballos y en sus mulas; y su única preocupación era mantener vivos algunos de ellos. Así que ahora inicia una misión para buscar hierba. ¡Qué egoísmo! ¡Las mulas y los asnos antes que su pueblo! ¡Y busca hierba, en vez de buscar a Dios!

GRANDES HOMBRES DE LA BIBLIA

Es sorprendente encontrar a un hombre como Abdías en una posición tan influyente en la corte de Acab. Abdías era el gobernador (o mayordomo) de la casa de Acab. Ahora bien, según su propio testimonio personal, Abdías veneraba a Jehová desde su juventud (1 Reyes 18:12). Este es también el testimonio que da el historiador sagrado con respecto a él: «Abdías era en gran manera temeroso de Dios» (versículo 3). Y él había dado una prueba notable de su piedad, pues cuando Jezabel asolaba la tierra con su ola de persecución, cazando a los profetas del Señor para sentenciarlos a una pena de muerte in discriminada, él había rescatado a cien de estos hombres proscritos y los había escondido de cincuenta en cincuenta en cuevas y los había alimentado con pan yagua. Pero aunque era un buen hombre, también había en él falta de firmeza moral, de determinación, de vigor en el carácter. De no ser así nunca hubiera podido tener la posición de que disfrutaba en la corte de Acab y Jezabel.

No hay inconveniente alguno en que un cristiano que tenga una posición de influencia en una corte o en la sociedad si lo puede hacer sin sacrificar ningún principio. Por el contrario, eso puede permitirle prestar un inapreciable servicio a la causa de Dios. Pero son muy pocos los que pueden ocupar tales posiciones sin que pierdan algo de su vocabulario recto, o permitan que sus colores cambien hasta parecerse a los de la bandera de la conveniencia. Y hay muchos indicios de que este fue el lado flaco de Abdías.

Abdías no creía en llevar las cosas demasiado lejos. Por supuesto, él no podía estar de acuerdo con este nuevo orden de cosas, pero no era necesario que él impusiera sus ideas religiosas sobre nadie. A veces se escandalizaba por lo que pasaba en la corte, pero al fin y al cabo eso no era asunto de él. Con frecuencia sentía tristeza en su corazón al ser testigo de los sufrimientos de los profetas de Dios, y estaba medio inclinado a defender la causa de ellos; pero un solo hombre no podía hacer mucho, y él tal vez podría ayudarlos mejor de una manera quieta, quedándose donde estaba, aunque eso algunas veces pusiera en tensión sus principios. Este pobre hombre tuvo que haber experimentado un gran conflicto, pues tema que reconciliar el deber que tema para con Jehová con el deber que le correspondía con el otro señor, Acab. Y Elías, de manera astuta, le echó una indirecta cuando le dijo: «Ve di a tu amo: Aquí está Elías».

Hay muchos Abdías en todas partes alrededor de nosotros, aun en las iglesias cristianas. Estos saben qué es lo correcto y secretamente están tratando de practicarlo; pero hablan lo menos que puedan de religión. No pueden confesar cuáles son sus verdaderos colores. Tienen tanto miedo de que se les identifique como cristianos declarados como el que tenía Abdías cuando Elías lo envió con el recado para Acab. Ellos lamentan mucho el hecho de que algunos sufran persecución por causa de la justicia; pero nunca se les ocurre colocarse al lado de ellos. Se conforman con administrarles alguna ayuda, como lo hizo Abdías con los perseguidos profetas. Y mientras esconden del mundo esa ayuda, la toman como base para reclamarle al pueblo de Dios reconocimiento y protección, tal como lo hizo Abdías. «¿No ha sido dicho a mi señor lo que hice ... ?» (1 Reyes 18:13). ¡Qué contraste el que hay entre Abdías y Elías!

1. Hay un contraste entre lo de dentro y lo de fuera del campo en que se da testimonio. Mucho se dice de uno y otro lado de la cuestión. Entre nosotros, muchos piensan que los hijos de Dios deben permanecer en el campo del mundo: tomar parte en sus fiestas, ir a sus lugares de diversión, y seguir sus modas y su corriente. Con esto esperan ellos moderarlo y calmarlo; cristianizarlo. Es un bello sueño, y si fuera cierto, salvaría al mundo de dificultades. Los pobres profetas del Señor pudieran regresar de sus cuevas; Elías podría ser el primer ministro de Acab; y la conciencia de Abdías pudiera estar tranquila. En verdad, la política de Elías sería un error supremo y sería mejor que todos llegáramos a ser Abdías de una vez.

Pero hay dos dificultades insuperables para la aceptación de esta teoría de nivelación desde adentro.

a. Está en directa oposición a la enseñanza bíblica. « ...salid de en medio de ella» es el llamado que resuena como un clarín de oriente a occidente. «Salid de en medio de ellos, y apartaos, dice el Señor, Y no toquéis lo inmundo» (2 Corintios 6:17). Ningún héroe ni santo movió al pueblo de Dios de su tiempo desde adentro; todos, sin excepción, han levantado el grito: «Salgamos fuera del campamento». Ellos forman la cadena continua de mártires, confesores, profetas, y santos, de los cuales el mundo no era digno, pero que pueden buscar su parentesco con Aquel de quien está escrito: « ... padeció fuera de la puerta». El único camino bíblico para los testigos de Dios consiste en salir fuera del campamento. Estar en el mundo, pero no como parte del mundo: usar la ropa de peregrino, manifestar el espíritu de peregrino, expresar la confesión del peregrino.

b. *Esta teoría no resultará eficaz.* El hombre que entra en el mundo para elevarlo al nivel de él, pronto descubrirá que él mismo ha descendido al nivel del mundo. ¿No fue esto lo que le ocurrió a Abdías? Comparemos la influencia que ejerció Abraham desde las alturas de Mamre a favor de Sodoma y Gomorra, con la que ejerció Lot, quien, no contento con levantar su carpa hacia la puerta de la ciudad, se metió a vivir en ella y hasta se convirtió en uno de los regidores del lugar (Génesis 19:1). ¿Pero por qué tenemos que multiplicar los ejemplos? La mujer cristiana que se casa con un hombre no convertido está en inminente peligro de ser arrastrada pronto al nivel de él. La iglesia que admite el mundo dentro de su círculo hallará que ella se vuelve mundana con más rapidez que con la que el mundo se vuelve cristiano.

La posición más segura y fuerte está fuera del campamento. Arquímedes dijo que él podría mover el mundo si se le daba un punto de apoyo fuera de él. Del mismo modo, un puñado de siervos de Dios pueden también influir en su ambiente con solo parecerse a Elías, quien pasó su vida completamente fuera de la corte y del mundo de su tiempo.

2. Hay un contraste entre la bondad preventiva y la dinámica. Abdías sencillamente trató de impedir que se hiciera un gran daño. Él protegió a los profetas de la espada de Jezabel y del toque del hambre. Esto fue bueno. La bondad preventiva de esta clase cumple un propósito muy útil. Levanta hogares y refugios y baluartes de defensa, detrás de los cuales puedan prosperar las vidas de los perseguidos profetas. Pero el mundo necesita algo más. Hay una demanda urgente de hombres como Elías y Juan el Bautista, que se atrevan a oponerse a los que cometen malas obras, y los hagan comparecer ante el tribunal de Dios y los obliguen a inclinarse ante la majestad ofendida de la ley quebrantada.

Para esto se necesita una dotación positiva de poder que no pueden alcanzar los tibios, pues es exclusiva prerrogativa de los siervos de Dios. De esta clase de poder no tenía Abdías. ¿Cómo podía tenerlo? Por otra parte, Elías estaba lleno de este poder. Por cuanto así era, tuvo éxito en detener las marejadas de pecado cuando estaban más embravecidas.

No es suficiente proteger a los profetas; tenemos que salir y presentarnos ante Acab. Que Dios envíe a su iglesia un puñado de hombres como leones, como Elías, de quien consta por escrito este majestuoso testimonio: «Fue, pues, Elías a mostrarse a Acab»; a enfrentarse al culpable real; a detener al rey.

3. Hay un contraste entre la cautela de la conveniencia y la intrepidez de la fe. Cuando Elías le dijo a Abdías que le dijera a su señor que el profeta lo estaba esperando, el asombrado cortesano reflejó incredulidad. En realidad, él pensó que el profeta no sabía con cuánto empeño el rey lo había estado buscando, o que el Espíritu del

Señor lo arrebataría antes que ellos pudieran encontrarse. Nunca se le ocurrió que Elías se atrevería a enfrentarse con el rey, si sabía realmente cómo estaban las cosas. Y aun suponiendo que el profeta fuera lo bastante temerario para hacer esto por su propia cuenta, ciertamente Dios le impediría caer en la guarida del león. En todo caso, Abdías no deseaba tener nada que ver con este asunto. Más de dos veces usó las palabras «me matará». Y solo cuando Elías le aseguró que con toda seguridad él se mostraría a Acab antes de la puesta del sol, con renuencia fue Abdías a encontrarse con Acab para decírselo. ¡Qué incapaz era Abdías de formarse un verdadero concepto de la intrepidez de Elías!

¿Cuál fue la fuente de esa intrepidez? Dios era más real para Elías que para Acab. ¿Cómo podía él tenerle miedo a un hombre que moriría? El temor a Dios lo había hecho impermeable a toda otra clase de temor. La fe ve la montaña llena de caballos y carrozas de fuego. Y así, con cara impávida y corazón sin desmayo, los Elías de Dios se apresuran a cumplir los mandamientos de él, aunque el camino esté bloqueado por tantos demonios como tejas haya en el tejado. Los Abdías afirman que los Elías de Dios nunca se atreverán a llevar a cabo sus propósitos; pero viven para ver que sus propias predicciones eran falsas.

4. Hay contraste en la respectiva manera en que los impíos reciben a estas dos clases de individuos. Acab pudo tolerar a Abdías por cuanto este nunca lo reprendía. Pero tan pronto como Acab vio a Elías, le mostró su antipatía. «Cuando Acab vio a Elías, le dijo: ¿Eres tú el que turbas a Israel?» (versículo 17). Años más tarde, al hablar de otro devoto siervo de Dios cuyo consejo fue requerido por Josafat, este mismo rey Acab dijo: « ...yo le aborrezco, porque nunca me profetiza bien, sino solamente mal» (1 Reyes 22:8).

No hay testimonio más elevado con respecto a la constancia de nuestra fe que el odio de los Acabs que nos rodean. Si todos los hombres hablan bien de usted, es hora de comenzar a preguntarse si no se está convirtiendo en un mero Abdías. Pero si Acab lo acusa de que le está causando dificultades, regocíjese.

Allí, frente a frente, dejamos a Acab y a Elías. No necesitamos preguntarnos cuál de los dos tiene más realeza. No tenemos que gastar nuestro tiempo mirando a Abdías. No podemos sino admirar la noble influencia del profeta de Dios. Pero recordemos que no se debió a su carácter inherente, sino a su fe. Y si adquirimos una fe similar, podemos esperar resultados semejantes en nuestras propias vidas.

7
EL PLAN DE CAMPAÑA
1 Reyes 18

Cuando Elías salió de Sarepta es más probable que su mente no estuviera en absoluto ocupada por ningún plan concreto de acción. Él sabía que tenía que mostrarse a Acab y que la lluvia no estaba muy lejos, pues estas fueron sus órdenes concretas: «Ve, muéstrate a Acab, y yo haré llover sobre la faz de la tierra». Fuera de eso, él no sabía nada.

El plan completo de esta gran campaña a favor de Dios y contra Baal, a favor de la verdad y contra el error, pudo habérsele revelado a Elías de una vez luego de salir de Sarepta. Pero es igualmente probable que se le haya revelado poco a poco. A menudo Dios prefiere este método.

Si tratamos de ponernos en la actitud del corazón y de la mente de Elías cuando salió del refugio de Sarepta y comenzó a pasar por los incidentes que culminaron en el monte Carmelo, parece que el plan se le dio en tres partes.

1. Él se llenó de una pasión consumidora para la gloria de Dios. « ...sea hoy manifiesto que tú eres Dios en Israel». Esta oración es la clave que nos permite comprender su corazón. Él no sabía, ni se preocupaba por saber, lo que le ocurriría a él mismo, pero su alma estaba inflamada con un celo por la gloria de Dios. Él no podía soportar el hecho de que los altares de los profetas que habían muerto como mártires estaban destruidos. Y cuando tuvo que enfrentarse a estas cosas, su espíritu se conmovió hasta lo más profundo con indignación y dolor.

¡Qué bueno sería si cada uno de nosotros recibiera una inspiración similar! Usted solo confíe en que él lo hará; pida y espere que lo llene con el fuego que ardió en el corazón de Elías, y consumió todo lo bajo, corrupto, y egoísta, e hizo de todo él un agente apto para Dios.

2. Él estaba profundamente convencido de que él era solo un siervo. « ...sea hoy manifiesto que tú eres Dios en Israel, y que yo soy tu siervo». Esta fue la actitud del espíritu de Elías: entregado, rendido, vacío; plástico para las manos que descienden del cielo a modelar hombres.

¿No somos demasiados dados a hacer cosas para Dios, en vez de permitir que él haga lo que quiera por medio de nosotros? No reconocemos su absoluto derecho de propiedad. Con frecuencia no hacemos lo que él decididamente desea que hagamos y en vez de ello insistimos en llevar a cabo algún pequeño capricho propio.

3. Elías tenía el ardiente deseo de saber cuál era el plan de Dios y de llevarlo a cabo. « ...sea hoy manifiesto que tú eres Dios en Israel, y que yo soy tu siervo, y que por mandato tuyo he hecho todas estas cosas». Tan pronto como un hombre piensa que está realizando el plan de Dios, y que Dios está realizando su plan por medio de él, tal hombre es invencible. Y este fue uno de los elementos de la espléndida fortaleza de Elías.

Esta pregunta relacionada con el plan de Dios es sumamente importante, porque el poder y la bendición de él serán disfrutados en toda su plenitud solo por aquellos que están donde él quiere que ellos estén. ¿Queremos tener provisión divina? Tenemos que mantenemos al compás del plan divino. El fuego solo arde cuando el altar se erige en conformidad con la Palabra de Dios. Tenemos que preguntar de manera incesante: «¿Qué quieres que yo haga?».

Hay muchas maneras de llegar a conocer el plan de Dios. Algunas veces se revela por medio de las circunstancias, que aunque no todo el tiempo son agradables, son siempre aceptables por cuanto nos revelan la voluntad de nuestro Padre. No hay nada circunstancial que ocurra sin su permiso y, por tanto, cada circunstancia es un mensajero del Rey que trae su mensaje, aunque algunas veces nos quedamos perplejos en cuanto al modo como debemos entenderlo.

Algunas veces el plan de Dios se nos revela por medio de fuertes impresiones del deber, las cuales aumentan en intensidad cuando oramos al respecto y las sometemos a prueba con la Palabra de Dios.

Hay muchas formas por medio de las cuales Dios puede expresar su voluntad al espíritu verdaderamente entregado, y hemos de contentarnos con esperar tranquilamente. Por regla general, no hacemos nada mientras tengamos cualquiera incertidumbre, pero debemos examinarnos a nosotros mismos y estar listos a actuar tan pronto como sepamos cuál es el plan.

El plan, tal como Elías lo presentó ante Acab, está eminentemente adaptado a las circunstancias del caso. Todo Israel debía reunirse en el monte Carmelo, que se elevaba por encima de la llanura de Esdraelón, un sitio noble que servía como centro de reunión nacional. Debía tenerse especial cuidado en asegurar la presencia de los representantes de los grupos que se habían atrevido a rivalizar con el culto a Jehová: «los cuatrocientos cincuenta profetas de Baal, y los cuatrocientos profetas de Asera, que comen de la mesa de Jezabel ». Estas sectas rivales debían entonces someterse a una prueba, que a los adoradores de Baal no les era posible rechazar, pues Baal era el dios del Sol y esta era una prueba de fuego.

Elías sabía que el altar de Baal permanecería sin humo. Estaba igualmente convencido de que Jehová respondería a su fe con fuego. También se sentía convencido de que el pueblo, incapaz de escapar de la evidencia de lo que hubieran visto, repudiaría para siempre los malditos cultos de Fenicia y se volvería una vez más a la adoración del Dios de sus padres.

«Entonces Acab convocó a todos los hijos de Israel, y reunió a todos los profetas en el monte Carmelo». Esta convocatoria al pueblo tuvo que haber ocurrido unos pocos días antes. ¿Dónde y cómo pasó Elías ese intervalo?

Pienso que Elías debe haber pasado días memorables esperando en el mismo Carmelo, que él y su criado se guarecían en alguna cueva desierta por la noche, y durante el día pasaban cuidadosamente por el escenario del conflicto que se aproximaba. Con cuánta constancia confiaría él en Dios y presentaría largas series de súplicas por el pueblo, y se prepararía para el conflicto que vendría como respuesta a la ferviente oración eficaz. La respuesta por medio del fuego nunca habría descendido ese día si él no hubiera pasado los días anteriores en la presencia de Dios.

Es este un espectáculo sublime: este hombre rendido, entregado, esperando en el Carmelo con fe firme; la reunión del pueblo; el cumplimiento del propósito de Dios. Elías no abrigaba temor alguno. Él esperaba ver pronto a la nación a los pies de Dios.

Todo esto lo hizo no porque era diferente de nosotros, sino porque había adquirido el hábito bendito de tratar con Dios directamente, como una realidad viviente, en cuya presencia él tenía el privilegio y la gloria de estar siempre.

8
EL CONFLICTO EN LAS ALTURAS DEL CARMELO
1 Reyes 18

Es muy de mañana en el monte Carmelo. Desde todas las direcciones las multitudes se abren camino hacia este lugar que desde muy antiguo ha estado relacionado con el culto. No se está haciendo nada en ninguna parte; los pensamientos de jóvenes y viejos están concentrados únicamente en la poderosa convocatoria que les ha hecho Acab. Veamos cómo los muchos millares de Israel se van reuniendo lentamente y ocupando todo sitio elevado desde el cual puedan ver lo que está a punto de suceder.

Ya casi todo el pueblo está reunido, y se oye el paso regular de las tropas que participan. Por los símbolos del sol que brillan en sus frentes se distinguen cuatrocientos profetas de Baal; pero los profetas de Asera están ausentes; la reina, de cuya mesa comen, ha invalidado la convocatoria del rey. Ahora, por en medio de la multitud, la litera del rey, llevada por fornidos cargadores, se abre paso, rodeada por los oficiales de alto rango.

Nuestra atención se fija en aquel hombre de contextura vigorosa y pelo flotante que, con ojos brillantes y labios comprimidos, espera el mudo silencio que pronto caerá sobre aquella inmensa concurrencia. ¡Un hombre contra una nación! Notemos con qué rencorosas miradas vigilan los sacerdotes cada uno de sus movimientos.

El rey oscila entre el temor y el odio; pero se refrena porque piensa que, de algún modo, la venida de la lluvia depende de este hombre. Y si hay simpatizantes entre la multitud, están tranquilos y en silencio. Aun Abdías se mantiene discretamente fuera del camino. ¡Pero no tenga usted temor por Elías! Él es solo un hombre de semejantes pasiones a las nuestras, solo que está lleno de fe y de poder espiritual. Él puede apropiarse de los recursos de la Deidad como una varilla de metal puede atraer rayos de una nube. Hoy mismo, por fe —no por ningún poder inherente, sino por fe— usted verá cómo somete a un reino; nada será imposible para él. El profeta habló siete veces en el transcurso de aquel memorable día, y sus palabras son verdadero índice de lo que estaba ocurriendo en su corazón.

1. Elías recriminó. «¿Hasta cuándo claudicaréis vosotros entre dos pensamientos? Si Jehová es Dios, seguidle; y si Baal, id en pos de él».

Pronto la posición de ellos se volvió ilógica y absurda. Su marcha era como la renquera de un hombre que tiene una pierna más larga que la otra; o como el artificio de un siervo que ha sido contratado para servir a dos señores: hace lo mejor que puede para cada uno de ellos, y no complace a ninguno de los dos. El alma sincera y sencilla del profeta no tiene paciencia con tan notoria necedad. Había llegado el momento en que la nación tenía que detenerse en su intento de combinar la adoración de Jehová con la de Baal; y en que sería obligada a escoger entre los dos cultos que se le presentaban.

Parece que el pueblo se sintió aturdido y avergonzado de que se le presentaran tales alternativas, pues «el pueblo no respondió palabra».

2. Elías lanzó un reto. « ...el Dios que respondiere por medio del fuego, ese sea Dios». Era una proposición equitativa. Baal era el señor del Sol y el dios de aquellas fuerzas naturales productivas de las cuales el calor es elemento y señal. Por tanto, los sacerdotes de Baal no podían rechazarla.

Y todo israelita pudo recordar las numerosas ocasiones de su glorioso pasado en que Jehová había respondido por fuego. Ese era el emblema de Jehová y la señal de que él aceptaba el servicio de su pueblo.

Por tanto, cuando Elías propuso que cada una de las partes ofreciera un buey, y esperara la respuesta por fuego, logró que el pueblo estuviera inmediatamente de acuerdo. «Y todo el pueblo respondió, diciendo: Bien dicho».

Esa proposición la hizo con la perfecta seguridad de que Dios no le fallaría. Dios nunca le falla al hombre que confía en él completamente. ¡Asegúrese usted de que está en el plan de Dios; y luego marche hacia adelante en el nombre de él! Los mismos elementos obedecerán lo que usted diga, y el fuego descenderá del cielo por mandato suyo.

3. Elías los trató con un quemante sarcasmo. Los falsos sacerdotes eran incapaces de provocar la secreta chispa de fuego en la leña que habían colocado sobre su altar. Recurrieron entonces a una súplica directa a su deidad pagana. Esto lo hacían con poder y fuerza. Daban vueltas y vueltas alrededor del altar marcando el compás de la mística danza coral, y solo rompían filas algunas veces para dar saltos frenéticos frente al altar. Y todo el tiempo canturreaban: «¡Baal, respóndenos!» Pero no había voz, ni nadie que respondiera.

Así pasaron tres horas. Su dios Sol lentamente condujo su dorada carroza por la empinada cuesta del cielo, y ascendió a su trono en el cenit. Ciertamente ese era el momento de su mayor poder y, si los iba a ayudar alguna vez, tendría que ayudarlos entonces. Pero lo único que hizo fue broncear y oscurecer más las caras levantadas de los sacerdotes.

Elías apenas podía ocultar el deleite que sentía por la derrota de ellos. Él sabía que así iba a suceder. Pudo darse el lujo de burlarse de ellos al sugerir la causa de la indiferencia de su dios: «Gritad en alta voz, porque dios es; quizá está meditando, o tiene algún trabajo, o va de camino; tal vez duerme, y hay que despertarle».

«Y ellos clamaban a grandes voces, y se sajaban con cuchillos y con lancetas conforme a su costumbre, hasta chorrear la sangre sobre ellos». ¡Ciertamente sus sinceros esfuerzos serían suficientes para mover a compasión a cualquier deidad, por más dura que fuera! Y puesto que los cielos aún continuaban silentes, ¿no probaba eso al pueblo que la religión de ellos era un engaño y una vergüenza?

Así pasaron tres horas más hasta que llegó la hora en que, en el templo de Jerusalén, los sacerdotes de Dios acostumbraban ofrecer el cordero de la tarde. Pero «no hubo ninguna voz, ni quien respondiese ni escuchase». El altar estaba frío y sin humo; el buey no había sido consumido.

4. Elías hizo una invitación. Al fin le había llegado su turno y su primer acto consistió en invitar al pueblo para que se acercara. Él quería que la respuesta de fuego fuera indiscutible. Así es que invitó al pueblo a que mirara más de cerca mientras él levantaba el altar del Señor que estaba destruido. Al mismo tiempo buscó con cuidado reverente entre aquellas piedras esparcidas, y construyó el altar de tal modo que las doce piedras quedaran como un símbolo apropiado de la unidad del Israel ideal ante los ojos de Dios. Las penetrantes miradas del pueblo, desde muy cerca, podían ver que él no había introducido ninguna antorcha o chispa secreta.

5. Elías dio un mandamiento. Su fe era exuberante. Estaba tan seguro de Dios que se atrevió a amontonar dificultades a su objetivo, pues sabía que para el poder infinito no hay imposible. Cuanto más improbable fuera la respuesta, tánta más gloria recibiría Dios. ¡Qué fe tan incomparable! Puede reírse de las imposibilidades y aun amontonarlas una sobre otra, para tener el placer de ver como Dios las domina.

Ya el altar estaba erigido; la leña se había colocado en orden; el buey estaba cortado en pedazos. Pero para impedir cualquier posibilidad de fraude, y para hacer que el milagro que se aproximaba fuera aun más maravilloso, Elías dijo: «Llenad cuatro cántaros de agua, y derramadla sobre el holocausto y sobre la leña». Esto se hizo tres veces, hasta que la madera quedó empapada y el agua llenó la zanja, con lo que era imposible que pasara alguna chispa.

¡Qué lástima que son tan pocos los que tienen una fe así! No estamos tan seguros de Dios como para atrevernos a amontonar dificultades en su camino. Sin embargo, lo que este hombre logró, nosotros lo podemos lograr también con oración y ayuno.

6. Elías hizo una oración. ¡Qué oración! Fue tranquila y segura, confiada en la respuesta. Lo que pidió esencialmente fue que Dios se vindicara aquel día, demostrando que en verdad era Dios y volviendo hacia él el corazón del pueblo.

¿No es maravilloso que «cayó fuego de Jehová, y consumió el holocausto, la leña, las piedras y el polvo, y aun lamió el agua que estaba en la zanja»? ¡No podía haber sido de otro modo! Y no pensemos que esta es una antigua historia, que nunca se repetirá.

Nuestro Dios es fuego consumidor; y tan pronto como se reconozca la unidad de su pueblo y se busque su presencia, él descenderá, y vencerá todos los obstáculos.

7. Elías pronunció una orden de ejecución. La orden salió de aquellos labios severos: «Prended a los profetas de Baal, para que no escape ninguno». El pueblo estaba en disposición de obedecer. solo momentos antes habían hecho vibrar el aire con el grito:

«¡Jehová es el Dios, Jehová es el Dios!» Comprendieron que habían sido horriblemente engañados. Entonces formaron un círculo cerrado alrededor de los atemorizados y derrotados sacerdotes, quienes comprendieron que la resistencia que podrían ofrecer era en vano, y que su hora había llegado.

« ...y los llevó Elías al arroyo de Cisón, y allí los degolló». Uno tras otro cayeron bajo la espada de Elías, mientras el rey estaba cerca, como un espectador impotente de la condenación de ellos, y Baal no hizo nada para salvarlos.

Y cuando murió el último, el profeta entendió que la lluvia no estaba lejos. Él casi podía oír el jugueteo de las nubes que se apresuraban hacia la tierra. Él sabía lo que todos necesitamos saber: que el Dios verdadero solo puede bendecir la tierra o el corazón que ya no albergue en sí dioses falsos. Que Dios nos imparta la fe de Elías; ¡que también podamos ser fuertes y hacer grandes cosas!

9
¡LA LLUVIA AL FIN!
1 Reyes 18

Solo en grado mínimo podemos comprender los horrores de una sequía oriental. La angustia de la tierra se atribuía directamente a la apostasía del pueblo. Las iniquidades del pueblo de Israel lo habían separado de su Dios. Elías sabía esto muy bien. Esto lo impulsó a cumplir la función de ejecutor de los sacerdotes de Baal, quienes habían sido los cabecillas de la revuelta nacional contra Dios. Sus cuerpos yacían espantosamente mutilados en las riberas del Cisón y la corriente los iba arrastrando hacia el mar.

Acab tuvo que haber estado cerca de Elías en el paso del Cisón, y tuvo que haber sido un involuntario espectador de la terrible venganza; sin atreverse a resistir el ataque de indignación popular, ni intentar proteger a los hombres a quienes él mismo había estimulado y presentado. Cuando hubo muerto el último sacerdote, Elías se volvió al rey y le dijo: «Sube, come y bebe; porque una lluvia grande se oye». Fue como si le hubiera dicho: «Sube a donde tienes colocadas tus tiendas en la amplia extensión del altiplano el banquete está servido en tu dorado pabellón; come sus bocados exquisitos; ¡pero hazlo pronto! De lo contrario, la lluvia puede interrumpirte el banquete».

¡Qué contraste el que había entre estos dos hombres! «Acab subió a comer y a beber. Y Elías subió a la cumbre del Carmelo, y postrándose en tierra, puso su rostro entre las rodillas». No podríamos esperar nada más del rey. Cuando su pueblo sufría los rigores de la sequía, él solo se preocupaba por buscar suficiente hierba para salvar sus caballos. Y ahora, aunque sus fieles sacerdotes han muerto por centenares, él solo piensa en el banquete que lo espera en su pabellón. Me imagino a Acab y a Elías mientras ascienden juntos: no hay simpatía, ni gozo común; el rey se aparta hacia sus tiendas, mientras el siervo de Dios sube constantemente hasta la parte más alta de la montaña, y halla un oratorio al pie de un pináculo aún más elevado.

Todavía hoy manifiestan tales contrastes. Los hijos de este mundo pasan sus días en fiestas y sus noches en parrandas, aunque el mundo se apresura hacia la ruina. ¡Ay de la tierra donde gobiernan tales hombres! ¡Que nuestra querida patria sea preservada de dirigentes de esa índole! Y que nuestra juventud no esté adornada y perfumada para las fiestas de Acab, sino con Elías en las montañas desoladas, donde tal vez no haya fiestas fantásticas pero donde el aire es fresco, y la vida libre, y el espíritu es fortalecido para el quehacer noble.

1. Hay ciertas características en la oración de Elías que de paso debemos notar, por cuanto deben formar parte de toda verdadera oración.

a. *Fue una oración basada en la promesa de Dios*. Cuando Elías fue llamado de Sarepta para que reasumiera su obra pública, sus órdenes de marcha estaban envueltas en la promesa específica de la lluvia: «Ve, muéstrate a Acab, y yo haré llover sobre la faz de la tierra». Las promesas de Dios se dan no para restringir la oración, sino para estimularla. Son el molde en que podemos derramar sin temor nuestros férvidos espíritus. Aunque la Biblia está llena de tapa a tapa de promesas doradas, las mismas son inoperantes mientras no las convirtamos en oración.

Por tanto, cuando se nos pregunta por qué deben orar los hombres y cómo beneficia la oración, no debemos dar otra respuesta que esta: «La oración es la palabra de la fe; uno de los fundamentos básicos de la vida espiritual». La Palabra de Dios enseña claramente que la oración es aceptada por el Altísimo. Ha sido practicada por los hombres más nobles y santos, quienes han dado testimonio de su segura eficacia. Así que nosotros nos contentamos con orar aunque ignoramos la filosofía del modus operandi de la oración como la de cualquiera ley natural.

Cuando su hijito apenas había aprendido a hablar le hacía a usted muchas preguntas que nada tenían que ver con la naturaleza de usted y con el bienestar de él. Pero con el paso de los años, la experiencia fue moldeando las peticiones de su hijo hasta que llegaron a tomar formas sugeridas por usted mismo. Así también, en la medida en que nosotros conozcamos más de Dios por medio de sus promesas, somos guiados a poner nuestro corazón en las cosas que están en sus manos abiertas, esperando ser tornadas por la mano de una fe que se las apropie. Por esta razón, toda oración, como la de Elías, debe basarse en la promesa.

b. *Fue una oración definida*. En este punto fallan muchas oraciones. No oramos con la decidida esperanza de lograr resultados definidos y prácticos. Corrijamos esto. Mantengamos una lista de las peticiones que le hacemos a Dios. Hagamos nuestra oración como la hizo David (Salmo 5:3), y esperemos la respuesta; obtendremos nuevas e inusitadas bendiciones ¡Sea usted definido!

c. *Fue una oración ferviente*. «Elías ... oró fervientemente». Las oraciones que se hallan en la Escritura brillan todas con el calor ardiente de la intensidad, la oración no recibe respuesta a menos que esté acompañada de un fervor tal que pruebe que la bendición que se busca se necesita realmente.

A tal fervor, por supuesto, se le debe temer cuando buscamos algún beneficio bajo para nosotros mismos. Pero cuando, como Elías, buscamos el cumplimiento de la promesa divina, no para nosotros mismos sino para la gloria de Dios, entonces es imposible pasarnos de fervor o estar demasiado llenos de la energía de la oración.

d. *La oración de Elías fue humilde*. «Elías ... postrándose en tierra, puso su rostro entre las rodillas». ¿No ocurre siempre que los hombres que andan de la manera más recta en relación con el pecado se postran del modo más humilde en la presencia de Dios? Es verdad que usted es un hijo, pero también es un súbdito. Es verdad que usted es redimido; pero no puede olvidar su nombre original: pecador. Es verdad que usted puede acudir al Señor con osadía pero recuerde la majestad, la potencia y el poder de Dios y entonces, quítese los zapatos de sus pies. Nuestra única defensa ante Dios es el mérito de la sangre de nuestro gran Sumo Sacerdote. Nos corresponde humillarnos.

e. *Fue una oración llena de fe expectante*. Palpitaba fuertemente en el corazón de Elías. Él sabía que Dios cumpliría su palabra. Basado en ello envió a su criado que posiblemente era el hijo de la viuda, a que subiera al punto más alto del Carmelo y lo instó a que mirara hacia el mar, pues él sabía que antes de que pasara mucho tiempo su oración sería contestada y la promesa de Dios se cumpliría. Nosotros hemos orado con frecuencia, pero no esperamos las bendiciones que hemos buscado.

Hay una clase de fe que Dios no puede rechazar, una fe para la cual todas las cosas son posibles. Se ríe de la imposibilidad, y puede mover montañas y colocarlas en el océano. ¡Que tengamos esa fe! Tal fue la fe de Elías.

f. *Fue una oración muy perseverante*. Él le dijo al criado: «Sube ahora, y mira hacia el mar». El muchacho fue miró, y dijo: «No hay nada». ¡Con cuánta frecuencia hemos enviado al criado del deseo afanoso a examinar el horizonte! Y como no hay nada, precisamente cuando comenzábamos a orar, dejamos de hacerlo. Nos vamos de la cresta de la montaña. No sabemos que la respuesta de Dios en ese mismo momento viene en camino.

Eso no le pasó a Elías. «Y él le volvió a decir: Vuelve siete veces». La primera vez regresó diciendo: «No hay nada». No hay signo de lluvia, ni nube en el cielo. Y Elías le dijo: «Vuelve». Esto se repitió siete veces; esta fue una prueba no pequeña para la resistencia del profeta, pero con la prueba severa le vino suficiente gracia, de modo que pudo soportarla.

Con frecuencia nuestro Padre nos concede nuestra oración y le pone la etiqueta que indica que es nuestra, pero la retiene hasta que lleguemos a un punto de intensidad. Aquel punto del cual nunca retrocederemos. Luego, cuando nos hayamos superado, él se vuelve amorosamente hacia nosotros, y nos dice: « ...grande es tu fe; hágase contigo como quieres» (Mateo 5:28).

g. *Y la oración fue contestada con abundancia*. Durante las semanas y meses anteriores el sol había estado reuniendo las gotas de humedad que tomaba de los lagos, ríos y el mar, y ahora el ventarrón las traía rápidamente hacia la sedienta tierra de Israel. «Y antes que clamen, responderé yo; mientras aún hablan, yo habré oído» (Isaías 65:24). La respuesta a sus oraciones puede estar más cerca de lo que usted piensa. En las alas de cada momento se apresura hacia usted. ¡Dios le contestará, y lo hará pronto!

Pronto el muchacho, desde su torre de observación, vio en el horizonte una nubecilla, que no era más grande que la mano de un hombre y avanzaba rauda por el firmamento. No se necesitaba nada más para convencer a un oriental de que la lluvia estaba cerca. Esa nubecilla era, y aún es, la precursora cierta de un repentino huracán de viento y lluvia. Elías envió al muchacho con el mensaje urgente para Acab de que descendiera del Carmelo al lugar donde tenía su carroza, en la parte llana de más abajo, no fuera que el Cisón, crecido por las lluvias, lo detuviera en su regreso a casa. Escasamente tuvo tiempo el muchacho para llegar al pabellón real, antes de que los cielos se oscurecieran con nubes y viento y hubiera un copioso aguacero.

El monarca salió en medio de la crecienta tormenta, pero más rápidos que sus veloces caballos fueron los pies del profeta, fortalecidos por la mano de Dios. Elías agarró presto su manto, del cual chorreaba el agua, se lo ciñó a la cintura y en medio de la furia de los elementos, mientras se cerraba la noche, superó a la carroza, y corrió como cualquier mensajero común delante de ella hasta la entrada de Jezreel, que estaba a casi treinta kilómetros del sitio de partida.

Así a fuerza de fe y oración, este hombre hizo que volviera la lluvia a Israel. ¿Por qué no aprender y practicar su secreto? Entonces también podríamos hacer descender del cielo bendiciones espirituales que harían que las partes secas de la iglesia y del mundo se renueven y florezcan como la rosa.

10
¡CÓMO CAEN LOS PODEROSOS!
1 Reyes 19

Bajo la tempestad que empapaba, con la cual terminó el día memorable de la convocación, el rey y el profeta llegaron a Jezreel. Tal vez fueron los primeros que llevaron noticias de lo que había acontecido. Elías se fue a algún humilde hospedaje para buscar alojamiento y comida; mientras Acab se retiró a su palacio donde Jezabel lo esperaba. Todo el día se había estado preguntando la reina cómo estarían marchando las cosas en el monte Carmelo. Ella abrigaba la febril esperanza de que sus sacerdotes habían ganado el desafío del día, y cuando vio que las nubes de lluvia comenzaban a asomarse en el firmamento, atribuyó el deseado fenómeno a la interposición de Baal, en respuesta a las plegarias de sus profetas.

Podemos imaginarnos que hubo un diálogo como el que sigue entre los dos personajes de la pareja real cuando se encontraron.

—¿Cómo han salido las cosas hoy? Sin duda bien; la lluvia se ha anticipado a tu respuesta favorable.

—No tengo nada que contarte que te dé satisfacción.

—¿Por qué?

—Ha sucedido lo peor.

—¿Qué quieres decir con eso? ¿Dónde están mis sacerdotes?

—Nunca los volverás a ver. Todos murieron. A estas horas ya sus cuerpos flotan en el mar.

—¿Quién se atrevió a hacer esto? ¿No se defendieron? ¿No levantaste tú la mano? ¿Cómo murieron?

«Acab dio a Jezabel la nueva de todo lo que Elías había hecho, y de cómo había matado a espada a todos los profetas».

La ira de Jezabel no tuvo límites. Acab era sensual y materialista; si solo tenía lo suficiente para comer y beber, y los caballos y mulas estaban bien cuidados, él se sentía contento. Según su criterio, no había mucho que escoger entre Dios y Baal. Pero Jezabel no era así.

Ella era tan resuelta como él indiferente. Astuta, inescrupulosa e intrigante, ella moldeaba a Acab según su capricho.

Para Jezabel la crisis era my grave. Tanto la indignación como la política la impulsaron a actuar de inmediato. Si se permitía que se difundiera esta reforma nacional, se frustraría todo aquello por lo cual ella había estado trabajando a través de los años. Ella tenía que dar el golpe, y darlo de una vez. Así que esa misma noche, en medio de la violencia de la tempestad, envió un mensajero a Elías para que le dijera: «Así me hagan los dioses, y aun me añadan, si mañana a estas horas yo no he puesto tu persona como la de uno de ellos». Ese mensaje delata a la mujer. Ella no se atrevía a matarlo, aunque fácilmente estaba a su alcance; así que se conformó con amenazarlo. Ella tenía la mente puesta en sacarlo del país, a fin de quedar libre para reparar el daño que él había causado. Y, aunque es triste decirlo, en esto tuvo ella mucho éxito.

La presencia de Elías no había sido nunca tan necesaria como entonces. La obra de destrucción había comenzado y el pueblo estaba en un estado de ánimo para llevarla hasta sus últimas consecuencias. La marejada se había vuelto, y ahora estaba a favor de Dios. Elías era necesario para que completara la obra de reforma mediante un plan de construcción. Según lo que hemos visto de él, debiéramos esperar que él recibiera este mensaje con tranquila compostura. Pero no «se levantó y se fue para salvar la vida».

Acompañado por su criado, y bajo la cubierta de la noche, se apresuró a salir en medio de la tormenta, a través de las montañas de Samaria; y no disminuyó la velocidad hasta que hubo llegado a Beerseba. Allí estaba seguro; pero ni siquiera allí pudo permanecer, de modo que se metió en aquel indómito desierto que se extiende por el sur hasta el Sinaí.

Siguió su camino durante horas y horas de fatiga y bajo el ardiente sol. El candente suelo le ampollaba los pies. Allí no había cuervos, ni estaba el arroyo de Querit, ni Sarepta. Al fin, la fatiga y la angustia agotaron su fuerza vigorosa, y se echó bajo la sombra de un pequeño arbusto, un enebro y le pidió a Dios que le quitara la vida. «Basta ya, oh Jehová, quítame la vida, pues no soy yo mejor que mis padres».

¡Oh que hubiera ocurrido si tan solo Elías se hubiera mantenido firme! Hubiera podido salvar a su país y no hubiera habido necesidad de cautividad ni de dispersión para su pueblo. Los siete mil discípulos secretos se hubieran atrevido a salir de sus escondites y a mostrarse, y hubieran constituido un núcleo de corazones leales, los cuales hubieran sustituido a Baal por Jehová. Y el propio carácter de Elías habría escapado de una mancha cuya memoria aún permanece.

Con frecuencia los santos bíblicos fallan precisamente donde nosotros esperaríamos que estarían firmes. Abraham fue el padre de los creyentes, pero su fe falló cuando descendió a Egipto y mintió a Faraón con respecto a su esposa. Moisés fue el hombre más humilde de todos, pero perdió la entrada a Canaán por su única falta. De la misma manera Elías demostró que él fue en verdad un hombre «sujeto a pasiones semejantes a las nuestras».

¡Qué prueba la que tenemos aquí sobre la veracidad de la Biblia! Si hubiera sido solo obra del ingenio humano, sus autores habrían evitado presentar el fracaso de uno de sus héroes principales. ¿No hay siquiera un rayo de consuelo que se pueda reflejar del triste espectáculo de la caída de Elías? De no haber sido por la claridad con que se presenta aquella mancha en su vida, habríamos pensado siempre que él fue un individuo completamente distinto de nosotros, y que, por tanto, no podría ser modelo en ningún sentido. Pero ahora, cuando lo vemos tendido bajo la sombra del enebro pidiéndole a Dios que le quite la vida, pensamos que él fue lo que llegó a ser solo por la gracia de Dios, que había de triunfar por fe. Y con una fe similar, también nosotros podemos apropiarnos de una gracia semejante que ennoblezca nuestras vidas, que no son grandiosas.

Varias causas explican el fracaso de Elías.

1. Su fuerza física y su energía nerviosa estaban agotadas.
Consideremos la tremenda tensión a que había estado sometido desde que salió del refugio tranquilo del hogar de Sarepta. La emoción prolongada de la convocatoria real, la matanza de los sacerdo-

tes, la intensidad de su oración, la distancia de casi treinta kilómetros que cubrió en veloz carrera delante de la carroza de Acab, seguido todo de la apresurada huida, sin ocasión de descanso hasta que se tiró a la arena del desierto, todo ello había dado como resultado el agotamiento total. La reacción natural fue intenso sufrimiento.

2. Su soledad lo hizo profundamente sensible. « ...solo yo he quedado». Hay hombres que nacen para la soledad. Es el castigo de la verdadera grandeza. En tales condiciones el espíritu humano puede fallar a menos que sea sostenido por un propósito heroico, y por una fe inquebrantable. Usted puede recordarme que Elías contaba con la compañía del criado. Pero recuerde que hay compañía que no es compañerismo. Necesitamos algo más que estar con seres humanos; necesitamos corazones, simpatía y amor.

3. Apartó la mirada de Dios hacia las circunstancias. Hasta ese momento Elías había estado animado por una gran fe porque nunca había perdido de vista a Dios. « ...se sostuvo como viendo al Invisible» (Hebreos 11:27). La fe siempre prospera cuando Dios ocupa todo el campo de visión. Pero cuando a Elías le llegaron las amenazas de Jezabel, se nos dice de la manera más significativa que «viendo, pues, el peligro, se levantó y se fue para salvar su vida». Mientras Elías puso siempre al Señor en el primer plano no tuvo temor, aunque una inmensa hueste acampara contra él. Pero cuando miró al peligro, pensó más en su vida que en la causa de Dios. «Viendo, pues, el peligro, se levantó y se fue para salvar su vida».

Neguémonos a fijarnos en las circunstancias aunque pasen delante de nosotros como un mar Rojo y bramen alrededor como una tempestad. Las circunstancias, las imposibilidades naturales, las dificultades, nada son en la disposición del alma que está ocupada en Dios.

Es un gran error decirle a Dios lo que tiene que hacer. Elías no sabía lo que decía cuando le manifestó que bastaba ya y que le quitara la vida. Si Dios le hubiera hecho caso Elías habría muerto bajo una nube; nunca hubiera oído el silbo apacible y delicado; nunca hubiera fundado las escuelas de los profetas, ni hubiera comisionado a Eliseo para su ministerio; nunca hubiera ascendido al cielo en una carroza de fuego

¡Qué gran misericordia demuestra el hecho de que Dios no conteste todas nuestras oraciones! ¡Qué bondadoso es él al interpretar su significado interno al responderlas! como veremos, esto fue lo que él hizo a favor de su siervo cansado y quejumbroso.

¡Cuántos han pronunciado esas palabras: «Basta ya»! El obrero cristiano cuyos esfuerzos parecen vanos dice: «Basta ya, permíteme regresar a casa. La carga es más de lo que yo puedo soportar. Las lecciones son tediosas. La escuela de la vida cansa mucho; los días feriados serán bien recibidos. No puedo ver que se ganará alguna cosa mediante una permanencia más prolongada. ¡Basta ya!»

No caemos en cuenta de lo mucho que perderíamos si Dios hiciera lo que le pedimos. Morir ahora sería renunciar a inmensurables bendiciones que nos esperan en un viaje que habrá dentro de cuarenta días a partir de ahora, y sería morir como un perro, en vez de entrar en triunfo, honrado y amado, por las puertas abiertas del cielo. Es mejor dejarlo todo al cuidado del sabio y tierno pensamiento de Dios, y aun viviremos para darle las gracias por cuanto él se negó a satisfacer nuestro deseo cuando, en un momento de desaliento, nos tiramos a tierra y dijimos: «Basta ya».

11
LA BENEVOLENCIA ES MEJOR QUE LA VIDA
1 Reyes 19

Muchos hemos aprendido algunas de nuestras más profundas lecciones sobre el amor de Dios cuando hemos experimentado la tierna bondad de ese amor en medio de deficiencias y fracasos, como el que empañó la carrera de Elías.

Tal fracaso, como ya vimos, fue en extremo desastroso. Infligió una deshonra duradera en la reputación de Elías, frustró uno de los movimientos más esperanzadores que jamás habían visitado la tierra de Israel; sembró pánico y desilusión en millares de corazones que estaban comenzando a reunir valor, inspirados por su gran celo. Esto derrumbó a los pocos valientes que hubieran podido impedir el descenso en picada de Israel hacia la ruina.

Pero los ojos de Dios siguieron con tierna compasión cada paso de la huida de su siervo a través de las montañas de Samaria. Dios no amó menos a Elías ahora que cuando el profeta se había puesto de pie, entusiasmado por la victoria, junto al sacrificio que ardía. Y el amor del Señor asumió, si esto fuera posible, un grado más tierno y bondadoso cuando se inclinó sobre su siervo mientras este dormía. El amor del Señor se le manifestó a Elías cuando, con el cuerpo agotado por la larga fatiga, y el espíritu agotado por la batalla feroz de los sentimientos, se dejó caer y se quedó dormido debajo del enebro.

Y Dios hizo algo más que amarlo. Con tierna solicitud, trató, de sanar y restaurar al alma de su siervo para que volviera a adquirir su anterior salud y gozo. A su mandato, un ángel le preparó comida dos veces sobre la arena del desierto, lo tocó y lo instó a comer. No hubo reconvenciones, ni palabras de reproche, ni amenazas de despido; sino solo sueño y comida y bondadosos pensamientos sobre el gran viaje que él tenía intención de hacer a Horeb, el monte de Dios.

Tal vez estas palabras sean leídas por alguien que ha fallado. Usted una vez prometió ser del Señor, pero todo eso ha terminado. Usted ha caído, como el arcángel de Milton, desde el cielo al infierno. Ha fracasado; y tal vez como le pasó a Elías, cuando todos esperaban que permaneciera firme. Y usted está avergonzado; quiere esconderse de todos los que lo conocieron en los días más felices; usted ha sido abandonado por el hombre, pero Dios no lo ha olvidado. Él aún lo ama a usted, y espera a su lado, a fin de restaurar su alma, y devolverle los años que puedan parecer perdidos.

1. La constancia del amor de Dios. No es difícil creer que Dios nos ama cuando vamos con la multitud a la casa de Dios, con voces de gozo y alabanza, y nos colocamos de pie en el círculo interno iluminado por la luz solar. Pero es difícil creer que él siente mucho amor por nosotros cuando, exiliada por el pecado, nuestra alma yace abatida dentro de nosotros. No es difícil creer que Dios nos ama cuando, como Elías en el desierto, caemos sin recursos o como embarcaciones desarboladas y sin timón que se mueven en el vaivén de las olas.

Sin embargo, tenemos que aprender a conocer y creer la constancia del amor de Dios. Tal vez no lo sintamos. Quizas imaginemos que hemos perdido todo derecho a él.

¡Oh hijo de Dios, que está en medio de las desdichas de lo que pudo haber sucedido, anímese! Espere aún en el amor de Dios; confíe en él; entréguese a él; y usted aún alabará a Aquel que es la salud de su rostro y su mismo Dios.

2. El amor de Dios se manifestó con ternura especial por causa de un pecado especial. Nunca leemos que un ángel le apareciera a Elías en Querit o en Sarepta o que lo hubiera despertado con un toque que a la vez tuvo que haber sido conmovedor y tierno. Los cuervos, los arroyuelos, y una viuda le habían servido antes; pero nunca un ángel. Él había tomado del agua de Querit; pero nunca había tomado agua sacada por las manos de un ángel del río de Dios. Había comido del pan y de la carne que le conseguían los cuervos, y de la comida multiplicada mediante un milagro; pero nunca había comido tortas moldeadas por los dedos de un ángel. ¡Por qué estas pruebas especiales de ternura? Se necesitaba una manifestación especial de amor para convencer al profeta de que él aún era tiernamente amado y para conducirlo al arrepentimiento.

Pudiera estar sucediendo que usted esté durmiendo el letargo de la insensibilidad o de la desesperación. pero todo el tiempo el amor de Dios está inventando alguna manifestación única de su solícita ternura. Dios odia su pecado como solo el amor infinito puede odiarlo. Todo el tiempo que usted esté afligiéndolo a él y apartándose de él, él lo está circundando con sus bendiciones. ¡Entréguese a él! Vuelva al Señor. Él lo recibirá bondadosamente.

3. El cuidado infatigable del amor de Dios. Es sumamente probable que fue al anochecer cuando el ángel llegó por primera vez y lo tocó y lo instó a que se levantara y comiera, pues se nos dice que él fue un día de camino por el desierto antes de sentarse bajo el enebro. Y cuando el ángel del Señor vino la segunda vez probablemente fue al rayar el alba sobre el mundo. Así, en el transcurso de la noche, los ángeles de Dios montaron vigilancia y guardia alrededor del profeta que dormía.

Ninguno de nosotros puede medir el poder de paciencia que hay en el amor de Dios. Nunca se cansa.

4. El amor de Dios se adelanta a la necesidad futura. Este pasaje siempre se destaca como uno de los más maravillosos relacionados con la historia del profeta. Podemos entender por qué Dios le dio una buena alimentación y un buen sueño como los mejores medios para que él recuperara sus facultades. Esto es lo que debíamos haber esperado de Uno que conoce nuestra constitución y recuerda que somos polvo y que se compadece de nosotros como el padre se compadece de sus hijos. Pero es maravilloso que Dios le proveyera a su siervo todo lo que necesitaría para el largo viaje que lo esperaba: «Levántate y come, porque largo camino te resta».

Ese viaje lo había emprendido por su propio capricho; era una larga escapada de su propio puesto de responsabilidad; y estaba destinada a encontrarse al fin con una grave represión:«¿Qué haces aquí, Elías?» Y sin embargo, el Señor bondadosamente le dio alimento, con cuya fuerza pudo resistir la fatiga. La explicación de esto tiene que buscarse de nuevo en el tierno amor de Dios. La naturaleza de Elías estaba claramente sobreexcitada. Sin duda, era él quien había tomado esta decisión de hacer este viaje tedioso hasta el monte de Dios. Nada lo apartaría de su propósito fijo. Así pues, Dios previó sus necesidades para el camino, aunque eran las necesidades de un siervo holgazán y de un hijo rebelde. En medio de la ira, Dios se acordó de su misericordia, y lo obsequió con las bendiciones de su bondad, y le impartió, por medio de una sola comida, la fuerza suficiente para una marcha de cuarenta días y cuarenta noches.

Ciertamente, estos pensamientos del amor de Dios impedirían que alguien siguiera por el camino descarriado. Usted ha fallado, pero no le tenga miedo a Dios, ni piense que él nunca lo volverá a mirar. Más bien, láncese a sus brazos amorosos; dígale que usted lamenta profundamente lo pasado; pídale que lo restaure; entréguese a él de nuevo; y crea que Dios lo volverá a usar como vaso escogido.

12
EL «SILBO APACIBLE Y DELICADO»
1 Reyes 19

Reanimado por el sueño y el alimento, Elías prosiguió su viaje a través del desierto hacia Horeb. Tal vez no haya lugar en la tierra que esté más relacionado con la presencia manifiesta de Dios que ese sagrado monte. Fue allí donde la zarza ardía y no se consumía; allí fue dada la ley; allí pasó Moisés cuarenta días y cuarenta noches a solas con Dios. Era un instinto natural el que llevaba al profeta hacia allí y el mundo entero no habría podido ofrecerle una escuela más apropiada.

Cuarenta veces vio el profeta la salida y la puesta del sol en el desierto desolado. Al fin llegó a Horeb, el monte de Dios. Tenemos que considerar la manera en que trató Dios a su hijo decaído y holgazán.

1. Dios le habló. En alguna cueva oscura, en medio de aquellos escarpados precipicios, Elías se alojó y mientras esperaba en reflexión solitaria, el fuego ardió en su alma. Pero no tuvo que esperar mucho. «Y vino a él palabra de Jehová».

Esa palabra le había venido antes con frecuencia. En Tisbe. En Samaria, después que le hubo dado su primer mensaje a Acab. Le había venido cuando se secó el arroyo de Querit. Lo había llamado de las soledades de Sarepta al movimiento de la vida activa. Y ahora lo halló en el desierto y le volvió a hablar. No hay lugar en la tierra que sea tan solitario, ni cueva tan profunda y oscura, donde la palabra del Señor no pueda descubrirnos y venir a nosotros.

Pero aunque Dios le había hablado a menudo antes, nunca lo había hecho en un tono como el de ahora: «¿Qué haces aquí, Elías?» El tono era severo y de reproche.

Si el profeta hubiera respondido a aquella pregunta escudriñadora de Dios con vergüenza y dolor; si hubiera confesado que había fracasado y hubiera pedido perdón; si se hubiera lanzado en los brazos piadosos y tiernos de su poderoso Amigo; no hay la menor duda de que hubiera sido perdonado y restaurado. Pero en vez de esto, él evadió la pregunta divina. No trató de explicar por qué estaba allí, ni qué estaba haciendo. Más bien decidió insistir en su propia lealtad a la causa de Dios; y ponerla en notable relieve al contrastarla con las pecaminosas deserciones de su pueblo. «He sentido un vivo celo por Jehová Dios de los ejércitos; porque los hijos de Israel han dejado tu pacto, han derribado tus altares, y han matado a espada a tus profetas; y solo yo he quedado, y me buscan para quitarme la vida».

Sin duda, había verdad en lo que él decía. Él estaba lleno de celo y santa devoción por la causa de Dios. Con frecuencia se había lamentado de la degeneración nacional. Él sentía profundamente su propio aislamiento y soledad. Pero tales no eran las razones por las que él estaba escondido en ese momento en la cueva; «¿Qué haces aquí, Elías?»

¡Con cuánta frecuencia se hace aún esta pregunta! Cuando una persona dotada de grandes facultades abre un hoyo en la tierra y entierra el talento que Dios le ha encomendado, y luego queda ociosa todo el día, hay que volver a hacer la pregunta: «¿Qué haces aquí?»

La vida es el tiempo de trabajar. Hay mucho que hacer. Hay mucho mal que destruir; mucho bien que construir; hay individuos que dudan a los cuales hay que dirigir; hay pródigos a quienes hay que hacer que regresen; hay que buscar a los pecadores. «¿Qué haces aquí?» ¡Arriba, cristianos, abandonen sus cuevas, y a trabajar! No lo hagan para ser salvos, ¡sino porque son salvos!

2. Dios lo enseñó por medio de una bella parábola natural.

Se le ordenó que saliera y se colocara en la entrada de la cueva. Pronto oyó el sonido de un viento grande y poderoso que rompía los árboles y en seguida pasó el tornado. Nada podía resistir su furia. Rompía los montes y quebraba las peñas delante de Jehová. Los valles se cubrieron de fragmentos astillados; «pero Jehová no estaba en el viento». Y cuando se desvaneció el viento, hubo un terremoto. La montaña se movió para allá y para acá, con estremecimientos y crujidos; la tierra se comportaba como si una mano poderosa estuviera pasando por debajo de ella; «pero Jehová no estaba en el terremoto». Y cuando terminó el terremoto, hubo un fuego. Los cielos se convirtieron en una llamarada ardiente; el valle de abajo se veía como un inmenso horno de fundición; «pero Jehová no estaba en el fuego».

¡Qué extraño! Ciertamente estos eran los símbolos naturales apropiados de la presencia divina. ¡Pero oigamos! «Un silbo apacible y delicado» estaba en el aire: muy apacible, muy delicado; y ese silbo tocó el corazón oyente del profeta. Parecía ser la tierna cadencia del amor y de la compasión de Dios que había acudido en busca de él. Su música lo sacó de la cueva, hacia cuyos rincones más internos lo habían metido las terribles convulsiones de la naturaleza. «Y cuando lo oyó Elías, cubrió su rostro con su manto, y salió, y se puso a la salida de la cueva».

¿Qué significaba todo esto? No era difícil entenderlo. Elías anhelaba mucho que la lealtad de su pueblo hacia Dios fuera restaurada; y con frecuencia él pudo haberse hablado a sí mismo del siguiente modo: «Esos ídolos nunca serán barridos de nuestra tierra, a menos que Dios envíe un movimiento rápido e irresistible como un viento, que apresure las nubes delante de sí. La tierra nunca puede despertar, a menos que haya un terremoto moral. Tiene que haber un bautismo de fuego». Y cuando él estuvo en el Carmelo, y vio el pánico entre los sacerdotes y el anhelo del pueblo, pensó que ese tiempo —el tiempo señalado— había llegado. Pero todo se había desvanecido. Ese no era el modo escogido por Dios para salvar a Israel.

Pero en esta parábola natural parecía que Dios le decía: «Hijo mío, tú has estado esperando que yo conteste tus oraciones con señales sorprendentes y maravillas; y por cuanto no las has visto de manera notoria y permanente, has pensado que yo no te pongo atención y que estoy inactivo. Pero yo no siempre he de ser hallado en estos movimientos grandes y visibles; a mí me gusta obrar de manera tierna, suave e imperceptible; he estado actuando de ese modo; aún estoy actuando así. Y como resultado de mi ministerio quieto y apacible quedan en Israel «siete mil, cuyas rodillas no se doblaron ante Baal, y cuyas bocas no lo besaron». Sí, ¿y no fue el manso ministerio de Eliseo, que vino después de la carrera tormentosa de su predecesor, como aquel silbo apacible y delicado que vino después del viento, del terremoto, y del fuego? ¿Y no es probable que la vida y milagros moderados de este sucesor hayan efectuado más obras reales que las realizadas jamás por la espléndida figura de Elías?

A menudo caemos en errores similares. Cuando deseamos promover un avivamiento pensamos que necesitamos grandes multitudes, mucha impresión evidente, predicadores poderosos; producir influencias comparables al viento, el terremoto y el fuego. Pero ciertamente la misma naturaleza nos reprende. ¿Quién oye el movimiento de los planetas? ¿Quién detecta la caída del rocío? ¿Qué ojos han sido lesionados al romper las leves ondas de luz del día en las costas de nuestro planeta? «No hay lenguaje, ni palabras, ni es oída su voz». En este mismo momento operan alrededor de nosotros las más poderosas fuerzas, pero no hay nada que delate su presencia. y lo mismo ocurrió con el ministerio del Señor Jesús. Él no se esforzó, no gritó, no se levantó, no hizo oír su voz en las calles. Él desciende como las lluvias sobre el césped cortado. Su Espíritu desciende como una paloma cuyas alas no hacen vibrar el aire apacible. ¡Animémonos! Puede que Dios no esté obrando como nosotros esperamos, pero lo está haciendo. Si no en el viento, entonces en la brisa. Si no en el terremoto, entonces en la angustia. Si no en el fuego, entonces en el silbo apacible y delicado. Si no en las lágrimas silentes; en los sollozos quebrantados de los penitentes; y en multitudes que, como los siete mil de Israel, son discípulos desconocidos.

Pero Elías se negó a recibir consuelo. Parecía como si no pudiera sacudirse de encima la crisis de ánimo en que había sido atrapado. Y así, cuando Dios le preguntó la segunda vez: «¿Qué haces aquí, Elías?», él respondió con las mismas palabras con las que había tratado de justificárse antes. Y dijo: «He sentido un vivo celo ...»

Es agradable pensar en aquellos siete mil discípulos que solo Dios conocía. Algunas veces nos sentimos tristes al comparar el escaso número de los que profesan el cristianismo con las masas de impíos. Pero podemos animarnos: hay aún otros cristianos. Ese gobernador aparentemente duro es José que está disfrazado. Ese rico propietario del huerto de Arimatea es un humilde seguidor de Jesús. Ese miembro del Sanedrín es un discípulo; pero en secreto, por temor de los judíos. Pero si usted es uno del número de los discípulos secretos, lo insto a que no continúe en esa condición; esa actitud le roba a la causa de Dios su ayuda y su influencia; es un acto de traición al mismo Cristo. Tenga cuidado de no avergonzarse de él, pues puede venir el tiempo en que él se avergüence de usted.

Es muy cierto que la confesión significa martirio en una forma o en otra; y algunas veces el corazón y la carne se recogen cuando pensamos en los posibles resultados de negarnos a realizar un acto de obediencia a Baal. Pero en tales ocasiones, animémonos al prever el augusto momento en que nuestro querido Maestro pronunciará nuestros nombres ante los mundos reunidos, y nos reconozca como suyos. Y también pidámosle que en nosotros y por medio de nosotros, exprese él el testimonio de una buena confesión.

13
«VE, VUÉLVETE».
1 Reyes 19

Es muy serio el pensar que un solo pecado, en lo que concierne a este mundo, puede destruir para siempre nuestra utilidad. No siempre ocurre así. Algunas veces —como en el caso del apóstol Pedro—, el Señor bondadosamente restaura y comisiona para su obra a aquel que pudiera haber sido considerado como inepto para volver a ocuparse en ella. Pero contra este caso, podemos presentar otros tres.

El primer caso es el de Moisés. Ningún hombre ha sido jamás honrado como lo fue él: «...hablaba Jehová a Moisés cara a cara». Sin embargo, por cuanto con sus labios expresó palabras imprudentes, y golpeó la roca dos veces, por incredulidad y pasión, se vio obligado a cumplir la horrible sentencia: «Por cuanto no creísteis en mí, para santificarme delante de los hijos de Israel, por tanto, no meteréis esta congregación en la tierra que les he dado» (Números 20:12).

El segundo caso es el de Saúl, el primer infortunado rey de Israel, cuyo reinado se abrió tan favorablemente pero que pronto trajo sobre sí la sentencia de que sería depuesto. Sin embargo, eso se debió a un solo acto. Alarmado por la prolongada demora de Samuel, y porque el pueblo se le dispersaba, se metió temerariamente de intruso en una función de la cual expresamente se le había excluido, y ofreció el sacrificio con el cual los israelitas estaban dispuestos a prepararse para la batalla. Así, en el mismo comienzo de su reinado Saúl fue rechazado.

El tercer caso es el de Elías, quien nunca fue reintegrado a la misma posición que había ocupado antes de su huida fatal. Es cierto que se le dijo que volviera por su mismo camino, y se le indicó una tarea que hacer. Pero ese trabajo consistió en ungir a tres hombres. «Vé, vuélvete por tu camino, por el desierto de Damasco; y llegarás, y ungirás a Hazael por rey de Siria. A Jehú hijo de Nimsi ungirás por rey sobre Israel; y a Eliseo hijo de Safat, de Abel-mehola, ungirás para que sea profeta en tu lugar». Esas palabras hicieron sonar las campanas que indicaban la muerte de los más acariciados sueños de Elías. Evidentemente, él no era el que iba a libertar a su pueblo de la esclavitud de Baal. Otros tendrían que hacer la obra por él; otro habría de ser profeta en su lugar.

Todos aquellos que entre nosotros ocupan posiciones prominentes, como maestros y dirigentes públicos, bien pueden aprender la lección de estos solemnes ejemplos. Tal vez no todos seamos tentados, como Elías, a la incredulidad y al desánimo. Pero nuestro gran enemigo tiene muchas otras trampas preparadas para nosotros. Cualquiera de ellas puede obligar a Dios a sacarnos de su glorioso servicio; a emplearnos solo en ministerios más humildes, o para ungir a nuestros sucesores.

Él nunca nos echará como hijos; pero como siervos, sí puede. ¡Tengamos cuidado! Un paso falso; un abandono apresurado de nuestro puesto; un acto de desobediencia; un brote de pasión; cualesquiera de estas cosas puede conducir a nuestro Padre celestial a colocarnos a un lado. Y jamás volveremos a cabalgar sobre la cresta de la ola en movimiento. Otros terminarán la obra que nosotros dejamos inconclusa.

Pero así como hay el peligro hay también suficientes salvaguardas. Que Dios lo pode a usted con el cuchillo dorado de su santa Palabra. Ofrezca usted constantemente su espíritu al Espíritu Santo, para que él detecte y le haga conocer a usted los comienzos de las idolatrías y los pecados del corazón. Sea celoso con respecto a cualquier cosa que aparte su corazón del Señor. Tenga como perpetuo recurso de purificación la sangre que Cristo derramó para la remisión del pecado.

Pero sigamos ahora con el estudio de las palabras con que Dios despidió de Horeb a su siervo. Consideremos tres distintos pensamientos.

1. La variedad de los instrumentos de Dios. Hazael, rey de Siria; Jehú, el rudo capitán; y Eliseo, el joven agricultor. Cada uno era tan diferente de los otros dos como era posible; y sin embargo, cada uno de ellos era necesario para alguna obra especial en relación con aquel pueblo idólatra. Hazael estaba destinado a ser la vara de la venganza divina que se aplicaría a Israel sin restricciones. ¡Ah, cruel, en verdad, fue el trato que este hombre les dio! (2 Reyes 8:12; 10:32; 12:3, 17). Jehú habría de ser el azote de la casa de Acab, a la que no dejaría raíz ni rama. El ministerio de Eliseo habría de ser genial y manso, como la lluvia en verano y como el rocío de la noche; como el ministerio de nuestro mismo Señor, a quien prefiguró y de quien su nombre era significativa referencia.

Es notable el hecho de que Dios cumple sus propósitos por medio de hombres que solo intentan obrar de acuerdo con su propio impulso personal. Su pecado no disminuye ni les es condenado por el hecho de que están ejecutando los designios del cielo; ese pecado aún se destaca con toda su maligna deformidad. Sin embargo, aunque son responsables por el mal que hagan, es evidente, no obstante, que ellos hacen lo que la mano y el consejo de Dios determinan con anticipación que sea hecho.

Los hombres pueden hacer cosas malas contra nosotros, por las cuales serán condenados. Pero esas mismas cosas, que son permitidas por la sabiduría y el amor de Dios, son sus mensajes para nosotros. Antes que puedan llegarnos, tienen que pasar por su presencia envolvente e incluyente; y si pasan, entonces se convierten en la voluntad de Dios para nosotros; y humildemente tenemos que aceptar la disciplina de nuestro Padre, y decir: «No sea como yo quiero, sino como tú».

2. Nadie puede escapar por completo de los designios personales de Dios. Las redes de Dios no están todas tejidas con el mismo tipo de malla. Los hombres pueden escapar de algunas de ellas; pero no de todas. «Y el que escapare de la espada de Hazael, Jehú lo matará; y el que escapare de la espada de Jehú, Eliseo lo matará».

No leemos que Eliseo alguna vez manejara la espada; y sin embargo, el ministerio del amor manso es algunas veces más potente para abatir almas que el ministerio más vigoroso de Hazael o de Jehú: y de tal matanza surge la vida.

Y cuando vemos en torno a nosotros toda la gama de ministerios de que está lleno el mundo, podemos estar seguros de que cada individuo tiene, por lo menos, una oportunidad; y que Dios ordena las vidas de los hombres de tal manera que durante su jornada terrenal se vean confrontados con la clase de argumento más apropiado para su carácter y temperamento, si no más le ponen atención y se entregan.

3. Dios nunca pasa por alto a ninguno de los suyos. Elías pensó que solo él había quedado como amante y adorador de Dios. Esa era una gran equivocación. Dios tenía muchos seguidores escondidos. No sabemos los nombres ni la historia de ellos. Probablemente eran personas desconocidas en los círculos sociales, ignoradas, de corazón sencillo y humildes. Lo único que habían hecho fue dar testimonio con su actitud de negarse a participar en los ritos necios de la idolatría. Pero todos eran conocidos de Dios; Él los cuidó con infinita solicitud; y por amor a ellos levantó al bondadoso y manso Eliseo para que llevara a cabo la edificación y disciplina de sus almas.

Para mí ha sido siempre motivo de admiración el hecho de que estos siete mil discípulos secretos se mantuvieran tan anónimos que escaparan al conocimiento de Elías. Es de temer que la santidad de estos seguidores ocultos era tan vaga y descolorida que se necesitaban ojos de omnisciencia para notarla. Pero no obstante Dios la advirtió.

Puede que usted sea muy débil e insignificante; pero si tiene tan solo una chispa de fe y amor y si se esfuerza por mantenerse sin mancha del mundo, será reconocido por Dios. Pero recuerde esto: si su vida interna es genuina, no permanecerá para siempre en secreto: romperá como un fuego oculto durante largo tiempo, saldrá a la luz como la semilla que se entierra en la cual hay un germen de vida.

Tal vez Dios, por medio de estas líneas, le hable a algún descarriado y le diga: ¡Vuélvete! Vuélvete a Mí, de quien te has descarriado. Vuelve a mi obra, que has abandonado. Vuelve a la posición de fe de la que caíste. «Convertíos, hijos rebeldes, y sanaré vuestras rebeliones».¡Oh que la respuesta sea: «He aquí nosotros venimos a ti, porque tú eres Jehová nuestro Dios»!

14
LA VIÑA DE NABOT
1 Reyes 21

En una habitación del palacio, Acab, rey de Israel, yace sobre su lecho, con la cara vuelta hacia la pared, y se niega a comer. ¿Qué ha ocurrido? ¿Ha caído el desastre sobre los ejércitos reales? ¿Ha muerto su consorte? No; los soldados están aún enrojecidos a causa de las recientes victorias que han logrado sobre Siria. La adoración de Baal se ha recuperado mucho del terrible desastre del Carmelo; Jezabel, la resuelta, astuta, cruel, y bella, está ahora a su lado, buscando afanosamente la causa de la tristeza de él.

La incógnita se despeja pronto. Jezreel era donde estaba la residencia favorita de la casa real de Israel. En una ocasión en que Acab se hallaba allí, sus ojos divisaron una viña cercana que pertenecía a Nabot el jezreelita. Al rey le pareció la viña una adición tan valiosa a su propiedad que decidió conseguirla a toda costa. En su impulso mandó a buscar a Nabot y le ofreció cambiar su viña por otra mejor o el valor de la viña en dinero. Para sorpresa e indignación del rey, Nabot no aceptó ninguna de las dos cosas. «Y Nabot respondió a Acab: Guárdeme Jehová de que yo te dé a ti la heredad de mis padres».

A primera vista, este rechazo parece grosero y falto de cortesía. Pero según la ley de Moisés, la tierra de Canaán era considerada, en un sentido peculiar, la tierra de Dios. Los israelitas eran los que ejercían la tenencia de la tierra; y una de las condiciones de esa tenencia era que ellos no vendieran aquello que les había correspondido en suerte, excepto en casos de extrema necesidad; y en esos casos, podían venderla solo hasta el jubileo. Nabot preveía que tan pronto como saliera de sus manos, su patrimonio se fundiría con la posesión real y nunca podría liberarla. Con esta actitud, basada en su creencia, él pudo decir bien: «Guárdeme Jehová de hacer eso». De manera que su denegación fue, en parte, un acto religioso.

Pero sin duda, hubo algo más. Sus palabras, «la heredad de mis padres», nos sugieren otra razón muy natural de su renuncia: durante generaciones, sus padres se habían sentado debajo de esas vides y árboles; allí había pasado él los años soleados de su niñez. Él pensó que el jugo que se exprimiera de todas las viñas de la vecindad jamás le compensaría la nostalgia de aquellos recuerdos queridos.

El hecho de que Nabot le negara la viña hizo que Acab saltara a su carroza y volviera a Samaria; y malhumorado, volvió la cara hacia la pared, «triste y enojado». Al final del capítulo anterior (1 Reyes 20:43) vemos que Acab estaba disgustado con Dios; ahora vemos que dirige su violencia hacia un hombre. A los pocos días se perpetró el horrible asesinato: de un solo golpe quedaron eliminados Nabot, sus hijos, y sus herederos. Y al quedar la propiedad sin herederos, naturalmente caería en las manos reales. Hay aquí muchas lecciones que merecen nuestra atención si fuéramos a estudiar la historia completa. Pero tenemos que pasarlas de lado para centrar nuestra atención exclusivamente en la parte que desempeñó Elías en relación con estos terribles sucesos.

1. Fue llamado de nuevo al servicio. No sabemos cuántos años habían transcurrido desde que la palabra del Señor le había venido por última vez a Elías. Tal vez cinco o seis años. Durante todo este tiempo él tuvo que haber esperado ansiosamente el bien conocido tono de aquella voz que deseaba oír una vez más. Y mientras los días tediosos pasaban lentos, prolongando su aplazada esperanza hasta convertirla en un lamento cada vez más profundo, el profeta debe de haber sido llevado a interrogar continuamente su alma y escudriñar su corazón; a un amargo arrepentimiento de lo pasado, y a una renovada consagración a cualquier servicio que pudiera exigirse de él.

Pudiera ocurrir que alguien que lee estas palabras fuera una vez prominente en el servicio cristiano, y que últimamente haya sido puesto a un lado. El gran Maestro tiene el perfecto derecho de hacer lo que le plazca con los suyos; él a uno ensalza y a otro abate. Pero nosotros debiéramos averiguar si la razón está en nuestros propios corazones; en alguna inconstancia o en algún pecado que necesita confesión y perdón de parte de nuestro fiel y misericordioso Sumo Sacerdote, antes que la palabra del Señor pueda jamás volver a nosotros.

También es posible que no seamos llamados a servir con el fin de que tengamos oportunidad de aprender más de los caminos de Dios. Las horas, y aun los años, de silencio están llenas de oportunidades doradas para los siervos de Dios. En tales casos, nuestra conciencia no nos condena, ni nos incomoda con razón válida alguna de nuestro propio entendimiento. Nuestro sencillo deber consistirá, pues, en mantenernos limpios, y llenos del Espíritu, y listos; estar en la reserva para cuando el Maestro nos necesite; con la seguridad de que servimos solo si nos quedamos allí quietos y en espera, sabiendo que él aceptará y recompensará nuestra disposición al servicio.

2. Elías no fue desobediente. En una ocasión anterior en que su presencia se necesitaba urgentemente, Elías había salido huyendo para salvar su vida. Pero ahora no hay vacilación ni cobardía. Él se levantó y fue a la viña de Nabot, y entró en ella para buscar al rey criminal. No le importó nada que detrás de la carroza de Acab fueran a caballo dos despiadados caudillos: Jehú y Bidcar (2 Reyes 9:25). Por un momento ni siquiera pensó en que la mujer que antes había amenazado su vida ahora podría quitársela, enfurecida como estaba por la sangre de sus sacerdotes que recientemente él había derramado. ¿Quién no se regocija por el hecho de que Elías tuviera tal oportunidad de lavar la oscura mancha de la infamia? ¡No había sido perdido su tiempo de espera!

3. Actuó como una conciencia hecha carne. Nabot estaba fuera del cuadro; y Acab pudo haberse consolado, como aún lo hace la gente débil, con la idea de que no era él quien lo había matado. ¿Cómo podía él haberlo matado? Él no se había movido de su lugar. Él sencillamente había puesto su rostro hacia la pared, y no había hecho nada. Si recordó que Jezabel le había pedido su anillo real, para sellar con él y así dar validez a algunas cartas que ella había escrito en nombre de él, pero ¿cómo iba él a saber lo que ella había escrito? Por supuesto, si ella había dado instrucciones para que se matara a Nabot, ¡qué pena!, pero ya no podía hacerse nada; por todo lo cual ¿qué impedía ahora que tomara posesión de la heredad? Con tales excusas, tuvo que apagar el último destello de conciencia que pudiera quedar en su corazón. Fue entonces cuando lo sorprendió una voz que no había oído durante años. La voz le dijo: «Así ha dicho Jehová: ¿No mataste, y también has despojado?» «¿No mataste?» ...El profeta, guiado por el Espíritu de Dios, puso la carga de la culpa sobre los hombros en que correspondía.

Al principio, los actos de pecado arbitrario a menudo parecen prosperar. Nabot muere mansamente; la tierra absorbe su sangre; la viña pasa a las manos del opresor ... Pero hay Uno que ve y que muy ciertamente vengará la causa de sus siervos. «Que yo he visto ayer la sangre de Nabot, y la sangre de sus hijos, dijo Jehová; y te daré la paga en esta heredad, dijo Jehová» (2 Reyes 9:26). Esa venganza podía demorar, pues los molinos de Dios muelen lentamente; pero sería tan cierta como el hecho de que Dios es Dios. Y entretanto, en la viña de Nabot está Elías el profeta. Esta lección la pone en vigor vez tras vez nuestro gran dramaturgo, quien enseña a los hombres que no leen la Biblia que la paga del pecado es muerte; que aunque pueda tener éxito al principio, al fin tiene que contar con un Elías como conciencia, y con Dios como vengador; y que él nunca yerra el tiro.

4. Fue odiado por causa de la verdad. «Y Acab dijo a Elías: ¿Me has hallado, enemigo mío?» Aunque el rey no lo sabía, Elías era su mejor amigo; Jezabel era su más terrible enemiga. Pero el pecado lo tuerce todo.

Cuando los cristianos reprenden a los amigos que obran mal y les señalan sus pecados, advirtiéndoles sobre el peligro de condenación, se exponen a ser odiados y denunciados como enemigos. Muchos detestan la Biblia porque expone claramente el pecado y sus consecuencias. Y no puede ser de otro modo.

No nos sorprendamos si somos odiados. Incluso manifestemos nuestra gratitud cuando los hombres nos detestan; no por lo que somos sino por las verdades que proclamamos. «Gozaos y alegraos». Cuando los hombres malos piensan así de nosotros, ello es indicativo de que nuestra influencia se opone a sus vidas.

5. Actuó como verdadero profeta. Cada una de las calamidades que predijo Elías se cumplieron. Con un arrepentimiento parcial, Acab pospuso su cumplimiento durante unos tres años; pero al fin de ese tiempo volvió a sus malos caminos y cada una de las predicciones se cumplió literalmente. Él fue herido por una flecha que un hombre disparó «a la ventura» en Ramot de Galaad, «y la sangre de la herida corría por el fondo del carro»; y cuando lavaron el carro en el estanque de Samaria, los perros lamieron su sangre.

Veinte años después ya no quedaba de Jezabel nada para enterrar; con excepción del cráneo, los pies y las palmas de las manos, que habían escapado de los voraces perros, mientras el cuerpo de ella yacía expuesto en el mismo lugar. El cuerpo muerto de Joram, el hijo de ellos, fue echado sin enterrar en la misma viña de Nabot, por mandato de Jehú, a quien nunca se le olvidaron las memorables palabras del profeta. Dios cumple no solo sus promesas sino también sus amenazas.

Toda palabra dicha por Elías se cumplió al pie de la letra. Los años que fueron pasando lo vindicaron ampliamente. Y al llegar al fin de este trágico episodio de su carrera, nos regocijamos al saber que él volvió a ser sellado con el sello divino de la confianza y de la verdad.

15
VUELVE EL ANTIGUO VALOR
2 Reyes 1

A fin de entender el sorprendente episodio que tenemos delante, no debemos juzgar según nuestras elevadas normas de perdón y amor, aprendidas en la vida y la muerte de Jesucristo, la última y suprema revelación de Dios.

El Antiguo Testamento rebosa de sorprendente enseñanza acerca de la santidad y la justicia de Dios. Él, nuestro Padre, fue tan misericordioso y resignado en aquel entonces como ahora. También entonces hubo abundantes vislumbres de su amoroso corazón. Pero los hombres no pueden percibir demasiados pensamientos al mismo tiempo. Tienen que venirles las cosas línea por línea, precepto por precepto. Así que cada era preliminar tuvo alguna verdad especial que enseñar. La edad de la ley mosaica, que ejerció su imperio sobre los tiempos de Elías, fue una era en que se destacaron de manera preeminente y masiva aquellos atributos impresionantes y espléndidos del carácter divino; la santidad, la justicia, la rectitud, la severidad contra el pecado. solo cuando esas lecciones se hubieron aprendido completamente, la humanidad pudo apreciar el amor de Dios que es en Cristo Jesús, Señor nuestro.

Los críticos —quienes insensiblemente han tomado sus conceptos del amor infinito de los Evangelios que ellos mismos dicen que desprecian— desaprueban el Antiguo Testamento a causa de su tono austero y de sus leyes severas. Señalan que en él hay muchas cosas que son inconsecuentes con el espíritu más manso de nuestros tiempos. ¡No hay nada de sorprendente en esto! No podía haber sido de otro modo en una manifestación gradual de la naturaleza y el carácter de Dios. Los santos hombres que vivieron en aquellos días nunca habían oído la tierna voz del Hijo del Hombre como cuando habló en el Sermón del Monte. Sin embargo, tenían conceptos muy definidos sobre la rectitud y la santidad de Dios y sobre su pronta indignación contra el pecado. Esto los estimuló a hacer obras que nuestra naturaleza rechaza. Si no hubiera sido por esto, Leví nunca hubiera matado a sus hermanos, ni Josué a los cananeos; Samuel

nunca hubiera partido a Agag en pedazo
hubiera asumido la función de matar a los s
pedir que descendiera fuego del cielo para que
pitanes junto con sus hombres.

Puede que la lectura de estas cosas nos lleve al au
quietud de nuestro fuero interno. Haremos bien en pr
concediendo que prescindamos de la manifestación externa
hoy día el mismo odio contra el pecado, el mismo celo por la g
de Dios, el mismo entusiasmo inveterado a favor de la justicia, qu
hubo en aquellos días de fuerza, decisión, e inflexible rectitud.

Estas consideraciones nos ayudarán a entender las cosas que más
adelante se narran y exonerará el carácter de Elías del cargo de venganza y pasión. Esto nos capacitará para apreciar en verdad cómo re-
surgió en el pecho del profeta algo de su viejo intrépido valor y de
su porte heroico.

Ocozías, el hijo de Acab, lo había sucedido, tanto en el trono como en los pecados. Rehuyó con cobarde temor la dura vida del campamento y los peligros del campo y permitió así que Moab se rebe-
lara sin intentar subyugarlo. Se entregó a una vida de indulgente
complacencia en el palacio. Pero los dardos de la muerte pueden ha-
llarnos de igual manera cuando estamos en aparente seguridad como en medio de peligros amenazantes. Estando recostado a la ba-
randa que protegía la azotea del palacio, de repente cedió y Ocozías
cayó a tierra. Cuando se repuso al primer pánico, el rey envió mensajeros a uno de los antiguos altares de Canaán dedicado al dios
Baal-zebub, el dios de las moscas, el santo patrono de la medicina,
quien tenía cierta afinidad con el Baal de sus padres. Esto era un rechazo intencional de Jehová que no podía pasar desapercibido. Elías
fue enviado a encontrarse con sus mensajeros cuando estos iban
cruzando aprisa la llanura de Esdraelón, y a darlas el anuncio cierto
de la muerte: « ...así ha dicho Jehová: Del lecho en que estás no te
levantarás, sino que ciertamente morirás».

Los criados no conocían a aquel extraño. Sin embargo, quedaron
tan impresionados por aquella figura imponente y por aquel tono de
autoridad, y tan impresionados por el terrible anuncio, que decidieron regresar de inmediato al rey, cuando le explicaron la razón de su
rápido regreso, Ocozías tuvo que haber adivinado quién era el que
se había atrevido a atravesarse en el camino de ellos y a enviarle a él
tal mensaje. Pero para estar más seguro les pidió que describieran al
misterioso extraño. Ellos le respondieron que era «un varón que tenía vestido de pelo». Largas y pesadas trenzas de cabello no cortado
le bajaban por los hombros; su barba le cubría el pecho y se mezcla-

su única ropa. Era suficien-
jo: «Es Elías tisbita».

corazón. Desesperadamen-
ra hacer caer su ira sobre él,
eranza de que los labios que
er inducidos a revocarla. Por
spachó a un capitán con una
o estos murieron quemados,
cincuenta. «Varón de Dios, el

terrible respuesta del viejo pro-
fuego consumidor por la glo-
sido pisoteada. «Si yo soy va-
rón de Dios, descienda fuego del cielo, y consúmete con tus cincuenta». Y en ese momento descendió el fuego y derribó a los impíos blasfemos. En la disposición de Elías para ir con el tercer capitán, quien le
habló con reverencia y humildad, se ve claramente que no había en
él malicia. «Entonces el ángel de Jehová dijo a Elías: Desciende con él;
no tengas miedo de él. Y él se levantó, y descendió con él al rey».

**1. Aquí se esboza una idea de la mansedumbre y dulzura
de Cristo.** ¡Qué maravilloso es pensar que él, quien con una sola palabra pudo haber hecho descender fuego del cielo para que destru-
yera a los soldados que fueron a arrestarlo al Getsemaní, no pronunciara esa palabra! solo los hizo caer a tierra un instante, para demos-
trarles que estaban absolutamente en su poder; pero se retuvo de
tocar siquiera un cabello de sus cabezas. Él estaba bajo el apremio
de una ley superior: la ley de la voluntad de su Padre; la ley del amor
altruista; la ley del pacto sellado antes de la fundación del mundo.

El único fuego que Cristo buscó fue el fuego del Espíritu Santo.
¡Oh, qué incomparable mansedumbre! ¡Qué maravilloso dominio de
sí mismo! Que a cada uno de nosotros, sus indignos seguidores, se
nos conceda la gracia de andar en sus pasos, y de emular su espíritu; de no invocar el fuego de la venganza sino buscar la salvación de
aquellos que nos perjudicarían; de no invocar el fuego del cielo, sino
dejar que las ascuas se amontonen sobre las cabezas de nuestros adversarios y los derritan en dulzura, bondad y amor.

**2. Aquí también se sugiere la imposibilidad de que Dios al-
guna vez perdone el pecado desafiante y blasfemo.** Es verdad
que Dios suspira por los hombres con una indecible ternura que ruega. Él no quiere «que ninguno perezca, sino que todos procedan al

arrepentimiento» (2 Pedro 3:9). En cada brote de pecado humano, en el destino de todos los perdidos, en cada refriega que se produce en la calle, en el peldaño de entrada a toda taberna, en medio de las orgías blasfemas que hay en toda guarida de impureza y vergüenza, ese amor de Dios aguarda, lleno de lágrimas, de anhelos, de ruegos. «Porque de tal manera amó Dios al mundo ...»

Y sin embargo, lado a lado con este amor hacia el pecador está el odio de Dios contra el pecado. Esta paciencia solo dura mientras haya la posible esperanza de que el transgresor se aparte de sus malos caminos. La ira de Dios contra los pecadores, que definidamente decidieron pecar, tal vez dormita, pero no está muerta. Se cierne sobre ellos y solo es retenida por el deseo de Dios de dar a todos la oportunidad de la salvación. Sin embargo, la paciencia terminará al fin, como terminó la espera en los días de Noé. Entonces descenderá el fuego, del cual la llama material que cayó sobre estos soldados no es sino un símbolo leve e imperfecto. Entonces se descubrirá lo amargo que es encontrarse con la ira del Cordero, «cuando se manifieste el Señor Jesús desde el cielo con los ángeles de su poder, en llama de fuego, para dar retribución a los que no conocieron a Dios, ni obedecen al Evangelio de Jesucristo» (1 Tesalonicenses 1:1-8).

Necesitamos proclamar más este lado del Evangelio. Entre nosotros hay una falta alarmante de comprensión del pecado. Grandes multitudes son indiferentes al mensaje de misericordia, por cuanto no han sido despertadas con el mensaje de la santa ira de Dios contra el pecado. Necesitamos otra vez que alguien venga con el poder de Elías y haga la obra de Juan el Bautista, y, con los dolores de la convicción prepare a los hombres para el dulce ministerio de Jesucristo. La necesidad clamorosa de nuestro tiempo es una convicción más profunda de pecado. Luego, cuando el fuego de la convicción de Elías haya derribado al polvo todas las confianzas humanas, habrá lugar para que un Eliseo restaure a los corazones afligidos con el mensaje de la misericordia.

3. También se nos asegura que Elías fue plenamente restaurado para el ejercicio de una fe gloriosa. En alguna ocasión anterior la amenaza de Jezabel había sido suficiente para hacerlo huir. Pero en este caso él se mantuvo firme, aunque una banda armada había venido a capturarlo. Y cuando se le dijo que descendiera con el tercer capitán y sin vacilación se presentara ante el rey, no titubeó, aunque tendría que pasar por las calles de la apiñada capital directamente hacia el palacio de sus enemigos. ¿Se pregunta usted cuál fue el secreto que le permitió pararse sereno junto al lecho del agonizante monarca, entregarle el mensaje, y salir ileso? La respuesta no está lejos. Él estaba morando de nuevo en el secreto del Altísimo y en la presencia de Jehová. Su fe estaba en ejercicio vivo y victorioso. Elías pudo ceñirse el traje ceremonial de la armadura de Dios, que es invulnerable a los dardos de los hombres y de los demonios.

¿No es bello contemplar este glorioso brote de la fe en Querit, en Sarepta, y en el Carmelo? El viejo profeta, cuando ya estaba cercana su recompensa, estuvo tan vigoroso en esto como cuando le hizo el primer desafío a Acab. ¡Gloria a Aquél que restaura el alma de sus santos vacilantes, y quiere usarlos una vez más en su glorioso servicio!

16
ORACIÓN VESPERTINA
2 Reyes 2

La bondadosa providencia de Dios permitió que Elías, tras una vida llena de tormentas y tempestades, disfrutase de un atardecer de luz, de paz y de reposo. Fue como si el espíritu de aquel mundo en que él estaba a punto de entrar estuviera ya derramando sus encantos sobre su sendero.

Siempre hay algo bello en los años postreros de uno que en la primera parte de su vida se atrevió a hacer algo noble y tuvo éxito. La antigua fuerza aún brilla en los ojos, pero sus rayos están atenuados por aquella ternura de la fragilidad humana y por aquel profundo conocimiento de sí mismo que solo viene con los años. Tal parece haber sido el ocaso de la vida de Elías, y debe haber sido consolador para él el hecho de que se le concediera un tiempo de relativa calma al final de su agitada carrera.

Aquellos años de retiro fueron valiosos en sumo grado, tanto por sus efectos inmediatos en centenares de vidas jóvenes, como por sus consecuencias para el distante futuro.

1. La obra de los últimos años de vida de Elías. Su vida se ha llamado «un ministerio de un solo hombre»; y este solo hombre fue, como exclamó Eliseo, ¡ ...carro de Israel y su gente de a caballo!». Él caracterizó su época. Sobresalió por encima de todos los hombres de su tiempo por sus hazañas heroicas y por sus obras de fuerza sobrehumana. Luchó solo contra las olas de idolatría y pecado que estaban arrasando la tierra.

Aunque Elías tuvo amplio éxito en cuanto a impedir que muriera la causa de la verdadera religión, tuvo que haberse dado cuenta con frecuencia de que hacía falta llevar adelante la obra de una manera más sistemática, y avivar el país de manera más completa con la influencia de hombres devotos. Así pues, bajo la dirección divina, él promovió celosamente, o tal vez inauguró las «escuelas de los profetas». Cuando usamos la palabra «profeta» pensamos que se refiere a una persona que puede predecir lo futuro. Pero esto es causa de no poca confusión en el estudio de la Biblia. La palabra incluye la idea de predicción como parte de un significado más amplio. La palabra original significa «rebosar o desbordarse». De modo que un profeta era uno cuyo corazón estaba rebosante con algo bueno, comunicaciones divinas que luchaban dentro de él por ser expresadas. El profeta era el vocero de Dios. Así que estas escuelas de los profetas eran colegios en los cuales se reunía cierto número de hombres jóvenes con el corazón abierto para recibir y los labios dispuestos a pronunciar el mensaje de Dios.

En sus últimos años Elías reunió a su alrededor la flor de los siete mil, y los educó para que recibieran y transmitieran algo de su propia fuerza espiritual y de su fuego. Estos fueron los seminarios misioneros de aquella época.

Estos jóvenes se agruparon en compañías separadas de cincuenta, en diferentes pueblos. Eran llamados «hijos»; y al principal, como el abad de un monasterio, se le llamaba «padre». Usaban ropa sencilla; comían juntos y vivían en cabañas hechas con maderas. Estos hombres estaban bien versados en los libros sagrados, los cuales ellos probablemente transcribían para la circulación y leían en público al pueblo. Con frecuencia eran enviados a hacer diligencias del Espíritu de Dios: a ungir a algún rey, a reprochar a algún pecador altanero o a ponerse de parte de los inocentes oprimidos o injuriados. De modo que no fue pequeña la obra que tuvo que realizar Elías para establecer estas escuelas sobre una base tan segura que, cuando él desapareciera, pudieran perpetuar su influencia de él y conservar vivas las llamas que él había encendido.

2. La actitud de su espíritu en preparación para su traslado a la gloria. Nos impresiona profundamente la calma de espíritu que el profeta tuvo en sus últimos días. Él sabía que antes que pasaran muchos soles, estaría en la luz de la eternidad, junto a sus colegas, entendiendo todos los misterios que habían dejado perplejo su anhelante espíritu y viendo el rostro de Dios. Pero él pasó esos días, como antes lo había hecho con frecuencia, visitando las escuelas de los profetas, o conversando tranquilamente con su amigo, de cuyo lado una carroza lo arrebató al final. La consideración de esta escena nos enseña que un hombre bueno debe vivir de tal manera que no necesite ninguna preparación especial para cuando de repente lo llame la muerte, y que nuestra mejor actitud para esperar el paso de este mundo al otro consiste en continuar cumpliendo los deberes de la vida diaria.

Wesley dio una sabia y verdadera respuesta a la siguiente pregunta: «¿Qué haría usted si supiera que habrá de morir dentro de tres días?» «Simplemente haría lo que ya tengo planificado hacer: servir en un lugar; encontrarme con mis predicadores en otro; alojarme en otro; hasta que llegue el momento en que yo sea llamado a entregar mi espíritu a Aquel que lo dio». Debemos desear ser hallados, cuando nos llegue la llamada, haciendo el trabajo que se nos ha asignado, y en el lugar donde el deber demanda nuestra presencia en esa hora el taller y la fábrica están tan cerca del cielo como el santuario; la tarea que Dios nos ha dado es una altura tan bella para la ascensión como el monte de los Olivos o el de Pisga.

3. El amoroso afecto de que era objeto Elías. Este amor se manifestó vivamente en Eliseo. A pesar de que Elías trató de persuadirlo muchas veces para que no lo hiciera, Eliseo lo acompañó en el escarpado descenso hacia Betel y Jericó. El historiador sagrado destaca el poder del afecto que existía entre los dos usando en plural el verbo en tres oportunidades: «Descendieron, pues»; «Vinieron, pues»; «Fueron, pues». Y la fuerza de ese amor se manifestó también en la repetida aclamación: «Vive Jehová, y vive tu alma, que no te dejaré». Es dulce pensar que en la naturaleza fuerte y ruda de Elías había cualidades tan atractivas que podían despertar un afecto tan profundo y tenaz. Captamos una vislumbre de un lado más tierno al cual apenas se le ha prestado atención.

Una rara emoción inundaba también los corazones de los jóvenes, cuya reverencia por el profeta corría pareja con el amor que él les tenía, mientras veían a su maestro por última vez.

Pero en la relación que hubo entre ellos, ¡qué real pareció ser el Señor, y cuán cercano pareció estar! Para Elías, el Señor era quien lo enviaba de lugar en lugar. Para Eliseo, el que lo enviaba de un lugar a otro era el Señor viviente a quien Elías acudía constantemente, el Señor que vivía en el otro lado del gran cambio por el cual su señor había de pasar hacia Él. Para los profetas, el Señor era el que les quitaba a su maestro y adalid para llevárselo consigo. Ciertamente los que hablan así han llegado a una posición en que pueden encontrarse con la muerte sin ningún temblor. ¿Y qué es la muerte?

Como veremos en el siguiente capítulo, ¡solo es un traslado!

¿Qué es el Señor para usted? ¿Es un amigo querido y familiar, de quien puede hablar con plena confianza? Si así es, usted no necesita tener temor de acercarse a la ribera del Jordán. Si no es así, apresúrese a acudir a la preciosa sangre de Cristo, y a lavar sus ropas hasta que queden blancas, para que pueda tener derecho al árbol de la vida y a entrar por las puertas a la ciudad.

17
EL TRASLADO
2 Reyes 2

Al fin hemos llegado a una de las escenas más sublimes del drama del Antiguo Testamento. Nos hubiera encantado enterarnos de sus más minuciosos detalles, pero el historiador se conforma con una escueta descripción. Con solo una o dos fuertes pinceladas se nos dice todo lo que podemos saber. El velo de la distancia, o de la elevación de las montañas, fue suficiente para ocultar las figuras de los dos profetas que se alejaban de la mirada anhelante del grupo que los observaba desde las cercanías de Jericó y la deslumbrante gloria del cortejo celestial hizo que el único espectador no pudiera ver muy de cerca. ¡No es nada extraño, entonces, que el relato se nos ofrezca en tres breves declaraciones! «Y aconteció que yendo ellos y hablando, he aquí un carro de fuego con caballos de fuego apartó a los dos; y Elías subió al cielo en un torbellino».

Los dos amigos hicieron un breve alto ante las anchas aguas del Jordán, que amenazaba con impedirles el paso; y Elías tomó su bien desgastado manto, lo dobló y golpeó las aguas. Estas se apartaron a uno y otro lado, y dejaron un camino claro por donde ellos pasaron.

1. Lo adecuado de este traslado.

a. *El lugar fue adecuado.* No ocurrió en Esdraelón, ni en Sinaí, ni en las escuelas de Gilgal, Betel o Jericó sino en el escenario familiar de su juventud; en un sitio desde el cual se divisaban lugares que estaban relacionados con los sucesos más memorables de la historia de la nación, rodeado por la solitaria grandeza de algún desfiladero.

Allí Dios envió su carro para llevar a Elías a su hogar.

b. *El método fue adecuado.* El mismo había sido como un torbellino que arrasa todo lo que está delante con su impetuosa carrera, y deja una estela de devastación y ruina. Fue adecuado que un hombre torbellino fuera arrebatado al cielo en el mismo elemento de su vida. Nada más apropiado que el hecho de que la energía tempestuosa de su carrera se fundiera en la espiral del torbellino, y la intensidad de su espíritu, en el fuego que hacía fulgurar a los serafines enjaezados. ¡Qué contraste el que hay entre esto y el suave movimiento hacia arriba de nuestro Salvador en su ascensión!

c. *Fue adecuada la exclamación con que Eliseo se despidió de Elías.* Dijo él: «¡Padre mío, padre mío, carro de Israel y su gente de a caballo!» Ese hombre, a quien él había llegado a amar como a un padre, había sido en realidad una carroza armada de defensa para Israel. ¡Ay, tales hombres son raros! Pero en nuestro tiempo los hemos conocido, y cuando de repente han sido quitados de nuestro lado, hemos sentido como si la iglesia hubiera sido despojada de una de sus columnas principales de seguridad y auxilio.

2. Las razones de este traslado.

a. *Una de las principales fue sin duda, que sirviera como un testimonio para su época.* Los hombres de su tiempo pensaban poco en la vida después de la muerte. En el mejor de los casos, los judíos solo tenían nociones vagas de la otra vida. Pero aquí se dio una evidencia convincente de que hay un mundo en que entran los justos; y de que, cuando el cuerpo muere, el espíritu no participa de su destino, sino que entra en un estado de ser en que los instintos más nobles hallan su ambiente propio y su hogar: el fuego con el fuego; el espíritu con el espíritu; el hombre de Dios con Dios.

Un testimonio similar se les dio a los hombres del tiempo de Enoc, cuando este fue arrebatado antes del diluvio; y también se dio igual testimonio mediante la ascensión de nuestro Señor desde el monte de los Olivos. ¿Dónde terminaron estos tres maravillosos viajes, que no fuera un sitio de destino apropiado como término o meta? Y al difundirse las noticias, que produjeron en todos los que las oían una misteriosa reverencia, ¿no hubieran hecho nacer en ellos la convicción de que de igual manera tendrían que hacer ese maravilloso viaje hacia lo invisible, remontándose más allá de los mundos, o hundiéndose en el abismo insondable?

b. *Otra razón fue que Dios, evidentemente, quiso sancionar de manera impresionante las palabras de su siervo.* ¡Qué fácil era para los hombres de aquel tiempo evadir la autoridad del ministerio de Elías, afirmando que este solo era un entusiasta, un alarmista, un revolucionario! Y si él hubiera muerto en la edad senil, se habrían sentido más animados aún en sus impías conjeturas. Pero las bocas de los blasfemos y contradictores quedaron cerradas cuando Dios puso un sello tan conspicuo sobre el ministerio de su siervo. El traslado fue para la obra que hizo Elías en vida lo que la resurrección fue para Jesús: un innegable testimonio de Dios para el mundo.

3. Las lecciones de este traslado para nosotros.

a. *Tengamos cuidado de no decirle a Dios lo que debe hacer.* Este fue el hombre que se tiró a tierra y le pidió a Dios que le quitara la vida. ¡Cuán bueno fue que Dios se negó a contestarle lo que anhelaba! ¿No fue mejor que él pasara de este mundo, echado de menos y amado, en la carroza que su Padre había enviado para él?

Sin duda alguna, esta es una de las razones por las cuales nuestras oraciones se quedan sin respuesta. No sabemos lo que pedimos. La próxima vez en que le sea denegada una petición, piense que eso se debe a que Dios está preparando algo para usted que es mucho mejor que lo que pidió, así como el traslado de Elías fue mucho mejor que lo que él pidió para sí.

b. *Aprendamos lo que es la muerte.* Es un traslado; pasamos por una puerta; cruzamos un puente donde hay sonrisas; y luego irrumpimos la oscuridad hacia la luz. No hay intervalo de inconsciencia, ni un paréntesis de suspenso inanimado. «Ausentes del cuerpo», pero instantáneamente «presentes al Señor». Como por un solo acto de nacimiento entramos en esta vida baja, así por un solo acto —que los hombres llamamos muerte, pero que los ángeles llaman nacimiento (pues Cristo es el primogénito de entre los muertos)— pasamos a la vida real. El hecho de que Elías apareció en el monte de la Transfiguración en santa comunión con Moisés y con Cristo demuestra que los muertos bienaventurados son los que realmente viven, y que entraron en esta vida en un solo momento, el momento de la muerte.

Algo referente a este augusto acontecimiento estuvo en la mente del gran predicador galés Christmas Evans cuando, agonizante, movió majestuosamente la mano en señal de despedida a los que estaban cerca, y mirando hacia arriba con una sonrisa, pronunció sus últimas palabras: «¡Adelante! las carrozas de Dios son veinte mil».

18
UNA DOBLE PORCIÓN DEL ESPÍRITU DE ELÍAS
2 Reyes 2

Se nos dice que luego de haber pasado el Jordán los dos amigos iban hablando. ¡Tuvieron que haber discutido temas sublimes mientras se hallaban en los mismos confines del cielo y en el vestíbulo de la eternidad! La apostasía de Israel cuya condenación se aproximaba; la perspectiva de la obra para entrar a la cual se estaba preparando Eliseo: estos temas y otros afines tuvieron que haberlos ocupado.

En el transcurso de esta conversación, «Elías dijo a Eliseo: Pide lo que quieras que haga por ti, antes que yo sea quitado de ti». Era una puerta que el amigo mayor abría completamente para su amigo menor.

1. La gran petición de Eliseo. Eliseo no buscó riqueza, ni posición, ni poder del mundo, ni una participación en aquellas ventajas a las cuales dio la espalda para siempre cuando se despidió de su hogar, de sus amigos y de las perspectivas del mundo. «Y dijo Eliseo: Te ruego que una doble porción de tu espíritu sea sobre mí».

¿Qué quiso decir Eliseo con esta petición? Él estaba solicitando ser considerado como el hijo mayor de Elías; el heredero de su espíritu, el sucesor de su obra. Hay un pasaje en la ley de Moisés en que se indica claramente que la «doble porción» era derecho del primogénito y heredero (Deuteronomio 21:17). Esto fue lo que el profeta buscó; y esto fue ciertamente lo que obtuvo.

¡Fue una petición noble! Evidentemente Eliseo fue llamado a continuar la obra de Elías; pero él sentía que no se atrevía a emprender sus responsabilidades, ni a enfrentarse a sus inevitables peligros, a menos que fuera especialmente equipado con poder espiritual.

No tenemos que rehuir el intento de hacer la obra de Elías si antes hemos recibido el espíritu de Elías. No hay obra a la cual Dios nos llame para la cual no nos haya preparado y considerado aptos. No olvidemos que el mismo Elías hizo lo que hizo, no por sus cualidades inherentes, sino porque por medio de la fe había sido ampliamente dotado por el Espíritu de Dios; ni olvidemos que lo que él hizo podemos nosotros volverlo a hacer —los más débiles y humildes pueden hacerlo— si solo estamos dispuestos a esperar, velar, y orar, hasta que el Pentecostés irrumpa en nosotros, con su sonido de viento recio y sus lenguas de fuego o sin ellas.

2. Entendamos claramente las dos condiciones que se le impusieron a Eliseo.

a. *Tenacidad en el propósito.* Elías lo probó severamente en cada paso del viaje de despedida. Repetidamente le dijo: «Quédate aquí». Pero Eliseo sabía lo que buscaba; él entendía el significado de la disciplina a que estaba siendo sometido; y con la prueba severa, creció su resolución heroica, como las aguas de una corriente se acumulan contra una represa que las detiene, hasta que pasan sobre ella y siguen como un torrente por el lecho del río.

¡Con cuánta frecuencia nos persuadimos de que podemos adquirir las más grandes bendiciones espirituales sin pagar el precio equivalente! Fue así como Jacobo y Juan pensaron que podían obtener cada uno un puesto al lado del trono con solo pedirlo. No comprendían que la cruz precedía a la corona; ni que la amarga copa del Getsemaní estaba entre ellos y el himno de coronación. Tenemos que pasar el Jordán; tenemos que tomar diariamente la cruz y seguir a Jesús; tenemos que conformarnos a él en la semejanza de su muerte, y en la comunión de sus padecimientos; la voluntad divina tiene que ser aceptada con amor, aunque cueste lágrimas de sangre y amargo dolor. Luego, una vez evidenciada la firmeza de nuestro propósito, habremos demostrado que somos dignos de recibir el supremo don de Dios.

b. *Discernimiento espiritual.* «Si me vieres cuando fuere quitado de ti, te será hecho así; mas si no, no». No había nada arbitrario en esta demanda. Para ver las transacciones del mundo del espíritu se requiere un espíritu de una pureza no ordinaria y de una fe no ordinaria. El simple ojo mortal no hubiera podido ver el cortejo de fuego. Los sentidos embotados por la pasión, o cegados por el materialismo, no hubieran podido ver el espacio ocupado por los serafines de fuego; les hubiera parecido desprovisto de ningún interés especial, y vacío como el resto del escenario circundante. Tal vez en todo Israel no había otro individuo que tuviera un corazón lo suficientemente puro, o una naturaleza espiritual lo suficientemente penetrante como para ser sensible a tan gloriosa visita. Pero, puesto que Eliseo lo vio todo, ello era clara indicación de que había dominado sus pasiones; su temperamento se había refinado; y su vida espiritual era saludable.

3. La respuesta. «Alzó luego el manto de Elías que se le había caído». ¡Ah, ese manto que se cayó! ¡Cuánto significaba! Se dice que el hecho de otorgar el manto siempre ha sido considerado por el pueblo oriental como parte indispensable de la consagración para un oficio sagrado. Por tanto, cuando el manto de Elías flotó hasta los pies de Eliseo, este entendió de inmediato que el mismo cielo le había ratificado su petición, creyó que había sido ungido con el poder de Elías.

Si con fe y paciencia suplicamos del Padre Celestial que nos dé la plenitud del Espíritu Santo, jamás debemos preguntarnos si nos sentimos llenos. Tenemos que creer que Dios ha cumplido la palabra que nos ha dado y que estamos llenos, aunque no hayamos tenido señales celestiales de la entrada de ese glorioso poder. Pero otros se darán cuenta de que en nosotros está presente algo que nunca antes tuvimos, cuando nos vean junto a un caudaloso Jordán, cuyas aguas turbulentas se separan y dejan pasar al golpe de nuestro manto.

Tan pronto como recibamos algún gran don espiritual, demos por cierto que será sometido a prueba. Así ocurrió con Eliseo. Él «volvió, y se paró a la orilla del Jordán». ¿Vaciló? En tal caso fue solo por un momento. Él había visto a Elías en el momento de partir y creyó, por tanto, que una doble porción de su espíritu había caído sobre él. De modo que con la seguridad de su fe tomó el manto de Elías, golpeó las aguas y dijo: ... ¿Dónde está Jehová, el Dios de Elías? Y así que hubo golpeado del mismo modo las aguas, se apartaron a uno y a otro lado, y pasó Eliseo. Viéndole los hijos de los profetas que estaban en Jericó al otro lado, dijeron: El espíritu de Elías reposó sobre Eliseo.« ... ¿Dónde está Jehová, el Dios de Elías?» Este clamor se ha levantado a menudo cuando la iglesia, despojada de sus pastores, se ha visto frente a frente con alguna dificultad grande y aparentemente insuperable. Y algunas veces ha habido más desesperación que esperanza en este clamor. Pero aunque Elías se va, el Dios de Elías permanece. Dios se lleva a sus obreros rendidos al cielo; pero tiene el cuidado de proveer reemplazos, y de ungir a otros para que continúen la obra. Recoja usted el manto del que partió. Siga su ejemplo busque su espíritu. Golpee las amargas aguas de la dificultad con una fe firme; y descubrirá que el Señor Dios de Elías hará tanto por usted como por los santos que han sido arrebatados a recibir su recompensa y que ahora están entre la gran nube de testigos que observan nuestros conflictos, triunfos y alegrías.

⌒19⌒
LA TRANSFIGURACIÓN
Lucas 9

No obstante el cansancio de su labor, Jesús dedicaba tiempo a la conversación privada con sus amigos. Tenía que prepararlos para la tragedia que se aproximaba, de la cual ellos estaban curiosamente inconscientes. Iba viajando hacia el norte con sus discípulos, evitando el paso por pueblos grandes, hasta que llegaron a una de las aldeas más pequeñas, asentada en las laderas del monte Hermón.

Pasados ocho días, a la hora en que las sombras de la noche caían sobre el mundo, Jesús tomó consigo a Pedro, Jacobo, y Juan los llevó a una cumbre cercana, apartada de la vista y del sonido de la gente. Él iba a prepararse para el venidero conflicto por medio de la oración, y tal vez los tres discípulos favoritos le proveerían comunión para la primera parte de la noche. Pero ellos pronto se cansaron, como ocurrió después en el Getsemaní, no tardaron en quedarse dormidos; aunque en parte conscientes de la presencia de su Maestro mientras él derramaba su alma con fuertes gemidos y lágrimas. No sabemos cuántas horas pasaron antes que ellos despertaran con un sobresalto del sopor, no por el tenue fulgor del amanecer sino por efecto del intenso resplandor de gloria que emanaba de la persona de su Maestro. La apariencia de su rostro cambió; «resplandeció su rostro como el sol». Su resplandor no era un reflejo procedente de afuera, como el de Moisés, sino que irradiaba desde adentro, como si la gloria (Shekinah) escondida durante tanto tiempo, estuviera filtrándose a través del frágil velo de la carne. «Su vestido [la ropa común hecha en casa que se usaba en el país] se hizo ...blanco y resplandeciente». Era más resplandeciente que la nieve reluciente que estaba más arriba; parecía como si los ángeles lo hubieran tejido de luz. Pero tal vez la maravilla más grande de todas fue la presencia augusta de dos hombres, «los cuales eran Moisés y Elías; quienes aparecieron rodeados de gloria y hablaban de su partida, que iba Jesús a cumplir en Jerusalén».

1. Consideremos las razones probables por las cuales estos dos, y especialmente Elías, fueron escogidos para esta sublime ocasión.

a. *La primera razón pudo haber sido que ellos dieran testimonio de la dignidad del Señor Jesús.* El Señor se estaba acercando a la hora más oscura de su camino, cuando como Hijo de Dios sería llevado a un suplicio de ignominia y vergüenza. El mismo cielo se puso en movimiento para asegurar a sus amigos y convencer al mundo de la naturaleza especial que había en él. ¿Debía Dios comisionar para esto a los serafines? No, porque los hombres simplemente quedarían deslumbrados. Mejor enviar de regreso a algunos de la familia humana, cuyas obras ilustres aún sobrevivían en el recuerdo de la humanidad, lo cual daría peso al testimonio de ellos. Sin embargo, ¿a quiénes seleccionar?

Hubiera sido bueno enviar al primer Adán, para que diera testimonio de la suprema dignidad del segundo; o a Abraham, el padre de los que creen. Pero estos dos fueron dejados en favor de otros dos que podrían tener más influencia sobre los hombres de ese tiempo como representantes de dos grandes departamentos del pensamiento judío y de la Escritura: Moisés, el fundador de la ley; Elías, el más grande de los profetas.

Es imposible exagerar la prominencia que tenía Elías en la mentalidad judía. En la circuncisión de un niño, siempre se colocaba un asiento para él; y en la celebración anual de la Pascua en cada hogar, se servía vino para que él tomara. Era creencia general que él habría de volver para anunciar el advenimiento del Mesías. Por tanto, el hecho de que él había estado junto a Jesús de Nazaret para rendirle homenaje y ofrecerle ayuda ejercía enorme influencia en aquellos discípulos y a través de ellos en la posteridad. Y fue en parte el recuerdo de Pedro del homenaje que Elías le había rendido a su Maestro lo que lo llevó a decir años más tarde que él había sido testigo ocular de su majestad.

b. *Otra razón puede hallarse en la circunstancia peculiar en que los dos abandonaron el mundo.* Moisés murió, no por enfermedad ni por decadencia natural, sino con un beso de Dios. Su espíritu pasó sin dolor y de manera misteriosa a la gloria, mientras Dios se encargaba de enterrar su cuerpo. Elías no murió. La enfermedad y la vejez no hicieron nada para quitar lo material de su ser. No podemos penetrar en los secretos de aquella misteriosa frontera que estos dos pasaron y repasaron en su santo ministerio para el espíritu del Salvador; pero tenemos la impresión de que hubo algo en la forma de su partida de nuestro mundo que hizo que el paso de ellos por dicha frontera fuera más fácil.

c. *Aun otra razón se sugiere: el evidente cumplimiento de su ministerio.* Ellos habían sido enviados originalmente a preparar el camino para el Cristo. «Hemos hallado —dijo Felipe— a aquel de quien escribió Moisés en la ley, así como los profetas». «Moisés —dijo Cristo—, de mí escribió». Pero existía el peligro de que los judíos olvidaran esto y dieran a los mensajeros más importancia de la normal. El hecho de que a ellos les pareció que Esteban menospreciaba el Antiguo Testamento, al indicar él que sería abrogado y reemplazado por el Nuevo, constituyó la sentencia de muerte para este diácono. El mismo Pedro estuvo preparado para tratar a Moisés y a Elías en igualdad de condiciones con su Maestro, pues quiso hacer tres enramadas. Por tanto, Moisés y Elías fueron arrebatados en una nube, y no quedó sino «Jesús solo»; y se oyó una voz de Dios que insistió en que Pedro y los otros dos discípulos solo debían oírlo a él. Fue como si Dios hubiera dicho: «Como ustedes han oído la ley y los profetas, así ahora, oigan a mi Hijo. No se pongan otra vez bajo la ley, ni se conformen con los profetas por más altos que sean sus ideales y ardientes sus palabras; sino pasen de la esperanza a la realidad; del símbolo al cumplimiento perfecto».

2. Consideremos el tema de que hablaron. No hablaron de las últimas noticias del cielo, ni de su maravilloso pasado; ni tampoco del distante futuro. Hablaron acerca de la partida (el éxodo) que él habría de emprender pronto en Jerusalén.

Este tema llenaba el cielo. Los ángeles estaban sumidos en asombro, reverencia y amor al observar cada paso hacia la señalada meta. ¿No podemos imaginar que toda la vida del cielo se paralizó e hizo una pausa ante aquella estupenda tragedia? Era, pues, natural que estos recientes visitantes procedentes de las celestiales alturas hablaran sobre el más fascinante de los temas en la tierra de la cual ellos habían salido.

La propia salvación de ellos descansaba en el significado de aquella portentosa muerte. Si alguna vez hubo hombres que hubieran podido tener la oportunidad de ser aceptados por sus propios méritos, ciertamente estos eran de tales hombres. Pero ellos no tenían méritos propios. Su única esperanza de salvación estaba donde está la nuestra; en que Cristo venciera el aguijón de la muerte y abriera el reino del cielo para todos los que creen.

Y ciertamente nuestro Señor los hubiera guiado a insistir en un tema que con tanta persistencia ocupaba su mente. Él vivía esperando la hora de su muerte. Para esto había nacido. Pero ahora parecía muy cercana. Ya estaba dentro de la sombra de la cruz. Y tuvo que haber sido estimulante para él hablar con estos espíritus elevados acerca de los diversos aspectos del gozo que estaba puesto delante de él. Moisés pudo haberle recordado que si como Cordero de Dios tenía que morir, como Cordero de Dios redimiría incontables almas. Elías pudo haber insistido en la gloria que eso le daría al Padre.

Veamos cómo contemplan los hombres la obra de Cristo a la luz de la eternidad. Ellos no abundaron primariamente en el misterio de la santa encarnación, o en la filantropía de la vida de él, o en el contenido de sus enseñanzas. Todas estas cosas empequeñecen en comparación con su muerte. Esta es la pieza maestra. Los atributos de Dios hallan aquí su más completa y armoniosa ejemplificación. En la muerte de Cristo se hace frente al problema del pecado humano y de la salvación y se resuelve. Cuanto más nos acerquemos a la cruz, y cuanto más meditemos en la muerte que se cumplió en Jerusalén, tanto más nos acercaremos al centro de las cosas, tanto más profunda será nuestra armonía con nosotros mismos y con todos los demás espíritus nobles y con el mismo Dios. Suba usted a esa montaña frecuentemente, con santa reverencia; y recuerde que en todo el universo no hay espíritu más profundamente interesado en los misterios y en el significado de la muerte de nuestro Salvador que el noble profeta que ahora no busca honor más alto que el de estar para siempre cerca de su amado Maestro, como lo hizo, durante breve tiempo, en el monte de la Transfiguración.

20
«LLENO DEL ESPÍRITU SANTO»
Lucas 1:15, 17

¿qué podemos hacer en nuestra vida breve, si estamos dispuestos a ser sencillamente canales vivientes a través de los cuales descienda el poder de Dios hacia otros? En este caso, el potencial de utilidad de nuestra vida no tiene límite. Lo único que se necesita es un medio de comunicación entre dos; ¿por qué no ser usted tal medio?

· Hay una espléndida ilustración de esto en la vida de Elías, de la cual ya nos vamos a despedir. Durante más de cien años la marejada se había levantado furiosa contra la verdad de Dios. La idolatría había pasado de la adoración de los becerros de Jeroboam a la adoración de Baal y de Astarot; junto con las orgías licenciosas y los horribles ritos que acompañaban al antiguo culto que se rendía a las fuerzas de la naturaleza. El sistema era mantenido por una inmensa organización de astutos sacerdotes que habían surgido en la vida nacional como un brote de hongos y habían echado profundas raíces en los corazones.

En medio de tal situación se presentó Elías, sin armas, procedente de las montañas del otro lado del Jordán, donde había nacido. Era un montañés desgreñado, rudo; no acostumbrado a los modales de la corte ni al conocimiento de las escuelas. Y enseguida experimentó una decisiva frenada el avance de la idolatría. Elías vindicó la existencia y el poder de Jehová. Infundió nuevo coraje al remanente de verdaderos discípulos. Reedificó los altares; abrió escuelas para la preparación de los jóvenes piadosos; fue escogido un sucesor para él; y en general le dio un ímpetu a la causa de la verdad que repercutió a través de muchas generaciones.

Tal vez el mayor tributo al poder que ejerció Elías sobre sus contemporáneos sea el hecho de que su nombre y su obra se destacaron de manera resuelta y definida durante novecientos años después de su muerte, sobrepasando la escuela entera de los profetas judíos y sirviendo de modelo al precursor de nuestro Señor. Malaquías, el último profeta, no pudo hallar mejor símbolo del pionero de Cristo que el famoso profeta que, siglos antes, había sido llevado al cielo en un carro de fuego. «He aquí, yo os envío el profeta Elías, antes que venga el día de Jehová, grande y terrible» (Malaquías 4:5). Gabriel no halló forma mejor de comunicar al anciano sacerdote el símbolo del maravilloso hijo que habría de alegrar su ancianidad que el nombre de Elías. «E irá delante de él con el espíritu y el poder de Elías».

Cada vez que un intenso avivamiento espiritual conmovía al país, el pueblo tenía la costumbre de pensar que el profeta del Carmelo había regresado a la tierra. Fue así como una delegación le preguntó a Juan el Bautista: «¿Eres tú Elías?» Y cuando uno más poderoso que Juan hubo puesto a todos los hombres a meditar en sus corazones, como los discípulos le dijeron a nuestro Señor, muchos del común del pueblo creyeron que la larga expectación de los siglos se había cumplido y que Elías se había vuelto a levantar.

Todas estas cosas son evidencia de la cimera grandeza del carácter y la obra de Elías. Él fue un gran hombre, y realizó una noble obra. Y el secreto de todo consistía en que él estaba lleno del Espíritu Santo.

Dios tomará mujeres y hombres, ancianos y niños, siervos y siervas de esta época de decadencia y los llenará con su Espíritu. Luego, cuando, como Juan el Bautista, estemos llenos del Espíritu Santo, iremos como él delante de nuestro Señor «con el espíritu y el poder de Elías».

1. Fue esta plenitud del Espíritu Santo lo que caracterizó a la iglesia. El día de Pentecostés todos fueron llenos del Espíritu Santo: mujeres y hombres; oscuros discípulos e ilustres apóstoles. A los nuevos convertidos, como Saulo de Tarso, se les dijo que esperaran esta bendita plenitud. Los diáconos que eran llamados a cumplir funciones seculares en la iglesia tenían que estar llenos del Espíritu Santo. El hecho de que Bernabé era un hombre bueno, lleno del Espíritu Santo, significaba una recomendación más grande que el de haber donado sus heredades. Y aun iglesias, como las de las partes montañosas de Galacia, a poco de haber sido fundadas como resultado de la obra misionera del apóstol Pablo, fueron llenas del Espíritu Santo. De hecho, a los cristianos del primer siglo se les enseñó que esperaran esta bendita plenitud. Y la iglesia primitiva era un grupo de individuos llenos del Espíritu Santo. Si había alguna persona que no estaba llena de la presencia de Dios en el Espíritu Santo, eso era probablemente la excepción, no la regla.

El libro llamado los Hechos de los Apóstoles no tiene una conclusión formal, por cuanto Dios quiso que el desarrollo de la iglesia se prolongara a través de los siglos por la obra del Espíritu. El Pentecostés tuvo simplemente el propósito de ser el modelo y el símbolo de todos los días y de todos los años de la era actual. Y si nuestros tiempos parecen haber caído mucho más abajo de este bendito nivel, ello se debe a que la iglesia ha descuidado esta santa doctrina. La iglesia ha estado paralizada sencillamente por falta del único poder que puede mucho en su conflicto contra el mundo: un poder que le prometió claramente el Señor cuando ascendió. Si somos cristianos, no hay duda de que él está en nosotros, pero nunca debemos contentarnos hasta que él esté en nosotros con poder. No como un aliento, sino como un viento poderoso; no como un arroyuelo, sino como un torrente; no como una influencia, sino como una persona potente y enérgica.

2. Se requieren ciertas condiciones para ser llenos del Espíritu.
a. *Tenemos que desear ser llenos para la gloria de Dios*. Una señora me dijo una vez que ella había estado buscando el poder del

Espíritu durante mucho tiempo, pero en vano, hasta que comprendió que lo estaba buscando por el gozo que él le traería, y no por la gloria que de ello resultaría para Dios. ¡Ah! no debemos buscar el poder del Espíritu para nuestra propia felicidad y consuelo sino para que sea «magnificado Cristo en mi cuerpo, o por vida o por muerte» (Filipenses 1:20).

b. *Tenemos que presentar vasos limpios.* Dios no depositará su don más precioso en receptáculos inmundos. Necesitamos ser limpiados con la preciosa sangre de Cristo antes de poder esperar que Dios nos dé lo que buscamos. No podemos esperar estar libres del pecado inherente en nosotros, pero por lo menos podemos ser lavados en la sangre de Cristo de toda inmundicia y mancha de que estemos conscientes.

c. *Tenemos que estar preparados para permitir que el Espíritu Santo haga lo que quiera con nosotros y a través de nosotros.* No debe haber reserva, nada que se retenga, ningún propósito contrario. Toda la naturaleza tiene que estar desligada de trabas y toda parte de ella rendida. No ofrezcamos resistencia a la obra del Espíritu Santo. Dios da el Espíritu Santo a los que le obedecen (Hechos 5:32).

d. *Tenemos que recibirlo por fe.* El Espíritu Santo ha sido dado a la iglesia. No necesitamos luchar y agonizar; simplemente debemos tomar lo que Dios está esperando para darnos.

3. No alcanzaría el tiempo para enumerar todas las bendiciones que vendrán como resultado. La presencia del Espíritu Santo en el corazón, con toda su gloriosa plenitud, no puede ocultarse. Este concepto de su obra se enseña claramente mediante la palabra que seleccionó el apóstol para describir los resultados de su morada en el creyente. Él llama a los resultados «el fruto del Espíritu». Y lo que sugiere profundamente el tranquilo crecimiento, y la exquisita belleza y la vida espontánea, está en esa significativa expresión.

a. *Hay victoria sobre el pecado.* La ley del Espíritu de vida en Cristo Jesús nos libra de la ley del pecado y de la muerte; así como la ley de la elasticidad del aire libra al pajarillo del poder predominante de la atracción de la gravitación.

b. *Tiene lugar la morada del Señor Jesús en el creyente.* Cristo mora en el corazón por el Espíritu Santo. Y esto no es nada figurado ni metafórico, sino una realidad que tiene sentido literal y glorioso.

c. *Hay la vivificación de nuestro cuerpo mortal.* Esta es una expresión que ciertamente se refiere a la resurrección; pero que también puede significar alguna fuerza especial y alguna salud que se imparte a nuestros actuales cuerpos mortales.

d. *Hay todas las gracias del Espíritu* que vienen de la mano unas con otras: el amor trae gozo; el gozo, paz; y la paz, paciencia; y sigue de esa manera a través de toda la serie; de tal modo que el corazón llegue a estar lleno de ellas.

e. *Hay también el poder para el servicio.* Ya no tímidos ni aterrados, los apóstoles dan su testimonio con gran poder. El Evangelio viene con poder y demostración por medio de las vidas y los labios consagrados. Los demonios son echados y grandes multitudes llegan a los pies de Cristo.

Esto y mucho más está esperando el momento de su vida en que usted definidamente se aproveche de su privilegio y llegue a ser lleno del Espíritu Santo.

Entre las miríadas de estrellas que brillarán para siempre en el firmamento del cielo, ninguna brillará con más brillante y constante gloria que Elías, un hombre que estuvo sujeto a pasiones semejantes a las nuestras, quien fue llevado al cielo sin que lo tocara la muerte, y estuvo junto a Cristo en el monte de la Transfiguración. Profeta de fuego, hasta entonces, ¡adiós!

JEREMÍAS: SACERDOTE Y PROFETA

1
«VINO A MÍ LA PALABRA DE JEHOVÁ»
Jeremías 1:4, 12, 13

Si los días de David y Salomón se pueden comparar con la primavera y el verano en la historia de Israel, la historia que comenzamos ahora se abre en la última parte del otoño. La influencia del avivamiento espiritual que hubo en la época de Ezequías e Isaías, que durante breve tiempo había detenido el proceso de decadencia, ya había pasado; y ni siquiera las reformas del buen rey Josías, que más bien afectaron la superficie y no el corazón del pueblo, servirían para desviar el juicio inevitable. El rey y la corte, los príncipes y el pueblo, los profetas y los sacerdotes; todos ellos estaban infectados de una serie de vicios abominables.

Todo monte alto tenía su espeso bosque de árboles verdes, bajo cuya sombra se practicaban libremente los ritos idolátricos y el abominable libertinaje del culto a la naturaleza. Por todo el país se extendía como una cubierta la profusión de templos erigidos para la adoración de Baal y Astarot, y de toda la hueste del cielo, y de ídolos libidinosos. En todas las ciudades, los sacerdotes idólatras de mantos negros (quemarim), que dirigían estas prácticas inmorales, iban de acá para allá en fuerte contraste con los sacerdotes de Jehová, que usaban estola blanca.

Pero fue en Jerusalén donde estas cosas alcanzaron su punto culminante. En las calles de la santa ciudad a los niños se les enseñaban a recoger leña, mientras los padres encendían el fuego y las mujeres moldeaban la masa para hacer tortas para Astarot, «la reina del cielo», y hacían libaciones a otros dioses.

En semejante Sodoma la voz de Dios tenía que oírse. Sin embargo, si Dios ha de hablar, tiene que ser a través de los labios de usted y de los míos, entregados a él. Él busca eso hoy. Aún somos sus vehículos de comunicación con otros. En el llamamiento de Jeremías podemos descubrir la clase de persona que Dios escoge como su medio de expresión. No debe esperarse que de un vistazo superficial comprendamos las características especiales que determinaron la elección divina de Jeremías. Hay varias razones por las cuales Jeremías pudiera haber sido pasado por alto.

1. Era joven. No sabemos cuán joven era, pero sí lo suficiente como para responder al requerimiento divino con la exclamación de: «¡Ah! ¡ah, Señor Jehová! He aquí, no sé hablar, porque soy niño».

Con frecuencia Dios ha escogido a jóvenes para ocupar puestos prominentes de servicio: Samuel y Timoteo; José y David; Daniel y Juan el Bautista; Calvino, quien escribió sus Instituciones antes de los 24 años de edad; y Wesley, quien solo tenía 25 cuando inauguró el gran sistema del metodismo.

2. Era de naturaleza tímida y sensible. Parecía haber sido vaciado en un molde de tal modo delicado que no podría contra los peligros y las dificultades de su tiempo. La amarga queja de los últimos años de su vida fue que la madre lo había traído a un mundo de lucha y contención. Precisamente con referencia a esta natural timidez de su disposición, Jehová le prometió hacerla «como ciudad fortificada, como columna de hierro, y como muro de bronce contra toda esta tierra».

Abundan los que han sido moldeados conforme a este mismo tipo. Sin embargo, muchos como Jeremías, pueden desempeñar un papel heroico en el escenario del mundo si solo permiten que Dios fortifique con el hierro de su poder las líneas de su debilidad natural. Feliz el alma que puede levantar su mirada desde su absoluta impotencia y decir con Jeremías: «Oh Jehová, fortaleza mía ... en el tiempo de la aflicción».

3. Retrocedió especialmente ante la carga que fue llamado a llevar. Su tema preferido hubiera sido la misericordia de Dios: lo ilimitado de su compasión, la ternura de su piedad. En los primeros capítulos en que él ruega al pueblo que se vuelva a Dios, hay una ternura en la voz y un patetismo en el lenguaje que prueban que su corazón estuvo de lleno en esta parte de su obra.

Pero la comisión que se le dio estaba mucho más allá de lo que él prefería. Se le encomendó un mensaje de juicio: que anunciara el día terrible; que se opusiera a toda sugerencia de resistir heroicamente; que acusara a las órdenes de profetas y sacerdotes de los crímenes por los cuales habían caído en desgracia, a cuyas órdenes él pertenecía y cuya ira él había provocado. Esta era la misión que él hubiera deseado menos.

4. Sufría por su dificultad para expresarse. No se desespere usted, pues, por la aparente falta de cualidades. La Palabra del Señor le vendrá pese a cualquier desventaja personal. Lo único que Dios demanda de usted es absoluta consagración a los propósitos de él, y disposición para proseguir cualquier diligencia que él le encomiende. Si usted tiene estas cualidades, todas las demás le serán dadas. Él le garantizará su presencia: « ...contigo estoy para librarte ...» Él lo equipará: «Y extendió Jehová su mano y tocó mi boca, y me dijo Jehová: He aquí he puesto mis palabras en tu boca». ¡Oh, que haya un oído circunciso, y un corazón leal y obediente!

2
«ANTES QUE TE FORMASE»
Jeremías 1:5

Dios tiene un plan para cada uno de sus hijos. El sendero ya ha sido preparado. A nosotros nos toca andar en él. En este sendero no hay ninguna emergencia para la cual no se haya hecho provisión en nuestra naturaleza; ni hay facultad potencial en nosotros que, temprano o tarde, no tenga su ejercicio y uso apropiado. Desde el mismo comienzo de su ser, Dios tenía un plan para la carrera de Jeremías y para ese plan Dios lo preparó. Antes del amanecer de la conciencia, en el mismo origen de su naturaleza, las manos del gran Maestro Artesano descendieron del cielo para dar forma a la arcilla plástica de acuerdo con el supremo propósito que él tenía en mente.

1. El propósito divino. «Te conocí ... te santifiqué, te di por profeta». En aquella época de degeneración el gran amante de las almas necesitaba un vocero; el decreto divino determinó las condiciones de nacimiento, carácter y vida de Jeremías.

De ser posible, es prudente descubrir mientras se es joven la dirección del propósito divino. En esto hay cuatro consideraciones que nos ayudarán. En primer lugar, la indicación de nuestras aptitudes naturales, pues estas, cuando son tocadas por el Espíritu divino, se convierten en talentos o dones. En segundo lugar, el impulso interno, o energía del Espíritu divino, que obra en nosotros para que queramos y hagamos lo que a él agrada. En tercer lugar, la enseñanza de la Palabra de Dios. En cuarto lugar, la evidencia de las circunstancias y demandas de la vida. Cuando estas consideraciones concuerdan y se enfocan en un punto, no debe haber duda en cuanto al propósito y al plan divinos. Fue así como Dios les reveló a Samuel, Jeremías y Saulo de Tarso el porvenir para el cual estaban destinados. Tal vez el objetivo más noble para cualquiera de nosotros sería que comprendiéramos aquellas palabras que Dios le dirigió a Jeremías, cuando le dijo: «a todo lo que te envíe irás tú, y dirás todo lo que te mande».

2. Influencias formativas. Es interesante estudiar las influencias formativas que operaron en el carácter de Jeremías. Entre estas influencias estuvieron el carácter y la disposición de su madre y el oficio sacerdotal de su padre. Sigue la cercana proximidad de la ciudad santa, lo cual hacía posible que el muchacho estuviera presente en todas las festividades sagradas y recibiera una instrucción comparable a la que pudieran ofrecer los mejores seminarios. Además, contó con la compañía de familias piadosas con las que se relacionaba. Su tío, Salum, fue el marido de la ilustre y devota profetisa Hulda; y el hijo de estos, Hanameel, compartió con Baruc, el nieto de Maasías, la íntima amistad del profeta, probablemente desde los días de la niñez. También se destacaron en esa época los profetas Nahúm y Sofonías, quienes brillaban como una ardiente constelación en el oscuro cielo, a los cuales se habría de unir el mismo Jeremías.

Evidentemente su mente fue muy sensible a todas las influencias de su niñez. Su lenguaje está saturado de referencias a símbolos naturales y costumbres nacionales, a la vida de los hombres y a la antigua literatura de la Biblia. Muchos acordes conformaron la música de su lenguaje.

Así es como Dios está siempre obrando, formándonos y moldeándonos. El plan de Dios pasa por el laberinto de la vida. El propósito de Dios da significado a muchas de las experiencias extrañas de dicho plan. ¡Sea usted valiente, fuerte y confiado!

3. También tuvo una preparación especial y una garantía para la obra de su vida. «Y extendió Jehová su mano y tocó mi boca, y me dijo Jehová: He aquí he puesto mis palabras en tu boca». De manera similar, el serafín había tocado los labios de Isaías años antes. Las palabras son un don especial de Dios. Ellas constituyeron las dotes que dio Dios a la iglesia en el Pentecostés. Y cuando un hombre comienza a hablar según el Espíritu le da que hable, es ello siempre evidencia de que tal hombre está lleno del Espíritu.

Dios nunca nos envía a hacer alguna cosa (1:7) sin indicarnos lo que hemos de decir. Si vivimos en comunión con él, imprimirá sus mensajes en nuestras mentes y enriquecerá nuestra vida con las declaraciones apropiadas para comunicar a otros dichos mensajes. Si nuestro único objeto es la gloria de Dios, su mano tocará nuestras bocas y él pondrá en ellas sus palabras.

Recibió otras dos afirmaciones de aliento. Primera: «A todo lo que te envíe irás tú». Esto dio un carácter definido y directo al lenguaje del profeta. Segunda: «No temas delante de ellos, porque contigo estoy para librarte, dice Jehová». Esta garantía se cumplió de manera notable, como veremos más adelante.

Mientras nosotros andemos por la senda que se nos ha preparado, realizando la misión que se nos asignó, Dios está con nosotros. Podemos desafiar la muerte; nuestra vida está bajo el divino designio. Los hombres pueden pelear contra nosotros, pero no pueden prevalecer; el Señor de los ejércitos está con nosotros, el Dios de Jacob es nuestro refugio (1:19).

4. Por último, Dios prometió una doble visión a su hijo. Por una parte, el almendro, árbol que florece pronto, le aseguraba que Dios lo vigilaría y se preocuparía del rápido cumplimiento de sus predicciones. Por otra, la olla que hervía con la faz vuelta hacia el norte, indicaba el estallido del mal. Así oscila el péndulo de la vida: a veces, la luz; otras veces, la oscuridad. Pero feliz aquel hombre cuyo corazón está fijo en el Señor y confía en él. Los hombres pueden pelear contra este hombre, pero no vencerlo; pues está circundado por el cuidado de Jehová. Como Dios habló a Jeremías, así se dirige a nosotros: «Y pelearán contra ti, pero no te vencerán; porque yo estoy contigo, dice Jehová, para librarte» (1:19).

Hubo un período en la vida de Jeremías en que parece se desvió de la obediencia completa (15:19) y dejó de seguir el plan dado por Dios. Pero cuando volvió a su lealtad, le fueron renovadas las preciosas promesas, y otra vez resonaron en sus oídos.

Tal vez usted haya retrocedido ante una terrible tormenta de oposición, como un bombero ante las llamas voraces. Así fue como Cranmer firmó su retractación. Sin embargo, vuelva usted a su puesto; la antigua bendición inundará su alma; Dios lo restaurará para que usted esté delante de él, y será como su vocero. Tal fue el caso de Pedro el día de Pentecostés.

3
CAVARON CISTERNAS
Jeremías 2:13

Probablemente solo transcurrió un breve intervalo entre el llamamiento de Jeremías y su entrada en la sagrada obra. Se nos dice que a este joven ardiente vino «Palabra de Jehová». Cuando le vino, lo conmovió.

Jeremías no se detuvo mucho en la ominosa mención del conflicto inevitable que la voz divina predecía. No se puso a evaluar a plenitud la presión contraria indicada en la señal celestial de tormenta. Se le había dicho que reyes y príncipes, sacerdotes y el pueblo pelearían contra él; pero en los fervores iniciales de su joven fe pensó más en la presencia de Jehová, quien le había prometido hacerlo «como ciudad fortificada, como columna de hierro, y como muro de bronce contra toda esta tierra».

1. La doble carga del profeta. Cuando al comienzo de su ministerio Jeremías salió de Anatot para Jerusalén (2:2), Josías, aunque solo tenía veintiún años llevaba ya trece en el trono. Estaba comenzando aquellas medidas de reforma que sirvieron para posponer, si no desviar definitivamente, la condenación contra la ciudad y la nación. «Y derribaron delante de él los altares de los baales, e hizo pedazos las imágenes del sol, que estaban puestas encima; despedazó también las imágenes de Asera, las esculturas y estatuas fundidas, y las desmenuzó, y esparció el polvo sobre los sepulcros de los que les habían ofrecido sacrificios. Quemó además los huesos de los sacerdotes sobre los altares, y limpió a Judá y a Jerusalén» (2 Crónicas 34:4, 5).

Durante setenta años las más groseras formas de idolatría habían prevalecido sin apenas oposición. Orgías sacrílegas y ritos degradantes daban libertad al vicio como parte de la religión y estaban en armonía con los gustos depravados del pueblo.

El resultado fue, en primer lugar, que la obra de reforma fue completamente superficial; no llegó al fondo ni cambió la inclinación de la preferencia nacional. Y en segundo lugar, esta política llevó a la formación de un fuerte partido político dirigido a promover una alianza más estrecha con Egipto, nación que había acabado de declarar su independencia del rey de Asiria. El profeta fue llamado a hacer sentir su influencia en estas dos direcciones.

a. *Protestó contra el pecado que prevalecía alrededor*. El interés del pueblo no iba más allá de preservar el reconocimiento externo de Jehová mediante el sostenimiento de los servicios y ritos del templo. Si estos se observaban rigurosamente, pensaban, no había causa suficiente para acusar los del pecado de apostasía. Insistían en que ellos no estaban contaminados (2:23); y reiteraban con cansona monotonía: «Templo de Jehová, templo de Jehová, templo de Jehová es este» (7:4). Esto explica las claras y ardientes denuncias contra el pecado que salieron de los labios del joven profeta. En sus acerbas palabras incluyó a sacerdotes y expositores de la ley, a pastores y profetas (2:8). Apeló a cuanta metáfora pudiera concebir la mente humana para convencer al pueblo de su infidelidad a Dios, su gran amante y redentor (3:20).

b. *Protestó también contra la idea de formar una alianza con Egipto.* La pequeña tierra de Canaán estaba entre dos dilatados imperios rivales: uno en el Nilo, y el otro en el Eufrates. Estaba, por tanto, constantemente expuesta al paso de inmensos ejércitos que, como langostas, lo destruían todo, o a las incursiones hostiles del uno o del otro de sus beligerantes vecinos. Había un fuerte sector en la corte de Jerusalén que mantenía la política de cultivar una alianza con Egipto o con Asiria. En la época de Ezequías y Manasés, la tendencia había sido a favor de Asiria; ahora estaba a favor de Egipto, que de manera notable se había quitado el yugo que el gran rey Esar-hadón, en tres terribles campañas, había tratado de ponerle sobre la cerviz. El profeta se opuso tenazmente a estas tentativas. ¿Por qué razón debía su pueblo unir su destino con cualquier nación pagana? ¿No era el Dios el Rey de ellos? Ciertamente su política debía ser el estar solos, sin trabas de alianzas internacionales y confiando solo en el extraordinario poder de Jehová.

La misión de Jeremías fue pues: quedarse casi solo; protestar contra los pecados del pueblo, cubiertos por una reverencia ficticia a Jehová; y oponerse a la política de la corte, que buscaba cultivar relaciones amistosas con aquella potencia que parecía poder dar ayuda a su patria en la terrible lucha contra el reino del norte, lucha que él veía como inminente (1:15). Y este ministerio fue llevado a cabo contra los ataques de la más violenta oposición. Ahí estaba un sacerdote que denunciaba las prácticas de los sacerdotes, un profeta que denunciaba las mentiras de los profetas. Por tanto, no fue sorprendente que los más poderosos partidos del estado conspiraran contra él.

2. Las imágenes literarias a que apeló. El escenario es de montañas. De la verde y umbrosa ladera brota una fuente que derrama su fría corriente argentada a lo largo del valle. Fluye en abundancia pero nadie viene a sus riberas; ni cántaro ni cubo bajan a su cristalina profundidad. En un sentido práctico, bien podría esa fuente secarse.

Muy lejos de aquel valle verde se oye el golpe del cincel. Pronto se descubre que personas de todas clases y edades están ocupadas en cavar cisternas para proveer de agua a sus hogares. Cada hombre tiene su propio plan, su propio diseño. Luego de años de trabajo puede que logre su propósito y espera ansiosamente la lluvia. Esta desciende pronto, y él siente que ha recibido la recompensa y se llena de placer al pensar en el caudal de agua que habrá podido almacenar. Pero ¡ay!, el agua no permanece. Descubre que por más cuidado que se tenga al hacer las cisternas en la cantera, estas no pueden retener el agua.

¡Qué extraordinario es este error de pasar por alto la fuente que fluye libremente para mitigar la sed, y cavar cisternas rotas que solo acarrean desilusión y desesperación! Sin embargo, el profeta dijo que esta era precisamente la posición de Israel. Al recurrir a las falsas religiones y a las alianzas paganas estaban cavando para sí cisternas rotas que fallarían en la hora de la necesidad.

3. La enseñanza para nosotros. Muchos cavadores de cisternas leerán quizás estas palabras; cada uno con una sed del alma que anhela ser satisfecha; cada uno con fácil acceso a Dios. Pero todos intentan la tarea imposible de satisfacer la sed de lo infinito y divino con cosas y recursos humanos.

Está la cisterna del placer, de las riquezas, de la fama, y la cisterna del amor humano, que aunque es una bella manifestación del amor divino, no puede satisfacer al alma que confía solo en él. Todas estas cisternas, hechas a un costo inmenso de tiempo y dolor, engañan y desilusionan. Son «cisternas rotas que no retienen agua». Y en el tiempo de aflicción no podrán salvar a los que las han construido y confiado en ellas.

¡A sus pies, oh fatigado cavador de cisternas, fluye la fuente del amor de Dios a través del canal del Hombre divino! Inclínese y beba. «Y el que tiene sed, venga; y el que quiera, tome del agua de la vida gratuitamente» (Apocalipsis 22:17).

4
EL SEGUNDO DISCURSO
Jeremías 3:6

No sabemos cómo fueron recibidas las primeras palabras de Jeremías. Era imposible que Jerusalén oyera los ardientes ruegos del joven predicador, que protestaba intensamente contra la política de sus sacerdotes, sin darse por enterada de que una nueva fuerza había entrado en la arena de la vida pública de la ciudad. Y a partir de ese momento, a lo largo de los 44 años que siguieron, la influencia del santo ejemplo del predicador y de sus fervientes palabras estaba destinada a hacerse sentir poderosamente. Se oía otra voz a través de la cual Dios podía expresar sus ruegos y sus reconvenciones.

En su segundo discurso, que va desde el capítulo 3 hasta el 6 inclusive —y que tal vez se preserva como un modelo de las palabras de Jeremías en este período —, se agrega cierto poder y patetismo. La llama se eleva más alta; la espada tiene un filo más agudo; sin embargo, el tono es más trémulo y tierno. Según sus propias conmovedoras palabras, Jeremías era como un cordero inocente que llevan a degollar (11:19); pero también era fuerte como un león, en la vehemencia con que se esforzaba para desviar la condenación que amenazaba con devastar su amada patria. Si algún alma pura y santa hubiera podido salvar a Judea mediante ruegos, lágrimas, y advertencias, Jeremías habría sido esa alma.

Pero no habría de ser así. El mal que sembró Manasés había contaminado profundamente la tierra, aunque esto no era obvio en aquellos primeros días del ministerio de Jeremías. Con toda la esperanza de su juventud, el profeta pensó que el desastre se podría desviar.

El discurso contiene una clara previsión de la invasión de los caldeos, con melancólicas expresiones de compasión y dolor y con una elocuente afirmación de la gracia redentora de Dios.

1. La visión que tenía el profeta del juicio que se aproximaba.

Al comienzo del ministerio de Jeremías, como hemos visto, él país estaba disfrutando de un breve período de paz, y parecía probable que fuera duradero. Asiria se hallaba debilitada por la disensión interna; Babilonia se estaba convirtiendo en un formidable rival de Nínive; los medos, bajo la dirección de Ciaxares, estaban comenzando a descender del Tauro; mientras en Egipto, Psamético se empeñaba profundamente en expulsar las guarniciones asirias y fundar su dinastía y, por tanto, no tenía tiempo ocioso ni deseaba interferir en el pequeño reino vecino.

Fue así como Josías pudo proseguir su reforma en paz. No aparecía ninguna nube de guerra en el horizonte. Fue en uno de los días del rey Josías (3:6) que el profeta recién comisionado asombró a los hombres de Jerusalén y de Judá al dar a conocer: lo que él había visto desde su torre de vigía.

Él había oído que la trompeta convocaba a los labradores a que huyeran del campo abierto a las ciudades fortificadas y dejaran sus cosechas a merced del invasor para salvar sus vidas. Él había oído los clamores de los vigilantes cuando anunciaban la llegada del invasor. Había visto la desolación de la tierra, la apresurada huida de los defensores de la propia santa ciudad.

Tan real era para él toda la escena que lo hallamos dirigiéndose hacia sus hermanos benjamitas, quienes habían huido hacia el refugio de la metrópoli, para instarlos a que huyeran aun más hacia el sur. Él ve los preparativos para el sitio y la furia de los asaltantes, y que las sombras del día que declina se interponen entre ellos y la captura inevitable de la ciudad. Él describe al invasor como una poderosa nación antigua que recoge a Israel como los labradores recogen las últimas uvas en su canasta; los invasores son crueles, sin misericordia, como lobos de la noche. Se ha pensado que estas palabras se referían a la invasión de los escitas, quienes alrededor de este tiempo cayeron en incontables hordas sobre el Asia Occidental pero estas hordas bárbaras no constituyen todo el alcance de las palabras del profeta. Parece que estas no entraron en Palestina, sino que pasaron por las fronteras oriental y occidental, bordeando el territorio de Josías. Por tanto, es más acertado relacionar estas ominosas palabras con la invasión de Judá por Babilonia, que habría de ocurrir en un plazo de treinta años pero de la cual se dieron amplias advertencias al pueblo a fin de que abandonara sus abominaciones y se volviera a la fuente de agua viva.

2. Su melancólica expresión de compasión y dolor. El tierno corazón de Jeremías estaba lleno del más absoluto dolor por las amargas noticias que tuvo que anunciar, pues para eso fue llamado: la inminente destrucción de la santa ciudad.

Él se identifica con su tierra; lucha para no expresar este mensaje de juicio, hasta que ya no puede contenerse más, y se cansa de retenerlo (6:11).

No tenía otra alternativa que anunciar los juicios que él vio que venían; pero hay un sollozo en la voz que los predecía. Lejos de desear el día malo, con alegría hubiera puesto su vida para impedirlo. El cáliz de su vida estaba lleno de aquel espíritu que llevó al Maestro en años posteriores a llorar cuando vio a la ciudad culpable y condenada.

Tal predicación será siempre un argumento convincente e irresistible para apartar a los pecadores del error de sus caminos. No hay nada más horrible que hablar de los grandes misterios de la vida y de la muerte sin aquella compasión de corazón que se deriva de una estrecha comunión con el Salvador del mundo.

3. Su afirmación de la gracia redentora. Son pocos los escritores sagrados que hayan tenido conceptos más verdaderos o más profundos del amor de Dios. Quienes han resbalado tienen siempre que acudir a los primeros capítulos de Jeremías en busca de consuelo y seguridad de perdón abundante. La palabra «rebelde» es característica de este profeta.

a. *Según el pensamiento de Jeremías, el pecado no podía extinguir el amor de Dios.* Aunque nuestro pecado esté arraigado, no puede interrumpir el amor de Dios que es desde la eternidad a la eternidad. El pecado puede ocultar las manifestaciones del amor de Dios, pero nunca puede hacer que Dios abandone su amor hacia nosotros (Jeremías 3:1).

b. *El amor de Dios se manifiesta con misericordia perdonadora.* Él solo pide que el individuo reconozca su iniquidad y confiese que ha pervertido su camino y olvidado a Dios. Sería suficiente si aceptaran los términos de confesión que él mismo sugiere: «He aquí nosotros venimos a ti, porque tú eres Jehová nuestro Dios». Y él les asegura que aunque su maldad y su pecado sean buscados, no aparecerán (4:1; 50:20).

c. *El amor de Dios no nos trata según nuestros pecados.* Inmediatamente después del arrepentimiento, Dios derrama sus bendiciones. Él no guarda su ira para siempre. Espera volvernos a recibir. Y dice: «Si te volvieres, oh Israel, ...vuélvete a mí».

¡Qué conceptos verdaderos y deleitosos del amor de Dios se le concedieron al joven profeta! Su espíritu viviente había bebido profundamente en la fuente del amor eterno, perdonador y compasivo de Dios. ¡Oh, bendito amor! Por medio de él, los corazones rebeldes pueden volver a ser admitidos al círculo íntimo y se les pueden restaurar los años que se comió la oruga.

5
A LAS PUERTAS DEL TEMPLO
Jeremías 7:10

Tenemos que leer los documentos que se hallan en los libros de Reyes y Crónicas para entender el notable movimiento que estuvo en marcha durante el período que cubren los primeros doce capítulos del libro de Jeremías. Rara vez se refiere el profeta a las grandes reformas que estaba instaurando su amigo el rey Josías, las que escasamente se mencionan en los registros históricos. Pero sin duda alguna él estaba en constante e íntima comunicación con el rey y con el pequeño grupo de sinceros reformadores que se agrupaban en torno a él, entre los cuales estaban Safán, Hilcías, el profeta Sofonías, la profetisa Hulda, y el propio amigo del profeta, Baruc.

Josías promovió medidas de reforma desde los primeros años de su reinado, pero al principio, el peso muerto de la apatía nacional se opuso a la causa que él abrazaba. La adoración a los ídolos tenía tantísimas fascinaciones que la masa del pueblo no deseaba regresar a la adoración más pura de sus antepasados.

Algo espantoso y horrible había ocurrido en la tierra: los profetas profetizaban falsamente y los sacerdotes ejercían autoridad por su cuenta; y al pueblo le encantaba vivir de ese modo.

Por tanto, la cooperación de Sofonías y Jeremías fue sumamente valiosa. Mientras Josías trabajaba desde afuera, y proseguía una carrera de inflexible iconoclasta, ellos trabajaban desde adentro, apelando a la conciencia y al corazón.

A pesar de su esfuerzo unido, la causa de la reforma avanzó lentamente, y aun se hubiera detenido —como un tren expreso cuando se entierra en una avalancha de nieve—, si el descubrimiento que ocurrió en el año 18 del reinado de Josías no le hubiera dado un ímpetu inesperado a la antigua religión de Israel. Y aunque este no es exactamente un incidente de la vida de Jeremías, él estuvo tan íntimamente asociado con los hombres que estuvieron principalmente envueltos en él, y su tercer discurso fue tan evidentemente sugerido por las reformas a que el mismo condujo, que tenemos que referirnos brevemente al asunto.

1. El hallazgo de la ley. En el tiempo a que se refiere este incidente el templo se hallaba en reparación. el edificio probablemente mostraba señales de desintegración y vejez, pues ya habían transcurrido dos siglos y medio desde que había sido completamente restaurado por Joás.

La superintendencia de la obra se le encomendó a Hilcías, el sumo sacerdote, quien fue asistido por un pequeño grupo de levitas; y los gastos fueron cubiertos con contribuciones de las personas que pasaban por las puertas del templo. En una ocasión el rey envió a Safán, su secretario y canciller, padre de Gemarías y hombre de bien —quien posteriormente defendió a Jeremías (36:10-19, 25)—, a que con Hilcías contaran el dinero que había sido recogido por los guardianes de la puerta. Cuando ellos cumplieron este encargo, y entregaron el dinero en manos de los que hacían la obra y tenían la supervisión de los trabajos, Hilcías, el sumo sacerdote, le dijo a Safán el escriba: «He hallado el libro de la ley en la casa de Jehová».

Fue un descubrimiento sorprendente. Ha habido mucha discusión en cuanto a cuál rollo contenía del antiguo manuscrito; algunos sostienen que contenía todo el Pentateuco, otros, que solo el libro de Deuteronomio. Nos inclinamos a pensar que este libro era Deuteronomio. Parece indiscutible que solo esta porción del Pentateuco se debía escribir por orden de cada rey cuando ascendía al trono, y se leía ante la congregación reunida una vez cada siete años. Los términos del pacto que posteriormente hizo Josías con su pueblo son precisamente los que abundan en el libro de Deuteronomio.

El hecho de que Hilcías descubriera este libro causó gran sensación. Safán leyó parte de él ante el rey, entre ellas probablemente el capítulo 28: «Y cuando el rey hubo oído las palabras del libro de la ley, rasgó sus vestidos». Rápidamente envió una delegación compuesta por sus amigos de más confianza a uno de los suburbios de la ciudad, donde vivía la profetisa Hulda. En esta ocasión Jeremías pudo haber estado en Anatot, o tal vez aún no tenía mucha experiencia en su obra para que fuera reconocido como una autoridad en tan grave crisis. La pregunta que había que hacer era si se esperaba que la nación sufriera todas las horribles maldiciones que esas palabras predecían. Y la respuesta fue un inexorable «Sí», aunque podría posponerse por un breve tiempo la fecha de su cumplimiento.

El rey lanzó inmediatamente una apremiante convocatoria a todos los hombres de Judá y a todos los habitantes de Jerusalén, y desde una plataforma que se construyó en la entrada del atrio interno, leyó en alta voz las palabras del libro del pacto que había sido hallado en la casa del Señor. Además, renovó solemnemente entre Jehová y el pueblo el pacto de que irían en pos de Jehová y guardarían sus mandamientos, testimonios, y estatutos.

Luego estalló de nuevo la obra de la reforma y, por lo menos externamente, Israel volvió a ser fiel en su lealtad al Dios de sus padres, y libre de la mancha de la idolatría.

2. El divorcio entre la religión y la moralidad. La influencia de la corte, el hallazgo de la ley, su lectura y el éxito de la gran Pascua instituida por Josías, y el resplandor de la campaña contra las antiguas idolatrías fueron suficientes para efectuar durante algún tiempo una amplia reforma y el inconstante populacho se adhirió externamente por lo menos al servicio de Jehová. Los atrios del templo se atestaban; los ritos y los formulismos del código levítico se observaban rigurosamente; todo punto de la lealtad ceremonial de las instituciones de Moisés se observaba meticulosamente. Pero no había un cambio real en la disposición. La reforma era completamente superficial.

Jeremías se sintió profundamente desilusionado por el resultado del movimiento que había prometido tanto bien. Él captó su verdadero carácter y buscó la oportunidad de demostrar su insuficiencia para apartar la ira de Dios. Habiéndose situado a la puerta del templo en ocasión del gran festival, dio voz a un torrente de reconvenciones e hizo un llamamiento.

Él estaba al tanto de que el pueblo ponía atención a los ritos externos y los confundía con la religión. Ante cada acusación que el profeta presentaba allí en la puerta, ellos señalaban el orden y la belleza de los ritos restaurados, de su espléndido templo, de su condición privilegiada como escogidos de Dios. Pero junto con este decoro externo, se permitían los pecados más groseros sin que sintieran vergüenza ni mostraran rubor.

3. Las excusas en que se refugia el alma del hombre.

a. *El ritualismo*. Antiguamente se creía que Dios estaba obligado a ayudar a una nación o persona que cumpliera las formalidades externas de la religión; como si él no tuviera otra alternativa que ayudar a su devoto adorador. De una forma u otra, este concepto ha aparecido en toda nación y en toda época.

La Biblia constantemente se manifiesta contra tales alegatos. «Qué pide Jehová de ti —dice Miqueas—: solamente hacer justicia, y amar misericordia, y humillarte ante tu Dios» (6:8). «¿Para qué me sirve, dice Jehová, la multitud de vuestros sacrificios?» Esa fue una de las primeras declaraciones de Isaías; y aquí Jeremías toma el mismo tono.

Cuando el corazón está en buena relación con Dios, hallará la expresión apropiada en la adoración bien ordenada del santuario; pero lo externo jamás puede sustituir lo interno. El alma tiene que conocer a Dios, adorarlo como un Espíritu. Tiene que haber fe, arrepentimiento, gracia interna.

b. *El destino. Los hombres dicen a menudo, como decían los judíos:* «Somos lanzados hacia adelante por una corriente irresistible que no podemos controlar» (ver 7:10). Muchos le echan la culpa de sus pecados al Creador, ¡y alegan que solo es la manifestación de las tendencias naturales con que fueron dotados! Sea cual fuere la verdad que haya en la doctrina de la predestinación, hay gracia más que suficiente en Dios para contrarrestar el desplazamiento de la corriente y la fuerza de la pasión.

c. *El privilegio especial*. Muchas almas han supuesto que son favoritas del cielo. ¡Alma, tenga cuidado! Usted no es indispensable para Dios. Antes que usted existiera, él estaba bien servido; y si usted le falla, él llamará a otros para que le sirvan. Vea usted lo que el hizo con Silo (7:14) ¡y con Jerusalén! ¡Qué desolado el sitio! ¡Qué horrible la ruina! «Porque si Dios no perdonó a las ramas naturales, a ti tampoco te perdonará» (Romanos 11:21).

6
LA CRECIDA DEL JORDÁN
Jeremías 12:5

Entre los incidentes que se han descrito y el tema de este capítulo, le sobrevino al reino de Judá una calamidad aplastante. Al enfrentarse a las urgentes reconvenciones que de todos lados se le dirigían, Josías, tal vez con el deseo de emular la fe heroica de Ezequías e Isaías, condujo a su pequeño ejército montaña abajo para atacar a Faraón Necao, quien marchaba por la ruta de la costa para participar en la rebatiña de los despojos de Nínive, que a la sazón sufría los dolores de muerte. Los dos ejércitos se encontraron en Meguido, al pie del monte Carmelo, en el extremo de la llanura de Esdraelón, que con tanta frecuencia ha sido un campo de batalla decisivo. El pueblo no estuvo en suspenso mucho tiempo por el resultado. El ejército de Josías fue derrotado y él fue herido mortalmente. Su muerte desató una ola de aflicción por toda la nación.

El siguiente rey, el hijo de Josías, Joacaz, reinó solo tres meses, y luego fue llevado a Egipto con un arco en la nariz, como si fuera una bestia salvaje, y allí murió. Necao colocó al hermano de Joacaz, Joacim, en su lugar, como representante nombrado por él y tributario. Pero los últimos cuatro reyes de Judá revirtieron la política de Josías. Hicieron lo malo ante los ojos del Señor; y de Joacim está escrito que cometió abominación (2 Crónicas 36:1-8).

Cuando murió Josías, el conjunto mayor que favorecía la idolatría volvió a imponerse. ¿Qué valor tenía una religión que no había salvado del desastre a su principal exponente? La reforma promovida por el buen rey nunca echó raíces profundas en la tierra; y el vigor con el cual él había dirigido sus reformas provocó entonces la correspondiente reacción. Los reformadores fueron víctimas del odio popular y Jeremías fue también blanco de gran parte de ese odio.

Pero no era tan probable que lo alcanzaran los síntomas de esta tormenta que se levantaba por cuanto se le había ordenado que viajara por las ciudades de Judá y por las calles de Jerusalén; y probablemente él había emprendido un prolongado viaje por todo el país. Se paraba en los principales lugares de mercado, y anunciaba en todas partes la inevitable retribución que tendría que venir por haberse quebrantado el pacto divino (11:8). El resultado de ese viaje fue profundamente desalentador y el profeta se convenció de que la intercesión misma era inútil a favor de un pueblo que estaba tan profunda y resueltamente establecido en el pecado. Habían cometido el pecado de muerte, para el cual la oración es en vano (11:14; 1 Juan 5:16).

Desanimado y muy abatido, Jeremías se retiró a Anatot, el lugar donde nació. Pero hubo traición en la pequeña aldea. Las casas sacerdotal es se habían incomodado por las vehementes denuncias de su joven pariente y ya no podían oírlas más. Se puso en marcha un complot y conspiraron para quitarle la vida al profeta. Si no hubiera sido por la iluminación divina, él no se habría dado cuenta de que estaba en peligro. «Y Jehová me lo hizo saber, y lo conocí; entonces me hiciste ver sus obras» (11:18). Atolondrado por el súbito descubrimiento, Jeremías se volvió hacia Dios, con reconvenciones y ruegos.

La súplica del alma difamada y perseguida

a. *El estaba consciente de su propia integridad.* Sin duda alguna Jeremías estaba profundamente consciente de su indignidad. Nadie podría haber vivido tan cerca de Dios como él sin experimentar una abrumadora sensación de impureza. Pero con respecto a este brote especial de odio, él no sabía nada de lo cual pudiera culparse. Los pecados del pueblo habían provocado los males que él predecía; y él solo había tratado de advertirles a los imprudentes marineros de las rocas que estaban adelante en su rumbo.

b. *Se sintió perplejo por la desigualdad de la suerte humana.* Él nunca se había desviado del camino estrecho de la obediencia. Se había atrevido a enfrentarse solo a todos los peligros, desprovisto de las comodidades y alivios con que cuenta la mayoría de la gente. Pero era odiado, perseguido y amenazado de muerte.

Esta es la pregunta de todas las épocas, cuya respuesta solo puede darse recordando que este mundo está al revés; que el curso de la naturaleza ha sido perturbado por el pecado; que el príncipe de la potestad del aire es el dios de este mundo; y que los siervos de la justicia no pelean contra carne y sangre, sino contra principados y potestades, contra los gobernadores de las tinieblas de este siglo, contra huestes espirituales de maldad en las regiones celestes.

c. *Anhelaba que Dios manifestara su carácter.* hay un toque de aparente vindicación en su clamor: « ...vea yo tu venganza de ellos ...arrebátalos como a ovejas para el degolladero, y señálalos para el día de la matanza» (Jeremías 11:20; 12:3). Contrastamos estas palabras con aquellas que Jesús pronunció a favor de sus asesinos desde la cruz, y con las que Esteban pronunció cuando las piedras caían sobre él.

Pero él estaba preocupado por el efecto que se produciría en el pueblo si Jehová pasaba por alto el pecado de sus perseguidores que intentaban matarlo. Era como si el profeta temiera que sus propios sufrimientos, que no merecía, pudieran llevar a los hombres a pensar que era más probable que la prosperidad de ellos fuera promovida por la maldad antes que por la integridad y la santidad. Josías fue el monarca de su tiempo que temía a Dios, pero había muerto en la batalla; era un devoto siervo de Dios y su vida fue una larga agonía. ¿Era entonces la mejor política temer a Dios? ¿No sería más prudente, más seguro y mejor adorar a los dioses de los pueblos circundantes, los cuales parecían bien capaces de defender a sus adherentes y de promover la prosperidad de los grandes reinos que mantenían sus templos? Cuando Jeremías vio la influencia destructiva del pecado, su corazón lo hizo dudar. Comprendió que no había límite para el horrible mal de su tiempo mientras Dios pareciera ser indiferente a la existencia de ese mal. Es por eso que pidió venganza; no para que fuera satisfecho su propio deseo, sino por causa de Israel.

d. *También abrió su causa ante Dios*. Así pudiéramos traducir Jeremías 11:20: «ante ti he abierto mi causa». ¡Como se abre un libro! Tal es nuestra única seguridad en tiempos de gran angustia de alma. En sus huellas podemos nosotros plantar nuestros pies. Cuando los hombres nos difaman y conspiran contra nosotros, cuando los amigos nos abandonan, tenemos que llevar nuestros afanes a nuestro bendito Señor, quien lleva nuestras cargas, y dejarlos con él. Después de hacerlo así ya no tenemos motivo de temor.

2. La respuesta divina. Dios dijo: «¿No recuerdas que cuando te llamé para que fueras mi profeta te anuncié con anticipación la soledad y el aislamiento, la dificultad y la persecución que te esperaban? ¿No recuerdas que te dije que tendrías que ser un muro de bronce contra toda la gente? ¿Ya te has desanimado? ¿Tan pronto te has descorazonado? Hasta ahora has corrido con la infantería; pronto encontrarás la caballería; ahora estás en una tierra de relativa paz, tu aldea nativa, y, sin embargo, ya estás desmayado; pero ¿cómo harás cuando la marejada de dolor llegue sobre esta tierra, como cuando el Jordán se desborda e inunda las tierras bajas de alrededor, y saca a las bestias salvajes de sus guaridas? ¿Cómo estarás entonces?»

Tenga la seguridad de que, cualesquiera sean sus dolores y aflicciones de esta hora, Dios ha permitido que le vengan con el fin de ofrecerle una oportunidad de prepararse para los días futuros. No se desanime, ni abandone la lucha, ni sea infiel en lo muy poco. No diga que no puede soportarlo. ¡Sí puede! Confíe en Dios, y recuerde que cuando Él lo hace pasar por el Jordán crecido, él mismo abre el sendero por en medio del río.

7
LA SEQUÍA
Jeremías 14, 15

El reinado de Joacim estaba aún en sus comienzos. Necao había regresado a Egipto. Nínive estaba a punto de desplomarse. Babilonia iba ascendiendo lentamente en el horizonte como rival de cada uno de los grandes imperios y como el futuro desolador de Judá. Entretanto el pueblo escogido se había corrompido con innumerables vicios. Como una premonición de la destrucción que se aproximaba, una terrible sequía extendió su manto sobre la tierra.

Las vides en las terrazas de las montañas se marchitaron; los campos de trigo se cubrieron de rastrojo y los pastos se pusieron amarillos y chamuscados. El mismo rocío parecía haberse ausentado de la tierra. El río agotó todo su caudal, dejando escurrir apenas unas gotas. Los lechos de las corrientes mostraban sus fondos llenos de piedras. Y el amargo clamor de Jerusalén se dejó oír.

Acerquémonos y tratemos de escuchar la discusión que hay entre Jeremías y el Todopoderoso. Tal vez oigamos argumentos que pudiéramos poner en nuestros propios labios cuando los días de sequía visiten a la iglesia en general o a aquella parte de la obra a la que de manera especial fuimos llamados.

1. La súplica del alma intercesora. «Dios mío, vengo a tu presencia para reconocer mi propio pecado, y especialmente los pecados de mi pueblo. Estoy delante de ti como su sacerdote para confesar los pecados que les han separado de ti. Nuestras iniquidades testifican contra nosotros, y nuestras rebeliones son muchas. Una vez parecía que tú morabas en medio de nosotros; tu sonrisa era un perpetuo verano; pero últimamente tus visitas han sido pocas y muy distanciadas. Has pernoctado para al amanecer marcharte de nuevo, y te extrañamos mucho. Realmente tú no has cambiado; tú eres nuestro Salvador, estás en medio de nosotros. Nosotros llevamos tu nombre. Lo que no puedas hacer por ningún mérito nuestro, hazlo por el crédito de tu nombre. No nos dejes; no permitas que se cumpla la horrible predicción de Ezequiel, cuando vio que la gloria de Dios se retiraba de los recintos del lugar santo, hasta que quedó fuera de los muros de la ciudad» (Jeremías 14:7-9).

La respuesta del Espíritu divino. Hay veces cuando parece que Dios habla de este modo al alma (si nos atrevemos a expresar en nuestro propio lenguaje la impresión que tenemos de sus palabras): «Siervo mío, es inútil orar. Mi gracia es infinita; mi misericordia permanece para siempre; mi plenitud espera para derramarse en grandes olas, para hacer que el desierto se regocije y florezca como la rosa. No me deleita la sequedad del desierto; me gustaría que allí hubiera manantiales de aguas. No me gusta el resplandor de la arena; preferiría que se convirtiera en un estanque. Pero mientras los hombres se aferren a sus pecados, me es imposible hacer que llueva o dar aguaceros. Tu obra en este momento no es la de intercesor, sino la de reformador; aún no te corresponde orar como Elías en el Carmelo, sino que te corresponde estirpar, como él lo hizo, los males latentes que hay en el pueblo, como cuando este profeta tiñó las aguas del Cisón con la sangre de los sacerdotes de Acab» (14:10-12).

2. El lamento del verdadero pastor. «¡Ah, Señor Jehová! Ciertas, demasiado ciertas, es triste, pero son demasiado ciertas tus palabras. Tu pueblo merece todo lo que tú has dicho. Hay una grave falta; pero ciertamente la cometieron los que desviaron a la voluble y tornadiza multitud. Ellos proclaman la paz, cuando no hay paz. Las propias reconvenciones de la conciencia escasean por causa de que los pastores no han cumplido su elevada comisión» (14:13).

La respuesta del Espíritu divino. En nuestras plegarias por los hombres tenemos a veces una vislumbre de lo inevitable de los juicios divinos y de los daños que los falsos maestros pueden hacer a otros. Mejor enmudecer que decir palabras que destruyan la fe de los niños o comenzar a hacer preguntas que puedan destruir de un golpe siniestro lo que se ha construido durante años. Con este cuadro de fondo le contestó Dios al profeta.

«La condenación de los falsos profetas será terrible. Su destino será el más horrible por cuanto han ido sin ser enviados; y han profetizado sin haber visto visión. No ha habido impulso divino que haya dado vida a sus palabras. La posición, los bienes, el poder han sido los incentivos de su oficio; pero al pueblo le ha encantado que así sea. Su moral corrupta ha producido un sacerdocio corrupto y una cosecha de falsos profetas. Mi pueblo no soportaría la sencilla verdad de la palabra divina. Mientras los de mi pueblo no se hayan apartado de su pecado, y hayan regresado a mí con arrepentimiento y consagración, tienen que ser considerados culpables delante de mis ojos, y sufrir la consecuencia de su pecado ...sobre ellos derramaré su maldad» (14:14-16).

3. El alma intercesora. «Aceptamos, gran Dios, que tú eres justo, y recto; sin embargo, recuerda el pacto; recuerda las palabras con las cuales nos hiciste esperar; por tanto, seguiremos esperando en ti» (14:17-22).

La respuesta del Espíritu divino. Fue como si el Señor hubiera dicho: «Estoy cansado de arrepentirme. Por todos los medios posibles he tratado de refrenarlos y de hacer que se vuelvan hacia lo bueno. En apariencia se han enmendado; pero el mejoramiento ha sido solo superficial. Ahora ya he tornado la decisión. Mis métodos tienen que ser más drásticos; mi disciplina, más rígida y completa. Levantaré mi mano contra mi pueblo y los purgaré completamente de su escoria y quitaré todo su pecado. Restauraré sus jueces como al principio, y sus consejeros como al comienzo. Así contestaré tus plegarias a favor de ellos. La destrucción de la ciudad, la muerte del pueblo con espada y hambre, los horribles dolores de la cautividad de la Biblia actuarán como fuegos purificadores por medio de los cuales pasarán a una vida nueva y bendita. Por amor hacia ellos no puedo dejarlos sin castigo, puesto que solo así se puede realizar mi propósito eterno de redención» (15:1-9).

4. El clamor del intercesor. Aquí el profeta cae en una meditación profunda. «¿Por qué, oh Dios, me hiciste tan tierno y compasivo; tan naturalmente débil y rendido? Alguna naturaleza más fuerte y más ruda ¿no hubiera cumplido mejor tu mandamiento? Aun ahora, ¿no tienes a algún hombre de contextura más fuerte a quien puedas encomendar esta misión? Hay pieles más resistentes al calor que chamusca que la mía, ¿no sería mejor que esas vinieran a estas llamas? ¿Por qué estos labios tartamudos, este corazón vacilante, esta espina en mi carne?» (15:10).

La respuesta del Espíritu divino. «Bástate mi gracia. Te he llamado a ti con todas tus flaquezas, para que hagas mi voluntad, por cuanto mi potencia solo se perfecciona en la flaqueza. Yo necesito una plataforma baja para la exhibición de mi gran poder. ¡Oh alma frágil, tú eres la más idónea para ser canal y órgano para la demostración de mi energía! No más ríndete a mí, y permite que yo haga lo que quiera contigo; entonces serás como el hierro y el bronce del norte que ningún hombre puede romper» (15:11-14).

5. La respuesta del alma. «Oh Señor, tú sabes. Y sin embargo, a veces un oscuro presentimiento me llega en el sentido de que tú serás para mí como un arroyo engañoso, cuyas aguas intermitentes fallan, que se seca cuando más se necesita su flujo. Sé que eso no puede ocurrir, puesto que tú eres fiel; y sin embargo, ¿qué podría yo hacer si, después de haberme hecho tú lo que soy, me abandonas a mi propia suerte?» (15:15-18).

La respuesta del Espíritu divino. «Renuncia a tus presentimientos —parece que Dios dijera—. No consideres tu fragilidad, sino mi potencia; no tus enemigos, sino mis liberaciones. Abandona todo lo que no sea consecuente con tu supremo llamamiento. Entonces serás como mi boca; estarás en medio de la turba que surge como muro fortificado de bronce; estaré contigo para salvarte y librarte. Y te libraré de la mano de los perversos, y te redimiré de la mano de los fuertes» (15:19-21).

8
SOBRE LA RUEDA DEL ALFARERO
Jeremías 18:4

Un día, a impulsos del Espíritu divino, Jeremías salió de los predios de la ciudad hacia el valle de Hinom, situado en las afueras de Jerusalén, donde halló a un alfarero muy ocupado en su arte.

Al pararse tranquilamente junto al alfarero, el profeta vio que aquel tomaba una porción de barro de la masa que tenía cerca de la mano, y habiéndola amasado para extraerle las burbujas, la ponía en la rueda, donde rápidamente daba vueltas con el movimiento que el pie le imprimía al pedal. Desde ese momento, sus manos estuvieron trabajando por dentro y por fuera, dando forma al vaso con su hábil toque: ensanchando aquí, dándole una forma más delgada allá; abriendo el borde de tal manera que del barro informe surgiera un hermoso vaso. Cuando ya estaba a punto de terminarlo —y el siguiente paso sería quitarlo de la rueda para esperar ser sometido al horno—, un defecto inadvertido se hizo una grieta que fragmentó material del vaso, y algunos pedazos cayeron sobre la rueda y otros sobre el piso.

El profeta naturalmente esperaba que el alfarero inmediatamente tomaría otra porción de barro. Pero en vez de ello, con escrupuloso cuidado, recogió los trozos de barro del vaso roto, y los amasó de nuevo tal como había hecho al principio, colocando el barro donde había estado antes y volvió y lo hizo otro vaso.

¡Qué visión de la resignada paciencia de Dios! ¡Qué brillante previsión de la obra redentora de Dios! ¡Qué parábola de los caracteres, y vidas, y esperanzas que se vuelven a hacer! «¿No podré yo hacer de vosotros como este alfarero, oh casa de Israel?, dice Jehová. He aquí que como el barro en la mano del alfarero, así sois vosotros en mi mano, oh casa de Israel».

El propósito de esta visión que se concedió a Jeremías parece haber sido el de dar a su pueblo la esperanza de que, aunque ellos habían frustrado el bello ideal de Dios, estaba sin embargo a su alcance un glorioso y bendito futuro; y que si solamente ellos se rendían al toque del gran Alfarero, él desharía los resultados de los años de desobediencia que habían estropeado y echado a perder su bello propósito y haría de su pueblo escogido un vaso de honor, santificado e idóneo para el uso del Maestro.

El mismo pensamiento se puede aplicar a todos nosotros. ¿Quién es el que no está consciente de haber estropeado el propósito de Dios y haberse resistido al toque de sus manos modeladoras? ¿A quién no le gustaría volver a ser hecho en la forma que le parezca bien al gran Alfarero?

1. La hechura divina de los hombres.

a. *El Alfarero tiene un ideal.* En la imaginación del Alfarero se dibuja la vasija que ha de hacer. él ya la ve escondida en el barro informe, donde está esperando para acudir a su llamado. Sus manos moldean hasta donde puedan, el material que ha de dar forma a la bella imagen en su mente.

Así es como hace Dios en la naturaleza. El modelo de este mundo esférico y de sus esferas hermanas estaba en su mente creadora antes de que el primer rayo de luz cruzara el abismo. Todo lo que existe da cuerpo con exactitud aproximada al ideal divino, con excepción del pecado. No sé si algún día se nos permitirá ver en los archivos del cielo la transcripción del pensamiento original de Dios con respecto a lo que hubiera sido nuestra vida si solo nos hubiéramos entregado a las manos que se extienden desde arriba para moldear a los hombres; pero es cierto que Dios nos predeterminó y predestinó, a cada uno en su propia medida y grado, para que seamos conformes a la imagen de su Hijo.

b. *El Alfarero realiza su propósito por medio de la rueda.* En la disciplina de la vida humana, la rueda ciertamente representa las revoluciones de las circunstancias diarias. A menudo estas circunstancias son monótonas, comunes, bastante triviales. Sin embargo, tienen el propósito de producir efecto, si pueden, de acuerdo con aquello que Dios tiene en su corazón.

Por tanto, no busque usted cambiar, mediante algún acto apresurado y voluntarioso, el ambiente y las circunstancias de su vida. Quédese donde está hasta que Dios lo llame a algún otro lugar de manera tan evidente como lo colocó donde está. Eche sobre él la responsabilidad de indicarle un cambio cuando sea necesario para su desarrollo. Entre tanto examine profundamente el sentido de cada circunstancia, para ver qué mensaje especial, lección o disciplina tiene para usted.

Usted se queja de la monotonía de su vida. Sin embargo, recuerde que Dios aprecia más las virtudes pasivas que las activas. Las pasivas necesitan más valor y demuestran mayor heroísmo que aquellas cualidades que más admira el mundo. Pero las pasivas solo se pueden adquirir en aquella rutina monótona y estrecha de la cual muchos se quejan por cuanto ofrece una oportunidad muy escasa de adquirir santidad.

c. *El volumen del trabajo lo hacen los dedos del Alfarero.* ¡Qué delicado es su toque! ¡Qué fina su sensibilidad! Y en la naturaleza del alma, estos dedos representan el toque del Espíritu de Dios que obra en nosotros para que queramos y hagamos lo que a él agrada.

Pero nosotros estamos demasiado ocupados, absortos en muchas cosas, de tal modo que no ponemos atención a su tierno toque. Algunas veces, cuando nos percatamos de ese toque, nos resentimos o tercamente nos negamos a rendirnos a él. De ahí la necesidad de apartar una porción de cada día, o un tiempo en el transcurso de la semana, en que podamos separarnos de toda otra influencia, y exponer todo nuestro ser solo a la influencia divina.

Por tanto, cada vez que usted sienta dudas respecto al significado de ciertas circunstancias por las cuales está llamado a pasar, y que son extrañas e inexplicables, permanezca tranquilo; refrénese de murmurar; y ponga atención hasta que nazca en su alma una persuasión sobre el propósito de Dios. Y permita que el Espíritu de Dios que está en usted coopere con las circunstancias externas.

2. La manera como Dios vuelve a hacer a los hombres.

«...volvió y la hizo otra vasija». ¡A menudo él tiene que volvernos a hacer! Él hizo a Jacob de nuevo cuando se encontró con él en el vado de Jaboc. Cuando se lo encontró era un suplantador y engañador; pero luego de una larga lucha, lo dejó como un príncipe de Dios. Él volvió a hacer a Simón, el día de la resurrección, cuando se encontró con él en algún lugar cerca del sepulcro abierto y lo dejó cambiado, transformado en Pedro, el hombre de la roca, el apóstol de Pentecostés. Él hizo de nuevo a Marcos, entre aquella ocasión en que impulsivamente abandonó a Pablo y a Bernabé, como si estuviera atemorizado por el primer encuentro que tuvo con el mareo, y aquella otra en que Pedro habló acerca de él como su hijo, y Pablo, desde la cárcel de Roma, lo describió como útil.

¿Está consciente de haber malogrado el plan original de Dios para usted? ¡Desdichadamente usted ha perdido de vista el ideal que él tenía de una vida de sincera devoción a su causa! En su alma está ardiendo la convicción: «Yo tuve mi oportunidad y la perdí; nunca me volverá». Es aquí donde entra el Evangelio con sus palabras tiernas para el proscrito y perdido. La caña magullada se convierte de nuevo en columna del templo de Dios. La débil fibra del pabilo que humea se convierte en una llama.

3. Nuestra actitud hacia el gran Alfarero. ¡Entregarnos a él! Cada partícula del barro parece decir «Sí» a la rueda y a la mano. Y mientras esto sea así, la obra sigue felizmente hacia adelante. Si hay rebelión y resistencia, la obra del alfarero se estropea. Permita que Dios haga lo que el quiera con usted.

No siempre podemos entender los tratos de Dios, por cuanto no sabemos cuál es su propósito. No reconocemos su designio, ni la posición para la cual nos prepara, ni el ministerio que hemos de ejercer. ¡No es extraño que nos sintamos perplejos!

Hay aquí un consuelo especial para los de edad mediana y los ancianos. No se lamenten de haber perdido la primavera y el verano. Aunque ya es otoño, aún hay oportunidad para que usted lleve algo de fruto, bajo el cuidado del gran labrador. Permita solo que él tenga la Biblia libertad de acción. Confíe en Dios: y según su fe le será hecho. Cuando el barro ha recibido su forma final de las manos del alfarero, tiene que ser sometido al calor del horno a fin de preservarlo; y aun entonces no termina la disciplina para el barro de manera completa, pues cualesquiera colores que se le den al vaso tienen que fijarse permanentemente por medio del fuego. Se ha dicho que lo que ha de llegar a ser oro en el artículo terminado es un tizne de líquido oscuro antes de aplicarle el fuego; y que las primeras dos o tres aplicaciones de calor destruyen todo rastro de color, el cual tiene que ser renovado vez tras vez. Así sucede en los tratos de Dios con su pueblo. Tan pronto como la mano moldeadora termina su obra, mete el barro en la prueba ardiente del dolor o la tentación. Pero tenga la paciencia perfecta su obra. Usted recibirá la recompensa cuando el Maestro lo cuente como adecuado y apto para su uso.

9
EL FUEGO DEL IMPULSO SANTO
Jeremías 20:9

La naturaleza de Jeremías nos recuerda el arpa eólica, la cual es tan sensible que solo con la brisa que pasa en un momento gime de angustia y en el siguiente canta con júbilo.

Hay muchas indicaciones de esto en los capítulos que tenemos delante. Por ejemplo, está la exclamación: «Maldito el día en que nací ... Maldito el hombre que dio nuevas a mi padre, diciendo: Hijo varón te ha nacido ... ¿Para qué salí del vientre? ¿Para ver trabajo y dolor, y que mis días se gastasen en afrenta?» (20:14-18). Pero en el mismo lapso de respiración hay la explosión heroica: «Mas Jehová está conmigo como poderoso gigante; por tanto, los que me persiguen tropezarán, y no prevalecerán» (20:11). ¡Qué gran contraste hay entre estas dos disposiciones de ánimo!

El mismo contraste aparece en 20:9. Allí hallamos una resolución a medias de no volver a mencionar a Dios, ni hablar más en su nombre. Luego Jeremías instantáneamente se da cuenta de su incapacidad para controlar los brotes apasionados del Espíritu dentro de él. « ...no obstante, había en mi corazón como un fuego ardiente metido en mis huesos; traté de sufrirlo, y no pude». Es bueno cuando nosotros aprendemos a distinguir entre la vida de nuestras emociones y la de nuestra voluntad; y resolvemos no vivir más basados en el estado de ánimo o emoción, sino levantar el edificio de nuestra vida sobre el granito de la voluntad obediente.

1. Las circunstancias de las cuales brotaron estas palabras.

La resolución a medias de Jeremías. «No me acordaré más de él, ni hablaré más en su nombre». Es probable que para este tiempo ya hubiera caído Nínive. Durante seiscientos años, esta nación había dominado las naciones vecinas con la vara de hierro de la tiranía, y había ejercido una autoridad imperial con despiadada crueldad. Al fin le había llegado su tiempo. Una gran hueste del Asia Menor se reunió y la rodeó. Dos años había durado la resistencia bajo la dirección del general de confianza del último rey de Nínive, Nabopolasar, cuyo hijo, Nabucodonosor, estaba destinado a ser «el martillo de Dios».

Por entonces Egipto estaba en el cenit de su poder. Faraón había aprovechado la oportunidad del debilitamiento de Nínive para extender su imperio hasta las riberas del Tigris. El reino de Judá, como todas las naciones vecinas, reconocía, al menos de manera nominal, al rey de Egipto como soberano. La confianza en la proximidad y bravura de su gran aliado animaba a Joacim en su carrera de desvergonzada idolatría y pecado. Como ya lo vimos, toda la nación se corrompió.

Jeremías, el primero del pequeño grupo que permaneció fiel a las mejores tradiciones del pasado, nunca perdió la oportunidad de esforzarse por resistir la marcha hacia abajo de su pueblo. Su actitud hizo que se levantara una creciente oposición contra él. Se quedó solo, proscrito por los profetas y los sacerdotes, por la corte y por el pueblo. Fue el hazmerreír de todos; todos se burlaban de él.

Las cosas culminaron finalmente en los episodios que se narran en los capítulos 19 y 20. Por impulso divino, Jeremías compró una vasija de barro, y habiendo reunido a un número de los ancianos, los llevó al valle de Hinom, junto a la puerta donde se tiraban los residuos de cerámica. En este lugar se exponían perpetuamente los desechos de la ciudad a las aves inmundas y a los perros salvajes. Allí él pronunció una larga y terrible denuncia contra los pecados de su pueblo, y la acompañó con predicciones de la condenación cierta e irrevocable hacia la cual ellos iban apresuradamente. Para destacar sus palabras, rompió la vasija de barro y derramó su contenido en señal de que la sangre de sus paisanos sería derramada y saturaría el suelo.

No satisfecho con esto, regresó de Tofet y se paró en el atrio del templo, tal vez en las gradas que conducían al atrio de los sacerdotes. Las multitudes del pueblo estaban probablemente en ese momento cumpliendo algún rito sagrado; pudo haber sido el tiempo de una de las grandes fiestas. Cuando se oyó su voz, tuvo que haberse reunido una gran multitud, cuyos rostros airados y gestos vehementes tenían la Biblia que indicar la intensidad de su disgusto. La paciencia de uno de ellos había al fin llegado a su límite. Pasur, el príncipe que presidía en el templo, reunió a un grupo de levitas, o sirvientes del templo, y agarró al profeta, lo tiró sobre el pavimento, lo azotó y finalmente lo metió en el cepo, y allí lo dejó toda la noche sometido al ridículo y al escarnio del populacho, al frío de la noche y a los perros merodeadores.

Por la mañana parece que Pasur se había arrepentido del duro trato que le había dado a Jeremías y lo puso en libertad. Pero el fuerte espíritu del profeta no se intimidó ni un momento a causa de la indignación y la tortura a que había sido sometido. Volviéndose hacia su perseguidor, le dijo que él sería un terror para sí mismo y para todos sus amigos; que todo Judá sería entregado en las manos del rey de Babilonia; que el pueblo sería llevado cautivo a Babilonia, donde los matarían a espada; y que todas las riquezas de la ciudad serían entregadas en manos de sus enemigos para que las llevaran a Babilonia.

Cuando quedó libre, Jeremías se fue a su casa, y allí derramó aquella maravillosa combinación de fe heroica y lamento de aflicción que quedó registrada para nosotros para que conozcamos la flaqueza de su naturaleza, y aprendamos que el vaso en que Dios había colocado su tesoro celestial era de barro. En este caso no fue un muro de bronce, sino una caña sacudida por el viento.

Luego le vino al corazón la sugerencia de que él debía abandonar sus labores, renunciar a la vida pública y retirarse a la privada. ¿Para qué seguir luchando contra lo inevitable? ¿Para qué dedicarse a convencer a los que no se convencerían y que le pagarían su amor con odio?

Así han sido en todas las épocas los clamores de los siervos de Dios. Cuando compararon su debilidad con la fuerza de los males que combatían, y se dieron cuenta de que su éxito era limitado, sintieron el deseo de clamar, con el más grande de los profetas: «Basta ya, ...quítame la vida».

2. El impulso irresistible. «...no obstante, había en mi corazón como un fuego ardiente metido en mis huesos; traté de sufrirlo, y no pude». «...más fuerte fuiste que yo, y me venciste». Aquí nos interesan tres cosas.

a. *El hábito que tenía el profeta de volverse del hombre hacia Dios.* A través del libro hay incontables indicaciones de la íntima comunión con Jehová en que él vivía. Dios siempre parecía estar cercano. Él derramaba en los oídos de Dios todo pensamiento que pasara por su alma. Él extendió sus raíces junto al río de Dios, cuyas aguas, jamás se agotan.

Busquemos esta actitud de alma, que con tal facilidad se vuelve del hombre hacia Dios. Conversemos todo detalle de nuestra vida con Dios. digámosle todas las cosas y hallaremos que las muchas necesidades del alma él las satisface.

b. *El fuego ardiente.* Dentro del corazón de Jeremías se había encendido un fuego procedente del corazón de Dios, y la llama se mantenía allí por medio del combustible que continuamente se echaba sobre ella. La dificultad que él tenía, por tanto, no estaba en hablar sino en guardar silencio; no en actuar sino en refrenarse.

Es nuestro anhelo saber cómo llegar a poseer este corazón ardiente. Estamos descontentos de tener un corazón frío hacia Dios. Nos quejamos porque tenemos sentido del esfuerzo y el cumplimiento del deber en la vida cristiana. La fuente del fuego interno es el amor de Dios; no primariamente nuestro amor hacia Dios sino la percepción de su amor para con nosotros. Si nos ponemos de frente hacia la cruz la que, como un brillante espejo refleja el amor de Dios: y si, al mismo tiempo, dependemos del Espíritu Santo —bien llamado el Espíritu ardiente— para hacer su voluntad hallaremos que el hielo que cubre la superficie de nuestro corazón se derrite en lágrimas de arrepentimiento, y pronto el sagrado fuego comenzará a arder. Luego, el amor de Cristo nos constreñirá; su poderoso Espíritu destruirá la pasión del yo, y la reemplazará con el fuego sagrado de la devoción apasionada.

Tan pronto como ese amor ha comenzado a arder dentro del alma y el bautismo de fuego nos ha dejado incandescentes, los pecados y dolores de los hombres no harán otra cosa que incitarnos a un espíritu más ardiente. Ver a las multitudes que se apresuran hacia la destrucción será suficiente para abanicar las humeantes ascuas hasta que hagan estallar en llamas a los más fríos; como cuando Jeremías dijo que él sentía un impulso interno a reprimir lo que era hastío y a dejar de obedecer lo que era pecado.

c. *La seguridad del profeta.* «Mas Jehová está conmigo como poderoso gigante; por tanto, los que me persiguen tropezarán, y no prevalecerán». La presencia de Dios es la salvación. Cuando Ezequiel describe el plan de Edom para apropiarse de la tierra del pueblo escogido, indica con una frase la futilidad del intento. Dice de manera significativa: «Estando allí Jehová» (Ezequiel 35;10). Era suficiente, aunque Israel estuviera en el exilio, que el Espíritu de Dios revoloteara sobre su tierra desolada.

Jeremías pudo haber sido el más débil de los débiles, pues no tenía poder, ni sabiduría, ni fuerza de palabra; aparentemente fue presa fácil de Pasur y de Joacim. Pero como Dios estaba con él, era invulnerable.

Oh alma débil y temblorosa, si eres fiel a Dios, él está contigo, rodeándote detrás y delante y cubriéndote con la sombra de sus alas.

10
AFLICCIONES, ANGUSTIAS, TUMULTOS
Jeremías 28

Joacim fue, tal vez, el más despreciable de los reyes de Judá. Josefo dice que era de injusta disposición; un malhechor; impío para con Dios, y para con los hombres. Algo de esto pudo haberse debido a la influencia de su esposa Nehusta, cuyo padre, Elnatán, fue cómplice en la orden real de asesinar a Urías.

Parece que Jeremías estaba en constante conflicto con el rey; y probablemente la primerísima manifestación del antagonismo que no podía dejar de existir entre estos dos hombres ocurrió en relación con la construcción del palacio de Joacim. Aunque su reino estaba grandemente empobrecido por la fuerte multa de entre cuarenta y cincuenta mil libras, que le impuso el Faraón Necao después de la derrota y la muerte de Josías, y aunque el futuro se presentaba incierto por los anuncios proféticos con respecto al desastre que se aproximaba, Joacim comenzó a construir un espléndido palacio para sí mismo, con espaciosas cámaras y amplias ventanas, piso de cedro y decoraciones de bermellón. Como Elías se había enfrentado a Acab, así Jeremías se enfrentó a este joven rey con sus terribles ayes:

« ¡Ay del que edifica su casa sin justicia, y sus salas sin equidad, sirviéndose de su prójimo de balde, y no dándole el salario de su trabajo! ...tus ojos Y tu corazón no son sino para tu avaricia, ...y para la opresión y para hacer agravio».

Es claro que tal monarca tuvo que haber albergado un odio mortal hacia el hombre que se atrevió a levantar su voz para denunciar sus crímenes; y como en el caso de Herodes con Juan el Bautista, no hubiera vacilado en apagar con sangre la luz que lanzaba tan fuerte condenación contra sus acciones opresivas y crueles. No podía Jeremías, pues, esperar mucha atención. Pero parece que en esta ocasión su seguridad por lo menos estuvo garantizada por la intervención de amigos influyentes de la aristocracia, uno de los cuales fue Ahicam, hijo de Safán (26:20-24).

1. La comisión divina. Por impulso divino, Jeremías subió al atrio de la casa de Jehová y ocupó su puesto en una ocasión especial en que gentes de todas las ciudades de Judá habían concurrido a adorar allí. No debía retener ni una palabra. El corazón puede llegar a ser el medio escogido por Dios para comunicar su pensamiento a los hombres.

2. El mensaje y cómo fue recibido. Jeremías fue comisionado para entregar en esta gran ocasión, cuando toda la nación parecía tener el anhelo de oír, unas palabras en las cuales había un doble llamamiento. Por un lado, a través de los labios del profeta Dios le rogaba a su pueblo que se arrepintiera y se volviera de sus malos caminos; por el otro, llamaba su atención al hecho de su dureza de corazón lo obligaría a él a convertir el gran altar nacional de ellos en una desolación tan completa como el sitio de Silo, que había estado en ruinas durante quinientos años. Es imposible medir la intensidad de la pasión que tales palabras provocaron. Parecían insinuar que Jehová no defendería a los suyos, o que la religión de ellos había llegado a ser tan despiadada que él no los defendería. Los profetas y los sacerdotes habían asegurado al pueblo que la misma presencia del templo de Jehová en medio de ellos era una garantía de seguridad; y que sugerir que les podía aguardar algo similar a lo sucedido en los días de Samuel, hería los oídos de todos, como si fuera el máximo de la impertinencia. No hay la menor duda de que Jeremías hubiera hallado la muerte de no haber sido por la pronta intervención de los príncipes.

3. Oportuna intervención. Los príncipes estaban sentados en el palacio y, cuando recibieron las noticias, de inmediato subieron al templo. Su presencia allí calmó la excitación e impidió que el pueblo enfurecido atentara contra la vida del indefenso profeta. Sin pérdida de tiempo los príncipes se constituyeron en un tribunal de apelaciones, ante el cual fueron convocados el profeta y el pueblo. Los sacerdotes y profetas actuaron como exponentes del deseo del pueblo, y volviéndose del tribunal hacia el pueblo, hacían preguntas a la concurrencia y exigían la pena de muerte. Luego Jeremías se defendió. Su argumento fue que él no podía hacer otra cosa que expresar las palabras que el Señor le había mandado que expresara. Reconoció que estaba en las manos de ellos, pero les advirtió que el hecho de derramar sangre inocente traería su propia venganza sobre todos ellos; y terminó sus palabras insistiendo en que había sido enviado por Jehová.

Parece que esta osada e ingeniosa defensa cambió la balanza en su favor. Los príncipes dieron su veredicto: «No ha incurrido este hombre en pena de muerte, porque en nombre de Jehová nuestro Dios nos ha hablado». Y el voluble populacho, llevado de acá para allá por el viento, parece haber llegado en masa a la misma conclusión; así fue como los príncipes y el pueblo se levantaron como uno solo contra los falsos profetas y los sacerdotes. La conclusión a que se llegó de este modo fue confirmada posteriormente por la voz de ciertos consejeros del pueblo, que habían llegado de todas las ciudades de Judá, los cuales le recordaron al pueblo que el buen rey Ezequías había actuado de manera muy diferente con el profeta Miqueas cuando oyó las reconvenciones de este; Ezequías pidió el favor del Señor, y logró que fuera revertida la sentencia divina.

Así es como Dios esconde a sus fieles siervos en la concavidad de su mano. Ningún arma que se levante contra ellos prospera.

Conexión histórica. No tenemos ninguna narración bíblica sobre la caída de Nínive, excepto la profecía de Nahúm. Sobre sus propias ruinas se levantó el imperio babilónico, primero bajo el gobierno de Nabopolasar, y después bajo el de su hijo más destacado, Nabucodonosor.

En un capítulo anterior vimos que la nación egipcia dominaba todas las tierras desde el Nilo hasta el Eufrates. Pero los caldeos, tan pronto hubieron establecido su reino sobre las ruinas de Nínive, dedicaron su atención a arrancarle a Faraón Necao alguna porción de su inmenso imperio.

Jeremías había descrito con imágenes gráficas el escenario y el resultado de la horrible batalla de Carquemis, cerca del Eufrates, donde las dos poderosas naciones lucharon por el poder supremo del mundo. Él oyó el llamado a las armas. Él vio los caballos fuertemente armados y los jinetes con lanzas fulgurantes y cotas de malla.

Egipto nunca se volvió a levantar, ni se atrevió a hacer más que protestar contra el yugo que Nabucodonosor, con su potencia imperial, le había atado a la cerviz.

Después de esto no hubo nada que detuviera la arremetida de Nabucodonosor, quien probablemente había estado asociado en el reino con su anciano padre, y cuyo primer año de Joacim (25:1), como un leopardo, para utilizar la expresión de Habacuc, el joven rey saltó sobre los pueblos que habían estado sometidos a Egipto, y le habían ayudado en su expedición. Y cuando las noticias de su proeza se difundieron por el mundo, Jeremías predijo que Nabucodonosor sería el azote de Dios para castigar la maldad abundante del pueblo.

En su primera invasión a Judá, el rey de Babilonia se contentó con atar a Joacim con cadenas para llevarlo a Babilonia, aunque parece que después cambió de intención, y lo restauró en el trono como su vasallo, luego de haberle tomado un juramento de lealtad (Ezequiel 17:12, 13). Nabucodonosor despojó el templo de sus vasos preciosos para enriquecer la casa de sus dioses en Babilonia, y llevó en cautividad a varios de los notables del país, entre ellos a Daniel y sus tres amigos (Daniel 1:1, 2). Luego se apresuró a regresar a Babilonia, pues fue llamado a hacer acto de presencia allí cuando recibió la noticia de la muerte de su padre, Nabopolasar.

Durante tres años Joacim cumplió fielmente su juramento (2 Reyes 24:1). Luego se alucinó con la esperanza de independencia, basado en la confianza de formar una confederación de pueblos vecinos. Los mensajeros iban y venían entre él y Faraón los cuales negociaban caballos y gente. Durante todo este tiempo, Ezequiel y Jeremías declararon que Jehová ciertamente lo castigaría por violar la promesa que había hecho al rey de Babilonia. Los profetas de Jehová hicieron cuanto pudieron para evitar un error político basado en delincuencia moral, el que seguramente provocaría una terrible venganza (Ezequiel 17:15-21).

Sobrevino lo que ellos temían. Nabucodonosor, quien no estaba dispuesto a tolerar tal infidelidad de un rey súbdito, pronto puso sus fuerzas en movimiento, y se preparó para avanzar a través del desierto a fin de castigar al débil e infiel Joacim. Durante esta marcha hacia Jerusalén ocurrieron los incidentes que se narran en los dos siguientes capítulos: uno, la proclamación de un ayuno; otro, la reunión de los recabitas, con los demás fugitivos, en el refugio de la ciudad.

Carecemos de información precisa respecto a la historia del profeta durante estos tres o cuatro años. Su corazón debe de haber estado consumido de angustia patriótica al ver que las oleadas de la invasión se acercaban a la ciudad devota.

⟨11⟩
LA PALABRA INDESTRUCTIBLE
Jeremías 36:23

El profeta nos ha recibido en su cámara privada, donde se mantiene recluido para no despertar la animosidad y el odio del pueblo. Baruc, su amigo de confianza, hombre de rango y de cultura, está sentado, escribiendo con laborioso cuidado lo que el profeta le dicta.

Cuando se terminó de escribir el rollo, como Jeremías no quisiera aventurarse a salir a los lugares de asamblea pública, se lo encomendó a Baruc y lo instó a que lo leyera a las multitudes reunidas. En esos días precisamente Jerusalén se hallaba atestada de manera extraordinaria. De todas partes de Judá habían llegado peregrinos para observar el gran ayuno que se había proclamado en vista de que se acercaba el ejército de Babilonia.

Baruc escogió un sitio en el atrio de arriba, a la entrada de la puerta nueva de la casa de Jehová, y comenzó a leer, mientras el pueblo en masa lo rodeó. Entre la pasmada multitud estaba un joven, Micaías, nieto de Safán, quien quedó tan impresionado y asombrado por lo que oía que se apresuró a informar a los príncipes, que en ese momento estaban sentados en concilio en el aposento del principal secretario de estado, en el palacio real. Ellos a su vez se impresionaron tanto por lo que el joven les dijo que lo enviaron de regreso al templo a decirle a Baruc que acudiera sin demora a leerles a ellos las palabras del profeta. Ante esta petición, Baruc acudió, se sentó en medio de ellos, y comenzó a leer.

Un gran temor cayó sobre ellos cuando oyeron aquellas ominosas palabras, que probablemente eran muy similares a las que se registran en el capítulo 25 del mismo libro de Jeremías. A ellos les pareció que su responsabilidad moral era la de informar al rey sobre el contenido del rollo.

Antes de hacer esto, sin embargo, aconsejaron a Baruc y a Jeremías que se escondieran, pues sabían que el rey tenía un temperamento despótico y pronto a la ira. Y el rollo fue depositado en el aposento de Elisama. Parece que al principio ellos pensaron que una declaración verbal de las palabras que habían oído sería suficiente. Pero esto no satisfizo al rey, quien ordenó a Jehudí que consiguiera el mismo rollo. Era invierno, en el mes de diciembre, y el rey estaba ocupando los aposentos del palacio de invierno. Un fuego brillante ardía en el brasero. Es un cuadro vívido: el rey está sentado frente al fuego; los príncipes están de pie alrededor de él; Jehudí lee el contenido del rollo; la consternación y el pánico reinan en toda la ciudad y ensombrecen las caras de las abatidas multitudes en los atrios del templo. Cuando Jehudí comenzó a leer, el rey frunció el entrecejo, y después que el escriba había leído tres o cuatro columnas, Joacim le arrebató el rollo de las manos, pidió que le pasaran el cortaplumas del escriba, que este llevaba como símbolo y complemento de su vocación, y comenzó a cortar el manuscrito en pedazos que despectivamente fue lanzando al fuego. Nada pudo detenerlo hasta que todo el rollo quedó hecho trizas, y cada fragmento se consumió. No contento con este flagrante acto de desafío, el rey dio órdenes para que inmediatamente fueran arrestados Jeremías y Baruc. Sus emisarios intentaron ejecutar esta orden, pero fue en vano.

La destrucción del rollo no canceló; sin embargo, la horrible condenación hacia la que se precipitaba la nave del estado. Palabra por palabra, el rollo que el rey había quemado se volvió a escribir en otro rollo; y se agregaron otras que predecían la afrenta y el insulto a que sería sometido el cuerpo muerto del rey. « ...su cuerpo será echado al calor del día y al hielo de la noche».

1. Los ojos abiertos para ver. Había una inmensa diferencia entre Baruc, cuyo corazón estaba en perfecta simpatía con Jeremías, y Jehudí o los príncipes. Pero casi había una diferencia igual entre el fiel escriba y el iluminado profeta del cielo. El primero solo podía escribir mientras las palabras brotaban de aquellos labios ardientes; él no veía nada, no comprendía nada; para él las paredes del aposento eran el límite absoluto de la visión; mientras el otro veía todo el panorama de la verdad extendido delante de él. Hoy también los hombres pueden ser videntes.

Es muy importante que todos los cristianos estén abiertos a este poder de visión y lo posean. Este poder es más profundo que el intelectual, puesto que es espiritual; es el resultado no del razonamiento ni de la cultura sino de la intuición, no puede adquirirse en la escuela de la ciencia terrena, sino que es solo un don de aquel que puede abrir los ojos a los ciegos. Si usted carece de este poder, búsquelo en las manos de Jesús; esté dispuesto a hacer su voluntad, y la conocerá. Si usted tiene los ojos abiertos, no necesitará libros ni evidencias para establecer satisfactoriamente la verdad de nuestra santa religión; la gloria del Señor resucitado; el mundo de lo invisible. Los que ven estas cosas son indiferentes a la vida en tiendas de campaña o, como en el caso de Jeremías, se elevan por encima del odio del hombre y de los terrores del sitio.

2. El uso del cortaplumas. Los hombres aplican el cuchillo a la Biblia de varias maneras. Los maestros del error hacen esto. Lo han hecho. Lo volverán a hacer. En eso son sabios; es decir, con respecto a sus propios intereses: Porque tan pronto como la Biblia está en las manos del pueblo, el falso maestro que lo ha engañado con propósitos egoístas tiene que arreglar sus maletas.

Siguen luego en los pasos de Joacim los infieles, quienes usan el aguzado filo del ácido sarcasmo y de la mal llamada razón para destruir las Escrituras. La hostilidad que se manifestó en el palacio de invierno entre los príncipes de este mundo ha producido en los salones seculares del conocimiento y de la ciencia similares actos de instigación. La Biblia es despedazada con regularidad una vez en cada generación por hombres como aquellos.

Les siguen los señores de la alta crítica de nuestro tiempo, quienes ciertamente han ido más allá de las necesidades del caso en su despiadado uso del cuchillo. Hay lugar para el examen sincero de la estructura de las Sagradas Escrituras: su lenguaje, las evidencias que se ofrecen en su estructura sobre las manos sucesivas que han reeditado sus más antiguos documentos. Pero otra cosa completamente diferente es el despiadado vandalismo. Todos estamos tentados a usar el cortaplumas de Jehudí. Probablemente nadie está libre del hábito casi inconsciente de evadir o suavizar aquellos pasajes que estén en conflicto con la posición doctrinal o eclesiástica en que fue criado, o que ha asumido.

En nuestra lectura privada de la Biblia, tenemos que tener cuidado de no usar el cortaplumas. Hay cristianos sinceros que prácticamente eliminan de la Biblia libros enteros y pasajes; pasajes que se refieren a la segunda venida de Cristo; a la inevitable condenación de los impíos; o que describen los símbolos y prefiguraciones de la antigua ley; o aquellos sobre los cuales se fundan complejos sistemas de verdad y doctrina, como las epístolas del Nuevo Testamento. Pero estas cosas solo podemos eliminarlas corriendo riesgos. Una regla de oro al respecto es leer la Biblia en su totalidad. Por supuesto, cada cual tendrá sus pasajes predilectos, pero además debe haber el amoroso y devoto estudio de toda la Escritura, que fue dada por inspiración de Dios.

3. La Palabra indestructible. Los hombres pueden destruir las palabras y el material sobre el cual se escriben, pero no pueden destruir la Palabra misma. Algunas veces tiene que ser incómodo para aquellos que rechazan el testimonio de la Palabra de Dios, reflexionar sobre el hecho de que su actitud hacia el mensaje no puede afectar la realidad de la cual aquella dé testimonio.

Jeremías escribió otro rollo. Tal vez el hecho más notable en este punto es que, a pesar de todo lo que se ha hecho para destruir la Biblia, actualmente hay millones de ejemplares y circula en todas las naciones del mundo. Y está con nosotros hoy con autoridad incólume y se cumplieron todos los hechos tal como Jeremías lo había predicho. Ni la cuchilla ni el fuego pudieron detener la inevitable condenación del rey, de la ciudad y del pueblo. Un capitán embriagado puede cortar en pedazos la carta de navegación que indica que hay rocas en el rumbo de la nave, y ponerle grillos al marinero que le llame la atención sobre el particular; pero no evitará la colisión que tiene que producirse, a menos que haga virar el timón. Usted puede manipular arbitrariamente el relato y destruirlo, pero los hechos permanecen firmes.

12
LOS RECABITAS
Jeremías 35:6-10

La marcha de Nabucodonosor sobre Jerusalén estuvo precedida por invasiones de los sirios, los moabitas, los hijos de Amón. Los invasores arrasaron el valle, asesinaron a los labradores, devoraron la cosechas y sembraron el terror por todas partes. Los habitantes, en el afán de salvar sus vidas y algunas reliquias de su propiedad, dejaron casas y tierras a merced del invasor, y huyeron en busca de la protección de la metrópoli. Pensaban que dentro de las macizas murallas de Sion hallarían seguridad. ¡Qué tumulto tiene que haber habido cuando día tras día oleadas de variados fugitivos pugnaban por pasar bajo las grises y vetustas puertas y buscar alojamiento y comida en las ya atestadas casas de vecindad de la ciudad!

Entre el gentío llegó una tribu que despertó mucha curiosidad por razón de sus extraños y antiguos modales. El jefe de ellos se llamaba Jaazanías, nombre que significa *aquel* a quien Jehová oye; sus hermanos y sus hijos y las cabezas de otras familias estaban con él. Estos se negaron a buscar refugio en las casas o en los edificios permanentes de la ciudad, y en su lugar plantaron sus oscuras tiendas en algún espacio abierto dentro de los muros, y allí aguardaron el desarrollo de los eventos. Su pasado era honorable y se remontaba a los primeros días de la historia hebrea. Cuando Israel iba pasando por el desierto de Sinaí, la tribu de los ceneos se mostró bondadosa con ellos; y esto estableció el fundamento de una perpetua amistad entre los dos pueblos. De tal tribu habían salido los recabitas; tal era el nombre de este extraño pueblo que amaba las tiendas (Jueces 4:17-24; 1 Samuel 15:6; 1 Crónicas 2:25).

Por la época de Elías, y tal vez muy influido por él, el jeque, o jefe, de una de las ramas de los cene os había sido Jonadab, hijo de Recab. Este se sintió consternado por la enorme corrupción e iniquidad de su tiempo, especialmente en el reino del norte, que entonces estaba bajo el fatal hechizo de Jezabel y su influencia sobre Acab. Este noble hombre ordenó a su pueblo de manera solemne dejar de tomar vino para siempre; y no construir casas, ni sembrar semillas, ni plantar viñas, sino que moraran en tiendas. Desde entonces habían transcurrido 250 años, pero cuando llegaron a Jerusalén eran aún fieles a las tradiciones de su raza; representantes vivos de los más nobles y puros días de la historia hebrea.

1. La prueba a que Jeremías sometió los recabitas. Tan pronto como se difundió la noticia de su llegada y llegó a oídos de Jeremías, sintió él un impulso divino de usarlos a ellos como una eficaz lección objetiva para su propio pueblo. Así pues, llamó a los principales de los recabitas y los llevó consigo, al templo, a un aposento que pertenecía a los hijos de Hanán.

Es probable que un pequeño grupo de judíos, intrigados por la asociación del profeta con estos hombres de extraña apariencia, los siguieran hasta allí para observar en qué paraba todo. Ellos fueron los curiosos testigos de la acción del profeta, cuando él les sirvió a los hombres de esta tribu jarras de vino y copas para que sacaran y tomaran. Ellos también oyeron la brusca y absoluta negativa de aquellos pintorescos puritanos chapados a la antigua. «No beberemos vino». Y luego dieron una explicación de la solemne obligación que siglos antes se les había impuesto.

La moraleja era obvia. Ahí estaban unos hombres que eran leales a la voluntad de sus antepasados. ¡Qué gran contraste con el pueblo de Jerusalén! Si el pueblo no ponía atención a las palabras de reconvención, de ruego, y de advertencia, sino que las tomaba como exageradas y vanas, debían por lo menos sentirse obligados a admitir que ni una sola de las amenazas de venganza de Dios quedaría flotando en el aire o perdería su objetivo.

Por otra parte, tal devoción a los principios, un cultivo tan perseverante de la voluntad del fundador de su casa, tenía que recibir el sello y la bendición del Todopoderoso. « ... por tanto, así ha dicho Jehová de los ejércitos, Dios de Israel: No faltará de Jonadab Hijo de Recab un varón que esté en mi presencia todos los días».

2. Los elementos de una vida profundamente religiosa. La expresión andar con Dios se refiere a una profunda vida religiosa, e incluye el conocimiento de Dios, la facultad de ejecutar sus mandamientos, y el poder de interceder por otros. ¡Oh, estar siempre delante de aquel en cuyo rostro brilla la gloria de Dios como el sol cuando resplandece en su fuerza! Pero si ha de ser más que un sueño ocioso, hay tres cosas que deben recordarse.

a. *Tiene que haber una estrecha adhesión a los grandes principios.* Estos hombres permanecieron firmes en los principios que Jonadab había establecido para guiarlos; y no vacilaron en cumplirlos aunque los ridiculizara el que quisiera.

Nosotros a la inversa, nos dejamos llevar por la corriente. Quiero instar a mis lectores a no hacer las cosas simplemente por la costumbre, o por el gusto, o porque la opinión pública las defiende, sino a someter la vida entera a la piedra de toque del reino de los cielos.

¡Que revolución nos vendría si el hacer las cosas que son agradables delante del Señor fuera la única meta fija y la única ambición de nuestras vidas! Eso no nos haría menos afectuosos en nuestra amistad, ni menos activos en el servicio. Eso no nos quitaría el brillo de la mirada, ni la disposición del carácter, ni el calor ardiente del corazón. Pero sí impediría muchas palabras vanas, detendría muchos actos necios, estorbaría muchas acciones egoístas y vanidosas, y nos haría tornar a lo verdadero, lo honorable, lo justo, lo puro, lo amable y lo que es de buen nombre.

b. *Abstinencia del espíritu de este siglo.* La abstinencia de ellos no fue solo una protesta contra los males que abundaban alrededor, sino una salvaguardia segura contra la participación en dichos males. El mismo principio tiene aplicación. Ciertamente, haríamos bien en decir con los recabitas: «No beberemos vino».

Pero el vino puede representar el espíritu de este siglo, su desasosiego, su constante sed de novedad, las diversiones, la fascinación. Es más fácil abstenerse uno del alcohol que de este insidioso espíritu de nuestro tiempo. «No os embriaguéis con vino, en lo cual hay disolución; antes bien sed llenos del Espíritu» (Efesios 5:18). Usted no puede echar a Satanás mediante una negación. Solo aquellos que están llenos del Espíritu Santo, con su bendita energía, los que están probados contra el veneno de este mundo corrupto, pueden echarlo.

c. *No debemos aficionarnos demasiado a las cosas que nos rodean.* Los recabitas moraban en tiendas. Llevaban sus numerosos rebaños de lugar en lugar, y se conformaban con la vida sencilla de pastores nómadas. Así era como habían vivido los patriarcas que los precedieron (Hebreos 11:8, 13). Y desde los días de ellos, el vivir en tiendas ha sido el emblema preferido de la vida que está tan fuertemente apegada al otro mundo que solo ligeramente está apegada a este.

Todos estamos conscientes de los lazos que nos atan a la tierra. Pueden ser el nombre, la fama, la notoriedad, la vanidad de la moda, el rango, el dinero. Pero cualquiera que sea el nexo que nos ata, es un lastre que impide nuestro ascenso rápido hacia la altura; debe ser echado decididamente ante el altar de Dios, para que él haga lo que quiera con esa atadura, y para que podamos sin impedimento ser completamente para Dios.

13
ESCONDIDOS PERO RADIANTES
Jeremías 36:26

Después que Joacim hubo cortado intencionalmente en pedazos el rollo del profeta, rechazando sus advertencias y reconvenciones, y cuando además hubo amenazado las vidas de los fieles siervos de Dios, Jeremías entendió claramente que no se lograría ningún bien con la reiteración de sus mensajes. Así que la voz del profeta enmudeció aparentemente durante el resto del reinado de este impío e infatuado rey.

En aquel nuevo y bello palacio de Joacim, cuyos espaciosos salones tenían cielos rasos revestidos de cedro del Líbano, y estaban iluminados por amplias ventanas y pintados con vivos colores, jamás entró la única presencia que en ese tiempo hubiera salvado la nave del estado, así como la llegada oportuna de un piloto puede salvar a un vapor oceánico de la ignorancia fatal de un capitán incompetente. Los falsos profetas podían ilusionar los oídos del rey y del pueblo con sus predicciones. Los influyentes partidarios de Egipto podían instar al rey para que estableciera alianza con Faraón como una cura cierta para las dificultades en que ellos se encontraban. Pero a través de los días oscuros y penosos que siguieron a los sucesos de palacio, hasta que el cadáver de Joacim fue echado fuera sin que hubiera quién lo sepultara ni llorara, la voz de Jeremías permaneció en silencio. ¿Cómo le fue al profeta durante esos días llenos de acontecimientos?

1. El Señor lo ocultó. Jeremías fue escondido de las conspiraciones de los hombres con la cubierta de la presencia divina; fue puesto en un tabernáculo, resguardado de las contiendas y las malas lenguas.

También hay un sentido literal, oh creyente tentado y probado, en que Dios lo esconderá a usted. En una ocasión en que los dragones de Claverhouse recorrían las montañas de Escocia en busca de firmantes del pacto escocés de reforma religiosa, un pequeño grupo de estas almas piadosas, que estaban reunido en la ladera de una montaña, habría caído en sus manos si una nube no se hubiera asentado repentinamente sobre ellos, escondiéndolos completamente de sus perseguidores. El Hijo de Dios aún interviene a favor de los suyos. Viva usted en él solamente, y permanezca en él.

2. El volvió a escribir sus profecías. Con este período relacionamos el siguiente mandamiento divino: «Así habló Jehová Dios de Israel, diciendo: Escríbete en un libro todas la palabras que te he hablado» (Jeremías 30:1, 2). Tal vez durante todo este período Baruc continuó actuando como su fiel amanuense y escriba. Por lo menos, estuvo ciertamente incluido en los escondites divinos (36:26-32). Baruc actuó a gran costo de sus bienes y propiedades. Él era de buena familia y acariciaba la ambición de distinguirse entre sus colegas. Pero se resignó a la suerte del sufrimiento y el dolor a que lo había llevado su identificación con Jeremías, a quien lo llevó una revelación especial que le aseguró que pronto el estado sería destruido, y que, en el caos general, él escaparía con vida (capítulo 45).

Con la ayuda de su fiel amigo, Jeremías reunió las profecías que había pronunciado en diversas ocasiones y las puso en orden, dedicando atención especial a las predicciones que había hecho en el año cuarto de Joacim contra las naciones vecinas. La palabra del Señor vino a él con respecto a los filisteos, a Moab, a los hijos de Amón y de Edom, a Damasco, y a Cedar y el estudiante devoto muy bien puede hacer una pausa para releer los maravillosos párrafos que predicen el destino de estas naciones bajo las incursiones arrasadoras de Nabucodonosor y sus crueles soldados. «Martillo me sois, y armas de guerra —dijo el profeta, al dirigirse al gran rey en el nombre de Jehová—; y por medio de ti quebrantaré naciones, y por medio de ti destruiré reinos» (47-49:33).

Esta vez, por tanto, la reclusión de Jeremías no se perdió para el mundo. Sin ser visto, el profeta se ocupó mientras la noche se cernía sobre su país, de encender la luz segura de la profecía, cuyos radiantes rayos iluminarían las aguas oscuras del tiempo, hasta que rayara el día y se apagara la estrella matutina en el oriente.

3. Viaje doble a Babilonia. A este período debe también referirse el incidente del cinto de lino, por cuanto el discurso relacionado con el mismo fue pronunciado durante los tres meses del reinado de Joaquín, y en tan breve espacio no habría podido hacerse un viaje tan largo como el que era necesario para los fines que el profeta tenía en mente (capítulo 13, especialmente el versículo 18).

Los israelitas eran extremadamente meticulosos en cuanto a la limpieza y especialmente en cuanto a la limpieza del lino. Por tanto, el hecho de que Jeremías, en ,cierto período, usara un cinto de lino recién comprado, sin lavarlo, atrajo la atención general. Cuando este cinto estuvo sucio y asqueroso, él lo llevó, según la indicación divina, al río Eufrates y allí lo escondió en la hendidura de una peña.

Después de su regreso de Babilonia pasaron «muchos días». En realidad, su segundo viaje, para recobrar su cinto podrido, pudo haber sido planeado por la poderosa Providencia de modo que asegurara la ausencia de él de la ciudad durante la última escena del triste y trágico drama de Joacim y para que estuviera de regreso cuando Joaquín comenzara su breve reinado. Pero ese pedazo de lino podrido, levantado ante los ojos de su pueblo, contó su propia historia triste. Judá y Jerusalén habrían podido ser para fama y alabanza y gloria de Jehová; pero ellos se fueron en pos de otros dioses. Por tanto, estaban destinados a ser echados a un lado por inservibles e inútiles.

La lección de este doble viaje, que tuvo que haber significado unos 1.600 kilómetros a pie, nos enseña que ningún esfuerzo de nuestra parte debe considerarse excesivo si es el medio para ejecutar las comisiones de nuestro Rey. Es suficiente que él haya dicho: «Vete al Eufrates». Tan pronto como estemos seguros de esto, tenemos que imitar al profeta, quien dice con candorosa sencillez: «Entonces fui al Eufrates».

4. Tuvo visiones del Nuevo Pacto. Hay mucha razón para suponer que fue en este período de reclusión cuando los ojos del profeta Jeremías se abrieron para ver una verdad espiritual mucho más avanzada que cualquiera otra revelación contemporánea, y que estaba destinada a ser el molde en el cual sería derramado luego la rica veta de la verdad del Evangelio.

El exquisito poema al cual volvemos la atención ahora se halla en los capítulos 30 y 31, y consiste en unas siete estrofas. El profeta ya no está preocupado solo por Judá; su pensamiento abarca también a las diez tribus —él las llama «Israel» o «Efraín»— que habían sido llevadas en cautividad a Nínive 170 años antes. Pero su corazón se llena de alborozo al prever el regreso de todo el pueblo de la tierra del norte, bautizado en el sufrimiento y con una vida más pura y más noble.

Tú, pues, siervo mío Jacob, no temas, dice Jehová,
ni te atemorices, Israel;
porque he aquí que yo soy el que te salvo de lejos a ti
y a tu descendencia de la tierra de cautividad; ...
Mas yo haré venir sanidad para ti,
y sanaré tus heridas, dice Jehová; ...

Con amor eterno te he amado;
por tanto, te prolongué mi misericordia. Aún te edificaré,
y serás edificada, oh virgen de Israel;
todavía serás adornada con tus panderos, y saldrás en alegres
danzas.
Mi pueblo será saciado de mi bien, dice Jehová.

Transportado con palabras como estas en medio de un trance profético, no es raro que Jeremías experimentara un gozo extático: «En esto me desperté, y vi, y mi sueño me fue agradable» (31:26).

Pero la revelación más estupenda era la que seguiría. Dios le reveló la gloria del Nuevo Pacto, un pacto que no dependería de la obediencia del hombre a los mandamientos positivos o negativos, sino que resplandecería como lo indican los verbos que aparecen en la primera persona, que es Dios, y en futuro: «haré un nuevo pacto», «el pacto que haré», «daré», «escribiré», «seré», «perdonaré», «no me acordaré» ...son siete verbos (31:31-34; Lucas 22:20; Hebreos 8:8- 12).

Que la ley de Dios no estaría fuera como un precepto sino dentro, como si estuviera obrando en la misma estructura del corazón y la voluntad, fue la visión que iluminó el corazón del profeta, y en Cristo se cumplió para todos aquellos que pertenecen a él por la fe. Aun falta que este bendito pacto reúna a Israel dentro de sus provisiones. Entonces nuestro corazón saldrá a danzar; nuestro llanto se convertirá en gozo; nuestras almas serán como un jardín regado; y Dios nos consolará, haciéndonos regocijar de nuestro dolor, y capacitándonos para segar con gozo lo que sembramos con lágrimas (31:10-14).

14
EL MINISTERIO DE DESTRUCCIÓN
Jeremías 27:2-9

Cuando Jeremías fue llamado por vez primera a la obra de profeta, este ministerio fue dividido en seis partes distintas. A él se le puso sobre naciones y reinos para arrancar y para destruir, para arruinar y para derribar, para edificar y para plantar (1:10). De modo que las dos terceras partes de su obra tenían que ver con destrucción. Esa no es una obra agradable ni fácil. Antes de sembrar la semilla, hay que arar; antes que brote la primavera, tiene que pasar la severa desintegración del invierno, que reduce el suelo a polvo en sus poderosas manos. Tal fue la obra que le tocó en suerte a Jeremías.

1. La obra de demolición.

a. *Joacim*. Cuando Josías murió, toda la nación lo lamentó. Cada ciudadano se sintió personalmente afligido. Pero Jeremías predijo que en la muerte de Joacim no habría tal demostración. «En sepultura de asno será enterrado, arrastrándole y echándole fuera de las puertas de Jerusalén». y cuando el rey, en malvado desafío, hubo quemado el rollo, el profeta volvió a decir: «No tendrá quien se siente en el trono de David; y su cuerpo será echado al calor del día, y al hielo de la noche» (22:13-19; 36:29-31).

Las palabras del profeta llevaban consigo el sello divino de Jehová. Ellas pronunciaron la inevitable sentencia que él ejecutó. Existen varias tradiciones en cuanto a la muerte de este rey: una sostiene que él fue asesinado en las calles de Jerusalén; otra, que cayó en una escaramuza con invasores; otra, que fue atraído hacia el campamento del rey de Babilonia, y allí fue asesinado de manera traicionero. Pero él murió como vivió: sin honor y miserablemente.

b. *Joaquín*. Su reinado, como el de Napoleón, después de regresar de la isla de Elba, fue de cien días. Tenía dieciocho años cuando fue llamado al trono, y lo ocupó durante tres meses y diez días (2 Crónicas 36:9); pero en ese breve tiempo exhibió la tendencia de su carácter. « ...hizo lo malo ante los ojos de Jehová». Entre su madre, Nehusta, y el fuerte partido pagano que dominaba la política de la corte, moldearon al joven monarca a su voluntad.

Jeremías pronunció las palabras de horrible significado. Al pasar por las calles, mostró el cinto de lino podrido, y predijo la condenación del rey y de la reina madre. «Humillaos, sentaos en tierra —exclamó—; porque la corona de vuestra gloria ha caído de vuestras cabezas». Dijo que Conías sería entregado en manos de los que buscaban su vida y de aquellos a quienes él temía; que Jehová lanzaría a su madre y a él mismo, como un vaso quebrado y despreciado, a otro país, donde no habían nacido; y que allí morirían (13:18-21; 22:28-30).

Y así sucedió. Era talla ardiente ferocidad de los caldeos, que de nuevo sitiaban la ciudad para castigar la traición de Joacim, que nada los podía apaciguar sino la rendición de las personas del rey y de su madre. No hubo alternativa; el rey, su madre, los nobles y oficiales, todos fueron al campamento de los caldeos y se sentaron en tierra, con mantos negros y con velos sobre sus caras. Pero entonces, ya Nabucodonosor había regresado de luchar contra Faraón Necao, quien había marchado a ayudar a su aliado pero que finalmente había sido contenido; y Nabucodonosor personalmente recibió la sumisión de los prisioneros reales (2 Reyes 24:7).

Luego vino el pillaje de la ciudad. El templo fue saqueado de su oro y sus tesoros. Todos los príncipes, y los poderosos de valía, los artesanos y los herreros, las mujeres del harén del rey y los oficiales de la corte, fueron maniatados en largas filas, y arrancados con violencia de su querido país; la mayoría de ellos nunca más serían vistos. Ezequiel era uno de los que iban en aquella triste procesión; y parecía como si un lastimero gemido se levantara de todo el país, mientras los exiliados iban camino hacia su distante destino. Y el profeta lloró amargamente, por cuanto el rebaño del Señor era llevado cautivo.

c. *Los profetas. Los profetas constituían una clase numerosa e influyente.* Desde los días de Samuel, sus escuelas habían producido una sucesión de hombres que ocupaban una posición única en la nación como representantes de Dios. Pero en los días de degeneración de los cuales estamos escribiendo ahora, cuando el reino de Judá se bamboleaba rápidamente en su caída, parece que los vicios de su tiempo los habían infectado profundamente. Avaros y embriagados, perezosos y disolutos, soñolientos, echados, que amaban el dormir, estos profetas negaban al Señor, y cuando Jeremías hablaba, ellos decían: «Él no es» (Isaías 56:9-12; Jeremías 5:12).

Tuvo que haber sido muy doloroso para Jeremías oponérseles y contrarrestar su influencia en el pueblo, pero no tenía otra alternativa. Leamos las siguientes palabras que habló en el nombre de Jehová: «Y en los profetas de Jerusalén he visto torpezas; cometían adulterios, y andaban en mentiras, y fortalecían las manos de los malos, para que ninguno se convirtiese de su maldad; me fueron todos ellos como Sodoma, y sus moradores como Gomorra» que anunciaban la visión de su propio corazón, y no de la boca de Jehová.

Las cosas ocurrieron poco después de la deportación de Jeconías. Hananías, de Gabaón, lugar que era uno de los establecimientos sacerdotales, se levantó y contradijo públicamente a Jeremías cuando este estaba hablando en el templo, en presencia de los sacerdotes y de todo el pueblo. En el nombre de Jehová, Hananías declaró que se le había revelado divinamente que en el término de dos años volverían Jeconías, y todos los cautivos, y todos los vasos sagrados que Nabucodonosor había llevado. Inmediatamente Jeremías habló desde en medio de la multitud. «Amén —gritó—, así lo haga Jehová. Confirme Jehová tus palabras». Pero continuó diciendo que no sería así. No podía ser, sin cancelar las palabras que habían sido habladas por el Señor a través de los profetas en presencia de él y aun antes.

No contento con estas palabras, sin embargo, el falso profeta, le arrebató de los hombros a Jeremías el yugo de madera que él llevaba con el propósito de recordar perpetuamente a su pueblo y a las naciones vecinas que ellos tenían que servir al rey de Babilonia hasta que hubiera transcurrido el tiempo señalado. Hananías quebró el yugo en dos pedazos, y dijo que de esa manera, dentro de dos años, sería quebrantado el yugo de Nabucodonosor. Jeremías no prolongó el altercado; sino que privadamente dijo a Hananías que el yugo de madera sería reemplazado por uno de hierro y que él estaba haciendo que el pueblo confiara en una mentira. «morirás en este año», le dijo mientras daba la vuelta; y dos meses más tarde, el falso profeta se había convertido en un cadáver.

d. *Las naciones vecinas.* En dos ocasiones Jeremías protestó contra una combinación de las naciones circunvecinas que se proponía resistir el creciente poder de Babilonia. Sin duda alguna, esta confederación era promovida por la potencia vecina, Egipto (capítulos 25, 27).

Todo esto tuvo que haber expuesto al profeta a que fuera acusado de falta de patriotismo; sus palabras debilitaban al pueblo; su influencia impedía que ellos se unieran a la gran liga de emancipación. Sin embargo, él no tenía alternativa. Tenía que ser el vocero de aquella gran palabra de Jehová: «Yo derribaré, derribaré, derribaré».

e. *Los exiliados.* Los falsos profetas habían sufrido el destino de su nación y estaban con los demás en cautividad; muy pronto se propusieron despertar las esperanzas de los exiliados profetizando un pronto regreso. Lo que en efecto decían era lo siguiente: «No tiene sentido construir casas, o plantar huertos, ni entrar en relaciones matrimoniales. En breve tiempo volveremos a estar en Jerusalén». Los cabecillas eran Sedequías y Acab, hombres de una vida grosera e inmoral, los cuales fueron asados vivos para que sirvieran de ejemplo (29:21-23). Pero el fermento continuaba, y el pueblo se negaba a establecerse y conformarse con las condiciones de la cautividad.

Jeremías, por tanto, escribió una carta, que encomendó a dos hombres de alto rango, que eran amigos, a quienes Sedequías, el tío y sucesor de Jeconías, envió a Babilonia para dar seguridades de su fidelidad. Lo que esta carta decía en resumen era: «Rendíos a la voluntad de Dios». «Edificad, plantad, estableceos». «Y procurad la paz de la ciudad a la cual os hice transportar, y rogad por ella a Jehová; porque en su paz tendréis vosotros paz». Cuando Semaías, uno de los falsos profetas, oyó esta carta, apresuradamente escribió a Sofonías, quien para entonces era sumo sacerdote, y le pidió que el profeta fuera puesto en el calabozo y en el cepo, como un loco. El sumo sacerdote, sin embargo, le leyó la carta a Jeremías, quien respondió enviando una segunda carta a los exiliados, en la cual les aseguraba que Dios castigaría a Semaías y a su descendencia, de tal modo que no tendría hijo que perpetuara su nombre, ni vería el bien que vendría al fin del tiempo determinado (capítulo 29).

Estas denuncias estaban llenas de terror; e igualmente terrible fue el destino que cayó sobre estos hombres.

2. Su coadjutor. Mientras Jeremías ejercía este ministerio de destrucción con absoluta soledad y aislamiento, su corazón tuvo que haberlo hecho dudar con frecuencia. Recordemos que él amaba a su país con todo el patriotismo apasionado de que era capaz un judío. Por el hecho de que él amaba mucho, sufría mucho.

Supongamos que Jeremías hubiera puesto a un lado los llamados celestiales, y hubiera vivido en la tranquilidad apartada de Anatot; habría disfrutado de una vida respetable y apacible pero Jehová nunca le hubiera hablado.

Dios le envió un aliado y camarada que estaba en el corazón de los exiliados. Se levantó Ezequiel, quien pronunciaba el mismo mensaje, aunque adornado con el excelente lenguaje figurado que puso el Espíritu en su brillante imaginación. Él también denunció los pecados de su pueblo; les aconsejó que se establecieran en la tierra donde estaban exiliados; y habló acerca de la condenación cierta del pueblo y de la ciudad. En boca de *estos* dos profetas fue confirmada toda palabra. Como instrumentos bien afinados, armonizaron entre sí. La de ellos no era una tarea fácil, pues fueron odiados por todos aquellos a quienes atormentaban sus palabras. Pero después de eso Dios los llamó a su trono, donde están en la primera fila de aquellos que, habiendo cumplido la voluntad de Dios, han recibido su bienvenida y su recompensa.

3. La necesidad de este ministerio

a. *Tiene que cumplirse con los no convertidos.* Uno de los ministerios más importantes del siervo de Dios consiste en destruir la falsa confianza, y en mostrar la absoluta futilidad de aventurarse uno al mar en cualquiera otra nave que no sea la que sale con Cristo desde la cruz del Calvario.

b. *Tiene que cumplirse con aquellos que carecen de seguridad.* Cuando los hombres dicen que no pueden creer, ello probablemente se debe a que albergan algo malo en su corazón o a que están conscientes de algún mal que no se ha reparado en su vida. La incapacidad de un individuo para comprender que es aceptable delante de Dios indica a menudo que hay algo que está entristeciendo al Espíritu; y en tales ocasiones, el ministerio de escudriñamiento, de sondeo, de prueba y de demolición es invaluable.

c. *Tiene que* cumplirse en *los* más *altos* logros de la vida divina. Cuando nuestra obediencia crece, nuestra luz aumenta. El Espíritu Santo nos guiará a discriminar entre lo malo y lo bueno, y nos iluminará para que entendamos qué es lo que nos impide. Una vez que el Espíritu destruye uno tras otros los subterfugios, ara el barbecho, desentierra los secretos enterrados, y nos hace entender a nosotros mismos lo que somos, podemos aceptar con gratitud su ministerio, que destruye a fin de edificar y poder impartir vida eterna.

/15\
LA ODA GRANDIOSA DE JEREMÍAS
Jeremías 51

Después que el rey Joaquín, su casa y su corte, los príncipes y los poderosos de valía fueron transportados a Babilonia, Jeremías vivió en una Jerusalén muy desierta. Pero la fertilidad y los recursos naturales de la tierra eran tales que permitían una relativa prosperidad como una vid rastrera que dependía de Babilonia (Ezequiel 17).

Matanías, el tercer hijo de Josías, quien ya tenía veintiún años de edad, fue llamado por el conquistador a ocupar el trono, y se le exigió que lo ocupara bajo solemne juramento de lealtad, el cual fue afirmado y sancionado mediante una invocación al mismo Jehová. Era como si el monarca pagano pensara hacer imposible la insubordinación por parte del joven monarca, haciendo que su palabra de honor fuera ratificada bajo tan solemnes y augustas condiciones; condiciones que, en circunstancias similares, probablemente el rey pagano hubiera estimado como finales y obligatorias.

A instancias de su conquistador, el joven rey tomó el nombre de Sedequías, «la justicia de Jehová». Esta era una señal favorable; recibió toda clase de estímulo para que siguiera en los pasos de su ilustre padre. Y a través de su reinado dio señales evidentes de querer mejorar las cosas; pero era débil e indeciso y carecía de firmeza de propósitos. Respetó a Jeremías pero no se atrevió a abrazar su causa públicamente, y solo a hurtadillas le manifestó el favor real.

Entretanto, el reino babilónico se vio violentamente agitado por rumores procedentes de todas partes, los cuales estimulaban la esperanza de que en poco tiempo el poder de Babilonia sería quebrantado y los exiliados podrían regresar. Estas esperanzas tenían excitados a los exiliados mismos, como ya hemos visto; y eran diligentemente fomentadas por los falsos profetas.

Por esta época hubo una revuelta en Elam contra Babilonia. ¡Qué bueno si se hubiera esparcido hasta que todo el imperio llegara a desintegrarse! Pero Jeremías, por palabra de Dios, dijo: «No será así; el arco de Elam será quebrado; su rey y sus príncipes, destruidos; su pueblo, esparcido hacia los cuatro vientos del cielo» (ver 49:34-39).

Existía también el descontento creciente de los pueblos vecinos los cuales, aunque habían acompañado al invasor como aliados, anhelaban recuperar su independencia y querían atraer a Judá para formar una gran confederación que tuviera como base a Egipto. «No —dijo Jeremías—, no tiene que ser así; Nabucodonosor está cumpliendo el mandato de Jehová; todas las naciones deben servirle a él, y a su hijo y a su nieto» (ver 27:6, 7). Tal vez fue a instancias de Jeremías que Sedequías hizo entonces un viaje a Babilonia para rendir homenaje al rey y darle seguridades de su fidelidad.

A través de todas las dificultades que siguieron, Jeremías prosiguió la misma política; y esta política era tan bien conocida que en la caída final de los judíos le concedieron la vida y le permitieron escoger el lugar donde quisiera vivir (capítulo 40).

A sus amigos más predilectos su consejo tuvo que haberles parecido a menudo que carecía del valor de la fe. ¿Era él un traidor a la causa de su pueblo? Pero si ellos alguna vez habían albergado tales dudas, de repente tuvieron que haberlas desechado por completo cuando él los convocó a oír la tremenda denuncia que en los primeros meses del reinado de Sedequías había compuesto contra Babilonia, juntamente con la gráfica descripción de su caída. Una copia de esta profecía se confió a Seraías, el principal camarero de Sedequías, quien iba en el séquito del rey hacia Babilonia. Le dio instrucciones para que la leyera en privado a los exiliados, y luego le atara una piedra y la echara en medio del Eufrates. En ese acto debía pronunciar las siguientes palabras: «Así se hundirá Babilonia, y no se levantará del mal que yo traigo sobre ella; y serán rendidos» (51:59-64).

1. La profecía sobre la caída de Babilonia.

a. *La gloria de Babilonia.* Con resplandecientes figuras, Jeremías describe su gloria y belleza. Babilonia había sido una copa de oro en las manos de Jehová; había sido el hacha de Dios y sus armas de guerra. Su influencia había llegado a todas partes. Ella moraba entre muchas aguas, era rica en tesoros y era la maravilla de la tierra. Como un árbol poderoso, había extendido sus ramas sobre las tierras vecinas.

b. *La controversia divina.* El Todopoderoso había usado a Babilonia, pero Babilonia había abusado, pues había utilizado el poder que

Dios le había confiado para fines injustos y egoístas. Por tanto, Jehová abrió su arsenal y sacó las armas de su ira.

Pero Dios estaba especialmente coma Babilonia por causa del trato que había dado a su pueblo. «Por los muertos de Israel caerá Babilonia, como por Babilonia cayeron los muertos de toda la tierra ...porque Jehová, Dios de retribuciones, dará la paga».

c. *El llamado a los enemigos de Babilonia*. Se levanta el estandarte, y a su alrededor, al sonido de la trompeta, se juntan las naciones. «He aquí —exclama el profeta— viene un pueblo del norte, y una nación grande y muchos reyes se levantarán de los extremos de la tierra. Arco y lanza manejarán; serán crueles, y no tendrán compasión; su voz rugirá como el mar, y montarán sobre caballos; se prepararán contra ti como hombres a la pelea, oh hija de Babilonia» (50:41, 42).

d. *El ataque*. Los arqueros rodean la ciudad por todas partes, de tal modo que nadie escape. Se les ordena disparar contra ella y no ahorrar sus saetas. Ahora surge el grito de batalla y se produce un asalto contra sus murallas. Prenden fuego a las casas. Los mensajeros, que corren de diferentes partes de la ciudad, llevan las mismas noticias; van a decirle al rey que los vados están en manos del enemigo y que la ciudad ha sido tomada.

e. *La caída de Babilonia*. Una vez capturada la ciudad, la soldadesca se da al pillaje. Hay suficiente botín para satisfacer a los más rapaces. Los graneros quedan arruinados; los tesoros saqueados; los almacenes de grano destruidos. Todos los cautivos quedan en libertad, especialmente los judíos. « ...dejadla —gritan—, y vámonos cada uno a su tierra; porque ha llegado hasta el cielo su juicio, y se ha alzado hasta las nubes».

Y ahora sus ciudades se convierten en una desolación, en tierra seca; queda desierta de generación en generación.

Tales fueron las predicciones de Jeremías. Habrían de pasar setenta años antes que se cumplieran las palabras del profeta, pero la historia misma difícilmente podría ser más definida y precisa que él. Aquellos que tengan la posibilidad de comparar esta profecía con la historia de la caída de Babilonia, y con las investigaciones realizadas por Layard, verán de qué manera tan exacta se repitió cada detalle.

«Bebieron vino, y alabaron a los dioses de oro y de plata, de bronce, de hierro, de madera y de piedra. En aquella misma hora aparecieron los dedos de una mano de hombre, que escribía delante de candelero sobre lo encalado de la pared del palacio real ... La misma noche fue muerto Belsasar rey de los caldeas. Y Darío de Persia tomó el reino» (Daniel 5:4, 5, 20, 31).

2. Babilonia la grande. En todas las etapas del mundo, Babilonia ha tenido su duplicado. donde Dios ha construido su reino, el diablo siempre lo ha imitado mediante alguna farsa de su propia invención.

Jeremías consoló su corazón en medio de las desolaciones que cayeron recia y severamente sobre su amada patria, al prever la inevitable condenación del opresor. Fortalezcamos nuestra confianza en que ciertamente el bien prevalecerá sobre el mal, la iglesia sobre el mundo y Cristo sobre Satanás. Pensemos en esto al considerar el cumplimiento preciso de las predicciones de Jeremías con respecto a Babilonia.

«Así perezcan todos tus enemigos, oh Jehová;
Mas los que te aman, sean como el sol cuando sale
en su fuerza».

3. Nuestra propia Babilonia. Cada corazón tiene su propia forma especial de pecado, a la cual está expuesto, y por rendirse a la cual ha sido perpetuamente derribado. ¡Qué amargos han sido los años en que usted se ha reprochado a sí mismo! ¡Cómo se ha enfadado usted y se ha irritado cuando está dominando por el freno de hierro del tirano!

Pero hay liberación para usted, así como la hubo para aquellos judíos débiles y mal aconsejados que sufrían. ¡Cuán exactamente se delinea la historia de su vida en la de ellos! Ellos fueron hijos de Dios; usted también. Ellos perdieron ese derecho por causa de su desobediencia e incredulidad; usted también. Pero así como Dios los salvó con su mano derecha, así lo salvará a usted.

Acepte usted las siguientes normas si quiere disfrutar de esta bendita liberación:

1. Saque de su vida todo pecado conocido. Esté dispuesto a ser libre, y deliberadamente dígale eso a Dios.

2. Confíe a Dios el cuidado de su alma. Usted mismo no puede controlarla, pero él sí puede. Él lo hizo a usted, y tiene que ser capaz de cuidarlo. con deliberación, reflexión, y calma, ponga el caso en sus manos. No clame: «¡Ayúdame!» Porque eso implica que usted va a hacer algo y él algo; y la parte que usted haga inevitablemente lo destruirá todo. Más bien clame: «¡Guárdame!» Y de ese modo, eche toda la responsabilidad sobre él.

3. Crea que el poderoso Salvador acepta su depósito en el momento en que usted lo haga. Cuando este depósito sale de su mano, pasa a las de él. Asegúrese de que él se ha encargado de todo por usted. No trate de sentir que él se ha encargado, sino créalo. Tal

vez usted no experimenta ninguna emoción de alegría, ningún sentimiento de victoria, ni caiga en un éxtasis; no se preocupe por eso, quédese tranquilo, y confíe en él.

16
«LA CAÑA QUE SOPORTÓ COMO UNA COLUMNA»
Jeremías 24; 34; 37

Para una naturaleza sensible es una agonía sentirse solo. Para muchos, la sensación de ser estimados y amados constituye el mismo aliento de la vida. Están constituidos de tal modo que exigen una atmósfera de simpatía para el esfuerzo pleno de sus facultades.

Jeremías, tierno, tímido, sensible; con una inmensa capacidad para la emoción; intenso en su aversión y, por tanto, también en su amor, no estaba constituido por la naturaleza para estar solo. Pero en esto, adoremos la gracia que entró en su vida y durante cuarenta años lo constituyó en una ciudad fortificada, una columna de hierro, un muro de bronce contra toda la tierra: contra los príncipes, contra los sacerdotes, contra el pueblo. Él sobrevivió a todos sus enemigos y mantuvo sus principios hasta el fin de su vida. Y esta maravillosa resistencia y firmeza de espíritu nunca fue tan conspicua como durante los últimos meses de independencia de su nación.

1. La actitud de Jeremías hacia el rey. Mucha de la información concerniente a la situación que hubo en Jerusalén durante el reinado de Sedequías la tenemos en las páginas del profeta Ezequiel. Aunque residía en el exilio, Ezequiel en su visión profética reflejó fielmente y previó lo que estaba ocurriendo en la ciudad amada, hacia la cual dirigía incesantemente sus pensamientos.

Como ya lo vimos, Sedequías, al ascender al trono, se obligó bajo los más solemnes juramentos a ser leal a la supremacía de Babilonia; y no hay duda de que en ese tiempo él tenía el propósito de ser fiel, muy especialmente por cuanto, por orden de Nabucodonosor, juró lealtad en el sagrado nombre de Jehová. Pero Sedequías era joven y débil, y estaba totalmente en las manos de un fuerte partido cortesano que favorecía una alianza con Egipto para sacudirse el yugo caldeo.

Dos años antes de la catástrofe, Ezequiel predijo claramente lo que iba a suceder. Él previó que Sedequías enviaría una embajada a Faraón para pedirle caballos y gente. Y se preguntó con indignación: «¿Será prosperado, escapará el que estas cosas hizo? Él que rompió el pacto, ¿podrá escapar?» Luego procedió a expresar las más amargas reconvenciones con las siguientes terribles palabras: «Vivo yo, dice Jehová el Señor, que morirá en medio de Babilonia, en el lugar donde habita el rey que le hizo reinar, cuyo juramento menospreció, y cuyo pacto hecho con él rompió. Y ni con gran ejército ni con mucha compañía hará Faraón nada por él en la batalla» (Ezequiel 17:11-21).

Jeremías, como sabemos, trató de disuadir tanto al rey como a los príncipes de entrar en la alianza por la cual se abogaba entre Judá y los estados vecinos (capítulo 27). Pero a pesar de todas estas reconvenciones, la confederación se formó, y en un momento fatal Sedequías renunció a su lealtad al rey de Babilonia.

Fue entonces cuando ocurrió precisamente lo que Ezequiel había previsto. Aguijoneado hasta los tuétanos por la traición y la ingratitud de los judíos, quienes lo habían injuriado tan persistente y obstinadamente, Nabucodonosor reunió un numeroso ejército y decidió hacer con los judíos un ejemplo público para los pueblos circunvecinos con una cruel y fulminante venganza (Ezequiel 21:8- 17).

El rey de Babilonia llega a una encrucijada de dos caminos: el uno hacia Jerusalén; el otro hacia Rabá, la ciudad principal de Amón. Consulta con los medios acostumbrados de adivinación, y estos le indican que asalte a Jerusalén con arietes, vallados y torres.

Al fin, en diciembre de 591 a.C. comenzó el asedio. Mientras se acercaba Nabucodonosor, la confederación se había esfumado, y Jerusalén había quedado sola como una isleta en medio de las rugientes olas de los ejércitos caldeos. Pero los habitantes habían guardado un buen depósito de provisiones, y diariamente esperaban el avance de Faraón Hofra, con la caballería de Egipto para que levantara el sitio.

En esta coyuntura, Sedequías envió a dos hombres bien conocidos a Jeremías, para preguntarle si Jehová no intercedería a favor de su pueblo, como lo había hecho en los grandes días pasados. Aquella tuvo que haber sido una prueba severa para el profeta. ¿Por qué no debía ser él el Isaías de este nuevo sitio? ¿Por qué no levantarse y animar al pueblo a una indomable resistencia y a una fe heroica? ¿Por qué no mezclar su voz con la de aquellos profetas que predijeron cierta liberación, y adquirir de ese modo una influencia sobre ellos que pudiera al cabo ser usada para su propio bien?

No es imposible que tales consideraciones pasaran por su mente. Pero si así fue, inmediatamente fueron descartadas. «Y Jeremías les dijo: Diréis así a Sedequías: Así ha dicho Jehová Dios de Israel: He aquí yo vuelvo atrás las armas de guerra que están en vuestras manos, con que vosotros peleáis contra el rey de Babilonia; y a los caldeos que están fuera de la muralla y os tienen sitiados, yo los reuniré en medio de esta ciudad. Pelearé contra vosotros con mano alzada y con brazo fuerte, con furor y enojo e ira grande».

Después de estas terribles palabras, el profeta dijo que la única manera de estar seguros consistía en pasarse a los caldeos, que para ese momento rodeaban la ciudad por todas partes. Los que salieran y se rindieran al rey de Babilonia salvarían sus vidas (21; 22:1-9; 24).

Sin embargo, mientras el sitio de Jerusalén continuaba, y todos los días se llenaba el aire con los gritos de los combatientes, y se oía el ruido sordo de los arietes contra los muros y los gritos de los heridos que eran llevados de los terraplenes para que los cuidaran las mujeres, una vez más fue Jeremías valientemente a visitar a Sedequías con la horrible noticia de que nada podría detener el saqueo ni el incendio de la ciudad, puesto que Dios la había entregado en manos del rey de Babilonia; y que el rey ciertamente sería apresado, y se vería frente a frente con el rey de Babilonia. « ...te hablará boca a boca, y en Babilonia entrarás» (34:1-7).

2. Su actitud hacia los judíos que tenían esclavos. No es imposible que las vehementes palabras de represión de Jeremías despertaran la narcotizada conciencia de su pueblo y que ellos resolvieran, por sugerencia de Sedequías, hacer alguna expiación por sus pecados, y al mismo tiempo fortalecer su guarnición al dejar a los esclavos en libertad. Esto se hizo en una solemne reunión que se convocó especialmente en el templo, y allí se ratificó esta resolución nacional delante de Dios con los ritos más sagrados. Un gran gozo se extendió a través de centenares de corazones. Se formó un cuerpo de fornidos defensores para la ciudad sitiada. Mejor aún, la nación había hecho lo bueno en los ojos del Señor. Pasaron más o menos dos meses cuando, para gozo inmenso de los residentes, los ataques de Nabucodonosor se habían hecho menos frecuentes; las filas del ejército que sostenía el asedio se habían vuelto menos densas; las tiendas se habían quitado y toda la hueste se había ido. Esta operación militar había sido causada por el hecho de que se acercaba el ejército del Faraón. Los judíos pensaron que nunca volverían a ver a sus enemigos, y tuvieron que haber escarnecido cruelmente a Jeremías. También revocaron el edicto de emancipación, e hicieron que sus siervos y siervas a quienes habían dejado en libertad volvieran a su antigua condición.

Jeremías tuvo que haber necesitado una fe y un valor extraordinarios para elevar una osada e inflexible protesta. Pero la traición de ellos al juramento que habían hecho lo obligó a hablar.

Sus oponentes estarían de la misma manera e indignados, pues la voz de sus conciencias, aún no silenciada, les protestaba que él profeta había hablado la palabra misma de Jehová.

3. Su actitud durante el intervalo de tregua. La ciudad deliraba de gozo. Los caldeas se había retirado. Faraón demostraría ser un enemigo superior para ellos, y no volverían. La nube tormentosa se había disipado y no había nada que temer. Pero Jeremías nunca cambió su palabra. Cuando el rey envió otra delegación a preguntar por medio de él a Jehová, dio la siguiente respuesta terrible: «No os engañéis a vosotros mismos, diciendo: Sin duda ya los caldeas se apartarán de nosotros; porque no se apartarán. Porque aun cuando hirieseis a todo el ejército de los caldeas que pelean contra vosotros, y quedasen de ellos solamente hombres heridos, cada uno se levantará de su tienda, y pondrán esta ciudad a fuego» (37:1-10).

Los profetas de Dios tenían una visión tan clara del problema del duelo entre Caldea y Egipto que no podían animar a su pueblo con esperanzas de liberación. Ya Jeremías había previsto que la hija de Egipto sería avergonzada y entregada en las manos del pueblo del norte; incluso había pedido que las noticias de la invasión se publicaran en las principales ciudades (46:13-28). Ezequiel no fue menos decidido: «Así ha dicho Jehová el Señor ... fortaleceré los brazos del rey de Babilonia, y pondré mi espada en su mano; mas quebraré los brazos de Faraón, y delante de aquel gemirá con gemidos de herido de muerte» (Ezequiel 30). Poco después de esto, el profeta Jeremías resolvió aprovechar la oportunidad, que le ofrecía el hecho de que los caldeas se habían retirado, para visitar su heredad en Anatot. Cuando pasó por la puerta de Benjamín, fue reconocido por un capitán cuya familia durante largo tiempo había estado en desacuerdo con el profeta. No tardó mucho este capitán en aprovecharse de la ocasión (37:13). Ni tardo ni perezoso apresó al profeta mientras le decía: «Tú te pasas a los caldeas». Jeremías fue arrastrado con violencia hasta la presencia de los príncipes.

En una situación similar en el reinado anterior, Ahicam, el hijo de Safán, lo había rescatado; pero ahora, había muerto o estaba en el exilio. Sedequías era demasiado débil para interceder con el fin de rescatar al profeta de la furia de sus cortesanos, aun a sabiendas del peligro en que aquel se encontraba. Así que lo sentenciaron a ser azotado; cuarenta azotes menos uno cayeron sobre su espalda desnuda; y luego fue empujado hacia un calabozo subterráneo, oscuro e insalubre, donde permaneció muchos días y su vida estuvo en peligro.

Después de un tiempo, Sedequías, tal vez aguijoneado por el remordimiento, o alarmado por las noticias que llegaban de la frontera, envió a sacarlo. «¿Hay palabra de Jehová?» preguntó afanosamente el rey. Pero tampoco hubo avenencia. «Y Jeremías dijo: Hay. Y dijo más: En mano del rey de Babilonia serás entregado».

Luego el profeta apeló a la clemencia real para que le suavizara la severidad de la sentencia. Tuvo tan buen éxito que, por orden del rey fue confinado a ser custodiado en el patio de la cárcel, que se hallaba en la inmediata vecindad del palacio; y era alimentado con una torta de pan de la calle de los Panaderos al día, hasta que se agotara el pan de la ciudad. Entretanto, el ejército de los caldeos, que ya había derrotado a Faraón, regresó y volvió a formar sus densas filas en torno a la ciudad, como una cerca de hierro, para ir acercándose cada vez más hasta que Jerusalén cayera en sus garras como un pájaro en la trampa.

Es imposible contar o leer esta historia sin sentir admiración por este hombre que se atrevió a estar solo con Dios contra una nación entera en armas. Nuestra única responsabilidad es la de preocuparnos por estar en el plan de Dios y haciendo su obra. Luego saltaremos los muros que sirvan de barrera, pasaremos ilesos por en medio de las tropas de los enemigos, y estaremos firmes como columnas de su templo, de donde jamás seremos removidos.

17
«CAER A TIERRA, HASTA LA MUERTE»
Jeremías 32

Mientras estaba encerrado en el patio de la cárcel, tal vez atado con una cadena que estorbaba sus movimientos. Jeremías recibió una intimación divina en el sentido de que en breve su tío acudiría a él a pedirle que le comprara la propiedad familiar en Anatot. El mandamiento divino lo llenó de asombro. y tal vez hizo que por un momento se preguntara si no había habido algún error en el mensaje que con tanta persistencia había él reiterado en los oídos del pueblo.

Sin embargo, no dio ninguna señal externa de su perplejidad; pero cuando el hijo de su tío entró en el patio de la cárcel con la petición. el profeta aceptó enseguida la proposición, y compró la propiedad por diecisiete siclos (unos 193 gramos).

Además de esto, Jeremías tuvo el cuidado de hacer la compra por medio de un documento y certificarlo con testigos, con el mismo esmero como si estuviera tomando de una vez posesión de la propiedad. No se omitió ni se pasó por alto ningún detalle formal. Y finalmente los dos títulos de propiedad relacionados con el contrato —el uno sellado en que constaban los detalles más privados del precio; el otro abierto. en el cual aparecían las firmas de los testigos— se le encomendaron a Baruc con la orden de que los pusiera en una vasija de barro para preservarlos. Probablemente no se volvieron a abrir hasta que regresaron de la cautividad; pero bien podemos imaginar que cuando los hombres de aquel día examinaron los documentos eso tuvo que haber inspirado en ellos una fuerte sensación de confianza.

Pero Jeremías no participó en esta feliz escena. Él hizo lo que Dios le ordenó, aunque sobre su alma se cernía la sombra de una gran oscuridad.

1. Horas de oscuridad de medianoche. Jeremías no podría lamentar nunca el hecho de haber entregado la fuerza y el número de sus días al servicio de los demás. De no haber actuado así, de rehuir el supremo llamamiento que recibió al comienzo de su vida, su desdicha habría sido comparable a la espléndida cualidad de su naturaleza. y a su facultad para enriquecer la vida del hombre.

Pero nadie puede entregarse para servir a otros excepto al amargo sacrificio de mucho de lo que el mundo considera valioso. En el caso de cada vida verdadera tiene que haber muerte a las atracciones y complacencias del egoísmo. Esto explicará las privaciones y dolores a que fue sometido Jeremías. Su muerte se produjo para que tuvieran vida Israel y todos los que leyeren su profecía.

a. *Murió a los apreciados vínculos del amor humano.* «No tomarás para ti mujer, ni tendrás hijos ni hijas en este lugar». Esto se le dijo al comienzo de su vida. Los hombres de Anatot, de la casa de su padre, conspiraron contra él. Los amigos de los cuales recibía dulces consejos, y con los cuales iba a la casa de Dios, lo traicionaron.

b. *Murió a la buena voluntad de sus semejantes.* Nadie puede ser indiferente a esto. Pero a él le correspondió la amarga suerte de pasar desde el principio por incesantes experiencias en las que solo recibía insultos y desprecios. No se registra ningún caso de que alguna voz se levantara para darle gracias o para animarlo.

c. *Murió al orgullo del patriotismo nacional.* Ningún patriota se permite abandonar la esperanza de su país. Pero Jeremías se halló obligado a hablar de tal modo que los príncipes propusieron, no sin razón, sentenciarlo a muerte por cuanto debilitaba las manos de los hombres de guerra.

d. *Murió a la dulzura de la libertad personal.* Una buena parte de su ministerio la ejerció desde los recintos de la cárcel. Repetidamente leemos que estaba encerrado y sin poder moverse. Su amigo Baruc tuvo que actuar constantemente como su intermediario e intérprete. Esto también tuvo que ser amargo para él. Los duros grillos de la restricción tuvieron que haber penetrado profundamente en la carne tierna de su manso corazón.

e. *Murió también al sentido que había estado dando a sus propias profecías.* Hasta el momento en que Jehová le ordenó comprar la propiedad de Hanameel, él nunca había abrigado dudas respecto al inminente destino de Jerusalén. Ciertamente sería destruida por la espada, el hambre, la pestilencia, y el fuego. Pero en ese momento, la palabra de Dios pareció indicar que la tierra seguiría siendo cultivada por las familias que la poseían.

2. La conducta de Jeremías. A muy pocos hombres se les ha concedido el andar tan cerca del sendero por el que anduvo el Redentor durante la primera parte de su vida. Jeremías se vio despojado de casi todo lo que los hombres aprecian más. Pero en medio de todo recibía solaz y apoyo en tres fuentes principales.

a. *Oraba.* Para el alma atribulada no hay ayuda como aquella que viene por medio de la oración. Tal vez usted no tenga una clara visión de Dios. Sin embargo, ore; ore de rodillas; «sean conocidas vuestras peticiones delante de Dios en toda oración y ruego»; y la paz de Dios se asentará sobre vosotros y envolverá vuestras almas cansadas y atribuladas.

b. *Descansó en la Palabra de Dios.* El alma del profeta se nutría y alimentaba por la palabra divina. ¡Con cuánta frecuencia el pueblo de Dios se ha vuelto a la Biblia, y ha hallado en algún salmo o en algún capítulo el bálsamo de Galaad, el verdadero árbol de la vida cuyas hojas son para sanidad!

c. *Se mantuvo fiel en la senda del deber.* «Y compré la heredad». No siempre ocurre que nuestro servicio a los hombres reciba en cambio la repulsa, la mala voluntad, y el maltrato; pero cuando así ocurre, no debe haber desviación, vacilación, ni retirada. Con frecuencia, cuando el alma solitaria no ha cosechado otra cosa que desdicha y oposición, aquel que ha sido llevado a una cruz y crucificado como malhechor se ha consolado con la perspectiva de la cosecha de bendición que habría de acumularse para aquellos que habían rechazado sus llamamientos.

Tales son los recursos del alma en sus tiempos de angustia. Se arroja al suelo y exclama: «Padre, Abba, Padre».

Para todos los valles hay montañas; para todas las profundidades, alturas; para todas las horas de media noche hay alboradas; para el Getsemaní, el monte de los Olivos.

Jeremías descubrió que así era. Sus recompensas le llegaron. Dios le abrió la visión del futuro, a lo largo de cuyos corredores vio él a su pueblo plantado otra vez en su propia tierra. Vio que los hombres compraban campos por dinero, firmaban y sellaban propiedades y las vendían, tal como él mismo lo había hecho. Oyó voz de gozo y de alegría; voz del esposo y de la esposa; la voz de aquellos que llevaban los sacrificios de gozo a la casa del Señor. Hubo compensación también en la confianza con que Nabucodonosor lo trató, y en la evidente confianza que su diezmado pueblo puso en sus intercesiones, como veremos.

Así ocurrirá con todos los que caen a tierra, hasta morir. Dios no los olvidará ni los abandonará.

18
«LA CAÍDA DE JERUSALÉN»
Jeremías 38, 39

Durante los largos meses de sitio, probablemente el único en toda la ciudad que estaba en perfecta paz y disfrutaba de libertad total era Jeremías. Entre los gritos de los asaltantes y los defensores, incólume en medio del ruido ensordecedor, era profunda como el cielo que lo miraba desde arriba, la paz de Dios que sobrepasaba al entendimiento de los que se amontonaban de un lado y otro entre la ciudad y el palacio real.

1. Los horrores del sitio. Duró un total de dieciocho meses, con una sola pausa que se produjo cuando se acercaba el ejército de Faraón. Para nosotros es imposible imaginar cuánta fue la angustia humana que se apiñó en aquel fatal espacio.

Imaginémonos por un momento la ciudad repleta en la cual se habían reunido los labradores y los aldeanos de todo el país. Con aquellas cosas de valor que hubieran podido recoger y cargar a la carrera, habían buscado dentro los grises muros de la ciudad de Sion refugio de la violencia y la atrocidad de la cruel soldadesca. Esta masa de fugitivos aumentaría grandemente las dificultades de la defensa. Pedían que se le dieran de las provisiones que se habían guardado antes del sitio, y se apiñaban en la vía pública impidiendo el movimiento de los soldados.

Esto con respecto a los primeros meses del sitio; pero a medida que los días pasaban, las cosas se fueron poniendo peores. Era como si el mismo abismo del infierno añadiera la desesperación a los últimos horrores espantosos de aquellos momentos. Las mujeres se volvieron crueles y se negaron a guardar en sus senos para sus hijos la nutrición que necesitaban para sí mismas. Los pequeños pedían pan, pero en vano. Los nobles perdieron su porte decoroso y andaban por las calles como momias inanimadas. La espada del invasor hacía menos víctimas afuera que el hambre por dentro. El colmo fue la existencia de mujeres desnaturalizadas que mataban a sus hijos para comérselos. Como remate, la pestilencia comenzó sus estragos, y la asquerosa hediondez de los cadáveres que los hombres no tenían tiempo de enterrar, y cuyo número aumentaba rápidamente cada día en las calles de la ciudad, hacía que la muerte abatiera a los que habían escapado del enemigo y de la privación. ¡Ah, Jerusalén! Tú apedreaste a los profetas y derramaste la sangre de los justos! ¡Aquél fue el día de la desbordante ira de Jehová! Tú, oh Dios, los mataste en el día de tu ira; los mataste y no tuviste compasión.

Entretanto Jeremías esperaba día tras día, impotente para hacer otra cosa que no fuera oír las noticias y los ayes que de todas partes convergían hacia él. Era como un médico que, incapaz de detener el lento progreso de la parálisis en un ser que él ama más que su propia vida, se ve obligado a observar los síntomas del progreso de la enfermedad, sabiendo con certeza que son etapas de asalto final que capturará la ciudadela de la vida, y que él no puede hacer nada para detenerlo.

2. Nuevas angustias para el profeta. Además de las calamidades que compartía en común con el populacho, Jeremías estaba expuesto a profundos dolores. Él no perdió oportunidad para afirmar que Jerusalén ciertamente sería entregada en manos del rey de Babilonia y que este la tomaría. Cuando estas palabras pasaban de boca en boca llevaban el desaliento por toda la ciudad, y el hecho de que Jeremías con mucha frecuencia había hablado como vocero de Jehová agregaba crédito a sus palabras.

Era muy natural, por tanto, que los príncipes, que sabían muy bien lo importante que era mantener en alto el valor del pueblo, exigieran la muerte de aquel que no solo estaba debilitando la moral del pueblo en general sino especialmente la de los hombres de guerra. El joven rey no era perverso sino; era un títere y un juguete en las manos de sus príncipes y de la corte. Es por eso que se rindió ante sus demandas, y dijo: «He aquí que él está en vuestras manos; pues el rey nada puede hacer contra vosotros».

Jeremías fue prestamente echado en una de aquellas cisternas labradas en la roca que abundaban en Jerusalén. En su fondo, por haberse agotado el agua durante los rigores del sitio, había un profundo sedimento de cieno, en el cual él se hundió. No había ni un mo-

mento que perder. Le llegó ayuda a través de un canal muy inesperado. Un eunuco etíope —quien probablemente es un héroe anóni-
mo, pues el nombre Ebec-melec simplemente significa el siervo del
rey— que amaba la causa de Dios se apresuró a hablar con el rey y
lo instó a que tomara medidas inmediatas para salvar al profeta de
una muerte inminente.

Siempre a merced de la última influencia que actuara sobre él, el
rey ordenó al siervo que tomara un suficiente número de hombres
para protegerlo de cualquier interferencia y de una vez sacar de allí
al profeta. Gran benignidad mostró este etíope en la ejecución de su
propósito. No se conformó con solo halar a Jeremías para sacarlo
desde el fondo de la cisterna sino que colocó en las cuerdas trapos
viejos y ropas raídas que apresuradamente recogió en la casa del rey.
Así la carne tierna del profeta no resultó cortada ni excoriada. No
solo lo que hacemos, sino la manera en que lo hacemos, es lo que
más pronto pone de manifiesto lo que somos realmente. Muchos se
hubieran apresurado hacia la boca de la cisterna con cuerdas, pero
solo un genuino hombre de Dios hubiera pensado en los trapos viejos y en las ropas raídas.

Desde ese momento hasta que la ciudad cayó, el profeta permaneció en segura custodia; y en una ocasión memorable, el rey buscó su consejo, aunque estrictamente en secreto. Una vez más Sedequías le preguntó cuál sería el dilema. Y una vez más recibió las alternativas que tan necias parecían vistas con los ojos de los sentidos: derrota y muerte si permanecía en la ciudad; libertad y vida si
se entregaba.

Lo que en efecto dijo Sedequías fue lo siguiente: «¿Entregarme?
¡Jamás! Eso sería indigno de uno en cuyas venas circula sangre de
reyes»

«Oye —le dijo Jeremías— la voz de Jehová que yo te hablo, y te
irá bien y vivirás». Finalmente, con palabras gráficas le describió el
cuadro de la segura condenación que le vendría al rey si permanecía
en la ciudad hasta que esta cayera en manos de los sitiadores.

La debilidad característica de Sedequías se puso de manifiesto en
la petición que le hizo a Jeremías de no dar informe a los príncipes
sobre la naturaleza de las comunicaciones que ellos habían tenido, y
de ocultar la verdad bajo una apariencia de verdad. Es difícil pronunciar juicio sobre la manera como el profeta ocultó el contenido de su
conversación con Ezequías cuando los príncipes le hicieron inquisiti-
vas preguntas al respecto. Él protegió al rey con un toque de caballerosa devoción y lealtad, que probablemente fue el último acto de
devoción hacia la casa real, para salvar aquello por lo que él había

derramado la sangre de su corazón, en lágrimas, ruegos y sacrificios durante casi cuarenta años.

3. El destino de la ciudad. Al fin se abrió una brecha en las viejas fortificaciones, y las tropas comenzaron a penetrar en torrente. El pueblo aterrado huyó de la parte baja de la ciudad a la parte alta, en tanto que el ejército inmisericorde llenaba sus hogares de terror y de desolación.

La angustia en un centenar de formas diferentes descendió sobre la ciudad devota, como descienden los buitres sobre un camello muerto en el desierto. ¡Ay de los hombres que habían peleado para salvar su vida! ¡Y un ay más agonizante para las mujeres y las jóvenes, para los niños y los bebés! «Y entraron todos los príncipes del rey de Babilonia, y acamparon a la puerta de en medio». Desde allí dieron instrucciones para proseguir de inmediato su plan de victoria contra el aterrado pueblo, que ya estaba apiñado en la parte alta de la ciudad, preparado para hacer la última desesperada resistencia.

Todo había que hacerla con el objeto de preservar la casa real. Por tanto, se acordó que, tan pronto como cayera la noche, Sedequías y su harén saldrían, protegidos por todos los hombres de guerra, por una brecha que se abriría en la muralla. Y exactamente como Ezequiel lo había predicho, así ocurrió.

Una larga fila de fugitivos, cada uno de los cuales llevaba solo aquello que consideraba indispensable, salió furtivamente y en silencio por el jardín privado del rey y se dirigió hacia la brecha. Como sombras de la noche, cruzaron la oscuridad entre largas filas de hombres armados que contenían el aliento. Si al amanecer podían llegar a los llanos de Jericó, podrían tener esperanza de eludir la furia de sus perseguidores. Pero toda la noche Sedequías tuvo que haber recordado aquellas últimas palabras de Jeremías: «Tú no escaparás de sus manos, sino que por mano del rey de Babilonia serás apresado». Esta no fue la primera vez, ni la última, en que el hombre trató de eludir las estrechas redes de la Palabra de Dios.

Por algún conducto, sin embargo, las noticias de la huida llegaron a los caldeos. Todo el ejército se levantó a perseguirlos. Lo que ocurrió la mañana siguiente en Jerusalén, y lo que le sobrevino un mes más tarde, cuando la parte alta de la ciudad cayó también en las manos del conquistador, se nos narra en el libro de Lamentaciones. La calle y las casas se llenaron de los cadáveres de los asesinados, luego de haber sido ultrajados con atrocidades inexpresables. Pero el destino de los que perecieron pudiera considerarse mejor que el de los millares que fueron llevados al exilio, o vendidos como esclavos, para sufrir en vida los horrores de la muerte. Luego la furia salvaje del fuego envolvió el templo y el palacio, los edificios públicos y las casas de habitación; y las ruinas ennegrecidas cubrieron el sitio de la ciudad santa y bella que había sido el gozo de toda la nación; y el oído del profeta oyó que el espíritu de la ciudad caída exclamaba:

¿No os conmueve a cuantos pasáis por el camino?
Mirad, y ved si hay dolor como mi dolor que me ha venido;
Porque Jehová me ha angustiado en el día de su ardiente furor.

En cuanto a Sedequías, fue llevado a Ribla, donde estaba Nabucodonosor. Él tal vez no esperaba una caída tan rápida de la ciudad. Con bárbara crueldad, Nabucodonosor mató a los hijos de Sedequías delante de sus ojos, de tal modo que la última escena que él contempló fue la agonía de ellos. También fue obligado a ser testigo del asesinato de todos sus nobles. Luego, como golpe de gracia, Nabucodonosor, probablemente con su propia mano, le sacó los ojos a Sedequías con la espada.

La larga marcha de los exiliados hacia su distante ubicación es en verdad un tema para el pincel de un pintor. Las mujeres y los niños fueron forzados a viajar día y noche, sin tener en cuenta la fatiga ni el sufrimiento. Los profetas y los sacerdotes se mezclaron en la ruina a la cual ellos tanto habían contribuido. Ricos y pobres marchaban el uno al lado del otro, maniatados y se los apremiaba a seguir adelante con la punta de la lanza o con un látigo. Atravesaron todo el valle del Jordán, pasaron por Damasco, y luego durante treinta días marcharon por el inhóspito desierto. Siguieron a la inversa la ruta que en el comienzo de la historia había seguido Abraham, su gran progenitor, el amigo de Dios. Y mientras esto ocurría, todas las naciones de alrededor batían las manos. En años posteriores, el recuerdo más amargo de aquellos días fue el regocijo de los edomitas por la caída de la ciudad rival. «¡Acuérdate, oh Jehová, contra los hijos de Edom, del día de Jerusalén!»

Fue así como Dios trajo contra su pueblo al rey de los caldeos, quien mató a espada a sus jóvenes en la casa del santuario de ellos. Y no tuvo Dios compasión de los jóvenes, ni de las mujeres, ni de los ancianos, sino que a todos los entregó en sus manos. Y todos los vasos de la casa de Dios, grandes y pequeños, y los tesoros de la casa del Señor, y los tesoros del rey y de sus príncipes, todos fueron llevados a Babilonia. Y quemaron la casa de Dios, y destruyeron las murallas de Jerusalén; y le pusieron fuego a todos los palacios, y destruyeron los vasos magníficos que había en ellos. Y los que habían escapado de la espada fueron llevados a Babilonia, donde fueron siervos del rey y de sus hijos.

19
UN OCASO NUBLADO
Jeremías 40 - 44

Si los versículos finales del libro de Jeremías fueron escritos por su propia mano, él tuvo que haber vivido veinte años más después de la caída de Jerusalén; pero esos años estuvieron llenos de la misma tristeza infinita de que estuvieron colmados los cuarenta años de su ministerio público. Parece que, desde el punto de vista de sus circunstancias, al profeta Jeremías le hubiera tocado en suerte una vida de más tristeza y menos alivio que la que le correspondió a cualquier otro, excepto que él contaba con su divino Señor.

Sus sufrimientos se pueden dividir en tres partes: los que él expresa en el libro de Lamentaciones, relacionados con la caída de Jerusalén; los relacionados con el asesinato de Gedalías, y con la huida a Egipto; y los que se refieren al exilio allí. Pero en medio de la salmuera de estas amargas experiencias, brotaba siempre un manantial de esperanza y paz.

1. La ciudad desolada. Es solo en los últimos años que ha surgido cualquier pregunta con respecto a la paternidad literaria del libro de Lamentaciones. La cueva en la cual se dice que las escribió Jeremías existe aún en el lado occidental de la ciudad. Es hoy el lugar de lamentación de los judíos, que se reúnen allí todos los viernes para recitar estas melancólicas palabras, las cuales tienen como de Jeremías. Aún permanecen allí unas cuantas de las piedras antiguas.

No hay ninguna buena razón, por tanto, para quitar al libro de Lamentaciones la paternidad literaria de Jeremías.

Por cuanto esto es así, ¡qué diluvio de luz cae sobre la escena de desolación cuando Nabuzaradán hubo completado su obra de destrucción, y las largas filas de cautivos iban ya lejos en camino hacia Babilonia! No tenemos medios para saber cuántos fueron al exilio. El número probablemente alcanzaría a varios millares, principalmente de las clases más ricas. solo fueron dejados los pobres del pueblo a fin de que cultivaran la tierra, de modo que esta no volviera a convertirse en un absoluto desierto. Pero la población quedó probablemente muy dispersa: unos pocos labriegos esparcidos en los sitios que habían estado llenos de multitudes.

La ciudad, que una vez estuvo atestada de gente, quedó solitaria. Había llegado a ser como una viuda. El fuego santo se extinguió en los altares; los peregrinos ya no atravesaban los caminos de Sion para asistir a las fiestas prescritas. Las puertas de la ciudad habían caído a tierra y sus casas habían sido vorazmente destruidas por el fuego. ¡Con cuánta frecuencia pasaría Jeremías gimiendo por en medio de las ennegrecidas ruinas!

2. El asesinato de Gedalías. Evidentemente Nabucodonosor y sus jefes habían estado muy bien informados sobre la condición de ciertas personas durante el sitio de Jerusalén, y el rey había dado instrucciones definidas a sus principales oficiales para que tomaran precauciones especiales en relación con la seguridad de Jeremías. Cuando la parte alta de la ciudad cayó en manos de ellos, enviaron y lo sacaron del patio de la cárcel; y fue llevado en cadenas junto con los otros cautivos a Ramá, unos ocho kilómetros al norte de Jerusalén.

En unas notables palabras que dirigió a Jeremías, el capitán de la guardia le reconoció la justicia retributiva de Jehová. Esa fue una de las muchas trazas de verdadera religión que les dieron tono y porte a estos hombres distinguiéndolos por completo de la categoría de paganos ordinarios. Estas fueron las palabras del capitán: «Jehová tu Dios habló este mal contra este lugar; y lo ha traído y hecho Jehová según lo había dicho; porque pecasteis contra Jehová, y no oísteis su voz, por eso os ha venido esto».

El capitán le quitó a Jeremías las cadenas que tenía en las manos, y le dio libertad para acompañar al resto del pueblo a Babilonia, o para ir a donde decidiera en cualquier parte del país. Pero, como parecía que Jeremías vacilaba en cuanto a la dirección que debía tomar, el general caldeo lo instó a que estableciera su hogar con Gedalías, para que fortaleciera sus manos y le concediera el beneficio de su consejo en la difícil tarea para la cual había sido designado. De este modo, otra vez se volvió del camino del descanso y la tranquilidad para tomar el rudo sendero del deber. Gedalías era nieto de Safán, el secretario del rey Josías, e hijo de Ahicam, el que había sido enviado a averiguar con la profetisa Hulda respecto al libro de la ley que acababa de hallarse. En una ocasión anterior la mano de Ahicam había rescatado a Jeremías de los nobles. Evidentemente toda la familia estaba atada con los vínculos más fuertes y tiernos al siervo de Dios, y estaba imbuida del espíritu de él y obraba según la política que él enunciaba. Gedalías había seguido constantemente estos principios; y a juicio de Nabucodonosor, estos principios hacían que él fuera el más apto para encomendarle las riendas del gobierno, y para ejercer alguna clase de autoridad sobre el remanente esparcido. A él, pues acudió Jeremías con las provisiones que se le habían asignado y con otras cosas que demostraban la estima con que los conquistadores lo habían tratado.

Durante un breve intervalo todo marchó bien. El nuevo gobernador estableció su residencia en Mizpa, una antigua fortaleza que Asa había erigido trescientos años antes para detener la invasión de Baasa. El pueblo estaba situado en una eminencia rocosa, pero el castillo tenía provisión de agua de un profundo pozo. Los soldados caldeos dieron la señal de autoridad y estabilidad al gobierno de Gedalías. El esparcido remanente de los judíos comenzó a mirar hacia Mizpa con esperanza. Los capitanes de las fuerzas que aún continuaban la resistencia, como bandas errantes, contra el conquistador, se apresuraron a jurar lealtad al representante del estado judío, y los judíos que habían huido a Moab, Edom, y a otros pueblos circundantes, regresaron de todos los lugares a los cuales habían sido empujados y acudieron a la tierra de Judá, a Gedalías, en Mizpa.

¡Qué feliz tuvo que haberse sentido Jeremías al ver este centro de orden que extendía su influencia a través del caos y de la confusión circundantes! ¡Y con qué anhelo tuvo que haber usado él toda la energía que poseía para ayudar en el establecimiento de la autoridad de Gedalías! Este bello sueño, sin embargo, se disipó rudamente, por el hecho de que Gedalías fue asesinado a traición. Parece que este hombre había sido eminentemente apto para ejercer este puesto. Lo mató Ismael, hijo de Netanías. En medio de la fiesta que el gobernador, sin sospechar nada, les ofrecía, lo mataron a espada, junto con todos los judíos que estaban con él y los soldados de la guarnición caldea. Un día después de eso, los asesinos que tenían las manos ensangrentadas, y aún tenían sed de sangre, mataron a setenta peregrinos que iban a llorar en medio de las ruinas de Jerusalén y a colocar ofrendas en el sitio donde estaba el altar arruinado. Ismael llenó de muertos la profunda cisterna del castillo. Poco después, se llevó a las hijas del rey y a todo el pueblo que se había reunido en torno a Gedalías, y se marchó con ellos hacia la corte de Baalis, el rey de los hijos de Amón, quien era un cómplice en esta conspiración. Eso fue una amarga desilusión; y para ninguno debe haber sido más punzante el dolor que para Jeremías.

El mismo pueblo parece haberse desanimado, pues aunque Johanán y otros de los capitanes de las bandas errantes persiguieron a Ismael, y libraron de sus manos a todos los cautivos que había tomado, y recuperaron a las mujeres y a los niños, sin embargo, ninguno de ellos se atrevió a regresar a Mizpa; sino que como ovejas sin pastor perseguidas por los perros, empujados, embarrados, jadeantes, y aterrados, resolvieron abandonar su tierra y retirarse hacia el sur, con la intención de huir hacia la tierra de Egipto, país con el cual, durante los últimos días de su historia nacional, habían mantenido estrechas relaciones.

Llevaron consigo a Jeremías. Confiaban en sus oraciones y en su veracidad, puesto que sus predicciones habían sido corroboradas muy a menudo por los hechos. Ellos sabían que él gozaba de alta estima en la corte de Babilonia. Creían que sus oraciones prevalecerían delante de Dios. Y, por tanto, lo consideraban como escudo y defensa. Habiendo hecho un alto en Gerutquimam, el pueblo debatió sinceramente si debieran continuar más hacia el sur o regresar. También acudieron a Jeremías y le pidieron que se entregara a la oración. Manifestaron su disposición a ser guiados enteramente por la voz de Dios, aunque probablemente no lo decían con sinceridad; de hecho, estaban determinados a entrar en Egipto.

Jeremías se entregó durante diez días a la oración. Luego le vino la palabra del Señor, y convocó al pueblo en torno a sí para declarársela. En nombre del Altísimo, él dijo: «Si os quedareis quietos en esta tierra, os edificaré, y no os destruiré; os plantaré y no os arrancaré; ...no temáis de la presencia del rey de Babilonia, ... porque con vosotros estoy yo para salvar los y libraras de su mano». Si, por otra parte, ellos persistían en ir a la tierra de Egipto, serían destruidos a espada, de hambre y de pestilencia, y nunca volverían a ver su tierra nativa. Parece que mientras él les hablaba estaba tristemente conscientes de que durante los diez días que había dedicado a la intercesión a favor de ellos, la predisposición de ir a Egipto había estado creciendo, y de que sus palabras no harían nada para detener el fuerte impulso que los llevaba hacia allá.

Y así ocurrió. Cuando hubo terminado de hablar, los principales lo acusaron de hablar falsamente y de pervertir la palabra divina. Así que este aterrado pueblo prosiguió su marcha hacia Egipto, y se estableció en Tafnes, pueblo que se hallaba a dieciséis kilómetros dentro de la frontera. Casi el último ingrediente en la copa de amargura de Jeremías, tiene que habérselo ofrecido esta pertinaz obstinación.

3. Egipto. Su vida de protesta no había terminado aún. Tan pronto como el pueblo se estableció en su nueva residencia, Jeremías se sintió dirigido a tomar grandes piedras en su mano y colocarlas debajo de la argamasa en alguna obra de ladrillos que se estaba construyendo a la entrada del palacio de Faraón en Tafnes. «Así ha dicho Jehová de los ejércitos, Dios de Israel ──les dijo──: He aquí yo enviaré y tomaré a Nabucodonosor rey de Babilonia, mi siervo, y pondré su trono sobre estas piedras que he escondido y extenderá su pabellón sobre ellas. Y vendrá y asolará la tierra de Egipto; los que a muerte, a muerte, y los que a cautiverio, a cautiverio, y los que a espada, a espada. Y pondrá fuego a los templos de los dioses de Egipto y los quemará, y a ellos los llevará cautivos; y limpiará la tierra de Egipto, como el pastor limpia su capa». También les dijo que los obeliscos de Heliópolis arderían. Que haber llegado allí, por tanto, no era escapar del terrible enemigo sino lanzarse en sus brazos.

Algunos años deben de haber transcurrido, de los cuales no tenemos ningún documento. Durante ellos el gran rey estaba empeñado en el sitio de Tiro y, por tanto, no podía proseguir sus planes contra Faraón. Durante este tiempo, los judíos se esparcieron por una amplia extensión de territorio, de tal modo que se formaron colonias tanto en el Alto Egipto como en el Bajo Egipto, todas las cuales llegaron a infectarse profundamente con las idolatrías y las costumbres que prevalecían alrededor de ellos. A pesar de todas las amargas experiencias que les habían sobrevenido como consecuencia de su culto idolátrico, ellos quemaban incienso a los dioses de Egipto, y repitieron las abominaciones que habían traído tal desastre y sufrimiento a su nación.

Por tanto, aprovechando una gran convocación con motivo de una fiesta idolátrica, les advirtió sobre el inevitable destino que los alcanzaría en Egipto, tal como el que les había sobrevenido en Jerusalén. El fiel profeta les dijo que Dios los castigaría « ...con espada, con hambre y con pestilencia. Y del resto de los de Judá que entraron en la tierra de Egipto para habitar allí, no habrá quien escape, ni quien quede vivo para volver a la tierra de Judá ...para habitar allí».

Luego se produjo un serio altercado. Indignados, los hombres protestaron que ellos continuarían ofreciendo incienso a la reina del cielo, como lo habían hecho en las calles de Jerusalén; e incluso atribuyeron los males que les habían sobrevenido al hecho de que habían discontinuado esa costumbre. Jeremías, por otra parte, ya con la cabeza gris por la edad, y con la cara desfigurada por el sufrimiento, no vaciló en insistir, en el nombre del Dios a quien él servía tan fielmente, en que los sufrimientos del pueblo no se debían a que ellos no habían continuado su idolatría sino a que habían persistido en sus ritos inmundos. A continuación predijo que Egipto sería invadido por Nabucodonosor. Esto ocurrió en 568 a.C., y dio como resultado, según nos lo dice Flavio Josefo, que el remanente de judíos que, contra el consejo de Jeremías, había huido allí en busca de refugio, fue llevado a Babilonia. Así se demostró cuál palabra prevalecería: la de Dios o la de ellos.

Por medio de todas estas amargas y dolorosas experiencias el alma de Jeremías se aquietó como un niño recién destetado. Él miraba hacia la distancia, más allá de la cortina de los años, y veía la expiración de la sentencia de cautiverio; el regreso de su pueblo; la reconstrucción de la ciudad; la condición santa y bendita de sus habitantes; el glorioso reinado del Renuevo, el vástago del tronco de David; el Nuevo Pacto, antes el cual el antiguo se desvanecería. Por tanto, sus días probablemente no fueron todos oscuros, sino resplandecientes con los primeros rayos del Sol de Justicia.

Si alguno, cuya vida ha sido adornada como la de Jeremías con cortinajes de matiz sombrío, lee estas palabras, sepa que a nadie se acerca más el Infinito que ante aquellos que están severamente quebrantados en la rueda de la aflicción. solo cuando caemos a la tierra y morimos, dejamos de estar solos, y comenzamos a dar mucho fruto. No trate usted de sentirse resignado: busque resignación. Sométase usted mismo bajo la poderosa mano de Dios. Si no puede decir ninguna otra cosa, llene sus noches y sus días con las palabras que se expresan en el siguiente clamor o sollozo: «No se haga mi voluntad, sino la tuya». Nunca dude del amor de Dios. No suponga, ni por un momento, que él lo ha olvidado o abandonado.

La Escritura no dice nada acerca de la muerte de Jeremías. No podemos decir si ocurrió, como lo afirma la tradición cristiana, mediante lapidación en Egipto, o si exhaló su alma mientras disfrutaba del fiel cuidado de Baruc, en alguna tranquila cámara mortuoria.

¡Pero con cuánta alegría cerró los ojos el profeta al naufragio en que el pecado había sumido al pueblo escogido, para luego abrirlos en la tierra donde no hay pecado, ni muerte; donde ni la visión ni el sonido de la guerra pueden interrumpir el reposo perfecto! ¡Qué apariencia de sorpresa y arrobamiento tuvo que haber iluminado aquel rostro cansado, expresión de la última visión alegre del alma al pasar del cuerpo corruptible, desgastado y fatigado a causa del largo conflicto, para oír las palabras: Bien hecho y la bienvenida de Dios!

JUAN EL BAUTISTA: EL PRECURSOR

1
EL INTERÉS DE SU BIOGRAFÍA

La estrella de la mañana es el emblema más adecuado que la naturaleza puede ofrecer del heraldo que proclamó la salida del Sol de justicia. Esta era la respuesta, luego de un lapso de trescientos años, a otro profeta, Malaquías, quien había predicho la salida de ese Sol de justicia con salvación en sus alas.

Todas las señales dan testimonio de la gloria única y singular de Juan el Bautista. Esto no quiere decir que su carrera se caracterizara por la llamarada de los prodigios y los milagros, pues se nos dice expresamente que «Juan, a la verdad, ninguna señal hizo». Tampoco quiere decir que él fuera un maestro de excelente elocuencia, como la de Isaías o la de Ezequiel; pues él se conformó con ser solo «una voz»: tersa, conmovedora, que penetraba en la oscuridad, que resonaba en los llanos del desierto. Sin embargo, su Señor dijo acerca de él que «Entre los que nacen de mujer no se ha levantado otro mayor que Juan el Bautista» (Mateo 11:11). Y en seis breves meses el joven profeta del desierto se había convertido en el foco al cual acudía toda la nación. Vemos a los fariseos y a los saduceos, a los soldados y a los publicanos cautivados todos por su predicación. El Sanedrín se vio obligado a investigar sus declaraciones. Su fama e influencia jamás cesarán.

Pero hay un rasgo más: Juan fue escogido para ser «la grapa» que uniera los dos pactos. En él alcanzó el judaísmo su más alta encarnación, y el Antiguo Testamento halló su más noble exponente. Es significativo, por tanto, que el que agarró la antorcha de la profecía hebrea con un dominio y un espíritu que no tuvo rival alguno antes de él, tuviera en su poder y en su corazón la facultad de decir en efecto lo siguiente: «El objeto de toda profecía, el propósito de la ley mosaica, el fin de todos los sacrificios, el deseado de todas las naciones, está cerca». Juan y el Señor nacieron en los mismos días; desde el nacimiento estuvieron rodeados por circunstancias similares; desde los primeros días de su vida tuvieron las mismas aspiraciones patrióticas, las mismas tradiciones sagradas, las mismas esperanzas brillantes.

En ambos la vida fue breve y cargada de tensión. Cada uno inauguró una época; la de Juan llevó seis meses; la del Señor, tres años.

Uno y otro despertaron abundante entusiasmo al principio; pero también cosecharon odio escondido de parte de su mundo religioso contemporáneo. En cada caso, las breves horas brillantes de servicio fueron seguidas de las nubes tormentosas, y estas por la asesina tempestad del odio mortal o sea, la muerte. Cada uno de ellos tuvo un pequeño puñado de discípulos desprendidos que lamentaron amargamente la muerte de su maestro, tomaron su cadáver maltrecho y lo colocaron en una tumba.

Ahí termina el paralelo. El propósito de la vida de uno de ellos culminó en su muerte; en el otro, con la muerte solo comenzó. Cuando el hacha del verdugo de Herodes hubo cumplido su obra mortal en los calabozos de Maqueronte, también se cortó el vínculo que unía a Juan con sus discípulos. Estos fueron absorbidos en el grupo de seguidores de Cristo. Pero cuando los soldados romanos pensaron que habían terminado su obra, los discípulos de él se reunieron en el aposento alto, y allí continuaron durante más de cuarenta días hasta que descendió sobre ellos el Espíritu Santo y los transformó en la más vigorosa organización que este mundo haya visto jamás.

La influencia de Juan en el mundo ha menguado, pero Jesús es el Rey de las edades. Juan fue entonces, «antorcha que ardía y alumbraba», levantada por un momento a lo lejos en la oscuridad, pero Jesús es esa luz.

Leer las páginas serenas e idílicas de los evangelios sin algún conocimiento paralelo de su historia contemporánea es perder una de sus lecciones más importantes: que tal piedad y beneficencia se proclamaran en medio de una época en extremo explosiva y peligrosa.

Herodes, astuto, cruel, sensual, arrogante y magnífico, ocupaba el trono. El espléndido templo que llevaba su nombre era el escenario del servicio sacerdotal y de los ritos sagrados. Las grandes fiestas nacionales de la Pascua, los Tabernáculos, y el Pentecostés se celebraban con solemne pompa y atraían grandes multitudes procedentes de todo el mundo. Por todo el país había sinagogas, mantenidas con exquisito cuidado, donde multitud de escribas estaban dedicados constantemente a un estudio microscópico de la ley y a enseñarla al pueblo. En ingresos, atención al pueblo, y aparente devoción, ese período no había sido superado en los días más florecientes de Salomón o de Ezequías. Pero por debajo de la superficie prosperaba la más grosera, inmunda, y desenfrenada corrupción.

La anciana pareja que vivía en las montañas de Judea, al igual que María y José en Nazaret, tienen que haber gemido bajo la agobiante opresión con que Herodes extorsionaba a las clases más pobres para amasar los inmensos ingresos que luego derrochaba en palacios y fortalezas y en la fundación de nuevas ciudades. Para aquellos corazones fieles que esperaban la redención de Israel, las siguientes noticias tuvieron que haber llegado como sucesivos golpes de angustia: que Herodes estaba introduciendo por todas partes costumbres y juegos gentiles; que él se había atrevido a colocar el águila romana en la entrada principal del templo; que había saqueado el sepulcro de David; que había anulado el gran concilio de la nación; que sus principales religiosos, tales como Caifás y Anás, estaban dispuestos a tolerar los crímenes del poder secular mientras estuvieran garantizados su prestigio y alguna compensación; que la independencia nacional por la cual habían luchado Judas y sus hermanos durante las guerras de los Macabeos, rápidamente estaba siendo entregada a los pies de Roma, la cual estuvo más que dispuesta a aprovecharse del caos que se produjo inmediatamente después de la espantosa muerte de Herodes, Estas cosas deben de haber colmado de angustia a aquellos que aguardaban con puros corazones la redención de Israel, aun así, hacían sus viajes anuales a Jerusalén, y participaban en las grandes convocaciones que, por su esplendor externo, eclipsaban los recuerdos del pasado; pero ellos comprendían que la gloria se había retirado. Cuando terminaban las fiestas, estos piadosos corazones regresaban a sus hogares situados en las montañas, y contra su voluntad apartaban la última mirada de la bella ciudad, mientras pronunciaban un lamento: «¡Oh Jerusalén, Jerusalén!»

La hora más oscura es la que precede al alba, y precisamente en este momento de la historia, aquellos que vigilaban y esperaban tuvieron que haber estudiado con más anhelo las predicciones del Antiguo Testamento. No podía haber duda de que el Mesías estaba cerca. La expectación de un Rey estaba penetrando aun en el mundo gentil. Las sibilas en sus escritos antiguos, los anacoretas en sus celdas secretas, los magos que estudiaban las glorias deslumbrantes de los cielos orientales, habían llegado a la conclusión de que el Rey estaba cerca y que volvería a traer la edad de oro.

Y así aquellas almas leales y amorosas deben de haber pensado que el advenimiento del Señor estaba cerca, que su mensajero tenía que estar aun más cerca, En cualquier momento podría oírse una voz que clamara: « ...allanad, allanad la calzada, quitad las piedras, alzad pendón a los pueblos ... Decid a la hija de Sion: He aquí viene tu Salvador» (Isaías 62:10, 11). Esas esperanzas se cumplieron cuando nació Juan el Bautista.

2
LA CASA DE ZACARÍAS
Lucas 1

Al evangelista Lucas debemos los detalles de las circunstancias que rodearon la entrada de Juan el Bautista en el mundo. ¿De cuáles fuentes obtuvo el tercer evangelista esta información? ¿Por qué no atribuírselas a María? María había guardado todas estas cosas, y meditaba en su corazón en aquellas circunstancias que habían dejado una impresión tan indeleble en su vida.

La historia de Juan el Bautista fue una parte tan clara de la de Jesús, que María difícilmente podría recordar la una sin recordar la otra. Y además, como dijo el ángel, Elisabet era parienta de ella —tal vez prima hermana—, a quien ella naturalmente acudió en la hora de su virginal asombro y arrobamiento. Aunque María era muy joven, estaba unida a su parienta con un vínculo muy tierno, y fue simplemente natural que lo que le había ocurrido a Elisabet la impresionara a ella casi tan profundamente como sus propias experiencias memorables. Así que es posible que estos detalles sobre la casa de Zacarías los hayamos obtenido de los labios de la madre de nuestro Señor.

1. Los tranquilos de la tierra. Dios ha tenido siempre su reserva de almas. Mientras el mundo se ha rasgado por la división y la guerra, devastado por el fuego y la espada, y se ha derramado la sangre de los hombres, esas almas han oído el llamamiento del Señor a la puerta de su vida.

Fue así evidentemente en los días de este relato. La oscuridad cubría la tierra, y espesas tinieblas se cernían sobre el pueblo. Las infames crueldades del astuto y sanguinario Herodes, estaban en su apogeo. Presa de terror, la gente se preguntaba hasta dónde llegarían sus crímenes. Los sacerdotes le estaban sometidos. Todo el orden social parecía estar en desarreglo. Teudas y Judas de Galilea, a quienes mencionó Gamaliel, no eran más que bandidos en función de caudillos, que provocaron una revuelta para saquear los distritos rurales con el fin de sostener a sus seguidores.

No debe, pues, sorprender el hecho de que el remanente piadoso se reuniera en pequeños grupos y se retirara a apartados escondites para consolarse en Dios. La tenebrosa situación no hacía sino estimular en ellos el anhelo de estudiar aún más las predicciones de sus profetas hebreos, y el deseo de que se cumplieran.

No estamos sacando de nuestra imaginación la descripción de estos fieles vigilantes que esperaban que apareciera la Estrella matutina. Esta descripción aparece gráficamente en todos sus detalles en el relato evangélico. Ahí estaba Simeón, justo y devoto, a quien el Espíritu Santo había revelado que no vería la muerte antes que viera al Ungido del Señor; y Ana, la profetisa, quien no se apartaba del templo, adorando con ayunos y súplicas noche y día. Ahí estaba el honrado Natanael, un verdadero israelita; y María, la doncella campesina; y por último, pero no de menos importancia, estaban Zacarías y su esposa Elisabet, quienes «Ambos eran justos delante de Dios y andaban irreprensibles en todos los mandamientos y ordenanzas del Señor» (Lucas 1:6).

Esta actitud de espíritu, que insiste en lo invisible y eterno, que cuenta con que el Hijo de Dios mora en el individuo por la fe, y que reflexiona profundamente sobre los pecados y dolores del mundo alrededor, es el temple de mente donde se conciben las grandes obras para la causa de Dios en la tierra. Las Marías que se sientan a los pies de Cristo se levantan temprano a ungirlo para la sepultura. Los que esperan en Dios renuevan sus fuerzas. El mundo los pasa por alto; pero de pronto aparece uno que, como Juan el Bautista, abre un nuevo capítulo en la historia de la humanidad y acelera la venida de Cristo.

2. Los padres del precursor. El viajero que acaba de cruzar la desolada región que va del Sinaí a la frontera sur de Palestina —un desierto ardiente—, ve ante sí una larga fila de montañas que indican el comienzo de «la montaña» de Judea (Lucas 1:39). Un viajero moderno ha reconocido entre estas alturas un sitio llamado Juttah, la aldea donde vivieron Zacarías el sacerdote y su mujer Elisabet.

A juzgar por sus nombres, podemos inferir que sus padres habían sido personas piadosas. Zacarías significa el recuerdo de Dios, como si hubiera de ser un perpetuo recuerdo para los demás de lo que Dios había prometido, y para Dios de lo que ellos esperaban de su mano. Elisabet significa el juramento de Dios, como si su pueblo estuviera acudiendo perpetuamente a aquellas promesas del pacto en que, puesto que Dios no podía jurar por uno más grande, juró por Sí mismo.

Zacarías era un sacerdote «de la clase de Abías». Dos veces al año viajaba a Jerusalén para cumplir su oficio, durante una semana de seis días y dos días de reposo. En aquel tiempo, según nos lo dice Josefo, había más de 20.000 sacerdotes en Judea. El carácter general del sacerdocio estaba contaminado a fondo por la corrupción de su tiempo, y como clase, eran ciegos que guiaban a ciegos. Sin embargo, muchos evidentemente eran sinceramente religiosos, pues leemos que, después de la crucifixión, «muchos de los sacerdotes» creyeron en Cristo y se unieron a sus seguidores. En esta clase, por tanto, tenemos que contar a Zacarías, quien junto con su esposa, la cual era de las hijas de Aarón, se describen como «justos delante de Dios».

Por el uso adecuado y abundante de citas de la Escritura en el canto de alabanza de Zacarías, es evidente que en aquel hogar de las montañas se estudiaba y se reverenciaba la Biblia; y tenemos el testimonio del ángel de que sus oraciones ascendían día y noche. Todas estas cosas nos dicen que eran creyentes intachables hijos de Dios sin mancha en medio de una generación torcida y perversa.

Pero vivían bajo la sombra de un gran dolor: «No tenían hijo, porque Elisabet era estéril, y ambos eran ya de edad avanzada». Casi parecía cierto que su familia pronto se extinguiría y sería olvidada; y que de ninguna manera podrían ellos llegar a ser progenitores del Mesías, como era el anhelo que acariciaba todo padre hebreo.

Ellos ¡«no tenían hijo»!, por tanto, se consideraban como personas a las cuales Dios miraba con desagrado; especialmente la mujer, quien sentía que ese reproche caía sobre ella, en su posterior exclamación: «Así ha hecho conmigo el Señor en los días en que se dignó quitar mi afrenta entre los hombres» (Lucas 1:25).

3. El anuncio del ángel. En un otoño memorable, Zacarías salió de su hogar para ir al templo a cumplir su servicio sacerdotal. Allí se alojaría en los claustros y pasaría sus días en el atrio de más adentro, al cual no podía entrar nadie sino solo los sacerdotes con sus vestiduras de oficio. Entre los diversos deberes sacerdotales, ninguno se tenía en tan alta estima como la ofrenda del incienso, la cual se presentaba por la mañana y al anochecer en un altar especial de oro en el Lugar Santo, en el tiempo de la oración. «Y toda la multitud del pueblo estaba fuera orando a la hora del incienso». Tan honorable era este oficio que se fijaba por medio de suertes, y a nadie se le permitía que lo realizara dos veces. solo una vez en la vida se permitía al sacerdote rociar el incienso sobre los carbones encendidos que un ayudante ya había traído desde el altar del holocausto, y esparcir sobre el altar del incienso que estaba delante del velo.

Las trompetas de plata habían sonado. El humo del sacrificio de la tarde iba ascendiendo. Los adoradores que atestaban los diferentes atrios, colocados fila tras fila, estaban entregados a la oración en silencio. El sacerdote ayudante se había retirado; y Zacarías. por primera y única vez en su vida, estaba solo en el santo altar, mientras el incienso que se había esparcido sobre las ardientes ascuas se elevaba en fragantes nubes, envolviendo y cubriendo con su velo los objetos que estaban alrededor. Aquello simbolizaba el ascenso de las oraciones e intercesiones, no solo de su propio corazón sino también de los corazones de su pueblo, a la presencia de Dios. ¡Qué letanía de oración se derramó de su corazón! Por Israel, para que el pueblo escogido fuera liberado de sus cadenas; por la causa religiosa, para que hubiera un avivamiento; por las multitudes que estaban fuera, para que Dios oyera las oraciones que estaban haciendo hacia el santuario; y tal vez por Elisabet y por él mismo para que, si fuera posible, Dios oyera la oración de ellos, y si no, que les concediera sobrellevar con paciencia su honda tristeza.

«Y se le apareció un ángel del Señor puesto en pie a la derecha del altar del incienso». Notemos lo minucioso del relato. No podía haber equivocación. Él estaba de pie, y a la derecha. Era Gabriel, quien está en la presencia de Dios, quien había sido enviado para hablarle y declararle las magníficas noticias de que su oración había sido oída; que su esposa daría a luz un hijo que se llamaría Juan. Este sería nazareo desde su nacimiento, heredaría el espíritu y el poder de Elías, e iría delante de Cristo para prepararle el camino.

Zacarías se demoraba mucho en el templo, ¡y no era para menos!, Al fin salió, pero cuando comenzó a pronunciar la bendición acostumbrada, sus labios guardaron silencio. Él hizo señas y extendió los brazos en actitud de bendición, pero ese día no cayó bendición sobre los rostros de la multitud vueltos al cielo. Zacarías continuó haciendo señas, pues no podía hablar. Había quedado mudo por cuanto dudó de la posibilidad de lo que el ángel había prometido. Mudo, para que aprendiera en silencio la plenitud de los propósitos de Dios, y los expresara luego a través de un canto.

Con la luz de esa gloria en el rostro, y con aquellas dulces notas del «No temas» que resonaban en su corazón, Zacarías continuó cumpliendo los deberes de su ministerio, y cuando terminó su trabajo se marchó a su casa. Pero ese día fue recordado durante largo tiempo por el pueblo.

3
SUS ESCUELAS y SUS MAESTROS
Lucas 1

Zacarías y Elisabet probablemente ya casi habían dejado de orar por un hijo, o de insistir en el asunto. Sentían que era inútil orar más al respecto. No habían recibido ninguna señal del cielo que les hiciera pensar que había alguna posibilidad de que su oración fuera contestada, y la naturaleza parecía corroborarlo con su no definitivo. De repente el ángel de Dios irrumpió en la rutina de sus vidas y les dio la seguridad de que no había por qué temer y de que su oración había sido oída.

Cuando el anciano sacerdote llegó a su hogar, por medio de una tablilla en que escribía informó a su mujer sobre todo lo que había ocurrido, incluso el nombre que el niño habría de llevar. Parece que por lo menos ella no tuvo ninguna dificultad en aceptar la promesa divina, y durante cinco meses de reclusión alimentó en su corazón grandes y significativos pensamientos, con la fe y la oración de que su hijo llegaría a ser todo lo que ese nombre debía significar: el don de Jehová. Elisabet fue también la que reconoció que María era la madre de su Señor, y la saludó como bendita entre las mujeres, y le aseguró que se cumplirían las cosas que se le habían prometido.

Pasaron los meses, uno tras otro, pero Zacarías no oía ni hablaba. Sus amigos tenían que hablarle por señas. ¡Qué diferente esta espera de la bienaventuranza que en el mismo caso experimentó la joven parienta de su esposa, quien creyó lo que le dijo el mensajero celestial! Evidentemente él era un buen hombre y estaba bien versado en la historia de su pueblo. Él podía creer que cuando Abraham y Sara ya estaban viejos les había nacido un hijo; pero no podía creer que tal bendición le pudiera venir a él.

Durante todo el tiempo que el afligido aunque esperanzado sacerdote pasó en su celda de silencio, imposibilitado de comunicarse con el mundo externo, su espíritu se estaba cargando de una santa emoción que esperaba la primera oportunidad para expresarse. Al fin llegó tal oportunidad. Su humilde morada se hallaba un día atestada con un excitado grupo, de parientes y amigos. Se habían reunido para felicitar a la anciana pareja, para realizar el rito inicial del judaísmo, y para ponerle nombre al infante que estaba en los brazos de su madre.

Estaban perplejos por el hecho de que la madre insistía en que el nombre del bebé debía ser Juan —ninguno de la familia había tenido ese nombre—, y acudieron a su padre, quien con mano temblorosa escribió en la cera que estaba sobre la tablilla su veredicto. «Juan es su nombre». Tan pronto como él hubo roto el grillo de hierro de la incredulidad mediante este reconocimiento del cumplimiento de las palabras del ángel, «fue abierta su boca y suelta su lengua, y habló bendiciendo a Dios. Y se llenaron de temor todos sus vecinos; y en todas las montañas de Judea se divulgaron todas estas cosas. Y todos los que las oían las guardaban en su corazón, diciendo: ¿Quién, pues, será este niño?»

«Y el niño crecía, y se fortalecía en espíritu». «Y la mano del Señor estaba con él».

Hubo varias influencias que operaron en el desarrollo de esta joven vida.

1. La escuela del hogar.

a. *Su padre era un sacerdote.* Lo primero que se le grabó a Juan en la mente fue la frecuente ausencia de su padre en el cumplimiento de sus deberes sacerdotales; y cuando el padre regresaba, ¡con cuánto interés oía el muchacho todo lo que él contaba que había ocurrido en la ciudad santa! No fue extraño que, años más tarde, cuando él vio a Jesús que venía hacia él, lo señalara y dijera: «He aquí el cordero de Dios», pues desde el principio su mente joven había estado saturada con los pensamientos del sacrificio.

Cuando tuvo edad suficiente, sus padres lo llevaron a uno de los grandes festivales donde, en medio de las multitudes que se apiñaban, sus ojos de muchacho se abrieron por primera vez para contemplar el majestuoso templo, el orden y las vestimentas de los sacerdotes, la pompa solemne de las ceremonias levíticas. Su joven corazón se dilató y latió con admiración y orgullo. ¡Cuán lejos estaba entonces de prever que su ministerio sería el primer paso para que todo aquello fuera enteramente destruido!

A él también se le enseñaron minuciosamente las Sagradas Escrituras. Como más tarde el joven Timoteo, él las conoció desde temprana edad. El canto de Zacarías exhibe una familiaridad vívida y correcta con las profecías y con la fraseología de las Escrituras. Cuando los felices padres se las recitaban a su hijo se grababan en la mente infantil con impresionantes referencias personales. Qué no hubiéramos dado por oír a Zacarías cuando le citaba a su hijo Isaías 40 y Malaquías 3, y verlo cuando le decía al muchacho que tenía sobre las rodillas: «Estas palabras se refieren a ti». «Y tú, niño, profeta del Altísimo serás llamado; porque irás delante de la presencia del Señor, para preparar sus caminos».

Luego él procedería a contarle la maravillosa historia del nacimiento de su pariente en Belén y de cómo estaba creciendo en gracia en Nazaret. Luego el padre le contaría otro tanto de la historia de los crímenes de Herodes, y de su gobierno opresivo, todo lo que el muchacho pudiera entender. Y le explicaría que pronto habría: «Salvación de nuestros enemigos, y de la mano de todos los que nos aborrecieron». Y esta joven alma se conmovería con las esperanzas que estaban brotando en botón y tan a punto de convertirse en flor.

Algunas veces, cuando salían los dos muy de mañana, y veían los primeros fulgores del día, el padre le decía: «Juan, ¿ves la luz que está asomando sobre las montañas? Lo que esa aurora es para el mundo, tu primo Jesús de Nazaret lo será para las tinieblas del pecado. Mira tu destino, hijo mío. Yo ya estoy viejo, y no viviré para verte en la fuerza del mediodía; pero tú brillarás solo por breve tiempo, y luego menguarás, mientras él crecerá desde el leve resplandor de la aurora hasta que el día sea perfecto. «Y quizás habría respondido el niño: «Sí, padre, lo entiendo; pero, estaré satisfecho con solo preparar el camino del Señor».

b. *También hubo relaciones con el campo circundante.* Con frecuencia se le narraba la historia de Abraham en las proximidades de la sagrada cueva de Macpela. La carrera de David no podía ser desconocida para un joven que podía llegar de manera fácil a las guaridas donde había estado el pastor salmista. Y la historia de los Macabeos tuvo que haber conmovido su alma, cuando sus padres le volvían a contar las hazañas de Judas y sus hermanos, con las cuales habían revivido en gloriosa explosión la fe y la bravura de los hebreos.

2. La escuela del voto nazareo. El ángel que anunció su nacimiento predijo que él no bebería vino ni sidra desde su nacimiento, pero que sería lleno del Espíritu Santo. «Porque vino Juan —dijo nuestro Señor—, que ni comía ni bebía» (Mateo 11:18). Esta abstinencia de todos los estimulantes era una señal distintiva de los nazareos, juntamente con la cabellera que nunca se les cortaba y el hecho de que se cuidaban mucho de no tener contacto con los muertos. El nazareo se mantenía, de manera peculiar, entregado al servicio de Dios.

—Mamá, ¿por qué yo tengo mi cabello tan largo? Nunca me lo has cortado como lo hacen las madres de otros niños.

—No hijo mío —contestó con orgullo y alegría—; no tendrás que cortártelo nunca mientras vivas: eres un nazareo.

—Mamá, ¿por qué yo no puedo probar las uvas? Los muchachos dicen que son agradables y dulces. ¿No las puedo probar en la próxima vendimia?

—No, nunca —respondió la madre—, nunca debes tocar el fruto de la vid: eres un *nazareo.*

Y si, al ir caminando por la vía pública, veían un hueso que hubiera dejado algún perro hambriento, o algún pajarilla que hubiera caído muerto a tierra, y el muchacho se acercaba a cualquiera de los dos, la madre lo retraería hacia ella, y le diría: «Nunca debes tocar algo muerto. Si tu padre o yo morimos junto a ti, no debes movernos del lugar, sino que debes pedir ayuda. Recuerda siempre que tú estás separado para Dios».

Todo esto daba dirección y propósito a los pensamientos y a las esperanzas del joven. Él comprendía que había sido separado para una gran misión en la vida. Se ejercitaría en restricción y adquiriría dominio propio.

En cada uno de nosotros está el voto de separación, por razón de nuestra unión con el Hijo de Dios, quien fue santo, inocente, sin mancha, y apartado de los pecadores. Su muerte en la cruz estableció una real separación entre sus seguidores y el resto de los hombres. Aquellos están crucificados al mundo y el mundo está crucificado a ellos. No probemos los goces intoxicantes en que se deleitan los hijos del presente siglo. No tengamos comunión con las obras infructuosas de las tinieblas, sino salgamos de ellas y separémonos, sin tocar lo inmundo.

Cuando apartamos de nosotros todo lo que perjudica nuestra propia vida o las vidas de otros, tengamos mucho cuidado de discernir bien, sin exagerar ni atenuar nada. Cristo vino a santificar toda la vida. Los discípulos no han de ser quitados del mundo sino guardados del mal. Los instintos naturales no deben ser aniquilados sino transformados.

Este es el gran contraste entre el Bautista y el Hijo del Hombre. El nazareo pensaba que era un pecado contra la ley de su vocación y de su oficio el tocar cualquier cosa relacionada con la vid. Cristo comienza sus señales con el milagro en que cambió el agua en vino, aunque de una clase inocua, para una boda de campesinos en Caná de Galilea. Juan hubiera perdido su santidad si hubiera tocado cuerpos de muertos, o la carne de un leproso. Cristo tocó un féretro, pasó sus manos sobre la carne insensible de un leproso y se paró junto a la tumba de su amigo. Así alcanzamos a captar una vislumbre del significado de las palabras de nuestro Señor cuando afirma que, aunque Juan era el mayor de los hijos de las mujeres, sin embargo, el menor en el reino de los cielos es mayor que él.

3. Hubo también la escuela del desierto. «Y el niño ... estuvo en lugares desiertos hasta el día de su manifestación a Israel». Probablemente Zacarías y Elisabet murieron siendo Juan todavía muy joven. Pero el joven ya había llegado a la adolescencia, y podía cuidarse a sí mismo. «Y la mano del Señor estaba con él».

Guiado por el impulso de esa mano dejó el pequeño hogar donde había visto la luz del día, y donde pasó años felices, y se separó de la convivencia habitual de los hombres tal vez casi sin saber adónde ir. Un impetuoso desasosiego agitaba su alma.

Sin padre ni madre, sin hermanos ni hermanas, se encaminó solitario hacia el desierto grande y terrible de Judea, el cual es tan desolado que los judíos lo llamaban la abominación de la desolación. Cuando Jesús estuvo allí, unos dos o tres años más tarde, no halló nada que comer; las piedras que lo rodeaban se burlaban del hambre que tenía; y no tuvo compañía, excepto la de las bestias salvajes.

En este desierto grande y terrible, Juan se sostuvo comiendo langostas —insectos parecidos a la cigarra, grandemente estimados por los nativos del lugar— y miel silvestre, la cual abundaba en las grietas de las rocas. En cuanto a la ropa, se conformaba con un manto de pelo de camello, como los que aún hacen las mujeres árabes, y un cinto de cuero alrededor de la cintura. Una cueva, como aquella en que David y sus hombres con frecuencia buscaron refugio, le era suficiente como hogar, y el agua de los manantiales que bajaban en torrente hacia el mar Muerto le servía de bebida.

¿Nos causa admiración que con tal régimen alimenticio llegara a ser fuerte? En la soledad y en el aislamiento donde nos encontramos con Dios, llegamos a ser fuertes. Los hombres fuertes de Dios rara vez están cubiertos con vestimentas suaves, ni se hallan en las cortes de los reyes.

Sí, y hay además una fuente de fortaleza. El que está lleno del Espíritu y es enseñado por él, como Juan, se fortalece con poder en el hombre interior. Todas las cosas son posibles para el que cree. Los que conocen a Dios son fuertes y hacen grandes cosas.

4
EL PROFETA DEL ALTÍSIMO
Lucas 1

«Ytú, niño, profeta del Altísimo serás llamado». Estas palabras se las dirigió Zacarías a su hijo, estando rodeado de un grupo de asombrados vecinos y amigos. ¡Qué emoción de éxtasis vibraba en sus palabras! Un largo período, que se ha calculado en cuatrocientos años, había transcurrido desde que el último gran profeta hebreo había pronunciado las palabras del Altísimo. De ahí hacia atrás, hasta los días de Moisés, había habido una larga sucesión de profetas. Y las catorce generaciones durante las cuales había estado discontinuado el ministerio de los profetas habían transcurrido fatigosamente. Pero ahora revivía la esperanza, pues la voz del ángel había proclamado el advenimiento de un profeta. Nuestro Señor corroboró sus palabras cuando dijo que Juan había sido un profeta, y algo más.

Se dice que la palabra hebrea que se tradujo profeta se deriva de una raíz que significa hervir o rebosar, y sugiere una fuente que brota del corazón del hombre en el cual Dios la ha derramado. Es un error confinar el significado de la palabra a la predicción de eventos venideros, pues si se emplea de ese modo, difícilmente podría aplicarse a hombres como Moisés, Samuel, y Elías en el Antiguo Testamento o a Juan el Bautista y al apóstol Pablo en el Nuevo. Estos ciertamente fueron profetas en el significado más profundo del término. La profecía es la proclamación del mensaje divino. El profeta es llevado por la fuerza y el influjo del Espíritu que están en él, bien pronuncie la verdad para el momento o prediga lo futuro.

Con Malaquías había terminado la sucesión ininterrumpida de profetas que había continuado desde la misma fundación de la comunidad judía. Pero cuando cesó la voz de la profecía del Antiguo Testamento, con su último aliento predijo que sería seguida en algún tiempo posterior, por un nuevo y glorioso avivamiento de las tradiciones más nobles del ministerio profético. «He aquí —habló Dios por medio de Malaquías—, yo os envío el profeta Elías, antes que venga el día de Jehová, grande y terrible. Él hará volver el corazón de los padres hacia los hijos, y el corazón de los hijos hacia los padres» (Malaquías 4:5, 6).

1. Las influencias formativas que modelaron la naturaleza profética de Juan el Bautista. Tenemos que situar en primerísimo lugar las profecías que estaban escritas con respecto a su vocación. Desde la niñez sus padres se las habían reiterado al oído, sin cansarse nunca de repetírselas.

Con cuánta frecuencia pensaría en aquella predicción mesiánica referente a él: «Consolaos, consolaos, pueblo mío, dice vuestro Dios ... Voz que clama en el desierto: Preparad camino a Jehová; enderezad calzada en la soledad a nuestro Dios». No había duda de que esas palabras tuvieron importancia para él (Lucas 1:76; Mateo 3:3), y tuvieron que haber influido grandemente en su carácter y en su ministerio.

También estaba aquella sorprendente predicción ya citada de Malaquías, la cual menciona específicamente a Elías como su modelo. El mismo Gabriel ¿no había aludido a esa profecía cuando predijo que este niño iría delante del Mesías, con el espíritu y el poder de Elías (Lucas 1:17)? Y además su declaración fue confirmada por nuestro Señor posteriormente (Mateo 11:14).

Así que la gran figura de Elías estaba siempre en la mente del muchacho que iba creciendo, como su modelo e inspiración. Notó que a cada paso se preguntaba: ¿Cómo actuó Elías y qué haría él aquí y ahora? No hay duda de que la aldea de Tisbe en la tierra de Galaad, y aquellas características del profeta del fuego que eran tan conocidas, le sugirieron que escogiera el desierto, el manto rudo de pelo de camello y la forma abrupta y vehemente de dirigirse al pueblo.

La mente del precursor también tuvo que haber sido influida grandemente por el desenfreno y el crimen que llenaban a sus compatriotas de todas clases de una condenación y un descontento comunes. Los sacerdotes eran mercenarios; los fariseos, hipócritas. «Generación de víboras» fue una expresión que aparentemente no resultó demasiado fuerte para aplicarla a los principales religiosos de su tiempo. Por lo menos, cuando se usaba nadie la contradecía.

Las noticias sobre el mal que estaba inundando la tierra llegaban constantemente a los oídos de esta alma anhelante y la llenaban de horror y angustia. La carga que agobiaba su espíritu fue tal que se hizo grito que brotaba de su alma: «Arrepentíos, porque el reino de los cielos se ha acercado».

A ello tenemos que agregar la visión de Dios que tuvo que habérsele dado especialmente mientras vagaba errante por aquellos solitarios desiertos. Él habló una vez de «el que me envió a bautizar». Evidentemente él se había acostumbrado a percibir la cercanía de Dios y a oír su voz. Aquel silbo apacible que había llegado al oído de su gran prototipo había conmovido su alma. Él también había visto al Señor alto y sublime, había oído el canto del serafín, había sentido que el carbón ardiente tocó sus labios, el mismo carbón que el serafín tomó del altar con las tenazas.

Esto ha sido siempre característico del verdadero profeta. Él ha sido un vidente. Ha hablado, porque ha visto con sus propios ojos, ha observado, y ha manejado la misma Palabra de Dios.

Estas son las tres características de un profeta: visión, convicción profunda del pecado y del juicio inminente, y proclamación efusiva de un mensaje conmovedor y elocuente. Cada una de ellas se hizo aparente de manera extremadamente notoria en Juan, el hijo de Zacarías.

2. Un notable paralelo ilustrativo. Así como Dios había enviado a Juan en el espíritu y el poder de Elías, también hace más de 400 años, en la bella ciudad de Florencia, apareció un hombre que dio testimonio contra los pecados de su tiempo. En muchos particulares, este hombre coincidió exactamente con el precursor de nuestro Señor, de tal modo que uno hace recordar vivamente al otro. Y puede ayudarnos a traer las circunstancias del ministerio de Juan el Bautista a una distancia más cercana de nosotros, si las comparamos brevemente con la carrera de Jerónimo Savonarola.

La familia del médico de Ferrara, a la cual nació Savonarola el 21 de septiembre de 1452, probablemente no era más distinguida que la familia de Zacarías y Elisabet, quienes vivieron en las montañas de Judea. Cuando leemos sobre el amor invencible a la verdad que caracterizó al inteligente joven Savonarola, nos vemos obligados a recordar al Bautista, cuya vida entera fue una elocuente protesta en nombre de la virtud.

No podemos leer acerca de la vida santa de Savonarola, sobre la cual ni siquiera el aliento de la difamación ha producido jamás una mancha (él se privó de toda complacencia, se conformó con el lecho más duro y la ropa más ordinaria, y con el alimento más sencillo suficiente solo para sostener la vida), sin recordar la ropa de pelo de camello y las langostas y la miel silvestre con que se sostenía el Bautista.

Si a Juan le tocó vivir en días malos, cuando la religión era destruida por los mismos que se consideraban religiosos, lo mismo ocurrió en el caso de Savonarola. Los siglos catorce y quince fueron testigos de la creciente corrupción y del libertinaje de los papas y del clero. Prevalecía la más grosera inmoralidad sin ningún disimulo en todos los órdenes de la iglesia. Aun los monasterios y los conventos se convirtieron a menudo en antros del vicio.

Como Juan vio el fuego y el aventador del juicio inminente, así el tema de la predicación de Savonarola era que la iglesia estaba a punto de ser castigada y luego sería renovada.

El heraldo de Jesús poseía una maravillosa elocuencia capaz de conmover a todo el mundo. Lo mismo ocurrió con Savonarola. Durante los ocho años que predicó, la catedral se llenaba de inmensas multitudes, a las que él predicaba pureza de vida y sencillez en las costumbres.

Lo que fue Herodes para Juan el Bautista, lo fueron el papa y Lorenzo de Médicis, el Magnífico, para Savonarola. Lorenzo parece que sentía una extraña fascinación hacia el elocuente predicador. Trató de atraerlo a su corte, asistió con frecuencia a la catedral de San Marcos, y dio grandes donativos para su ministerio. Si usamos las palabras del Nuevo Testamento, él le temía, «sabiendo que era varón justo y santo» (Marcos 6:20). Pero Savonarola tuvo el cuidado de evitar cualquier cosa que implicara condescendencia o avenencia: declinó rendir homenaje a Lorenzo para lograr la promoción a funciones eclesiásticas más elevadas; le devolvió su oro; y cuando se le dijo que Lorenzo se paseaba en el jardín del convento, contestó: «Si él no me ha llamado, no perturben sus meditaciones ni las mías».

Como Juan, Savonarola denunció incesantemente la religión hipócrita que se satisfacía de observancias externas.

El destino de mártir que le tocó a Juan también le correspondió a Savonarola. A causa de la impetuosidad de sus seguidores, él se vio envuelto en una ordalía de fuego. Pero por las maniobras de sus enemigos, el populacho frustradas sus expectativas se llenó de ira. «¡A San Marcos!», gritaron los cabecillas, y a San Marcos fueron. Pusieron fuego a los edificios, abrieron violentamente las puertas, y arrastrado sacaron a Savonarola del lugar donde practicaba sus devociones y lo metieron en un repugnante calabozo. Después de languidecer allí, sufriendo de toda clase de ultraje y tortura, durante algunas semanas, el 23 de mayo de 1498 lo sacaron para ejecutarlo. El obispo que tenía el deber de pronunciar la sentencia, vaciló al leer la fórmula que declaraba: «Te separo de la iglesia militante y triunfante». El mártir contestó calmadamente: «De la militante puedes, pero de la triunfante no puedes». Savonarola encaró su fin con intrépida fortaleza. Fue estrangulado. Sus restos, colgados de cadenas, fueron quemados, y sus cenizas lanzadas al río. Cuando los comisionados del papa llegaron para el juicio, llevaban expresas órdenes de que Savonarola, debía morir, «aunque fuera un segundo Juan el Bautista». Así es como la iglesia apóstata ha tratado siempre a sus más nobles hijos. Pero la Verdad, derribada a tierra, revive. De ella son los años eternos. Pocos años después Lutero estaba clavando sus tesis en la puerta de la iglesia de Wittenberg, y la Reforma estaba en marcha.

El caso de Savonarola hace pensar vívidamente en las palabras con que el evangelista Juan presenta la figura del precursor: «Hubo un hombre enviado de Dios, el cual se llamaba Juan». Siempre vienen hombres enviados de Dios especialmente adaptados a su época, a los cuales él encomienda el mensaje que esos tiempos demandan. Preocúpese usted también por comprender su misión divina; pues Jesús dijo: «Como me envió el Padre, así también yo os envío». Toda verdadera vida es una misión de Dios.

5
LA PRIMERA PARTE DEL MINISTERIO DE JUAN
Lucas 3

Treinta años habían dejado su huella en el precursor. El anciano sacerdote y su esposa Elisabet no habían sido llevados al sepulcro por Juan, sino por otras manos. El joven era nazareo. La historia del nacimiento milagroso y las expectaciones que habían despertado casi se habían extinguido de los recuerdos de aquel medio rural. Durante muchos años Juan había estado viviendo en las cuevas formadas en las rocas del desolado desierto que se extiende desde Hebrón hacia las costas occidentales del mar Muerto. Consumía una mínima cantidad de alimento y vestía la ropa más tosca, y así había logrado el dominio completo de su cuerpo. De la naturaleza, de la Escritura, y de la comunión directa con Dios, había recibido, revelaciones que solo se otorgan a aquellos que pueden soportar el rigor de la disciplina en la escuela de la soledad y la privación. También había meditado en las señales de los tiempos, de lo cual lo mantenían informado los beduinos y otras gentes con que estaba en contacto. Junto con todo otro pensamiento, el corazón de Juan estaba lleno con la idea del advenimiento de aquel su pariente que estaba creciendo, quien era menor que él solo unos pocos meses, y quien vivía en un lugar apartado de la región montañosa, pero que pronto habría de manifestarse a Israel.

Al fin llegó para él el momento de dar salida a aquella poderosa preocupación que lo presionaba, y «en el año decimoquinto del imperio de Tiberio César, siendo gobernador de Judea Poncio Pilato, y Herodes tetrarca de Galilea, y su hermano Felipe tetrarca de Iturea y de la provincia de Traconite, y Lisanias tetrarca de Abilinia, y siendo sumos sacerdotes Anás y Caifás, vino palabra de Dios a Juan». Y esta era la palabra: «Arrepentíos, porque el reino de los cielos se ha acercado».

Aquello fue como si una chispa hubiera caído sobre paja seca. Con maravillosa rapidez se difundieron las noticias de que en el desierto de Judea se encontraba un hombre que hacía recordar a los grandes profetas, y cuya elocuencia vehemente era de la misma clase de Isaías y Ezequiel. La gente comenzó a congregarse en torno a él procedente de todas partes. De pronto la comarca era un hormiguero de multitudes apresuradas. De boca en boca pasaban las noticias acerca del gran maestro y predicador que había aparecido de repente.

Parece que acabó por ubicarse en el oasis cubierto de rosas de Jericó, situado en las riberas del Jordán. Allí acudían hombres de toda tribu, clase, y profesión para oír con anhelo y lo interrumpían con gritos para que les ayudara.

1. Muchas causas explican la inmensa popularidad de Juan.

a. *El oficio de profeta era casi obsoleto.* Ya dijimos que habían pasado varios siglos desde que los últimos grandes profetas habían dado su testimonio final. Parecía improbable que se levantara otro profeta en aquella época formal y materialista.

b. *Juan dio evidencias abundantes de sinceridad, de realidad.* Su independencia de cualquier cosa que este mundo pudiera dar hizo que los hombres pensaran que cualquier cosa que él dijera estaba inspirada por su contacto directo con las cosas tal como son. Era cierto que su vida severa y solitaria había rasgado el velo, dándole un conocimiento de hechos y realidades que se esconden de los hombres ordinarios. Cuando los hombres ven que el que dice ser profeta del Eterno se preocupa por sus propios intereses como cualquier hombre del mundo, que es sagaz para los negocios, se deja cautivar por el espectáculo, y es obsequioso con los que tienen títulos y riqueza, su fe en las palabras de dicho profeta se reduce a un mínimo. Pero no había ningún indicio de esto en Juan el Bautista, y, por tanto, la gente acudía a él.

c. *Sobre todo, él apelaba a sus convicciones morales y, en verdad, las expresaba.* Las gentes del pueblo sabían que ellos no eran como debían ser. Se arremolinaban en torno al hombre que los hacía comprenderse a sí mismos y les indicaba con firmeza la conducta que debían seguir. ¡Qué maravillosa es la fascinación que ejerce sobre las personas el que habla a lo más profundo de sus almas! Aunque sintamos rechazo hacia la predicación al arrepentimiento, si tal predicación dice la verdad con respecto a nosotros, seremos irresistiblemente atraídos a oír la voz que atormenta nuestras almas. Juan reprendió a Herodes por muchas cosas; pero aun así, el rey ofensor mandaba a buscar a Juan con frecuencia y lo oía de buena gana.

Se dice expresamente que Juan vio que muchos fariseos y saduceos acudían a su bautismo (Mateo 3:7). La llegada de ellos parece que le causó a él algo de sorpresa. «¡Generación de víboras! ¿Quién os enseñó a huir de la ira venidera?» El fuerte epíteto con que los recibió sugiere que ellos se presentaron como críticos, aunque probablemente en muchos casos había razones más profundas. Los fariseos eran los formalistas y ritualistas de la religión, pero los meros elementos externos de la religión no satisfacen permanentemente al alma que fue hecha a imagen de Dios. En cuanto a los saduceos, eran los materialistas de su tiempo. Se ha dicho que la superstición es una reacción contra la incredulidad; y el fariseísmo fue una reacción contra el saduceísmo. Disgustados e indignados por la interpretación trivial y literal de la Escritura, los saduceos negaban que hubiera un mundo eterno y un estado espiritual. Pero la sola negación no puede satisfacer nunca. Apenas debe de extrañarnos, pues, que estas dos grandes clases estuvieran ampliamente representadas en las multitudes que venían a las riberas del Jordán.

2. He aquí los puntos principales de la predicación del Bautista.

a. *«El reino de los cielos se ha acercado».* Para un judío esa declaración significaba el restablecimiento de la teocracia y el regreso a aquellos grandes días de la historia de su pueblo cuando el mismo Dios era el Legislador y Rey. El Mesías que habían esperado por tanto tiempo estaba cerca; pero alguna desconfianza tuvo que haber teñido las mentes de aquellos oyentes cuando oyeron la descripción que el profeta hacía de las condiciones y del acompañamiento de ese reino que tanto habían esperado. En vez de extenderse en lo concerniente a la gloria material del período mesiánico, que debía sobrepasar con creces el magnífico esplendor de Salomón, Juan insistía en el cumplimiento de ciertos requisitos preliminares que elevaban el concepto total del reinado predicho a un nuevo nivel, en que lo interno y espiritual precedía a lo externo y material. Esta era la antigua lección que hay que repetir en cada generación: que a menos que el hombre nazca de nuevo, y que nazca de arriba, no puede ver el reino de Dios.

Tenga usted la seguridad de que ninguna serie de circunstancias, externas, por más propicias y favorables que parezcan, pueden producir la verdadera bienaventuranza. La vida tiene que estar centrada en Cristo si ha de ser concéntrica con todos los círculos de la bienaventuranza celestial. Solo cuando estamos bien con Dios somos bendecidos y estamos en paz. Cuando todos los corazones se rindan al Rey, cuando todas las puertas levanten sus cabezas, y todas las puertas eternas se alcen para que él entre, entonces se anulará la maldición que durante tanto tiempo se ha cernido sobre el mundo.'

b. *Junto con la proclamación del reino estaba la insistencia inflexible en «la ira venidera».* Juan vio que el advenimiento del Rey traería inevitable sufrimiento para aquellos que vivían en la complacencia de sí mismos y en el pecado.

Habría una cuidadosa discriminación. El que habría de venir discerniría cuidadosamente entre los justos y los perversos; entre los que servían a Dios y los que no le servían. Habría un detenido proceso de discriminación antes que se encendiera el fuego inextinguible, de tal modo que solo el tamo fuera lanzado a las llamas. Esta predicción se cumplió fielmente. Al principio, Cristo atrajo a todos los hombres; pero a medida que prosiguió su ministerio, se iban revelando las características de esos hombres. De modo permanente atrajo a solo unos pocos; la mayoría fueron definitivamente ahuyentados. Así ha sucedido en todo tiempo. Jesucristo es la piedra de toque, el criterio de la prueba. Nuestra actitud hacia él indica la verdadera calidad del alma.

También habría un período de prueba. «Y ya también el hacha está puesta a la raíz de los árboles». Esta declaración es bien conocida por aquellos que saben algo de silvicultura. El hachero destruye todo árbol que a él le parezca que está ocupando un espacio al cual se le puede dar mejor uso. Pero tan pronto como se pronuncia la palabra, no hay apelación. Lamentablemente el pueblo judío había llegado a ser estéril; pero habría de interponerse un período definido —los tres años del ministerio de Cristo y, además, otros treinta años— antes que cayera el juicio que amenazaba.

Para todos los perversos tiene que haber «ira venidera». Después que ha habido examen, escudriñamiento, e investigación, y se haya dado toda oportunidad razonable para el cambio, si el alma sigue aún impenitente y desobediente tiene que haber «una horrenda expectación de juicio, y de hervor de fuego que ha de devorar a los adversarios» (Hebreos 10:27).

El fuego de la predicación de Juan tuvo su primer cumplimiento en los terribles desastres que le sobrevinieron al pueblo judío, y que culminaron en el sitio a Jerusalén y su caída. Pero tenía un significado más profundo. La ira de Dios no se venga de las naciones sino de los individuos que pecan: «el que rehusa creer en el Hijo no verá la vida, sino que la ira de Dios está sobre él» (Juan 3:36). La sentencia del pecado es inevitable. La paga del pecado es muerte.

Aun si se admite, como por supuesto tenemos que admitirlo, que muchas de las expresiones que se refieren al destino final de los impíos son simbólicas, también hay que admitir que tiene sus duplicados en el reino del alma y del espíritu, los cuales son igualmente terribles de soportar, por cuanto la naturaleza del alma es aun más compleja que la del cuerpo. En verdad, cuando Jesús dijo: «irán estos al castigo eterno», tenía en mente una retribución tan terrible, que hubiera sido mejor a los que han de sufrirla nunca haber nacido.

Todos los grandes predicadores han visto y han dado fiel testimonio de los aterradores resultados del pecado que afectan esta vida y la venidera. Al mismo tiempo como que Dios no se limita a ningún método en particular, la predicación del gran evangelista Moody estuvo especialmente impregnada del amor de Dios. Por falta de visión del inevitable destino de los impíos y desobedientes, gran parte de la predicación de nuestros días carece de poder y es efímera. solo cuando los modernos predicadores hayan visto el pecado como Dios lo ve, y comiencen a aplicar la norma divina a la conciencia humana; solo cuando comprendamos el terror del Señor, y comencemos a persuadir a los hombres como para arrebatarlos del fuego mediante nuestras enérgicas reconvenciones y ruegos; solo entonces veremos los efectos que vinieron después de la predicación de Juan el Bautista cuando los soldados, los publicanos, los fariseos, y los escribas se apiñaron en torno a él y le preguntaron: «¿Qué haremos?»

Toda la predicación de Juan, por tanto, conducía a la demanda de arrepentimiento. La palabra que con más frecuencia salía de sus labios era: «¡Arrepentíos!» No bastaba afirmar que eran descendientes directos de Abraham, pues Dios podía levantarle hijos a Abraham aun de las piedras que estaban en las riberas del río. Tenía que haber renuncia al pecado, una vuelta definida hacia Dios y la producción de fruto digno de la vida enmendada. De ningún otro modo podía estar el pueblo preparado para la venida del Señor.

6
EL BAUTISMO DE ARREPENTIMIENTO
Marcos 1:4

En la época de que estamos hablando, una secta extraordinaria, que se conoció con el nombre de esenios, estaba esparcida por toda Palestina, pero su centro especial era el oasis de Engadi. Juan tuvo que haber estado en frecuente contacto con los fieles de esta comunidad. Los esenios fueron los anacoretas o ermitaños de aquella época.

El objetivo de los esenios era la pureza moral y ceremonial. Ellos trataban de alcanzar un ideal de santidad que, según pensaban, no podía lograrse en este mundo. Por tanto, abandonaron las aldeas y los pueblos y se marcharon a las madrigueras y cuevas, y allí se entregaron a la continencia, a la abstinencia, a ayunos y oraciones.

Se sostenían con algunos trabajos esporádicos en la tierra. Su punto cardinal era la fe en la inspirada Palabra de Dios. Ellos tenían la esperanza de llegar a la etapa más elevada de comunión con Dios por medio de la meditación, la oración, y la mortificación, por las frecuentes abluciones y la observancia estricta de las leyes de pureza ceremonial. Coincidían con los fariseos que tenían un gran respeto al día de reposo. Su comida diaria era en extremo frugal, y participaban de ella en la casa donde tenían la asamblea religiosa. Después de bañarse, con oración y exhortación, iban al comedor con las caras cubiertas, como si aquello fuera un santo templo. Se abstenían de hacer juramentos, despreciaban las riquezas, manifestaban la mayor aversión hacia la guerra y la esclavitud, se enfrentaban a la tortura y a la muerte con absoluta valentía y rechazaban la complacencia del placer.

Está claro que Juan no fue miembro de esta santa comunidad, que difería ampliamente de los fariseos y de los saduceos de su tiempo. Pero no puede dudarse de que estaba profundamente de acuerdo con la doctrina y la práctica de esta secta.

Sin embargo, no puede darse una explicación de Juan el Bautista en razón de las condiciones preexistentes de su tiempo. Él estuvo solo con el poder que Dios le dio. Parece que él estaba consciente de esto, según su propia declaración cuando dijo: «el que me envió a bautizar con agua, aquel me dijo» (Juan 1:33). La clara afirmación del Espíritu de Dios, a través del cuarto evangelista, nos informa: «Hubo un hombre enviado de Dios, el cual se llamaba Juan. Este vino por testimonio, para que diese testimonio de la luz, a fin de que todos creyesen por él» (Juan 1:6, 7).

1. El llamado al arrepentimiento. Juan representa una fase de enseñanza y de influencia por la cual tenemos que pasar si hemos de descubrir y apreciar adecuadamente la gracia de Cristo. Nuestra feliz comprensión de la plenitud y de la gloria del Cordero de Dios está en proporción a nuestro arrepentimiento. Pero aquí tenemos que tener el cuidado de no suponer que el arrepentimiento es una especie de obra buena que tiene que realizarse para que podamos merecer la gracia de Cristo. También tenemos que aclarar igualmente que el arrepentimiento no debe considerarse como algo separado de la fe en el Salvador, de la cual es parte integral. También es cierto que «Dios... levantó a Jesús, a quien... ha exaltado ... para dar... arrepentimiento y perdón de pecados». Según el significado literal de la palabra griega, arrepentimiento es un cambio en la manera de pensar. Tal vez más bien deberíamos decir que es un cambio en la actitud de la voluntad. Ya no rechaza el yugo de la voluntad de Dios, sino que se entrega a él, o está dispuesta a entregarse. Los hábitos pueden rebelarse; las inclinaciones y las emociones pueden retraerse; la conciencia de que hay paz y gozo puede estar aún muy lejos; pero la voluntad ha hecho su decisión secreta y ha comenzado a volverse hacia Dios.

Nunca será exagerado el hincapié en el hecho de que el arrepentimiento es un acto de la voluntad. En su comienzo puede que no haya percepción de la alegría ni de la reconciliación con Dios. Es la conciencia de que ciertos caminos de la vida son malos, equivocados, perjudiciales, y ofensivos para Dios; e incluye el deseo, que llega a ser la determinación, de apartarse de ellos.

El arrepentimiento puede explicarse como el otro lado de la fe. Son las dos caras de la misma moneda. Si el acto del alma que la lleva a la correcta relación con Dios se describe como dar media vuelta, entonces el arrepentimiento representa la voluntad que tiene y la decisión que toma de apartarse del pecado; y la fe representa su deseo y decisión de volverse a Dios. Tenemos que estar dispuestos a apartarnos del pecado y de nuestra propia justicia: eso es arrepentimiento; tenemos que estar dispuestos a ser salvos por Dios, según su propio método, y con este propósito tenemos que acudir a él: esa es la fe.

Necesitamos apartarnos de nuestra propia justicia como también de nuestros pecados. Nada fuera del Salvador y de su obra puede beneficiar al alma, la cual tiene que someterse al escrutinio de la justicia y la pureza eternas.

El arrepentimiento se produce algunas veces y de manera especial mediante la presentación de los postulados de Cristo. Súbitamente despertamos para comprender lo que él es, cómo nos ama y cuánto estamos perdiendo; y cuán grande es la ingratitud con que respondemos a su agonía y a su sudor de sangre, a su cruz y a su sufrimiento, a la belleza de su carácter, y a la fuerza de sus afirmaciones.

En otras ocasiones el arrepentimiento se produce mediante la predicación de Juan el Bautista. Es entonces cuando oímos que el hacha está aplicada a la raíz de los árboles y cuando el corazón tiembla. Es entonces cuando el alma ve que toda la maraña de sus vanas confianzas y esperanzas sucumbe como un castillo de naipes y se vuelve en redondo.

Si el llamado de Juan el Bautista nunca ha llegado a sus oídos espirituales asegúrese de abrir el corazón a su insistente voz. Exponga su alma al penetrante escrutinio de Juan el Bautista y permita que su mensaje llegue a usted libre y sin obstáculos.

2. Las señales y síntomas del arrepentimiento.

a. *La confesión.* «...eran bautizados por él en el río Jordán, confesando sus pecados» (Marcos 1:5). En la margen de aquel río los hombres no solo confesaban sus pecados a Dios sino también probablemente los unos a los otros. Hubo reconciliaciones de enemistades que habían durado toda la vida; solución de antiguas querellas; intercambio de palabras francas de disculpa y perdón; manos que se estrecharon por primera vez después de años de desavenencia y lucha.

La confesión es una señal esencial del genuino arrepentimiento; sin ella es imposible el perdón. «Si confesamos nuestros pecados; él es fiel y justo para perdonar nuestros pecados, y limpiarnos de toda maldad» (1 Juan 1:9).

Oh alma atribulada para la cual está oculta la visión de Cristo, confiese su pecado a Dios. No presente excusas por nada, no atenúe nada, no omita nada. No hable de errores de criterio, sino de caídas del corazón y de la voluntad. No se conforme con una confesión general; sea particular y específico. Arrastre toda maldad y colóquela ante el tribunal del juicio de Dios; que se expongan los secretos y se diga la oscura y triste historia. Decirle a él todo es recibir de una vez su seguridad de perdón, por amor de aquel que nos amó y se dio a sí mismo en propiciación por nuestros pecados. Tan pronto como la confesión sale de nuestro corazón no mientras se halla en proceso, se oye la voz divina que nos asegura que nuestros pecados, que son muchos, son retirados de nosotros cuanto está lejos el oriente del occidente, y echados en lo profundo de la mar.

Pero tal confesión no debe hacerse solo a Dios cuando nuestros pecados han ofendido y disgustado a otros. Si nuestro hermano tiene algo contra nosotros, tenemos que buscarlo — para lo cual tenemos que dejar nuestra ofrenda en el altar sin haberla presentado aún — e ir primero a reconciliarnos con él. Tenemos que escribir la carta, o pronunciar la palabra; tenemos que hacer honorables reparaciones y enmiendas; no debemos hacer menos que los pecadores que estuvieron bajo la antigua ley, a los cuales se les dio instrucciones para que agregaran la quinta parte en el momento de la indemnización a lo que su hermano hubiera perdido por la maldad que se cometió contra él.

b. *Frutos dignos de arrepentimiento.* Cuando Juan vio que los fariseos y los saduceos acudían a su bautismo, dijo: «Haced, pues, frutos dignos de arrepentimiento».

Esa demanda de Juan el Bautista explica probablemente el cambio en su vida que Zaqueo le confesó a Cristo cuando fue su huésped. Este rico publicano vivía en Jericó, cerca del lugar donde Juan bautizaba, y probablemente estuvo entre los publicanos que fueron atraídos por su ministerio. Algo tocó aquel corazón endurecido. Una gran esperanza y una gran resolución brotó en él. Cuando llegó a Jericó ya era un nuevo hombre. Él dio la mitad de sus bienes para alimentar a los pobres; y dijo que si en algo había defraudado a alguno, se lo devolvía cuadruplicado. Si alguien le hubiera preguntado la razón de todo ello, él hubiera contestado: «Ah, yo bajé al Jordán y oí a Juan el Bautista; creo que el reino viene, y que el Rey está cerca».

Usted nunca podrá arreglar las cosas con Dios hasta que arregle lo que tenga pendiente con el hombre. No basta confesar que se ha cometido maldad; tiene que estar preparado para hacer indemnizaciones hasta donde pueda. El pecado no es cosa liviana; hay que hacerle frente desde la raíz hasta la rama.

c. *El bautismo de arrepentimiento.* « ...eran bautizados ... confesando sus pecados». No era un bautismo para remisión, sino un bautismo de arrepentimiento. Era la expresión y el símbolo del deseo y de la intención del alma; confesar los pecados hasta donde se tuviese conocimiento y renunciar a ellos como condición necesaria para obtener el perdón divino.

En las manos de Juan el rito adquirió funciones completamente nuevas e importantes. Significaba muerte y sepultura en lo que se refería a lo pasado, y resurrección a un futuro nuevo y mejor.

Es fácil comprender que todo esto atraía a la gente, y especialmente tocaba al corazón de los jóvenes. En ese tiempo, alrededor de las aguas azules del mar de Galilea había un puñado de ardientes jóvenes, profundamente conmovidos por las corrientes de pensamiento que prevalecían estos estaban resentidos del dominio romano, y vivían alerta en espera del reino venidero. Un día les llegaron las noticias de este extraño predicador nuevo, y lo dejaron todo y corrieron con todos los demás hacia el valle del Jordán. Allí quedaron fascinados con el poder de sus palabras.

Uno por uno, o todos en conjunto, se hicieron conocer de él, y se convirtieron en sus amigos leales y discípulos. Conocemos bien los nombres de uno o dos de ellos, quienes posteriormente dejaron a su primer maestro para seguir a Cristo; pero de los demás no sabemos nada, excepto que Juan les enseñó a ayunar y a orar, y que ellos se mantuvieron fieles a su gran maestro hasta que llevaron su cadáver sin cabeza al sepulcro. Después de su muerte, ellos se unieron a aquel a quien una vez habían considerado con cierta sospecha como rival y suplantador de Juan.

¡Cuánto significó esto para Juan! Él nunca había tenido un amigo; y el hecho de contar con la lealtad y el amor de estos jóvenes nobles e ingeniosos tuvo que haber sido muy grato a su alma. Pero de todos ellos apartaba él repetidamente la mirada, como si estuviera buscando a alguien cuya voz le diera el cumplimiento más profundo y rico de su gozo, pues sería la voz del mismo esposo.

7
LA MANIFESTACIÓN DEL MESÍAS
Juan 1:31

La vida de Juan en este período fue extraordinaria. De día predicaba a las apiñadas multitudes, o bautizaba; de noche dormía en alguna choza sencilla o en una cueva oscura. Pero en su alma se fue haciendo más fuerte la convicción de que el Mesías habría de llegar pronto; y esta convicción se convirtió en una revelación. El Espíritu Santo lo llenaba y enseñaba. Comenzó a comprender los perfiles de la persona y obra de Jesús.

Según hemos visto él concebía al Rey venidero como el leñador que pone su hacha a la raíz de los árboles; como el labrador que, aventador en mano, se dispone a aventar su era; como un nuevo Juan, preparado para templar a todas las almas fieles en su fuego purificador; como el Anciano de días que, aunque había venido después de él en lo que se refiere al tiempo, tenía que ser preferido en cuanto a precedencia, por cuanto él había sido antes que Juan en la gloria eterna de su Ser (Juan 1:15-30). Juan insistía en que él no era digno de realizar el más humilde servicio para aquel cuyo advenimiento anunciaba.

Juan era humilde no solo en la estima que tenía de sí mismo sino también en la modesta apreciación de los resultados de su obra. Esta era solo transitiva y preparatoria. Se le había encomendado, pero pronto estaría terminada. Su carrera era corta, y pronto se completa- ría (Hechos 13:25). Su sencilla misión consistía en invitar al pueblo a que creyera en aquel que vendría tras él (Hechos 19:4).

1. La llegada de nuestro Señor a la ribera del Jordán. Durante treinta años el Hijo del Hombre había estado ocupado en los menesteres de su Padre en la rutina ordinaria de la vida de un carpintero de aldea. Allí había hallado suficiente oportunidad para su naturaleza maravillosamente rica y profunda. Con frecuencia tuvo que haber sentido la fuerte atracción del gran mundo de los hombres, a los cuales él amaba. Pero esperó tranquilamente hasta que se cumpliera el tiempo que se había fijado en el consistorio eterno.

Sin embargo, tan pronto como le llegaron rumores acerca del ministerio de Juan el Bautista, él tuvo que marcharse de Nazaret y separarse del hogar y de su madre, para tomar el camino que lo conduciría hasta el Calvario.

La tradición ubica el escenario donde actuó Juan el Bautista cerca de Jericó, donde el agua es poco profunda y el río se abre en grandes lagunas. Pero algunos, al inferir que Nazaret se hallaba a un día de viaje de este notable lugar, lo ubican más cerca, en el lado sur del mar de Galilea.

Pudo haber sido ya avanzada la tarde cuando Jesús llegó; un súbito y notable cambio se produjo en el rostro del Bautista cuando vio que su Pariente estaba allí.

Juan dijo: «Y yo no le conocía» (Juan 1:31); pero no es necesario interpretar esto en el sentido de que no tenía ningún conocimiento de su intachable pariente. Sabía lo suficiente de él como para estar enterado de que su vida era inocente y sin mancha cuando Jesús se presentó personalmente para ser bautizado. Juan pensó que había un cielo completo de diferencia entre el Señor y todos los demás. Los publicanos y pecadores, los fariseos y los escribas, los soldados y el común del pueblo, necesitaban verdaderamente arrepentirse, confesar los pecados y ser perdonados; pero ciertamente él no necesitaba eso. Juan dijo: «Yo necesito ser bautizado de ti, ¿y tú vienes a mí?» (Mateo 3:14).

Pudo haber habido, además, una indescriptible premonición que cautivó la elevada naturaleza de Juan. En ese Hombre había una majestad indefinible, una gloria moral, una gracia tierna, una inefable atracción.

2. El significado del bautismo de Cristo. «Deja ahora, porque así conviene que cumplamos toda justicia». Con estas palabras aplacó nuestro Señor las objeciones de su leal y fiel precursor. Estas son las palabras primeras que se registran de Cristo, luego de un silencio de más de veinte años; son también las primeras de su ministerio público. El no dice: «Yo necesito ser bautizado por ti»; ni tampoco dice: «Tú no necesitas ser bautizado por mí».

El bautismo de Juan fue la inauguración del reino de los cielos. Por medio de él lo material abrió camino a lo espiritual. El antiguo sistema, que concedía privilegios especiales a los hijos de Abraham, estaba llegando a su fin. Esa era la señal externa y visible de que el judaísmo no servía para las necesidades más profundas del espíritu del hombre, y de que estaba a punto de tomar su lugar un sistema nuevo y más espiritual.

En ese momento nuestro Señor se identificó de manera formal con nuestra condición humana en su pecado y degradación. Su bautismo fue su identificación formal con la humanidad caída y pecadora; aunque él mismo no conoció pecado y podía desafiar a sus enemigos a que le hicieran el más minucioso examen: «¿Quién de vosotros me redarguye de pecado?»

¿Se bautizó porque necesitaba arrepentirse, o confesar su pecado? ¡No! Él era tan puro como el mismo regazo de Dios, de donde había venido; pero necesitaba hacerse pecado para que nosotros fuéramos hechos justicia de Dios en él.

Un amigo mío sugiere que el Señor Jesús se refirió en este caso a la sublime profecía de Daniel 9:24. Para que el Cordero de Dios pusiera fin al pecado y trajera la justicia perdurable, era esencial que confesara los pecados de su pueblo como suyos propios (Salmos 69:65). Este fue su primer paso en su viaje hacia la cruz. Cada uno de estos pasos los dio para cumplir toda justicia, a fin de traer la justicia perdurable.

«Entonces le dejó». Hay algunas cosas que tenemos que hacer por Cristo y otras que tenemos que sufrir por él. En toda nuestra vida humana no hay nada más atractivo que aquel momento en que ponemos nuestras propias convicciones vigorosas de prioridad ante los tiernos ruegos de la voz tranquila y suave del Señor. Querido corazón, ríndete a Cristo. Permite que él haga lo que quiera. Toma su yugo, y sé manso y humilde ...; así hallarás descanso.

3. La designación del Mesías. Juan, como precursor y heraldo, recibió una revelación por medio de la cual pudo decir con autoridad que Jesús era el Mesías. Él dijo: «Y yo no le conocía — [es decir, no lo conocía como Hijo de Dios]—; pero el que me envió a bautizar con agua, aquel me dijo: Sobre quien veas descender el Espíritu y que permanece sobre él, ese es el que bautiza con el Espíritu Santo. Y yo le vi; y he dado testimonio de que este es el Hijo de Dios» (Juan 1:32-34).

¡Qué teofanía fue aquella! Cuando el Hombre de Nazaret salía del agua, se le concedió a Juan la señal que con tanto anhelo había estado esperando y buscando. Él había creído que la vería, pero jamás se había imaginado que se la concedería a un pariente suyo. Él miró a lo lejos, hacia la bóveda azul, que se había abierto, y la dorada gloria la llenaba cada vez con más profundidad. El velo se había roto para permitir la venida del divino Espíritu, quien parecía descender en forma visible, como lo haría una paloma, con movimiento suave y aleteo, y posarse sobre la cabeza del Santo, quien estaba allí recién bautizado.

La voz de Dios proclamó desde el cielo que Jesús de Nazaret era su Hijo amado, en quien tenía complacencia; y el Bautista no podía tener más duda en el sentido de que el Señor a quien su pueblo buscaba, el mensajero del pacto, había llegado, «También dio Juan testimonio, diciendo: Vi al Espíritu que descendía del cielo como paloma, y permaneció sobre él» (Juan 1:32).

El Bautista comprendió que su misión estaba casi cumplida, que su oficio había terminado. El Sol había salido, y el lucero de la mañana había comenzado a declinar.

8
NO LA LUZ, SINO UN TESTIGO
Juan 1:8

El bautismo y la manifestación de Cristo produjeron un efecto maravilloso en el ministerio del precursor. Antes de aquel día memorable, su enseñanza se concentraba en el arrepentimiento y la confesión de pecado. Pero después, toda la fuerza de su testimonio entendió que para el resto de su breve ministerio, que tal vez no pasó mucho de seis meses, él tenía que dedicar toda su fuerza a anunciarle al pueblo las prerrogativas y los derechos de aquel que estaba entre ellos, aunque ellos no lo conocían.

Nuestro tema, por tanto, se divide naturalmente en dos partes: lo que Juan admitió con respecto a sí mismo; y el testimonio que él dio del Señor. Él admitió varias cosas en tres días sucesivos, según se desprende del hecho de que se usa dos veces la expresión «el siguiente día». «El siguiente día [es decir, el día después de aquel en que él recibió a la delegación del Sanedrín y le respondió preguntas) Juan vio a Jesús que venía a él ...» (1:29). «El siguiente día otra vez estaba Juan, y dos de sus discípulos» (1:35).

Estos eventos ocurrieron en Betania, o Betábara, en la ribera oriental del Jordán.

1. Lo que Juan el Bautista admitió acerca de sí mismo. Cuando el cuarto evangelista usa la palabra «judíos», invariablemente se refiere a los miembros del Sanedrín. Juan se había vuelto tan famoso, y su influencia era tan convincente, que los principales religiosos de su tiempo no podían pasarlo por alto. No podían soportar su predicación para el arrepentimiento, ni el hecho de que los denunciaba sin moderación como una generación de víboras. Pero lo soportaron todo para poder hacerle frente en el campo abierto, y resolvieron enviar una delegación para extraer de sus labios algún reconocimiento que les sirviera a ellos de base para tomar acción. «Los judíos enviaron de Jerusalén sacerdotes y levitas para que le preguntasen: ¿Tú, quién eres? ... ¿Por qué, pues, bautizas...?» La primera pregunta era de interés universal; la segunda era especialmente interesante para el partido de los fariseos, quienes eran los muy ritualistas de aquel tiempo y se manifestaban reacios a que se agregara al sistema eclesiástico de los judíos un nuevo rito que ellos no habían sancionado.

Los delegados desafiaron al profeta con la siguiente pregunta: «¿Tú, quién eres?» Hubo un gran silencio. Los hombres estaban preparados para creerle cualquier cosa al elocuente joven predicador. «El pueblo estaba en expectativa, preguntándose todos en sus corazones si acaso Juan sería el Cristo» (Lucas 3:15). «Confesó, y no negó, sino confesó: Yo no soy el Cristo».

Si estalló un murmullo airado de voces en desilusión y disgusto, inmediatamente lo aplacó la segunda pregunta: «¿Qué pues? ¿Eres tú Elías?» (Estaban aludiendo a la predicción de Malaquías 4:5). Si ellos hubieran expresado la pregunta con palabras algo diferentes, y hubieran dicho: «¿Has venido tú con el poder de Elías?» Juan hubiera tenido que admitir que así era; pero como ellos querían preguntar si él era Elías, que literalmente había vuelto a este mundo, él no tenía otra alternativa que decir de manera decisiva y lacónica: «No soy».

Pero tenían una tercera flecha en la aljaba, ya que las dos primeras no habían dado en el blanco. En medio de la profunda atención de las multitudes que oían, y para aludir a una predicción de Moisés según la cual Dios levantaría un profeta como él mismo (Deuteronomio 18:15; Hechos 3:22; 7:37), le preguntaron: «¿Eres tú el profeta? Y respondió: No».

Los interrogadores lo retaron por cuarta vez: «Le dijeron: ¿Pues quién eres? para que demos respuesta a los que nos enviaron. ¿Qué dices de ti mismo? Dijo: Yo soy la voz de uno que clama en el desierto: Enderezad el camino del Señor, como dijo el profeta Isaías».

¡Qué inmensa nobleza! ¡Qué fortaleza de carácter! ¡Qué combinación de poder y humildad! Tal es la humildad que siempre acompaña a una verdadera visión de Cristo. Para las multitudes, Juan parecía cumplir todas las condiciones esenciales de la descripción profética del Mesías; pero él sabía que el Cristo estaba infinitamente por encima de él. Esto se hace aparente en la respuesta que él dio a la pregunta final del Sanedrín: «Y le preguntaron, y le dijeron: ¿Por qué, pues, bautizas, si tú no eres el Cristo, ni Elías, ni el profeta?» Lo que Juan respondió fue en efecto lo siguiente: «Yo bautizo porque fui enviado a bautizar, y sé muy bien que mi obra en este respecto es temporal y de transición; ¿pero qué importa eso? En medio de ustedes está uno a quien ustedes no conocen, es decir, el que viene después de mí, la correa de cuyo calzado no soy yo digno de desatar. El Cristo ha venido. ¿No lo vi yo entre las multitudes, sí, que descendía por estas mismas riberas?»

Los que escuchaban tuvieron que haberse mirado unos con otros mientras él hablaba. ¡Qué! ¡Había venido el Mesías? Difícilmente pudiera ser cierto eso. No había habido prodigios en la tierra o en el firmamento dignos de su advenimiento. ¿Cómo podía él estar entre ellos, y ellos estar inconscientes de su presencia? Pero aun así era cierto, y aún lo es. Ah! «el hombre natural no percibe las cosas que son del Espíritu de Dios, porque para él son locura, y no las puede entender, porque se han de discernir espiritualmente» (1 Corintios 2:14). «...en medio de vosotros está —dijo Juan— uno a quien vosotros no conocéis».

2. El testimonio que dio Juan el Bautista del Señor.
Habían pasado seis semanas desde aquella visión memorable de los cielos abiertos y el Espíritu que descendía, y Juan había escudriñado con

anhelo todos los rincones de la ribera, para ver de nuevo aquel rostro divinamente bello. Pero en vano; pues Jesús estaba en el desierto, donde era tentado por el diablo, durante cuarenta días y cuarenta noches. Estaba en compañía de las bestias salvajes y expuesto al huracán mismo de la tentación.

Al fin de las seis semanas se produjo la entrevista con la delegación que había enviado el Sanedrín, la cual ya describimos. Un día después, sus ojos se iluminaron, y alzando el rostro exclamó: «He aquí el Cordero de Dios, que quita el pecado del mundo. Este es aquel de quien yo dije: Después de mi viene un varón, el cual es antes de mí; porque era primero que yo».

¿Se volvieron todos los ojos hacia Cristo? ¿Hubo un murmullo de interés y una expectativa a través de la multitud? No lo sabemos. La Escritura guarda silencio al respecto, y solo nos dice que el día siguiente, cuando estaba Juan con dos de sus discípulos, y vio a Jesús que andaba por allí, y repitió su afirmación: «He aquí el Cordero de Dios»; los dos discípulos que estaban con Juan siguieron a Jesús, para nunca volverse a su anterior maestro. Este comprendió que tenía que ser así, y que a él le tocaba menguar en tanto que a Cristo crecer.

Notemos las sucesivas revelaciones que se le hicieron a Juan, y por medio de él a Israel, quien, como se recuerda, con amplia justificación lo tenía a él como profeta del Señor en el más profundo sentido de la palabra.

a. *El concibió correctamente la preexistencia de Cristo.* «El cual ... era primero que yo» (Juan 1:30). Esta declaración concuerda con las propias palabras de Cristo, cuando dijo: «Antes que Abraham fuese, yo soy». En el caso de Juan, tal declaración dio lugar pronto a otra semejante: «El que de arriba viene, es sobre todos» (Juan 3:31). Con tales palabras enseñaba Juan a sus discípulos. Él puso en claro que Jesús de Nazaret tuvo una existencia anterior a Nazaret, y aun a su nacimiento de una aldeana virgen. No es sorprendente, por tanto, que uno de sus discípulos. Habiendo captado el espíritu de su Maestro, escribiera: «En el principio era el Verbo, y el Verbo era con Dios, y el Verbo era Dios. Este era en el principio con Dios. Todas las cosas por él fueron hechas».

b. *El comprendió correctamente el sentido de sacrificio en la obra de Cristo.* «He aquí el Cordero de Dios, que quita el pecado del mundo». ¿Sería que su linaje sacerdotal le daba un derecho especial para designar y usar este título? Toda su preparación anterior como hijo de sacerdote lo hacía apto para recibir y transmitir. Para los judíos que oían, la última parte de su exclamación no podía tener sino un significado. Al instante deben de haber relacionado sus palabras con aquellas de la ley, los profetas, y los Salmos: «Y aquel macho cabrío llevará sobre sí todas las iniquidades de ellos a tierra inhabitada» (Levítico 16:22). « ...habiendo él llevado el pecado de muchos» (Isaías 53:12). «Como cordero fue llevado al matadero» (Isaías 53:7).

Querida alma, usted puede aventurarse con él. Él es el Cordero de Dios. Sobre él fue colocado el pecado de nuestra especie, y él se presentó delante de Dios con la carga acumulada: «hecho pecado»; la iniquidad de todos nosotros estaba sobre él. Fue herido por nuestras rebeliones, molido por nuestros pecados, recayó sobre él el castigo de nuestra paz; fue golpeado por nuestra transgresión; llevó sobre sí el pecado de muchos. Así como el primer Adán trajo el pecado a la especie, el segundo Adán lo alejó mediante el sacrificio de sí mismo.

c. *Juan entendió el bautismo del Espíritu Santo*. «Ese es el que bautiza con el Espíritu Santo». Como Hijo de Dios, nuestro Salvador fue uno con el Espíritu Santo desde la eternidad en el misterio de la bendita Trinidad; pero como «hombre» él recibió en su naturaleza humana la plenitud del espíritu divino.

Todos podemos adoptar las palabras de Juan el Bautista, y decirle a nuestra Cabeza viviente que necesitamos ser bautizados de él; necesitamos ser sumergidos en el bautismo de fuego, ser purificados de la escoria y la impureza; necesitamos ser atrapados por la transformadora energía celestial del Espíritu Santo. Es así como la sangre del Cordero y el fuego del Espíritu Santo están unidos de manera inextricable.

d. *El contempló el misterio de la Santa Trinidad*. Por primera vez fue hecho esto manifiesto al hombre. De un lado estaba el Padre que hablaba desde el cielo; del otro el Espíritu, que descendía como una paloma; y entre los dos estaba el Hijo del Hombre, quien fue proclamado como el Hijo de Dios, el amado Hijo. Ciertamente Juan hubiera podido decir que ni carne ni sangre le habían revelado estas cosas, sino que se le habían dado a conocer mediante revelación divina.

La doctrina de la Santa Trinidad es un profundo misterio, escondido del intelecto pero revelado al corazón humilde y reverente; escondido de los sabios y prudentes, y revelado a los niños de pecho. Dé usted la bienvenida a Jesucristo, como lo hizo Juan, y, como le ocurrió a Juan, toda la maravilla de la Trinidad se dará a conocer a su corazón.

e. *El apreció la condición divina de Hijo en Cristo*. «Y yo le vi, y he dado testimonio de que este es el Hijo de Dios». Este testimonio explica mucho. Juan conocía a los hombres, se conocía a sí mismo, conocía a Cristo. ¿Qué, pues, si al repetir su exclamación al día siguiente, toda la congregación lo deja para seguir al Hombre de Nazaret hasta su hogar? El corazón del precursor está satisfecho, pues ha oído la voz del esposo.

9
«ES NECESARIO QUE ÉL CREZCA, PERO QUE YO MENGÜE»
Juan 3 :30

Del valle del Jordán nuestro Señor regresó a Galilea y a Nazaret. Luego vienen en rápida sucesión la fiesta de bodas en Caná, su regreso a Jerusalén, la purificación del templo, y su entrevista con Nicodemo. Y cuando las multitudes de peregrinos que habían acudido a la celebración de la pascua se iban dispersando de regreso al hogar, él también salió de la ciudad con sus discípulos, y comenzó un viaje misionero por toda la tierra de Judea.

La Escritura no da detalles sobre este viaje. solo una vislumbre del mismo se tiene aquí en el versículo 22 y luego en las palabras del apóstol Pedro a Cornelio, donde el dice que Cristo estuvo predicando las buenas nuevas de paz por toda Judea (Hechos 10:36, 37). No podemos decir cuánto tiempo duró este viaje; pero tuvo que haber sido algunos meses, pues él hacía paradas en diferentes lugares.

Es probable que nuestro Señor no manifestara su condición mesiánica ni enseñara con la misma claridad con que lo hizo posteriormente. En general, él debe de haber adoptado el clamor de Juan el Bautista. Con respecto al comienzo de su ministerio está escrito: «Jesús vino a Galilea predicando el evangelio del reino de Dios, diciendo: El tiempo se ha cumplido, y el reino de Dios se ha acercado; arrepentíos, y creed en el evangelio» (Marcos 1:14, 15). Pero las obras que hacía declaraban su verdadera condición.

Durante todo este tiempo, el Bautista continuó en el valle del Jordán su obra preparatoria, aunque, a causa de la persecución, se vio obligado a salir de la ribera occidental hacia Enón y Salim, lugares situados en el lado oriental. Un puñado de seguidores aún estaba con él. «Porque Juan no había sido aún encarcelado». Pero la sombra de su inminente destino estaba ya cayendo sobre él. Bautizaba, pues, en Enón, junto a Salim, donde el Jordán se extiende en amplias capas de agua, muy adecuadas para su propósito. Allí llegaron muchos, y fueron bautizados.

Según parece desprenderse del versículo 25, un judío, probablemente emisario del Sanedrín, llevó noticias al pequeño círculo de sinceros discípulos acerca de la obra que Jesús estaba haciendo en Judea, y los metió en una discusión en cuanto al valor comparativo de las dos clases de bautismo. Se reconocía que Jesús no administraba con sus propias manos el rito del bautismo, sino que lo hacían sus discípulos según las instrucciones de él y en su presencia. Por tanto, los discípulos de Juan, acudiendo a él con ojos alterados y el rostro encendido por la indignación, pudieron informarle: «Rabí, mira que el que estaba contigo al otro lado del Jordán, de quien tú diste testimonio, bautiza, y todos vienen a él» (versículo 26).

En aquel noble pecho no había mecha que estas chispas pudieran encender. Allí no había sino amor. Su respuesta siempre figurará entre las más grandes declaraciones del hombre mortal. El Señor dijo que, de entre los que nacen de mujer, no había ninguno más grande que Juan. Y si por ninguna otra cosa fueran vindicadas su estatura moral y su excelencia superlativa, en efecto lo fueron por esas palabras.

1. Juan consideró la influencia y la posición como dones divinos. Fue por esto que él razonó de la siguiente manera: «Cualquier éxito y cualquiera bendición que yo tenga se deben a aquel que me designó para predicar su Evangelio y anunciar el advenimiento de su Hijo. Si este nuevo Maestro se encuentra con tal éxito, no tenemos derecho a estar celosos de él, a menos que pequemos contra Dios, quien lo hizo a él lo que es. Y si no tenemos las mismas multitudes que teníamos antes, conformémonos con aceptar esto también, como nombramiento del cielo, y estemos satisfechos con hacer lo que se nos asigne, y dejemos todos los resultados en manos de Dios».

Este es el remedio para la envidia, que más que cualquiera otra cosa frustra el alma del siervo de Dios. «Un hombre no puede recibir nada, a menos que le sea dado del cielo. Yo tuve mis horas felices de gloria meridiana, y aún tengo la suave luz de un ocaso veraniego. Ese fue un regalo de Dios para mí, como es ahora el descanso; y me regocijaré de que él levante a otros para que hagan su obra».

2. Juan percibió un ideal más completo y rico que el suyo. Sin duda a Juan le habían llevado noticias acerca del primer milagro que hizo nuestro Señor en Caná de Galilea. Sabemos que ese milagro había producido una gran impresión en el pequeño grupo de devotos admiradores que, junto con su recién hallado Maestro, habían sido invitados a participar en las festividades de la aldea, y sabemos que algunos de ellos se sentían aún profundamente ligados a su antiguo amigo y maestro. Fueron estos los que sin duda llevaron a Juan los detalles completos de la notable inauguración de aquel ministerio que por tanto tiempo se había esperado. ¡Qué asombrado tuvo que haberse sentido cuando lo oyó por primera vez! Él había anunciado que el labrador estaba con su aventador para limpiar su era; el Bautista con su fuego; el Cordero de Dios, santo, inocente y separado de los pecadores. Pero el Mesías comienza su ministerio entre los hombres mezclándose con los sencillos aldeanos en el gozo por una boda y ¡realmente cumple un ministerio relacionado con el inocente regocijo de ellos al convertir el agua en vino! «Vino el Hijo del Hombre, que come y bebe». ¡Qué contraste con la austeridad del desierto, la ropa ordinaria, y la dieta exigua! «Porque vino Juan, que ni comía ni bebía». ¿Podía este ser él? Sin embargo, no había duda de que el cielo se había abierto sobre él, de que la Paloma había descendido, ni de que la voz de Dios había declarado que él era su «Hijo amado». Pero ¡qué diferente todo lo que él había esperado!

Sin embargo, al reflexionar luego en aquel incidente en que Jesús manifestó su gloria, y más tarde en la purificación del templo que tuvo lugar inmediatamente después, Juan tiene que haberse convencido de que el concepto de Jesús de la santidad era el verdadero. Gracias al rayo iluminador del Espíritu Santo, Juan comprendió que este era el Ideal divino; que el Redentor no podía contradecir al Creador; que el reino era compatible con el hogar y con la presencia del Rey en el regocijo inocente de una fiesta de aldea. Él comprendió esto, y lo que en efecto exclamó fue lo siguiente: «Aquella escena en la aldea es la clave para entender el ministerio del Mesías para Israel. El Esposo está aquí. El que tiene la esposa es el Esposo. En lo que a mí respecta, soy el amigo del Esposo, a quien se le ha concedido el favor de la indecible alegría de oír la voz del Esposo. ¿Me dicen ustedes que él está predicando y que todos acuden a él? Eso fue lo que yo quise más que todo. Este mi gozo, por tanto, se ha cumplido. Es necesario que él crezca, pero que yo mengüe».

3. Juan tuvo una amplia percepción de la verdadera naturaleza de Cristo. Consideremos ahora el credo del Bautista en este momento de su carrera. Él creyó en el origen celestial y divino del Hijo del Hombre: que él era del cielo y era sobre todos. Él creyó en la fuente única y divina de su enseñanza: "Porque el que Dios envió, las palabras de Dios habla». Él creyó que Cristo estaba abundantemente dotado con el Espíritu Santo. Reconoció que cuando Dios ungió a Jesús de Nazaret con el Espíritu Santo, le dio el Espíritu sin límite y sin medida. El creyó en la relación cercana de Cristo con Dios, y usó la bien conocida palabra judía que indicaba la condición de hijo para indicar el hecho de que él poseía la naturaleza divina en un sentido único. Por último, él creyó en la función mediadora del Hombre de Nazaret: que el Padre ya había entregado todas las cosas en su mano; y que venía el día en que él se sentaría en el trono de David, sí, en el mismo trono de la mediación, como Rey de reyes, y Señor de señores; y en que de su cinto colgaría las llaves de la muerte y del hades, de los reinos de la existencia invisible y del poder espiritual.

Hay dos pensamientos finales. Primero, la única esperanza de que mengüe el yo está en que Cristo crezca. En todos nosotros hay demasiada vida del yo. Pero ¿cómo podemos librarnos de dejar de preocuparnos tanto de nosotros mismos, y de sentir este orgullo? ¡Tenemos que dar la espalda a nuestra propia sombra y volver nuestro rostro hacia Cristo!

Segundo, tenemos que considerar nuestra relación con Cristo como el compromiso y el matrimonio del alma con nuestro Hacedor y Redentor, quien también es nuestro Esposo. «Así también vosotros, hermanos míos, habéis muerto a la ley mediante el cuerpo de Cristo, para que seáis de otro, del que resucitó de los muertos, a fin de que llevemos fruto para Dios» (Romanos 7:4).

El Hijo de Dios no se conforma con amarnos. No puede estar tranquilo hasta que le correspondamos con nuestro amor.

10
INTRIGAS DE LA CORTE
Marcos 6

Nuestra historia nos lleva luego a hablar de las relaciones de Juan el Bautista con Herodes Antipas, hijo de Herodes el Grande. Antipas era un despreciable principillo que heredó la cuarta parte de los dominios de su padre (por lo cual fue conocido como el Tetrarca) y ejercía su dominio sobre Galilea y parte de Perea. La mayor parte del tiempo vivía en Tiberias con gran suntuosidad con las cosas que había importado de Roma, donde había pasado parte de su vida juvenil. Desde temprana edad se le había encomendado el poder despótico y, como resultado natural e inevitable, se había vuelto sensual, débil, caprichoso y cruel.

Vamos a estudiar ahora el conflicto que hubo entre este hombre, a quien nuestro Señor comparó con una zorra y Juan el Bautista.

1. La causa del conflicto. Todo el mundo había concurrido a oír y a ver a Juan el Bautista. Se contaban maravillosas historias sobre el efecto que él había producido en la vida de aquellos que habían llegado a estar bajo su influencia. Todo esto lo conocía bien Herodes.

Este había pasado algún tiempo también observando la carrera del Bautista. Él pensaba que Juan era un hombre verdadero. Lo observó, y quedó satisfecho de que era un hombre justo y santo. Razones de estado le impedían al rey ir en persona al valle del Jordán, pero él tenía un gran anhelo de ver y oír a este poderoso hombre de Dios. De modo que, un día, Herodes envió a buscarlo.

Hubo otra razón que probablemente motivó a Herodes. Él sabía que la fama de Juan llegaba a todas partes, y le parecía que ese era un camino fácil hacia la popularidad. Para desviar la atención del pueblo que estaba fija en sus pecados privados, los que habían causado mucho escándalo, jugaba con la idea de patrocinar la religión de las masas.

Una interpretación de Marcos 6:20 sugiere que el Bautista le predicó repetidas veces a Herodes. El Bautista trató temas generales, y llamó la atención al rey sobre algunas reformas menores, no demasiado personales ni drásticas, Y con esto se ganó un aprecio genuino de parte del rey. Se nos dice que Herodes le escuchaba (tiempo imperfecto o copretérito) «de buena gana», y que «se quedaba muy perplejo». [en la Versión Autorizada —inglés— se lee, en vez de «se quedaba muy perplejo», «hacía muchas cosas». Nota del traductor]. Pero Juan sabía que su deber para con Herodes, para con la verdad, para con la moralidad pública, le exigía ir más allá y, por tanto, un día memorable, él le mencionó al rey criminal el crimen del cual hablaban los hombres secretamente en todas partes, y pronunció la notable declaración que no podía perdonársele: «No te es lícito tener la mujer de tu hermano».

Se nos dice que «Herodes había enviado y prendido a Juan» (Marcos 6:17). Herodías no dejaba tranquilo a su amante. Un puñado de soldados lo arrestaron, y encadenado lo llevaron al fuerte castillo de Maqueronte.

2. El encarcelamiento de Juan y sus oportunidades. Al castillo de Maqueronte lo llamaban «la diadema», o «la torre negra». Estaba situado en el lado oriental del mar Muerto, casi en línea recta con Belén. Aún se pueden ver las ruinas de este castillo; grandes piedras cuadradas en la cima de una elevada colina, rodeada en tres lados por precipicios por los cuales no se podía subir. Eran tan profundos que Josefo dice que los ojos no alcanzaban a ver el fondo. En este lugar estuvo Juan encarcelado.

El evangelista dice expresamente que «Juan había sido encadenado». Habían atado al hijo de las soledades del desierto, que amaba la libertad —sensible al toque de la luz del sol y de la brisa y a la belleza en la cresta de las montañas, acostumbrado a ir y venir a voluntad—, como si la extrema injuria y afrenta fuera la de encadenar sus ágiles y flexibles miembros para impedirles movimiento. ¡Qué pecado atar al predicador de justicia y encarcelarlo en bóvedas subterráneas privadas de sol! ¡Qué agonía! ¡Qué contraste entre el alegre bullicio que reinaba en el palacio y la lenta tortura de aquellos tediosos meses en el oscuro calabozo del Bautista!

De vez en cuando parecía como si se relajara el rigor de la cárcel donde estaba Juan. Se permitía que sus discípulos entraran a verlo, y lo informaran de lo que estaba ocurriendo en el mundo exterior; pero más notable aun fue el hecho de que fuera llamado a tener audiencias directas con el mismo Herodes.

Herodes vivía en una atmósfera de adulación. Tenía a su lado, además, a una Lady Macbeth, una mujer que era una arpía bella y seductora, la cual sabía que mientras viviera Juan el Bautista, y se atreviera a hablar como lo había hecho, la posición de ella era insegura. Ella sabía bastante bien que Herodes les tenía pavor a las recriminaciones de su conciencia ante las instancias de la verdad. «Herodías le acechaba, y deseaba matarle, y no podía».

Por otro lado, Herodes vivía en temor. «Herodes temía a Juan, sabiendo que era varón justo y santo». Le tenía temor al pueblo, por cuanto ellos tenían a Juan como profeta y, por debajo de todo, le tenía miedo a Dios, no fuera que se metiera a vengar cualquier mal que se perpetrara contra su siervo.

Entre estas dos influencias, Herodes «se quedaba muy perplejo» (Marcos 6:20). Cuando estaba con Herodías, pensaba como ella, y salía casi resuelto a dar la orden fatal; pero cuando estaba solo, prevalecía la otra influencia, y entonces mandaba a buscar a Juan.

¿No podía Herodes intentar inducir al profeta para que revocara su inexorable declaración? «Mira —hubiera podido decirle—, si tú revocas esa declaración, te pondré en libertad. Con tal que te disculpes con breves palabras, podrás ir adonde quieras».

Tal oferta, de haber sido hecha, habría sido de tentación al extenuado cautivo, cuyo cuerpo había ya perdido la elasticidad y el vigor de los primeros años de su vida viril y estaba dando señales de la dura privación a que estaba sometido. Pero él no tenía otra alternativa; y aunque la prueba se repitiera con mucha frecuencia, habría respondido a la solicitud real con la misma respuesta firme: «No tengo otra alternativa. No te es lícito tener la mujer de tu hermano. Yo traicionaría a Dios y te traicionaría a ti, si revocara alguna de las palabras que he hablado; y tú sabes que eso es así». Y mientras reflexionaba sobre la justicia, la temperancia, y el juicio que habría de venir, el rey culpable temblaba.

¡Cuántos hay como Herodes! Se parecen a la superficie de la tierra en que brota la semilla y crece de manera rápida y anormal porque debajo de la tierra está la roca. De pronto los sobrecoge la voz de un predicador y son conmovidos por los llamados de la conciencia, cuando esta logra expresar sus protestas y reconvenciones; y en el siguiente momento se sienten fascinados por su pecado, por aquella pasión impura, por aquel hábito pecaminoso, por aquella ganancia mal habida, y son arrebatados de la playa, donde ya casi estaban libres, de nuevo hacia el mar.

De modo que Juan quedó en la cárcel. Mes tras mes languidecía en el oscuro y asfixiante calabozo, y de vez en cuando quizás se preguntaba por qué el Maestro, si era el Hijo de Dios, no intervenía para que él fuera puesto en libertad.

3. La inevitable decadencia de Herodes. Vez tras vez era devuelto Juan a su celda. Probablemente pasaron doce meses, pero cada vez que se negaba a actuar de acuerdo con las reconvenciones del predicador, el rey se volvía más impenetrable y quedaba más expuesto a los arrebatos de la pasión. Así fue que, en un momento crítico en que él se hallaba bajo la influencia de las bebidas alcohólicas y de los apetitos impuros, Herodías logró lo que quería, extrayendo del rey la orden para la decapitación del Bautista.

La historia no termina aquí. Herodes no solo asesinó a Juan el Bautista sino que infligió una herida mortal a su propia naturaleza moral, de la cual nunca se recuperó.

¿Es para maravillarse que nuestro Señor enmudeciera ante tal hombre? ¿Qué otra cosa podía hacer? El deterioro había sido horrible y completo. Porque el amor de Dios no puede decirnos nada, aunque esté dispuesto a morir por nosotros, mientras nos neguemos a arrepentirnos y a apartarnos de nuestros pecados.

(11)
«¿ERES TÚ EL QUE HABÍA DE VENIR?»
Mateo 11

Es conmovedora la tenacidad con que algunos de los discípulos de Juan se adhirieron a su gran maestro y guía. La mayoría de ellos se habían dispersado; algunos a sus hogares; otros habían seguido a Jesús. solo quedaba un puñado, a quienes la tormenta de odio que había brotado contra su maestro no les había quitado el afecto, sino que los había acercado más a él con la inquebrantable lealtad de un afecto inmutable. Ellos no podían olvidar que él los había enseñado a orar; que él los había guiado hacia Cristo. Ellos no podían abandonarlo en los días oscuros y tristes de su encarcelamiento y dolor. No vacilaban en acudir a su celda con noticias del ancho mundo de afuera, especialmente de lo que estaba haciendo y diciendo aquel cuya vida estaba tan misteriosamente vinculada con la propia de Juan. «Los discípulos de Juan le dieron las nuevas de todas estas cosas» (Lucas 7:18).

A dos de estos amigos les confió Juan la pregunta que durante largo tiempo se había estado formando en su alma: «Y llamó Juan a dos de sus discípulos, y los envió a Jesús, para preguntarle: ¿Eres tú el que había de venir, o esperaremos a otro?»

1. Las dudas de Juan. ¿Podría este ser aquel que, solo unos meses antes, parado en su púlpito labrado en la roca, con radiante certidumbre había señalado a Cristo y declarado que él era el Cordero de Dios, el Hijo del Padre, el Esposo del alma? ¡Qué gran contraste entre eso y este gemido de dolor: «¿Eres tú ... ?»! Por un lapso lo envolvió una nube de dudas. Fue tentado a abandonar la confianza que le había traído aquel gozo extático del principio, cuando vio que la paloma descendía y permanecía sobre él.

Sí, creemos que, durante algunos días por lo menos, la mente de Juan estuvo nublada; su fe perdió su firmeza, y pareció que estaba cayendo en profundidades insondables. Fue entonces cuando «los envió a Jesús, para preguntarle: ¿Eres tú el que había de venir ... ?» Fácilmente podemos atribuir la declinación de su fe a tres motivos.

a. *La depresión.* Juan el Bautista era el hijo del desierto. Los vientos que soplaban por la soledad no eran más libres que él.

Cuando se vio encerrado, reducido y confinado en los estrechos límites de una celda, su espíritu decayó. Anhelaba la libertad como un animal salvaje. Necesitaba moverse sin el ruido de cadenas, beber el agua fresca del Jordán, respirar el aire de la mañana, mirar la expansión de la naturaleza. ¿Es difícil entender que sus privaciones produjeran esta reacción en su organización mental y espiritual, o que la depresión de su vida física pusiera una sombra sobre su alma?

b. *La desilusión.* Cuando lo encarcelaron por primera vez, cada día había tenido la esperanza de que Jesús de algún modo lo libertaría. ¡Ciertamente él no permitiría que su fiel seguidor quedara en la desesperación de un oscuro calabozo! En aquel primer sermón de Jesús en Nazaret, del cual él había recibido noticias, ¿no había declarado expresamente el Señor que una parte del programa divino para el cual había sido ungido consistía en abrir las puertas de la cárcel y proclamar libertad a los cautivos?

Pero las semanas se convirtieron en meses y no llegaba ninguna ayuda. Para el sincero corazón de Juan eso era inexplicable, y le hizo despertar el temor de que, después de todo él se hubiera equivocado.

c. *Conceptos parciales de Cristo.* «Y al oír Juan, en la cárcel, los hecho de Cristo ...»Tales hechos eran totalmente benéficos y nobles.

—¿Qué ha hecho él desde la última vez que ustedes estuvieron aquí?

—El puso las manos sobre unas pocas personas enfermas y las sanó; le fueron presentados unos niños y los tomó en sus brazos y los bendijo; se sentó en un monte y habló acerca del reposo, de la paz y de la bienaventuranza.

—Bien, pero ¿qué más?

—Una mujer tocó al borde de su manto, y tembló; y confesó lo que había hecho, y se fue sana.

—¡Muy bien!, pero ¿qué más?

—Bueno, vinieron unos ciegos, y él puso las manos sobre ellos, y vieron.

—¿Eso es todo? ¿No ha usado él el aventador para aventar el trigo, ni el fuego para quemar la paja? Esto es lo que he estado esperando, y es lo que me han enseñado Isaías y el resto de los profetas. No lo puedo entender. Esta vida de benevolencia, tranquila y noble, está fuera de mis cálculos. Tiene que haber algún error. Vayan y pregúntenle si debemos esperar a otro que haya sido hecho en un molde diferente, que sea como el fuego, como el terremoto, como la tempestad, mientras que él es como un silbo apacible y delicado.

Juan tenía conceptos parciales de Cristo. Pensaba de él solo como el que tomaría venganza del pecado, el que haría la revolución, el Juez temido de todos; y por falta de una comprensión más clara de lo que Dios había hablado por boca de sus santos profetas desde el comienzo del mundo, cayó en un pantano de desaliento. Fue una lástima. Sin embargo, no lo culpemos con demasiada vehemencia, no sea que nos culpemos a nosotros mismos. ¿No es esto lo que nosotros hacemos? Nosotros nos formamos una idea de Dios, parcialmente basada en lo que pensamos que él debe ser, y parcialmente basada en algunas ideas torcidas que hemos recibido de otros; y entonces, por el hecho de que Dios no actúa como nosotros pensamos, comenzamos a dudar.

2. La respuesta del Señor. «En esa misma hora sanó a muchos de enfermedades y plagas, y de espíritus malos, y a muchos ciegos les dio la vista». Todo el día estuvieron los discípulos de Juan en la multitud, mientras pasaba delante del Salvador la triste procesión de enfermos y endemoniados. Sus casos variaban en toda la escala de la gravedad, pero todos se iban purificados y sanos. Aun los muertos eran resucitados. Cuando concluyó su faena, el Maestro se volvió hacia los emisarios del Bautista y con un tono significativo les dijo: «Id, haced saber a Juan lo que habéis visto y oído: los ciegos ven, los cojos andan, los leprosos son limpiados, los sordos oyen, los muertos son resucitados y a los pobres es anunciado el evangelio; y bienaventurado es aquel que no halle tropiezo en mí».

a. *La respuesta fue indirecta*. Él no dijo: «Yo soy el que había de venir, y no hay necesidad de esperar a otro». Si hubiera dicho eso, su respuesta hubiera sido para el intelecto de Juan, pero no para su corazón. Unas pocas horas después, la seguridad se hubiera debilitado y de nuevo habría surgido la duda. Él hubiera podido preguntarse si Jesús mismo no estaba engañado.

b. *La respuesta fue misteriosa*. Ciertamente, si él podía hacer tanto, hubiera podido hacer más. El poder que sanaba a los enfermos, a los cojos, y a los ciegos, y que echaba fuera demonios, ciertamente podría librar a Juan. Eso hizo que en su corazón creciera más el anhelo de oír acerca de estas demostraciones de poder. Juan tenía que aprender que el Señor sanaba a estas personas con tanta facilidad porque el débil suelo de su naturaleza no era apto para cosechas más ricas; porque sus almas no podían resistir los cortes necesarios para lograr las brillantes facetas que solo existían en el alma de él. Fue la realeza de su alma, el mayor de los nacidos de mujer, por su naturaleza capaz de producir los mejores frutos al cultivo divino, que a Juan se le dejó esperando, mientras otros captaron las bendiciones y se fueron sanos. solo le quedaban a él tres meses de vida, y en estos, la disciplina de la paciencia y de la duda tenían que perfeccionar su obra.

c. *La respuesta fue suficiente*. El Señor quiso convencer al que hacía la pregunta de que sus puntos de vista eran demasiado parciales y limitados, y lo envió a que volviera a hacer un estudio más a fondo de las antiguas Escrituras. Fue como si Jesús hubiera dicho: «Id a vuestro maestro, y decidle que tome de nuevo la antigua profecía y la estudie. Él ha tomado las predicciones más severas, y ha descuidado las más nobles y sencillas. Es cierto que estoy proclamando el día de la venganza; pero primero tengo que revelar el año aceptable. Es cierto que tengo que venir como el Poderoso, y que mi brazo regirá; pero también es cierto que, como Pastor, tengo que apacentar mi rebaño, y llevar los corderos en mis brazos».

Nosotros cometemos el mismo error. Tenemos solo un concepto parcial de Cristo, y tenemos que volver de nuevo a la Biblia y estudiar otra vez el sentido de palabra; entonces llegaremos a entender. Aún no hemos reconocido el propósito del Señor: no tenemos todas las evidencias. Pero nuestro Señor todos los días nos está ofreciendo pruebas de su divino y amoroso poder. El mundo está lleno de evidencias de su poder bondadoso y divino. Y estas evidencias, no solo por las transformaciones que se efectúan sino por su calidad moral, bastan para demostrar que dentro del velo hay uno que vive en el poder de una vida permanente.

3. Una nueva bienaventuranza. «Bienaventurado aquel que no halle tropiezo en mí». Nuestro Señor puso al alcance de su noble precursor la bienaventuranza de aquellos que no han visto y, sin embargo, han creído; de aquellos que esperan el tiempo del Señor; y de aquellos que no pueden entender sus procedimientos pero descansan en lo que saben acerca de su corazón. Esta es la bienaventuranza de los que no tropiezan, de los que no titubean por el misterio que haya en la manera como Dios trata su vida. Esta bienaventuranza está también a nuestro alcance. Hay ocasiones en que nos sentimos abrumados por el misterio de la vida y de la naturaleza. El mundo está tan lleno de dolor y de angustia, es tan triste y lastimosa la letanía de su necesidad, que aun los corazones fuertes se quebrantan bajo una carga intolerable.

Los hijos de Dios son probados algunas veces de la manera más amarga. Para ellos, el horno se calienta siete veces; días de fatiga y noches de dolor han sido designados para ellos; sufren no solo a manos del hombre, sino que parece como si el mismo Dios se volviera contra ellos para convertirse en su enemigo. Hay días en que el agua sube hasta llenar la copa, y entonces brota el grito: «¿Hasta cuándo, oh Señor, hasta cuándo?»

Usted y yo hemos estado en esta situación. Hemos dicho: «¿Ha olvidado Dios ser bondadoso? ¿Por causa de su ira ha puesto fin a sus tiernas misericordias?» Somos tentados a tropezar. Es entonces cuando estamos en mejores condiciones que nunca antes para apreciar el punto de vista que asumió la mujer de Job cuando le dijo a su marido: «Maldice a Dios, y muérete».

Es entonces cuando tenemos la oportunidad de heredar una nueva bienaventuranza. Al negarnos a humillamos bajo la poderosa mano de Dios —con preguntas, con irritación, con murmuración—, perdemos la puerta que nos daría entrada a una felicidad rica y libre de impurezas. Tentamos con la llave y no damos con la cerradura. Pero si tranquilizamos nuestra alma, la luz de la mañana eterna amanecerá sobre nosotros; la paz de Dios guardará nuestro corazón y, nuestra mente, y entraremos en la bienaventuranza que nuestro Señor desplegó ante la mirada de su fiel precursor.

12
«NO SE HA LEVANTADO OTRO MAYOR QUE JUAN EL BAUTISTA; PERO ...»
Mateo 11

Mientras los discípulos de Juan estuvieron presentes, nuestro Señor se eximió de alabarlo. Pero tan pronto como ellos se marcharon, se abrieron de par en par las compuertas de su corazón y comenzó a hablar a las multitudes acerca de su fiel siervo. Actuó así para no dar lugar a que Juan se enorgulleciera por lo que él decía. Él quería que su amigo no tuviera ninguna tentación adicional en sus horas de soledad.

1. El tiempo escogido por el Señor para elogiar al Bautista. Jesús pronunció sus más cálidas y generosas palabras de elogio para Juan el Bautista cuando este estaba en una crisis de desaliento, por debajo del nivel de la pleamar. «Entre los que nacen de mujer no se ha levantado otro mayor que Juan el Bautista».

El Cielo no juzga por la pasajera disposición de ánimo, sino por el tenor y la tendencia general de la vida del hombre; no por la expresión de una duda causada por accidentes que pueden explicarse, sino, por el alma del hombre, lo de adentro, que es mucho más profundo que la emoción.

Sí, el Señor nos juzga por aquello que es lo más profundo, lo más permanente, lo más constante y prevaleciente en nosotros; por el ideal que tratamos de captar; por la decisión y la elección de nuestra alma.

Hay un notable paralelo de este incidente en el Antiguo Testamento. Cuando por primera vez se nos presenta a Gedeón, el hijo menor de Joás abiezerita, lo vemos en una situación no muy airosa. Se encuentra sacudiendo el trigo en el lagar para esconderlo de los madianitas, quienes devoraban el producto de todo el país. No había ninguna falta moral en tratar de eludir la vigilancia de los espías madianitas; pero en el espectáculo no había tampoco nada de heroico ni inspirador. Sin embargo, cuando el ángel del Señor le apareció, le dijo: «Jehová está contigo, varón esforzado y valiente».

«¡Varón esforzado y valiente!» A primera vista hay una aparente incongruencia entre esta resonante salutación y el porte del hombre a quien se dirigía; sin embargo, los eventos subsiguientes demuestran que cada sílaba de dicha salutación eran merecidamente cierta. Gedeón era un varón esforzado y valiente, y Dios estaba con él. El mensajero celestial vio más adentro del pasajero incidente externo.

¿No es este, en verdad, el significado de las palabras del apóstol, cuando dice que la fe nos es contada por justicia? El hecho de que la fe nos sea contada por justicia es la semilla de la cual se desarrolla con el tiempo la planta, la flor, el fruto, la semilla, y la reproducción de la planta otra vez en interminable sucesión. Dios le contó a Abraham todo lo que su fe era capaz de producir, lo que en realidad produjo, y lo que hubiera producido si él hubiera tenido todas las ventajas de que nosotros disfrutamos hoy. Cuando la paciencia ha hecho su obra perfecta en nosotros, y somos perfectos y cabales, sin que nos falte nada, Dios nos da toda esa inflorescencia y fructificación de que nuestra fe es capaz.

2. Los rasgos sobresalientes del carácter y del ministerio de Juan hacia los cuales llamó la atención nuestro Señor.

a. *Su independencia.* «¿Qué salisteis a ver al desierto? ¿Una caña sacudida por el viento?» El lenguaje de la Biblia es tan pintoresco, tan lleno de imágenes naturales, que atrae a todas las edades, y habla en todas las lenguas del mundo. Emplea figuras naturales y parábolas que el hombre corriente aunque sea un simple, las comprende a primera vista.

Así, cuando nuestro Señor preguntó al pueblo si Juan se parecía a una caña sacudida por el viento, pregunta en la cual estaba implícita la respuesta negativa, ¿hubiera podido él indicar de manera más clara una de las características más salientes de la carrera de Juan: su osada singularidad, su independencia de las costumbres y de las modas, su determinación a seguir el dechado de su propia vida tal como Dios se lo había revelado? Con la singularidad de su ropa y de su alimento; con la originalidad de su mensaje y la demanda del bautismo; con su independencia de los maestros religiosos y de las escuelas de su tiempo; con su negación a tolerar los flagrantes pecados de las diversas clases sociales, y especialmente con su inflexible denuncia del pecado de Herodes, él demostró ser como un roble firme de la selva de Basán, o como un cedro profundamente arraigado del Líbano; no como una caña movida por el viento.

Desde entonces muchas almas santas lo han seguido por este sendero difícil y solitario. En verdad, ese es el sendero ordinario de la mayoría de los espíritus más selectos en estos siglos del cristianismo.

Usted, amable lector, lo admira, pero piensa que no puede seguirlo. Cuando sus compañeros y amigos hablan con palabras despectivas y no generosas de algún hombre público a quien usted aprecia; cuando de boca en boca pasan historias escandalosas; cuando una tormenta de odio se cierne sobre alguna causa que usted sinceramente favorece y abraza; a usted le parece más fácil inclinarse ante el ventarrón, con todas las demás cañas que lo rodean, que introducir su protesta aunque se vea solo. Cristo puede tomar las naturalezas más flexibles y blandas, y hacer de ellas como hizo con Jeremías: «como ciudad fortificada, como columna de hierro, y como muro de bronce contra toda esta tierra» (Jeremías 1:18). Usted no puede; pero él puede. Él lo fortalecerá; sí, lo ayudará.

b. *Su sencillez.* Por segunda vez el Maestro preguntó a la gente qué habían salido a ver al desierto; y en su pregunta estaba implícito el hecho de que Juan no era un sibarita que se ataviaba con vestiduras delicadas y que vivía festejando con lujo, sino un alma pura y fuerte que había aprendido el secreto de la negación personal y del dominio propio. Muchos nos inclinamos a cubrirnos con la vestidura de la complacencia personal y del lujo. La felicidad real de la vida no consiste en aumentar nuestras posesiones, sino en limitar nuestros deseos.

Así ocurre con el servicio. No es correcto depender de los demás. Si como parte de nuestro destino ocurre que estamos rodeados de sirvientes, aceptemos el oficio que ellos hagan con gracia y amabilidad, pero no nos permitamos nunca ser opresivos con ellos. Debemos saber cómo hacerlo todo por nuestra cuenta, y estar preparados para hacerlo cuando sea necesario. Por supuesto, nada sería más infortunado que el hecho de que aquellos que tienen magníficas capacidades para alguna función especial malgasten su tiempo y su fuerza en cosas triviales que otros pudieran hacer para ellos igualmente bien. ¡Pensemos, por ejemplo, en un médico cuyo consultorio estuviera atestado de pacientes necesitados de cierta clase de ayuda que, entre todos los humanos vivientes solo él pudiera darles, y que dicho médico utilizara las preciosas horas de la mañana puliendo sus botas o preparando su comida! Que estas cosas se dejen para aquellos que no pueden hacer la especialísima labor a la cual es llamado el médico.

En esto consiste el secreto de hacer lo mejor en la vida. Descubra usted qué es lo que puede hacer mejor, y dedíquese a eso, y entregue a ayudantes voluntarios o asalariados lo que ellos puedan hacer tan bien como usted, y tal vez mejor aun. Este fue el espíritu de los apóstoles cuando dijeron: «No es justo que nosotros dejemos la palabra de Dios, para servir a las mesas. Buscad, pues, hermanos, de entre vosotros a siete varones ... a quienes encarguemos de este trabajo. Y nosotros persistiremos en la oración y en el ministerio de la palabra» (Hechos 6:2-4). Es bueno examinar cuidadosamente nuestra vida de vez en cuando, no sea que casi de manera insensible el espíritu y la energía estén en proceso de deterioro, como los soldados de Aníbal en los llanos de Capua. Si tal es el caso resuelva abstenerse, no para ganar mérito sino para conservar el vigor y la sencillez de su alma.

c. *Su noble oficio.* «Pero ¿qué salisteis a ver? ¿A un profeta? Sí, os digo, y más que profeta». Las edades subsiguientes no han hecho sino confirmar la estimación que nuestro Salvador tuvo de su precursor. Nosotros podemos ubicarlo en los designios divinos. Él fue un profeta, sí, y mucho más. Fue el mensajero de Jehová, el heraldo de aquella nueva era más grandiosa, cuyas puertas él abrió, pero a la cual no se le permitió entrar.

Pero nuestro Señor pasó más adelante, y no vaciló en clasificar a Juan entre los mayores de los que nacen de mujer. Juan estaba absolutamente en la fila del frente. Podía tener iguales, pero no superiores. No podríamos atrevernos a decir a quién se pudiera clasificar con él. Pero «no se ha levantado otro mayor que Juan el Bautista».

Nuestro Señor le rindió otro tributo más a su noble siervo. Unos dos o tres siglos antes, Malaquías había predicho que Elías, el profeta, sería enviado, antes que viniera el día del Señor, grande y terrible. Los judíos estaban siempre esperando su venida. Y esto fue lo que quisieron decir cuando le preguntaron al Bautista, en el comienzo de su ministerio, si él era Elías. Como ya lo vimos, él rehusó tomar un nombre tan grande, y declaró: «No soy». Pero Jesús dijo: «Y si queréis recibirlo, él es aquel Elías que había de venir».

3. La única reserva del Maestro. Volvamos a citar sus memorables palabras: «Entre los que nacen de mujer no se ha levantado otro mayor que Juan el Bautista; pero el más pequeño en el reino de los cielos, mayor es que él» (Mateo 11:11).

La grandeza de Juan el Bautista brilló con conspicua belleza por su humilde confesión de inferioridad. Su grandeza se manifestó en la humildad de la estima que él tenía de sí mismo.

Cuando el Señor Jesús resumió su propio carácter dijo: « ...soy manso, y humilde de corazón». La grandeza de Juan se probó en esto: que como su Señor, él fue manso y humilde de corazón. Ninguna declaración más sublime ni más divina ha pasado jamás por los labios de un hombre como la respuesta que dio Juan a sus discípulos: «No puede el hombre recibir nada, si no le fuere dado del cielo

... Es necesario que él crezca, pero que yo mengüe» (Juan 3:27-36). El mismo espíritu de mansedumbre se manifestaba en Juan y actuaba en su Señor. No hubo ningún hombre, ni siquiera el apóstol Juan o el apóstol Pablo, cuyo espíritu concordara más exactamente con el del Maestro que el de su fiel y modesto heraldo y precursor, Juan el Bautista.

Pero ¿qué era lo que había en el pensamiento de nuestro Señor cuando hizo la salvedad de que «el más pequeño en el reino de los cielos, mayor es que él»? Se ha sugerido que el Señor estaba hablando acerca de Juan, no solo como un hombre sino como un profeta, y que esta declaración se aplica particularmente a Juan como un profeta. Juan pudo decir: «He aquí el Cordero de Dios». Pero el menor de aquellos que fueron esparcidos fue por todas partes proclamando la palabra del reino, y predicando a Jesús y la resurrección.

Pero hay otra manera de interpretar estas palabras de Cristo. Juan introdujo el reino, pero no estuvo en él. Él proclamó una condición de bienaventuranza en la cual no se le permitió tener parte. Y el Señor dice que el hecho de estar en ese reino da la oportunidad de lograr una grandeza que no pueden reclamar las almas grandes que están fuera de sus linderos. El menos instruido en el reino de los cielos tiene el privilegio de ver y oír las cosas que los profetas anhelaron y esperaron en vano.

¿Y no puede haber más que esto aún? El carácter de Juan era fuerte, grande en su vehemente magnificencia. Él tenía valor, resolución; una voluntad férrea, una elevación de alma que podía comunicarse con el Invisible y Eterno. ¿Pero es este el ideal más elevado del carácter? Ciertamente no; hay algo mejor, tal como se manifestó en la propia humanidad perfecta de nuestro Señor. El equilibrio de la calidad; el poder para comunicarse con Dios, unido con la ternura que entra en los hogares de los hombres, enjuga las lágrimas de los que lloran y reúne a su lado a los niñitos; que pone oído a toda queja, y tiene un bálsamo de consuelo para toda angustia; que se compadece y consuela, enseña y dirige; que no solo puede comunicarse a solas con Dios en el desierto sino que lo trae a él hasta las obras más bajas y comunes de la vida humana: este es el tipo de carácter que es peculiar al reino de los cielos. Se describe mejor con aquellas inimitables bienaventuranzas, que canonizan no al severo y rudo sino el dulce y tierno, al humilde y manso; y estampan la más tierna sonrisa del cielo en las virtudes que difícilmente hallaron lugar en un carácter fuerte y resuelto como el de Juan el Bautista. Verdaderamente, «el más pequeño en el reino de los cielos, mayor es que él».

13
UNA ANTORCHA QUE ARDÍA Y ALUMBRABA
Juan 5:35

Nuestro Maestro, Cristo, estaba siendo sometido a prueba. Fue desafiado por los líderes religiosos del pueblo por cuanto se atrevió a sanar a un hombre y a ordenarle que llevara su lecho —un camastro de paja— en día de reposo. Por tanto, fue acusado y, por decirlo así, puesto a la defensiva.

Por supuesto, ni por un momento debemos pensar que nuestro Señor fue débil en cuanto a la observancia del día de reposo. Es sencillamente que él deseaba emancipar ese día de las intolerables cargas y restricciones de que los principales judíos lo habían rodeado. Lo que él hizo fue emancipar el día de reposo de necias y equivocadas nociones de santidad.

Es de suprema importancia que hagamos cuanto podamos para conservar en nuestro país y en el mundo un día de reposo a la semana. Que en ese día el reposo de usted no consista en acostarse de manera indolente y descuidada, sino en dar otra orientación a sus facultades; porque el verdadero descanso no se halla en perezosa comodidad, sino en canalizar el vigor de la vida hacia actividades correspondientes a otros compartimientos del cerebro que no sean aquellos que se han desgastado por las demandas de los seis días. Luego, renovado por lo que ha recibido en la clase de la escuela dominical, en el culto de adoración de la iglesia, y en el sermón, usted regresará a su escritorio o a su oficina, o cualquiera que sea su trabajo, con disposición renovada y rejuvenecida.

La luz no puede brillar a menos que arda. La vela que da luz se desgasta centímetro a centímetro mientras alumbra. La mecha de la lámpara que conduce el petróleo hacia la llama se quema, y hay que irla cortando poco a poco hasta que el largo rollo se agota por completo. Somos muchísimos los que queremos brillar, pero no estamos preparados para pagar el precio a que tiene que hacer frente todo verdadero hombre que quiere iluminar su época. Tenemos que consumirnos hasta que no queden sino unos tres milímetros en el candelero, hasta que la luz fluctúe un poco y caiga, haga un esfuerzo desesperado y por último deje de brillar: eso es una «antorcha que arde y alumbra».

En resumen, pues, tenemos aquí primero la comparación entre Juan y la antorcha o lámpara; luego el inevitable desgaste de dar luz; y en tercer lugar, el mal uso que la gente puede dar a sus oportunidades.

1. La comparación que hizo el Señor. Juan «era antorcha que ardía y alumbraba». En el texto original se sugiere un gran contraste entre las palabras «antorcha» y «lámpara». En la Versión Valera 1960 leemos: «Él era un antorcha que ardía y alumbraba»; pero hay otras versiones que usan la palabra «lámpara». Hay una diferencia considerable entre las dos palabras.

Usted puede tener una vela con su pabilo, y sin embargo, no da luz. El aire puede estar lleno de luminosidad, y sin embargo, no ha hallado el punto para encender ni del cual irradiar. De repente, la luz toca el pabilo de la vela, que había estado pasivo e inútil, y la vela comienza a brillar con una luz que no es propia. Es una luz prestada, atrapada de alguna llama que se le acercó.

Los hombres nacen en el mundo como tantas otras velas no encendidas. Jesucristo, la Luz de los hombres, espera con anhelante deseo y, mientras pasan las sucesivas generaciones por el escenario de esta existencia, está listo para iluminar a los que acepten ser lumbreras del Señor. En estos tiempos él nos ilumina con el Evangelio. Él, como verdadera Luz, alumbra a toda persona que viene a este mundo.

¿Cuál es el proceso de encender una luz? Sencillamente, el pabilo de la vela se pone en contacto con la llama, y la llama pasa y lo enciende, sin perder nada de su vigor ni de su calor, y el pabilo continúa ardiendo por sí solo, atrayendo hacia sí el combustible que le provee la vela. Permita usted que Cristo lo toque así. Crea en la luz, que usted puede llegar a ser un hijo de Luz. Quite el extintor; abandone el prejuicio; permita que Jesús lo encienda.

Somos encendidos para que podamos encender a otros. Si de mí dependiera, me gustaría que el fuego me consumiera sin parar y sin que la vela se desgastara goteando, al tiempo que comunico el fuego de Dios a tantas velas apagadas como me sea posible, de tal modo que cuando una expire, las demás comiencen a arder y a difundir la luz que ha de brillar hasta que Jesús venga. Tome usted la luz de Cristo, y luego, compártala; y recuerde que la gloria del fuego está en que una pequeña vela continúe encendiendo a centenares de otras: en que una insignificante cerilla encienda todas las lámparas de una catedral y, sin embargo, no pierda su propia llamita. Andrés fue encendido por el mismo Cristo, y pasó la llama a Simón Pedro, y este a tres mil personas más el día de Pentecostés. Toda alma cristiana iluminada por la gracia de Dios puede así llegar a ser, como Juan el Bautista, una antorcha. Pero siempre hay el mismo abismo infranqueable entre estas luces y el Señor. Estas son derivadas; la de él es original.

2. El inevitable gasto. «Él era antorcha que ardía y alumbraba».

a. *Si usted ha de alumbrar, tiene que arder.* La ambición de brillar es universal; pero no todos están preparados para pagar el precio único por el cual se adquiere el derecho de dar la verdadera luz de vida. Hay muchos estudiantes que quisieran ganarse todos los premios y ostentar todos los honores sin consumirse en días y noches de trabajo; pero descubren que todo eso es vana ambición. Para que un hombre llegue a tener éxito en su carrera tiene que haber consumido no solo el aceite de la medianoche, sino también algo de la misma fibra de su alma. Las posiciones conspicuas en el mundo no son tanto recompensas al genio como al trabajo laborioso. El químico destacado trabaja dieciséis horas al día. El escritor ilustre tiene que dedicar horas de intensiva investigación a los materiales con que entreteje su página brillante. Tales hombres alumbran por que antes arden.

Este es el principio preeminente en el servicio de Cristo. Así ocurrió en el caso del mismo Señor. Él alumbró, pero, ¡ah, cómo ardió! Los discípulos recordaron que estaba escrito de él: «El celo de tu casa me consume» (Salmo 69:9). Él sufrió para servir. Él no se salvó a sí mismo porque estaba dedicado a salvar a otros. Ascendió al trono por cuanto no se salvó a sí mismo del cruel patíbulo. Él alumbró a causa del fuego que ardía en su interior. Así le ocurrió al gran apóstol Pablo, quien de toda voluntad dio lo mejor de su vida. Él alumbró por cuanto nunca vaciló en que el fuego lo consumiera.

Todos los santos han pasado por experiencias similares. Sabían, como dijo Cranmer, que nunca podrían abrigar la esperanza de encender un fuego que nunca se apagara, a menos que estuvieran preparados para permanecer firmes en el poste de la hoguera y entregar sus cuerpos para ser quemados. Los hombres y las mujeres que alumbran como faros a través de los siglos son aquellos cuyas lágrimas son su pan de día y de noche, cuyas oraciones se elevan con hondos gemidos y lágrimas.

Todo obrero de Dios que aspire al éxito tiene que aprender esta lección. Usted tiene que estar preparado para sufrir; usted solo puede ayudar a los hombres cuando muere por ellos. Si usted desea salvar a otros, no puede salvarse a sí mismo; usted tiene que estar preparado para caer a tierra y morir si no quiere quedarse solo. En usted tiene que hacerse patente como en Pablo, la decadencia del hombre exterior, a fin de que el interior sea renovado día por día. Usted tiene que estar preparado para decir con él: « ... la muerte actúa en nosotros, y en vosotros la vida» (2 Corintios 4:12).

b. *Si usted arde, alumbrará.* No siempre van juntas las acciones de arder y alumbrar. Con frecuencia arde algo durante largo tiempo, sin que haya mucha iluminación como resultado de este consumo. En muchos casos los santos de Dios han consumido hasta la última gota de energía vital y han expirado, y no ha habido luz que el mundo haya reconocido. Estos santos han podido exhalar una amarga queja: «He trabajado en vano; he gastado mi fuerza en nada». Pero aun estos resplandecerán. Resplandecerán como las estrellas para siempre jamás en aquel mundo donde todas las almas santas y fieles alcanzan su recompensa.

Esforcémonos por arder; Dios se ocupará de que brillemos. A nosotros nos corresponde alimentar la sagrada llama encendida por el cielo con el combustible diario de la Palabra de Dios y del servicio; Dios se encargará de que ningún rayo de poder o de amor se desperdicie. A nosotros nos corresponde estar en compañía con el Señor resucitado, oírlo a él cuando nos abra las Escrituras, hasta que nuestro corazón arda dentro de nosotros. Luego, cuando nos apresuremos a decir lo que hemos visto, probado, y palpado de la Palabra de Vida, habrá un resplandor en nuestro rostro, bien lo sepamos o no; y los hombres dirán de nosotros: «Estos han estado con Jesús». Si solo pensamos en alumbrar, probablemente no alumbraremos ni arderemos. Pero si nos proponemos arder, aunque eso incluya la obra oculta en la mina, el puesto del fogonero, o la casa de calderas se producirá la irradiación de una luz que no puede esconderse.

c. *El combustible para arder y alumbrar lo proveerá Dios.* Tenga usted buen ánimo. Él que comenzó la buena obra en usted la perfeccionará hasta el día de Jesucristo. Él hará que en usted abunde toda gracia, a fin de que en todas las cosas tenga lo suficiente, y abunde para toda buena obra.

La manera como Dios sitúa con frecuencia sus velas encendidas en el sótano es maravillosa. Nosotros hubiéramos supuesto que él pondría a un hombre como Juan en un pedestal, o en un trono, para que su influencia llegara lo más lejos posible. Pero, en vez de eso, permitió que Juan pasara preciosos meses de su vida breve en una cárcel. Y la lámpara flameaba de algún modo en aquella pestilente humedad. Tal vez este sea también el lugar de usted. Si es así puede parecer una gran pérdida. La soledad y la depresión son difíciles de soportar; pero la conciencia de estar logrando muy poco, a un costo tan elevado, es muy dolorosa. Esta es su vida de sótano, su experiencia de calabozo. Recuerde que José, Rutherford, Juan Bunyan, y Madame Guyon ya estuvieron allí antes de usted. Probablemente, por el hecho de que el sótano es sumamente oscuro, Dios quiere poner allí una lumbre, y lo ha colocado a usted allí porque usted puede realizar una obra para él, y para otros, de inapreciable importancia. ¿Dónde se necesita tanto la luz como en un aterrizaje nocturno o cuando hay un arrecife oculto bajo el agua? Continúe usted brillando, y algún día descubrirá que Dios hará de ese sótano un pedestal del cual su luz irradiará sobre el mundo. Desde su celda en la cárcel iluminó Juan la época en que le tocó vivir, tal como desde su púlpito de roca junto al Jordán.

3. La advertencia de Cristo con respecto al mal uso de las oportunidades. «Vosotros quisisteis regocijaros por un tiempo en su luz». El término griego que se tradujo «regocijaras» lleva en sí la idea de mariposas nocturnas jugando en torno a una vela, o de niños danzando alrededor de una antorcha que cada vez se va consumiendo más. Es como si se les diera la luz a los hombres durante una hora a fin de que la usen para algún propósito alto y sagrado; pero ellos la aprovechan para danzar en tonta recreación en vez de usarla para ceñir sus lomos para tareas serias.

El ministerio del Evangelio no es sino de «una hora», y la proclamación de las buenas nuevas de Dios solo ocupa un espacio muy limitado.

Con ese vehemente interés debieran los hombres aprovechar estas pasajeras oportunidades y poner atención para oír lo que dará fruto para la eternidad, y recibir con corazones mansos y retentivos el precioso grano que cae de la mano del sembrador y ser diligentes para lograr los mejores resultados.

14
PUESTO EN LIBERTAD
Marcos 6:27

El evangelista Marcos nos dice, en el versículo 21 de este capítulo, que Herodes, en la fiesta de su cumpleaños, ofreció una cena a sus príncipes y tribunas y a los principales de Galilea. Ahora bien, Galilea, sobre la cual tenía jurisdicción Herodes y donde vivía la mayor parte del tiempo, en la bella ciudad de Tiberias, estaba a una considerable distancia del castillo de Maquero, que, como ya vimos, estaba situado en la desolada región del lado oriental del mar Muerto. Por tanto, probablemente habría una procesión marcial y de nobles que, desde Galilea, siguió el curso del río Jordán hasta el oasis de Jericó y luego se apartó hacia la vieja y sombría fortaleza.

Los días que precedieron a la celebración del cumpleaños de Herodes estuvieron probablemente llenos de actividades festivas y de parrandas. Las competencias de arco y los combates y otros deportes llenaban las horas que se iban moviendo lentamente. Las chanzas, la risotada liviana, y la bufonería llenaban el aire. Y durante todo ese tiempo, en los calabozos subterráneos del castillo estaba el poderoso predicador, el testigo, el precursor, el heraldo, el que pronto sería mártir.

Este contraste se acentuó más que nunca antes la noche que se celebraba el cumpleaños de Herodes, cuando la gran cámara del banquete fue iluminada de manera especial; las mesas se adornaron con flores y cubiertos de oro y plata. La risa y la alegría de la espléndida concurrencia hacían eco en el abovedado techo. Siervos en lujosas libreas iban de un lado para otro, llevando ricas golosinas en grandes bandejas, una de las cuales sería pronto salpicada con la sangre del mártir.

Sería provechoso para usted poder estudiar el comienzo de un gran crimen en semejante escenario. Deberá usted recordar que, en lo que respecta al crimen, hay muy poca diferencia entre el siglo veinte y el siglo primero; entre el pecado de aquella civilización y el de la nuestra. Este capítulo, por tanto, se escribe con más solemnidad que la acostumbrada porque uno está seguro de que, al considerar aquella escena y las pasiones que allí chocaron en espumante vórtice, se pueden hilvanar palabras que ayuden a las almas atrapadas en la misma corriente negra que las empuja y arrebata. Tal vez esta página obre como una voz de advertencia que las detenga, antes que sea demasiado tarde. Pues en Dios hay ayuda y gracia suficientes para detener, redimir, y salvar a un Herodes y a un Judas, a una Jezabel y a una Lady Macbeth.

En este pecado, como en todos, hubo tres fuerzas que actuaron: primera, la predisposición del alma, que la Biblia llama «concupiscencia» y los «deseos de la carne». Segunda, el impulso exterior a hacer el mal. Finalmente, el acto de la voluntad de aceptar y finalmente realizar la sugerencia.

El pecado entra especialmente en esta última fase. La esencia del pecado está en el acto de la voluntad que se permite admitir y albergar alguna necia sugerencia, y finalmente envía a su ejecutor interior a materializar el hecho.

1. La predisposición hacia este pecado. Cuando tratamos la tentación y el pecado, tenemos siempre que tener en cuenta la presencia en el corazón humano de aquella triste reliquia de «la caída» que predispone a los hombres hacia el mal. Tal predisposición nos ha venido a todos: primero, de nuestro antepasado Adán; y, segundo, por la ley de la herencia que ha ido acumulando su maligna y siniestra fuerza a través de los siglos. Solo Dios puede calcular el poder respectivo de estas fuerzas; pero él puede, y él lo hará cuando cada alma por separado comparezca de pie ante su tribunal de juicio.

Herodes, hijo de Herodes el grande, un tirano voluptuoso y asesino, había sin embargo heredado una naturaleza muy débil. Tal vez si hubiera estado bajo influencias fuertes y sanas, Herodes habría vivido una vida aceptable. Pero infortunadamente cayó bajo la influencia de una mujer de espíritu malévolo que llegó a ser su Lady Macbeth, su Jezabel y que fue la que causó la ruina de su alma.

Las influencias que invitan al pecado en este mundo son tan persistentes que aun si mis lectores no tienen otra falla que la de ser débiles, me siento compelido a advertirles, en el nombre de Dios, que a menos que de algún modo logren vincularse, directa o indirectamente con el poder del Hijo de Dios, inevitablemente caerán en la perversidad. Los hombres, y especialmente las mujeres, que hoy, como criminales, llenan nuestras cárceles, en la mayoría de los casos eran solo personas débiles, pero por ese motivo se dejaron arrastrar por la fuerte corriente negra que fluye por el mundo. Si usted está consciente de sus debilidades, haga lo que hacen la anémona de mar y la lapa, las cuales, cuando las tempestades oscurecen el firmamento, se apegan a la roca. «Fortaleceos en el Señor, y en el poder de su fuerza».

Herodes parecía renuente a seguir el camino que su maligna instigadora lo instaba a seguir, pero finalmente Herodías logró salirse con la suya y lo arrastró hasta lo más bajo que había en ella. Tenga usted, pues, cuidado de sí mismo. Ponga atención, guárdese de cualquier cosa en su vida que pueda abrir las puertas a una tentación que no pueda resistir. Si usted es débil de salud física, guárdese de una corriente de aire y de la fatiga, de la atmósfera impura y del contagio. ¿Cuánto más debe usted guardarse del ambiente y de las compañías que pudieran perjudicar la salud de su alma? De todas nuestras horas, ningunas están tan llenas de peligro como aquellas que dedicamos a la recreación.

Lo más peligroso que pudo hacer Herodes fue disponer aquel banquete. Allí estaba recostado en su diván, arrellanado en sus cojines, consumiendo su rico alimento, sin cesar bebiendo el espumoso vino, conversando con sus obsequiosos seguidores; era como si el cáliz, de su alma estuviera abierto para recibir la primera espora insidiosa del mal que pasara flotando por la cargada atmósfera.

2. La tentación. En el principio de un pecado hemos de tener bien en cuenta el poder del tentador, bien sea por sugerencia directa al alma o por medio de hombres y mujeres a quienes como instrumentos de su voluntad maligna. En este caso, la cómplice de Satanás fue la bella Herodías: bella como una serpiente, pero también tan mortal como este reptil. Ella sabía que Juan el Bautista ejercía influencia sobre su amante, y que este solía conceder desmedida importancia a las palabras de Juan. Ella comprendía que la conciencia de Herodes estaba intranquila y, por tanto, mucho más expuesta a ser afectada por las palabras de Juan cuando el maestro discurría acerca de la justicia, la temperancia, y el juicio que había de venir. Ella temía las consecuencias que podrían resultar si el Bautista y la conciencia de Herodes hacían causa común contra ella. Ella no se sentía segura mientras Juan el Bautista respirara. Herodes también le tenía temor, y tal vez ella le tenía un temor más abyecto, y se inclinaba a eliminarlo de su vida.

Herodías estaba esperando su oportunidad, y esta se le presentó en la ocasión que acabamos de describir. La parranda estaba en su punto más encendido. Los fuertes vinos de Mesina y de Chipre ya habían hecho su obra. Era costumbre que hacia el fin de la fiesta eran presentadas las mujeres inmodestas, las cuales, mediante gestos, imitaban escenas de ciertas mitologías bien conocidas, con lo cual inflamaban aun más las pasiones de los que participaban del banquete. Pero en vez de entrar la acostumbrada compañía de mujeres, fue Salomé quien entró y se exhibió en una alborotada danza giratoria. ¿Qué se puede pensar de una madre que exponga a su hija a semejante situación? La chica era tan desvergonzada como su madre.

Salomé agradó a Herodes, quien se excitó ante el encuentro de las dos fuertes pasiones que han causado más víctimas que las que han caído en todos los campos de batalla del mundo. Y en su frenesí prometió darle a la muchacha lo que pidiera, hasta la mitad del reino. Ella regresó a contarle a la madre los detalles de su triunfo. «¿Qué pediré?» exclamó. La madre ya había previsto ese momento, y tenía lista la respuesta: «La cabeza de Juan el Bautista». Dejó a la madre y regresó con pasos rápidos y danzantes al salón del banquete. Le brillaban de cruel odio sus ojos negros. Así los había encendido la ferocidad de la madre. Un mortal silencio cayó en el susurro de la conversación, y todos los oídos se esforzaron por oír su petición. «Entonces ella entró prontamente al rey, y pidió diciendo: Quiero que ahora mismo me des en un plato la cabeza de Juan el Bautista». La urgente demanda de la muchacha demostró con cuánto anhelo había entrado en el plan de la madre.

Así es como nos llegan a nosotros las sugerencias; y hasta donde puedo entender, podemos esperar que nos vengan mientras estemos en este mundo. Parece haber una analogía precisa entre la tentación y los microbios de una enfermedad. Estos están siempre en el aire; pero mientras tenemos buena salud, son absolutamente inocuos, es decir, la naturaleza no les ofrece lugar donde puedan incubar o prender. Del mismo modo, si nuestras almas están llenas de Dios, la tentación no tendrá poder sobre nosotros. Solo cuando la vitalidad del hombre interno está decaída, somos incapaces de resistir los dardos de fuego del maligno.

Esto nos muestra la gran medida en que necesitamos estar llenos de la vida del Hijo de Dios. Si usted tiene la naturaleza victoriosa del Cristo vivo en usted, usted será más fuerte que la naturaleza que él aplastó bajo sus pies.

3. El consentimiento de la voluntad. «Y el rey se entristeció mucho». La petición de la joven lo volvió a la sobriedad. Se puso pálido, y se agarró convulsivamente al cojín sobre el cual estaba reclinado. Por una parte, a su conciencia le repugnaba esta obra; por otra, se decía a sí mismo: «Estoy obligado por el juramento que hice. Mis palabras las pronuncié ante tantísimos de mis principales, que no me atrevo a revocarlas, no sea que pierdan la fe en mí». «Y en seguida el rey, enviando a uno de la guardia, mandó que fuese traída la cabeza de Juan».

¿No es asombroso el hecho de que un hombre que no se refrenaba de cometer incesto y asesinato, tuviera escrúpulos en cuanto a violar un juramento que nunca hubo debido hacer? Usted ha pensado que estaba obligado a cumplir su compromiso por cuanto lo había prometido, aunque usted sabe que tal cumplimiento lo condenaría a una vida entera de desdicha y de desobediencia a la ley de Cristo.

Pero escuche un momento. Si echa usted una mirada hacia atrás, ¿no puede ver que nunca debió comprometerse, y no siente que si volviera a tener la oportunidad, nunca se comprometería de esa manera? Convénzase de que ese contrato informal no lo obliga.

Usted tiene que actuar con la luz clara y mejor que Dios le haya alumbrado. No tenía derecho de prometer la mitad del reino de su naturaleza. No le corresponde a usted darla pues es de Dios. Y si, por equivocación, prejuicio, o pasión, la prometió, atrévase a creer que está exento de su voto por medio del arrepentimiento y de la fe.

«El guarda fue y le decapitó en la cárcel». ¿Había oído algo el Bautista acerca de la indecorosa parranda? Tal vez sí. Aquellos viejos castillos están llenos de extraños ecos. Su celda estaba perfectamente oscura. ¿Estaba su mente otra vez fija en aquellos días que nunca olvidaría, cuando el cielo se abrió sobre él, y vio que descendía la paloma? ¿Se estaba preguntando por qué Dios permitía que él se quedara allí mes tras mes, en silencio y sufrimiento? ¡Ah, él no sabía cuán cerca estaba de la libertad!

Se oyeron pisadas por el corredor. Se detuvieron fuera de su celda. La luz brilló debajo de la puerta; el pesado picaporte de hierro rechinó y se movieron los pesados goznes. De inmediato el prisionero vio el resplandor de la espada desnuda y adivinó a qué había ido el guarda. No había tiempo que perder; el mensaje del rey era urgente. Tal vez envió el último mensaje a sus discípulos; luego inclinó la cabeza para recibir el golpe de la espada. El cuerpo cayó exánime a un lado y la cabeza a otro, y el espíritu quedó libre. El precursor del esposo aquí, también fue su precursor allí; y el amigo del esposo se marchó al hogar celestial a esperar la llegada del esposo; allí siempre oirá la voz que él ama.

«El guarda ... trajo su cabeza en un plato y la dio a la muchacha, y la muchacha la dio a su madre». Probablemente no hubo mucha conversación mientras se consumaba la tragedia. Cuando el soldado entró con la espantosa carga en la bandeja, lo que vieron habría de perseguir a algunos de ellos hasta el día de la muerte. Herodes la vería con frecuencia en sueños. Lo perseguiría y llenaría sus días y sus noches de una angustia que todo el hechizo de Herodías sería incapaz de disipar.

Meses después, cuando oyó hablar de Jesús, el monarca recriminado por la conciencia dijo: «Este es Juan, el que yo decapité, que ha resucitado de los muertos». Y aun después, cuando el mismo Jesús estuvo delante de Herodes, y se negó a decir palabra, el rey tuvo que haber relacionado ese silencio con la obra que él había hecho, y haber reconocido que tenían una relación fatal y necesaria.

De modo que la voluntad, que durante tanto tiempo había jugado con la mujer seductora, al fin dio el paso fatal, y perpetró el crimen que jamás podría deshacerse.

Si usted ha dado el paso fatal, y ha empañado su vida con algún pecado triste y desastroso, atrévase a creer que hay perdón para usted en Dios. Tal vez los hombres no perdonen, pero Dios sí.

Pero si aún no hemos llegado a este punto démosle gracias a Dios con devoción, y estemos alerta contra cualesquiera influencias que pudieran llevarnos hasta allí. Tal vez aún podemos desenredarnos. Aún podemos recibir en nuestra naturaleza el poder del Señor Jesús. Aún podemos cortarnos la mano derecha o el pie derecho, y arrancarnos el ojo derecho, que está haciendo que pequemos. Es mejor esto, y entrar en la vida mancos, que ser echados, como Herodes, al fuego del remordimiento donde el gusano no muere y el fuego nunca se apaga.

(15)
EL SEPULCRO DE JUAN, Y OTRO SEPULCRO
Mateo 14:12

Hemos visto la espantosa obra en que terminó la fiesta de Herodes: la bandeja de oro en la que Salomé llevó a su madre la cabeza recién cortada de Juan el Bautista para contemplarla las dos con maligna satisfacción. Los discípulos de Juan recibieron la noticia de la espantosa tragedia, y acudieron a los recintos del castillo para recoger el cuerpo que yacía deshonrado en el suelo o para aventurarse a las mismas garras de la muerte pidiendo que se les diera. En cualquiera de los dos casos, fue un acto de valentía de parte de ellos; una hazaña absolutamente heroica.

El cuerpo decapitado fue entonces llevado al sepulcro, bien en las tétricas y desoladas colinas de Moab, o en aquella aldehuela situada a la distancia, en las laderas del sur de las montañas de Judea, donde unos treinta años antes la anciana pareja se había regocijado viendo el crecimiento del muchacho. Dios sabe dónde está ese sepulcro; y algún día entregará el cuerpo que fue sembrado allí en debilidad y corrupción, para que reciba el honor y la gloria.

«Habiendo cumplido la triste ceremonia de las honras fúnebres, los discípulos de Juan ,fueron y dieron las nuevas a Jesús». Toda alma en sufrimiento debiera tomar la misma senda que lleva hacia el mismo bondadoso y tierno Consolador. Si alguno que lee estas palabras ha depositado en el reducido espacio del sepulcro los restos preciosos de aquellos que amó más que a su vida, que siga los pasos que siguieron los discípulos de Juan hacia aquel corazón único del universo que puede compadecerse y ayudar. ¡Acuda a Jesús, y dígaselo!

Sin embargo, no es en estos detalles que deseamos insistir; sino en que las escenas descritas sirven de fondo y de contraste para destacar ciertos rasgos de la muerte, el sepulcro y la influencia permanente de Jesús de Nazaret.

1. Contrastemos la muerte de Juan con la de Jesús. Hay muchos puntos de similitud entre sus respectivas trayectorias. Son como dos ríos que proceden del mismo manantial en un tranquilo valle en medio de las montañas; se embalsaron en hondas al inicio de su curso; descendieron luego con ímpetu en poderosa corriente; ya lo largo de algunos kilómetros regaron la misma parte del país.

Podría citarse un gran número de hechos idénticos en el transcurso de la vida de cada uno de los dos primos. Sus nacimientos fueron anunciados, y sus ministerios previstos, en circunstancias especiales. María no se había casado y Elisabet estaba avanzada en edad cuando el ángel del Señor vino a cada una de ellas. A simple vista, Juan parecía ser el más poderoso; pero Jesús lo siguió de cerca y proclamó un mensaje similar, pues invitaba al pueblo a arrepentirse y a creer en el Evangelio. Ambos atrajeron la atención popular de la misma manera: congregaron las mismas multitudes y protestaron contra los mismos pecados. Levantando el mismo estandarte, convocaron a los hombres a salir de la formalidad y la hipocresía y pasar a la justicia y a la realidad. Ambos despertaron el mismo odio de parte de los principales religiosos de su nación, y los dos fueron sometidos a una muerte violenta: el uno bajo la espada del verdugo en los calabozos del castillo de Herodes; y el otro en la cruz, a manos de Pilato y de los soldados romanos. Uno y otro sufrieron una muerte violenta a manos de hombres cuyas vidas habían tratado de redimir; cada uno de ellos murió cuando su sangre palpitaba con la plenitud de la virilidad; cada uno de ellos fue amado y lamentado por solo un puñado de abnegados seguidores.

Pero ahí termina la similitud y comienza el contraste. La muerte de Juan fue el trágico fin de una vida extraordinaria que marcó una época. Cuando él murió, los hombres expresaron palabras como las siguientes: ¡Ah, se ha silenciado la voz de un profeta! ¡Los hombres como él son raros! ¡Los siglos florecen de este modo solo una vez, y luego vienen años de esterilidad! Pero cuando pensamos en la muerte de Jesús, son otros los sentimientos que nos dominan. No reconocemos en ningún sentido que termina su obra, sino más bien que comienza. En la cruz está el origen de las aguas que brotan de profundidades desconocidas y que pueden sanar a las naciones; allí se ofrece el sacrificio que ha de expiar el pecado del hombre y traer paz a miríadas de penitentes; allí, en el árbol de la cruz, el último Adán deshace la obra mortal que el primer Adán hizo en otro árbol. Esta no es la mera agonía final de un mártir, sino un sacrificio premeditado, arreglado con anticipación, cuyos efectos ya han prevalecido para asegurar la remisión de pecados cometidos antes. Este fue un evento para el cual los milenios se habían estado preparando, y hacia el cual mirarán los milenios futuros. La muerte de Juan no afectó sino su propio destino; la muerte de Jesús ha afectado el destino de toda la humanidad. Como lo explicó su precursor, él fue el Cordero de Dios que quita el pecado del mundo. El Señor llevó sobre sí la iniquidad de todos nosotros.

Hay otro contraste. En el caso de Juan, el mártir no tenía el control de su destino; él no podía establecer el curso de los acontecimientos. Cuando se paraba osadamente frente a su púlpito labrado en la roca, y predicaba a las anhelantes multitudes, ¿cree usted que le pasó la idea por la mente? Pero Jesús desde el principio tenía la intención de morir. Si usted hubiera visto, hace ocho siglos, los primeros planos de la catedral de Colonia, habría quedado convencido de que la obra terminada incluiría una cruz. Así la vida de Jesús, desde el comienzo, presuponía el Calvario. Él había recibido poder y mandamiento del Padre para poner su vida. Otros mueren por cuanto han nacido; Jesús nació para poder morir.

Millais, en su gran obra pictórica de la carpintería, representa la sombra de la cruz que la figura del joven Jesús proyectaba en la pared, vigorosamente definida a la clara luz oriental. María observa la cruz con una mirada de horror en el rostro. Tal pensamiento es verdadero. Desde el principio, la cruz proyectaba su sombra sobre la vida del Hijo del Hombre. Él nunca estuvo engañado en cuanto a su destino final. A Nicodemo le dijo que él tendría que ser levantado. Sabía que, como el Buen Pastor, tendría que dar su vida por las ovejas. A sus discípulos les aseguró que sería entregado a los principales sacerdotes y escribas, quienes lo condenarían a muerte, lo crucificarían, y lo matarían. El hombre no necesita primordialmente al maestro, al ejemplo o al que hace milagros, sino al Salvador que pueda tomar su lugar, y quitar su pecado mediante el sacrificio de sí mismo.

¿Con qué palabras se podría explicar el maravilloso encanto que la cruz de Cristo ejerce sobre los corazones de los hombres? Ninguna otra muerte nos afecta así, ni produce una transformación tan inmediata.

2. Contrastemos el sepulcro de Juan con el de Jesús. Ha habido quienes han alegado que el Señor realmente no se levantó de entre los muertos, y que el relato de su resurrección, si no fue una invención, fue la elaboración de un mito. Pero ninguna de estas alternativas resistirá la investigación. Es absurdo suponer que el templo de la verdad pudiera erigirse sobre el pantano y el lodazal de la falsedad; y está demostrada la imposibilidad de que un mito hubiera tenido suficiente tiempo para adquirir la apariencia de un hecho sustancial durante el breve intervalo que transcurrió entre la muerte de Cristo y los primeros indicios históricos de la iglesia.

En relación con esto, es interesante considerar algo que menciona de paso el cronista sagrado. Él dice que cuando Herodes oyó acerca de las obras que hacía Jesús, reaccionó diciendo: «Este es Juan el Bautista que ha resucitado de los muertos». ¿Por qué, entonces, no se difundió este mito, hasta llegar a recibir crédito universal? Sencillamente porque la tumba de Juan el Bautista lo habría desmentido. Si Herodes lo hubiera creído en serio, o si los discípulos de Juan hubieran intentado difundirlo, nada hubiera sido más fácil que exhumar el cadáver del sepulcro y producir una macabra pero indudable refutación de la invención del rey.

Cuando comenzó a ganar crédito la declaración de que Cristo había resucitado, cuando Pedro y Juan se levantaron y afirmaron que él estaba a la diestra de Dios, si la resurrección hubiera sido solo una conjetura, un cariñoso delirio de corazones leales y fieles, la alucinación de unas dos o tres mujeres histéricas, ¿no habría sido fácil para los enemigos del cristianismo ir inmediatamente al sepulcro que estaba en el huerto de José, y sacar el cuerpo del crucificado, con las señales de los clavos en las manos y en los pies? ¿Por qué no lo hicieron? Si se responde que no podía sacarse por cuanto había sido hurtado, entonces que se conteste la siguiente pregunta: ¿Quién lo había hurtado? Sus amigos no lo habían hurtado; pues ellos se hubieran llevado los lienzos en que José y Nicodemo lo habían envuelto. Tampoco sus enemigos, pues estos hubieran sentido una gran satisfacción de presentarlo al público. ¡Qué regocijo hubiera aparecido en las caras sombrías de Caifás y Anás si en una reunión del Sanedrín, convocada para tratar el asunto de la nueva herejía, se hubiera presentado alguna prueba positiva de que el cuerpo de Jesús estaba aún sepulto; si no en la tumba de José, sí en alguna otra parte a la que los emisarios de ellos lo habían llevado!

Los discípulos no esperaban que Jesús resucitara. Obstinadamente sostuvieron que las mujeres estaban equivocadas cuando les llevaron las noticias de que el Señor había resucitado. Pero a medida que las horas pasaron, las noticias del sepulcro vacío fueron corroboradas por el hecho de ver al Señor resucitado, y entonces se convencieron de que el que había sido crucificado con debilidad vivía por el poder de Dios. No podía pues, haber, vacilación en el mensaje de ellos al mundo. Gracias a Dios que no hemos seguido fábulas hábilmente inventadas por los hombres.

3. El contraste entre los efectos que produjo la muerte de Juan el Bautista en sus seguidores, y los que produjo la muerte de Jesús en los suyos. ¡Qué estímulo para un artista pictórico de temas sagrados ofrece la conducción de las honras fúnebres ante los restos del gran precursor! Amigos devotos lo llevaron al sepulcro, donde hicieron gran lamentación por él.

El pequeño grupo abrió el sepulcro. ¡Adiós!, le dijeron. También se despidieron de su ministerio y de su misión; se despidieron los unos de los otros. ¡Adiós! ¡Adiós! y así se separaron, para no volverse a unir en una comunidad.

Cuando Jesús estaba en el sepulcro, este proceso de desintegración comenzó también de inmediato entre sus seguidores. Las mujeres fueron a embalsamarlo; los hombres fueron por separado. Pedro y Juan arrancaron juntos; al menos, los dos corrieron hacia el sepulcro. Pero, ¿dónde estaban los demás? Dos de ellos salieron de camino, aparte de los demás, hacia Emaús. Tomás no estaba con ellos cuando Jesús se les presentó al anochecer el día de resurrección. Pedro no tardaría en regresar a Genesaret; Natanael estaría debajo de la higuera; Lucas en su dispensario; y Mateo en su quiosco para cobrar impuestos.

¿Qué fue lo que detuvo y paralizó definitivamente ese proceso? ¿Por qué aquellos que se habían manifestado como tímidos venados, antes de la muerte de él, se convirtieron en leones lanzados contra la tormenta de odio de los fariseos y crecían en fortaleza a medida que iban pasando las semanas?

Para estas preguntas, solo hay una respuesta. Los seguidores de Jesús quedaron convencidos mediante pruebas positivas de que su Maestro estaba vivo a la diestra del poder de Dios. No solo eso; quedaron convencidos de que él estaba con ellos todos los días, más cerca de ellos que nunca antes; era su cabeza y su adalid aun más que en ningún momento anterior. Cuando el pastor es herido, las ovejas se dispersan; pero el rebaño de él no se dispersó por cuanto el Pastor había superado la muerte y vivía para siempre.

Ciertamente, lo que para ellos constituyó evidencia suficiente también lo es para nosotros. Sigámoslo. No nos corresponde medrar alrededor del sepulcro. Ni siquiera los discípulos de Juan hicieron esto. Unámonos por fe con nuestro príncipe y capitán, con la seguridad de que donde él esté, nosotros también estaremos. Entretanto, estamos seguros de que no está en la tumba, sino que resucitó; ascendió, y fue glorificado, él es nuestro Emanuel, nuestro Amor, nuestra Vida, «Jehová es mi pastor ... Aunque ande en valle de sombra de muerte, ...tú estarás conmigo».

16
JUAN SIGUE HABLANDO
Juan 10:40-42

«Al otro lado del Jordán». Para los judíos que moraban en Jerusalén, eso era en verdad estar desterrado, allí había algunas extensiones de suelo fértil, salpicadas por unas pocas aldeas esparcidas, pero nuestro Señor pasó allí los últimos meses de su vida terrenal.

Pero, ¿por qué? ¿Por qué el Hijo del Hombre se desterró a Sí mismo de la ciudad que amaba tanto? Los principales religiosos de su época lo perseguían con refinada malicia; y le hubieran quitado la vida antes de que llegara la hora determinada, si él no se hubiera ido «al otro lado del Jordán, al lugar donde primero había estado bautizando Juan», La narración nos dice que «se quedó allí. Y muchos venían a él».

Aquellas soledades obraban una fascinación en el ánimo de Jesús. Era el escenario donde su precursor había ejercido su ministerio, aquellas riberas habían sido testigos del bautismo de millares de personas que, con el acto del ritual simbólico, habían liquidado sus pecados.

Probablemente nuestro Señor reasumió su ministerio de predicar las buenas nuevas y probablemente le llevaron los cojos, los ciegos, los enfermos, y los paralíticos; y él los sanaba a todos, el pueblo no podía menos que contrastar los dos ministerios, « ...y decían: Juan, a la verdad, ninguna señal hizo». Eso era muy cierto, Juan no había hecho ningún milagro.

Sin embargo había un generoso tributo de reconocimiento. « ...pero todo lo que Juan dijo de este, era verdad». Juan dijo que Jesús era el Cordero de Dios; era verdad, Juan dijo que Jesús usaría su aventador para separar el trigo de la paja; y era verdad. Dijo que Jesús bautizaría con fuego; y era verdad, Juan no hizo ningún milagro pero expresó palabras potentes y verdaderas acerca de Jesús, que se han verificado de manera abundante. Y estas gentes de Perea, de corazón sencillo, hicieron lo que los escribas y fariseos, con toda su fantástica sabiduría, no hicieron: relacionaron las palabras de Juan el Bautista con la vida de Jesús, y razonaron que, puesto que venían bien las unas con la otra como la llave entra en la cerradura, la deducción era que Jesús era en verdad el Hijo de Dios y Rey de Israel. Y «muchos creyeron en él allí».

1. Una vida sin milagros. La gente tendía a tener a menos a Juan por causa de que no hubo milagros en su vida. Pero lo cierto es que, toda su vida fue un milagro que vibró desde el principio hasta el fin con poder divino. ¿Y es que no hizo él ninguna señal? Si él no abrió los ojos a los ciegos, ¿no llegaron a «ver» las multitudes, por medio de sus palabras, que todos ellos eran pecadores y que solo lo eterno es duradero y deseable? Si él no puso su mano sacerdotal sobre un cuerpo leproso, como lo Hizo Jesús, ¿no salieron muchos leprosos espirituales de las aguas de su bautismo con nuevas resoluciones y propósitos de no pecar más? Si él no resucitó muertos, ¿no es cierto que muchos que estaban confinados en los sepulcros del orgullo, de los deseos pecaminosos, de la mundanalidad, oyeron su voz, y se levantaron a una vida que en verdad es vida? ¡Decir que no hizo milagros! Ciertamente su vida fue un largo camino de milagros.

Este es aún el error de los hombres. Sostienen que la era de los milagros ya pasó. ¡No hay milagros! Pero el verano pasado, con el propósito de alimentar a la población del mundo, él hizo los puñados de grano que los granjeros esparcieron en sus campos, y los hizo tan fácilmente como hizo que cinco panes de cebada proveyeran alimento completo a más de diez mil personas. ¡Y dicen que no hay milagros! Pero el otoño pasado, en diez mil viñas, él transformó el rocío de la noche y las lluvias mañaneras en vino. No; aún es la era de los milagros, mira hacia el día de Pentecostés con un suspiro, como si hubiera más del Espíritu Santo en aquel día que hoy como si la presencia de Dios hubiera sido mayor en el aposento alto que en el lugar donde usted está sentado, es una clara equivocación y una necedad. Los milagros se siguen produciendo, y el Espíritu Santo está con la iglesia en toda su plenitud.

Si hay alguna falta es de parte de nosotros. No hemos creído en el grandioso poder ni en la presencia de Dios por cuanto no hemos visto la señal externa y visible de su obra. Nos hemos acostumbrado tanto a relacionar lo sorprendente y espectacular con lo divino que no descubrimos a Dios cuando el cielo está radiante de estrellas y la tierra alfombrada con flores; como si para nosotros fuera más el rayo que la luz de las estrellas, y las fuerzas destructivas que las constructivas, pacífica, y pacientes que están siempre en función, construyendo y reparando el edificio del universo.

No miremos solo hacia atrás a la encarnación, o hacia adelante a la segunda venida, como si hubiera más de Dios en lo uno o en lo otro, que lo que hay de él a nuestro alcance. Dios es; él está aquí, todo lo de Dios está presente en cualquier punto del tiempo o en cualquier lugar. Él puede decidir manifestarse a través de señales externas, que impresionan la imaginación más en un tiempo que en otro; la fe de la iglesia puede tener más capacidad de aprender y recibir en un siglo que en el siguiente; pero toda era es igualmente hechura de él y está igualmente llena de su poder que obra maravillas. Es triste que nosotros no comprendamos esto.

b. *No despreciemos lo ordinario y común*. A todos se nos enseña a correr en pos de lo sorprendente y extraordinario. ¡Nos gustan los milagros! Cualquier cosa que atraiga nuestro amor hacia lo sensacional e inesperado probablemente sea suficiente para desplazar nuestro aprecio hacia lo sencillo y ordinario. Cuando el sol está en eclipse, todos miramos hacia el cielo; pero los dorados días de verano pueden estar llenos de luz solar, la cual descartamos con una observación viciados y cegados nuestros ojos.

Es bueno cultivar los gustos sencillos. Aquello de estar siempre en busca de algo nuevo, de alguna sensación mayor, de alguna señal asombrosa, es síntoma de una naturaleza débil e inestable. Toda la vida es sumamente interesante; pero necesitamos ojos para ver y corazones para entender.

c. *No nos despreciemos a nosotros mismos*. Conocemos nuestras limitaciones; no somos capaces de hacer milagros. Pero si no podemos hacer milagros, podemos hablar palabras verdaderas acerca de Jesucristo; podemos dar testimonio de que él es el Cordero de Dios; podemos instar a los hombres a que se arrepientan y crean en el Evangelio. El mundo se encontraría en una lamentable situación si hubiera dependido completamente de sus genios y de los que hacen milagros. Probablemente les debe menos a ellos que a las incontables miríadas de personas sencillas y comunes, cuyos nombres nunca se registrarán en los libros de lista del mundo, pero cuyas vidas han puesto el fundamento sobre el cual se ha levantado la superestructura del buen orden, del buen gobierno, y de la prosperidad.

Recuerde que Dios lo hizo como es, y lo situó donde está. Atrévase a ser usted mismo: un seguidor de Jesús, sencillo, humilde, sincero. Confórmese con averiguar para qué lo hizo Dios, y sea eso de la mejor manera. Usted será una mala copia pero un original único, pues el Todopoderoso siempre rompe el patrón que sigue para hacer un vaso. Por encima de todo, hable la verdad, tal como Dios se la ha iluminado, y anhele que, después que haya pasado de este mundo, aquellos que lo recuerden se reúnan junto a su tumba y digan: «Él no hizo milagros, pero habló cosas verdaderas acerca de Jesucristo, las cuales hemos probado nosotros mismos, y sabemos que son innegables. En verdad, tales palabras nos han llevado a creer personalmente en él».

2. Los modos en que podemos dar testimonio del Señor Jesús. Estimado lector, usted no ha obrado en su vida ningún milagro. Al examinar usted la rutina diaria de su existencia, le parece que es bastante ordinaria. Aunque así sea, hay por lo menos una cosa que usted puede hacer: como Juan el Bautista, puede dar testimonio de Jesús.

a. *Hable con otros en privado.* Juan predicó a dos discípulos que estaban junto a él, el mismo sermón que había pronunciado ante una multitud el día anterior; y los dos discípulos acudieron al modesto alojamiento donde Jesús moraba. No hay nada que explore más profundamente a un hombre que el hábito de hablar a otros acerca del amor de Dios. Y eso lo podemos hacer a menos que estemos en unión viviente con el mismo Dios. Para hablar a otro acerca de Cristo es necesario que haya un cielo absolutamente claro entre el que habla y el Señor de quien habla. Pero así como esta práctica es sumamente difícil, así también su influencia refleja es sumamente edificante. El hecho de conducir a un alma a Jesús es acercarse más a él. Bien por cartas que se dirijan a parientes o compañeros, o mediante la invitación directa y personal, cada uno de nosotros debe adoptar la práctica sagrada que siguió y recomendó el señor Moody: la de no permitir que pasara algún día sin aprovechar alguna oportunidad dada por Dios para tratar de manera definida y personal con otros acerca del mensaje de Dios.

Parece que esta fue la vocación del apóstol Andrés. Cada vez que se alude a él en los Evangelios está tratando con otras personas. Él llevó a su hermano ante el Señor; fue el primero que buscó al muchacho de los panes para llevarlo a la presencia del Salvador; y al fin del ministerio de nuestro Señor, él llevó ante su presencia a los griegos que querían verlo. ¿No aprendería él este bendito. arte de su maestro, Juan el Bautista?

El ejercicio de este sagrado arte requiere una resolución intencional; una oración definida para que el Señor nos guíe al levantarnos de la oración matutina; una permanente comunión con el Hijo de Dios para que nos dé la palabra precisa en el momento preciso; y una disposición para comenzar la conversación con la manifestación de una disposición humilde y amorosa engendrada por el Espíritu Santo, la cual es infinitamente atractiva y bella para el oyente más indiferente.

b. *Hable basado en la experiencia.* Confórmese con decir: «Yo estaba perdido, pero Jesús me halló; estaba ciego, y él me dio la vista; estaba inmundo, y él limpió mi corazón. No hay nada que convenza más a otro como el oír el acento de convicción en los labios de alguien cuyos ojos escudriñan el paisaje de verdad con el cual está fascinado, y cuyos oídos están abiertos a las armonías eternas que describe.

c. *Hable con un corazón lleno.* El amante no puede hacer otra cosa que hablar de su amor; el pintor no puede hacer otra cosa que transferir al lienzo las imágenes que pueblan su alma; el músico se siete constreñido a expresar los acordes que en vibrante procesión pasan por su cerebro, « ...no podemos dejar de decir lo que hemos visto y oído».

¿Parece difícil tener siempre un corazón lleno? Sí, es difícil, e imposible a menos que se haya adquirido el secreto de permanecer siempre en el corazón de Dios, de mantener toda la naturaleza a disposición del Espíritu Santo y de nutrir la fuerza interna mediante la meditación diaria en la verdad. Tenemos que tener una comunión profunda y personal con el Padre y el Hijo por medio del Espíritu Santo. Tenemos que vivir mano a mano con los grandes elementos esenciales de nuestra fe. Hablaremos cosas verdaderas acerca de Jesucristo.

Así, algún día, cuando lleven su cuerpo para sepultarlo, y la gente regrese del cementerio al hogar, dirán: «Lo extrañaremos mucho. Él no fue un genio, ni elocuente, ni profundo; pero acostumbraba hablar acerca de Cristo de tal modo que me llevó a conocerlo personalmente; a él le debo todo. No hizo milagros; pero lo que dijo de Jesús era cierto».

3. El poder de la influencia póstuma. Ya habían transcurrido varios meses desde la muerte de Juan, pero la corriente que él había echado a fluir continuaba fluyendo. ¡Cuántas voces hablan aún en nuestras vidas! ¡Voces que suben del sepulcro! ¡Que vienen desde los lechos de los agonizantes! ¡Voces que salen de libros y sermones! ¡Voces que descienden de los cielos! « ...y muerto, aún habla por ella». Vivamos de tal modo que, cuando desaparezcamos de este mundo, nuestra influencia hable y el acento de nuestra voz permanezca. Nadie vive o muere para sí mismo. Cada uno afecta la vida de todos los que ahora existen con nosotros en el mundo. Lo que nosotros hemos sido y dicho afectará para bien o para mal a todos los demás seres humanos a través de incontables edades. Se nos puede perdonar por haber perdido nuestras oportunidades, o por haber echado a andar corrientes de veneno en vez de manantiales de vida; pero el efecto malo jamás podrá deshacerse.

Padres, pongan sus manos sobre las cabezas de su hijos pequeños y háblenles de Cristo, que sus palabras vuelvan a la memoria y el corazón de ellos cuando ya ustedes se hayan marchado de este mundo a recibir su recompensa.

¡Ministros religiosos y maestros de la escuela dominical, recuerden la tremenda responsabilidad que tiene de aprovechar a lo sumo la oportunidad de decir palabras que nunca morirán! Usted, amigo, sea veraz y fiel con su amigo; tal vez él se retire sin ponerle atención o por desprecio, pero ninguna palabra que se diga bien acerca de Cristo puede realmente morir jamás.

17
EL ESPÍRITU Y EL PODER DE ELÍAS
Lucas 1:17

Los grandes hombres son los mayores dones de Dios para la especie. A ellos debemos el mejoramiento y elevación de los niveles de vida. Creemos que en distintos puntos de la historia del universo ha habido una intervención directa de la voluntad y de la mano de Dios; y es notable el hecho de que en el primer capítulo de Génesis se presenta tres veces aquella augusta y majestuosa palabra «creó»; como si la creación de la materia, del mundo animal, y la creación del hombre fueran tres distintas etapas en las cuales se manifestó de manera especial la intervención directa de la voluntad y la destreza del Eterno. Creemos asimismo que ha habido grandes épocas de la historia humana que no pueden explicarse por la evolución previa de la moral y del pensamiento religioso, y que tienen que haberse debido al hecho de que Dios mismo intervino y, llamando directamente a un hombre a ser el apóstol de una nueva era, elevó la humanidad a nuevos niveles de pensamiento y acción. Precisamente a esta luz nos explicamos a dos hombres ilustres que fueron apóstoles de nuevas épocas en la historia humana: Elías, en el antiguo pacto y Juan el Bautista en el nuevo.

1. Establezcamos una comparación entre Elías tisbita y Juan el Bautista. Se parecían entre sí en la manera de vestirse. Se nos dice que Elías era un hombre velludo, expresión que muy probablemente se refiere a la tosca vestidura que acostumbraba usar y también a los cabellos no cortados que le caían sobre los hombros. Y Juan el Bautista estaba vestido de pelo de camello.

Cada uno de ellos vivió durante algún tiempo en Galaad. En la notable introducción con la Biblia que nos presenta por primera vez a Elías, se nos dice que vivía en Galaad, aquella gran extensión del país muy poco poblada y ocupada en su mayor parte por pastores y sus rebaños, situada en el lado oriental del Jordán. Y sabemos que fue allí donde Juan el Bautista esperó, cumplió su ministerio y predicó y bautizó a las grandes multitudes.

Cada uno de ellos aprendió a someter el cuerpo al espíritu. Elías pudo vivir con el escaso alimento que le llevaban los cuervos, o con el que le proveyó la vasija de harina de una viuda. Pudo superar en la carrera a los caballos de la carroza de Acab que corrían desbocadamente por la llanura de Jezreel. y luego de una breve pausa, que dedicó a dormir y comer, con la fuerza que así obtuvo caminó cuarenta días y cuarenta noches por el corazón del desierto hasta llegar a Horeb, el monte de Dios. Su cuerpo no era más que el vehículo de un ardiente espíritu que moraba dentro; él siempre lo manejaba como un arma que era esgrimida por su alma. Y lo que ocurrió en el caso de él, también se produjo en Juan el Bautista, cuyo alimento eran las langostas y la miel silvestre.

Recordamos también que estos espíritus heroicos tuvieran ambos que enfrentarse a una corte hostil. En el caso de Elías, Acab y Jezabel se le opusieron; en el caso de Juan el Bautista, Herodes, Herodías, y toda la corriente de la opinión religiosa, le siguieron los pasos y finalmente lo condenaron a una muerte de mártir.

En cada caso vemos también de manera clara la conciencia de la presencia de Dios. Esta conciencia de la presencia divina en la vida de Elías se manifestó en su gran humildad cuando se postró en tierra con la cara entre las rodillas; y en el intrépido valor que lo capacitó para ponerse de pie como una roca en el monte Carmelo, cuando el rey, los sacerdotes y el pueblo estaban reunidos en numerosa multitud a su alrededor, suficientes para acobardar a un espíritu no acostumbrado a aquel espectáculo. Esta conciencia de Dios se manifestó de manera especial en Juan el Bautista, quien aludió con frecuencia a la cercanía del reino de Dios. « ...el reino de los cielos —decía— se ha acercado».Y cuando Jesús llegó, sin ser reconocido por las multitudes, el elevado espíritu de Juan se postró, y su mismo rostro se cubrió con el velo de una intensa modestia y humildad, cuando exclamó: «En medio de vosotros está uno a quien vosotros no conocéis, ...del cual yo no soy digno de desatar la correa del calzado». Junto con esta conciencia de Dios, hubo en cada uno de ellos una maravillosa ausencia de temor al hombre. Cuando Abdías se encontró con Elías, y se asombró al saber que el profeta estaba a punto de mostrarse a Acab, Elías dominó el intento de Abdías por disuadirlo diciéndole: «Ciertamente me mostraré a tu señor; ve y dile: Aquí está Elías». este valor existió también en alto grado en el Bautista quien se atrevió a desafiar a un rey en su palacio, diciéndole que él como rey tenía que ser juzgado por la misma norma que el más humilde de sus súbditos, y que no le era lícito tener la mujer de su hermano.

A cada uno les vinieron momentos de depresión. En el caso de Elías, luego de la gloria de su victoria en la cresta del Carmelo, le vino un peso de oscura angustia de alma. ¿Y no envió Juan el Bautista desde la prisión a preguntar a Jesús no fuera que sus esperanzas hubieran sido demasiado optimistas y su expectación demasiado grande y que tal vez, al fin y al cabo, él no fuera el Mesías que la nación estaba esperando?

Pero Elías y Juan el Bautista tenían la misma fe en el bautismo de fuego. Nunca podemos olvidar aquella escena del Carmelo cuando Elías propuso que se realizara una prueba, y que el Dios que respondiera por fuego fuera reconocido como Dios. Juan el Bautista no pasó por una prueba tan severa como esa; pero tenía la firme fe de que Cristo bautizaría con el Espíritu Santo y fuego.

Ambos lograron cambiar la manera de pensar del pueblo. Sería imposible que un hombre hiciera huir despavoridamente a todo un ejército; necesariamente lo arrastrarían en su carrera ellos; pero esto es precisamente lo que atribuye la expresión a los empeños de Elías y Juan. Uno hizo que Israel se volviera y clamara: ¡Jehová es el Dios! El otro hizo que toda la nación buscara el arrepentimiento y la justicia, de tal modo que los publicanos y los soldados, los saduceos y los fariseos, comenzaron a confesar sus pecados, a alejarse de sus malos caminos, y a regresar al Dios de sus padres.

A cada uno de estos profetas sucedió un ministerio más tranquilo. Elías fue enviado desde Horeb para ungir a Eliseo quien, la mayor parte del tiempo pasó por la tierra como un benéfico rayo de sol: una perpetua bendición para los hombres, las mujeres, y los niños. En tanto que el ministerio de Juan el Bautista abrió la puerta para el Pastor, Cristo, quien anduvo haciendo bien, y cuyo ministerio santo y tierno cayó en su época como lluvia sobre el césped cortado.

Un día que Elías iba conversando con Eliseo por las soledades del otro lado del Jordán, un carro de fuego con caballos de fuego descendió del cielo y se llevó a Elías al hogar celestial. En esas mismas soledades, o en algún paraje cercano el espíritu de Juan fue arrebatado en una carroza similar. Cuando el verdugo, con el filo de su espada, puso fin a su carrera mortal, aunque ojos humanos no los vieron, ni ningún cronista registró lo acontecido, tuvo que haber habido caballos y carrozas de fuego esperando para llevar al espíritu del noble mártir hacia su Dios.

Lo que hicieron estos hombres hace tantos siglos es probable que otros tengan que hacerla antes de que esta dispensación pase definitivamente. Un hombre, o algunos hombres, se levantarán con gran prominencia y hablarán y actuarán con el espíritu y el poder de Elías.

Tal vez alguna vida joven sea inspirada por esta página para rendirse a Dios, de tal modo que sea enviada a volver el corazón de los padres a los hijos, y el corazón de los hijos a los padres, preparar un pueblo para el Señor.

2. Notemos la inferioridad de estos grandes hombres en comparación con el Señor. Ninguno de ellos se atrevió a ofrecerse como el Consolador o el Salvador de los hombres. Jamás se sugirió, ni por un momento, que Elías podría actuar como mediador entre Dios y los hombres, aunque pudiera ser un intercesor. Y Juan el Bautista solo pudo señalar a aquel que venía detrás de él, y decir: «He aquí el Cordero de Dios, que quita el pecado del mundo» (Juan 1:29). Pero Jesús dice de Sí mismo: «El Hijo del Hombre tiene potestad en la tierra para perdonar pecados» (Mateo 9:6). Y poco después: «Esto es mi sangre del nuevo pacto, que por muchos es derramada para remisión de los pecados» (Mateo 26:28). Y también dice: «Porque el Hijo del Hombre no vino para ser servido, sino ... para dar su vida en rescate por muchos» (Marcos 10:45). Mencióneme usted cualquier cosa, bien en la historia de Elías o en la de Juan el Bautista, que se compare con estas palabras. ¿No indica eso que él estuvo en una relación con Dios y con el hombre en que nunca ha estado nadie más?

¡Oh Cristo, tú te alzas preeminente en tu gloria sin paralelo! Elías y Juan el Bautista pueden retirarse, pero ¡que tú te quedes! ¿A quién iremos? Tú tienes palabras de vida eterna. Tenerte a ti es tener todo lo que es fuerte, lo que es sabio, lo que es bueno, todo reunido en una perfecta belleza de Hombre, con la sublime gloria del Dios infinito.

3. ¿Cómo podemos tener ese mismo Espíritu? Juan el Bautista vino con el espíritu y el poder de Elías. Ese espíritu y ese poder están también a nuestra disposición. Así como la luz de la aurora toca los picos más altos de los Alpes, y después, a medida que avanza la mañana desciende lentamente hasta inundar el valle, así el Espíritu que produjo aquel glorioso pináculo llamado Elías, y aquel otro pináculo más cercano, espera descender y llenarnos de poder.

Todos somos creyentes en Jesús, pero ¿recibimos el Espíritu Santo cuando creímos? (Hechos 19:2). Este poder del Espíritu Santo es para todos nosotros. Por supuesto, no podríamos creer en Jesús, ni en la remisión del pecado, ni en el despertamiento de nuestra vida espiritual sin contar con la obra del Espíritu Santo. Pero hay algo más que esto: hay un poder, una unción, una bondadosa dotación de aptitud para el servicio que son privilegios de todos los creyentes en Cristo. El Espíritu Santo espera dotarnos de poder para que demos el testimonio de Jesús, para que soportemos la persecución y la prueba que son inevitables para el ministerio que Dios nos dé y para atraer a otras almas a Dios. Sería bueno hacer una pausa y recibirlo. Detenga usted su trabajo un poco, y espere en el Redentor ascendido y glorificado, en quien mora el Espíritu de Dios. Pídale que le imparta aquello que él consiguió para usted. No descanse hasta que esté seguro de que el Espíritu de Dios mora en usted plenamente y ejerce a través de usted la plenitud de su bondadoso poder. No es en vano el buscar el Espíritu en las manos de Cristo. Atrévase a creer esto: atrévase a creer que si su corazón es puro, y sus motivos santos, y todo su deseo ferviente —si usted se ha atrevido a respirar profunda y prolongadamente el aliento del Espíritu Santo—, según su fe, así le será hecho; y usted podrá seguir adelante disfrutando del mismo poder que reposó sobre Juan el Bautista, aun si no está consciente de ninguna inspiración divina, aunque tal vez no haya habido ningún brote consciente de poder, ni lenguas de fuego, ni acometida como de un viento fuerte.

Dios aún puede concedernos una gran porción de su Espíritu, como la dio a sus discípulos el día de Pentecostés. El poder de su gracia no cesó al pasar los tiempos primitivos. Cristo espera dirigir a su iglesia a triunfos mayores que los que jamás haya experimentado. ¡Oh, que él ocupe su trono como Príncipe de los reyes de la tierra! La creación está de parto; la mente humana ha probado todas combinaciones posibles de soberanía, pero ha sido en vano.

Oh Señor Jesucristo, tú que en tu primera venida enviaste a tu mensajero a preparar el camino delante de ti, concede que los ministros tuyos y los administradores de tus misterios puedan de igual modo preparar y alistar tu camino, haciendo volver los corazones de los desobedientes a la sabiduría de los justos; que cuando se produzca tu segunda venida para juzgar al mundo, seamos hallados aceptables a tu vista; tú que vives y reinas con el Padre y el Espíritu Santo, siempre uno con Dios, por los siglos de los siglos. Amén.

PEDRO:
PESCADOR, DISCÍPULO Y APÓSTOL

1
INTRODUCCIÓN
Mateo 3:1-12; Marcos 1:1-8; Juan 1:35-42

El principal del grupo apostólico procedía de los más humildes estratos del pueblo y la historia de su vida comienza en la oscura aldea de Betsaida, situada en el ángulo noroeste del lago de Galilea. Las casas sencillas y corrientes de sus pescadores estaban en marcado contraste con los palacios de mármol de la vecina y orgullosa ciudad de Capernaum.

1. La llegada del hijo de Zacarías. La población nativa probablemente se mantenía alejada de las costumbres y hábitos de los conquistadores, aunque los del pueblo estaban muy dispuestos a aprovecharse de su rica influencia y ventajas sociales. En el pueblo se hablaba en voz baja, de los grandes días de Judas Macabeo y de Judas de Galilea, ante quienes, aun las poderosas legiones romanas, en más de una ocasión se habían visto obligadas a retroceder. A estos ecos del memorable pasado se agregaba una extraña expectación una esperanza que vibraba en el pecho de muchos, de que estaba cercana la hora en que el invasor sería echado más allá de las aguas del mar Grande, y el reino una vez más le sería restaurado a Israel. Algunos decían que el anciano Simeón, antes de su muerte, había dado testimonio de haber tenido en sus brazos al Mesías del Señor; otros hablaban de que había habido visiones de un coro de ángeles. « ...el pueblo estaba en expectativa, preguntándose todos en sus corazones ...» (Lucas 3:15).

De repente, todo el mundo se asombró y conmovió. Una compañía de peregrinos, que cruzaban el Jordán por los vados de Jericó, había sido detenida por un extraño personaje, flaco y vigoroso. Era el hijo de las soledades del desierto, que se había dirigido a ellos con las palabras: «Arrepentíos, porque el reino de los cielos se ha acercado». ¡Individuo extraño aquel, profeta salido de las profundidades del desierto! ¡Fue una voz que resonó con tono de trompeta! ¡No tenía tienda en que alojarse sino que vivía en una cueva! ¡Comía langostas que mojaba en el agua y luego las asaba en brasas, y para darles gusto las comía con miel silvestre! ¡No tenía mujer ni hijos! Estas cosas cautivaron la imaginación de todos.

Las noticias se esparcieron por todas partes de una manera misteriosa. Todo el país se levantó en masa. Torrentes humanos confluyeron en el valle del Jordán en ávidas multitudes. «Y salía a él Jerusalén, y toda Judea, y toda la provincia de alrededor del Jordán» (Mateo 3:5). Las multitudes eran bautizadas en el Jordán al confesar sus pecados. Entre aquellas gentes ciertamente podemos incluir a los hermanos Andrés y Pedro, y sus compañeros de toda la vida, Jacobo y Juan.

2. La influencia de Juan el Bautista sobre Pedro. Pedro estaba en la plenitud de su virilidad: fuerte, vehemente, impulsivo, decidido. En ningún sentido podría decirse que era un santo. Pero indudablemente era atento a los deberes y formalidades de su religión, acudía a las fiestas del templo, pagaba los impuestos y era moralmente respetable.

Desde su juventud fue un ardiente patriota. Como todos sus amigos y compañeros estaba preparado para sacrificar todo lo que poseía con el fin de ver el trono de David. Así pues, cuando él y otros oyeron las noticias de la aparición de Juan el Bautista, las recibieron como el anuncio de la nueva era.

Pedro, su hermano, y sus amigos se despidieron de su hogar y de su oficio y salieron a verlo. Cruzaron el Jordán por los vados de Betábara y se unieron a las multitudes que descendían hacia el valle del Jordán, escenario del Bautista.

Desde un saliente de roca que utilizaba como púlpito, Juan se ponía de pie y se dirigía a la pasmada multitud que de todo el país había acudido a oírlo. Tal como lo indicó nuestro Señor, él no era una caña movida por el viento del favor popular. Hablaba lo que sabía y daba testimonio de lo que había visto. Se dio cuenta de las falsas pretensiones de los fariseos y de los escribas y los comparó con las víboras que había entre las rocas. Los amenazó con el hacha del leñador, con el horno de fundición, y con el aventador del segador. Según su severo punto de vista, le quedaba poco tiempo al pecador que se negara a arrepentirse. ¡Ciertamente era él una antorcha que ardía y alumbraba!

Tal predicación tuvo que haber conmovido profundamente a Pedro. Esas palabras removían su alma. Pensó entonces, como posteriormente lo confesó, que era «un hombre pecador». Probablemente más tarde confesó sus pecados y fue bautizado por el Bautista.

Así había nacido del agua, como luego habría de nacer del Espíritu Santo.

3. La primera entrevista de Pedro con el Señor. Andrés y Juan habían pasado algunas horas en la santa compañía de Jesús. Habían sido bien recibidos en la morada de él; habían escuchado absortos lo que él les hablaba acerca de las cosas celestiales. Mientras lo oían el corazón les ardía por dentro. Quedaron absolutamente convencidos de que habían hallado al Mesías; y esta experiencia los inundó de regocijo.

Cuando se alejaron de la presencia de Cristo, se dijeron el uno al otro: «Tenemos que contarle todo esto a Simón tan pronto como lo encontremos». Y, tal como convenía, Andrés lo halló primero «y le trajo a Jesús», diciéndole: «Hemos hallado al Mesías».

Pedro quedó inmensamente impresionado con la entrevista. Tal vez el rudo pescador pueda haber sido menos atraído por Jesús que por Juan, el vigoroso hijo del desierto. Tal vez no haya sido inmediatamente susceptible a la gracia y a la verdad, a la benignidad y a la pureza, a la humildad y la entrega del Cordero de Dios. Pero si esta fue su primera impresión, fue seguida de inmediato por una de reverencia y asombro, cuando aquellos ojos escrutadores de Jesús penetraron en las profundidades de su naturaleza y el Señor le dijo: « ...tú serás llamado Cefas» (Nombre Arameo que equivale a «Pedro» en griego).

«¡Ah! —tuvo que haberse dicho Pedro a sí mismo al final de aquella entrevista— ¡Poco sabe él de lo inestable y caprichoso que soy! ¿Por qué no resuelvo, con su ayuda alcanzar y asir aquello para lo cual he sido alcanzado?»

Así nos trata todavía nuestro Salvador. Él nos dice lo que podemos llegar a ser mediante el apropiado desarrollo de nuestro temperamento y el ejercicio de la gracia divina; y al hablar nos imparte toda la ayuda que necesitamos. Llegamos a estar poseídos por el ideal divino y a ser sostenidos por la fortaleza divina; la caña se convierte en la columna del templo, la piedra se transforma en roca, y el principal de los pecadores, en el más poderoso de todos los santos.

Se dice que Miguel Ángel veía en los bloques de mármol que otros desechaban las formas de lo que su genio produciría. Del mismo modo, nuestro Señor columbra cualidades de extraordinaria fortaleza y belleza en almas en que tales rasgos parecen muy improbables, y él mismo se decida a producirlas. Y lo primero que hace a menudo es poner de manifiesto la bella imagen oculta y redimirla. Él vio a Pedro en Simón, a Israel en Jacob, a Pablo en Saulo. ¡Y a cada uno de ellos se lo dijo!

2
LOS PRIMEROS DÍAS EN LA ESCUELA DEL MAESTRO
Juan 1:43, 3:30; Mateo 4:23-25

La maravilla de aquella primera entrevista con el Señor debe de haber casi ofuscado la mente de Simón, el hijo de Jonás. El ministerio de Juan el Bautista había ya conmovido su alma hasta lo profundo, pero la personalidad fresca y bondadosa de Jesús, tan llena de gracia y de verdad, le había revelado posibilidades para su condición de hombre que nunca se le habían ocurrido. ¡Parecía increíble que él pudiera llegar a ser un hombre de roca!

La incongruencia de su naturaleza con ese nombre parecía un abismo insuperable. Pero para Dios nada era imposible. Ya el corazón de Pedro se había abierto ante la llamada de Cristo, y nunca más se volvería a cerrar. Su alma se había vuelto hacia el Señor con apasionada devoción.

1. Caminatas y charlas. Cualquiera que haya podido ser el arrobamiento en que se hallaba el pescador, pronto se enteró de que Jesús había decidido marcharse a Galilea, y decidió acompañarlo. Aparentemente apenas habían salido de la zona en que operaba Juan el Bautista cuando se encontraron con Felipe, y el hecho expresamente mencionado de que este era de Betsaida, «la ciudad de Andrés y Pedro», sugiere que los dos hermanos tuvieron algo que ver con el encuentro entre el Maestro y Felipe y la inmediata reacción de este.

Este primer viaje con tal compañía fue el comienzo de muchas experiencias similares. Andando con él y oyéndole explicarles las Escrituras, estos discípulos principiantes sentían sus corazones arder con emociones que no podían expresar en palabras.

Cuando llegaron a un punto desde el cual se podía divisar la aldea de Caná, parece que Felipe se adelantó apresuradamente para anunciarle a un fiel amigo suyo, Natanael, lo que había descubierto. Aparentemente Felipe lo halló pensando en el relato bíblico que se refiere al sueño de Jacob en que vio una escalera que llegaba al cielo. El israelita Natanael, en quien no había engaño, ni siquiera se imaginaba que la escalera se iba a volver a levantar en su propio prado, ni que el ministerio del ángel que descendía por ella ya estaba funcionando, ni que él mismo podría ascender por la escalera que lo llevaría a la cámara de audiencia divina.

Fue en la fiesta de bodas, a la cual todos fueron invitados el día siguiente, cuando Pedro comenzó a beber de las fuentes profundas de sabiduría del Maestro a quien había entregado su lealtad. Al principio tuvo que haberse sentido grandemente sorprendido. Hasta haber llegado a estar bajo la influencia de Juan el Bautista, su más alto ideal de religión habían sido su maestro de la sinagoga, el fariseo con sus filacterias, y los sacerdotes del templo, y las inconsecuencias de estos habían fortalecido aun más el impresionante esplendor de la santidad de Juan. El rígido ascetismo de Juan, el hecho de que parecía no tener necesidad del amor de una mujer ni de las caricias de un pequeño hijo, de que vivía absorto en una comunión directa con Dios, de que era absolutamente valeroso e inflexible, eran cualidades que cautivaban la lealtad y el respeto. Por tanto, cuando Juan los presentó a Jesús, y les dijo que el Señor era incomparablemente mayor que él, ellos esperaban ver en Jesús el mismo tipo de santidad, con su terrible y solitario esplendor.

2. La fiesta de bodas en Caná. Jesús los llevó a una fiesta de aldea, en que un grupo de sencillos labriegos celebraban una boda. Allí se sentó entre los jóvenes y los viejos y fue el alma de la fiesta. Su rostro irradiaba gozo, sus palabras añadían placer al grupo; su presencia fue bien recibida por los niños, por los jóvenes, y por las muchachas. Era un tipo de santidad completamente nuevo e inesperado. Reclinados junto a Jesús, Pedro y los demás observaban todo en la fiesta. ¿Qué hubiera hecho Juan el Bautista en este caso? ¿Hubiera aprobado aquello? ¡Ciertamente esta no era la religión de la sinagoga ni del templo! Pero a medida que iban siendo cada vez más cautivados por su maravilloso amigo y Maestro, se convencían más profundamente de que esta era la religión que el mundo estaba esperando. No todos podían imitar el ascetismo de Juan el Bautista; Pedro, al menos, ya se había casado. Pero todos ellos podían seguir las huellas de su nuevo Maestro en las dulces amenidades del hogar.

Pedro aprendió además muchas cosas. Que aunque el Señor se dirigía a su madre con perfecto respeto, estaba bajo una dirección superior. Que bastaba solo un indicio de necesidad, y él sabía exactamente cómo resolverla. Que aquellos que habían sido llamados a cooperar con él tenían que obedecerle siempre y por completo. Que lo que su siervo sacara como agua, con su palabra se convertiría en vino. Que él siempre llevaba de lo bueno a lo mejor, y de lo mejor a lo óptimo. Estos eran descubrimientos maravillosos; y cuando la fiesta terminó, el grupo salió feliz de Caná. ¡Qué experiencia la que los hermanos podrían contar a su padre, y Pedro a su esposa y a su suegra!

3. La creciente influencia del Maestro. Aunque probablemente el Maestro y sus discípulos fueron con sus respectivas familias a la fiesta, se volvieron a encontrar en los recintos de la Ciudad Santa. Pedro y los demás se llenaron de asombro cuando vieron su Maestro, manso y humilde, limpiar los atrios del templo, como si estuviera ceñido con el poder de Elías. Notaron la creciente ira de los magnates judíos al desafiar estos la autoridad del Nazareno respecto a los lugares santos. Reflexionaron respecto a su afirmación de que en tres días reedificaría el templo, aunque no entendieron esta enigmática declaración hasta que él resucitó de entre los muertos. Como Pedro, en su posterior discurso en la casa de Cornelio, expresamente declara que Dios predicó la paz por Jesucristo a través de toda Judea, hay lugar para inferir que Pedro por lo menos acompañó al Maestro en su primer gran itinerario a través de las mismas regiones donde Eneas, Tabita, y Simón el curtidor lo volvieron a saludar años después.

Así pasaron nueve meses. Durante los nueve meses siguientes parece que no se le puso atención a nuestro Señor. Pero al fin, cuando quedó sellado el destino de Juan el Bautista y no había razón para demorar más, el Maestro salió solo por toda Galilea, «enseñando en las sinagogas de ellos, y predicando el evangelio del reino, y sanando toda enfermedad y toda dolencia en el pueblo. Y se difundió su fama por toda Siria; ...y le siguió mucha gente de Galilea, de Decápolis, de Jerusalén, de Judea y del otro lado del Jordán» (Mateo 4:23-25).

Pedro estaba al tanto de lo que estaba ocurriendo y sintió que no podía seguir ocupado con los botes y las redes. Por las noches soñaba con Cristo, y todos los días esperaba su llegada. Por fin un día, al romper el alba, el Maestro llegó a la playa. Ese día cambió completamente la dirección de la vida de Pedro.

3
EL CONVENIO EN CUANTO A LA DIRECCIÓN SUPREMA
Marcos 1:14-20; Lucas 5:1-11

Habían pasado nueve meses en los cuales Cristo estuvo muy ocupado. Vez tras vez, al regresar a su hogar en Capernaum, donde, según parece, se habían establecido entonces sus amigos y discípulos, el Señor dedicaba tiempo a instruirlos acerca de los grandes principios en que se basaba su vida, y a prepararlos para el momento decisivo en que les ordenaría que lo abandonaran todo y se levantaran y lo siguieran. Ese momento decisivo llegó de esta manera.

1. El escenario. En el ambiente de un día de otoño por la mañana tuvo lugar el evento supremo en la vida de cuatro pescadores que
estaban destinados a influir en toda la historia de la humanidad. Los
cuatro habían sido amigos desde la niñez. Eran socios en el negocio
de la pesca. Eran ardientes discípulos y amigos de aquel que conmovía a todo el país. Su vida, sus obras y sus palabras estaban constantemente en sus labios cuando fondeaban juntos en las áreas de pesca, mientras las estrellas vigilaban desde arriba. Probablemente habían estado hablando acerca de él mientras regresaban a la costa,
luego de una noche de trabajo infructuoso.

Luego de desembarcar, procedieron a sacar sus redes barrederas
y a extenderlas sobre la playa para que se secaran, cuando se dieron
cuenta de que se acercaba una gran multitud que se agolpaba y
oprimía a la persona de su amado Maestro y amigo. En un momento olvidaron el cansancio, el chasco de no haber pescado nada, el
hambre, y las ganas de irse a casa, y solo pensaron en darle la bienvenida. El se dirigió a la barca de Pedro y le rogó que la atracara dentro de una de las ensenadas formadas por las rocas que bordeaban
la playa. Allí se sentó y habló a la multitud, sentados unos sobre bloques de basalto y otros de pie, pero todos arrobados y maravillados
por las palabras de gracia que salían de su boca. ·

2. El mandamiento inexorable. Cuando nuestro Señor está a
punto de formar un vaso para honra, no puede haber discusión ni
argumento, vacilación ni negativa. El discípulo tiene que abandonarlo todo y seguirlo.

Pedro y los demás probablemente sabían esto en un sentido general. Estaban preparados para ser leales a él en los aspectos de la
moral y del deber; pero fue algo completamente sorprendente e
inesperado el que él, invadiendo la propia esfera de ellos, asumiera
prerrogativa sobre ellos y dijera a Pedro: «Boga mar adentro, y echad
vuestras redes para pescar». Pedro expresó su vacilación en la respuesta: «Maestro, toda la noche hemos estado trabajando, y nada
hemos sacado».

Pedro había pescado en esas aguas desde la niñez. No había nada de ese oficio que él no conociera muy bien. En todo era experto:
en los hábitos de los peces; en cuanto a las horas y lugares más ade-
cuados para atraparlos; en lo relativo a las condiciones del tiempo.
Se hubiera resentido mucho si hubiera interferido en su profesión
otro de los pescadores que él conocía; y en ese momento se enfrentaba a una orden que contradecía su experiencia como también contradecía las máximas universales y la práctica de generaciones, y el

fracaso de la noche anterior, que lo había dejado cansado, agotado, y descorazonado.

Él estaba preparado para obedecer el más leve precepto procedente de los labios del Maestro; pero ¿cómo podía uno sin otra experiencia que el taller de carpintería en la aldea de la montaña asumir el mando de una barca y dirigir el lanzamiento de una red? La mañana no era tiempo de pescar; la claridad de la luz permitía ver el tejido de las redes. A esa hora los peces no se hallaban en lo profundo, sino en la parte más superficial del lago. Todos los pescadores que vieran que su barca se hacía a la mar a esa hora, cargada con las redes, y evidentemente en disposición de pescar, se reirían y lo llamarían loco. ¿No ha ocurrido lo mismo con todos los que han sido usados en alto grado por Cristo? Es una prueba que no se puede esquivar. En cierto momento de nuestra experiencia, a menudo mucho después de ser ya discípulos, el Maestro llega y sube a la barca de nuestra vida, y asume el mando supremo. Por un momento o una hora puede haber duda y vacilación. Hemos estado acostumbrados a hacer nuestros propios planes, a seguir nuestra propia carta de navegación, a tomar nuestro propio rumbo, y a ser maestros de nuestra profesión. ¿Le entregaremos —podemos, nos atrevemos— el mando total a Cristo? Dichosos nosotros si, después de tal momento de vacilación respondemos: « ...mas en tu palabra echaré la red». Así ha ocurrido a través de los siglos. Su palabra nos habla a menudo lo contrario de lo que dicen la experiencia y lo convencional, y nos pide que abandonemos la playa, en la cual hemos permanecido durante mucho tiempo. Eso generalmente constituye la prueba de ácido de nuestra fe y nos expone a que nuestros colegas nos ridiculicen. Pero en lo profundo está respaldado por el asentimiento del alma. Si desobedecemos, nos convertimos en réprobos. Obedecer es entrar en una herencia vasta y duradera.

Cristo tiene que ser el Señor. Si la nave, ha de tener éxito en la travesía y regresar llena de peces, de tal modo que el agua le llegue hasta el borde, no puede llevar dos capitanes. ¡Decida usted ese asunto hoy y ahora mismo! Él tiene un lugar y un ministerio para usted, pero usted tiene que ponerse a su disposición. ¡Haga de Cristo su Capitán, y entretanto, tome usted los remos! Cuando él dé la orden, bogue mar adentro, y sacará la red a tierra «llena de grandes peces, ciento cincuenta y tres».

3. La obediencia conduce a lo profundo. Tan pronto como el Señor toma la dirección, dirige la barca hacia alta mar; hacia lo profundo de la cámara del concilio eterno, donde fuimos escogidos en

Cristo desde antes de la fundación del mundo. Lo profundo del amor eterno que nos amó cuando aún éramos pecadores. Lo profundo de la comunión y de la unidad con Dios, como la que hay entre el Padre y el Hijo. Lo profundo de las obras de la providencia que sirven de fundamento a toda la historia humana. Lo profundo de la bienaventuranza eterna en que entrarán nuestras inquietas almas. Pero ahora nos interesa especialmente la profundidad de la asociación con lo divino. Para sorpresa de Pedro, la barca, navegando a remos o a vela, había pasado por muchos lugares de pesca bien conocidos y había mantenido su rumbo hacia la mitad del lago antes de que nuestro Señor les dijera que echaran sus redes para pescar. Casi no habían terminado los preparativos para extender la red cuando ya era evidente que habían encerrado gran cantidad de peces. Eran tantos que las redes estaban estiradas hasta el punto de romperse. Con el esfuerzo de manejar las abultadas redes, grandes gotas de sudor le bajaban de la frente a Pedro y sus músculos se contraían en nudos. La barca se mecía peligrosamente, y él hizo urgentemente señas a sus compañeros, quienes aparentemente habían salido también con la expectativa de que algo de esta naturaleza ocurriría. Los compañeros se acercaron y llenaron ambas barcas, de tal modo que las bordas quedaron casi al nivel del agua. Fue entonces cuando Pedro comprendió por primera vez lo que significa el compañerismo con Cristo, y que la absoluta obediencia de nuestra parte logra la absoluta cooperación de parte de él.

¡Qué lección la que hay en esto para nosotros todos! Sabemos muy bien lo que es afanarse durante largas y tediosas temporadas sin conseguir nada. Una y otra vez hemos regresado a la playa con solo uno o dos pececillos. Pero tan pronto como entramos en comunión, en compañerismo con el Hijo de Dios, a lo cual en realidad hemos sido llamados, descubrimos que lo único que tenemos que hacer es tener las redes lavadas y reparadas y confiar en que el Maestro nos indique los lugares donde están los peces. Él hará lo demás.

Pedro volvió a echar su red el día de Pentecostés, esta vez hacia la numerosa multitud emocionada; y de nuevo el Señor repitió el milagro del lago de Galilea y le llenó la red con tres mil almas. En la casa de Cornelio su red apenas había tocado el agua, cuando ya estaba llena de peces. Ciertamente en cada ocasión, el apóstol tuvo que haber mirado hacia el rostro de Jesús, y con una sonrisa feliz, decir: «Ah, Señor, aquí está otra vez el mar de Galilea».

Nosotros también, en condiciones similares, podemos tener esta experiencia. Si no ocurre así, preguntémonos cuál es la razón. La culpa de que no ocurra no la tiene el Maestro sino nosotros, nuestra falta de obediencia, nuestras redes. Si estas son nuestras charlas, sermones, o nuestros métodos, tenemos que tornarlas y remendarlas mediante estudio detenido y sincera oración. El tejido tiene que ajustarse de tal modo que ningún pez se escape. No se debe escatimar esfuerzo ni fatiga en la presentación del Evangelio, de tal modo que nuestros oyentes no tengan excusa. Repare usted las redes viejas, o teja otras nuevas.

Asegúrese también de que estén limpias. Láveles el polvo arenoso o la maleza que pueda habérseles acumulado. Especialmente, elimine usted el yo. No debe haber nada en el mensaje que presenta que distraiga a sus oyentes hacia usted mismo; cuando lo haya hecho todo, atrévase a creer que su Señor sigue aún obrando con sus siervos y confirmando la palabra de ellos mediante el poder del Espíritu Santo.

4
UN PESCADOR DE HOMBRES
Lucas 5 :8-11

El propósito del Maestro para sus discípulos se expone en las palabras registradas por Mateo y Marcos, las que probablemente él les dirigió en la playa cuando de nuevo habían atracado sus barcas: «Venid en pos de mí, y os haré pescadores de hombres». Podemos combinar esta forma de expresar el llamamiento con las palabras que dirigió especialmente al impulsivo, vehemente, y afectuoso hijo de Jonás, que aparecen registradas en Lucas 5. Debe notarse que aquí, como en los Evangelios en general, que nuestro Señor se dirige a él, utilizando el nombre de «Simón», que era más íntimo, como si se estuviera reservando el de «Pedro» hasta que, tras los meses de disciplina que los esperaban, estuviera apto para ocupar el puesto principal entre sus compañeros apóstoles.

El llamamiento les llegó mientras estaban enfrascados en su ocupación habitual. David fue llamado cuando estaba con el rebaño para que pastoreara al pueblo escogido. Cuando la mujer samaritana colocó su cántaro sobre el borde del pozo de Jacob, se le dio el mensaje de los manantiales eternos. Era, pues, conveniente que nuestro Señor explicara a su amigo pescador el ministerio trascendental y glorioso que le esperaba, y que esto lo hiciera aludiendo a la ocupación a que Pedro se había dedicado desde la niñez, la cual tenía muchísimos puntos de similitud con la obra de ganar almas.

A lo largo de los siglos las almas sinceras y serias han ponderado con mucho interés estas palabras, esperando extraer de ellas el precioso secreto del éxito en la tarea de ganar almas.

Muchos pastores piadosos que tienen una iglesia perfectamente equipada, y están rodeados de personas piadosas —es decir, cuentan con la mejor barca, la mejor compañía, y los mejores aparejos de pesca—, han observado, casi con envidia, el éxito de algún predicador sencillo que, aparte de toda ayuda accidental, saca las redes llenas de peces de las grandes profundidades de la vida humana y los pone en su cesta de pescador. El estudio de este relato puede acercarnos aún más la esencia del tema y a la mente de nuestro Señor.

1. El éxito en la actividad de ganar almas se basa por lo general en una profunda conciencia del pecado en la vida personal. La incansable y extraordinaria labor del gran apóstol de los gentiles puso el fundamento de la iglesia gentil; pero cuando el recuerda lo pasado y piensa en su condición natural, no vacila en hablar de sí mismo como el principal de los pecadores y el más pequeño de todos los santos. «Todos nosotros vivimos en otro tiempo en los deseos de nuestra carne, haciendo la voluntad de la carne y de los pensamientos, y éramos por naturaleza hijos de ira, lo mismo que los demás» (Efesios 2:3).

Aquellos que han tenido profundas experiencias con la excesiva maldad del pecado son los que están mejor capacitados para darles ternura y compasión a los que están vendidos a esclavitud de pecado. «¡Ay, pobres almas! —exclaman ellos—. Así éramos algunos de nosotros». Los cabecillas del ejército del diablo se convierten en grandes soldados de Cristo. El conocimiento que tienen de las estratagemas y tretas de Satanás es inapreciable. El pecador comprende lo amarga que es la paga del pecado. Un ángel o un niño inocente no podrían comprender eso. Así que no tiene que sorprendernos esta revelación preparatoria que el Señor dio de sí mismo a Pedro.

Ya hacía por lo menos ocho meses que Pedro y los demás habían conocido al Señor, pero no estaban conscientes de su verdadera majestad y gloria. Para ellos, él era el Carpintero de Nazaret, el Hombre santo, el maravilloso Maestro que realizaba milagros. Entonces, de manera súbita e inesperada, irrumpió en lo común y ordinario de su mentalidad esta ráfaga de su ser esencial, y les dejó ver un destello de gloria sobrenatural. Cuando sentía el peso y el tirón de la red que parecía estallar y amenazaba reventarse con aquella repentina carga, Pedro comprendió que su Maestro y amigo tuvo que haber recurrido a un poder que ningún mortal podía resistir. Dios mismo estaba en ese lugar, y él no lo había comprendido. En el instante, la desnudez y lo pecaminoso de su propio corazón quedaron al descubierto, y exclamó: «Señor, ...soy hombre pecador». ¡Notemos el significativo cambio! Cuando la barca salió de la playa, Jesús era el Maestro; ahora, cuando presencia esta revelación, es el Señor. Inmediatamente después de esto, Jesús le dijo: «Desde ahora serás pescador de hombres».

Hay una sorprendente analogía entre la experiencia de Pedro y la de Job. El sufrido patriarca había perseverado con éxito en el mantenimiento de su integridad. Luego Dios permitió que descendieran a su vida visiones de la creación. Caso tras caso le citó Dios en que se manifestó su grandioso poder, su sabiduría y su inteligencia. Como fueron abiertos los ojos de Pedro para que viera las maravillas de Cristo en alta mar, así le fueron abiertos a Job. Y cuando la gloria divina brilló en su alma, exclamó: «De oídas te había oído; mas ahora mis ojos te ven. Por tanto me aborrezco, y me arrepiento en polvo y ceniza» (Job 42:5, 6).

Cada vez que una experiencia así nos sobreviene, podemos considerarla como una preparación para nuevos éxitos en la tarea de ganar almas. Espere usted que, al confesar su condición de bajeza y pecado, el Señor le responda con un llamamiento a sacar la barca y a echar las redes para pescar.

2. El fracaso y el pecado no excluyen necesariamente del compañerismo divino en la tarea de ganar almas. «Apártate de mí», exclamó el discípulo, remordido por la conciencia. Casi podemos verlo, cuando el pozo de la barca pescadora se había llenado y se extendía en la cubierta la masa resbalosa y plateada de los peces. A gatas y descalzo va desde la proa hasta la popa, y cae de rodillas ante Jesús que estaba sentado cerca de la caña del timón; y se abraza a sus pies, sollozando como un hombre recio turbado por emociones conflictivas.

Lo que en efecto dijo el Señor fue lo siguiente: «No, no tiene que ser así. Quédate conmigo. Yo te limpiaré, te sanaré, y te salvaré, y te convertiré en instrumento para salvar a miles de pecadores como tú».

Es imposible exagerar el consuelo que estas palabras ofrecen a aquellos que desean servir a Cristo, pero que están conscientes de su profunda indignidad. «Yo no soy digno de llevar el mensaje de salvación a otro, por cuanto soy un hombre pecador. ¿Cómo puede emplearme a mí aquel que tiene a sus órdenes una hueste de ángeles? Permíteme quedarme en el círculo de afuera y verte vez tras vez. No puedo pedir más, pues tú sabes, y yo también, que soy un hombre pecador».

Pero Jesús solo tiene una respuesta: «No temas; desde ahora serás pescador de hombres». «Yo deshice como una nube tus rebeliones, y no me acordaré más de tus pecados. Con amor eterno te he amado. ¿Apartarte de mí? Eso es inconcebible. Tú eres más estimado para mí que todas las estrellas de las galaxias. He obtenido de mi Padre el consentimiento para que tú estés conmigo donde yo estoy. Después que hayas tenido tu experiencia de Pentecostés, y hayas cumplido tu ministerio, y terminado tu carrera, se te considerará digno de estar en mi sala de audiencias, para que veas mi gloria y participes de ella».

«Señor, eso es demasiado; ¡permíteme besar tus pies!»

3. Para que la tarea de ganar almas tenga éxito, tiene que absorber nuestras vidas. Bien dijo el apóstol: «una cosa hago ...» Ellos, «dejándolo todo, le siguieron».

¿Podemos aquí dejar vagar nuestra imaginación? Un amigo pescador le informa a la esposa de Pedro que pronto llegará la bien conocida barca. La comida ha estado lista en casa, esperándolo desde el amanecer. Ella se apresura hacia la playa. Su marido salta hacia las aguas bajas y levanta a Jesús para pasarlo del bote a la playa. Luego Pedro se acerca a ella con anhelo, y con una ternura inusitada que la sorprende, le pregunta: «¿Puedes dejarme ir por un poco de tiempo? El Maestro me ha pedido que vaya con él. Me dice que no debo temer, y que él proveerá lo que necesitemos. Me prometió enseñarme a pescar hombres».

Y ella responde: «Amor mío, ve con él. Mamá y yo nos las arreglaremos de algún modo hasta que tú regreses. Permanece con él todo el tiempo que te necesite. Precisamente mamá y yo estábamos diciendo esta mañana que, desde que lo conociste a él, has sido un hombre diferente».

Ella también llegó a creer, y viajó con él por todas partes, ayudándolo, de lo cual Pablo da testimonio (1 Corintios 9:5). No podemos suponer que Pedro entró de inmediato en la pasión que el Maestro tenía por las almas. Al principio se conformó con seguirlo, oír sus palabras, ser su compañero y amigo. Pero no pudo haber pasado mucho tiempo antes que él y sus compañeros comenzaran a estar imbuidos de la misma pasión, hasta que se convirtió en el motivo dominante de su existencia.

Así sucederá con nosotros. Mientras andamos con Cristo, llegaremos a estar identificados con sus intereses, sin volver a mirarnos a nosotros mismos. Pasaremos nuestra vida como la pasó Pedro quien, por su amor a Cristo, llegó a estar capacitado para apacentar sus ovejas y sus corderos.

Pidámosle al Señor que seamos participantes con Cristo en su gran pasión por la salvación de los hombres. ¡Oh, que seamos una llama ardiente para Jesucristo!

5
PRIMERAS LECCIONES
Marcos 1:21-39

El apóstol Pablo les recordó a los creyentes de la iglesia de Efeso: «Habéis sido por él enseñados, conforme a la verdad que está en Cristo Jesús». Todo el que desee ganar almas debe sentarse con máxima humildad en la escuela del Maestro.

1. La primera lección consistió en aprender que el asociarse con El los envolvería inevitablemente en una guerra espiritual. Y así ocurrió. Probablemente aquel día de reposo no fue el primero después de su resolución final de identificarse con Jesús. Ese sábado el grupito de pescadores lo acompañó a la sinagoga. Cuando terminaron los ejercicios acostumbrados, se le hizo una invitación a su guía y amigo para que hablara a la congregación; y el marcado contraste entre su discurso y las insípidas declaraciones de los escribas, a las cuales estaban acostumbrados, los llenó de asombro. Él «les enseñaba como quien tiene autoridad». Los corazones y las conciencias de ellos daban la respuesta como un eco.

El silencio de la cautivada asamblea se rompió de repente a causa del clamor de una voz de hombre. Parecía como si un alma cautiva y renuente se hubiera convertido en órgano de un espíritu extraño que la obligaba. «Déjanos —solicitaba el demonio—. ¿Qué tienes con nosotros, Jesús nazareno? ...Sé quién eres». Este espíritu inmundo o demonio pudo haber residido en el cuerpo y en la mente de ese hombre durante años, sin que lo sospecharan sus más íntimos amigos. Pero la presencia cercana de la santidad divina, aunque cubierta con el velo no roto de su carne, le arrancó un clamor involuntario pero irresistible.

La perturbación causada por aquel gemido del abismo tuvo que haber sido sorprendente. Hasta ese momento el hombre pudo haber sido considerado como un miembro respetable de la sociedad. Nadie sospechaba la dualidad que había en su naturaleza; pero Pedro tuvo que haber comprendido de repente que su Maestro tenía qué levantarse y declarar hostilidades con todo el reino de los malos espíritus. La guerra en la cual él se había alistado no era contra carne y sangre, sino contra los espíritus malos que dominan las tinieblas de este mundo.

Fue un infinito alivio el saber que su Señor era capaz de hacer frente a tal emergencia. Cuando él le ordenó al espíritu inmundo que callara y saliera de aquella naturaleza atormentada, el espíritu no podía hacer otra cosa que obedecer, aunque le produjo convulsiones a su víctima con ira maligna, a la vez que clamaba con voz alta y aterradora. Los discípulos participaron del asombro general, pero comprendieron claramente la necesidad de una nueva arma para su equipo espiritual.

La escena que se produjo en aquella sinagoga sumió a Pedro en profunda reflexión. Vislumbró, como cuando un relámpago ilumina el paisaje a media noche, que había otro mundo inmenso de espíritus malos. También comprendió que estos espíritus se sentirían violentamente perturbados ante cualquier intento de rescatar a sus víctimas; y que los espíritus se sentían obligados a dar testimonio de la santidad superlativa de Jesús, cuyo poder, por más que ellos se esforzaran, no podrían resistir.

Para Pedro no fue difícil entender el efecto que producía en los espíritus la pureza del Señor. Él mismo había clamado solo unas pocas horas antes: «Apártate de mí, Señor, porque soy hombre pecador». Pero todo su temor había cesado al entregar su voluntad para obedecer y haberse sometido a la indiscutible autoridad de Cristo. La presencia de Jesús significa ahora para él un gozo indescriptible y lleno de gloria. Así era preparado para oír al Maestro cuando dijo: «Sanad enfermos, limpiad leprosos, resucitad muertos, echad fuera demonios. Nada podrá dañaros».

2. La segunda lección fue la necesidad de bondad en el ministerio. Pedro era fuerte, enérgico, vehemente. Carecía del tacto necesario para tratar con problemas humanos. Habría que dedicar un tiempo considerable a entrenarlo antes de que él pudiera recomendar, como lo hace en sus epístolas, la compasión, la afabilidad, la cortesía (1 Pedro 2:3; 3:4-8). La primera lección correspondiente a este arte la recibió en su propio hogar.

Después de la sorprendente escena de la cual fueron testigos Pedro y Andrés en la sinagoga, el Señor aceptó la invitación de ellos de ir a su casa. Allí aprovecharon para descansar y refrescarse. Jacobo y Juan fueron también incluidos en la invitación. Sin embargo, cuando los invitados llegaron a la puerta de la casa del pescador, la mujer de Pedro se apresuró a susurrarle a este que la mamá de ella estaba en cama con «una gran fiebre». ¡Era algo que iba a echar a perder aquel día! Pero en las manos de Cristo los incidentes inconvenientes se convierten en radiantes recuerdos.

Ellos «le hablaron de ella». Lucas dice que «le rogaron por ella». Pero además de la maravilla de su inmediata recuperación, de tal modo que pudo servirles, los admiró también la tierna bondad con que el Maestro la tomó de la mano y la levantó. Ni siquiera se imaginaba Pedro que años más tarde él haría lo mismo con un cojo en las gradas del templo, y con la amada Dorcas en Jope.

El mundo Necesita ternura tanto como fortaleza. Probablemente la fortaleza nunca se perfecciona mientras no se haga tierna. Se necesita una ternura como la de Cristo para tocar los ojos empañados del ciego, la carne tostada del leproso, la mano caliente de mujer atacada por la fiebre. El himno infantil que habla de Jesús como el tierno Pastor, utiliza un epíteto exacto. Los hombres fuertes deben combinar la ternura con la fuerza.

3. La tercera lección fue una vislumbre de la angustia del mundo. Esta angustia había gravitado pesadamente en el corazón del Maestro y era el constante incentivo para extender la fuerza salvadora de su mano derecha. Nada menos que esto podría sostener a sus discípulos, y especialmente a Pedro, en todas las pruebas y desilusiones futuras. Se resolvió, pues, prescindir de todas las apariencias y hacer como si todas las familias fueran una sola a fin de que la compasión de ellos se moviera por la visión de una angustia común. Todos los que estaban enfermos y endemoniados, juntamente con sus dolientes amigos, se reunieron al caer el sol en la humilde callejuela donde vivía Pedro. Él no sospechaba que una masa tan inmensa de desdicha y dolor existiera en su vecindad; pero aquel doloroso espectáculo lo preparó para enfrentarse luego a la insondable angustia del mundo. El velo se levantó por unas pocas horas al anochecer de aquel sábado, mientras las estrellas salían con tristeza una por una a observar desde la bóveda celeste. Detrás de las puertas y ventanas gravita pesadamente el dolor; y hemos de saber que, como ocurrió con el Señor y también ocurre con sus siervos. podemos suspirar levantando los ojos, y decir: *Efeta*.

Ya fuera un simple leproso o con una multitud, él siempre era movido a compasión frente a la necesidad humana. ¡El corazón quebrantado sabe sanar otros corazones!

El más grande ganador de almas de todos los tiempos dio testimonio de que sufría dolores de parto por las almas que se habían convertido con su ministerio, y estaba dispuesto a ser anatema de Cristo por amor a sus hermanos en la carne. El que ama más es el que mejor predica. Si nos conformamos con trabajar sin obtener conversiones, no necesitamos estar a la expectativa de ninguna. Pero si nuestras almas se quebrantan con el anhelo, la respuesta no demorará. ¡Danos tus lágrimas, oh Cristo, mientras contemplamos la ciudad!

4. La cuarta lección estuvo relacionada con la fuente de poder. Muy de mañana la familia buscó a su amado huésped, pero el aposento estaba vacío. En vano lo buscaron por toda la casa. ¿Dónde estaba? La averiguación y la búsqueda se hicieron generales. En un refugio situado en la depresión de una ladera, el pasmado grupo de buscadores vio la forma arrodillada o postrada del Maestro. Se había levantado mucho tiempo antes del amanecer y se había ido a un lugar solitario, y allí oraba.

Él podía echar fuera demonios y sanar a una multitud de enfermos, pero —si hablamos según la manera de los hombres— estaba consciente de que se desgastaba su fuerza espiritual. «Yo he conocido que ha salido poder de mí». Su naturaleza humana necesitaba ser recargada. Mejor dejar sin atención a algunos de los necesitados del pueblo que dejar de recuperar el espíritu.

Pedro nunca olvidó el hábito de oración que tenía su Maestro, y es un hecho que decidió seguir sus benditas pisadas. El Pentecostés les llegó a él y a los demás en respuesta a haber continuado unánimes en oración y súplica. El Sanedrín fue impotente para hacerles daño, porque todos en compañía alzaron unánimes su voz a Dios. La oración le abrió a Pedro las puertas de la cárcel en la víspera de su propia ejecución. La visión de que el mundo gentil estaba purificado y santificado se le dio mientras oraba en la azotea de la casa del curtidor.

Hermanas y hermanos, oremos. Juan Wesley les decía a sus predicadores que su primer deber era el de ganar almas, y luego terminaba diciendo: «¿Por qué no somos más santos? ¿Por qué no vivimos para la eternidad y andamos todo el día con Dios? ¿Nos levantamos a las cuatro o a las cinco de la mañana para estar a solas con Dios? ¿Recomendamos y observamos el tiempo de oración a las cinco de la tarde? Cumplamos nuestro ministerio».

6
LA SEGUNDA CARTILLA
Lucas 4:1-13; Juan 6:1-21; Mateo 14:22, 23

El Espíritu divino está preparado para cooperar con cualquiera que fielmente cumpla sus condiciones. Los pobres, los débiles, los despreciados, y los nadies del mundo pueden solicitar y disfrutar las más grandes manifestaciones de la energía divina al igual que los cultos y refinados. En realidad, las disposiciones sencillas e infantiles pueden con frecuencia lograr lo máximo de Dios, por cuanto son más humildes e impotentes en su propia estima.

Es necesario, por tanto, no solo para los apóstoles sino para todos nosotros, aprender las condiciones en que opera el poder espiritual. Estas condiciones se ilustran claramente en la triple tentación a que fue sometido nuestro Señor al comienzo de su ministerio. Adoptemos el orden que se nos da de estas tentaciones en el tercer evangelio.

1. Tenemos que negarnos a emplear el poder divino para usos egoístas.

2. El verdadero dominio se obtiene por medio del servicio, el sacrificio, y el sufrimiento hasta la muerte.

3. El poder divino no se concede nunca para propósitos de vanagloria o de ostentación, sino para ayudar y bendecir a los demás.

La forma de expresar estos tres principios puede variar, pero su esencia es invariable como la ley de la gravedad de Newton. Por evidente designio de la providencia divina, los tres están condensados en las experiencias que nos narran los evangelistas, pero especialmente en Juan 6.

1. El servicio a los demás requiere autonegación. En un tiempo y en un lugar determinados los apóstoles volvieron a reunirse con el Maestro para decirle lo que habían hecho y enseñado. Casi inmediatamente después de su regreso les llegaron noticias de que Juan el Bautista —conocido, honrado, y amado de todos ellos— había sido traidoramente asesinado por mandamiento real en los calabozos del castillo de Maqueronte, situado al fin del desierto oriental. Estaba claro que la marejada de oposición se estaba levantando contra el nuevo movimiento. La prudencia les sugirió un retiro temporal de la vista del público, y el dolor exigía reclusión a fin de recuperarse del huracán de la desolación. «El les dijo: Venid vosotros aparte a un lugar desierto, y descansad un poco. Porque eran muchos los que iban y venían, de manera que ni aun tenían tiempo para comer» (Marcos 6:31).

Entraron en la barca y pusieron proa hacia el ángulo noreste del lago, donde la costa se elevaba oblicuamente desde la playa hacia una llanura herbosa de considerable extensión. La gente se había dado cuenta del rumbo que había tomado la embarcación, y una gran concurrencia se apresuró por la cabecera del lago. La multitud impresionó a Cristo como un rebaño de ovejas perseguidas hubiera conmovido el corazón de un pastor.

«Tuvo compasión de ellos, y sanó a los que de ellos estaban enfermos». Pero la experiencia más asombrosa de todas fue la que tuvo lugar al caer la tarde. Con cinco panes de cebada y dos pececillos, que el hermano de Pedro, Andrés, había descubierto en la cesta de un muchachito —quien con gran satisfacción y amor los había entregado, y cuya fe tal vez le proveyó a nuestro Señor el elemento humano que él siempre exigía— Jesús alimentó a la inmensa multitud. «Y comieron todos, y se saciaron; y recogieron lo que sobró de los pedazos, doce cestas llenas». Pedro y los demás apóstoles deben de haber quedado absolutamente pasmados ante aquel espectáculo. Ellos se enfrentaban al extraordinario contraste entre la pobreza y la hospitalidad de su Maestro. Habían oído, probablemente de sus propios labios el relato sobre su ayuno de cuarenta días, cuando fue tentado a que usara su poder para convertir las piedras del desierto en pan. ¿Por qué no lo había hecho para satisfacer su propia necesidad? ¿Por qué él no les había dado a ellos banquete tras banquete?

En el fondo de la paradoja había una verdad vital. Dios no derrama su poder en nadie que lo use para su propia satisfacción y complacencia.

2. La capacidad de gobernar depende de la entrega personal. Después de la comida parece que la multitud se dejó arrebatar por un súbito impulso de hacer a Jesús su cabecilla para una posible revuelta contra los opresores romanos. ¡Ahí estaba uno que era más grande que Judas Macabeo! Pero él no estaba por nada de eso. Él ya había luchado contra esto en el desierto, cuando el diablo le había ofrecido todos los reinos de este mundo y la gloria de ellos. De esa posición no se desviaría ni siquiera un tris. Los reinos de este mundo jamás llegarían a ser suyos por la fuerza de las armas; solo por el precio de la agonía y del sudor de sangre, de la cruz, y de la pasión y la muerte en el Calvario.

El Maestro llevó a cabo de manera precisa el programa original que como Hijo del hombre se había trazado al inicio de su carrera pública. ¡Cuánta significación tiene esta lección para todos nosotros! El reino de Dios viene y la voluntad del Padre se hace por medio del servicio, como el que los hermanos moravos ofrecieron a los leprosos; por los sufrimientos, como los de los mártires de todos los tiempos, incluyendo el presente; y por el sacrificio y las lágrimas.

3. El poder divino nunca debe usarse con propósitos de vanagloria ni de exhibición. Hay quienes suponen que nuestro Señor hizo arreglos con sus discípulos para encontrarse con ellos en algún bien conocido sitio de la costa, y que esto los hizo trabajar muy duro con los remos cuando la tempestad cayó de repente sobre el lago. Él los vio que remaban con gran fatiga, y cerca de la cuarta vigilia de la noche —es decir, cuando la aurora gris comenzaba a extenderse por el escenario—, «vino a ellos andando sobre el mar». Con mucha frecuencia se permite que las tempestades nos amenacen para que aprendamos a apreciar de manera más cierta los maravillosos recursos de la gracia divina.

Pero Pedro estaba animado por el espíritu de aventura. No estaba en él permanecer tranquilo sentado con los demás en la barca hasta que el Señor entrara en ella.

Pedro pidió que Jesús le diera el mandamiento de ir a él sobre las aguas. El Señor simplemente lo invitó a salir de la barca. Pedro salió, pero su fe no fue perfecta, y comenzó a hundirse.

En la hora más difícil de la tentación a que fue sometido nuestro Señor, se le había sugerido que se lanzara desde el pináculo del templo hacia las profundidades del valle, es decir, que anduviera sobre el aire, como Pedro intentaba ahora andar sobre las aguas. El Señor se había negado a actuar para complacer esta sugerencia, por cuanto el Padre no le había dicho que hiciera esto. Pero más adelante vino otra ocasión en que él recibió del Padre el mandamiento de poner su vida, de descender al valle oscuro de las sombras. Tan pronto como supo que este era su deber inequívoco, no hubo en él vacilación. Fue obediente hasta la muerte, y muerte de cruz. Y los brazos eternos del Padre lo sostuvieron en este descenso, a fin de que después ascendiera muy encima de todos los cielos.

De igual manera, años más tarde le llegaría a Pedro el claro mandamiento de salir de la barca de la experiencia ordinaria hacia las ondas tormentosas de la persecución y del martirio; pero tal hora no había llegado aún. Los móviles de Pedro, todavía basados en la confianza en sí mismo, tenían que ser purificados y aclarados. Después de esto no habría necesidad de esperar el mandamiento para salir, pues su deber sería inequívoco.

Pedro comenzó a hundirse. Inmediatamente el Señor extendió su mano y asió de él, y los dos entraron en la barca. Ninguna reprensión salió de aquellos labios prudentes y bondadosos, excepto una pregunta: «¿Por qué dudaste?» Obviamente, una de las causas de su fracaso fue que él se fijó en la turbulencia de los elementos y no en el rostro y en la presencia del Señor. Pero su fracaso se debió también a una razón más profunda. Su fe no era perfecta. Había en ella una falla. El más leve ingrediente de orgullo invalida la acción de la fe. El paso que usted está dando, y que piensa que es bueno y correcto, es probable que fracase porque, casi de manera inconsciente, el elemento del orgullo, o de la vanagloria, o de la jactancia, o del egoísmo está deteriorando la vida de su alma. Líbrese de ese elemento acudiendo incesantemente a la cruz. Diga usted lo que dijo nuestro Señor cuando recibió sugerencias similares: «¡Quítate de delante de mí, Satanás; ...porque no pones la mira en las cosas de Dios, sino en las de los hombres».

Así aprendió Pedro la tercera lección de su segunda cartilla; y con la impresión imperecedera de esa hora, escribió años más tarde el notable consejo: «Humillaos, pues, bajo la poderosa mano de Dios, para que él os exalte» (1 Pedro 5:6).

7
¿A QUIÉN IREMOS, SINO A CRISTO?
Juan 6:22-71

Cuando al fin las multitudes se hubieron dispersado, nuestro Señor caminó hacia el borde de la montaña y comenzó el ascenso. Su pulso comenzó a acelerarse, como le ocurre al nuestro cuando ascendemos. La tormenta que se iba formando retumbaba a través de los cañones de las montañas y se lanzaba sobre el lago. ¿no presagiaba esa tempestad una aún mayor que al día siguiente habría de caer sobre el pequeño grupo, que en ese momento ya estaba luchando para abrirse paso a través de las aguas enfurecidas? Una crisis se le venía encima al Señor. Lo rodeaba una multitud heterogénea que solo buscaba vivir de la abundancia de él, y pensaba explotarlo para satisfacer las propias pasiones salvajes y los deseos de independencia y de venganza. Claramente, él tenía que desengañarlos; de otro modo, ellos echarían a perder su gran propósito de redención y lo convertirían en instrumento de un partido político. No se podía perder ni un día. Por la mañana haría unas declaraciones relacionadas con la naturaleza espiritual de su reino, de tal modo que efectivamente apagaran estas chispas incendiarias. Así pues, en comunión con el Padre, se hizo de la fuerza necesaria para librar a sus seguidores de mentalidad terrenal. Él sabía muy bien que eso costaría mucho, pero no había alternativa.

En el lado más lejano se repitió a la mañana siguiente el tumulto emocional del anochecer anterior. De modo que nuestro Señor se encaró al grupo y allí presentó aquel maravilloso discurso que encontramos en Juan 6 y que, de no haber sido por las posteriores revelaciones del Calvario, habría quedado como el punto culminante del Nuevo Testamento. Tal discurso cambió todo el tenor de su carrera.

En el relato del evangelista podemos notar el efecto que produjeron en el nutrido auditorio las palabras profundamente espirituales de nuestro Señor. En el versículo 41 leemos que ellos murmuraron de él. En el 52, que discutieron entre sí. En el 60, que muchos, incluso sus discípulos, confesaron en alta voz que lo que él decía era duro y difícil de entender. En el versículo 66, que muchos de aquellos que se habían inclinado ante él, para ofrecerle su lealtad, renunciaron, y calladamente se retiraron, y «...ya no andaban con él», Se iban retirando uno por uno, o de dos en dos, y luego en grupos, hasta que la multitud se redujo. En primer lugar se volvieron atrás los políticos de cabeza caliente; luego, los que habían esperado recibir otra comida; luego, los de buen corazón pero de mente estrecha a quienes espantó su declaración de que ellos debían comer su carne y beber su sangre, lo cual, aunque se entendiera en sentido espiritual, quería decir que el que hablaba se arrogaba naturaleza divina. Finalmente todos se fueron con excepción del grupo de estupefactos apóstoles, quienes con mucho dolor habían sido testigos de la destrucción de la popularidad del Maestro y de la estructura de las ambiciones privadas de ellos. Fue entonces cuando él les dirigió la mirada y les hizo una pregunta: «¿Queréis acaso iros también vosotros?» Esto extrajo de Pedro una respuesta sin vacilación. «Señor, ¿a quién iremos? Tú tienes palabras de vida eterna. Y nosotros hemos creído y conocemos que tú eres el Cristo, el Hijo del Dios viviente».

1. La premura de esta pregunta. ¿A quién iremos? Tal pregunta nos abruma, como abrumó a Pedro. Él sabía que el hombre tiene que acudir a alguien. ¿A quién otro podría él ir?

¿A quién iremos nosotros en este tiempo de cansancio ante lo mundano? ¿A quién iremos cuando nuestra alma hayan despertado de repente ante la majestad de la presencia eterna? ¿A quién iremos cuando a la luz del gran trono blanco descubramos de pronto que el agua de la nieve no puede purificar nunca los corazones y las conciencias sobre los cuales el pecado ha puesto su marca contaminadora? ¿A quién iremos cuando las luces del cielo en que confiamos se hayan extinguido una por una, y el sol y las estrellas ya no brillen por muchos días? ¿A quién iremos en la soledad de esta época, en los dolores de la enfermedad mortal, en la hora de la muerte, en el día de rendir cuentas, en medio del esplendor de una santidad a la cual los ángeles no pueden enfrentarse, y de una pureza ante la cual los cielos son inmundos?

2. Las otras alternativas fuera de Cristo. Entendamos claramente lo que queremos. Queremos vida, vida eterna.

¿Iremos a los escépticos? Estos se burlarán de nuestras demandas, por considerarlas como los fantasmas de las mentes desordenadas. Lo que ellos harían sería como decirle a un hambriento que el hambre que siente es una absurda equivocación.

¿Iremos a los ritualistas? Estos nos ofrecerán ritos que, aunque fragantes de todo lo que satisface nuestra sensibilidad a la belleza o complace nuestra reverencia hacia el pasado, son inadecuados para mitigar la pasión del alma por el Dios vivo y para calmar la fiebre del remordimiento.

¿Iremos a las grandes religiones del Oriente? ¿Tienen Confucio, o Buda, o Mahama, o los antiguos Vedas, alguna medicina para el alma que ha comprendido que Cristo es el Santo de Dios, y en la cual el Espíritu de Cristo ha despertado deseos infinitos de obtener la seguridad del perdón y de ser aceptada delante de Dios?

¡Trate usted de acudir a todas las puertas que sean correctas! Cada una se abre hacia el desencanto. No hay satisfacción sino en Cristo.

3. La imperecedera supremacía de Jesús. ¿Cuáles son las bases de esta imperecedera supremacía?

a. *Aunque él es absolutamente santo, trata el asunto del pecado de manera satisfactoria.* El pecado es una realidad terrible para el alma que está consciente de él. Ha sido la causa que ha dado energía a los movimientos religiosos que han conmovido al mundo. Hemos tratado de pasarlo por alto o de reprimirlo. Hemos sugerido paliativos. solo Jesús quitó el pecado. Él satisfizo la justicia y nos obtuvo misericordia. Por medio de su sangre y de su justicia, proveyó la respuesta completamente satisfactoria para la pregunta: «¿Puede Dios perdonarme desde el punto de vista de la justicia?»

b. *Aunque se hizo hombre en la encarnación, él se comunica con Dios y es el pan de Dios.* Sabemos que el pan nos nutre. Ni los razonamientos ni las demostraciones químicas pudieran darnos más seguridad sobre eso de la que ya tenemos. Así ocurre con nuestro Señor. Nosotros sabemos y estamos seguros con respecto a él porque hemos palpado probado y sentido. La profundidad de nuestra naturaleza halla una respuesta en la profundidad de su naturaleza. él satisface.

¡Oh corazón mío, con tus alturas y profundidades, con tus insaciables anhelos, en Jesús has hallado más que un compañero! ¿A quién más puedes acudir?

8
«A TI DARÉ LAS LLAVES»
Mateo 16:13-20

Durante dos años y medio había vivido nuestro Señor entre sus apóstoles. Solo quedaban seis meses de educación antes de que él fuera quitado de ellos. Durante este período, su enseñanza tendría que hacerse más intensa; y como preámbulo era necesario asegurar a qué conclusiones habían llegado ellos como resultado de sus observaciones y experiencias. Si ellos habían descubierto su gloria intrínseca, su «gloria como del unigénito del Padre», eso serviría como plataforma común desde la cual podrían ascender a revelaciones superiores. Pero en caso contrario, quedaría claro que él tendría que ir a otra parte en busca de los heraldos de su Evangelio y de las piedras fundacionales de su iglesia.

A fin de asegurar que esta averiguación tan importante fuera completamente privada, nuestro Señor hizo un viaje al extremo de la frontera norte de Palestina, donde el monte Hermón levanta su masa majestuosa más allá del límite de las nieves perpetuas. El Jordán brota de uno de los peñascos cercanos al antiguo pueblo de Banias, que en ese tiempo se conocía con el nombre de Cesarea de Filipo. Este fue el escenario de la memorable conversación que ha afectado la vida de la cristiandad más que cualquiera de los discursos de nuestro Señor.

1. La pregunta escudriñadora del Maestro. «¿Quién dicen los hombres que es el Hijo del Hombre?» Las respuestas fueron diversas. Universalmente se reconocía que él no era un hombre ordinario. Pero los conceptos de ellos fueron tan variados como los que los expresaron. Algunos, a cuya cabeza estaba Herodes, dijeron —sin dejar de sentir un estremecimiento— que él era Juan el Bautista que había resucitado del lugar donde había sido sepultado junto al castillo de Maqueronte. Otros decían que era Elías, que aquel a quien Malaquías los había enseñado a esperar había venido a ellos en «el día del Señor». Otros encontraban un parecido entre Jesús y algo de los profetas antiguos. Pero estas preguntas solo tenían el propósito de conducir a otra que era sumamente importante: «Y vosotros, ¿quién decís que soy?»

De los labios de Pedro, quien era siempre el vocero de los demás, salió instantáneamente la respuesta enfática y decisiva: «Tú eres el Cristo, el Hijo del Dios viviente». De una manera altamente significativa, esta respuesta combinó la esperanza de los judíos con respecto al ungido con el reconocimiento de la naturaleza única y esencial de nuestro Señor como el unigénito del Dios eterno. Esto produjo un éxtasis en el corazón de Jesús. «Bienaventurado eres, Simón, hijo de Jonás, porque no te lo reveló carne ni sangre, sino mi Padre que está en los cielos».

2. El fundamento de la iglesia. Entonces cuando por primera vez nuestro Señor habló acerca de la iglesia. Notemos que utilizó el fuerte adjetivo posesivo «mi». ¡Mi iglesia! Cristo amó a la iglesia desde la eternidad. La redimió por medio de su sangre. Por medio de su Espíritu y de su Palabra la está purificando; y algún día se la presentará a sí mismo como una iglesia gloriosa sin «mancha ni arruga ni cosa semejante».

La iglesia de Cristo es objeto especial del odio de los espíritus caídos del tenebroso mundo de las tinieblas, a los cuales aludé nuestro Señor con las palabras «las puertas del Hades». Largo y doloroso puede ser el conflicto, pero no es dudoso el resultado: « ...no prevalecerán contra ella». En los oídos de un mundo asombrado resonará la voz de una gran multitud que anunciará. primero, que la iglesia ha salido victoriosa; y segundo, que han llegado las bodas del Cordero, y que la Esposa se ha preparado.

La doctrina fundamental de la iglesia es la deidad de nuestro Señor, como «el Hijo del Dios viviente». La fraseología griega que empleó nuestro Señor en su respuesta no deja duda en cuanto a lo que quiso decir. Aquí aparecen en griego dos palabras interesantes. Petros, que era el nombre nuevo de Simón, que significa en griego como Cefas en arameo, una piedra, o un trocito de roca, sacado o labrado de la madre roca; y petra, la misma roca básica. Nuestro Señor hace la cuidadosa distinción. Si él hubiera tenido el propósito de colocar a Pedro como el fundamento de la iglesia, naturalmente se hubiera expresado del siguiente modo: «Tú eres Pedro, y sobre ti edificaré mi «iglesia». Pero él tuvo el cuidado de seleccionar sus palabras, y dijo: «Tú eres Pedro, una piedra, un fragmento de roca; que con el poder del Espíritu de Dios has hablado con fuerza y certidumbre; pero yo no puedo edificar sobre ti; para establecer el fundamento de mi iglesia, tengo que apartarme de petros a petra, de un fragmento a la gran verdad. que por el momento te ha inspirado a ti. La verdad de mi eterna relación con el Padre es el único fundamento contra el cual las olas del demonio y del odio humano se romperán en vano. Ninguna piedra cederá. Ningún bastión se estremecerá siquiera».

3. La entrega de las llaves. Hay que tener el cuidado de notar que nuestro Señor empleó también las mismas palabras que dirigió a Pedro, cuando se dirigió a los creyentes de manera individual en Mateo 18:18, y también a la asamblea de sus apóstoles ya otros que estaban reunidos con ellos en el aposento alto el día de la resurrección de Cristo. (Lucas 24:33; Juan 20:22, 23).

Según la luz que nos ofrecen estas referencias podemos extender el significado de esta entrega de las llaves para incluir a todos los que viven y actúan con el poder del Espíritu Santo. Si hemos recibido el bendito Don del Consolador, como lo recibieron aquellos a quienes el Señor sopló el Espíritu en la noche de la resurrección, también podemos usar el poder de las llaves que abrirán puertas cerradas y soltarán a los prisioneros de sus celdas.

Este es el secreto de la búsqueda de la vida bienaventurada. Ir por el mundo abriendo las puertas de las cárceles, levantando cargas pesadas, dando luz, gozo, y paz a los oprimidos: proclamando el año agradable del Señor. Las puertas cerradas se abren para que salgan las aguas tenebrosas de la desesperación. Levante el cerrojo y abra las puertas que miran hacia la aurora, pues esta es una obra que los ángeles envidiarían. «Recibid el Espíritu Santo».

9
«CON ÉL EN EL MONTE SANTO»
Mateo 17:1-9; 2 Pedro 1:16-18

El último día que estuvo en Cesarea de Filipo por la tarde, nuestro Señor les propuso a tres de sus principales apóstoles que lo acompañaran en un tiempo de retiro en las laderas más elevadas del monte Hermón. Pedro, en los últimos días de su vida, dijo que lo que ocurrió en el monte santo fue una notable evidencia de la naturaleza y de la misión divinas de su Maestro. Para Pedro ese lugar era «el monte santo», donde él y sus compañeros habían sido testigos oculares de la majestad de Cristo, que allí recibió del Padre honor y gloria. No podía haber duda al respecto. ¡Ellos no habían seguido ni promulgado fábulas artificiosas!

1. Los elementos accesorios de la transfiguración.

a. *El lugar fue definidamente el monte Hermón.* Los días anteriores los habían pasado al pie de este monte. Antes se suponía que el monte Tabor había sido el lugar escogido para el sublime espectáculo, pero en ese tiempo dicho sitio era una fortaleza y una guarnición romana y eso hubiera sido totalmente incongruente con la mística belleza de la gloria celestial. La comparación vívida entre la apariencia del Maestro y la nieve, que se halla en el Evangelio según Marcos, el cual es especialmente de Pedro, es una confirmación adicional de que Pedro tenía en su mente las alturas cubiertas de nieve del monte Hermón. En Palestina, solo en este lugar hay permanentemente nieve.

b. *Es casi seguro que esto ocurrió de noche.* Nuestro Señor estaba acostumbrado a pasar noches en las montañas. El sueño abrumador que dominó a los apóstoles, hasta que la gloria de la transfiguración estaba a punto de pasar, sugiere también que el hecho ocurrió de noche. El telón de la noche acentuó el lustre y belleza de la radiante gloria que envolvió a la persona y a los vestidos del Señor.

c. *Es de notar que la gloria reposó sobre él mientras oraba.* La gloria que vieron los discípulos —que trascendía de los vestidos de El, de tal modo que su ropa ordinaria se volvió brillante, sumamente blanca como la nieve— era el resplandor que procedía desde adentro, de la gloria del Unigénito del Padre.

d. *La aparición de Moisés y Elías fue algo que agregó grandeza al carácter impresionante del espectáculo.* Estos fueron los adalides representativos de la teocracia hebrea. Moisés fue la encarnación de la ley; Elías, de los profetas. Su advenimiento se debió al aliento especial que ellos podían ofrecer al Redentor en esta gran crisis.

Solo unos pocos días antes nuestro Señor había dado a conocer, con minuciosidad gráfica, la escena de su muerte que se aproximaba. Pedro, en nombre de los demás, inmediatamente había tratado de disuadirlo. «Señor, ten compasión de ti; en ninguna manera esto te acontezca». Los discípulos no podían entender ni simpatizar con esto. Era necesario por tanto que la humanidad redimida ofreciera dos de sus más fuertes y nobles embajadores para animar y fortalecer a nuestro Señor, en la parte humana, antes de que el afirmara el rostro para subir a Jerusalén a morir.

2. El tema de los visitantes celestiales. «Hablaban de su partida, que iba Jesús a cumplir en Jerusalén» (Lucas 9:31). El término «partida» es traducción de la palabra griega exodus, la cual afectó la imaginación de Pedro. Años después, él la usó con respecto a su propia muerte (2 Pedro 1:14).

La idea debe de haber sido una sorprendente represión para Pedro y sus compañeros. Para ellos la muerte en la cruz parecía inconcebible tanto como innecesaria. Pero ahora, para sorpresa de ellos, ¡descubren que el cielo no podía hablar de ninguna otra casa! Aparentemente fue el único tema de que Moisés y Elías se ocuparon de hablar. Tan pronto como se presentó la oportunidad de un diálogo con Jesús, descendieron a hablar sobre dicho asunto.

Moisés hablaría del cordero de la Pascua, cuya muerte precedió el éxodo de su pueblo hacia la libertad, y le aseguraría a nuestro Señor que su muerte significaría emancipación y victoria, cuando las huestes rescatadas de los redimidos entonaran el cántico de Moisés y del Cordero.

Elías le recordaría que el espíritu de la profecía era el testimonio, y que estaba escrito en los profetas y en los salmos que Cristo sufriría y entraría en su gloria.

Moisés daría testimonio de que cada víctima que había derramado su sangre en los altares de Israel no tenía virtud intrínseca para quitar el pecado; y que si él ahora fallaba, todo el sufrimiento de aquellas víctimas carecería de valor, y que la redención de la cual ya estaban disfrutando los santos tendría que ser revocada.

Elías le aseguraría que al otro lado del Jordán de la muerte, cuyas caudalosas aguas él dividiría al pasar, la carroza de nube lo esperaría para la ascensión.

Está claro que la muerte de cruz, que nuestro Señor vio que lo esperaba en el horizonte, es el tema de la eternidad. ¿Nos parece extraño el intenso interés con que la gran nube de testigos observó al Salvador cuando, por decirlo así, entró al estadio para correr el último trecho de la gran carrera, para librar la última pelea de la estupenda lid? El almenaje de la Santa Ciudad estaba atestado de pasmadas multitudes, hasta que la hora de la ascensión las llamó a seguir en la feliz procesión del Vencedor.

3. La nube que los cubrió. Pedro había presentado una sugerencia que fue tan imprudente como apresurada. En la explicación que él mismo da del caso y que comunicó a través de Marcos admite que él no sabía lo que hablaba. ¡Lo que sugirió fue que nuestro Señor descartara los reclamos del mundo perdido, y pasara el resto de sus años en un tabernáculo en la cumbre, en vez de enfrentarse a escenas como aquella que lo esperaba al pie del monte. Pedro tenía mucho que aprender.

Mientras hablaba, él y sus compañeros apóstoles vieron que una nube descendía y envolvía la radiante visión. Ellos tuvieron gran temor al ver que su Maestro y los visitantes celestiales quedaron separados de ellos y ocultos en la brillantez de aquella nube de gloria. Aquella no fue una nube ordinaria, sino probablemente la nube de gloria *(Shekinah)* que condujo a Israel en su marcha por el desierto, la que llenó el templo de Salomón el día de su dedicación, y la que constituyó la carroza en que nuestro Señor ascendió. La voz del eterno Dios se oyó desde lo profundo de su interior, dando testimonio sublime de que el Salvador era su amado Hijo, y demandando para él homenaje de parte de todos.

¡Qué noche aquella! Como el Hombre sin pecado, el segundo Adán no necesitaba morir. En un momento, en un abrir y cerrar de ojos, él hubiera podido pasar de este mundo con Moisés y Elías a través de la puerta abierta del paraíso. Tal traslado hubiera sido posible; pero si en algún momento se presentó a su mente, él lo apartó. Ante el gozo que podía escoger —o en vez del gozo que podía escoger—, dio la espalda al paraíso para sí mismo con el fin de abrirlo para el ladrón agonizante y para nosotros. Y cuando la nube hubo pasado, quedó solo con sus apóstoles, y tomó directo el camino hacia el Calvario.

10
«POR MÍ Y POR TI»
Mateo 17:24-27

El Maestro iba camino de Jerusalén. Capernaum, donde podía descansar en casa de Pedro, ofrecía lugar conveniente para detenerse. Pero evidentemente sus habitantes ya no estaban animados del mismo espíritu que mostraron en los primeros días de su bendito ministerio. Las calles ya no estaban atestadas de enfermos que esperaban su toque sanador; ni la sinagoga estaba abierta para su ministerio. Las semillas de envidia y suspicacia que los fariseos habían sembrado con tan vehemente empeño habían producido una cosecha de cizaña. La atmósfera estaba pesada con su carga de desconfianza. Las caras que acostumbraban sonreír se volvían.

Uno de los síntomas de que la actitud había cambiado se presentó casi inmediatamente de su llegada. Los cobradores del impuesto del templo, que era un tributo voluntario para todos los judíos, se enfrentaron a Pedro con este desafío: «¿Vuestro Maestro no paga las dos dracmas?» Este impuesto era de origen muy antiguo, y databa de los días de Moisés. Proveía los fondos necesarios para el mantenimiento de los servicios del templo. Por consentimiento general, los maestros religiosos, tales como los rabinos, estaban exentos de pagar el impuesto del templo; y el respeto universal que se le rindió a nuestro Señor en los primeros días de su ministerio le daba completa inmunidad de cualquier asunto relacionado con la responsabilidad de pagarlo. Pero ahora, cuando él había perdido prestigio y estaba siendo perseguido por Herodes y los del gobierno, los cobradores se dirigieron a Pedro, como su representante, con una exigencia que demostraba que el trato de respeto y reverencia de que antes había gozado había desaparecido.

Pedro respondió enseguida que su Maestro ciertamente pagaría el tributo; pero cuando llegó a su casa supo que ya Jesús sabía todo lo relacionado con este cobro, pues antes que dijera cualquier cosa, Jesús se anticipó a preguntar si era costumbre de los reyes cobrar tributos de sus hijos.

Esta breve conversación dejó en claro que nuestro Señor había notado el cambio de trato que podía esperar de ahí en adelante, pero él no tenía intención de defender sus derechos. A fin de que la conciencia más escrupulosa no se ofendiera, declaró que él estaba dispuesto a pagar el tributo por los dos.

1. Cristo pagó las cuentas de sus discípulos que no tenían dinero. En respuesta a su llamado, Pedro lo había dejado todo para seguirlo. Había abandonado barcas, redes, y el mercado pesquero. Si Pedro aún conservaba su barca, era solo para ayudar al Maestro en su intensa actividad. De su oficio no obtenía ningún ingreso para el mantenimiento de su familia, y sin duda alguna el Maestro había hecho arreglos para que de la bolsa común se asignara cierta cantidad para el sostenimiento de ese hogar y sus moradores.

Las dos mujeres —la esposa de Pedro y la madre de ella— al principio tuvieron que haber visto este arreglo con cierta desconfianza, y durante la ausencia de todo el grupo a unos cincuenta kilómetros hacia el norte, la fe de ellas tuvo que haber sido puesta a prueba pues sobra decir que al llegar Pedro no había ni una moneda para pagar este impuesto.

Pedro pensó con razón que esta carga no le correspondía llevarla solo. Cuando el Maestro le hizo el llamado a dejarlo todo, automáticamente se había hecho responsable de tales necesidades. Para él, por tanto, fue un gran alivio el que, antes que presentara su caso, el Señor se le anticipara. Cristo ya sabía eso, y estaba preparado con una respuesta. ¡Con qué temor reverente tuvo que haber tomado Pedro el anzuelo del clavo donde lo tenía, y haber salido al lago, preguntándose dónde lo lanzaría, pero seguro de que en el agua, algún pez estaba siendo guiado por «el camino del mar» hacia él. Dicho pez ya había atrapado una brillante moneda, que algún pasajero o algún niño había tirado por la borda de alguna barca. Había llevado la inoportuna carga hasta que pudo vomitarla en las manos de Pedro que la estaban esperando. Si el Señor no hace tal milagro, de algún modo se encargará de satisfacer la necesidad de sus siervos devotos. Nadie que confíe en él queda arruinado.

2. Nuestro Maestro se vincula con un hombre pecador. «Tómalo, y dáselo por mí y por ti». Debe notarse que el pez no tenía dos medios siclos, que valían dos dracmas cada uno, sino una moneda —el estatero— que equivalía a lo mismo. También debe ponerse atención a la conjunción «y», que es el eslabón dorado entre el Salvador y su discípulo débil y falible. Ciertamente esta es la maravilla de la eternidad: que él nos llame hermanos y hermanas. Él dice: «Esto es por mí y por ti».

Así se vincula él con un hombre pecador, y lo que Dios ha unido, ¿quién lo separará? Ni la vida ni la muerte, ni lo presente ni lo porvenir pueden disolver ese vínculo.

3. Cristo hace que los mortales sean sus ayudantes. «Tómalo y dáselo por mí y por ti». Él necesita ayudantes para que distribuyan a la multitud, como entonces sus apóstoles tomaron el pan y el pez de sus manos y lo repartieron a los cuatro mil hombres, sin contar las mujeres y los niños.

El trágico fracaso de incontables multitudes consiste en que no han aprendido a tomar. Oran, y oran con fervor, pero no han aprendido el arte de tomar o recibir. Nuestro Señor dijo: «Por tanto, os digo que todo lo que pidiereis orando, creed que lo recibiréis, y os vendrá». El apóstol no nos ordena que oremos para recibir la abundancia de la gracia, sino que nos llama a recibirla.

Para muchos eso de tomar es un arte perdido. Oran, pero no reciben. Esto es causa de amarga desilusión. Oramos, agonizamos, nos esforzamos; pero con frecuencia dejamos de ver que la carga ya ha sido entregada en el muelle, y que está en depósito, esperando que la reclamemos y nos la llevemos. Tenemos que estar convencidos de que no estamos motivados por ambiciones personales, sino que obramos en el nombre (es decir, en conformidad con la naturaleza) de nuestro Señor, y de que nos basamos en la clara garantía de una promesa. Cuando se cumplen estas condiciones, oímos la voz de nuestro Padre que dice: «Hijo, tú siempre estás conmigo, y todas mis cosas son tuyas; toma, y ve a dar». Tal vez no sintamos que hemos recibido. Toca a nosotros tener una fe franca en la inquebrantable fidelidad de Dios.

No podemos dar a menos que hayamos aprendido a tomar; y no podemos tomar a menos que estemos preparados para dar. Hay corazones adoloridos, vidas estropeadas, manos silenciosamente extendidas y abiertas por todas partes. Seamos canales a través de los cuales Dios pueda contestar oraciones, y ayudantes para los cuales él pueda hacer que abunde toda gracia. De sus inagotables fuentes, alimentará el manantial. Él proveerá la semilla para la siembra, y también el pan para el sembrador. Por tanto, toma y da.

11
EL PASTOR QUE ESTÁ ALERTA
Mateo 18:1-22; 19:23-30; 21:18-22

En su oración de Sumo Sacerdote, que se halla en Juan 17, nuestro Señor, refiriéndose especialmente a sus apóstoles, dijo: «Cuando estaba con ellos en el mundo, yo los guardaba en tu nombre; a los que me diste, yo los guardé, y ninguno de ellos se perdió, sino el hijo de perdición» (versículo 12). En esta alusión a su función de guarda tenemos una vislumbre de la cura de almas, en la cual el Maestro estuvo y está constantemente empeñado. Él no era un asalariado. Cuando veía que el lobo furtivo se aproximaba aun muy lejos del esquileo salía delante de su manada pequeña (como él mismo llamó a su grupo apostólico) y le hacía frente al enemigo. Él sabía que el Pastor sería herido, y las ovejas se dispersarían, pero nunca cesó de advertirles eso. Comprendió que Satanás había deseado zarandearlas como trigo, y había logrado su deseo; y había orado especialmente por aquel cuyo temperamento podía hacerlo caer en una negación momentánea, pero de cuyo amor nunca dudó y cuya enloquecedora agonía de alma él previó.

Nunca debemos olvidar que nuestro Señor trató a sus apóstoles, no solo en conjunto, sino también como a individuos; que él estudió la idiosincrasia de cada uno de ellos, y administró la corrección especial que cada uno necesitaba.

Parecería que fueron Judas y Pedro los que le causaron más preocupación. Uno a causa de que su naturaleza era muy reservada y sutil; el otro porque su temperamento férvido e impulsivo constantemente lo llevaba de modo apresurado hacia posiciones extremas, de las cuales tenía que ser desenredado. En una ocasión le diría al Señor: «Apártate de mí»; y luego lo dejaría todo para seguirlo. En un momento se gana la alta alabanza: «Bienaventurado eres»; y luego el Señor se dirige a él y lo llama «Satanás». En un instante dice: «No me lavarás los pies jamás», y a seguidas «no solo mis pies». En otra ocasión afirma que está dispuesto a luchar a favor de su Maestro, a quien ama apasionadamente, y antes de que pase una hora niega haberlo conocido. Jesús nunca dudó de la sinceridad de su afecto, pero se sintió dolorosamente afligido por las manifestaciones espasmódicas e impulsivas de aquel amor.

Hay varios detalles particulares en la vida de Pedro en los cuales él necesitó especialmente que se le amonestara y se le diera fortaleza.

1. En la lucha por la prominencia. Aunque a Pedro no se lo menciona especialmente a este respecto, no le hacemos injusticia al suponer que él tomó parte prominente en las disputas acaloradas que estallaban de vez en cuando, especialmente después que nuestro Señor le concedió las llaves, de la referencia al significado de su nombre, y de haber sido incluido con otros dos discípulos en el evento memorable de la transfiguración. Cuando nuestro Señor llegó a Capernaum, a su regreso del monte Hermón, al entrar «en casa», que por supuesto, era la de Pedro, les preguntó: «¿Qué disputabais entre vosotros en el camino?» (Marcos 9:33). Al principio ellos callaron, pues en el camino habían discutido entre ellos en cuanto a quién sería el mayor. Entonces él se sentó, los llamó alrededor de sí y les dijo: «El único modo en que un hombre puede llegar a ser primero en mi reino consiste en ser el último y el siervo de todos». Luego tomó a un niño —la tradición lo embellece diciendo que este niño fue uno de los propios hijos de Pedro, y posteriormente llegó a ser Ignacio, obispo y mártir—, colocó al feliz niño en sus brazos, y dijo: «El que reciba en mi nombre a un niño como este, me recibe a mí».

Esta ambición, ante todo, fue la que probablemente llevó a Pedro a insistir en que, aunque todos los demás fracasaran y abandonaran al Señor en la hora de la prueba que se aproximaba, ciertamente él podía contar con Pedro. «Aunque todos se escandalicen de ti, yo nunca me escandalizaré». Y todo lo que expresó lo decía en serio.

Nada hubiera podido extinguir tan efectivamente esta ambición de preeminencia como el hecho de que él negó a Jesús y fracasó la noche en que el Señor fue traicionado. En las subsiguientes referencias a nuestro apóstol, no se hallan indicios del antiguo espíritu. Él toma el principal lugar en los incidentes que se relatan en Hechos, capítulos 1 y 2, sin ostentación ni afectación; pero en el primer concilio de la iglesia, que se describe en Hechos 15, Jacobo ocupó la presidencia, en tanto que Pedro solo contribuyó con su opinión, como uno entre los demás.

2. Con respecto al perdón. En una ocasión en que el Señor había dado instrucciones sobre el deber de perdonar, Pedro irrumpió con una pregunta: «Señor, ¿cuántas veces perdonaré a mi hermano que peque contra mí?», sugiriendo que siete veces era el límite del cual no podía esperarse que él se excediera. Nuestro Señor descartó la sugerencia como inconcebible. El Calvario y el Pentecostés abrirían las puertas de una misericordia sin límites. «Jesús le dijo: No te digo hasta siete, sino aun hasta setenta veces siete».

¿No podemos imaginarnos a Pedro todo a prisa por las calles —sobre las cuales la luz de la aurora se iba alzando tristemente—, yendo hacia el huerto, donde solo unas tres o cuatro horas antes él había dormido mientras su Maestro estaba en agonía? ¿Cómo pudo él haber dicho aquellas terribles palabras? ¡Se acordó de que había fracasado en su promesa de ser fuerte, y había empleado juramentos y maldiciones que no habían contaminado sus labios en muchos años! ¡Él Maestro lo había oído todo! ¡Y qué mirada la del Señor! ¿Qué podría él decir, o adónde podría ir? ¿Debía quitarse la vida? El remordimiento lo estaba asfixiando. Luego, de manera furtiva pasaron por su corazón las palabras: «No te digo siete, sino aun hasta setenta veces siete». ¿No había dicho él que el Señor de un siervo había sido movido a misericordia, dejó en libertad al pobre deudor que estaba a sus pies, y le perdonó una deuda de diez mil talentos? ¡Ciertamente, él tuvo que haberse referido a mil!

3. En lo relacionado con la recompensa. Cuando un joven, que no pudo pagar el precio del discipulado, se fue triste, Pedro interrumpió las reflexiones del Señor con una pregunta: «He aquí, nosotros hemos dejado todo, y te hemos seguido; ¿qué pues, tendremos?» Se ve claramente que la esperanza de recompensa se proyectaba en grande escala ante sus ojos. Regatear de este modo era algo totalmente inaceptable en el reino de los cielos. Por eso el Señor relató la parábola de los obreros de la viña, para enseñar que en el servicio de Dios el espíritu de confianza en la gracia de Dios tiene que erradicar y sustituir el de regateo y trueque ventajoso.

Los obreros habían esperado en la plaza desde muy temprano. «Nadie los había contratado». Cuando ya casi se ponía el sol, se les presentó una oportunidad. Pero cuando, luego de una breve hora de trabajo, acudieron a recibir el pago, se les pago todo el día por aquel breve rato. Estos obreros que trabajaron un corto tiempo se fueron a sus hogares con un feliz estado de ánimo. ¡Sí! Se había oído que el señor de la viña le decía a uno de los rezongones, «¿O tienes tú envidia, porque yo soy bueno?», era perfectamente cierto; él era bueno.

Aquello fue como si nuestro Señor hubiera dicho, en respuesta a la pregunta de Pedro: «Es verdad que tú llegaste temprano a la viña. Tú estuviste entre los primeros. Pero cuando hayas completado la tarea, solo habrás cumplido con tu deber, y tu recompensa será conforme a las riquezas de la gracia de Dios».

Esto también pudo en los días que siguieron haberle traído algún consuelo al apóstol angustiado, al decirse a sí mismo: «El Maestro dijo que la recompensa no la determinaba el servicio sino la gracia. Dios mío, sé propicio a mí, pecador, y haz que el Maestro manifieste en mí toda su paciencia».

4. Con respecto a la fe. Una mañana en que Jesús y sus discípulos iban pasando, vieron que una higuera que había sido maldita por su esterilidad el día anterior, como una advertencia para los apóstoles y para Israel, se había secado. Y Pedro le dijo a Jesús: «Maestro, mira, la higuera que maldijiste se ha secado». Jesús les dijo: «Tened fe en Dios». Una mejor traducción de este notable mandamiento sería: « Aferraos a la fe de Dios»; o «Confiad en la fidelidad de Dios».

Nosotros hacemos hincapié, y con razón, en la fe; pero hay días de la vida humana en que nuestra fe parece estar a punto de expirar, como una pequeña llama en una tormenta de viento. Es entonces cuando el apartar nuestros pensamientos de nuestra fe y fijarlos en la fidelidad de Dios, aferrarnos a ella, y exclamar: «Si fuéremos infieles, él permanece fiel; él no puede negarse a sí mismo», se convierte en una fuente infinita de consolación.

Cuando estalló la tormenta en el alma de Pedro aquella fatídica noche, ¡qué consuelo debe haberle dado el descansar en las preciosas palabras: «Aferraos a la fe de Dios; confiad en la fidelidad de Dios». Su propia fe había fallado, pero la fidelidad de Dios era como las grandes montañas.

12
LA NOCHE DE LA NEGACIÓN
Mateo 26:17-20; Marcos 14:12-17; Lucas 22:7-16; Juan 13:1-20

Durante la celebración de la Pascua, el monte de los Olivos quedaba cubierto de un gran número de familias que se congregaban de todas partes del país y de otras tierras. Como no podían hallar alojamiento en la atestada ciudad, se hacían ligeras cabañas o tiendas, y el ganado lo ataban a un lado.

Sería grato pensar que nuestro Señor era huésped del hogar de Betania, donde a Lázaro y sus hermanas les encantaba recibirlo; pero es más que probable que, luego de la cena en la casa de Simón la noche en que llegó, intencionalmente se mantuvo alejado para que sus amigos no se enredaran en la telaraña que se estaba tejiendo alrededor de él. Ya los principales sacerdotes estaban en consultas para dar muerte a Lázaro, por cuanto por causa de él, muchos judíos habían creído en Jesús.

Lo que vamos a tratar ahora es la participación de Pedro en los acontecimientos de la última noche de la vida terrenal de nuestro Señor. Jesús sabía que había llegado la hora en que él partiría de este mundo al Padre. Es un hecho, por tanto, que él estaba más preocupado por «los suyos», y especialmente por Pedro, que por sí mismo. De ahí que tomara las siguientes precauciones:

1. El le proveyó un amigo. El inapreciable valor de la amistad formaba parte de la experiencia diaria de nuestro Señor. La tierna intimidad que unía su alma con la del discípulo amado no fue secreta. Este discípulo, más que cualquiera de los otros, interpretó para el mundo las obras secretas del corazón de Jesús. El Señor comprendió, por tanto, cuánto significaría un amigo verdadero para Pedro a la hora de un remordimiento que amenazaría con llevarlo a la desesperación.

Jesús podía confiar en Juan de manera absoluta. La última prueba de la confianza que le tenía se la dio desde la cruz, cuando encomendó a su madre al filial cuidado de su amado amigo. Así que él supo lo que Juan significaría para Pedro en la hora de la negra oscuridad, y por tanto los envió juntos a cumplir la última comisión sagrada. Se nos dice expresamente que él envió a Pedro y a Juan, y les dijo: «Id, preparadnos la pascua para que la comamos». De esta manera puso su sello en la larga amistad de ellos. Ellos se habían atraído el uno al otro mediante una instintiva conciencia de que cada uno de ellos suplía aquello de lo cual carecía el otro. Es más que probable que cuando los doce apóstoles fueron enviados de dos en dos, cada uno escogió a su compañero. Nuestro Señor había notado a menudo con regocijo esta agradable camaradería. Él, pues, se tomó mucho interés en cimentarla y santificarla mediante esta expresión de confianza.

El resultado justificó sus gratas esperanzas. Cuando la tormenta desataba toda su furia sobre su alma, Pedro, naturalmente, acudió a Juan. En la mañana de la resurrección María Magdalena los halló juntos. Juntos corrieron al sepulcro. Aunque Juan amaba mucho a su amigo Pedro, no pudo evitar el superarlo en la carrera. Otro Amigo amado tenía prioridad. Pero Juan cedió a favor de Pedro poco después, al dejar de aprovechar la visión más aguda de sus ojos más jóvenes, que habían divisado al Señor de pie en la playa en medio de la neblina matinal. Con un susurro de reverente aprecio le pasó la noticia a su amigo, y se gozó al ver que el otro se lanzó al agua y se dirigió rápidamente hacia la playa, donde disfrutó de un momento de comunión privada con el Señor y una renovada seguridad de perdón de sus bondadosos labios.

De entonces en adelante los dos pasaron mucho tiempo juntos. Juntos fueron al templo a la hora de la oración. Pedro habló en nombre de los dos cuando le dijo al cojo: «Míranos». Estaban juntos cuando fueron arrestados por el Sanedrín, y juntos pasaron una noche memorable en la cárcel. Los dos regresaron a su congregación, y como las pesas de equilibrio de una balanza, dirigieron el programa de la iglesia infante. Los años que siguieron los separaron —Juan a Efeso, y Pedro a Babilonia—, pero es evidente que la antigua amistad permaneció, si se contrasta la manera leve y tierna en que Juan se refiere al desliz de su amigo con el relato explícito y circunstancial que Pedro da en el segundo evangelio.

2. El le garantizó una completa limpieza. Nuestro Señor deseaba comer aquella cena con el grupo de sus escogidos antes de padecer. Serviría para su propio consuelo y fortaleza y para consuelo y fortaleza de ellos. Así pues encomendó los preparativos necesarios a sus dos devotos amigos. Ellos consiguieron el cordero, lo llevaron temprano al sacerdote para que lo matara, compraron las hierbas amargas, panes sin levadura, y un odre de vino y regresaron apresuradamente para preparar la humilde comida.

La ciudad estaba tan preocupada y atestada que nadie se dio cuenta de que el famoso Maestro y sus compañeros pasaron por la puerta del Cedrón y se dirigieron al lugar determinado para reunirse. El firmamento ya se estaba oscureciendo, y las primeras estrellas estaban comenzando a aparecer. Aparentemente las brasas de la celosa rivalidad aún estaban ardiendo, y rompieron en llama tan pronto como llegaron al aposento alto, donde Pedro y Juan habían estado trabajando toda la tarde.

La caminata había sido bajo el calor y el polvo y todos hubieran agradecido que alguien les hubiera ofrecido las abluciones de costumbre, comunes en todos los hogares judíos. En este caso, sin embargo, no hubo tal ofrecimiento. La jarra con el agua, el lebrillo, y la toalla estaban listos; pero en esa temporada tan ocupada ninguna familia podía prescindir de su sirviente. ¿Podría algún apóstol realizar este servicio para los demás, especialmente para el Señor? Aparentemente ninguno se ofreció como voluntario. El encargarse de un deber servil equivalía a firmar un documento de abdicación al trono del poder, que cada uno de ellos reclamaba. También había que considerar el asunto del orden de precedencia en la mesa. Aun si se concedía a Juan el reclinatorio que estaba a la mano derecha del Señor, ¿quién estaría a su izquierda? ¿No debía ser Pedro, con quien todos estaban endeudados por los esfuerzos que hizo para preparar la fiesta? Pero, Judas, como tesorero, insistió en que sus derechos eran superiores. Para impedir que siguiera la discusión, el Señor se levantó de la mesa, se quitó el manto, se ciñó la toalla, derramó agua en el lebrillo, y comenzó a lavar los pies de los discípulos y a secarlos detenidamente con la toalla.

Un repentino silencio tuvo que haber caído sobre ellos mientras él pasaba de uno a otro en cumplimiento de este humilde ministerio, hasta que llegó a Pedro, quien había estado observando el procedimiento con vergüenza e indignación. «Señor, ¿Tú me lavas los pies? —exclamó—. No me lavarás los pies jamás». «Si no te lavare, no tendrás parte conmigo». Evidentemente Pedro captó lo que su Maestro quiso decir. Lo externo simbolizaba lo interno, lo físico era simbólico de lo espiritual. Por ello respondió: «Señor, no solo mis pies, sino también las manos y la cabeza».

Aquello fue como si él pidiera que todo su ser se sumergiera en la fuente que se abría para limpiar del pecado y de la impureza. «Asegúrate de obrar esta vez, Señor mío; ¡permíteme comenzar de nuevo, como comencé al principio, contigo en mi barca!»

«No —contestó en efecto Jesús—, eso no es necesario. El que se ha lavado recientemente no necesita una inmersión completa por el hecho de que las manos o los pies están sucios. Es suficiente que el miembro que este sucio sea limpio, y así el cuerpo está todo limpio. Es suficiente si uno confiesa el pecado que ha cometido en particular y se aparta de él. Cada vez que se haga la confesión, me mostraré fiel y justo para perdonar el pecado y limpiar de toda maldad».

Había pues un doble significado en el acto humilde en que nuestro Señor les lavó los pies. Fue una lección de la nobleza del servicio, y también de que el pecado no separa al alma regenerada de Dios. Tiene que haber confesión, y habrá instantánea restauración.

¡Qué riqueza de consuelo se ofrece por este humilde acto del Salvador a aquellos cuyos pies se han ensuciado por el polvo de los caminos de la tierra! Él sabía que había venido de Dios, y a Dios iba, y que era Dios, pero el hecho de lavar los pies a estos hombres sencillos no le pareció incongruente con el trono hacia el cual iba. Y ahora que él, como Cordero inmolado, está en el trono, se apartará de la adoración que le rinde la eternidad e inclinará su oído para oír todo suspiro que eleve a él un suplicante contrito.

13
«NO SE TURBE VUESTRO CORAZÓN»
Mateo 26:21-25,31-35; Lucas 22:21-23;
Juan 13:21-38; 14:1,2

Cuando aparecieron las tres primeras estrellas, un sonido de las trompetas de plata del templo dio la señal para que en todas partes de la ciudad comenzara la cena de la Pascua. El pan, el vino, el agua, y las hierbas estaban en la mesa; en una mesa al lado estaba el cordero asado. Las lámparas oscilantes estaban encendidas arriba, y los trece reclinatorios estaban abajo, alrededor de la mesa. Todo indicaba que había habido una buena preparación por parte de los dos apóstoles. Durante siglos se habían seguido las mismas costumbres, se habían dado las mismas explicaciones, se habían cantado los mismos salmos, se habían pronunciado las mismas bendiciones. Pero los apóstoles estaban conscientes de que una nube pesada se hallaba sobre el alma del Maestro, de la cual él pronto dio la clave al decir: «De cierto, de cierto os digo, que uno de vosotros me va a entregar. Bueno le fuera a ese hombre no haber nacido».

Parece que cada discípulo, con excepción de Judas, sospechó más de sí mismo que de cualquier otro. Y cada uno dijo con desconfianza: «¿Soy yo, Señor?» Pero Pedro, impaciente por la incertidumbre, le hizo una seña secreta a Juan para que este averiguara a quién se refería el Señor. Juan, recostado cerca del pecho del Salvador, le preguntó con un susurro quién sería el traidor. Jesús no quiso pronunciar el nombre, y respondió otra vez en voz baja, de tal modo que probablemente solo lo oyeron Pedro, Juan y Judas: «A quien yo diere el pan mojado, aquél es». Luego colocó algo de hierbas amargas entre dos rebanadas de pan, mojó el pequeño bocado en un vasija en que había una mezcla de frutas llamada charosheth y se lo pasó a Judas. Fue entonces cuando el traidor supo que el Maestro sabía sus planes; pero con descarada desfachatez, dijo: « ¿Soy yo, Maestro?»

En voz baja, nuestro Señor respondió: «Tú lo has dicho». Y luego en voz más alta, de tal modo que lo oyeran todos los que estaban alrededor de la mesa: «Lo que vas a hacer, hazlo pronto».

El traidor ya no podía soportar la blanca luz de la santa presencia de Cristo. Apresuradamente se puso el manto y salió a la oscuridad de la noche. Pero las palabras reveladoras se habían expresado de manera tan bondadosa que solo Pedro y Juan supieron el secreto. Judas había hecho tan bien su parte que los demás supusieron que el Señor lo había comisionado para que comprara otras cosas necesarias para la fiesta, o que había salido para dar algo a los pobres.

La ausencia de Judas fue un gran alivio para Jesús. «Entonces, cuando hubo salido, dijo Jesús ...» y en ese momento expresó unas doradas palabras para advertencia y consuelo del círculo inmediato de «los suyos», y por medio de ellos, a la iglesia universal. Tenemos que concentrarnos especialmente en las palabras que él dirigió a Pedro:

1. «No se turbe vuestro corazón». «Yo he rogado por ti».
Años más tarde, Pedro tuvo que haberse acordado de la advertencia

del Maestro: «Simón, Simón, he aquí Satanás os ha pedido para zarandearas como a trigo; pero yo he rogado por ti, que tu fe no falte».

El labrador, según la costumbre oriental, no tiene temor de tirar el grano del trigo que ha trillado hacia arriba para que se encuentre con la brisa del anochecer. Su peso lo hará volver al piso, y solo desaparecerá la paja. Es una clara ventaja librarse de la paja que estorba, como lo es para la iglesia librarse de aquellos que no están verdaderamente unidos con ella.

Ninguno de los apóstoles se perdió, excepto Judas. Quedó demostrado que eran trigo limpio. Aunque ellos abandonaron al Maestro al principio, todos estaban reunidos en el aposento alto la noche siguiente al día en que Cristo resucitó, pese a que tenían las puertas cerradas por miedo a los judíos. Todos se reunieron alrededor del Maestro en el monte de la ascensión. Se dice que cada uno de ellos, con excepción de Juan, se fue al cielo en la carroza de fuego de los mártires. Y el nombre de cada uno de ellos está inscrito en los fundamentos de la santa ciudad, la esposa del Cordero. Entretanto, las palabras del Salvador están llenas de consuelo. Mayor es el que está a favor de nosotros que todos los que están contra nosotros; y el gran Sumo Sacerdote, quien está comprometido a presentarnos ante el Padre con grande alegría, está alerta, y compara la ardiente prueba severa con nuestra fuerza, y ora para que nuestra fe no falte. ¿No es bueno que hayamos sido tentados? La tentación revela nuestra propia debilidad, y nos lleva arrepentidos y con fe a Cristo. No podemos evitar el ser tentados. No es pecado el hecho de que seamos atacados por el maligno. El mismo Señor padeció siendo tentado. A través de todo el conflicto estamos conscientes de las intercesiones de nuestro Salvador: «Mas gracias sean dadas a Dios, que nos da la victoria por medio de nuestro Señor Jesucristo» (1 Corintios 15:57).

2. «No se turbe vuestro corazón ... .Voy, pues, a preparar lugar». La infortunada división de la Biblia en capítulos ha estorbado apreciar plenamente la referencia especial que hizo Cristo en las memorables palabras con que comienza el capítulo 14 de Juan. Nosotros las amamos, las aprendemos, las repetimos; pero no las conectamos con las palabras que las preceden de manera inmediata. Pedro le dijo al Señor: «Señor, ¿por qué no te puedo seguir ahora? Mi vida pondré por ti. Jesús le respondió: ¿Tu vida pondrás por mí? De cierto, de cierto te digo: No cantará el gallo, sin que me hayas negado tres veces». Luego añadió: «No se turbe vuestro corazón; ...En la casa de mi Padre muchas moradas hay; ... voy, pues, a preparar lugar para vosotros».

La casa del Padre es el lugar donde se reciben las vidas destrozadas para hacerlas de nuevo y volverlas a hacer aptas. La vida llega a ser rítmica para la música de la eternidad, y el gozo no tiene límites. Los que allí viven están siempre cara a cara con Dios y todo lo que él tiene es de ellos.

También hay «muchas moradas», lo cual sugiere, no solo que hay amplitud, sino que hay lugar para que cada persona y cada individuo desarrolle sus propios planes particulares. Así como el jardinero busca un lugar para colocar las plantas apiñadas de su invernáculo, así los santos tendrán lugar para estar independientemente, y cada uno tendrá suficiente amor, gozo, espacio, oportunidad, y también tendrá su propia participación en la plenitud y en el servicio a Cristo. Pedro será aún Pedro, y Juan, será Juan. Cada una de las estrellas se diferencia de todas las demás. Habrá muchas mansiones y no habrá necesidad de empujar ni contender por el espacio.

El significado de esta promesa de nuestro Señor queda claramente definido cuando recordamos que solo unos pocos minutos antes había predicho que nosotros lo negaríamos y lo abandonaríamos. «Voy, pues, a preparar lugar para vosotros». ¡Para vosotros! Para ti, mi amado Juan; para ti, Pedro, cuando el recuerdo de tu negación será como las aguas que pasan; para ti, Tomás, aunque tú eres dado a la duda y al pesimismo; para ti, Felipe, que anhelas que se te muestre el Padre. «No se turbe vuestro corazón, ni tenga miedo». Ciertamente podemos animamos, si solo confiamos en que él nos dé su gracia justificadora. A pesar de nuestros pecados y de nuestros fracasos, de nuestras aflicciones y tentaciones, él nos traerá a bien.

3. «No se turbe vuestro corazón. ...Os tomaré a mí mismo».

Aquello fue como si el Maestro hablara en particular a cada uno: «Jacobo, tú serás el primero del noble ejército de mártires. Herodes te matará a espada, pero tú tendrás una redención de rey. Tomás, a ti te aserrarán y te partirán en dos pedazos, pero yo te recibiré, y se te concederá entrada libre. Juan, tú permanecerás hasta que toda tu generación haya pasado, pero te estaré esperando, y volverás a ver los rostros queridos que amaste y perdiste por algún tiempo. Pedro, tú extenderás las manos para ser llevado a una cruz, pero así como mi Padre recibirá mi Espíritu en sus manos, así mis manos recibirán el tuyo. Cada uno me hallará esperándolo en la grada de la puerta de la casa de mi Padre».

Crean ustedes que son hijos de Dios, que entrarán en su presencia, que se sentarán con Abraham, Isaac, y Jacob; continúen creyendo. Si así no fuera, él se lo hubiera dicho. «No se turbe vuestro corazón, ni tenga miedo».

14
« ... Y A PEDRO»
Mateo 28:1-8; Marcos 16:1-8;
Lucas 24:1-8; Juan 20:1-10

Mateo registra las palabras que el ángel dirigió a las mujeres en la tumba de la siguiente manera: «Id pronto y decid a sus discípulos ...» Pero Marcos añade algo muy significativo: « ...y a Pedro». Para los demás, esas palabras las podían borrar las olas de los tiempos y del cambio, pero quedaron grabadas en la roca del carácter de Pedro y rellenadas con oro.

En el Cantar de los Cantares de Salomón se asignan tres rasgos al amor perfecto, y cada uno de estos estuvo presente de manera notable en el trato especial que nuestro Señor dio a su apóstol y amigo, a quien tres veces se le había advertido el peligro, quien lo había negado tres veces, y quien en tres diferentes ocasiones había sido restaurado.

1. El amor es fuerte como la muerte. Mucho le había ocurrido a nuestro Señor desde aquel momento en que, estando en el tribunal, se había vuelto para mirar a Pedro. Pero su amor estaba intacto. Ni la muerte ni el sepulcro produjeron ningún cambio en él. El caso de Pedro había estado en el corazón del Señor cuando cerró los ojos al morir, y lo tenía presente cuando se detuvo un momento para hablar con el ángel centinela, a quien le encomendó el mensaje.

Las primeras palabras del Salvador resucitado demostraron que su amor es fuerte como la muerte. Como había amado a los suyos que estaban en el mundo, los amó hasta el fin. Su amor es fuerte y a la vez tierno. Él es amor inmortal, pero es también el poderoso Hijo de Dios.

Lo que la muerte y el sepulcro no pudieron hacer, el paso del tiempo y las glorias del cielo no lo han hecho tampoco. Él nos ama aún, en los días de su carne como amó a Pedro y a María, a Juan y a Tomás. Todavía interrumpe el silencio, pronuncia nuestros nombres, entiende nuestros fracasos, y nos llama a que volvamos del país lejano en que hemos vagado.

2. Las muchas aguas no pueden apagar el amor. Como el fuego griego (composición química que usaban los antiguos para quemar barcos enemigos), el amor de Cristo arde debajo de las aguas; porque ciertamente en este caso como en otros millares, fue hostigado por diluvios de ingratitud, indiferencia, desobediencia, negación, y pecado.

a. *Pedro le había fallado en el huerto, pero él envió a buscarlo.* Jesús llevó a sus discípulos a través del arroyo de Cedrón, y de las laderas más bajas del monte de los Olivos, hasta que llegaron a los prados de la altiplanicie salpicados de olivos. Aparentemente en ese lugar había un encerramiento que el propietario había puesto a la disposición de Jesús, al cual acudía él con frecuencia. Sus discípulos se sintieron un poco asombrados cuando les dijo a ocho de ellos que lo esperaran en la entrada, en tanto que solo invitó a tres para que lo acompañaran más adelante por un sendero de hierbas. Estos también tuvieron que quedarse en un lugar mientras él se apartaba de ellos a una distancia como de un tiro de piedra. Tenía que hollar solo el lagar, y nadie podía estar con él. Ni siquiera el amado Juan podía estar allí cuando él tomara la copa de la mano del Padre.

«Velad conmigo», les había dicho cuando los dejó. Esta petición le fue insinuada por su humanidad; ¿pues quién no reconoce el inapreciable valor de la simpatía en las horas supremas de la vida? Pero cuando él volvió tres veces para ver cómo estaban descubrió que le habían fallado. Los ojos de ellos estaban cargados de sueño; y finalmente un ángel tuvo que ofrecerle la fortaleza que el hombre hubiera podido darle, pero no lo hizo. ¿Podría Pedro olvidar alguna vez el patetismo de la reconvención del Maestro? «¿Así que no habéis podido velar conmigo una hora?» Pero aunque Pedro le había fallado, a pesar de todas sus promesas, Jesús envió a buscarlo.

b. *Pedro entendió mal el Espíritu y el plan del Señor y lo expuso grandemente al peligro.* Todos los apóstoles entendieron mal la situación. Ellos no tenían ninguna duda en el sentido de que Jesús era el Hijo del Altísimo y el Rey de Israel. Por eso no se sorprendieron del todo cuando vieron que se acercaba la turba armada que Jesús les había enseñado que debían esperar. Incluso se habían preparado para la emergencia llevando dos espadas, de las cuales Pedro tenía una.

Aunque Pedro tembló ante la criada, él no era un cobarde. Él habría peleado como un león si el Señor se lo hubiera permitido. Los demás, cuando comprendieron la situación, le pidieron al Maestro que diera la señal para herir a espada; y Pedro, sin esperar la palabra del Maestro, ya estaba en medio de la turba tirando tajos con su espada. Con un fuerte golpe dio sobre el casco de Malco, y la espada se desvió y le cortó la oreja derecha. El ataque de Pedro tenía buenas intenciones, pero no podía permitirse. La dignidad de la entrega voluntaria del Salvador se habría lastimado, y hubiera quedado nublado el hecho de que él aceptó intencionalmente la cruz.

Jesús había insistido reiteradamente en que nadie le quitaría la vida, sino que él la pondría voluntariamente. El elemento voluntario de su padecimiento se habría perdido de vista si hubiera sido preso después de hacer resistencia. Por tanto, trató de reprimir la excitación que surgía, pidió que le soltaran una mano a fin de poder extenderla hasta el hombre herido, y luego de una breve represión a los suyos, permitió que los soldados se lo llevaran como cordero al matadero. Esta rápida acción salvó la situación que había creado el impulsivo acto de Pedro. Pese a todo esto, y con el conocimiento de que estas malas interpretaciones aún estaban presentes en Pedro, Jesús lo mencionó específicamente y le envió un recado especial para que acudiera.

c. *Pedro no había cumplido su promesa y había negado al Señor con juramentos tres veces; pero él mandó a buscarlo.* La turba —llevando a su cautivo— regresó a la ciudad. Juan fue el primero que se recuperó del terror y la huida que había dispersado a todos los apóstoles del lado de su Maestro. Parece que Juan siguió a la turba muy de cerca, mientras que Pedro la seguía de lejos. Cuando se abrieron las grandes puertas del palacio de Anás, donde se realizó la primera acusación formal para extraer ulteriores evidencias, Juan entró con la multitud; pero al descubrir que Pedro no estaba adentro, y como estaba seguro de que estaba esperando afuera, regresó y habló con la criada encargada de la puerta a favor de su amigo. Ella reconoció que Juan era un conocido del sumo sacerdote, y permitió que Pedro entrara. Ella se quedó mirando sus rasgos mientras él pasaba por debajo de la lámpara de aceite que iluminaba el pórtico.

Este pórtico conducía a un patio abierto de forma cuadrangular; y como la noche estaba fría, los siervos encendieron un fuego en el gran brasero, cuyas llamas vacilantes iluminaban los rostros del heterogéneo grupo que había participado en la aventura de la noche. Juan había entrado «con Jesús» en la cámara del concilio, cuyas ventanas miraban hacia el patio cuadrangular; pero Pedro se unió al grupo que estaba en torno al fuego. « ... estaba Pedro en pie, calentándose». Se había desanimado y había perdido la esperanza. Aun así, él quería ver el fin, y pensó que podría evitar que lo descubrieran mezclándose con los demás como si fuera de ellos.

La portera que le había dado entrada, abandonó su puesto y se acercó al fuego. Allí reconoció a Pedro y le habló delante de todo el grupo con desafío: «Tú también estabas con Jesús el galileo». Esto lo tomó desprevenido, y respondió turbado: «No lo conozco, ni sé lo que dices».

Aprovechando una oportunidad favorable, cuando probablemente la atención de los demás era atraída hacia otra parte, se retiró hacia el pórtico, y al llegar allí un gallo cantó en la alborada gris. Mientras estaba allí fue reconocido por otra criada, quien probablemente había oído las palabras de su compañera junto al fuego. Ella les dijo a los que estaban cerca: «También este estaba con Jesús el nazareno». Pedro volvió a negar, y esta vez con un juramento: «No conozco al hombre». Como una hora más tarde, él volvió al fuego, tal vez con la intención de dominar la situación con su propia capacidad. Pero cuando abrió la boca, su incapacidad, como galileo, para pronunciar las consonantes guturales hebreas lo denunció de nuevo; su pronunciación regional lo traicionó; y el pariente de Malco reconoció al asaltante de su familiar. El desventurado discípulo comenzó a maldecir y a jurar, diciendo: «No conozco a este hombre de quien habláis».

Mientras él aún estaba hablando, un gallo cantó por segunda vez, y Pedro recordó las palabras que Jesús le había dicho. Jesús también oyó por segunda vez el mismo sonido, y desde donde estaba parado había oído la estridente voz de Pedro. Entonces, olvidándose de sus propias aflicciones, se volvió y miró a Pedro, no con ira ni con reproche, sino para recordarle. Y sin embargo, lo mandó a llamar. ¡Las muchas aguas no pueden apagar el amor! Nosotros también le fallamos a él, lo negamos y lo crucificamos de nuevo. Pero cuando nuestro corazón se vuelve a él con agonía de aflicción y remordimiento, él nos volverá a renovar para arrepentimiento. «¡solo míranos cuando te fallemos, bendito Señor, de tal modo que nosotros también seamos levantados de nuestra recaída, y, acongojados, seamos perdonados y restaurados!»

15
«APARECIÓ A CEFAS»
Lucas 24:13-35; 1 Corintios 15:5

Pedro huyó del odioso escenario donde negó a su Señor. ¡Su última mirada de amor tierno y compasivo lo perseguía! ¿Era este su fin? ¿Podría él volver a ser feliz alguna vez? Aunque Dios lo perdonara, ¿podría él perdonarse a sí mismo? ¿Cómo pudo él haber caído en una actitud tan vil?

La tradición dice que, en los años siguientes, cada vez que él oía cantar un gallo, se ponía de rodillas y lloraba; y que también solía despertar diariamente cuando cantaba el gallo, y pasar en oración la fatídica hora en que él le había fallado a su Señor. Probablemente ninguna de estas versiones sea una expresión correcta de su subsiguiente arrepentimiento. Es más probable que su antiguo espíritu, fuerte y jactancioso, recibiera la herida mortal; que él llegó a ser muy compasivo y tierno para con los caídos, y que llegó a creer, como nunca antes, en el amor del Salvador, cuyas brasas le dieron un calor tan ardiente que derritió su corazón en una fuente de lágrimas.

1. No se nos revela el escenario de su amargo dolor. ¿Adónde fue él cuando salió del palacio de Anás? Ciertamente volvió al huerto, para caer de cuerpo entero sobre el mismo lugar donde su Maestro había agonizado, y mojar con sus lágrimas la tierra que había sido rociada con el sudor que era como grandes gotas de sangre. Y cuando salió el sol, se marchó a la casa de Juan, donde sabía que estaría oculto de los ojos inquisitivos de los demás, quienes estaban perplejos a causa de los sucesos que de repente habían arrebatado a su Maestro de en medio de ellos, y con él habían arrebatado todas las esperanzas de ellos con respecto a este mundo y al venidero. Ellos por lo menos tenían una razón por la cual estar agradecidos: que aunque habían abandonado a su Señor, no lo habían negado.

Las horas de la mañana pasaron lentamente. Él podía oír que la ciudad estaba agitada, pero probablemente solo fragmentos de información flotaban a través de la ventana abierta. El grito «¡Crucifícale!» salía de diez mil gargantas, y luego le llegó la extraña palabra «Barrabás». Juan estaba tan absorto con todo lo que estaba ocurriendo que no podía regresar, y ningún otro podía imaginar que Pedro estaba allí.

Alrededor del medio día, oyó pasos en la entrada, y cuando fue a ver quién estaba allí, halló a Juan que iba sosteniendo, casi cargando, a María, la madre de Jesús. Por el rostro agonizante de ella, y por el de Juan, comprendió que había ocurrido lo peor, y probablemente se abstuvo de preguntarles.

Por la primera epístola de Pedro sabemos que él fue testigo ocular de los padecimientos de Cristo. Si, como es probable, tal declaración incluye los padecimientos de la cruz, él pudo haberse deslizado clandestinamente por las calles sobre las cuales comenzaba a caer la pesadumbre del mediodía, para poder, aun a distancia y con dificultad, ver los perfiles de la cruz que sostenía a aquel a quien él amaba con toda la pasión de un corazón fuerte y penitente. Sin embargo, no habría podido demorarse, pues Juan probablemente aguardaba su regreso para que se encargara de cuidar a María, mientras él volvía para pararse tan cerca de la cruz como para oír la última exclamación agonizante que anunciaría que la redención estaba consumada y que el Redentor entregaba su Espíritu al Padre.

Con estos y otros detalles regresó Juan al hogar; y en el tedio de las horas siguientes, Pedro le confió toda la triste historia de su caída. Felices son aquellos que en circunstancias tales tienen un amigo que está dispuesto a oírlos.

2. El hecho de la resurrección lo envolvió gradualmente. Si toda esta maravilla y gloria hubiera sobrevenido a los apóstoles de repente, los habría abrumado y deslumbrado. Pero la sabiduría divina dispuso que tal comprensión les llegara en forma moderada, y se les diera en diversas porciones y de diversas maneras.

a. *El sepulcro estaba vacío.* Muy de mañana, el día de la resurrección, María Magdalena, jadeante y apresurada, irrumpió en el insomnio angustioso del hogar de Juan. «Se han llevado del sepulcro al Señor, y no sabemos dónde le han puesto». Las mujeres habían visitado el lugar después de haber sido sepultado el Señor para embalsamar el cuerpo.

Instantáneamente Pedro se puso en pie y salió corriendo hacia la tumba, seguido por Juan. Al llegar Juan primero al sepulcro, por cuanto era más joven y más veloz para correr, se conformó con mirar hacia adentro. Pero Pedro, por su naturaleza impulsiva, no pudo soportar ninguna demora, e inmediatamente entró en el sepulcro, donde su Maestro había resucitado una o dos horas antes. No había sido hurtado el cuerpo, ni por amigos ni por enemigos. La manera cuidadosa como habían quedado las ropas hacía que esa hipótesis fuera imposible. Habían quedado en forma tan natural como si el cuerpo que había estado dentro de sus pliegues se hubiera retirado sin quitárselos, y el sudario que había estado en la cabeza había sido enrollado con cuidado, como solo lo hubieran hecho algunas manos de manera intencional. Juan se impresionó tanto con lo que vio que casi adivinó la verdad; y Pedro salió, reflexivo y asombrado. Pero necesitaban posterior confirmación, pues ellos no entendían la Escritura según la cual él tendría que levantarse de entre los muertos. De allí regresaron a la casa.

b. *El Señor apareció a María Magdalena.* Esta fue la siguiente etapa en la revelación de la gran maravilla de la resurrección del Señor; y evidentemente produjo una profunda impresión en Pedro, pues es en el Evangelio según Marcos donde se nos dice que cuando Jesús resucitó, por la mañana, el primer día de la semana, apareció primeramente a María Magdalena, «de quien había echado siete demonios». Esta última cláusula probablemente revela el secreto del consuelo que la entrevista de Cristo con María trajo a esta alma perturbada. Pedro pensó que si Jesús se había aparecido a ella, había pronunciado el nombre de ella con su antiguo tono de voz, y la había comisionado para que fuera con el mensaje de la resurrección y de la ascensión a los discípulos, había buena razón para creer que también en su propio caso, aunque él era completamente indigno, el Señor volvería a asumir su antigua intimidad y camaradería.

c. *El mensaje de las mujeres.* Ellas se habían ido rápidamente del sepulcro y habían corrido a llevar el mensaje a sus discípulos; pero, fueron detenidas por la presencia del mismo Señor, quien les salió al encuentro diciendo: «¡Salve!» Ellas se abrazaron a sus pies y le adoraron. Y El les repitió las instrucciones que les había dado el ángel, diciendo: «No temáis; id, dad las nuevas a mis hermanos». Todo esto las demoró. También parece que, mientras María fue a la casa donde estaban Juan y Pedro, las otras mujeres probablemente fueron al aposento alto donde estaban reunidos los otros ocho apóstoles; y así como la Magdalena evidentemente se apresuró de la casa donde estaban los dos apóstoles hacia el aposento donde estaban los ocho, así las mujeres se apresuraron desde el sitio donde estaban los ocho hacia donde estaban los dos, quienes estaban discutiendo los eventos que habían ocurrido esa mañana.

Las mujeres irrumpieron sobre ellos como un rayo del sol a través de un claro que se abre en medio de las nubes en un firmamento oscuro. ¡Ellas habían visto al Señor! ¡Él les había hablado! ¡Las había comisionado para que les llevaran las nuevas de gran gozo! Pero antes de que ellas se encontraran con él, el ángel les había dado instrucciones de que informaran a sus hermanos, «ya Pedro», que él había resucitado, y que iría delante de ellos a Galilea, donde lo verían. Las mujeres no tenían ninguna idea de la importancia de tales palabras. Cuando pasaron a dar la nueva «a los demás», ¿no adoró él quietamente el amor que no lo abandonó, el amor que nunca falla, hasta que halló a la oveja que se había descarriado y la devolvió al redil?

3. Finalmente, el Señor se le apareció a él. En la enumeración que hace Pablo de los testigos de la resurrección del Señor en 1 Corintios 15, dice que se «apareció a Cefas»; y cuando Cleofas y su amigo entraron en el aposento alto el día de la resurrección, fueron saludados por un coro de alegres voces que dijeron: «Ha resucitado el Señor verdaderamente, y ha aparecido a Simón». Eso es todo lo que sabemos.

No se tiene nota de lo que ocurrió en aquella entrevista, pero con lo que indica nuestra propia experiencia podemos llenar la página que se quedó en blanco. Sabemos que tuvo que haber habido amargas lágrimas, palabras expresadas con voz quebrantada, largos períodos de silencio en que no se podían resistir las palabras, seguridades de que el penitente realmente amaba, no importa lo que pueda argüirse en contra, basado en palabras o en hechos. Sí, todos sabemos lo que pasó. ¡Hemos pasado por eso! También hemos sido levantados del polvo y se nos ha hecho sentar a la mesa del Rey, aunque, como Mefiboset, éramos «cojos de ambos pies».

¡Qué delicada solicitud hubo en el arreglo que hizo el Maestro de esta entrevista personal, previa a la reunión posterior ese mismo día, en que él apareció a todo el grupo. En presencia de ellos Pedro nunca hubiera podido derramar su alma, ni hacer plena confesión, ni besar sus pies. Esa primera hora de radiante compañerismo iluminó con su resplandor todas las horas subsiguientes de aquel día memorable.

16
RENOVACIÓN DE LA COMISIÓN
Juan 21

Es casi seguro que el último capítulo del Evangelio según Juan —que se ha considerado como una posdata— la agregó el apóstol amado como un tributo a la memoria de su amigo, quien, según la tradición universal, había sellado su largo y glorioso ministerio con el martirio, martirio de cruz. Con una noble lealtad a la memoria de Pedro, Juan deseaba indicar cómo, a pesar de que Pedro había negado a su Señor, el mismo Señor le había vuelto a colocar las llaves en su mano y le había devuelto su espada. La iglesia primitiva ya lo había reconocido como una de sus columnas, pero la historia de su verdadera rehabilitación no había sido puesta en el lienzo de la historia.

Jesús sabía que el Pedro que lo negó no era el Pedro real, y puesto que la futura dirección que él ejercería dependería de la concurrencia de los demás discípulos, el Señor hábilmente hizo que hubiera una revelación en lo más profundo del alma de Pedro, a fin de que fuera neutralizado el efecto de su negación, y que fuera prueba indiscutible de que él poseía las cualidades necesarias para dirigir la iglesia. La unanimidad con que la iglesia convino en que él fuera el principal demuestra la infinita sabiduría que inspiró la acción del Señor cuando se encontraron por última vez en las playas del mar de Galilea.

1. La escena. En obediencia a las instrucciones que habían recibido, los apóstoles regresaron a Galilea y al lago. Todos los promontorios y las ensenadas de este lago estaban llenos de la fragancia de los recuerdos santos. Simón Pedro dijo: «Voy a pescar». Inmediatamente estuvieron de acuerdo con él, y respondieron: ,Vamos nosotros también contigo».

Las barcas y las redes estaban a mano, y con la presteza anhelante con que los hombres responden al llamado de un hábito antiguo pero abandonado durante mucho tiempo, siete de ellos zarparon en una de las barcas más grandes, a cuya popa ataron una más pequeña, y se dirigieron a las áreas de pesca que ellos conocían muy bien; pero cuando la alborada gris comenzó a asomar no habían pescado nada.

Ellos no reconocieron a la figura que estaba de pie en la costa blanca y arenosa, envuelta en el resplandor de la neblina matinal. Imaginaron que, con toda seguridad, sería algún comprador de pescado que había llegado temprano. Las dos preguntas que les dirigió desde la orilla no lograron sacarlos de su error. Que a los pescadores que regresaban de una noche de trabajo les preguntara alguno desde la playa si tenían pescado para vender, o les pidiera instrucciones de cómo llegar a los lugares de pesca eran incidentes familiares. Pero Juan, con el certero instinto del amor, distinguió la presencia del Señor y con un susurro pasó su feliz descubrimiento a Pedro. Ninguno de los otros pudo por el momento haber entendido por qué Pedro saltó y se echó encima el manto externo, del cual se había despojado para facilitar las labores, y se lanzó al agua sin tener en cuenta el frío de la mañana. Aquellas brazadas rápidas, sin embargo, le concedieron otra breve oportunidad de relación personal con Jesús.

Puede que no abundemos en la tierna solicitud con que él había encendido el fuego, en el cual los agotados pescadores pudieran calentarse y secar sus ropas, y en el cual había preparado el pan y el pez. Tampoco en la frugalidad de lo milagroso, que pidió a los discípulos que trajeran de los peces que habían pescado. Es suficiente que de todo este incidente aprendamos que, a partir de la resurrección de nuestro Señor, la amplia red del Evangelio tiene que lanzarse a las aguas multitudinarias del océano humano, que la presencia y la dirección del Maestro son absolutamente esenciales para el éxito, y que él dará la bienvenida a los que se acerquen a la playa celestial y cenará con ellos, y ellos con él.

Las características notables del líder religioso son tres: una devoción apasionada a Cristo, una humildad no fingida y un valor invencible. En los incidentes de la noche en que negó a Cristo, Pedro había demostrado que era deficiente en cada una de ellas. Pero estaban latentes en su alma y sólo esperaban que las circunstancias fueran favorables para manifestarse.

a. *Una apasionada devoción a Cristo.* De no haber sido por el hecho de que Pedro negó a Cristo, ninguno del grupo apostólico hubiera cuestionado su actitud hacia el Maestro. Pero una sombra de grave duda se extendía ahora por el firmamento, y al hablar unos con otros pueden haber puesto en tela de juicio la fortaleza y firmeza de su devoción. Nuestro Señor se dio cuenta de esto, y sabía que, para encomendarle el cuidado de sus ovejas y corderos, tenía que lograr una expresión muy decisiva e indiscutible que él mismo al menos reconociera como un factor dominante en el carácter de su apóstol.

Así que, cuando terminaron de desayunar, Jesús le hizo una misma pregunta tres veces: «¿Me amas?» Y en cada caso se dirigió a él con el nombre Simón, hijo de Jonás. Nuestro Señor hizo este hincapié en el primer nombre de su siervo, por cuanto deseaba darle una nueva oportunidad de ganarse el título de «roca».

El amor a Jesús es la cualidad indispensable para el servicio. El amor es necesario para llevar a los corderos cansados y enfermos al regazo del pastor, para las paridas fatigadas a las cuales les parece que el sendero montañoso es empinado y difícil, y para las ovejas que se extravían, poseídas de una tendencia incesante de salir rompiendo los vallados, o de ir a pastar a lugares prohibidos. La primera, la segunda, y la tercera característica del verdadero pastor es el amor. De ahí que el Maestro preguntara con persistencia: «¿Me amas?» Y a la pregunta que se le repitió tres veces, Pedro respondió del mismo modo: «Tú sabes que te amo».

b. *Humildad no fingida.* Hay dos palabras griegas que traducen amor. La una expresa el amor reverente y de adoración que le debemos dar al santo Dios. La otra expresa el amor en su aspecto más humano y afectivo. En sus dos primeras preguntas, Jesús le preguntó a su apóstol si él lo amaba con la primera clase de amor. Pedro, de manera modesta, en efecto, negó esto: «No —dijo—, pero te amo con el calor del afecto personal». Finalmente, nuestro Señor descendió al nivel de Pedro y le preguntó si en verdad lo amaba de ese modo, y le extrajo la inmediata respuesta: «Ciertamente, y bien como Hijo de Dios o como Hijo del Hombre, tú sabes que eso es verdad».

Con evidente referencia a la jactancia que Pedro puso de manifiesto en la última cena, al afirmar que, aunque sus compañeros discípulos abandonaran al Maestro, él nunca lo haría, Jesús le preguntó si lo amaba más que los demás. Pero con su silencio y su dolor, Pedro confesó que no se atrevía a reclamar ninguna prioridad en el amor. Él estaba preparado para tomar el asiento más humilde, y para considerarse como el último y el menor. En esto también demostró que era digno del primer lugar, por cuanto estaba dispuesto a tomar el más humilde. Había llegado a ser tan pequeño como un niño; y nuestro Señor no vaciló, con el sincero asentimiento de los discípulos que estaban cerca, en tomarlo de la mano y restaurarlo a su anterior posición principal que parecía haber perdido para siempre.

c. *Valor invencible*. Nuestro Señor vio desde el principio la cruz que claramente se destacaba en su horizonte. En los primeros días de su ministerio, le había dicho a Nicodemo que el Hijo del Hombre tendría que ser levantado. ¿Nos damos acaso cuenta de su valor para seguir con resolución el sendero que cada vez lo acercaba más a lo profundo del valle de la muerte?

Esta fue la experiencia de nuestro Señor. Y fue también la de Pedro. « ...extenderás tus manos, y te ceñirá otro, y te llevará a donde no quieras. Esto dijo, dando a entender con qué muerte había de glorificar a Dios». En la orgullosa confianza que Pedro tenía en sí mismo había dicho una vez: «Señor, dispuesto estoy a ir contigo no solo a la cárcel, sino también a la muerte». En esa ocasión el Salvador le respondió: «No me puedes seguir ahora; mas me seguirás después». Y ahora el tiempo había llegado. El discípulo no debía ser más que su Señor. Debía seguirlo a la cárcel (Hechos 12), y a la muerte al fin de todo: la muerte de cruz, como lo asegura la tradición, y como lo sugiere esta predicción. En su segunda epístola Pedro se refiere a estas palabras de Jesús: « ...sabiendo que en breve debo abandonar el cuerpo, como nuestro Señor Jesucristo me ha declarado» (2 Pedro 1:14). Para él también la cruz era claramente su meta final; pero él nunca se desvió del sendero escogido para el servicio por causa de esta amenaza. El valor que pudo soportar esa tensión fue de una calidad rara y espléndida, y probó su aptitud para el liderazgo.

Al demostrar que poseía estas tres cualidades, Pedro estableció su derecho a ocupar el primer lugar en la gloriosa compañía de los apóstoles, y en ese puesto se desempeñó con nobleza.

17
UN TESTIGO DE LA RESURRECCIÓN
Hechos 1:1-26; 2:1-11

Junto a sus hermanos, Pedro regresó con gran gozo del escenario de la ascensión a la ciudad. Aunque él debe haber comprendido que la bendita relación que había tenido con el Maestro en las últimas seis semanas había terminado, y que el Señor definitivamente se había ido al Padre la indudable evidencia de su gran poder y gloria, el recuerdo de aquellas manos que se extendieron para bendecirlos cuando se marchó, la seguridad de que ellos habían de ser investidos con el poder del Consolador a los pocos días, y de que, cuando Jesús vuelva, como ciertamente tiene que venir, será el mismo inmutable Señor y amigo, fueron sin embargo elementos suficientes para elevarlos a todos a un éxtasis de gozo y triunfo que superó y desbordó a aquel sentimiento de pérdida. Había ocurrido tal como el Señor lo había dicho: el Maestro no los había dejado sin consuelo.

Naturalmente, ellos regresaron al aposento alto, lugar santificado por la memoria que traía de muchos preciosos recuerdos. Dicho lugar pudo haber sido parte de la casa de la madre de Juan Marcos, que posteriormente llegó a ser sitio de reunión para la iglesia hostilizada; y probablemente se llenaba por completo cuando todo el grupo de apóstoles, discípulos, mujeres santas, y hermanos del Señor se reunían. Parece que Pedro, de manera natural y por consenso universal, llegó a ser la figura dirigente; pero durante ese tiempo él actuaba solo como presidente o moderador, pues todos reconocían que el mismo Señor, aunque invisible, estaba realmente presente; y fue a él a quien se encomendó el escoger entre los dos candidatos al apostolado. «Tú, Señor, que conoces los corazones de todos, muestra cuál de estos dos has escogido». Ellos debían ser testigos de la resurrección de su Señor. Las palabras de Pedro fueron muy definidas: «Es necesario, pues —dijo—, que de estos hombres que han estado juntos con nosotros todo el tiempo que el Señor Jesús entraba y salía entre nosotros, comenzando desde el bautismo de Juan hasta el día en que de entre nosotros fue recibido arriba, uno sea hecho testigo con nosotros, de su resurrección».

1. El rasgo sobresaliente en la obra de la vida de Pedro. Ese rasgo fue su testimonio de la resurrección. La palabra que se tradujo «testigo» está cargada de significados sagrados y solemnes. Significa «mártir». No podemos expresar tal palabra con liviandad. Significa lágrimas, sangre, agonía de muerte, y el reflejo del resplandor del rostro de Jesús sobre la palidez mortal de los rostros que miraban hacia arriba.

La resurrección de Jesús no se debe discutir fundamentalmente como una doctrina, pues descansa sobre el testimonio de un hecho. La resurrección es en verdad un evangelio, una teología, una filosofía. Fue la adecuada consumación de la obra de Jesús. Pero fundamentalmente es un hecho histórico, comprobado y comunicado por un número suficiente de irreprochables testigos.

Hay una gran diferencia, por tanto, entre los argumentos en que Platón y otros basaron su creencia en la inmortalidad del alma y nuestra fe en la resurrección de Cristo. Pero en el mejor de los casos, la creencia de Platón era solo una probabilidad. En la resurrección de Jesús, los hombres se enfrentaron a un hecho que no podía discutirse, por cuanto el cuerpo resucitado de Jesús «se apareció durante muchos días a los que habían subido juntamente con él de Galilea a Jerusalén, los cuales ahora son sus testigos ante el pueblo» (Hechos 13:31). Hay, por tanto, una clara distinción entre la filosofía platónica que sostiene la inmortalidad, y la fe cristiana en la resurrección que, como un hecho bien comprobado, ha traído a la luz la vida y la inmortalidad.

2. La capacitación de Pedro para la obra de su vida. Antes de comenzar su ministerio, nuestro Señor fue ungido con el Espíritu Santo, y desde el desierto volvió en el poder del Espíritu a Galilea. ¿No pudiéramos decir que él también se quedó hasta que (en lo que correspondía a su naturaleza humana) fuera investido de poder desde lo alto? Ese fue el Pentecostés de nuestro Salvador. ¡Cuánto más tienen que inclinarse sus seguidores para ser ungidos con el Pentecostés!

Esto era lo que él había prometido. Él había dicho: «Y yo rogaré al Padre, y os dará otro Consolador, para que esté con vosotros para siempre: el Espíritu de verdad».

Día tras día esperaron ellos, algunas veces en el aposento alto, y también, como nos lo dice Lucas, en el templo, adorando a Cristo, bendiciendo a Dios con gran gozo; y mientras tanto, se preguntaban cuándo y de qué manera se les otorgaría el don de poder que se les había prometido.

Era el primer día de la semana, pero había algo que lo hacía notable: los sacerdotes, en un servicio especial en el templo, presentarían delante de Dios los primeros panes de la nueva cosecha. Era muy de mañana, estaban los discípulos reunidos cuando se produjo un estruendo como de un viento recio que soplaba y se les aparecieron como unas lenguas de fuego que se asentaron sobre cada uno de ellos. Pedro miró a Juan y vio ese símbolo expresivo sobre su cabeza inclinada, sin comprender que el mismo símbolo sublime había descendido sobre él. Luego, al mirar alrededor, y ver que cada uno de ellos estaba similarmente coronado, llegó a la conclusión de que a él también se le había dado igual participación del bautismo en fuego. Todos fueron llenos del Espíritu Santo, y comenzaron a hablar en otras lenguas, según el Espíritu les iba dando las palabras. Y Pedro estaba al igual con los demás.

Entretanto, convocada por el extraordinario estruendo, se reunió una gran multitud. Estaba compuesta por judíos y prosélitos, hombres religiosos que se habían congregado procedentes de todas partes del mundo conocido. Cuando este torrente de multitudes emocionadas que se hacían preguntas inundó el área del templo, fueron abordadas por los discípulos recién ungidos que, por cuanto tenían la seguridad que su nueva experiencia les había dado, se mezclaron libremente con ellos, y les daban testimonio de la gloria de aquel que había resucitado, a quien sus gobernantes recientemente habían rechazado y clavado en una cruz. Uno de ellos se dirigió a un judío griego, y en perfecto ático, le dijo que Jesús había resucitado. Otro se encontró con un judío que, por el hecho de residir en Roma, había adquirido la ciudadanía romana, y le contó la historia de Jesús en una lengua que no hubieran podido superar Cicerón ni Horacio. Un tercer hermano se encontró con un grupo que, por su manera de vestir, evidentemente procedía de Arabia y ante los atónitos oídos de estos explicó ampliamente la historia del Evangelio.

Luego se puso de pie Pedro y comenzó a hablar. Su sermón solo fue un poco más que citas de pasajes bíblicos, acompañadas de breves comentarios, para aplicarlos a esa hora; pero el efecto fue extraordinario. Cuando este pescador de Galilea comenzó a hablar, la turba se convirtió de repente en una congregación, y la multitud llegó a ser un cuerpo, dirigido e inspirado por un impulso común. Pronto un grito rompió el silencio, pues de toda la congregación se levantó una pregunta: «Varones hermanos, ¿qué haremos?»

Según la Biblia, esta unción o plenitud, le vino a Pedro por lo menos otras dos veces después; pero probablemente le vino vez tras vez. Él fue lleno del Espíritu Santo el día de Pentecostés; fue lleno por segunda vez cuando se dirigió a las autoridades; y volvió a ser lleno cuando él y Juan regresaron del Sanedrín y fueron a los suyos. ¿Por qué, entonces, hemos nosotros de seguir adelante, sin reclamar nuestra partición en este poder pentecostal? ¡Ah! ¿Por qué no usamos aquella inmensa dinámica espiritual de la cual el Pentecostés fue el modelo? Somos retenidos no por Dios sino por nosotros mismos. No tenemos porque no pedimos, o porque pedimos mal.

La bendición, que originalmente estuvo confinada a los judíos, puede llegar a ser herencia de los gentiles que también crean en Cristo. Ellos también pueden recibir el Espíritu Santo por medio de la fe. No hay ni un solo creyente que lea esta página que no pueda reclamar su participación en el don del Pentecostés. El Espíritu puede estar en nosotros, regenerando y renovando desde adentro, así como Jesús nació de María por medio del Espíritu; pero es necesario que él esté también sobre nosotros, como descendió y permaneció sobre Jesús en su bautismo, si hemos de cumplir el ministerio que nos corresponde para la humanidad. Para nada sirven los conocimientos, ni las palabras pulidas, ni ninguna cantidad de enseñanza evangélica, si carecen del Espíritu Santo. ¿Por qué no reconocer que aquí hay una bendición que es suya por derecho, pero no por posesión? ¿Por qué no confesar que usted tiene la culpa y ha cometido la falta de no haberla reclamado? ¿Por qué no abre humildemente su corazón para que entre aquel bendito Espíritu que cambia a los cobardes en confesores valientes, y que a los más débiles hace poderosos como el ángel del Señor?

3. Las características de la obra de testigo en la vida de Pedro.

a. *Fue persistente.* En el día de Pentecostés (Hechos 2); en el siguiente gran discurso que ofreció con motivo de la sanidad de un cojo (capítulo 3); en su apología ante los gobernantes, ancianos, sacerdotes y escribas (4:10); a través del gran poder con que dio testimonio de la resurrección del Señor Jesús (4:33); en su segundo conflicto con el concilio (5:32); y en la respuesta que dio a las averiguaciones de Cornelio y sus amigos (10:39-41); Pedro fue un testigo constante y consecuente del mismo hecho notable de que, aunque Jesús había sido crucificado, estaba vivo por el poder de Dios.

b. *Estuvo saturado de citas bíblicas.* Ya hemos notado esto en el sermón del Pentecostés, donde, de los veinte versículos, doce están constituidos por citas tomadas de los profetas y de los salmos. En el siguiente capítulo nos encontramos con los mismos rasgos. Allí Pedro se refiere dos veces a las predicciones de los santos profetas, según las cuales convenía que Cristo padeciera, y que resucitara al tercer día. Parecía como si el Espíritu Santo que inspiró las Escrituras le había dado una iluminación muy especial para que entendiera las Escrituras y percibiera la importancia que tenían en relación con Jesús todos los escritos de la ley de Moisés, de los profetas, y de los salmos.

Siempre es así. El Espíritu da testimonio de la Palabra de Dios. El Espíritu del Señor resucitado, abre nuestros ojos para que veamos el rostro de Cristo reflejado en toda Escritura; como en un espejo ahora en oscuridad, ¡pero algún día lo veremos cara a cara!

c. *Aumentó en claridad de percepción.* Pedro comenzó con «Jesús nazareno, varón aprobado por Dios». Luego pasó a «Señor y Cristo», Posteriormente pasó a «Jesucristo de Nazaret». Luego, a «su hijo Jesús». De allí pasó a usar los calificativos «Santo y Justo» y como clímax y piedra cimera de todo lo demás, apeló el extraordinario y sublime calificativo de «el Autor de la vida».

Como tal es príncipe. Es de linaje real y merece el homenaje de todos los vivientes. ¡Príncipe de la vida! Según la traducción literal de esta gran palabra, él es el autor y dador de la vida, de tal modo que el que cree en él, aunque haya muerto, vivirá; en tanto que el que vive y cree en él no morirá para siempre. ¡Príncipe de la vida! ¡Todos te saludamos!

d. *Se basó en la experiencia real.* Es de notar que en su testimonio sobre la vida resucitada del Maestro, Pedro no se refiera al espectáculo de la tumba vacía, ni a que los lienzos se encontraron en orden, ni a la entrevista que tuvo con él en el huerto, ni que le vio las manos y el costado, ni a que desayunó con él en el lago, ni a que ascendió desde el monte de los Olivos. Pedro dice: Vosotros podéis juzgar por «esto que vosotros veis y oís». En otras palabras, él pensó que no solo estaba Jesús en el otro lado del delgado velo que oculta al mundo invisible, sino que también estaba realizando hechos. Él estaba a la diestra del Padre, y había enviado su Espíritu, tal como lo había prometido. Los estaba dotando de osadía, comprensión, y expresión. Él estaba trabajando con ellos, y confirmando las palabras de ellos con las señales que les seguían. Hacía que los cojos anduvieran, que las puertas de la cárcel se abrieran, que los corazones se compungieran. Pedro dijo: «A quien vosotros entregasteis y negasteis delante de Pilato; ...Dios ha resucitado de los muertos, ...y nosotros somos testigos suyos de estas cosas, y también el Espíritu Santo». Así que el testimonio de aquellos primeros testigos no solo se dio con poder sino también con mucha seguridad. El Señor estaba junto a ellos.

Nuestro testimonio del Cristo viviente será de la misma manera corroborado por una vida santa. Si, contra nuestro antiguo hábito, buscamos las cosas de arriba; si derivamos el poder que vence al mundo de una fuente invisible; si nuestro gozo abunda en el dolor y en la aflicción; si, aunque somos pobres, enriquecemos a muchos; si al ser odiados, amamos; si al ser rechazados, imploramos; si al ser crucificados, invocamos el perdón para los autores de nuestra vergüenza; probamos que Jesús vive.

No somos llamados a vivir siempre en las remotas escenas de su agonía y de su muerte. Nosotros tenemos comunión directa e inmediata con el Príncipe de la vida. Tenemos la mente de Cristo. Hablamos de las cosas que sabemos y damos testimonio de lo que hemos visto.

Si los que profesamos el nombre de Jesús esperáramos a sus puertas hasta que él nos diera audiencia, saldríamos al pueblo con su acento en nuestras palabras y con su luz en nuestro corazón. No renunciemos a nuestro alto privilegio. Entonces saldremos al mundo con tan evidentes señales de una vida que no puede explicarse, que aquellos que nos conocen mejor se sentirán obligados a apartar de nosotros los ojos para fijarlos en aquel que vive para siempre.

18
«EN SU NOMBRE»
Hechos 3:16

«Y por la fe en su nombre». Estas dos cosas son inseparables. Ninguna gran obra de salvación o renovación es posible aparte de la proclamación por parte del predicador, el maestro o el obrero cristiano, primero, de su nombre, y segundo, de la fe en su nombre. No el nombre sin la fe, ni la fe sin el nombre; sino el nombre y la fe en el nombre.

Por la enseñanza del Espíritu Santo, Pedro había aprendido bien esta lección, y en su segundo gran sermón pentecostal anunció y nos legó la verdad eterna de que, al apropiarnos mediante una fe viviente de la naturaleza del Señor resucitado, adquiriremos perfecta sanidad.

1. Lo que vio Pedro. El limosnero que estaba en la puerta, con más de cuarenta años de edad, y sin haber andado nunca desde su nacimiento, era llevado diariamente por manos bondadosas del barrio pobre donde moraba a aquel lugar cercano a la puerta la Hermosa, donde yacía año tras año implorando una limosna de las multitudes que pasaban por la puerta para llegar a la meseta donde estaba el templo. Evidentemente era un personaje bien conocido de los ciudadanos que hacían constantes visitas al lugar santo.

En compañía de su amigo y compañero, el apóstol Juan, Pedro pasaba por las gradas que conducían al templo, para asistir al servicio de oración de la tarde, y ver la gloria de aquella magnífica estructura con toda su riqueza. Él también vio el conocido espectáculo de este cojo en su desdicha. Pero vio algo más que estaba oculto de los ojos no ungidos. Vio la vida de aquel inválido como Dios quiso que fuera: sana, completa, saludable, y vigorosa. El hombre ideal estaba allí flotando como una bella visión por encima de la caricatura tendida sobre el destartalado camastro.

El Señor del templo estaba junto a él, dispuesto a cooperar, con el anhelo de comunicarle la fuerza y el vigor que con tanta urgencia necesitaba aquella existencia inválida. Aquí estaba la debilidad; allí, la vida inmortal. Aquí la depresión de una prolongada enfermedad; allí el fulgor del alba. El único problema consistía en unir estos dos elementos. Tenía que ser en su nombre, pero algo más se necesitaba. Tenía que estar en operación la fe en su nombre a fin de que el cojo recibiera la perfecta sanidad, la cual reside en el Príncipe de la vida.

2. Lo que Pedro Hizo. La respuesta instantánea que dio el cojo al uso que Pedro hizo de «el nombre de Jesucristo de Nazaret» sugiere que fue resultado de un largo proceso de reflexión que evidentemente se había producido con anterioridad en el corazón del lisiado.

Es muy posible que conociera bien a Jesús de Nazaret. Lo habría visto pasar por esas gradas muchas veces; pero no le había visto apariencia de rico, ni nada que estimulara la esperanza de que pudiera darle limosna. Ultimamente habían rodeado al Nazareno unos extraños rumores. Toda Jerusalén sabía que él había sido arrestado, juzgado, y condenado a la cruz. La inexplicable oscuridad que cubrió su angustia y el terremoto que se produjo de manera sincrónica con su muerte habían sido temas de comentario general.

Este cojo estaba allí, en el sitio acostumbrado, cuando los frenéticos sacerdotes y levitas salieron corriendo del atrio del templo con las noticias de que el velo se había roto de arriba abajo, como si esto lo hubieran hecho unas manos invisibles. La historia de que el sepulcro había aparecido vacío y de la misteriosa desaparición de él desde el monte de los Olivos pudieran haber sido temas que él alcanzó a oír mientras se comentaban; y la reciente maravilla del día de Pentecostés, juntamente con sus resultados, habían sido cosas de las que él tenía conocimiento, pues el mismo templo había sido testigo de ella. Él había oído lo que hablaba la gente cuando iban saliendo de oír el sermón de Pedro; y el bautismo de los tres mil convertidos en los grandes depósitos de agua del templo fue algo tan asombroso que sería difícil que no hubiera llegado a sus oídos. Pensamientos de esta clase habían ocupado su mente durante días. Sin embargo, no se habían cristalizado en una resolución ni en una acción. Tales pensamientos aguardaban algún impulso adicional.

Dirigido por el impulso divino, el apóstol comprendió, al ver el brillo de una incipiente fe en la cara del cojo, que el hombre tenía fe para ser salvo, y con su voz y su gesto, solicitó que se expresara tal fe.

Uno de los mandamientos que nuestro Señor dio a los apóstoles cuando los envió fue este: «No os proveáis de oro, ni plata, ni cobre en vuestros cintos; ni de alforja para el camino». Eso se cumplió al pie de la letra cuando Pedro dijo: «No tengo plata ni oro».

Hay cuatro clases de personas en el mundo:

1. Los que no tienen plata ni oro, ni ninguna otra cosa para dar. Estos son la madera flotante del océano.

2. Los que tienen plata y oro, pero no tienen ninguna posesión moral ni religiosa. Estos son los destituidos del universo.

3. Los que no tienen plata ni oro, pero tienen visión, inspiración, fe, esperanza y amor. Estos son ricos para Dios.

4. Los que tienen plata, oro, y también tienen todo lo que es honesto, todo lo justo, todo lo puro, todo lo amable, todo lo que es de buen nombre.

Los apóstoles pertenecieron a la tercera de estas clases. Eran pobres, pero enriquecían a muchos; no tenían nada, y sin embargo poseían la llave de los tesoros divinos. No tenían plata ni oro.

¡Ahí está una niñita que llora lastimosamente junto al sepulcro de su madre! ¡Me siento conmovido y le ofrezco una moneda de oro! ¡Ella me la arrebata de la mano y la lanza a la tumba abierta! ¿Qué más puedo hacer? Eso era todo lo que yo podía dar, ¡y no servía de nada! Pronto una pobre mujer, vestida con ropa ordinaria y harapienta, besa a la niña, le frota suavemente la cabecita, la aprieta contra su pecho y la consuela con un tierno canturreo. ¡Vea usted cómo se cierran los ojos para dormir, la pequeñita se consuela y se tranquiliza! Esa mujer no tenía plata ni oro, pero poseía algo que era infinitamente más precioso y que dio sin restricción. Esto es lo que el mundo necesita hoy.

En el caso que estamos considerando, Pedro comunicó la inspiración de su propia fe en Jesús de Nazaret. Invitó al mendigo para que actuara basado en tal fe, como el mismo Pedro lo había hecho. Pedro lo tomó por la mano derecha y lo levantó, tal como él había visto que su Maestro levantó a su suegra unos años antes. Inmediatamente la fe del hombre se ejercitó de manera vigorosa. Los huesos de sus pies y de sus tobillos recibieron fuerza. La vida del Salvador resucitado entró en su anémico cuerpo. Él se unió a ellos para entrar en el templo. Su deformidad congénita lo había excluido siempre de allí, en conformidad con el precepto levítico. Pero ahora entra «andando, saltando, y alabando a Dios».

3. Cómo predicó Pedro. Cuando concluyó el servicio del templo, y los dos apóstoles salieron del atrio superior, una inmensa multitud de personas los seguía, y en respuesta al susurro de preguntas y al asombro pasmado de la multitud, Pedro presentó su segundo mensaje.

Él apartó los pensamientos del auditorio de Juan y de él mismo y los condujo hacia el Señor. El hombre no estaba allí sano por el poder o por la santidad de ellos, sino por un acto de aquel a quienes ellos habían negado delante de Pilato, dominando el vivo deseo que este tenía de dejarlo en libertad. Él los acusó de haber preferido a un homicida, en lugar de al Santo y al Justo. Insistió en que la evidencia de la resurrección de Cristo no consistía simplemente en el testimonio de aquellos que lo acompañaron después que salió de la tumba, sino también en el hecho del milagro que se había realizado en el cojo, el cual era evidente para todos. Luego pasó a hacer un anhelante ruego: que se arrepintieran y se convirtieran para que fueran borrados sus pecados.

Pedro les aseguró que este pecado podía ser borrado. El mercader oriental lleva sus cuentas en tablillas de cera. Sobre estas, con la punta aguda del estilo o lápiz, hace él las muescas con que registra una deuda, y cuando se la cancelan, con la punta obtusa del mismo instrumento aplana la cera de tal modo que todo el registro de la deuda queda borrado. Si nosotros borramos una deuda de nuestro libro de cuentas aún queda el rastro que indica que allí estuvo; pero en la cera no queda huella alguna. El manuscrito que declaraba algo contra el deudor queda completamente borrado. ¡Qué visión la que tenía Pedro de la perfección del perdón divino! Una vez él había arriesgado la sugerencia de que siete veces era el límite hasta el cual podría llegar el perdón. Ahora ha ascendido a un concepto más adecuado del amor de Dios, que olvida y perdona y, cuando confesamos nuestros pecados, los echa en las insondables profundidades del océano de su amor. No volverán a hallarse, ni a recordarse, ni a mencionarse.

Notemos las dos veces que es enviado el Cristo. En su primera venida fue enviado para bendecir a su pueblo, a fin de que se apartaran de sus pecados. Él será enviado por segunda vez a traer la Edad de Oro, a establecer su reino, a destruir todo gobierno, autoridad y poder, hasta aquel tiempo en que Dios sea todo en todo, y se inaugure la era eterna de la bienaventuranza.

19
«VOSOTROS LOS EDIFICADORES»
Hechos 4:1-37

Pedro estaba aún dirigiendo la palabra a la silenciosa multitud que se había congregado con motivo de la sanidad del cojo. De repente, un grupo de oficiales se movió rápidamente hacia la congregación y con violencia arrestó a los hombres. Los que los arrestaron eran sacerdotes, quienes detectaron que estos laicos no ordenados ni reconocidos eran serios rivales de ellos. En el grupo había también saduceos, los cuales no creían en el mundo del Espíritu, ni en la doctrina de la vida después de la muerte. Esta secta no era numerosa. pero era rica, poderosa, y ejercía las principales funciones del estado. También estaba el capitán del templo, con su pelotón, los cuales estaban encargados del mantenimiento del orden público. El partido de los saduceos estaba resentido «de que enseñasen al pueblo y anunciasen en Jesús la resurrección de entre los muertos». Si esa historia fuera cierta, el saduceísmo habría terminado. Es probable, por tanto, que este arresto fue instigado por Anás y Caifás. y por los demás líderes de este poderoso partido. Antes que Jerusalén se enterara de lo que estaba ocurriendo. los apóstoles y el hombre que había sido sanado fueron arrojados a la cárcel y los mensajeros se apresuraban por la ciudad a convocar a los miembros del Sanedrín a fin de que se reunieran temprano la mañana siguiente.

Esa noche tuvo que haber sido de indecible emoción para los que habían sido encarcelados. El Maestro les había enseñado que esperaran esta clase de trato. También fue una oportunidad para redimir aquella cobarde deserción de la noche en que Cristo fue entregado. Pedro recordó que él había prometido seguir a Jesús hasta la cárcel. En cuanto al juicio a que debían ser sometidos el día siguiente, no estaban preocupados; ellos ya tenían preparada la defensa, porque las palabras que el Señor les había dicho tres años antes les vinieron a la memoria: « ... ante gobernadores y reyes seréis llevados por causa de mí, ...Mas cuando os entreguen. no os preocupéis por cómo o qué hablaréis; porque en aquella hora os será dado lo que habéis de hablar. Porque no sois vosotros los que habláis. sino el Espíritu de vuestro Padre que habla en vosotros».

El Sanedrín era el tribunal más venerable y autoritario del mundo. Lo presidía el sumo sacerdote, y alrededor de él en un semicírculo, se sentaban los jefes de las veinticuatro clases sacerdotales, los doctores de la ley y los padres de las antiguas familias judías. Se nos dan los nombres de algunos de estos. tales como el astuto Anás, y el inescrupuloso Caifás, su yerno. Esta misma asamblea había entregado a Jesús de Nazaret a los ejecutores romanos, y ahora, en la misma cámara, se preparaban para extirpar, mediante un supremo esfuerzo, la herejía galilea. ¡Notemos su procedimiento! Era tonto discutir el milagro: el hombre que había sido sanado estaba de pie delante de ellos. Era peligroso discutir el asunto general de la resurrección, pues en este asunto había una clara división entre los fariseos y los saduceos, y cada uno de estos partidos estaba fuertemente representado. El punto de discusión. era la fuente de esta sanidad.

«¿Con qué potestad, o en qué nombre, habéis hecho vosotros esto?» Si Pedro y sus compañeros hubieran atribuido el milagro al extraordinario poder de Jehová, teniendo en mente las historias de los milagros de Elías y Eliseo, no se hubiera podido decir nada más. Pero si se lo atribuían a algún otro nombre, los apóstoles caerían dentro de la antigua prescripción de muerte por ser hechiceros. Si se lo atribuían a Jesús, correrían el riesgo de que se les infligiera la pena de muerte que ya se había aplicado a Jesús.

Pero Pedro se olvidó por completo de todas las cuestiones relacionadas con la política, y por inspiración del divino Espíritu, dijo: «Gobernantes del pueblo y ancianos de Israel, ...sea notorio a todos vosotros, y a todo el pueblo de Israel, que en el nombre de Jesucristo de Nazaret, a quien vosotros crucificasteis y a quien Dios resucitó de los muertos, por él este hombre está en vuestra presencia sano. Este Jesús es la piedra reprobada por vosotros los edificadores, la cual ha venido a ser cabeza del ángulo. Y en ningún otro hay salvación».

1. Los edificadores rivales. La referencia a esta piedra angular reprobada recuerda una antigua tradición entretejida en la estructura del Salmo 118, el clímax del gran Hallel nacional.

La posición que se le acordó a aquella piedra angular en la estructura nacional era la causa real de divergencia en la asamblea. Dos ideales se enfrentaban el uno al otro. Un grupo estaba compuesto por aquella brillante y poderosa corporación que abarcaba todo lo que era más ilustre de la comunidad hebrea. El otro estaba representado por aquellos sencillos «hombres sin letras y del vulgo». Los primeros rechazaron la Piedra y la cubrieron de abandono. Los otros la convirtieron en Piedra angular de la estructura, la cual estaba comenzando a surgir y desde entonces se ha extendido por el mundo.

Por supuesto, la primera referencia de Pedro fue a la sanidad del cojo, quien estaba allí de pie salvo y sano ante los ojos de ellos. Pero había algo más en su pensamiento. ¿No estaba claro que el pueblo de Israel era el cojo real? Bajo el cruel poder romano, la nación estaba atada, postrada, impotente. Estaba coja en el sentido moral y espiritual. Si los líderes judíos hubieran reconocido al Maestro y Señor de Pedro, la influencia nacional de ellos habría revivido, y ellos hubieran llegado a ser lo que Dios quiso que fueran: los príncipes religiosos de la humanidad. No había salvación en ningún otro.

Esto lo podemos aplicar en sentido nacional, eclesiástico, e individual.

a. *En sentido nacional.* Si una nación se niega a edificar de acuerdo con las grandes verdades que Jesús enseñó, ejemplificó y por las cuales murió, debe caer como todos los grandes imperios del mundo han caído: Asiria, Babilonia, Persia, Grecia, y·Roma. La única esperanza de salvación para el estado está en que sea edificado de arriba abajo con el Evangelio del Hijo del Hombre.

b. *En el sentido eclesiástico.* La iglesia que cambia un contacto vital con Jesucristo, el Salvador viviente, por las fórmulas doctrinales, la pompa, y el esplendor de los ritos o por la destreza, la cultura, o la riqueza sacerdotal, puede que disfrute de un éxito temporal de popularidad; pero ese éxito no está destinado a perdurar. La única salvación para la iglesia es la unión con Jesucristo.

c. *En sentido individual.* Todos construimos desde la niñez. ¿Quién de nosotros no ha hecho ladrillos de madera en el invierno y castillos de arena sobre la playa en verano? Cuando tenemos más edad, construimos negocios, relatos, tragedias, poemas, cuadros pictóricos, sistemas de filosofía, fortunas, o habilidades de estadista. La construcción de muchos desecha a Cristo. Según dicen ellos, pueden arreglárselas sin él. Pero no pueden continuar. Por un tiempo florecen y crecen, pero pasa el viento sobre ellos y se marchitan, y su lugar no los vuelve a ver más. Pero el que hace la voluntad de Dios permanece para siempre.

2. La vida irreprimible de Cristo. Cuando los miembros del Sanedrín oyeron las palabras y observaron a los dos apóstoles de cerca, les vino un irresistible recuerdo de Jesús. Estos dos hombres estaban animados por el Espíritu de él, y hablaban como él había hablado. Les reconocían que habían estado con Jesús. Él vivía en los corazones de ellos y derramaba a través de ellos el Espíritu de su propia existencia gloriosa como Príncipe de la vida.

Cuando los miembros del tribunal quedaron solos con el propósito de conferenciar en privado, se confesaron unos a otros que no se atrevían a permitir que estos hombres continuaran predicando y enseñando. Ellos no podían negar el milagro, ni desaprobar la resurrección; pero tenían que pensar por cuenta de ellos. Cuando volvieron a llamar a los apóstoles, les encargaron estrictamente que no hablaran más en el nombre de Jesús. A ellos les hubiera encantado castigarlos, pero esto hubiera enfurecido de tal modo al pueblo que no podía considerarse. Así que los volvieron a amenazar y los dejaron ir.

Estos hombres no podían hacer otra cosa que dar testimonio de las cosas que habían oído y visto. ¡Ah, que nosotros comprendamos mejor estos impulsos irresistibles!

3. El testimonio del Espíritu Santo. Ellos regresaron a los suyos, quienes indudablemente habían pasado las horas intermedias en oración. ¡Con qué intensidad oyeron lo que narraron los dos! Y luego, ¡qué estallido de adoración y oración! Ellos no rogaron que Dios detuviera al perseguidor y les salvara las vidas. La única petición que hicieron fue que Dios les diera poder para dar un firme testimonio y que extendiera su mano para sanar, de tal modo que se hicieran maravillas y señales en el nombre de Jesús. Si ese nombre amado podía ser magnificado, exaltado, y reverenciado, ¡ellos se sentirían contentos con sufrir la más horrible angustia humana! ¡Que Jesús sea alabado!

¿Nos asombra la respuesta del cielo? El temblor que produjo tal respuesta, sacudió el lugar, como ya había ocurrido el día de Pentecostés. Por segunda vez fueron llenos del Espíritu Santo; no solo los ciento veinte, sino todos ellos.

20
LAS PROFUNDAS EXPERIENCIAS DE PEDRO CON EL ESPÍRITU SANTO
Hechos 4:32; 5:32

Una de las más grandes afirmaciones que puede hacer un hombre es la siguiente: «Creo en el Espíritu Santo». Todo conocimiento, poder, éxito, y victoria sobre el mundo, la carne, y el demonio, dependen del reconocimiento y el uso de la comunión o participación del Espíritu Santo. Cuando nuestro Señor pasó a través de todos los cielos hacia la diestra del poder, le pidió al Padre la autoridad para conferir a cada miembro de su cuerpo místico la plenitud y la unción del Santo Paracleto, como él mismo las había recibido en su bautismo. El Padre le concedió esta petición.

1. Las experiencias anteriores de Pedro. En la noche del día de la resurrección el Señor había soplado sobre él y sobre los demás que estaban reunidos en el aposento alto. «Entonces Jesús les dijo otra vez: Paz a vosotros. Como me envió el Padre, así también yo os envío. Y habiendo dicho esto, sopló, y les dijo: Recibid el Espíritu Santo» (Juan 20:21, 22). Nosotros inferimos, por tanto, que el hecho de que ellos recibieran el Espíritu Santo tenía el propósito de capacitarlos para su misión. Era una clara provisión para el servicio.

Durante diez días, Pedro esperó la promesa del Padre, en obediencia al mandamiento del Maestro. «Quedaos vosotros en la ciudad de Jerusalén, hasta que seáis investidos de poder desde lo alto» (Lucas 24:49). El día de Pentecostés, Pedro, como los demás, fue lleno del Espíritu Santo y comenzó a hablar según el Espíritu le daba que hablara. Cuando se enfrentó al Sanedrín en la mañana del día posterior a aquel en que fue sano el cojo que estaba en la puerta la Hermosa, otra vez fue lleno del Espíritu Santo de manera súbita y gloriosa.

Cuando Pedro y Juan regresaron a los suyos, el lugar donde estaban reunidos tembló como si hubiera sido sacudido por las ondas del santo poder. Todos fueron llenos del Espíritu y hablaron la Palabra de Dios con denuedo. «Y con gran poder los apóstoles daban testimonio de la resurrección» (Hechos 4:33). Evidentemente esta experiencia adicional de olas de Dios que les venían vino igualmente sobre Pedro junto con toda la compañía regocijada y triunfante.

Pedro también había tenido repetidas evidencias del poder convincente del Espíritu de Dios. «Al oír esto, se compungieron de corazón». Pero habría de concedérseles otras experiencias a fin de que él y sus compañeros apóstoles exploraran plenamente la herencia que les había sido legada como principales de la iglesia infante. Se les habría de enseñar que el Espíritu divino tenía relación con la iglesia como colectividad, así como con el individuo, y que es el que preside la iglesia de Cristo en la tierra, y el viceregente de Cristo, el guía supremo y maestro de su cuerpo, el testigo de su resurrección, la fuente superlativa de vida eterna.

Nuestro Señor pudo haber revelado este gran misterio durante los cuarenta días en los cuales instruyó a sus amigos en las cosas concernientes al reino de Dios. Pero para Pedro y para los demás, la comprensión práctica de estas cosas se les fue desarrollando gradualmente. La experiencia de Pedro en este asunto es muy iluminadora. Él fue dirigido paso por paso hacia la plena comprensión de la relación del Espíritu con la iglesia de Cristo.

2. El Espíritu Santo es el que preside la iglesia. Esto se hizo aparente en relación con la economía de la iglesia. La multitud de los que habían creído eran de un corazón y de un alma, de tal modo que nadie reclamaba ninguna de sus posesiones como propia. Los que tenían tierras o casas las vendían, y llevaban la cantidad de lo vendido y la entregaban a los apóstoles, quienes repartían a cada uno según su necesidad. De este fondo se apartaba cierta cantidad para el pago de las habitaciones y las comidas de que disfrutaban en común. Gran parte se destinaba para el mantenimiento de los apóstoles y de los que trabajaban con ellos. Los desamparados, los enfermos, y las viudas eran también socorridos según sus necesidades. No se debe confundir esta práctica con el comunismo, por cuanto este sistema elimina toda propiedad privada por la fuerza, e impone una obligatoria división de las ganancias. Se ve claramente que el sistema de la iglesia fue un recurso temporal, aplicado a las circunstancias especiales de la iglesia de Jerusalén. Los apóstoles no hicieron ningún intento de instituirlo en ninguna de las iglesias que se formaron entre los gentiles.

La iglesia de Cristo difiere de toda otra asamblea en que ella es el cuerpo de Cristo y el asiento o trono del Espíritu Santo. Si un puñado de individuos, por poco importantes que parezcan, se reúnen en el nombre de Cristo para pensar en los intereses de su reino y promoverlos, el Espíritu Santo no solo está presente, sino que preside la reunión. Él preside como represente y viceregente de Cristo. Él se preocupa de que en la unanimidad que ellos logran después de la oración unida se refleje la voluntad de Cristo, y de que, por medio de la acción de ellos, se haga dicha voluntad. Lo que se ata o se desata en la tierra está en armonía con lo que se ata o se desata en el cielo.

Dondequiera que un grupo de personas se reúnen en el nombre de Jesús, y con el objeto de mantener las santas ordenanzas que él dio, y de unirse para la mutua edificación y para los propósitos de su reino, allí está el asiento y el trono divino, y allí se puede contar con la presencia viviente de los siete espíritus del Eterno.

3. El compañero del Espíritu Santo como testigo. El sentimiento público de Jerusalén se inclinaba fuertemente a favor de la iglesia. Esto se debió en gran parte a las obras milagrosas de sanidad que congregaban a las multitudes en torno a los apóstoles, como antes las habían congregado en torno a la persona del Señor. En los primeros días de la popularidad de él, el pueblo corría a tocarlo. Esas escenas se repitieron en las estrechas calles de Jerusalén: Sacaban los enfermos en camas y lechos para que, cuando Pedro pasara, a lo menos su sombra cayera sobre algunos de ellos. Las noticias de las curas maravillosas que se estaban efectuando se difundieron a las ciudades y pueblos de alrededor, y atrajeron inmensas multitudes para ver y oír a los que habían sido sanados. En el país resonaban las noticias de las maravillosas curas realizadas en el nombre de Jesús.

Durante algún tiempo, los gobernantes se mantuvieron rígidamente retirados. «De los demás —es decir, de aquellos que no estaban en las filas del pueblo común—, ninguno se atrevía a juntarse con ellos». Pero finalmente, los carbones ardientes de la envidia estallaron en llamas y todo el grupo apostólico fue arrestado y metido en la cárcel pública. A la mañana siguiente, cuando el Sanedrín, reforzado por otros de los ancianos, o miembros del senado de Israel, se reunieron para discutir el asunto, hallaron la cárcel vacía y les informaron que los prisioneros estaban en el templo enseñando al pueblo. A pesar de la manera milagrosa como fueron liberados, el juicio prosiguió, y Pedro, como vocero de todo el grupo, tuvo otra oportunidad para proclamar la resurrección y la exaltación de su Señor ante las clases gobernantes de la nación. «Y nosotros somos testigos suyos de estas cosas, y también el Espíritu Santo, el cual ha dado Dios a los que le obedecen».

El Maestro les había prometido que ellos tendrían esta experiencia. «Pero cuando venga el Consolador, a quien yo os enviaré del Padre, el Espíritu de verdad, el cual procede del Padre, él dará testimonio acerca de mí. Y vosotros daréis testimonio también, porque habéis estado conmigo desde el principio» (Juan 15:26, 27).

4. La superioridad superlativa del Espíritu Santo. Felipe el evangelista había sido el medio para un maravilloso avivamiento en Samaria, y allí se había encontrado con Simón, un hombre astuto y ambicioso, adepto en las artes negras de la hechicería y la brujería. Por su confabulación con la influencia demoníaca hacía milagros. Así como Janes y Jambres resistieron a Moisés en Egipto, así Simón se empeñó en falsificar las benéficas proezas de Felipe, quien solo usaba el nombre de Jesús. Inmediatamente los espíritus inmundos entregaban a sus víctimas, dando grandes voces, y muchos de los que estaban paralíticos y cojos eran sanados. Pero el evangelista no se conformaba con estas manifestaciones de los poderes espirituales; él les predicaba a Cristo, y la gente le escuchaba unánime y creía. «...así que había gran gozo en aquella ciudad».

Pronto se necesitó más ayuda que la que podía dar Felipe, y los apóstoles, quienes a pesar de la persecución que estalló después de la muerte de Esteban habían permanecido en Jerusalén a fin de poder concentrar y guiar todo el movimiento cristiano, enviaron a Pedro y a Juan para que, en nombre de ellos, reconocieran a la iglesia recién nacida, que había surgido por la bondadosa obra de este avivamiento. Durante un acto solemne para buscar y recibir una ulterior manifestación del Espíritu Santo, parece que hubo una manifestación tan conspicua del poder espiritual que asombró a los observadores, y especialmente a Simón. Si él pudiera tener un poder similar, eso valdría una mina de oro. Así que se arriesgó a ofrecer lo que selló con infamia su nombre para siempre, y llegó a llamarse simonía, palabra con la cual se estigmatizan la proposiciones similares. Pedro se volvió hacia el infeliz y desorientado hombre y lo reprendió severamente: «Tu dinero perezca contigo, porque has pensado que el don de Dios se obtiene con dinero. No tienes tú parte ni suerte en este asunto, porque tu corazón no es recto delante de Dios» (Hechos 8:20, 21).

21
LA PUERTA DE LA FE PARA LOS GENTILES
Hechos 6:1-7; 8:14-25; 9:31; 10:16

En este punto abrimos un nuevo capítulo en la historia del desenvolvimiento del propósito divino para nuestra raza. Desde el principio, el objetivo divino era el de incluir en un iglesia, no solo a los judíos, sino también a los gentiles, quienes no habían recibido el sello ni la señal del pacto que Dios hizo con Abraham, sino que habían entrado directamente desde el mundo gentil mediante un sencillo acto de fe. Hasta el momento en que Cornelio fue recibido en la iglesia, los apóstoles y el cuerpo de discípulos casi no entendían la idea de que los gentiles que creyeran serían parte de ese cuerpo y participantes de la promesa de Cristo. Generalmente se suponía que los gentiles podían entrar por la puerta de la iglesia cristiana, solo si primero llegaban a ser judíos. Cuando nuestro Señor comisionó a sus apóstoles para que fueran a todas las naciones a hacer discípulos, estos probablemente supusieron que el rito de la circuncisión precedería a la administración del bautismo por parte de ellos. solo mediante un proceso gradual les penetró la verdad total de que en Cristo Jesús no hay judío ni griego, circuncisión ni incircuncisión, siervo ni libre, hombre ni mujer, sino que todos son uno en él.

Durante ocho años, Pedro se había dedicado, junto con sus compañeros apóstoles, a la consolidación de la «madre iglesia», pero ahora tendría que aprender que los hijos de ella saldrían igualmente de en medio de una gran multitud, que nadie podría contar, de toda nación, y tribu, y pueblo, y lengua. Tenemos que considerar, por tanto, los pasos por los cuales él fue dirigido hacia un concepto más amplio del propósito divino.

Pedro era un judío estricto. Se inclinaba a mirar con suspicacia aun a los judíos helenistas, es decir, los judíos que hablaban griego, los cuales estaban esparcidos a través de todo el imperio romano. Y él conocía a los gentiles solo como los había considerado desde su niñez, viendo cómo el brillo de la civilización de ellos había transformado el lago de Galilea en un sitio de placer para los romanos. Él nunca había entrado en un hogar gentil, ni se había sentado a una mesa gentil, ni había transgredido las prescripciones rígidas de la dieta levítica. Él rehuía toda relación familiar con los gentiles. De ahí su exclamación, cuando fue invitado a comer del contenido heterogéneo del gran lienzo: «Señor; no; porque ninguna cosa común o inmunda he comido jamás» (Hechos 10:14).

El divino Maestro está dispuesto a afanarse de manera infinita con nosotros, antes de exigirnos que cedamos nuestras voluntades y demos un paso irrevocable.

Observemos las etapas del proceso en el caso presente.

1. Hubo murmuración de los griegos, los judíos helenistas, contra los hebreos. Los helenistas siempre consideraban a Jerusalén y el templo con afecto cariñoso y reverente. Cuando oraban, volvían su rostro hacia este. Allí acudían con sus familias a los festivales anuales, con tanta frecuencia como se lo permitieran sus condiciones económicas. Deseaban morir en la Santa Ciudad y ser enterrados allí. Un gran contingente de estos judíos de la dispersión estuvieron presentes el día de Pentecostés, y luego, en los años siguientes se habían identificado con la comunidad cristiana. Muchos de ellos, como el buen Bernabé, habían vendido sus posesiones, y el precio de la venta lo habían puesto en el fondo común. Y los pobres que había entre ellos recibían habitualmente su sustento de la bolsa común. Pero las viudas de los helenistas se quejaron de que había una indebida parcialidad que se manifestaba en la distribución diaria, y que a las mujeres nacidas en el país les iba mejor que a ellas de manos de los delegados apostólicos que recibían y distribuían los recursos.

El peligro de una seria rotura en el manto sin costura de la iglesia llegó a ser al fin tan inminente que Pedro y sus hermanos se vieron obligados a entrar en acción. Luego de una afanosa consideración del asunto, llegaron a la conclusión de que el más alto llamamiento de ellos era a la oración y al ministerio de la Palabra, y de que este servicio de las mesas debía encomendarse a siete hombres de buen testimonio, llenos del Espíritu Santo y de sabiduría. Ellos, pues, aconsejaron a la iglesia, como autoridad máxima, que procediera a escoger ese número de hombres de entre sus componentes.

Es notable el hecho de que los elegidos fueron judíos helenistas, con excepción del último que era un gentil prosélito. La unanimidad de la iglesia en este acto solemne se debió tan evidentemente a la presencia y a la dirección del Espíritu que Pedro no pudo decir nada en contra, por más asombrosa que le hubiera parecido tal acción en relación con sus ideas preconcebidas.

2. Luego vinieron los grandes argumentos, la defensa y el martirio de Esteban. En el trato familiar que siguió, Pedro debe de haberse sentido atraído por el elocuente joven helenista. A menudo oía las ardientes palabras con que Esteban insistía en que, a través de su historia, el pueblo escogido había resistido al Espíritu divino cuando él lo llamó a un nuevo avance. Mientras Pedro lo escuchaba pudo haber recordado las palabras del Maestro, en el sentido de que sería imposible poner vino nuevo en odres viejos. Ya el aliento de una nueva era soplaba en su mejilla, y la puerta se iba abriendo lentamente para la admisión del mundo gentil.

3. Luego vino la comisión a Samaria. A causa de la predicación de Felipe, un gran número de samaritanos habían sido bautizado en el nombre de Jesús. Este movimiento necesitaba ser regularizado, y los apóstoles, quienes se habían atrevido a permanecer en Jerusalén a pesar de la fiera persecución de Saulo, decidieron comisionar a Pedro y a Juan para que visitaran el escenario del avivamiento y condujeran a los nuevos convertidos hacia un pleno disfrute de los dones del Pentecostés.

Allí usó de nuevo Pedro las llaves de la enseñanza, la oración, y la imposición de las manos, y como resultado se repitió el milagro del Pentecostés: «...y recibían el Espíritu Santo». Ante el obvio asombro de los apóstoles, el Espíritu Santo descendía sobre estos creyentes samaritanos con absoluta imparcialidad, en respuesta a la oración. En verdad, a Pedro le impresionó tanto lo que vio que no pudo hacer otra cosa que seguir en la corriente del propósito divino; por tanto, él y Juan, en su pausado viaje de regreso a Jerusalén, predicaron el Evangelio en muchas poblaciones de los samaritanos por la cuales pasaron. Así otra vez hubo un desarrollo más en el horizonte del propósito de Dios.

4. Pero el proceso se aceleró aun más con la conversión de Saulo de Tarso. Un sorprendente rumor llegó a Jerusalén, según el cual, el gran perseguidor de la iglesia había sido detenido por la directa intervención del Señor, y se había convertido en un humilde seguidor de él. Pero mientras se filtraban más noticias y se ofrecían detalles más completos de este maravilloso evento, ellos supieron que Saulo había sido obligado a huir de Damasco y se había ido a Arabia. Pasó algún tiempo, y finalmente, para sorpresa de Pedro, Saulo se presentó personalmente en su humilde morada de Jerusalén, y permaneció como huésped de él durante quince días. De súbito el joven visitante acudió a Pedro con una extraña gloria en su rostro y le dijo palabras como las siguientes: «Hermano, imagínese usted que ahora mismo estaba orando en el templo, y tuve un éxtasis, y vi al Señor, y él me dijo: Sal de Jerusalén rápidamente porque no recibirán tu testimonio con respecto a mí. Márchate, pues yo te enviaré lejos a los gentiles. Por tanto, como usted ve, no tengo otra alternativa, y tengo que marcharme».

Pedro tuvo que haberse sentido sumamente angustiado por el peligro que rodeaba a su nuevo amigo, e hizo los arreglos para sacarlo de la zona de peligro hacia Cesarea y finalmente hacia Tarso. Sin embargo, cuando Pablo ya estaba seguro, lejos de allí, aquellas palabras de despedida tuvieron que haber resonado en el corazón de Pedro: «lejos a los gentiles». Él no podía discutir tales palabras. Claramente habían sido expresadas por el Maestro, pero lo preparaban aún más para la nueva demanda que pronto se le haría.

5. El proceso se perfeccionó en Jope. Después que Pablo partió, las iglesias tenían paz por toda Judea y Samaria. Pedro aprovechó la ventaja de este período de tranquilidad para hacer un viaje por las congregaciones más pequeñas que había esparcidas por toda Judea, y con el correr del tiempo, llegó a Lida, donde, como medio para la salud que da la palabra de Cristo, levantó a Eneas de una parálisis que le había durado ocho años. Así que le enviaron un mensaje urgente para que fuera a Jope, lugar que estaba a unos diez kilómetros de distancia, sobre la costa rocosa. Fue directamente a la sala donde yacía muerta la amada Dorcas. Su oración a favor de ella prevaleció delante de Dios, y cuando él le dio la mano, Dorcas se levantó y volvió a ser una vez más la bondadosa amiga de todos los santos y las viudas del pueblecito. El lugar en que se hospedó —la casa de Simón, el curtidor— había tenido relación con la muerte y con la contaminación ceremonial que la acompañaba, lo cual tuvo que haber sido sumamente repugnante para un judío escrupuloso. La iglesia de Jerusalén se había reducido tanto a causa de la persecución y de la huida que sus asuntos ya no le daban a él la amplia esfera de acción a la cual había estado acostumbrado durante ocho años. ¿Cuál sería el siguiente paso en el cumplimiento de la obra de su vida? ¿Estaba cerca algún nuevo aspecto del modelo divino que el tendría que comprender para sí mismo y para otros?

En esta coyuntura, un día, al mediodía, cuando los resplandecientes rayos del sol caían sobre los bruñidos espejos del mar, y sobre las casas blancas del pueblecito, Pedro subió a la azotea para orar; probablemente para pedir más iluminación. Mientras le preparaban el almuerzo, le sobrevino un éxtasis, y a través de los cielos abiertos alcanzó a ver un mundo redimido, como un gran lienzo blanco. La variedad de animales que contenía —cuadrúpedos terrestres y reptiles y aves del cielo, tanto limpias como inmundas— lo dejó asombrado; y lo asombró más la declaración de que Dios los había limpiado a todos, y que las antiguas restricciones levíticas quedaban eliminadas y que cualquiera de ellos era apto para el consumo como alimento. «Levántate, Pedro, mata y come».

Luego, mientras él estaba muy perplejo con respecto a lo que pudiera significar la visión, los golpes de alguien llamando a la puerta, las voces de los hombres que subían en medio del silencio del mediodía y que mencionaban su nombre, y esto juntamente con la seguridad que le daba el Espíritu de que no había necesidad de temer ni de vacilar, indicaba todo que la hora del destino había sonado, que una nueva época se había inaugurado, y que él había de conducir a la iglesia hacia una revolución mayor que la que ella había experimentado desde la ascensión del Señor.

22
EL QUEBRANTAMIENTO DEL YUGO
Hechos 10:17; 11:18

El mundo gentil era considerado como extraño y extranjero, separado, alejados sus miembros de la ciudadanía de Israel y ajenos a los pactos de la promesa. Si deseaban ser recibidos en el palacio del Gran Rey, tenían que establecerse cerca de las tiendas de Abraham y del desierto del Sinaí. Fruto de esta actitud fue que ciertos individuos de la iglesia madre fueron a la primera iglesia formada exclusivamente por gentiles, y les dijeron: «Si no os circuncidáis conforme al rito de Moisés, no podéis ser salvos» (Hechos 15:1).

Era necesario, pues, que la cancelación de las distinciones levíticas fuera tan claramente definida como su imposición; y por tanto, la visión de Pedro, la embajada que envió Cornelio, y las numerosas corroboraciones del Espíritu Santo se unieron en este notable episodio. Pedro y Cornelio se relacionaron, abriéndose así el camino nuevo y vivo que el Señor ya había consagrado en él sacrificio de su cuerpo.

La revelación de este misterio tomó tres días.

1. Cesarea: 3:00 p.m. Cornelio pertenecía a una de las más nobles familias romanas. Era de la misma estirpe de los Escipiones, de los Sullas y de la madre de los Graco. Este sincero buscador de Dios estaba cansado del politeísmo, de la idolatría, y de las supersticiones de su tiempo, y había buscado satisfacción en la única fe que presentaba el concepto de la unidad y espiritualidad de Dios, juntamente con una firme demanda de pureza, justicia y misericordia. En medio del ampliamente difundido ateísmo, del incesante conflicto de escuelas rivales, y de la triste corrupción de la moral, los severos ideales de las Escrituras hebreas se destacaban como un pico blanco iluminado por el sol que sobresalía en medio de las negras sombras de una noche mortal. Muchos del mundo pagano fueron atraídos por estos ideales.

Cuando Cornelio estableció sus cuarteles en la espléndida ciudad que Herodes había fundado a unos cincuenta kilómetros al norte de Jope, entró en contacto más estrecho con la religión y la literatura del Antiguo Testamento. A medida que las iba estudiando se iba impresionando más y más. Era un hombre devoto, generoso en sus dádivas a los pobres, cuidadoso en mantener las prácticas religiosas con toda su familia y constante en la oración. Sus domésticos y sus ordenanzas lo consideraban «un varón justo», y él tenía «buen testimonio en toda la nación de los judíos». Probablemente era un prosélito de la puerta, y observaba cuidadosamente las horas prescritas para la oración diaria. Pero no se sentía satisfecho con todo esto.

Él sabía que los judíos lo excluían. ¿Tendría él que someterse a su rito inicial y ser recibido en su sinagoga como uno de ellos? Él había oído acerca de Jesús de Nazaret, de su vida santa, de sus milagros, de sus enseñanzas. ¿Sería prudente unirse al grupo de los seguidores de Jesús? Un día se dedicó a la oración y el ayuno para ver si descubría la voluntad de Dios al respecto. Antes había hecho muchas oraciones semejantes. «Tus oraciones y tus limosnas han subido para memoria delante de Dios». Pero la oración de este día era más específica y urgente: «Cornelio, tu oración ha sido oída». Él había llegado a tal grado de intensidad que su alma se disolvió en un apasionado grito de ayuda. De repente, un ángel se colocó junto a él. Los mensajeros que él envió a Pedro lo describieron como «un santo ángel». El mismo Cornelio lo describió como «un varón con vestido resplandeciente. Al principio, aunque él era un bravo soldado acostumbrado a enfrentarse al peligro, Cornelio se asombró grandemente por este contacto súbito con el mundo espiritual. Al recuperarse, le preguntó: «¿Qué es, Señor?» Y se le dijo que su oración, en que pidió luz y dirección, le sería respondida a través de un Simón que tenía por sobrenombre Pedro, quien estaba hospedado en casa de un curtidor, junto al mar, en Jope.

Bien vale la pena notar que Dios no comisiona a los ángeles para evangelizar al mundo, ni para instruir a sus santos en lo relacionado con los misterios del reino. Este tesoro se coloca en vasos de barro. Él escoge a hombres y mujeres llenos de pecado y de fragilidad como embajadores de él ante sus propios conciudadanos. El ángel pudo haber expresado casi todo el sermón de Pedro y más, pero solo fue enviado a decir a Cornelio que mandara a buscar al pescador-apóstol. No debía llamar a Felipe el evangelista, aunque este residía en la misma ciudad, por cuanto Felipe no había pasado por los mismos ejercicios del alma, ni su visión había llegado al mismo punto que la de Pedro. Dios siempre sabe dónde hallar a sus instrumentos escogidos. Las direcciones donde ellos residen están escritas en el cielo.

2. Jope: 12:00 del mediodía. Cornelio no perdió tiempo; procedió a actuar en obediencia a la visión. Llamó a dos de los siervos de la familia y a un soldado devoto, todos los cuales simpatizaban con sus convicciones religiosas y los envió a Jope. Anduvieron toda esa tarde y llegaron a su destino al medio día del día siguiente.

Como ya vimos, en ese preciso momento Pedro salía de un éxtasis en el cual tuvo la visión de un mundo redimido y Dios le había enseñado que no debía llamar a ningún hombre común o inmundo. Naturalmente, él comprendió que si se abolía la distinción entre limpio e inmundo en los animales, ello implicaba también la abolición de la distinción entre hebreo y gentil. La salvación era tan imparcial como el rocío o la lluvia, que refrescan con igual amor los campos adyacentes del justo y del injusto, del siervo y del libre , del samaritano, del gentil, y del judío.

Antes de entrar en un sendero desconocido, esperemos que nuestras visiones sean corroboradas por el llamado a la puerta y por la clara indicación del Espíritu. Pedro halló estimulo y seguridad en la concurrencia de estos tres elementos. «Y mientras Pedro pensaba en la visión, le dijo el Espíritu: He aquí, tres hombres te buscan».

Todas sus dudas se desvanecieron. Cesó su vacilación. Invitó a los tres hombres a pasar, compartió con ellos la comida que se le había preparado, los hospedó durante la noche, y en la mañana siguiente salió con ellos en viaje hacia Cesarea. Ellos tuvieron que haber viajado por el gran camino real que bordeaba la costa del Mediterráneo. Por la tarde, mientras los mensajeros descansaban, Pedro había conseguido seis judíos creyentes en Cristo para que lo acompañaran, pues tenía la evidente impresión de que él estaba dando un paso que sería escudriñado minuciosamente por los apóstoles y por los líderes de Jerusalén. El viaje de estos diez hombres les tomó más de un día. Y cuando el grupo entró en Cesarea, la ciudad de palacios de mármol y el asiento del gobierno romano, ya era la mañana del tercer día después de aquel en que Pedro tuvo la visión.

3. Cesarea: 3:00 p.m. Parece que Cornelio había sido el centro de un círculo religioso de familiares y amigos íntimos. A estos había él informado sobre sus recientes experiencias e invitado a compartir con él la ayuda de la cual le había dado seguridad el ángel. A la hora señalada se reunieron muchos para oír las cosas que el Señor le había encomendado a su siervo a favor de ellos. Cuando se anunció que el grupo había llegado, Cornelio salió a recibirlos en la puerta de afuera, y con instintiva reverencia y cortesía se postró ante el hombre que había sido comisionado por un mensajero del mundo invisible. Instantáneamente, Pedro se inclinó para levantarlo, y le dijo: «Levántate, pues yo mismo también soy hombre». Hubiera sido prudente que todos sus sucesores hubieran imitado su sencillez y humildad. Cuando pasaron juntos al lugar de reunión, donde una congregación expectante los esperaba, Cornelio habló de una manera tan agradable y familiar que todo su grupo se sintió completamente tranquilo, y él pudo detallar las maravillosas circunstancias que habían conducido a la reunión que en ese momento se realizaba. Al terminar su breve alocución, agregó: «Tú has hecho bien en venir». Luego, en medio de un reverente silencio, Pedro, consciente de que se hallaba en la corriente del propósito divino, abrió su boca y habló.

Su discurso tuvo tres partes distintas. Volvió a narrar la bien conocida historia de Jesús, quien, aunque revestido de una gran humildad, era, sin embargo, el Señor de todo. Dio su testimonio personal y enfático con respecto a la resurrección de Cristo. «Nosotros ... comimos y bebimos con él después que resucitó de los muertos». Finalmente, proclamó el perdón y la remisión de pecados por la fe en su nombre. No pronunció ni una palabra acerca de la circuncisión. No hubo ninguna sugerencia en el sentido de que ellos tendrían que pasar por la sinagoga hacia la iglesia. La única condición para el perdón de los pecados era la fe en aquel a quien los judíos mataron colgándole en un madero, pero a quien Dios había levantado de los muertos. La oferta se hacía a los hombres de toda nación que temieran a Dios y obraran justicia.

Ningún estallido de elocuencia ni de lenguaje encantador adornó este sencillo discurso. En realidad, Pedro solo había comenzado a hablar cuando una impresión indescriptible se apoderó del auditorio, tal como sopla la brisa de verano sobre el trigo que susurra. Fue como si el Espíritu de Dios hubiera tenido el anhelo de hacer su obra de inmediato y Pedro bondadosamente se hubiera colocado a un lado. El Espíritu Santo cayó sobre todos los que oían el discurso. No hubo ningún sonido sorprendente del cielo, ni se movieron llamas, pero sí se les concedió el don de lenguas. Y los seis hermanos que habían acompañado a Pedro se asombraron de que los oían hablando en lenguas y magnificando a Dios.

Mientras Pedro observaba directamente esta escena, tal como él mismo lo dijo posteriormente, recordó el Pentecostés. «Y cuando comencé a hablar, cayó el Espíritu Santo sobre ellos también, como sobre nosotros al principio. Entonces me acordé de lo dicho por el Señor, cuando dijo: Juan ciertamente bautizó en agua, mas vosotros seréis bautizados con el Espíritu Santo ... Dios, pues, les concedió también el mismo don que a nosotros que hemos creído en el Señor Jesucristo» (Hechos 11:15-17). Allí hubo la misma mirada levantada, los mismos ojos extasiados en el rostro de Jesús, el mismo deseo de hablar de su belleza, la misma conciencia de un poder sobrenatural. Todo el auditorio, que antes había sido un grupo de unidades separadas, se integró en una unidad y se convirtió en una iglesia.

¿No nos llena de estímulo esta escena? Indudablemente, en un sentido, el advenimiento del Espíritu Santo, primero a los judíos el día de Pentecostés, y luego a los gentiles en la casa de Cornelio, no se puede repetir, así como no se repite el nacimiento de Cristo; pero en otro sentido, cada alma gentil puede experimentar la misma plenitud divina. Tal fe siempre existe junto con una entrega total de la voluntad y un devota comunión con Dios por medio de la Escritura. ¿Por qué no estudia cada lector una vez más Gálatas 3, y reclama su herencia en conformidad con el versículo 14? ¿No somos coherederos con Cristo? Tal vez no haya respuesta emocional, pero el cálculo de la fe no puede avergonzarnos. ¡Ah, si cada predicador y maestro estuviera tan lleno, que tan pronto como comenzara a hablar cayera el Espíritu Santo! ¿Hemos recibido ese mismo don? Hay cinco pruebas que nos ofrecen una respuesta infalible. Si hemos recibido ese don:

1. El Señor Jesús será una presencia permanente en nuestras vidas.

2. La vida de oración llegará a ser más real.

3. La vida del yo se mantendrá en la cruz.

4. En el servicio habrá un poder inequívoco, pero tranquilo.

5. El espíritu de gracia y amor estará presente de manera notable en nuestra conducta y en nuestra conversación.

¿Lo hemos recibido? Si no lo hemos recibido, ¿por qué no lo recibimos?

En el caso de Cornelio y sus amigos, el bautismo en agua vino después del bautismo del Espíritu. La gracia interna fue ratificada por el acto externo. Siguiendo la norma que Pablo observó posteriormente. Pero no bautizaba personalmente, probablemente para cuidarse de producir la impresión de que el sacramento derivaba una santidad especial de la persona que lo administraba. Por tanto, el dejó que los seis hombres de Jope completaran la aceptación formal de estos gentiles como discípulos en la iglesia cristiana. ¡Esto ... sucedía en Cesarea, pero pronto llegaría a Rama!

4. El desafío de la iglesia madre. Las noticias de lo que Pedro había hecho llegaron pronto a Jerusalén, y él no perdió tiempo en regresar para dar sus impresiones e informes personalmente. No solo Jerusalén sino los creyentes en toda Judea habían oído que los gentiles habían recibido también la Palabra de Dios, de lo cual inferimos que las noticias habían ocasionado una gran conmoción y probablemente incomprensión. Las circunstancias que habían conducido al adalid de la iglesia a hacer una modificación tan seria de una costumbre y de un procedimiento reconocidos exigían cuidadosa consideración, antes de aceptar ellos el acto de él o de darles la bienvenida a los nuevos convertidos. El evangelista nos dice que cuando Pedro subió a Jerusalén, «discutían con él los que eran de la circuncisión». De esto inferimos que, dentro de la iglesia, ya se estaba formando un fuerte partido conservador, que posteriormente causó muchos problemas e insistió con obstinada tenacidad que los gentiles tenían que someterse al rito judío antes de ser admitidos en sus filas. Había un tono de arrogante desprecio cuando se referían a los hombres incircuncisos con los cuales Pedro se había sentado a comer.

Nuestro apóstol hizo frente a las acusaciones con una detenida narración de los hechos. Él se apartó de los hombres y de sí mismo, y recurrió a Dios. El descenso del Espíritu en forma idéntica a la experiencia de ellos, había sido la vindicación divina de su acción. «Si Dios, pues, les concedió también el mismo don que a nosotros ...¿quién era yo que pudiese estorbar a Dios?» Ciertamente ni la circuncisión ni la incircuncisión valían nada, sino la fe que obra por el amor. No se podía decir nada más. «Entonces, oídas estas cosas, callaron, y glorificaron a Dios, diciendo: ¡De manera que también a los gentiles ha dado Dios arrepentimiento para vida!»

El problema, sin embargo, res urgió en forma más crítica ante el primer concilio de la iglesia, cuyos acuerdos aparecen en Hechos 15. Allí Pedro volvió a contar su maravillosa historia. Por lo menos Dios no hacía distinción entre hebreos y gentiles. ¿Por qué cargarlos con el yugo intolerable de los ritos y las ordenanzas? Declaró, por tanto, que estaba convencido de que gentiles y judíos por igual solo serían salvos por medio de la fe, por la gracia del Señor Jesús, completamente aparte de la presencia o ausencia de cualquier rito.

Estas fueron palabras nobles, pero ni ellas, ni la decisión del concilio, pudieron arreglar la lucha que había entre los dos partidos que dividían la iglesia con sus contenciones. En realidad, el punto de vista conservador llegó a ser tan fuerte que, como nos dice Pablo en Gálatas 2, Pedro se acobardó ante él, y aun el amable Bernabé fue arrastrado por ellos. Entonces le correspondió a Pablo, el hombre más joven, tomar y defender los sentimientos que el anciano apóstol había enunciado años antes de manera tan osada. Pablo tuvo que resistir a Pedro cara a cara, porque era de condenar.

Podemos estar agradecidos por la constante lealtad con que el apóstol de los gentiles defendió este principio a través de su atormentada carrera. A un hombre no se lo declara libre de culpa por la obediencia a la ley, sino solo por la fe en Jesucristo.

23
«DISPUESTO ESTOY A IR CONTIGO ...
A LA CÁRCEL»
Hechos 12:1-25

Otra vez se celebraba la Pascua. «Eran entonces los días de los panes sin levadura». Ya habían pasado catorce años desde aquel día en que Pedro y Juan habían sido comisionados para preparar la fiesta de la Pascua para su Señor, y cuando, al reunirse los apóstoles alrededor de la mesa, Pedro había declarado que estaba dispuesto a ir con su Maestro aun a la cárcel. Está cumpliendo noblemente su promesa. En aquella Pascua que él había preparado también se había quedado dormido, pero ese fue el sueño de la falta de vigilancia, de la confianza en sí mismo, de la debilidad de la carne. Él no veló con Cristo ni siquiera una hora. En el caso de Hechos 12 se volvió a dormir, pero este fue el sueño de la absoluta confianza en la gracia de Cristo, que aun lo libraría, si esa era su voluntad; y si no era, lo capacitaría para ser fiel hasta la muerte. En la ocasión anterior, él se había dormido mientras Jesús oraba; ahora, mientras el dormía, no solo oraba el gran Sumo Sacerdote para que su fe no faltara sino que muchos se habían reunido en la casa de María y estaban orando por él. Pero él no habría de morir.

1. «Se levantan los reyes de la tierra». «En aquel mismo tiempo el rey Herodes echó mano a algunos de la iglesia para maltratarlos». Este era Herodes Agripa, y su carácter llevaba la marca infame de la estirpe de Herodes. Mediante una inescrupulosa subordinación a los caprichos y a los crímenes de los emperadores romanos había llegado a poseer un poder real escasamente inferior al de Herodes el Grande. A fin de congraciarse con los líderes judíos, hizo una gran demostración de celo por los requerimientos de los ritos judíos. Josefo nos dice que Herodes no permitía que pasara un día sin el sacrificio establecido. Pero sus pasos posteriores en este sentido los dio con la sangre de los mártires cristianos.

Jacobo, uno de los del círculo más íntimo del Maestro, fue el primero que padeció. A él se le había dado el sobrenombre de Boanerges y en una ocasión había pedido fuego del cielo. Él demostró que era capaz de beber la copa de su Maestro y de ser bautizado con el bautismo con que él fue bautizado.

Agripa vio que esto agradó a los judíos y se animó a volver a golpear, pero con más fuerza. Esta vez arrestó al líder de la secta odiada, que más de una vez había desafiado toda la fuerza del Sanedrín. Pedro era el elemento más fuerte de la comunidad cristiana. Las precauciones que se tomaron para asegurarlo en la cárcel sugieren que el rey temía que su arresto pudiera conducir a un intento de rescate, y también que los que lo aconsejaban y apoyaban tenían un vivo recuerdo de las dos ocasiones anteriores en que las puertas de la cárcel se habían abierto para dar libertad a este mismo hombre. Se ordenó a un grupo de dieciséis soldados que vigilaran y custodiaran al preso. Cuatro de estos soldados estaban de servicio durante tres horas y luego eran relevados. Dos estaban en la celda con él. Pedro tenía sus manos atadas, una a cada soldado, los cuales estaban a lado y lado. Un tercer soldado estaba fuera de la puerta que estaba asegurada con cerrojo, en tanto que el cuarto estaba apostado en el corredor que conducía hacia la puerta grande de hierro. Ya la condenación de Herodes estaba preparada, y el ángel que habría de librar a Pedro estaba listo para destruir al tirano opresor en la hora de su mayor triunfo. Cuando el pueblo gritaba con frenética adulación: «¡Voz de Dios, y no de hombre!», en ese momento lo hirió el ángel del Señor, por cuanto no dio la gloria a Dios: y del teatro fue llevado a su palacio, agonizante. Durante cinco largos días permaneció en penosísima agonía, y el 6 de agosto expiró, sin que nadie lo lamentara.

2. La oración de la iglesia. Según el criterio humano, la situación parecía desesperada. Si Herodes tenía éxito en sus designios contra Pedro, ¿qué podrían esperar los miembros ordinarios del cuerpo que no fuera una matanza total? Pero a los hijos de Dios siempre les queda un arma. Todas las cosas son posibles para Dios. Pedro era custodiado en la cárcel, «y se proponía sacarle al pueblo después de la pascua»; «pero la iglesia hacía sin cesar oración a Dios por él».

Pasaron los días, uno tras otro, y los siete días de la fiesta expiraron. El día siguiente, Herodes sacaría el preso para someterlo a un juicio de mofas y a una muerte cruel. Hasta ese momento, no había habido ninguna voz que respondiera del cielo. La luna de la Pascua estaba menguando; el día siguiente ascendería en el firmamento. Se nos informa que no echaron de menos a Pedro hasta cuando fue de día, es decir, cuando el sol había salido, alrededor de las seis de la mañana. Entonces queda claro que él tuvo que haber sido liberado entre las tres de la mañana, cuando un nuevo grupo de cuatro soldados había llegado de servicio, y las seis de la mañana, cuando fueron relevados. Algún tiempo tuvo que haberse concedido para que se amodorraran y cayeran en un profundo sueño. Por tanto, pudo haber sido alrededor de las cinco de la mañana en una alborada de abril cuando la luz brilló en la oscuridad de la celda y el ángel del Señor se colocó al lado de su siervo.

Entretanto, el Señor estaba contestando la oración trayendo la gran paz que inundó el alma de Pedro. Él estaba durmiendo entre dos soldados, atado con dos cadenas y los guardas que estaban delante de la puerta custodiaban la cárcel. Tal vez él hizo que su corazón descansara sobre las palabras que el Señor le dirigió en las playas del lago, y que él nunca olvidaría: « ...cuando ya seas viejo, extenderás tus manos, y te ceñirá otro, y te llevará a donde no quieras». Pero él no era viejo. Su fuerza estaba aún en su madurez; y Herodes no tenía facultad para condenarlo a muerte por crucifixión. Así que él descansó en el Señor, y su mente se mantuvo en perfecta paz. ¿No era esta, por lo menos, una parte de la respuesta de Dios a las prolongadas intercesiones de la iglesia?

3. La apertura de la puerta de hierro. El ángel del Señor se quitó el velo que lo ocultaba e instantáneamente una luz suave y apacible cayó sobre el grupo que dormía, sin despertar a ninguno. El ángel tuvo que tocar a Pedro en el costado y llamarlo para que se levantara. Se levantó con naturalidad, casi sin enterarse de que los grillos y las cadenas se le habían caído.

Parece que el apóstol quedó aturdido, y necesitaba que se le recordara constantemente lo que debía hacer: ceñirse el cinto, ponerse las sandalias, y envolverse en el manto que lo abrigaba. En respuesta al llamado del ángel para que lo siguiera, pasaron por la puerta de la celda como si fuera en un sueño. « ...no sabía que era verdad lo que hacía el ángel, sino que pensaba que veía visión». La luz resplandeciente que procedía del ángel lo guió a pasar por la primera y la segunda guardias, pero estos soldados no dieron indicación de estar despiertos, « ...un profundo sueño enviado de Jehová había caído sobre ellos». Se preguntó Pedro si aquella poderosa puerta de hierro se abriría. Pero cuando llegaron a esta última barrera, la puerta se abrió por sí misma de manera silenciosa. Unas manos fuertes e invencibles la abrieron por completo y la volvieron a cerrar. El aire de la mañana daba en la cara de Pedro, cuando en compañía de su guía angélico pasó una calle, y eso fue todo. Pero fue suficiente, pues Dios economiza lo milagroso. Cuando nuestro propio criterio es adecuado para realizar nuestras tareas, se nos deja que lo usemos. Así que, cuando pasaron la calle, el ángel se apartó de él. «Y habiendo considerado esto, llegó a casa de María la madre de Juan, el que tenía por sobrenombre Marcos, donde muchos estaban reunidos orando». María era hermana de Bernabé y madre de Juan Marcos. En ese hogar no habían dormido aquella noche. El martirio venidero de Pedro estaba en el mismo corazón de ellos; y tal vez la esperanza de que fuera liberado se había desvanecido de su pensamiento. Estaban resignándose a lo que parecía ser la voluntad del Señor, y solo pedían que él fuera fortalecido y sostenido en sus últimas horas. Esto puede explicar la incredulidad de ellos cuando Rode, una muchacha sierva, corrió hacia ellos con el anuncio de que Pedro estaba a la puerta. Como medida de precaución, ella había preguntado quién era el que solicitaba entrada a esa hora no acostumbrada; y cuando oyó la voz de él, la cual ella conocía muy bien por cuanto él visitaba esa casa frecuentemente, la reconoció instantáneamente, y por el gozo que sintió realmente olvidó abrirle; así que él persistía en llamar.

«¡Es su ángel! —le decían—. Estás loca». Pero las afirmaciones de ella y la llamada continua de él prevalecieron al fin, y ellos abrieron la puerta y descubrieron que era verdad lo que ella decía. Pedro no entró en la casa. Tan pronto como sus guardas se dieran cuenta de que él no estaba allí, probablemente lo buscarían en los hogares de sus amigos más cercanos. Debía actuar con precaución. Él tenía que usar su propio ingenio para evadir a sus enemigos. Por tanto, luego de unas pocas explicaciones e instrucciones apresuradas, y con amorosos recuerdos para Jacobo y los demás, salió cuando aún estaba oscuro y se fue a otro lugar.

24
«MI PARTIDA»
2 Pedro 1:12-16

Cuando se llegó al gran asunto que condujo a la convocatoria del primer concilio de la iglesia, que se describe en Hechos 15, parece que hubo, además, un acuerdo en cuanto a las respectivas zonas de influencia que se les habría de asignar a los principales de la iglesia. Era obvio que «el evangelio de la incircuncisión» — para usar las palabras de Gálatas 2—, se lo había encomendado el divino Señor al apóstol Pablo. A Pablo, por tanto, se le confió el inmenso Imperio, Romano hacia el oeste. Jacobo manifestó un sincero acuerdo con este arreglo, como presidente de la iglesia, y también Pedro y Juan. Ellos les estrecharon la mano en comunión a Pablo y a Bernabé, para que fueran a los gentiles, mientras ellos mismos se entregaron a las ovejas esparcidas de la casa de Israel que estaban hacia el oriente.

1. Las labores de Pedro como viajero. Al seguir este arreglo, hallamos al apóstol de los gentiles de visita en Siria y la costa del Asia Menor, de donde pasa a Grecia y a Roma. Tenía en su corazón el deseo de abarcar a todo el mundo occidental con un sistema de evangelización. «...hasta Ilírico, todo lo he llenado del evangelio de Cristo». Y aún pensaba en visitar a España, el límite extremo del imperio, hacia donde se ponía el sol.

Pedro, por otra parte, si podemos inferir por las indicaciones que nos da en sus epístolas, corroboradas por las declaraciones de la tradición eclesiástica, concentró sus labores en las inmensas multitudes de israelitas que estaban esparcidas en la parte oriental del imperio. Se recordará que los representantes de la «Diáspora», es decir, de los judíos esparcidos, se mencionan especialmente en Hechos 2, como individuos que formaban parte de la inmensa multitud asombrada que se reunión el día de Pentecostés. Partia, Media, Persia, Mesopotamia, Ponto, Capadocia, Frigia, Panfilia, habían enviado sus contingentes; y es más que probable que estos mismos distritos estuvieron abarcados en el gran área que constituyó lo que pudiera describirse como la diócesis de Pedro. A menos que la tradición esté equivocada, los últimos dieciséis o diecisiete años de su vida los ocupó en un amplio sistema o ministerio de evangelización.

Cuarenta años después de su muerte, Plinio, a quien Trajano había designado como gobernador de aquella parte en la cual Pedro era superintendente, describió en un documento oficial el maravilloso predominio del cristianismo. Los templos dedicados a Júpiter y a Marte se hallaban abandonados; los sacrificios que se acostumbraban no se ofrecían; mientras que toda la población frecuentaba las asambleas de «la pestilente herejía cristiana». Él admite la pureza y el carácter intachable de los ideales cristianos y de sus prácticas, sus solemnes juramentos para abstenerse del pecado y el hecho de que estaban libres de los pecados de la violencia, este testimonio es confirmado por otros, y al comparar los diversos testimonios de ellos, tenemos la visión de una comunidad cristiana ampliamente extendida, animada de una apasionada devoción a Cristo y a la difusión de su Evangelio. «Es increíble —escribe uno de los historiadores de ese período— la presteza con que estas pobres gentes apoyan y defienden su causa, están firmemente persuadidos de que algún día disfrutarán de la vida eterna; por tanto, con maravilloso coraje, desprecian la muerte y se ofrecen voluntariamente para recibir el castigo. Miran con desdén todos los tesoros terrenales, y tienen todas las cosas en común». Tal fue la cosecha, abundante y rica, que resultó de las labores de Pedro y sus compañeros en estos prolíficos campos. El argumento de que él trabajó principalmente en la parte oriental del imperio es sostenido, además, por el preámbulo de su primera epístola. Él se dirige a los expatriados de la dispersión que están en el Ponto, Galacia, Capadocia, Asia, y Bitinia. Y es interesante notar que el orden de enumeración es el que usaría un autor que estuviera escribiendo para el oriente y no para el occidente. La enumeración comienza con la provincia que está más al este, prosigue hacia el occidente y termina con la que está más hacia el sur.

Esta vasta región, tan grande como toda Francia, contenía quinientas ciudades y pueblos, y fue recorrida repetidamente por el apóstol; pero está claro que él era algo más que un evangelista viajero. Sus epístolas proveen evidencias de que él permanecía suficiente tiempo en cada lugar para formar iglesias saludables, escoger ancianos, y pastorear, según el mandamiento del Señor, a los corderos y a las ovejas. El tono de sus epístolas es tan afectivo e íntimo, que al leerlas comprendemos que había una relación personal muy evidente y tierna que lo unía con ellos, y a ellos con él. El hecho de que la epístola no está dirigida a iglesias, sino a los expatriados elegidos de la dispersión, apoya el punto de vista de que Pedro ejerció un bien definido oficio pastoral, el cual solo pudo haberse originado mediante una prolongada residencia en los principales centros de población.

No debe suponerse, sin embargo, que él se dirigió solo a los judíos. Él menciona expresamente a los que no habían sido pueblo pero que ahora eran pueblo de Dios; que no habían obtenido misericordia pero que ahora la habían obtenido. Se había inferido, por las advertencias que da contra los peinados ostentosos, los adornos de oro, y los vestidos lujosos, que la nueva fe había atraído a algunos de las clases más ricas. También, quizás su deseo de que cuando se demandara de los creyentes razón de su esperanza pudieran presentar una apología, o defensa, indica que algunos de ellos tenían suficiente cultura para hacerlo con eficacia. Pero está claro que había un gran movimiento popular hacia el cristianismo que llenaba de consternación a los devotos de los antiguos sistemas de idolatría.

En la primera epístola a los Corintios se hacen referencias a Pedro que sugieren que él había visitado esa importante ciudad por la cual pasaba el comercio entre Roma y Babilonia a causa de su posición central entre los dos hemisferios. «Yo soy de Pablo; y yo de Apolos; y yo de Cefas ... » ¿No tenemos derecho de traer con nosotros una hermana por mujer como... Cefas?» Esto puede referirse simplemente al fuerte partido conservador de la iglesia primitiva que se colocaba bajo la poderosa égida del nombre de Pedro, en contraste con la escuela más avanzada y liberal de pensamiento dirigida por Pablo. Pero no es irrazonable aceptar estas referencias en su sentido más literal, y creer que, aun después del infortunado incidente de Antioquía, Pedro cooperó y apoyó personalmente aquel noble pionero del Evangelio, en Corinto, y tal vez en otras partes. En su Segunda Epístola, él llama a este pionero «nuestro amado hermano Pablo».

2. Su residencia final en Babilonia. En la parte final de la Primera Epístola de Pedro indica él que escribe desde Babilonia; y no hay razón válida para dudar de que, hacia el fin de su vida, cuando las crecientes debilidades de la edad pusieron una restricción necesaria a sus labores, él estableció su hogar en aquella antigua ciudad histórica, que estaba densamente poblada por judíos.

Cuando Nabucodonosor capturó a Jerusalén, en la primera oportunidad que tuvo transportó a Babilonia «a todos los príncipes y a todos los hombres valientes ... para hacer la guerra»; y, pocos años después, cuando Sedequías se rebeló, el gran rey, después de quemar la casa de Dios y de destruir los muros, llevó a Babilonia a todos los que escaparon de la espada. Por tanto, había una gran población judía en la provincia de Babilonia. Los grupos que siguieron a Esdras y Nehemías hacia su desolada ciudad y hacia sus despojadas tierras, constituían comparativamente una pequeña fracción del número total de los que habían sido llevados. Parece que los ricos, los cultos, y los de alta alcurnia decidieron permanecer en la bella tierra de Babilonia, con sus poderosos ríos, su exuberante vegetación y su delicioso clima.

Estos judíos babilónicos eran sumamente leales a las grandes tradiciones del pasado. Se los ha descrito como hebreos de hebreos. Daban abundantes contribuciones para el mantenimiento de los servicios del templo y en los asuntos religiosos obedecían lo que mandaba el Sanedrín. A pesar de la distancia y de las dificultades del viaje, llevaban a sus hijos a adorar en el lugar sagrado, oraban, se volvían hacia Jerusalén.

Fue allí donde el pastor principal del rebaño disperso escribió su primera epístola, la cual fue distribuida por Silvano, es decir, Silas; y también la segunda epístola, la cual puede considerarse como su testimonio final de la verdad del Evangelio, por la cual estaba preparado para morir, tal como el Señor lo había predicho. Es sumamente interesante el hecho de que él mencione a Silas, pues sabemos que este había sido compañero íntimo y asociado del apóstol Pablo. Se puede inferir que Silas había sido enviado por su gran maestro con un mensaje de amor y estímulo para Pedro, cada vez más debilitado por la edad; y que llevó consigo una colección de las epístolas en las cuales el apóstol de los gentiles había recogido sus profundos pensamientos sobre la excelencia del conocimiento de Cristo Jesús su Señor. Es evidente, según los últimos versículos de la segunda epístola de Pedro, que este leyó todas las epístolas de Pablo, y había hallado algunas cosas difíciles de entender; pero él amaba a su amigo y hermano con un caballeroso afecto y con gratitud reconoció «la sabiduría que le ha sido dada».

Fue también en Babilonia donde Pedro colaboró con Marcos, a quien llama «mi hijo», para que este escribiera el segundo evangelio. Los padres de la iglesia, entre ellos Tertuliano, Clemente, e Ireneo, están de acuerdo en que, en un importante sentido, Marcos fue el «intérprete» de Pedro. Hay muchas características en el Evangelio mismo que armonizan con esta tradición. Una multitud de detalles gráficos denuncian que allí se incluye la observación de un testigo ocular y participante en los maravillosos eventos del ministerio del Salvador. Como evidencias de que, detrás de la vívida pluma de Marcos, estuvo la memoria de uno que había sido testigo ocular de la majestad y belleza del Maestro, se han citado hechos como los siguientes: afirma que el Señor dormía sobre un cabezal en la barca; habla de hierba verde en la alimentación de los cinco mil; dice que el pollino en que Jesús montó estaba atado afuera a la puerta; afirma que Jesús tomaba a los niños en los brazos; anota las palabras que Jesús dijo en su lengua materna: «Talita cumi», cuando levantó a la hija de Jairo; registra que la cara de Pedro estaba hacia la luz del fuego cuando fue descubierto; e informa que en el mensaje del día de la resurrección se incluyeron las palabras: «y a Pedro».

3. La escena final. Mucho se ha discutido en cuanto a si la «Babilonia» que menciona Pedro en su epístola es un nombre figurado de Roma. Esto no se ha establecido de manera absoluta, pero según lo que hemos visto en las páginas anteriores acerca de la numerosa población judía que había en Babilonia, parece no haber razón para negamos a admitir que el apóstol se refería a la verdadera ciudad situada en las riberas del Eufrates. Sabemos que su obra principal la realizó entre los judíos, que había una numerosa colonia de judíos en Mesopotamia, que las cinco regiones a las cuales se dirige su epístola son todas orientales, y que el orden en que se mencionan sugiere que Babilonia era el punto desde el cual el escritor las tenía en mente. Pero también existen razones de peso para creer que la partida del venerable apóstol ocurrió en Roma.

Dean Alford cita las siguientes palabras de uno de los primeros padres de la iglesia, Lactancio: «Como Nerón era tan execrable y pernicioso, determinó destruir la iglesia y abolir la justicia; y al convertirse en perseguidor de los siervos de Dios, crucificó a Pedro y mató a Pablo». Esto es por lo menos perfectamente consecuente con la predicción del Señor en el sentido de que, cuando Pedro fuera viejo, extendería sus manos, y lo ceñiría otro, y sería llevado a donde no quería. Esta fue una notable declaración que indicaba con qué clase de muerte habría de glorificar a Dios.

Después que Nerón redujo Roma a cenizas mediante un fuego que su perversa crueldad había encendido, se encogió ante el apasionado resentimiento de sus súbditos, y en su empeño de desviar la responsabilidad del horrendo crimen de sí mismo, se lo imputó a los cristianos. En busca de sus víctimas, registró todo el imperio, y cayó primero con más fuerza sobre los líderes cristianos más ilustres y mejor conocidos. Entre estos, Pablo fue ciertamente una de las víctimas, y, casi con certidumbre, Pedro fue otra.

Lo que les sobrevino en Roma no está registrado por inspiración divina. Dionisio, obispo de Corinto en el siglo segundo, afirma que Pedro y Pablo sufrieron el martirio al mismo tiempo. Jerónimo, en el siglo cuarto, afirma que Pedro fue crucificado y coronado con el martirio, pero esta crucifixión se hizo con la cabeza hacia la tierra y los pies hacia el aire, por cuanto él sostuvo que era indigno de ser crucificado como lo fue su Señor. Tal fue la muerte que él experimentó en Roma. Con tal éxodo —esa es la palabra griega— pasó de este mundo al seno del Redentor, a quien había amado ardientemente.

En sus dos sermones pentecostales, y en ambas epístolas, Pedro se manifiesta como un sincero estudiante de la profecía. En su última epístola, él aviva nuestra mente para que recordemos las palabras que fueron dichas antes por los santos profetas. Cuando el pleno resplandor de la gloria irrumpió en su espíritu, y el lucero de la mañana que durante tanto tiempo había brillado en su corazón se extinguió en el resplandor celeste del salón de audiencias de Dios, y cuando él recordó lo sucedido en el monte de la Transfiguración, podemos imaginar que volvió a decir: «Señor, bueno es para mí estar aquí». No había necesidad de construir un pequeño y transitorio tabernáculo pues él se hallaba ya en la casa de muchas mansiones de su Padre; y no había temor de que la visión desapareciera, ni de que los rostros de los bienaventurados se desvanecieran. Ya había terminado la larga noche en que había estado pescando y Jesús había descendido hasta la orilla del agua a darle la bienvenida. Él había hecho su aparición ceñido, para servirle. El fuego del amor del Señor saludó su espíritu. Las heridas de Pedro fueron sanadas con las hojas del árbol de la vida; cuando el Señor le dio el beso de bienvenida» Pedro olvidó su fatiga. Luego, formas queridas y familiares comenzaron a reunirse en torno a él, y ninguno de ellos preguntó: ¿Quién eres tú? o ¿Qué lugar es este? Porque ellos sabían que era el Señor, y que ellos estaban en el hogar que él había prometido prepararles.

25
EL RESPLANDOR CREPUSCULAR DE LA VIDA
2 Pedro 1:15

El apóstol recogió en sus epístolas los pensamientos que de manera especial ansiaba que se relacionaran con sus recuerdos por lo que debemos detenemos un poco más para considerarlos. Los podemos enumerar de la manera siguiente:

1. Consuelo en medio de la prueba. El Señor lo había comisionado especialmente para que fortaleciera a los hermanos, y ellos en verdad estaban pasando por experiencias que exigían de modo especial consuelo y fortaleza. Estaban siendo vituperados por el nombre de Cristo. Las pruebas de la fe, la paciencia, y la constancia de ellos eran «de fuego». Habían sido llamados a ser participantes de los padecimientos de Cristo. Estaban experimentando acusaciones ante jueces arrogantes y paganos, la pérdida de sus propiedades, se los estaba torturando, sus familias se estaban dispersando, se les aplicaban crueles azotes, pasaban largas temporadas en la cárcel y eran condenados a morir en el circo o en la hoguera.

En tales circunstancias, ¿qué podría ser más restaurador que el apóstol les recordara repetidamente el ejemplo y la constancia del Salvador, quien había padecido por ellos, y les había dejado ejemplo para que ellos siguieran sus pisadas? «Gozaos —dijo—, por cuanto sois participantes de los padecimientos de Cristo». Ante sus ojos estaba siempre presente la muerte de mártir, como su Señor se lo había dicho; y él compartió con los demás la fuente de su propia firmeza y valor.

2. El carácter de sacrificio que tuvo la muerte del Salvador.
Aquella no fue una muerte ordinaria ante la cual el sol cubrió su rostro y las rocas se hendieron en simpatía. Fue la muerte del Redentor. Fue un sacrificio, como de un Cordero sin mancha y sin contaminación. El Hijo de Dios había llevado los pecados de los hombres sobre su propio cuerpo en el madero. Había muerto el Justo por los injustos, para llevarlos a Dios. La sangre que fue derramada en la cruz era «sangre preciosa». Cuando es rociada sobre la conciencia trae paz, y separa al alma de su vana manera de vivir que ha heredado de la tradición pasada.

3. La certidumbre de la gloria futura. Pedro recuerda a aquellos a quienes escribió que habían sido engendrados para una esperanza viva por la resurrección de Jesucristo de entre los muertos. Para ellos se había comprado una herencia que los estaba aguardando, la cual era incorruptible, incontaminada, e inmarcesible. Ellos recibirían una corona de gloria que sería incorruptible.

4. La necesidad urgente de una vida santa. Él que los había llamado era santo, y ellos también debían ser santos. Ellos eran linaje escogido, real sacerdocio, nación santa, pueblo adquirido por Dios.
El espacio no nos permite hacer un estudio de todas las exhortaciones a la santidad que se hallan en estas epístolas, ni tampoco indicar las cualidades del carácter cristiano en que insiste el apóstol; pero podemos destacar la gracia de la humildad sobre la cual él reitera especial hincapié. ¡Qué diferentes son estos mandamientos del antiguo espíritu orgulloso, jactancioso, y arrogante que con tanta frecuencia lo traicionó en la primera parte de su vida!

5. La naturaleza de la muerte. Él hablaba y pensaba de la muerte como si consistiera en salir del cuerpo o tabernáculo, lo cual simbolizaba el carácter peregrino de su vida terrenal, para entrar en una casa no hecha de manos, que sería su morada permanente, eterna en los cielos. Dijo que la muerte era un éxodo es decir, una partida. Para él la muerte no era una condición, sino un umbral. No era un puente de los suspiros entre un palacio y unas mazmorras, sino un puente de sonrisas y júbilo de una celda al esplendor del día eterno. Pero todo estaba resumido en la visión de aquel querido rostro, que él esperaba ver tan pronto como cruzara el río. Jesús había sido la Estrella matutina de su corazón, y luego sería la Luz de su futuro en la ciudad que no necesita sol ni luna, porque el Cordero es su lumbrera.

PABLO:
SIERVO DE JESUCRISTO

1
GRACIA PRENATAL
1 Timoteo 1:14

El origen de un manantial no tiene que buscarse donde brota, sino en el poderoso mar cuyas aguas son llevadas hacia arriba por el proceso de evaporación, o en las nubes que se condensan contra las frías laderas de las montañas. Así ocurre con la vida de Dios que hay dentro de nosotros. Podemos suponer que, en sus primeras etapas, se originó en nuestra voluntad y elección, pero cuando la repasamos desde la eminencia de los años, descubrimos que nosotros elegimos por cuanto fuimos elegidos; que amamos por cuanto primero fuimos amados. Toda piedad madura exalta la gracia de Dios: aquel amor inmerecido, del cual cada hombre piensa que se magnificó más abundantemente en su propio caso. «...por la gracia de Dios soy lo que soy».

Pablo reconoce de modo enfático esta gracia prenatal.

1. Conocidos con anticipación. Jacobo dijo que el Señor «hace conocer todo esto desde tiempos antiguos». Si sus obras son conocidas de antemano. ¡Cuánto más sus santos! Antes que el tiempo comenzara, se sabía en el cielo quienes serían atraídos por el amor de la cruz para confiar, amar, y obedecer; quienes serían atraídos por la muerte y la resurrección del Hijo de Dios; quienes tendrían eterna afinidad con él en su muerte y resurrección. Y de los tales se dijo: «Porque a los que antes conoció, también los predestinó para que fuesen hechos conformes a la imagen de su Hijo, para que él sea el primogénito entre muchos hermanos» (Romanos 8:29).

Cuando el ojo del amor omnisciente echó una mirada a través de las edades tuvo que haberse iluminado con un placer especial al ver el alma anhelantemente devota de Pablo. Dios lo conoció de antemano y lo predestinó. El propósito divino, que columbró su capacidad para lo mejor, lo seleccionó para ello y lo mejor lo seleccionó para él.

2. Creados en Cristo Jesús para buenas obras. Pablo ha estado indicando el lugar que les corresponde a las obras en el plan general del Evangelio, y demostrando que ni nuestra salvación, ni nuestra fe, son cosas de las que podemos jactarnos. « ...es don de Dios; no por obras», proclama él, y luego procede a la magnífica afirmación: «Porque somos hechura suya, creados en Cristo Jesús para buenas obras, las cuales Dios preparó de antemano para que anduviésemos en ellas» (Efesios 2:10).

La palabra griega que se tradujo «hechura» también se traduce poema. Nosotros somos el poema de Dios. Como un poeta puede adoptar diversas clases de ritmo y medida, según se adapten a su concepto, pero en cada poema tiene no obstante un propósito que brota de su fantasía creadora, así Dios tiene un propósito al enviar cada vida desde el silencio de la eternidad; y si nosotros no lo obstaculizamos, él supervisa la encarnación de ese concepto, y moldea nuestra vida total, desde la cuna hasta la tumba, como un poema simétrico y homogéneo, en el cual domina un pensamiento, aunque sea expresado con infinita variedad de ilustraciones y detalles.

En un poema la expresión se adapta a la concepción. El arte del poeta demanda que ningún toque descriptivo o narrativo en los primeros versos sea estéril o redundante. Permitir que el lienzo se cubra con figuras u objetos que no conduzcan a la principal intención del cuadro pictórico es un gran error.

Así ocurre en la vida humana. Dios conoce las obras que están preparadas, en las cuales debemos andar. Y como las creó para nosotros, así nos creó a nosotros para ellas, en Cristo Jesús.

3. Pablo fue formado en la resurrección de Cristo. La educación de Pablo fue muy diferente de la de sus compañeros apóstoles. Ellos habían crecido con Cristo. Es probable que el Maestro conociera a algunos de ellos antes de llamarlos. Por tanto, crecieron gradualmente en aquellos misterios de la muerte y la resurrección de él. Ellos conocieron al hombre Jesús, antes de reconocer que él era Cristo el Mesías.

Pablo, por otra parte, conoció primero a Jesús en la gloria de su resurrección. Él sabía perfectamente, por cuanto eso era el comentario común de los residentes de Jerusalén, que Jesús había sido crucificado bajo el poder de Poncio Pilato; pero ahora, él veía que el Señor estaba resucitado, que vivía y que hablaba. Su rostro brillaba con una luz que sobrepasaba a la del sol. Pablo tuvo que pensar en su ruta de la gloria de la resurrección y de la ascensión hacia el Calvario, el Getsemaní, la vida humana, y las escenas remotas del nacimiento del Señor y de sus primeros años.

Pero más aún, Pablo tenía una fe muy vívida en que todos los que creen deben identificarse con el Señor resucitado. Él sostuvo y enseñó que todos los miembros del cuerpo místico compartían las experiencias y proezas de su cabeza. Lo que le había sucedido a él, les sucedía también a ellos, y a cada uno de ellos. No había, por tanto, ni un solo creyente que no pudiera reclamar como suyo todo lo que le había sobrevenido a Jesús, aunque en aquel tiempo tal creyente hubiera estado muerto en sus delitos y pecados, o no hubiera comenzado a existir.

Pablo también enseñó que la muerte de cruz fue un sacrificio propiciatorio por los pecados de todo el mundo: un sacrificio único en su gloria sublime e inaccesible. Pero a él le encantaba insistir en aquellos otros aspectos secundarios de la muerte del Salvador, en virtud de los cuales, en la intención divina, todos los que creen son consideramos uno con él en su muerte, en su resurrección, en su ascensión a los cielos.

En un texto memorable, él conecta estos dos aspectos de la cruz. La expresión «el cual me amó y se entregó a sí mismo por mí» está unida con eslabón de oro a las palabras «con Cristo estoy juntamente crucificado» Pablo se complacía en considerar que él había muerto con Cristo y reclamar que debía recibir diariamente el poder de su resurrección. Él anhelaba conocer a Jesucristo y el poder de su resurrección, y estaba muy dispuesto a participar de sus padecimientos si solo podía alcanzar día por día la resurrección de entre los muertos (Filipenses 3).

Esa fue una radiante visión, de la cual el apóstol jamás se cansó. Cuando el mundo lo someta al hechizo de sus atractivos atrévase a responder a ese desafío con la afirmación de que el mundo ya no tiene jurisdicción sobre usted, puesto que usted ha salido de su territorio y de su dominio en virtud de su unión con Cristo, quien, en cuanto murió, murió una vez y en cuanto vive, vive para Dios.

¡Suban a las altas montañas, hijos creyentes de Dios, y vean el amor eterno de su Padre hacia ustedes en Jesús! «Oh profundidad de las riquezas de la sabiduría y de la ciencia de Dios! ¡Cuán insondables son sus juicios, e inescrutables sus caminos! ...Porque de él, y por él, y para él, son todas las cosas. A él sea la gloria por los siglos. Amén» (Romanos 11:33, 36).

2
«CUANDO YO ERA NIÑO»
Filipenses 3:1-11

No lejos de la bahía más oriental del Mediterráneo, en medio de un rico y exuberante llano, estaba Tarso, «ciudad no insignificante», como nos lo dice uno de sus más grandes hijos; pero en la época que nos ocupa era un floreciente emporio comercial y un centro de actividad intelectual y religiosa.

En la zona judía de esta floreciente ciudad, al comienzo de nuestra era (tal vez alrededor del año 4 d.C., cuando Jesús era un niño, en los brazos de su madre en Nazaret), nació un bebé que, por su vida y sus palabras, estaba destinado a darle fama a Tarso en todos los años venideros y a dar un nuevo impulso a las convicciones religiosas de los hombres. Cuando fue circuncidado, probablemente recibió dos nombres: el de Saulo para su familia, y el de Pablo para el mundo del comercio y de la vida municipal.

La imagen de la gran ciudad dejó en el muchacho que crecía una impresión indeleble, completamente diferente a la que dejó en su maestro su pueblo natal. Pablo creció en las calles activas y en los bazares atestados de Tarso, donde se apiñaban mercaderes, estudiantes, y marineros de todas partes del mundo. Inconscientemente, mientras crecía, se estaba preparando para entender la vida humana en todos sus aspectos, y para habituarse a los pensamientos y hábitos de la tienda, del campo, del circo, del templo. Llegó a ser un hombre para quien no era extraño nada que tuviera relación con la vida humana. Le encantaba el movimiento de la vida de la ciudad, y de los intereses de la misma sacó él sus metáforas.

1. Descendiente de pura estirpe hebrea. «Hebreo de hebreos». Tanto por parte del padre como de la madre, su genealogía era pura. Su padre tuvo que haber sido un hombre de considerable posición; de lo contrario Pablo no hubiera poseído el codiciado título de ciudadano romano por nacimiento. Aunque vivía lejos de Palestina, no era un judío helenista, sino tan definidamente hebreo como cualquiera de los que moraban en la santa ciudad. Su padre era tal vez dado a la severidad con sus hijos, pues de otro modo, su hijo no hubiera aconsejado a los padres, años más tarde, que no provocaran a ira a sus hijos, a fin de que no se desalentaran.

En aquel hogar probablemente se utilizara de ordinario la lengua hebrea. Esto pudiera explicar en cierta medida el hecho de que el apóstol poseía un conocimiento a fondo de las Escrituras hebreas, las cuales cita frecuentemente. Cuando Pablo iba por el camino de Damasco, Jesús le habló en hebreo; ya las multitudes de Jerusalén se dirigió Pablo en hebreo desde las gradas del castillo, cuando fue detenido. Su pulso latía rápidamente cuando recordaba que él pertenecía a la raza escogida, la primogénita de Dios, de los cuales era la adopción, la gloria, los pactos, la ley, el servicio a Dios y las promesas.

2. Su primera educación fue muy religiosa. Él era «fariseo, hijo de fariseo». En nuestro día, el término fariseo es sinónimo de orgullo religioso y de hipocresía; pero nunca debemos olvidar que en la antigüedad de los judíos, el fariseísmo constituía algunas de las más nobles tradiciones del pueblo hebreo. En medio de la prevaleciente indiferencia, los fariseos representaban una estricta vida religiosa. A diferencia del escepticismo de los saduceos, quienes no creían en el espíritu ni en el mundo invisible, los fariseos se aferraban a la resurrección de los muertos y a la vida del mundo venidero. En medio de la relajación moral de aquel tiempo, que infectaba a Jerusalén casi tanto como a Roma, el fariseo era austero en sus ideales y en su vida santa.

Pablo también estaba orgulloso del hecho de que en el momento más temprano posible se había iniciado en los ritos y privilegios de su religión, pues había sido «circuncidado al octavo día».

3. Irreprensible en cuanto a la vida externa. En cuanto a la justicia que es por la ley, hasta donde llegaban las observancias externas, él era irreprensible. No había ningún precepto de la ley moral o de la ceremonial que él hubiera desatendido conscientemente. «Varones hermanos —dijo en una ocasión—, yo con toda buena conciencia he vivido delante de Dios hasta el día de hoy» (Hechos 23:1).

Su alma ardiente de joven fariseo se inclinaba a estar en la fila del frente de los santos. Tal vez encontró desilusión desde el principio. Posiblemente el grito: «¡Miserable de mí!» comenzó a expresarse mucho tiempo antes de llegar a ser cristiano. Aunque externamente su conducta era ejemplar, su alma pudo haber estado desgarrada por una lucha mortal. A menudo veía y aprobaba lo mejor, pero hacía lo peor; con frecuencia se lamentaba de la debilidad de sus motivos y de su voluntad.

4. Su naturaleza tuvo que haber sido afectuosa y férvida desde el principio. Las lágrimas que derramó en Mileto, el corazón que casi se le quebranta en su último viaje a Jerusalén, los llamados y alusiones patéticos de sus epístolas, su capacidad para las amistades ardientes y constantes, no fueron rasgos que se le desarrollaron en los años de su madurez, sino que estuvieron presentes, en germen por lo menos, desde los primeros años de su niñez. Él tuvo que haber sido siempre sensible a la bondad; y el contraste entre el recuerdo que años más tarde tiene de sus amigos y su completa reserva acerca de sus padres, hermanos, o hermanas indica de qué manera amarga y definitiva fue repudiado después que él reconoció el cristianismo. En la declaración: «por amor del cual lo he perdido todo», hay más de lo que se entiende a simple vista. El celo que posteriormente lo llevó a perseguir a la iglesia hervía en su corazón. «Yo de cierto soy judío —dijo una vez—, nacido en Tarso de Cilicia, pero criado en esta ciudad, instruido ...estrictamente conforme a la ley de nuestros padres, celoso de Dios». Nos dice en efecto que avanzó en la religión de los judíos más que muchos de los de su propia edad entre sus compatriotas.

De niño habría sido natural que aprendiera de memoria Deuteronomio 6:4-9 y Salmos 113-118. No es probable que hubiera recibido la cultura de la filosofía griega. Entre los 13 y los 16 años de edad habría sido enviado a proseguir su preparación para el oficio de rabino, para el cual evidentemente fue designado por su ambicioso padre. Para el joven esto fue fácil pues tenía una hermana casada en Jerusalén en cuya casa podía hospedarse durante el tiempo en que asistía a las clases del ilustre Gamaliel. «Yo ... [fui] criado en esta ciudad, instruido a los pies de Gamaliel», dijo más tarde.

No debemos olvidar que durante sus años de muchacho aprendió un oficio que le fue muy útil cuando se veía presionado por la necesidad de ganarse la vida.

A todo judío se le enseñaba un oficio, generalmente el de su padre. La familia de Pablo se había dedicado probablemente durante generaciones a tejer una ruda tela oscura de pelo de cabras. A esta clase de artesano se le pagaba muy poco; pero en el caso de Pablo, tal oficio se adaptó altamente a las exigencias de una vida errante. Otros oficios requerían un taller establecido y un conjunto de instrumentos costosos; pero esta era una industria sencilla, que se podía proseguir en cualquier parte, y que solo necesitaba pequeños instrumentos y herramientas.

No era poca cosa haber descendido de un linaje noble y piadoso, ser hijo de Abraham y heredero de las promesas que se hicieron a su descendencia. Pero todo eso lo estimó como pérdida.

No fue poca cosa el haber levantado, mediante la obediencia constante y el cuidado escrupuloso, el edificio de una reputación irreprensible. Pero lo estimó como pérdida.

No fue poca cosa el estar consciente de que le palpitaba un espíritu ferviente que no permitía la indolencia ni el letargo, y que transformaba el deber en deleite. Pero lo estimó como pérdida.

a. *No hubo irreverencia en sus alusiones a los ritos del venerable sistema en que se había nutrido*. Para él, durante largos años, el judaísmo había sido el único intérprete de lo divino, y el único alimento de sus instintos religiosos. En estos estaban probablemente; los rudimentos de todo lo que aprendería posteriormente. No obstante la noble reverencia de su alma, él no podía hacer otra cosa que afirmar que lo que había estimado como ganancia era pérdida.

b. *Las bases para este veredicto probablemente se hallen en dos elementos*. Por una parte, él descubrió que los sacrificios del judaísmo, como era obvio por su constante repetición, podían hacer recordar los pecados pero no podían quitarlos. Descubrió que los ritos externos, por más que se observaran minuciosamente, no ayudaban a purificar la conciencia. Descubrió que en el judaísmo no había poder para salvación, que no había nada para reforzar y renovar las lánguidas energías del alma. Por otra parte, él había hallado algo mejor.

Pablo había visto a Jesús. Ante la gloria de esa visión celestial, todos los demás objetos de atracción había palidecido. Estimaba todas las cosas como pérdida por la excelencia del conocimiento de Cristo Jesús su Señor. En comparación con la obra que él consumó, todos los esfuerzos humanos de Pablo eran fútiles. Fue un alivio apartarse de su propia justicia, que era por la ley, y aprovecharse del método de justicia de Dios, que era por medio de la fe en Cristo. Con gran agradecimiento abandonó sus propios esfuerzos y estimó todas sus ganancias anteriores como basura y estiércol, para ganar a Cristo y todo lo que Cristo podía ser y hacer.

Es una terrible experiencia la del hombre que despierta por primera vez para hallar que ha estado viviendo en error en las cosas más importantes, y que casi ha perdido el más profundo sentido de la vida.

Solo hay una prueba que puede demostrar si tenemos razón o estamos equivocados: es nuestra actitud hacia Jesucristo. Si nuestra vida religiosa gira alrededor de cualquier cosa que no sea él —aunque sean las doctrinas del cristianismo, la obra que hacemos para El, o las normas para una vida santa—, eso inevitablemente nos desanimará y nos fallará. Pero si él es Alfa y Omega; si nuestra fe, por más frágil que sea, mira hacia él; si apresuramos la marcha para conocerlo a él, y el poder de su resurrección, y la participación de sus padecimientos; si podemos estimar todas las coa s como pérdida por la excelencia del conocimiento de él; podemos dominarnos a nosotros mismos en paz, en medio de los misterios de la vida y ante los altos requerimientos del gran trono blanco.

3
APARTADO DESDE EL VIENTRE
Gálatas 1:15

Dios tiene un propósito para toda vida; y cuando el alma se rinde perfectamente y da su consentimiento, él ciertamente lo realizará. Bienaventurado el que no ha frustrado la ejecución del ideal divino.

Uno de los estudios más interesantes de la vida humana consiste en ver cómo todas las circunstancias e incidentes de sus etapas iniciales fueron diseñados por una voluntad determinante que hizo que sirvieran para un propósito beneficioso. Cada hilo es necesario para el diseño completo, en la prueba final, cada parte del equipo permanece en forma.

1. El futuro apóstol tenía que ser instruido a fondo en la ley judía. La expresión «la ley» tiene que ser en este caso un término conveniente, que no solo representa la ley moral y al código levítico, tal como se dieron en el Pentateuco, sino también las adiciones minuciosas y laboriosas de los rabinos. Nadie podía haber apreciado la carga intolerable de este yugo del legalismo —que incluso Pedro dijo que ni ellos ni sus padres habían podido llevar—, a menos que hubiera sido enseñado, como lo fue Pablo, «estrictamente conforme a la ley de nuestros padres» (Hechos 22:3).

2. Necesitaba ser experto en citar y aplicar las Escrituras hebreas. Toda cuestión en la vida religiosa y ordinaria de los judíos se determinaba acudiendo a las Escrituras. Ningún orador podía ganarse el auditorio, ni mantener la atención de una congregación judía por un momento, a menos que pudiera demostrar, y cuanto más ingeniosamente mejor, que sus declaraciones podían ser probadas con la inspirada Palabra. Toda afirmación tenía que ser sometida a la ley y al testimonio. Todo maestro tenía que comparecer ante tan venerable tribunal.

Por encima de todo, era necesario que se demostrara que el cristianismo no era la destrucción sino el cumplimiento de la ley antigua. Lo que hizo que Pablo se pusiera tan furioso contra el cristianismo fue el hecho de que aparentemente negaba y traicionaba el obvio significado de las profecías y los símbolos del Antiguo Testamento.

Ni él ni ninguno de sus correligionarios estaban preparados para aceptar a un Mesías humillado, sufrido, y negado, a menos que pudiera demostrarse, sin controversia, que tal concepto era la verdadera interpretación de Moisés, de los profetas, y de la ley. A través de todo el procedimiento, «la Palabra de Dios» era el único libro de texto; y todos los días se pasaban en la cuidadosa y minuciosa consideración de sus palabras, sus líneas, y sus letras, conjuntamente con la interpretación de los diversos rabinos.

Los hombres podían enfadarse por las interpretaciones que daba Pablo a las antiguas palabras, pero no podían discutir su íntima familiaridad con ellas ni su profunda erudición. Él conocía toda la base perfectamente. No había ni un solo argumento que no conociera bien, y al cual no estuviera instantáneamente dispuesto a dar respuesta. Esa mente aguda había arado repetidamente el campo de la Escritura, y las cosechas las había guardado en su memoria retentiva. Esta fue la facultad que le dio entrada en todas las sinagogas y llevó convicción a muchísimos judíos cándidos. ¡Cómo apreciaron esto, por ejemplo, los estudiantes bíblicos, como aquellos que conoció en Berea!

3. Él necesitaba tener conceptos amplios y liberales. La intolerancia y el exclusivismo de los judíos había levantado una pared intermedia de separación entre judíos y gentiles. Los judíos no se trataban con los samaritanos; ¡cuánto menos con los perros gentiles que se agazapaban debajo de la bien provista mesa de los hijos!

La mayoría de los apóstoles fueron grandemente influidos por este espíritu de casta. Aunque habían sido moldeados por el mismo Señor, para ellos era difícil abrirse paso a través de la cerca de su primera formación. Si la formación de la iglesia primitiva se les hubiera dejado a ellos, aunque teóricamente ellos hubieran podido reconocer la igualdad de judíos y gentiles ante los ojos de Dios, en la práctica hubieran sin embargo establecido distinciones entre los cristianos judíos y aquellas otras ovejas que el Pastor estaba atrayendo pero que no eran del redil hebreo. Se necesitaba urgentemente una voz de trompeta que proclamara que Jesús había abolido en su carne las enemistades, para crear en sí mismo de los dos un solo y nuevo hombre, haciendo la paz.

A través de los arreglos de la divina providencia, esta capacidad también se le comunicó al futuro apóstol de la incircuncisión. Por nacimiento él era hebreo, como ya vimos; de otro modo no hubiera podido influir en los judíos, ni hubiera sido recibido en sus sinagogas. Pero él había sido educado a los pies del gran rabino que, aunque reverenciado como «la belleza de la ley», era también reconocido como el más magnánimo de todos los doctores de la ley. Llegó hasta el punto de permitir y defender el estudio de la literatura griega. En su intervención ante el Sanedrín, que se nos narra en Hechos 5, descubrimos las evoluciones de una mente humana y generosa.

La influencia de tal maestro tuvo que haber sido fuerte en el joven estudiante de Tarso, quien había llegado para sentarse a sus pies, y quien lo miraba con ilimitado entusiasmo.

4. Era necesario un conocimiento especialmente amplio del mundo. El hombre que había de ser un misionero para los hombres tenía que conocerlos. El que habría de ser todas las cosas para todos los hombres, para de todos modos ganar a algunos, tenía que estar familiarizado con sus métodos de vida y con su pensamiento. No hubiera sido posible que un judío de Jerusalén se hubiera adaptado a los cultos griegos y a los prácticos romanos, a los bárbaros y a los escitas, a los siervos y a los libres; a Festo el gobernador imperial, y a Agripa el rey hebreo; a Onésimo el esclavo y a Filemón el amo, tal como lo hizo Pablo.

Al terminar su educación en Jerusalén debe de haber regresado a Tarso. En esos años probablemente se casó, pues de otro modo no hubiera ocupado posteriormente un puesto en el Sanedrín; y prosiguió firmemente su oficio, o ejerció su profesión como rabino en la sinagoga local, o viajó lejos en alguna misión religiosa, y circundó mar y tierra para hacer prosélitos.

Imaginemos lo que esos siete u ocho años tuvieron que haber significado para el joven fariseo. Durante todo ese tiempo estaría observando con agudeza todas las fases del paganismo gentil. Los cuadros del mundo de aquella época que da él en el primer capítulo de su epístola a los Romanos y en la primera epístola a los Corintios solo pudo haberlos dado uno que obtuvo su información de manera directa y a través de la observación personal.

5. Necesitaba también estar equipado con las condiciones de un gran viajero. Para esto hay tres condiciones necesarias: la lengua, la seguridad y el mantenimiento. Y todo esto ya lo tenía a la mano.

a. *La lengua*. El griego era la lengua común del mundo, el medio de intercambio entre personas educadas, como el inglés lo es hoy en la India. Y Pablo conocía aun mejor el griego que el sagrado hebreo. Cuando citaba las Escrituras, habitualmente empleaba la Versión de los Setenta (Septuaginta, es decir, la versión griega); y podía hablar esa lengua con fluidez suficiente como para mantener la atención de los filósofos atenienses.

b. *Seguridad.* Todo el mundo era romano. Había gobernadores romanos en todas las provincias; costumbres romanas en todas las ciudades; las monedas, las aduanas, y los oficiales eran romanos. El hecho de que un hombre fuera ciudadano romano le concedía una categoría y una posición en cualquier parte del imperio. No podía ser azotado sin haber sido juzgado; y si lo azotaban, los magistrados que lo hicieran estaban en peligro de perder su puesto, y aun su vida. Podía solicitar que se le juzgara ante César. Si apelaba a César, a él tenía que ser enviado. Se le permitía defenderse por sí mismo ante el tribunal de justicia romano.

c. *Sostenimiento.* Esto también estaba garantizado para él. En cualquier costa en que se quedara varado siempre había cabras, y siempre había demanda de tela ordinaria como aquella en la cual él había trabajado desde su niñez.

En todo esto fue muy evidente que el propósito divino estaba obrando, dando forma a todas las cosas según el consejo de la propia voluntad de Dios.

4
«ESTEBAN TU TESTIGO»
Hechos 22 :20

Algunas veces Dios le encarga a un hombre algún mensaje, y lo despacha de repente y de manera irresistible. así le ocurrió a Elías con su mensaje: «Vive Jehová de los ejércitos, en cuya presencia estoy»; también a Juan el Bautista con el suyo: «No te es lícito tener la mujer de tu hermano». Así también ocurrió con Savonarola de Florencia y con muchos otros. Y tal fue el caso de Esteban.

Sabemos muy poco, o casi nada, de sus antecedentes. Es casi seguro que fuera un judío helenista; y más que probable que había conocido y se había comunicado personalmente con el Hijo del Hombre, a quien posteriormente reconoció en su gloria. Pero en cuanto al padre, a la madre, a su lugar de nacimiento, y a su educación, no sabemos nada. Tenemos la historia de un día de su vida, y el registro de un discurso suyo; ese fue su último día, y el discurso fue su apología y la defensa de su propia vida.

Esteban captó durante breve tiempo la gloria del Señor ascendido, y al reflejarla, fue transformado a su misma imagen. «Entonces todos los que estaban sentados en el concilio, al fijar los ojos en él, vieron su rostro como el rostro de un ángel» (Hechos 6:15).

La vida y la muerte de Esteban han atraído siempre un reverente interés; pero cuanto más si averiguamos su influencia en el método, el pensamiento y el carácter del gran apóstol.

1. El movimiento del cual Esteban fue producto y representante puede reclamar por un momento nuestra atención. Este movimiento arroja interesante luz sobre la carrera del «joven que se llamaba Saulo».

Tres corrientes de pensamiento convergían en turbulento remolino en Jerusalén.

Estaban los judíos de la secta de los Fariseos, representados por Gamaliel, Saulo de Tarso y otros personajes notables. Se caracterizaban por una intensa religiosidad que giraba en torno a sus antepasados, el rito inicial, la ley, y el templo. ¿No eran ellos hijos de Abraham? ¿No había entrado Dios en relación especial de pacto con ellos, del cual la circuncisión era la señal externa o sello? Y en cuanto al templo, toda su vida nacional estaba anclada en el lugar donde se había levantado. Era el único altar, el único sacerdocio, el único santuario que admitía su religión. Eran estrechos, casuísticos, intolerantes, e intensamente fanáticos; se enorgullecían de sí mismos por su privilegio nacional como pueblo escogido; pero manifestaban resentimiento contra los llamados de sus más grandes profetas. Contaban con la eficacia de su sistema, pero descuidaban el carácter personal. Tal era el partido ortodoxo y conservador de ese tiempo.

Luego estaba la iglesia judeocristiana, dirigida y representada por los apóstoles. Ellos no tenían planes para fundar una nueva organización religiosa. Nunca se les ocurrió que vivirían para ver el judaísmo sustituido por la enseñanza que ellos estaban dando, o el cristianismo en existencia aparte del sistema en que ellos habían sido formados. El Maestro de ellos había observado rigurosamente los derechos y las fiestas de los judíos; y ellos seguían sus pasos y enseñaban un curso de acción similar a sus adherentes. La iglesia subsistía aún en los portales de la sinagoga. Los discípulos observaban las horas de oración, asistían con devoción a los servicios del templo, circuncidaban a sus hijos, y no hubieran soñado con ser librados de las regulaciones que ataban a los judíos ordinarios como con cadenas de hierro. Parece cierto que, de no haber ocurrido nada de la naturaleza de la apología y de las protestas de Esteban, la iglesia hubiera llegado a ser otra secta judía, distinguida por la piedad y pureza de sus adherentes, y por su extraña creencia en que Jesús de Nazaret era el Mesías, quien había sido crucificado bajo el poder de Poncio Pilato.

Por último, estaban los convertidos de entre los judíos helenistas. El origen de los helenistas, o judíos griegós, tiene que buscarse en la cautividad que Dios impuso para promover la diseminación de los conceptos judíos por todo el mundo. solo un pequeño contingente regresó a Jerusalén con Nehemías y Esdras; la inmensa mayoría decidió permanecer en la tierra de su adopción con propósitos comerciales. Lentamente se esparcieron desde allí a través de Asia Menor hasta las ciudades de la costa y los distritos de tierras altas del interior de esta región; y en todas partes plantaban la sinagoga, con su proclamación de la unidad y la espiritualidad de Dios. Egipto, y especialmente Alejandría; Grecia, con sus activos peritos marítimos comerciales; Roma, con su influencia imperial cosmopolita; llegaron a familiarizarse con la presencia y las costumbres peculiares de este maravilloso pueblo, que siempre contribuyó a asegurar para ellos mismos una amplia participación de la riqueza de cualquier país en que se establecieran. Pero su libre contacto con el populacho de muchas tierras produjo un notable cambio en esos pueblos.

En tanto que los judíos de Jerusalén y de Judea rehuían el toque contaminante del paganismo, y elevaban cada vez más la pared de separación, y continuamente se volvían más orgullosos, más amargos, y más estrechos, los judíos que estaban esparcidos por todo el mundo llegaron a ser más liberales y cosmopolitas. Obligados, como estaban, a renunciar al templo con sus ritos sagrados, excepto en ocasiones raras y grandiosas, cuando viajaban desde los fines de la tierra para estar presentes en algún gran festival, magnificaban en su lugar la sinagoga, con su adoración, la lectura de la ley, y las palabras de exhortación; y daban la bienvenida a todos los que querían aprovecharse de sus privilegios.

Después de algunos años, Pablo regresó a establecerse en Jerusalén. Es posible que los dirigentes judíos impresionados por sus dones y talento y su entusiasta devoción al judaísmo, lo invitaran a tomar parte, o a dirigir, la oposición al cristianismo, a lo cual los eventos diarios los estaban arrastrando de manera irrevocable. Es casi seguro, también, que para facilitar sus operaciones, fuera nominado entonces para ocupar un asiento en el Sanedrín, lo cual lo facultaba para dar su voto contra los seguidores de Jesús (Hechos 26:10).

Sus primeras impresiones acerca de los seguidores de «el Camino», nombre que al principio se les dio a los discípulos, fueron completamente desfavorables. A él le parecía pura locura suponer que el Nazareno que había sido crucificado pudiera ser el Mesías por que tanto tiempo habían esperado, o que hubiera resucitado de entre los muertos. Por tanto, él mismo tomó las cosas en sus manos y asumió la dirección de la disputa con Esteban, quien acababa de ser nombrado como diácono en la iglesia que iba creciendo, y no contento con la actitud conservadora y tímida que los apóstoles habían mantenido durante unos cinco años, ahora estaba desarrollando un dinámico plan de acción.

2. El tema principal del testimonio de Esteban. Fue el primer intento de interpretar la historia de los tratos de Dios con Israel a la luz de Cristo; el primer comentario que el Nuevo Testamento le hace al Antiguo; el borrador fragmentario de la epístola a los Hebreos. Sus ojos fueron los primeros que se abrieron para comprender que el antiguo pacto estaba envejeciendo, y casi se estaba desvaneciendo, por cuanto estaba a punto de ser sustituido por aquella mejor esperanza, por medio de la cual todos los hombres podrían acercarse a Dios.

Como les ocurre a la mayoría de los que expresan la verdad de Dios por primera vez, Esteban fue muy mal entendido. Deducimos esto de las acusaciones que presentaron contra él los falsos testigos que el Sanedrín sobornó. Estos lo acusaron de que había expresado palabras blasfemas contra Moisés, de que había hablado contra el templo y contra la ley, y de que había declarado que Jesús de Nazaret destruiría el templo y cambiaría las costumbres que les había dejado Moisés. Y si seguimos atentamente el argumento de Esteban, podemos ver cómo pudo producir estas impresiones.

Él habló del Dios de la gloria; de los grandes del pasado, a quienes llamó «nuestros padres»; del ángel que habló con Moisés en el Sinaí; y de las palabras de vida de la Escritura. Y sin embargo, es innegable que él vio con clara visión que Jesús de Nazaret tendría que cambiar las costumbres que Moisés dejó, y conducir a su iglesia hacia aspectos más espirituales de la verdad.

3. Su martirio. Sabemos poco de la vida de Esteban. Es más que probable que, como ya lo dijimos, él conociera a Jesús en la primera parte de su vida, pues en la visión celestial lo reconoció instantáneamente. Ciertamente él tuvo que haberlo visto cuando murió, pues los rasgos de la agonía del Señor moldearon las últimas horas del mismo Esteban. Él tuvo que haber visto que Jesús llevó la cruz con toda mansedumbre; que con amor divino oró por sus verdugos; que al expirar entregó su Espíritu en manos invisibles; que encontró que la muerte era la puerta a la vida; y en medio del horror de la ejecución en público, descubrió el secreto de la calma y la paz. Estos fueron rayos de luz que él captó desde la cruz en que su Maestro derramó su vida hasta la muerte.

Esto también afectó poderosamente a Pablo: aquella luz que vio en el rostro del mártir, aquella evidente vislumbre del Santo invisible, aquellas palabras, aquella paciencia y aquel perdón, aquella paz que envolvía su lacerado cuerpo, magullado y sangrante, en el momento en que se quedó dormido. Pablo no podía olvidar eso nunca. Y esto no solo moldeó sus grandes discursos según el modelo de aquellas palabras de Esteban que nunca podría olvidar; no solo aquellos conceptos de naturaleza espiritual sobre el reino de Cristo afectaron todo su ministerio y enseñanza durante los años posteriores; sino que la misma luz que irradió de aquel noble carácter fuerte y tierno pareció haber sido absorbida por su espíritu, para volverla a irradiar con mucha paciencia, en aflicciones, en necesidades, en angustias, en luchas, en tumultos, en pureza, en conocimiento, en sufrimiento resignado, en bondad, en el Espíritu Santo, en amor no fingido.

La sangre de los mártires es la semilla de la iglesia.

El poder del perseguidor es vencido por la paciencia de sus víctimas. Saulo, a cuyos pies los testigos pusieron sus ropas, estaba adquiriendo y haciendo suyo el manto del santo profeta que partía.

5
UNA LUZ DEL CIELO
Hechos 26:13

Si la importancia de los acontecimientos se puede estimar por la cantidad de espacio que la Escritura concede para su narración, la detención de la carrera de Saulo de Tarso por parte del Señor resucitado tiene que ocupar el segundo lugar en el relato del Nuevo Testamento, Se describe tres veces con gran minuciosidad de detalles —primero la describe Lucas, y luego, dos veces, el mismo Pablo—, la narración ocupa más espacio que cualquier otro suceso, con excepción de la crucifixión de nuestro Señor. Durante toda la vida, una de las convicciones del apóstol fue la de que él, verdadera y ciertamente, había visto al Señor, y por tanto, había recibido la facultad de ser testigo de su resurrección como cualquiera de los que habían vivido y viajado con él, comenzando desde el bautismo de Juan hasta el día en que fue recibido arriba. « ...y al último de todos, como a un abortivo, me apareció a mí» (1 Corintios 15:8). Ananías le dijo: «Hermano Saulo, el Señor Jesús, que se te apareció en el camino por donde venías, me ha enviado» (Hechos 9:17).

Seis días antes, Saulo había salido de Jerusalén con una pequeña comitiva que le había ofrecido el sumo sacerdote como escolta. La jornada fue larga y solitaria, y le concedió tiempo para la reflexión, para lo cual había tenido poco lugar durante el cúmulo de eventos de los meses anteriores. Era pleno día. A diferencia de la mayoría de los viajeros, él se abstuvo de pasar siquiera una hora en el retiro de su tienda, para protegerse de los rayos solares que caían como espadas, mientras todo el aire era sofocante a causa del calor. Estaba cansado de sus propias meditaciones y anhelaba entrar en acción.

La meta del largo viaje la tenía bien clara delante. Después de una o dos horas estaría dentro de las puertas de Damasco, atravesando una calle llamada Derecha, para entregar su comisión a las autoridades y asegurar el mejor punto para comenzar sus actividades. Pero de repente una gran luz brilló sobre él, y en medio de la luz se oyó una voz, ininteligible e inarticulada para sus compañeros, aunque suficientemente clara para él. Hablaba en lengua aramea, y lo llamó a él por nombre (Hechos 26:14).

Con la luz de ese momento, el apóstol vio muchas cosas. Aquello fue como un destello repentino que fulgura sobre un abismo, y pone de manifiesto cosas secretas que habían estado escondidas por completo, o que solo se percibían nebulosamente.

1. Ante la gloria de esa luz, se convenció de la verdad del cristianismo. No había sino una cosa que podía convencerlo. Él había visto a este Jesús de Nazaret, de quien sabía que había sido crucificado; y lo vio que vivía en el otro lado de la muerte. Él tuvo que haber podido reconocerlo y establecer su identidad; pero ninguna otra cosa menor habría servido. Él vio al Señor en el camino, y el Señor le habló. Instantáneamente sintió que la vida, a partir de ese momento, tenía que tener un nuevo significado y un nuevo propósito, y que él tenía que vivir para establecer aquella fe a la cual había infligido tan grandes estragos.

2. Ante la gloria de aquella luz tuvo la suprema revelación de Dios. La naturaleza le había dicho algo de Dios. Los cielos le habían hablado de su gloria, y el firmamento le había mostrado la obra de sus manos. Pero esta luz sobrepasaba el resplandor del sol, y hacía que todas las maravillas de la naturaleza palidecieran como palidecen las estrellas cuando raya el día. No se puede concebir ningún método de manifestación divina que supere la luz que irradia el rostro de Jesús. Él vio la gloria de Dios en la faz de Jesucristo, a quien él había perseguido.

¿Quiere usted conocer a Dios? Tiene que estudiarlo en Jesús. Después de él, no necesitamos nada más; fuera de Jesús, no hay nada más. Aun en el mismo cielo veremos la luz de la gloria de Dios en la faz de Jesús. Esa luz brilló antes que el primer rayo de luz solar fulgurara sobre el abismo; y seguirá brillando cuando el sol, la luna, y las estrellas se oscurezcan y se enfríen.

3. Ante la revelación de esa luz, Saulo de Tarso vio la naturaleza real de la guerra que él había estado librando contra la religión de Jesús. El primer nombre que se le dio a la nueva secta fue «el Camino». Era un título patético y significativo; estas almas sencillas habían hallado un camino nuevo y vivo hacia el conocimiento de Dios y su adoración, consagrado por medio del velo roto de la carne de aquel a quien sus principales sacerdotes y gobernantes habían entregado para que fuera condenado a muerte.

El joven Saulo estaba sumamente furioso contra los peregrinos del Camino. Él les hacía la vida desdichada. La expresión «enfurecido sobremanera» se usaría con respecto a los jabalíes que arrancan las vides tiernas. Estaba tan airado contra ellos que cuando la iglesia de Jerusalén quedó desolada, y su huerto fue destruido y pisoteado hasta convertirlo en un desierto, siguió los mismos métodos en ciudades distantes; y en la memorable ocasión que estamos estudiando, había recibido cartas que lo autorizaban para, si hallaba a algunos de este camino allí, los llevara encadenados a Jerusalén a fin de que fueran castigados.

A él le parecía que esta obra de exterminio era parte de su deber religioso. Él tenía la deuda con Dios de extirpar a los seguidores de Jesús. ¿No podrían estos esfuerzos dar satisfacción con respecto a alguna falta relacionada con las demandas de la ley, que de vez en cuando presionaban el interior de su conciencia? Pero, como les ocurrió a los soldados romanos que crucificaron al Señor, él no sabía lo que hacía. « ...habiendo yo sido antes blasfemo, perseguidor e injuriador; mas fui recibido a misericordia porque lo hice por ignorancia, en incredulidad» (1 Timoteo 1:13).

Sin embargo, cuando aquella luz cayó sobre su camino, de repente despertó y descubrió que, en vez de estar sirviendo a Dios, estaba chocando con él, y realmente estaba arrancando y asolando aquello por lo cual su Hijo amado había derramado lágrimas y sangre. Al perseguir la secta de los nazarenos, estaba persiguiendo al Hijo de Dios. Ese fue un descubrimiento terrible y abrumador. De algún modo, su religión lo había llevado a chocar con Dios, en las personas de aquellos amados de él; su celo religioso, en vez de estar agradando a Dios, le era doloroso, y estaba amontonando ira para el día de la ira.

4. Aquella luz también le reveló la ineptitud de su vida religiosa. Él había puesto en práctica en su vida todo lo que pensaba que era justo. Pero no hacía mucho se había visto obligado a confesar que sentía incomodidad e insatisfacción. Con diligencia luchó contra eso, para lo cual se sumergió de manera más asidua que nunca antes en la obra de persecución. Sin embargo, ahí estaba la insatisfacción.

Había, además, otras dos causas que instigaban su intranquilidad. En primer lugar, él sentía que su religión no lo satisfacía; parecía ineficaz para contener las imperiosas demandas del pecado. A menudo, no hacía el bien que quería, en tanto que el mal que odiaba, ese sí hacía. ¿No había nada mejor?

Entonces le pareció que estos humildes discípulos de Jesús de Nazaret tenían algo mejor. La mansedumbre con que ellos soportaban los sufrimientos; la luz que brillaba en sus rostros moribundos; las oraciones que hacían por sus perseguidores, y que hacían en el momento en que iban a expirar, eran hechos que evidenciaban que ellos poseían un secreto que él sabía que no lo tenía. Sin embargo, ¿cómo podía ser el Mesías aquel que había tenido tal fin? ¡Y qué absurdo era decir que él había resucitado, cuando los centinelas romanos habían declarado solemnemente que el cuerpo de él había sido robado por los discípulos mientras ellos dormían!

Pero todas estas preguntas llegaron a una crisis y fueron confirmadas cuando de repente él vio a Jesús de Nazaret en el trono a la diestra del poder y con un resplandor que sobrepasaba al fulgor del sol.

5. Fue entonces cuando descubrió la fuente de su intranquilidad de corazón y conciencia. Fue entonces cuanto comprendió que estas pugnas eran punzadas del aguijón del gran labrador, por medio de las cuales desde hacía tiempo estaba él intentando dirigirlo para que emprendiera la obra de su vida que él le había preparado desde la fundación del mundo. De ahí en adelante, él no habría de actuar por impulso propio, sino por impulso de Dios; no habría de cubrirse con su propia justicia, sino con la de Dios; no habría de oponerse al Nazareno, sino tomar su yugo, llevar su carga, hacer su voluntad.

6. Esa luz también le reveló cuál sería el curso de su vida futura. Desde ese día en adelante, él habría de ser un siervo y un testigo de lo que había visto y de aquellas cosas en que Cristo aún se manifestaría a él.

Era suficiente. Preguntó humildemente qué debía hacer. Y se le dijo que diera el paso siguiente, hacia adelante y se dejara guiar a la ciudad.

Y entonces se configuró ante él, como un relámpago en el camino real y perfilándose más definidamente durante los tres días de retiro que pasó en la casa de Judas, el plan ideal del Señor para su vida que él debía ser enviado a judíos y gentiles; que mediante su sencillo testimonio, él sería usado para abrir los ojos de los ciegos para que los hombres se apartaran de las tinieblas a la luz y del poder de Satanás a Dios. Tal concepto moldeó su vida, permaneció siempre en su memoria, y formó la base de una de sus más nobles explosiones (Colosenses 1). Sintió que había sido asido; comprendió algo del propósito para el cual había sido llamado; y con fe paciente, resolvió, hasta donde dependiera de él, asirse a aquello de lo cual había sido aprehendido.

¿Cómo podría él ser otra cosa que no fuera un hombre obediente? Como señal de su humilde sumisión permitió que lo llevaran de la mano a la ciudad, a la cual había esperado entrar como un inquisidor; y se inclinó humildemente para recibir las instrucciones de uno de los creyentes en Cristo de corazón más sencillo, a quien él esperaba llevar cautivo a Jerusalén. Tales son los triunfos de la gracia de Dios; y en este caso demostró ser sobreabundante.

6
LA REVELACIÓN INTERNA DE CRISTO
Gálatas 1:15-17

¡Qué diferente de lo que esperaba fue la entrada de Saulo a Damasco! Probablemente, durante los agotadores días del viaje, se había animado imaginando la recepción que le otorgarían las autoridades de Damasco, cuando llegara a la ciudad como comisionado del sumo sacerdote, encargado de extirpar la herejía nazarena. Pero en vez de honores, hubo consternación y sorpresa. Nadie podía explicarse o entender suficientemente lo que había ocurrido. Se había desmontado de su caballo, e iba a pie; en vez del porte arrogante del inquisidor, la impotencia de un ciego que solicitaba manos que lo guiaran, Con el deseo de huir de la noticia y de la bienvenida, solo anhelaba llegar a un cuarto solitario donde pudiera recuperarse del traumático efecto que había producido la colisión entre su naturaleza mortal y pecadora y el santo y glorioso Hijo de Dios, a quien él había perseguido implacablemente,

Parecía un hombre golpeado, abatido, quebrantado; pero su alma estaba radiante con la luz de la gloria de Dios en la faz de Jesucristo.

Es interesante notar cuánto de la enseñanza que el apóstol nos da posteriormente puede descubrirse en germen en los registros de su conversión.

«Yo soy Jesús, a quien tú persigues»: aquí está la identificación del creyente con su divino Señor, que envuelve toda esa maravillosa enseñanza de la unidad de la cabeza con los miembros.

« ...para ponerte por ministro y testigo»: aquí está el origen de su constante referencia a los términos testigo y testimonio.

« ...los gentiles, a quienes ahora te envío»: en esto se basaba su reclamo de ser considerado de manera especial el apóstol de los gentiles. Y tal vez en este tiempo pasaron momentáneamente por los ojos de su corazón dos grandes revelaciones: primera, que los gentiles debían ser miembros, coherederos y copartícipes con la nación escogida en todos los privilegios y derechos del Evangelio; y segunda, que todos los hombres debían comprender cuál es la comunión del misterio que ha estado escondido desde los siglos eternos en el corazón de Dios.

En Hechos 26:17, 18 hallamos un compendio del primer capítulo de la Epístola a los colosenses. Este compendio es en realidad la sementera del pensamiento del apóstol sobre la justificación y la santificación del alma, la totalidad de su mensaje pudiera concentrarse en torno a estos dos puntos. Remisión de pecados y una herencia entre los santificados por la fe en el Cristo viviente.

En este período formativo actuaron en su vida tres factores: la obra de Dios en su corazón; el contacto con Ananías; y la educación que recibió en las soledades del desierto.

1. La obra de Dios en su corazón. Imaginemos la abundancia de revelación que se le dio a aquel ciego durante esos tres días y tres noches que pasó en silencio y soledad en la casa de Judas. Es maravilloso que se le olvidaron las necesidades del cuerpo: no comió ni bebió.

¡Qué misterios comenzaron a desfilar delante de él! Durante esas horas portentosas Dios le reveló secretos que había guardado a través de los tiempos eternos, pero que le fueron manifestados a él según el mandamiento del Dios eterno, a fin de que él los diera a conocer a todas las naciones, para la obediencia de la fe.

Pero la revelación culminante fue aquella en la que él hace especial hincapié. Era mucho aprender que Jesús de Nazaret era muy ciertamente el Hijo del Altísimo; pero más que todo fue el descubrimiento de que Cristo vivía en un sentido real dentro de él por su Espíritu, de tal modo que, mientras él estaba en Cristo, Cristo también estaba en él, así como la rama tiene su puesto en la vid, y la vid vive por medio de la rama.

A Dios le agradó hacer saber esto a Saulo de Tarso. Igualmente le agradará hacérselo conocer a usted. Pida usted un alimento de la gracia celestial que rompa el velo de neblina, y le permita ver la cresta soleada de los Alpes, radiantes en el resplandor de la mañana.

2. El contacto con Ananías. A las naturalezas santas y humildes se les permite algunas veces ayudar al espíritu que está a punto de salir de la esclavitud. Los oficios que uno puede realizar a favor de otro se ilustran bellamente en aquel santo de corazón sencillo llamado Ananías, a quien el Señor en ese momento llamó a escena y a quien le encomendó las llaves del reino para que abriera el camino de Saulo hacia la perfecta paz.

Sabemos muy poco acerca de Ananías, excepto que él era un hombre devoto según la ley y que tenía buen testimonio de los judíos; pero evidentemente. estaba en íntimo contacto con el Maestro. Una delgada velita, si está encendida, puede comunicar su lumbre a las mechas poderosas de la torre del faro.

a. *Ananías dio a Saulo una bienvenida de hermano.* Aunque él sabía perfectamente cuál era el objeto de la visita de Saulo a la ciudad, se dirigió a él con el término dulce y generoso de «Hermano», «Hermano Saulo». ¡Qué conmovedoras son esas palabras cuando pasan por el corazón de un nuevo convertido! El amor humano era la señal del amor divino. ¡Cuán hermoso debe ser el amor de Dios, cuando el humano puede llegar a ser tan fuerte y delicado a la vez!

b. *Le comunicó inapreciables bendiciones.* En primer lugar, al ponerle las manos, llegó la visión clara a aquellos ojos que no habían visto nada desde el momento en que habían sido derribados por la gloria de aquella luz. Y el toque de este hombre devoto, que tuvo que haber estado acompañado, por una mirada hacia arriba de oración y fe, también fue la señal de que Saulo estaba recibiendo la unción de la gracia del Espíritu Santo; de que estaba siendo llenado, ungido y equipado para el bendito servicio.

c. *Lo bautizó.* ¡Qué bautismo tuvo que haber sido aquél! ¡Qué marejada de emoción tuvo que haberse apoderado de él, al comprender que se estaba uniendo con Jesús por la semejanza de su muerte! Ese bautismo fue su rompimiento final e irreversible con su vida pasada, con la secta de los fariseos y con la persecución a los adherentes de «el Camino». De ahí en adelante, él fue declaradamente uno con los seguidores del Nazareno. La cruz y el sepulcro de Jesús tendrían que estar ahora entre él y todo lo que él había sido: todos sus amigos, sus ambiciones, sus opiniones. Ahora tendría que volver su rostro hacia la labor y hacia el dolor, hacia el hambre y hacia la sed, hacia los peligros y las persecuciones, juntamente con la entrega diaria a la muerte por amor a Jesús.

Parece que Ananías no estaba enterado de todo lo que el bautismo significaba para su nuevo hermano Saulo. Para él era un acto de obediencia, un símbolo del lavamiento de los pecados. ¡Cuán poco sabemos de lo que está pasando en los pensamientos de aquellos que están junto a nosotros en la extraña escuela de la vida! Pero la sincera ayuda de Ananías tuvo que haber sido muy consoladora para el nuevo discípulo. Lo único que Ananías sabía era lo que el Señor le había dicho: « ...porque yo le mostraré cuánto le es necesario padecer por mi nombre».

3. La educación que recibió en las soledades del desierto.

«No consulté enseguida con carne y sangre, ni subí a Jerusalén a los que eran apóstoles antes que yo; sino que fui a Arabia». No está bien claro si él comenzó a predicar antes de ir a Arabia; probablemente no. Él quería estar a solas para reflexionar en todo lo que había visto. Para esto tenía que tener tiempo libre ininterrumpido, y tenía hambre de estar en el aislamiento y en la soledad del desierto. Hombres como Ananías podían confirmarlo; los apóstoles podían comunicarle muchas de las enseñanzas y del maravilloso ministerio del Señor.

El nombre «Arabia» tal vez represente aquí a la península del Sinaí, con su escasa población, sus notables rasgos físicos, su relación con Moisés, con el Exodo, y con Elías.

Probablemente la obra más importante de aquellos años fue el repaso de toda la verdad del Antiguo Testamento desde el nuevo punto de vista sugerido por los padecimientos y la muerte del Mesías. No había duda de que él había sido crucificado en debilidad, y de que ahora vivía en el poder de Dios, ¿Pero cómo podía ser esto consecuente con las predicciones de los profetas y videntes del Antiguo Testamento, las cuales, según las habían entendido los rabinos a través de las generaciones, se referían a un príncipe absolutamente victorioso? ¡Con cuánto anhelo buscó todos los bien conocidos pasajes mesiánicos! ¡Qué éxtasis tuvo que haberlo conmovido al descubrir que todos concordaban con los padecimientos y la muerte de Cristo, como la manera para entrar en su gloria! ¡Y de qué manera tan grande tuvo que haberse maravillado de que él y todo su pueblo hubieran estado ciegos ante el obvio significado de la Palabra de Dios (2 Corintios 3)!

Podemos entender bien por qué, al regresar a Damasco, inmediatamente pudo proclamar que Jesús es el Hijo de Dios; y especialmente la confusión que el demostrar que Jesús era el Mesías causó a los judíos que moraban en Damasco,

También es casi cierto que en este período fue guiado a entender la relación de la ley con el antiguo pacto que Dios había hecho con Abraham, fue entonces cuando comprendió que él y su pueblo habían hecho muy poco en relación con la promesa que se le hizo a Abraham, la cual estaba condicionada no por las obras sino por la fe. La ley, que vino cuatrocientos treinta años después de dado este pacto, no podía abrogarlo y así invalidar la promesa (Gálatas 3:17). Él caminó gradualmente hacia atrás desde Moisés hasta llegar a Abraham.

A la luz de esta revelación pudo entender mejor su propio llamamiento para servir a los gentiles, pues esta era una de las provisiones especiales del pacto que Dios hizo con Abraham: « ...y serán benditas en ti todas las familias de la tierra». Pero lo más profundo fue la obra de Dios dentro de su alma. Ya no confiaba en sí mismo; estaba más que contento con ser un esclavo de Jesucristo, de ir a donde era enviado, de hacer lo que se le ordenaba, y de ser instrumento de la voluntad de él. Todos nosotros necesitamos ir a Arabia a aprender lecciones como estas.

7
EL SURGIMIENTO DEL PROPÓSITO DE LA VIDA
Hechos 22:17-21

Al comienzo de su carrera cristiana el apóstol se sintió fuertemente inclinado a servir a su propio pueblo. Él era hebreo, hijo de hebreos. ¿Qué significado tenía el haber sido criado y nutrido en el corazón del judaísmo? ¿No era para que entendiera mejor a los judíos y los ganara? La formación que él había tenido en conformidad con la secta más estricta de su religión y a los pies de Gamaliel, ¿no le daba a él un derecho especial sobre aquellos que mostraban especial reverencia y le rendían honor a «aquella joya de la ley»?

Él estaba destinado a descubrir que el nuevo Señor que había hallado tenía otros propósito para su vida, y que él había sido especialmente preparado y llamado para predicar «entre los gentiles» las inescrutables riquezas de Cristo, y para aclarar a todos la dispensación del misterio escondido desde los siglos en Dios.

La esperanza que abrigaba Pablo.

a. *Durante su estadía en la península del Sinaí* bien podemos entender que su alma se volvió hacia su pueblo con ardiente deseo. ¿No era él un israelita de la descendencia de Abraham y de la tribu de Benjamín? ¿Podía él ser indiferente a las necesidades de sus hermanos según la carne? El anhelo de su corazón y su esperanza eran los de enseñar a su pueblo que la ley que había sido dada en el Sinaí se había cumplido y había sido reeditada en la vida santa de Jesús de Nazaret; que los sacrificios que se habían ofrecido sobre aquellas arenas habían señalado hacia la muerte de cruz; y que el fuego que ardía en la zarza también estaba en el rostro de él. Quería enseñar todo esto y mucho más a su pueblo, y sacarlo de las desolaciones del fariseísmo hacia los lugares celestiales de los cuales Canaán era un símbolo. ¿Qué obra podría armonizar más con sus gustos y sus actitudes que esta?

b. *Al regresar a Damasco comenzó enseguida su campaña en las sinagogas.* «En seguida —se nos dice— predicaba a Cristo en las sinagogas, diciendo que este era el Hijo de Dios. Y todos los que le oían estaban atónitos ... Pero Saulo mucho más se esforzaba, y confundía a los judíos que moraban en Damasco, demostrando que Jesús era el Cristo» (Hechos 9:20-22). ¡Cómo se animó con estos primeros éxitos!

Pero esta visión se eclipsó pronto. Tan violento fue el odio de sus compatriotas por lo que hacía que estuvo en gran peligro de perder la vida. Ellos vigilaban las puertas de la ciudad día y noche, para matarlo si trataba de escapar. Finalmente fue bajado de noche por el muro en una canasta.

c. *Sin embargo, su propósito no había cambiado aún.* Subió a Jerusalén con la intención de ver a Pedro. Probablemente habría fracasado en esto de no haber sido por la intervención de Bernabé, quien, según una antigua tradición, había sido compañero de estudios de Pablo y se había educado con él a los pies de Gamaliel. Por medio de sus buenos oficios, Pablo estableció contacto con Pedro y Jacobo. Luego vino una bendita etapa de compañerismo. Él estuvo con ellos, y especialmente cultivó un compañerismo santo y amoroso con Pedro, quien era reconocido como el adalid de la iglesia.

Ciertamente es usar inocentemente la imaginación el pensar que estos dos hombres conversaron sobre el gran pasado. En una ocasión, su tema sería la primera parte del ministerio del Señor en Galilea, tan íntimamente relacionada con la entrada de Pedro en la vida adulta; en otra, los discursos y las escenas que se produjeron antes de la crucifixión; en otra, la preciosa muerte de Jesús, su sepultura, su gloriosa resurrección, su ascensión, y las apariciones durante los cuarenta días. «Cuéntenos todo lo que recuerde sobre el Maestro», sería la frecuente petición de los nuevos discípulos de aquel que había tenido un privilegio tan especial como testigo de aquel misterio de amor.

Pero Saulo tenía otra ocupación en esos felices días. Buscó otra vez las sinagogas. « ...y hablaba denodadamente en el nombre del Señor, y disputaba con los [judíos] griegos». ¡Qué bien podía entender él la pasión con que eran recibidas sus declaraciones! ¡Pero con qué habilidad volvería sobre el acicate que al fin lo había obligado a él a rendirse! Pero sus esfuerzos en este caso fueron también recibidos con repulsas: «...estos procuraban matarle».

Sin embargo, a pesar de la frialdad y de la aversión, él se aferró tenazmente a su acariciado propósito. Sentía gran tristeza y continuo dolor en su corazón. Hasta hubiera deseado ser separado de Cristo por amor a sus hermanos según la carne.

Todos nosotros hemos también acariciado propósitos en nuestra vida. Solo a duras penas nos hemos dado por vencidos y aceptado lo inevitable. Luego, de repente, hemos despertado, y hemos descubierto que, mientras estábamos deseando hacer una cosa, Dios nos estaba guiando a hacer otra.

2. La puerta que se cierra. Comenzó a cerrarse en Damasco. Se cerró aún más cuando surgió la persecución en Jerusalén. Pero el cierre final se produjo aquel día en que Saulo estaba orando en el templo.

Mientras estaba allí de rodillas en algún lugar tranquilo vio a aquel a quien su alma amaba y buscaba. Y el Señor resucitado le dio instrucciones claras e inequívocas: «Date prisa, y sal prontamente de Jerusalén; porque no recibirán tu testimonio acerca de mí» (Hechos 22:18).

Saulo, como ya lo vimos, no estuvo dispuesto a aceptar esto como el ultimátum y aún sostenía que Jerusalén ofrecería el campo más adecuado para su ministerio. Pero todo el debate terminó de manera breve con las siguientes palabras del Señor: «Ve, porque yo te enviaré lejos a los gentiles».

¡Ah, Saulo! Tú has discutido, te has esforzado y has tratado de llevar a cabo lo que quieres. El Señor te ama demasiado para ceder a tu idea. Algún día llegarás a comprender que lo que él estaba haciendo era mejor que lo que tú pensabas, y que te iba a enviar a un campo de servicio aun más amplio y productivo.

3. La puerta que se abre. Así que los discípulos llevaron al predicador perseguido hasta Cesarea y lo enviaron a Tarso. No es improbable que él haya reanudado allí su trabajo de hacer tiendas, y se haya conformado con esperar la voluntad y la indicación de Dios. Pero los años pasaban lentamente. Posiblemente pasaron unos cuatro o cinco en comparativa oscuridad y abandono. Es casi seguro que él trabajaba para Cristo en la vecindad de su hogar, como lo veremos; pero la palabra del Señor esperaba su cumplimiento.

Por fin un día oyó a la puerta una voz que decía: «¿Vive aquí Saulo?» y al instante ya lo estaba mirando el rostro conocido de su antiguo amigo de la escuela con una alegre sonrisa de reconocimiento. Entonces Bernabé le contó la historia de la maravillosa manifestación de la obra de Dios en Antioquía, y Bernabé le rogó que regresara con él a recoger la cosecha que estaba madura en la primera gran ciudad gentil que el Evangelio había conmovido. « ...y ...le trajo a Antioquía. Y se congregaron allí todo un año con la iglesia, y enseñaron a mucha gente».

8
«NOS LLEVA SIEMPRE EN TRIUNFO»
2 Corintios 2:14-16

Mientras Saulo esperaba en Tarso, donde permaneció unos cuatro o cinco años, parece que concentró sus energías en las instrucciones que se dan en dos partes del capítulo 15 de Hechos. En el versículo 23, los apóstoles, los ancianos, y los hermanos dirigen su carta circular expresamente a los hermanos de entre los gentiles que estaban en Antioquía, Siria y Cilicia y en el versículo 41 leemos que Pablo, junto con Silas, su compañero de viaje, pasaron por Siria y Cilicia, confirmando a las iglesias. Evidentemente había iglesias recién nacidas que estaban esparcidas por toda la provincia nativa de Saulo; y es casi irresistible llegar a la conclusión de que tales iglesias nacieron con los férvidos llamamientos y las devotas labores del nuevo discípulo.

Su obra, sin embargo, se relacionó principalmente con las sinagogas que, a partir de la dispersión, se habían establecido en la mayor parte de las grandes ciudades del imperio. Como en las primeras iglesias de Judea, los principales integrantes de estas serían judíos convertidos y prosélitos. Para ese tiempo el apóstol se habría sentido justificado con recibir a los gentiles, como tales, en la iglesia. Él estaba explorando su ánimo en esa dirección y estaba siendo preparado para la aceptación completa de la comisión que se le había encomendado en el camino a Damasco y cuando oraba en el templo.

Privación y peligro tuvieron que haber ocurrido durante estos años. Todos recordamos aquella maravillosa enumeración: « ...en trabajos más abundante; en azotes sin número; en cárceles más; en peligros de muerte muchas veces. De los judíos cinco veces he recibido cuarenta azotes menos uno. Tres veces he sido azotado con varas; una vez apedreado; tres veces he padecido naufragio; una noche y un día he estado como náufrago en el mar; ...en peligros y fatiga, en muchos desvelos, en hambre y sed, en muchos ayunos, en frío y en desnudez» (2 Corintios 11). En su vida, tal como la narra el cronista de los Hechos de los Apóstoles, positivamente no hay lugar para muchas de estas cosas.

Es, pues, más que probable que, desde el mismo momento en que él comenzó a seguir al Salvador, se identificó con el avance doloroso del Señor por el mundo.

Este concepto estuvo íntimamente relacionado en la mente del apóstol con sus singulares experiencias, como lo verá cualquier estudiante reflexivo de la segunda Epístola a los Corintios. Señalemos especialmente el versículo 14 del capítulo dos: «Mas a Dios gracias, el cual nos lleva siempre en triunfo en Cristo Jesús, y por medio de nosotros manifiesta en todo lugar el olor de su conocimiento». Y agrega en el versículo 15: «Porque para Dios somos grato olor de Cristo en los que se salvan. y en los que se pierden».

Esta metáfora fue tomada de la escena de un triunfo romano, uno de los eventos más notables del mundo antiguo, cuando algún gran general, un César o un Mario, regresando de los distantes escenarios de un triunfo, ascendía por la colina del Capitolio en medio de los aplausos de los ciudadanos reunidos y la fragancia de ricos perfumes. Delante de su carroza, desfilaban los reyes y los príncipes cautivos; y detrás de ella iban largas filas de prisioneros cargados con los despojos de guerra.

A la vívida imaginación del apóstol le parecía que este espectáculo magnífico, que con tanta frecuencia conmovía el mismo corazón de Roma, era un adecuado emblema de la marcha de Cristo por el mundo.

¿No es este un cuadro adecuado de toda época? Toda gran crisis que se haya producido ha ayudado al avance del reino de Cristo. ¿Fue una crisis la caída de Babilonia? Eso le dio a la humanidad una lengua universal: la lengua con que Alejandro hablaba a sus soldados; el delicado y sutil griego en que se escribió el Nuevo Testamento. ¿Fue una crisis la caída de Roma? Eso abrió el camino para el surgimiento de las naciones modernas, en las cuales siempre han residido la libertad y el Evangelio. Podemos mirar sin desaliento los eventos que ponen sombras sobre nuestros corazones. También servirán a la causa del Evangelio. En formas que podemos explicar, esos eventos prepararán el triunfo de nuestro Rey.

La posición personal del apóstol en la procesión de su Señor la entendió él claramente y perpetuamente la acentuaba. Jamás se cansó de describirse a sí mismo como esclavo de Jesucristo. «Pablo, siervo de Jesucristo, llamado a ser apóstol, apartado para el evangelio de Dios». Desde aquel momento en que fue derribado a tierra cuando iba en camino a Damasco se había conformado con ser llevado de ciudad en ciudad, de continente en continente, en la marcha triunfal de su Señor, como trofeo del maravilloso poder de él para someter a los más tercos bajo su yugo. «Mas a Dios gracias —exclama—, el cual nos lleva siempre en triunfo».

Aquellos a quienes Jesús lleva en triunfo participan de su triunfo. Pueden ser un espectáculo para los ángeles o para los hombres. Algunas veces están en el cepo; otras veces tenidos por desechos de todas las cosas; sin embargo, en el reino espiritual, siempre van en triunfo. ¡Si usted es vencido por Jesús, siempre irá de triunfo en triunfo!

La influencia de Cristo sobre el carácter de aquellos que lo siguen está también claramente delineada. La metáfora se cambia, y el apóstol ya no se considera como un esclavo, sino como un liberto, un ciudadano, un amigo. En todo lugar Dios manifiesta por medio de él el suave olor del conocimiento de Jesús. Dondequiera que iba, los hombres conocían mejor a Jesús.

¡Qué ideal es esto para todos nosotros! ¡Vivir de tal modo que, aunque no podamos hablar mucho, ni ocupar una posición de mando, sin embargo se difunda de nuestras vidas un grato olor, que no es el nuestro, sino el de Cristo!

Sin embargo, una vez más cambia el pensamiento. El apóstol imagina que él ya no es la mano que mueve el incensario, sino el incienso mismo. Dice: «Porque para Dios somos grato olor de Cristo». ¡Qué maravillosamente despierta el perfume la memoria! En un momento nos llevará flotando hacia atrás a través de largos años.

Por tanto, cuando se nos dice que podemos ser para Dios un grato olor de Cristo, tiene que significar que podemos vivir de tal manera que le recordemos a Dios lo que fue Jesús en su carrera mortal. Es como si, al observarnos Dios día tras día, viera en nosotros a Jesús.

¡Qué clase de prueba para la vida diaria! ¿Tiene mi vida la fragancia de Jesús? ¿Le hace mi vida recordar al Padre al bendito Señor?

Fue así como Saulo de Tarso pasó los años de preparación que precedieron a la gran oportunidad de su vida. Fue así como esperó la llegada de Bernabé.

9
EL APÓSTOL DE LOS GENTILES
Romanos 11:13

Es probable que durante sus años de obra apacible en Cilicia y en Siria, Saulo de Tarso estaba siendo guiado cada vez más claramente a comprender el propósito de Dios para su vida: que él fuera el apóstol de los gentiles. La visión que tuvo en el templo había culminado con las palabras: «Ve, porque yo te enviaré lejos a los gentiles» (Hechos 22:21). Hasta ese momento, el judaísmo había sido la única puerta para entrar al cristianismo; de ahí en adelante, la puerta de la fe habría de permanecer ampliamente abierta también para los gentiles, sin circuncisión. Alguna sugerencia sobre esto nos la ofrecen sus propias palabras. Pero la verdadera dirección de su vida era aún difícil de descubrir, hasta que se presentaron las circunstancias a las cuales ahora dedicamos nuestra atención.

1. Saulo llamado a Antioquía. Lucas, en la mitad de su narrativa, cambia el centro de interés de la iglesia madre de Jerusalén a una que había sido fundada poco antes del tiempo a que ahora nos referimos en la alegre, frívola, activa y bella ciudad de Antioquía. Esta ciudad era un emporio de comercio, un lugar de reunión del mundo antiguo con el nuevo. Siempre será famosa en los anales del cristianismo porque cierto número de discípulos no ordenados para oficios religiosos cuyos nombres no se mencionan, los cuales iban huyendo de Jerusalén a causa de la persecución de Saulo, se atrevieron a predicar el Evangelio a los griegos, y a reunir a los convertidos en una iglesia, descartando por completo el rito inicial del judaísmo. Allí también, a los discípulos de «el Camino» se les llamó «cristianos» por primera vez. De Antioquía salió la primera expedición a evangelizar el mundo. En los días posteriores a los apóstoles fue famosa como sede del gran obispo, santo y mártir, Ignacio.

Correspondió a un puñado de fugitivos, judíos helenistas de Chipre y de Cirene, abrirse paso a través de las barreras de los siglos, y comenzar a predicar al Señor Jesús a los griegos de Antioquía. Instantáneamente el Espíritu divino honró la palabra de ellos, dio testimonio de la gracia de la Palabra de Dios y un gran número creyó y se convirtió al Señor (Hechos 11:19-21).

Tan pronto como llegó a Jerusalén la noticia de estos novedosos procedimientos, la iglesia envió a Bernabé, quien era chipriota, para que averiguara e informara. El veredicto de él fue definido y tranquilizador. No vaciló en informar que aquella era una obra definida de la gracia de Dios; y continuó a la obra que se había iniciado, con tanto éxito que «una gran multitud fue agregada al Señor».

Su éxito, sin embargo, no hizo sino añadir perplejidad y dificultad a la situación y él se halló frente a frente a un gran problema. Los gentiles se estaban apresurando a entrar en la iglesia y ocupaban sus puestos en igualdad de condiciones con los judíos en la cena del Señor y en las fiestas fraternales algo que los judíos más conservadores veían con resentimiento. Este hombre, en quien no había doblez, era casi incapaz de hacerle frente al problema. Pero recordó que cuando su antiguo amigo y compañero de estudio se convirtió había sido especialmente comisionado para predicar a los gentiles, y partió para Tarso en busca de Saulo, y lo llevó a Antioquía. «Y se congregaron allí todo un año con la iglesia, y enseñaron a mucha gente» (Hechos 11:26).

Pero este año de experiencia en Antioquía tuvo una consecuencia suprema para Saulo. Por Bernabé se enteró de la conclusión a que había llegado la iglesia de Jerusalén cuando oyeron lo que Pedro narró sobre los tratos de Dios con Cornelio y su familia (11:18). Dios no hacía distinciones, ¿por qué habría de hacerlas él? El horizonte de Pablo se ampliaba cada vez más, su confianza aumentaba, su concepto de los propósitos de Dios se iba profundizando, y él le dio forma al Evangelio que posteriormente predicó entre los gentiles (Gálatas 2:2).

No necesitamos demorarnos en la breve visita que él hizo a Jerusalén al final de su año de ministerio en Antioquía para llevar ofrendas de los cristianos gentiles para sus sufridos hermanos judíos. Parece que en esta ocasión no se encontró con los apóstoles. Probablemente estos se habían retirado de Jerusalén para evadir la mano asesina de Herodes (Hechos 12); por tanto, el donativo de la iglesia de Antioquía quedó en manos de los ancianos de la iglesia madre.

2. Saulo apartado por el Espíritu Santo. Fue trascendental la hora de la historia de la iglesia en que, al regresar de Jerusalén, Bernabé y Pablo se reunieron con otros tres para dedicar un tiempo a la oración y al ayuno. No podemos decir cuál fue la razón inmediata de esta sesión especial; pero es significativo que los tres profetas y los dos maestros representaban entre sí cinco países diferentes. ¿Suspiraban ellos por su propio pueblo, y deseaban ofrecerle el Evangelio, como ya sabían que podían ofrecerlo, sin las trabas y restricciones del judaísmo? No podemos decirlo. Sin embargo, en esa reunión nacieron las misiones modernas. El Espíritu Santo, Vicario de Cristo, el Director y Administrador de la iglesia de Cristo, indicó al pequeño grupo que apartaran a dos de ellos para una misión que él les revelaría, cuando se atrevieran a salir en obediencia a su mandato. Fueron a Chipre, sitio al que fueron atraídos en primer lugar por cuanto Bernabé tenía allí relaciones de nacimiento y herencia. Allí proclamaron la palabra de Dios de un extremo a otro en las sinagogas de los judíos, pero no tuvieron ningún fruto hasta que el gobernador romano los llamó y buscó la manera de oír el mensaje que traían ellos. Y después de haberlo oído, creyó.

Después de llegar a territorio continental, Pablo, en contra del criterio de Juan Marcos, partió de la costa marítima hacia las lejanas altiplanicies del interior, a unos 1220 metros sobre el nivel del mar, con la evidente intención de establecer iglesia en la gran ruta comercial entre Tarso y Efeso, que pasaba por Asia Menor. ¡Cuál no sería el resultado para oriente y occidente si este gran puente recíproco se convertía en camino real para los pies del Hijo de Dios! Pero allí lo esperaba la misma experiencia de todas partes.

Los judíos de Antioquía y de Pisidia los rechazaron, en tanto que los gentiles les dieron la bienvenida. Pablo se vio por cierto obligado a apartarse públicamente de sus propios compatriotas, y a levantar el Evangelio como la luz y la salvación para aquellos a los cuales se refirió el profeta cuando dijo: «hasta lo último de la tierra». Fue entonces cuando la palabra del Señor se extendió por toda la región. En Iconio, adonde huyeron ante una persecución que hacía inseguro permanecer en Antioquía, volvieron a encontrarse con la malicia de los judíos de una manera tan persistente que fueron sacados hacia las ciudades gentiles de Licaonia, donde probablemente no había ninguna sinagoga. Allí también predicaron el Evangelio e hicieron muchos discípulos.

En todas partes el elemento judío era obstructivo e implacable, mientras que los gentiles, cuando se los dejaba por su cuenta, los recibían a ellos y a su mensaje con los brazos abiertos. El amor de Pablo no se abatía. ¿Cómo podría abatirse? ¿No eran ellos sus hermanos, sus parientes según la carne? Pero él tenía que seguir el plan divino.

Probablemente la mayor experiencia de Pablo en este viaje fue su primera visita a los afectuosos gálatas, a cuyo país probablemente se alude de manera vaga en Hechos 14:24. En todo caso, el hecho de que él insista en su epístola en que él les había predicado el Evangelio tal como lo había recibido directamente de Cristo y no diluido, nos obliga a ubicar su primer encuentro con ellos antes de su memorable visita a Jerusalén a la cual nos referiremos pronto, en la cual consultó con los apóstoles respecto al Evangelio que él proclamaba (Hechos 15; Gálatas 2). Es probable que se detuviera entre ellos a causa de un ataque de la dolencia crónica que padecía, agravada por los cambios de clima o por la malaria. «Pues vosotros sabéis —les escribe— que a causa de una enfermedad del cuerpo os anuncié el evangelio al principio; y no me despreciasteis ni desechasteis» (Gálatas 4:13, 14). En cuanto a rechazarlo por esta causa, sus dolores y aflicciones solo los conmovieron más y los ataron más a él. «Porque os doy testimonio —dice él— de que si hubieseis podido, os hubierais sacado vuestros propios ojos para dármelos» (versículo 15).

El éxito que tuvo entre esta amable gente fue notable, y profundizó aun más la impresión que tenía de dedicar sus esfuerzos a la salvación de los gentiles, cuya causa había sido puesta en su corazón en el momento en que se convirtió.

3. Su apostolado reconocido por los apóstoles. No intentamos agregarle nada a la discusión en que ya tanto se ha dicho de una parte y otra en cuanto al tiempo en que tuvo lugar la visita a Jerusalén que se menciona en Gálatas 2. Nos adherimos al criterio más generalmente aceptado de que Gálatas 2 se refiere a la misma visita que se menciona en Hechos 15, cuando él fue enviado como delegado de Antioquía a Jerusalén para obtener el parecer de los apóstoles sobre la recepción de los gentiles en la iglesia.

Pablo buscaba la opinión de personas de crédito entre los apóstoles con respecto a lo que él enseñaba, no fuera que estuviera en error o trabajando en vano. En el transcurso de las diversas entrevistas se fue haciendo evidente para Jacobo, Pedro, y Juan que su antiguo perseguidor había recibido una comisión divina para los gentiles. Comprendieron que a él le había sido encomendado el Evangelio de la incircuncisión. Los líderes responsables de la iglesia madre no pudieron menos que percibir la gracia que le había sido dada. Así que le dieron la diestra de compañerismo para que él fuera a los gentiles, mientras ellos iban a la circuncisión.

Esta fue la confirmación reiterada y final del propósito que se había estado formando en su corazón. Él nunca dejó de comenzar su obra en cualquier lugar mediante un sincero esfuerzo para salvar a algunos de los de su propia carne; pero siempre comprendió que el supremo encargo que se le había encomendado para aquellos que eran llamados incircuncisión por la llamada circuncisión, hecha en la carne con manos.

Ciertamente, pues, está bien que la iglesia que lleva el nombre de Pablo esté en el corazón de la ciudad gentil más grande de la época y lleve el emblema de la muerte de Cristo por encima de su humo y su tumulto.

10
«HACE CATORCE AÑOS»
2 Corintios 12;2-5

Si contamos catorce años hacia atrás, desde el tiempo en que se escribió esta epístola, nos encontramos en los acontecimientos que se narran en los capítulos 13 y 14 del libro de los Hechos, especialmente en aquella trascendental hora de la historia del cristianismo en que cinco hombres, que representaban a cinco países dife-

416

rentes, se reunieron para orar y ayunar en relación con el estado del mundo y su deber al respecto. El evangelista nos cuenta que dos de haya solo haya tormenta. Evidentemente esto fue lo que caracterizó al también las penurias, las dificultades y los sufrimientos que experimentaron mientras cumplían su alto llamamiento. Podemos estar agradecidos, pues, de que podemos complementar la narración de Lucas con las palabras del apóstol, cuando recuerda lo que le ocurrió catorce años atrás.

1. La descripción que el apóstol da de sí mismo. «Un hombre en Cristo». Hay tres cualidades en un verdadero carácter varonil: resolución, fortaleza, y coraje.

a. *Resolución.* Consiste en que el hombre establezca una alta aspiración como meta y la prosiga a través de lo bueno y de lo malo hay solo haya tormenta. Evidentemente esto fue lo que caracterizó al apóstol, quien prosiguió su propósito de servir a los gentiles desde Antioquía hasta Iconio y desde allí hasta Listra y Derbe. El odio de los judíos no lo disuadía; la inestabilidad de las multitudes no la intimidaba; la tormenta de granizo de piedras que le cayó en Listra no hizo que se apartara a un lado. Tenía la persistente aspiración de predicar el Evangelio donde antes no se hubiera mencionado a Cristo.

b. *Fortaleza.* Consiste en que el hombre sea capaz de soportar el dolor y la angustia desconsoladora. No hay nadie que no pase por sus horas de dolor desconsolador, cuando parece como si se rompieran las fibras del corazón y la sangre se derramara. Pablo manifestó la fortaleza cuando soportó sin quejarse y con nobleza la cobardía de Marcos y el odio inexorable de sus compatriotas. También, después de haber sido apedreado en Listra, se levantó de lo que ,había parecido que era su desvanecimiento de muerte, y se esforzó para regresar a la ciudad de la cual había sido arrastrado, según todas las apariencias, como un cadáver, y habiendo saludado a los hermanos y especialmente al joven Timoteo, en la mañana siguiente salió para continuar su amada obra en las ciudades vecinas de Licaonia.

c. *Coraje.* A Pablo nunca le faltó el coraje. Nunca vaciló de enfrentarse a un anfiteatro lleno de fanáticos airados, o ante desafiantes cónsules o procuradores, o ante algún apóstol cuya acción mereciera condena. Y su heroico valor se manifestó conspicua y precisamente en este viaje, cuando en vez de tomar un camino más fácil y directo para regresar a casa a través de su ciudad natal y de las puertas de Cilicia, se atrevió a regresar por las mismas ciudades en que había predicado, confirmado a los discípulos y exhortándolos a continuar en la fe. Corriendo un gran riesgo personal, permanecía en cada lugar el tiempo suficiente a fin de escoger ancianos para las nacientes congregaciones, y para orar con ayunos y encomendarlos a Dios, en quien habían creído.

Cuando llegamos a ser cristianos no perdemos estas características. No, sino que se purifican de los ingredientes que pudieran viciarlas y corromperlas. Fuera de Cristo, la resolución puede convertirse en obstinación; la fortaleza en estoicismo; el valor en fatalismo. Tan pronto como la persona está en Cristo, sin embargo, se elimina todo peligro de exageración; y aquel fuerte carácter natural toma fortaleza del león de la tribu de Judá, y se suaviza por la mansedumbre y la bondad del Cordero que fue inmolado.

2. A tales individuos les vienen momentos nupciales. Son días de nupcias entre el cielo y la tierra —días de fiesta—, horas de visión y éxtasis, cuando la marejada se eleva y es rápida, y cuando rebosa la copa de la vida. «Y conozco al tal hombre ... que fue arrebatado al paraíso, donde oyó palabras inefables que no le es dado al hombre expresar. De tal hombre me gloriaré».

Al principio pudiéramos suponer que el apóstol está realmente describiendo la experiencia de alguna otra persona. Parece que él estableciera una distinción entre aquel hombre bienaventurado, cuya experiencia estaba describiendo, y él mismo. « ...de buena gana me gloriaré más bien en mis debilidades». Pero al proseguir su historia, se ve claramente que estaba describiendo alguna radiante experiencia por la cual pasó él durante su primer viaje misionero.

Tal experiencia puede venir en horas de gran dolor. Se ha aventurado la conjetura de que este éxtasis al paraíso ocurrió cuando el apóstol estaba siendo apedreado en Listra. Pero, si fue esta la ocasión o no, él no podía hallar palabras para decir lo que vio y oyó. El paraíso en verdad sería un lugar si las palabras pudieran describirlo. El tercer cielo no sería digno de su hacedor, si sus glorias no sobrepasaran a nuestras más sublimes imaginaciones.

Estas horas son tan evanescentes como indecibles. ¿Por qué? Para que no nos exaltemos sobremanera, y seamos orgullosos. Si el apóstol le tuvo temor a esto, mucho más debemos temerle nosotros.

Por la providencia de Dios tales horas radiantes no duran, pues nuestra fuerza no se sostiene de ellas. No obtendremos mucha energía solo de crema batida por más agradable que sea al paladar; y si solo dependemos de los éxtasis del paraíso como fuentes de nuestro poder espiritual, también tendremos escasez de fuerza espiritual.

No deploremos el hecho de que las horas bienaventuradas y de éxtasis pasen con paso ligero y veloz. No piense usted que ha caído de la gracia cuando el ardor y el resplandor de esas horas se desvanezcan. Si le llegan a usted con frecuencia o no, aun si nunca lo visitan, usted todavía está en Cristo, unido al Señor, es aceptado en el Amado. Confórmese, entonces, con hacer como Jesús, que regresó del éxtasis del paraíso que se le presentó en el monte de la Transfiguración para tomar el camino de la cruz.

3. La disciplina del dolor. No necesitamos gastar tiempo en la discusión de la naturaleza de la espina que Pablo tenía en su carne. Pablo la llamó «un aguijón», y también se puede traducir «una estaca», como si él estuviera empalado. En su infinita sabiduría, Dios permitió que este mensajero de Satanás abofeteara a su siervo; y a través de todo ese primer viaje misionero tuvo él que enfrentarse a una larga sucesión de bofetadas. Había peligros de ladrones, en las aguas, en los pasos de las montañas, y de violentas multitudes; y encima de todo esto, estaba el aguijón lacerante.

Probablemente él sufría de debilidad en los ojos, o de alguna forma penosa de oftalmía. Esto lo inferimos por el hecho de que los que se convirtieron en Galacia anhelaban darle sus propios ojos, de que él dependía de un amanuense, y de las grandes letras con que escribía las posdatas para su epístolas (Gálatas 6:11). Si esto era así, el dolor se intensificaría grandemente cuando él se enfrentaba a las fuertes ventoleras que barrían las mesetas montañosas en que estaba situada Antioquía de Pisidia.

¿Sería en este viaje cuando él le pidió al Señor tres veces que le quitara tal aguijón, y recibió la seguridad de que, aunque se dejaran las espinas, se le daría gracia más que suficiente? Si así fue, él tuvo que haber oído la música de aquellas tiernas palabras, como un repique de campanas, en Antioquía, Iconio, Derbe, y Listra: «Bástate mi gracia».

¡Cómo crece grandemente nuestro aprecio del apóstol cuando recordamos que él padecía un incesante dolor! Pero en vez de sentarse desesperado, y presentar su enfermedad física como excusa para no hacer nada, con valentía reclamó la gracia que estaba a la espera de ser llamada.

11
EL CONFLICTO EN LA VIDA DE PABLO
Hechos 15; Gálatas 2

En la separación de Abraham de su país, de su parentela, y de la casa de su padre hay una prefiguración de la historia de su pueblo. Sus ropas sus ritos, sus costumbres, y sus prácticas religiosas se determinaban con cuidado y expresamente para acentuar su separación, de tal modo que, apartados de la influencia de las naciones circundantes, estuvieran aptos para recibir, conservar y transmitir el conocimiento de Dios. De ninguna otra manera hubieran podido ellos tener el precioso depósito que se les encomendó a través de los siglos.

Las leyes de separación eran tan rígidas que Pedro no vaciló en recordar a Cornelio y a sus amigos el riesgo que él corría al traspasar el umbral de la casa de un gentil. Y cuando Pedro subió a Jerusalén, aun sus hermanos en Cristo que eran de la circuncisión, pensaban que él había cometido una falta grave: « ...disputaban con él ... diciendo: ¿Por qué has entrado en casa de hombres incircuncisos, y has comido con ellos?» (Hechos 11:3). La ley de los mandamientos, contenida en ordenanzas, algunas de las cuales habían sido promul- gadas por Moisés, y muchas habían sido añadidas posteriormente por las sucesivas generaciones de doctores de la ley y rabinos, se levantaba como una pared intermedia de separación entre los judíos y los gentiles.

El rigor de estas observancias era bien marcado en Jerusalén. Pero en las ciudades extranjeras llegó a ser costumbre aliviar lo estricto de las cadenas del judaísmo, aunque siempre mantenían la circuncisión, el matrimonio de los judíos solo con judíos, y aquel método particular de preparar la carne animal para comer que aún está en boga entre los judíos. No nos sorprende, por tanto, que Antioquía llegara a ser el escenario de un movimiento de avance, dirigido por Bernabé y Pablo, que consistía en recibir abiertamente a los convertidos gentiles en la comunidad cristiana, sin insistir en que previamente se conformaran al venerable rito de la circuncisión.

Esto fue señal de un gran avance. Hasta entonces, especialmente en Judea, los cristianos eran tenidos por el pueblo como una secta judía. En tanto estuvieran dispuestos a asistir a los servicios del templo, a acatar las regulaciones, y a mantener las instituciones del Judaísmo, se consideraba su fe en Jesús como el Mesías que por tanto tiempo habían esperado como una peculiaridad que podía disimularse y tolerarse. Se les permitía que se reunieran en sus fiestas fraternales con tal de que no abandonaran el templo; podían orar a Jesús como Dios, con tal de que en todos los demás aspectos actuaran como devotos judíos. Pero si esta norma se hubiera mantenido universalmente, el cristianismo no habría tardado en perderse de vista. Luego de unos breves años, no habría podido distinguirse.

Todo esto, sin embargo, estaba previsto en los planes hacia los cuales fueron guiados Bernabé y Pablo. En la Epístola a los Gálatas

(2:4, 12) tenemos una hermosa vislumbre de la libertad que los convertidos tenían en Cristo Jesús en la ciudad de Antioquía, circuncisos
e incircuncisos se reunían en los ejercicios comunes de la comunidad
cristiana. Comían juntos sin discusión; y aun Pedro, cuando estuvo
de visita en Antioquía, se sintió tan encantado como la piadosa sencillez y belleza de la comunión de la que había entre ellos, que se les
unió abiertamente y participó en sus fiestas fraternales y en los alimentos comunes.

El ala conservadora de la iglesia de Jerusalén, sin embargo, al oír
estas noticias, se sintió incómoda. Como primer paso, enviaron falsos hermanos, que se introdujeron a escondidas para espiar la libertad que la iglesia de Antioquía había practicado. Luego, cuando estos estuvieron seguros de los hechos, llegaron de Judea ciertos hombres, y enseñaban a los hermanos, diciendo: «Si no os circuncidáis
conforme al rito de Moisés, no podéis ser salvos».

Aquella fue un crisis importante, y llevó al estallido de una controversia que amargó muchos de los años siguientes de la vida del
apóstol; pero también dio motivo a algunas de sus más nobles epístolas y a que él expusiera los principios del Evangelio con sin igual
belleza y claridad.

1. Estaban en juego grandes interrogantes. Por ejemplo:
¿Debía ser el cristianismo una secta del judaísmo? Las instituciones
levíticas, como los ritos, las ceremonias, las fiestas y los ayunos,
¿eran tan importantes como el gran código moral del Sinaí y del
Deuteronomio, o podrían considerarse aquellas como temporales y
pasajeras, que se podían poner a un lado cuando se hubiera cumplido ese propósito? Y la siguiente era una de las preguntas más importantes: ¿Cuáles eran las condiciones para que la gente alcanzara
salvación?

La salvación no se obtiene por la obediencia a un rito, por la observancia de un código de leyes, ni siquiera por la obediencia a un
credo que se haya declarado como ortodoxo. La única condición de
la salvación es la fe que cree en aquel que justifica al impío, y recibe
en el corazón la misma naturaleza de Jesús para que llegue a ser el
poder de la nueva vida. ¡Cuánto carece de importancia, entonces,
cualquier rito externo si se lo compara con la fe! Puede tener su lugar como señal externa y como sello de un pacto; pero aparte del acto espiritual no tiene eficacia.

No olvidemos nunca, entonces, que la circuncisión no vale nada,
ni la incircuncisión; sino la fe que obra por el amor, la nueva criatura y el guardar los mandamientos de Dios.

2. Los argumentos de parte y parte. Hubo «mucha discusión». ¿No cumplió Jesús la ley de Moisés? ¿No fue él circuncidado? ¿No observó él rigurosamente las fiestas y los ayunos del templo, y aun pagó su parte en la contribución del templo?

Sí, ciertamente, respondieron Bernabé y Pablo; pero ustedes tienen que recordar que cuando él murió, dijo: «Consumado es». Y el velo del templo se rompió de arriba abajo, para demostrar que el judaísmo había terminado la misión que Dios le había encomendado. Desde ese momento, él llegó a ser no solo Salvador de los judíos, sino el Redentor del mundo.

Pero ciertamente, ¿no es la ley que dio Moisés de carácter permanente? ¿No afirmó Jesús de Nazaret que ni una jota ni una tilde pasaría de ella hasta que toda se cumpliera?

Precisamente. Pero por cierto tenemos que distinguir entre lo externo y lo interno, entre lo ritual y lo ético, entre la forma y la sustancia. Es imposible creer que el sublime ceremonial de Levítico, que se impuso con un propósito especial, tenga igual fuerza obligatoria e igual importancia que los diez mandamientos de la ley, de los cuales da testimonio la conciencia de todos los hombres. Pero si ustedes eliminan las restricciones de la ley, ¿no perderán toda restricción moral, y conducirá ello a una relajación general de los vínculos de la familia?

No hay ese temor, respondieron los denodados defensores de la sencillez de la fe, desde el otro lado. Las almas que se unen a Jesucristo por la fe son limpiadas al recibir de él grandes olas de vida y salud espirituales; así que llegan a ser más puras, santas, y divinas que nunca antes. La ley del Espíritu de vida en Cristo Jesús nos ha librado de la ley del pecado y de la muerte.

3. La consulta a Jerusalén. Los que discutían y contendían no mostraban, sin embargo, señales de abatimiento; y finalmente se decidió que Pablo y Bernabé, y algunos otros de ellos, subieran a Jerusalén a consultar con los apóstoles y ancianos esta cuestión.

Viajaron lentamente a través de Fenicia y Samaria, contando en cada una de las pequeñas comunidades cristianas que encontraban por el camino la conversión de los gentiles, hasta que llegaron a Jerusalén. Allí, ante una gran asamblea misionera, especialmente convocada, contaron todas las cosas que Dios había hecho con ellos. Pero sus declaraciones fueron interrumpidas al levantarse ciertos fariseos que habían creído y en acalorada intervención, reiterar la afirmación de que: «Es necesario circuncidarlos y mandarles que guarden la ley de Moisés».

Se volvió a convocar otra reunión especial, en la cual hubo mucha discusión. Entonces Pedro se levantó y dijo, en efecto, lo siguiente: «A mi juicio, este asunto fue arreglado por Dios mismo, cuando en la casa de Cornelio, el Espíritu Santo descendió sobre los gentiles incircuncisos, lo mismo que sobre nosotros al principio; y puesto que él no hizo ninguna distinción entre nosotros y ellos, ¿por qué debemos hacerla nosotros?»

Luego, Bernabé y Pablo repitieron su maravillosa historia, y contaron cuán grandemente había bendecido Dios a los gentiles, y cómo estaban recibiendo estas bendiciones completamente aparte de la circuncisión.

Finalmente, Jacobo resumió todo el debate enumerando unos tres o cuatro puntos menores en los cuales él pensó que sería bueno insistir para el buen orden en las comunidades jóvenes; pero entre estos puntos no mencionó la circuncisión, ni insistió en la obediencia las instituciones mosaicas y levíticas. Los apóstoles y ancianos estuvieron de acuerdo con su sabio consejo.

Esta unanimidad entre los principales apóstoles y los dos evangelistas, quienes eran la causa de toda la controversia, probablemente se debió en parte a la entrevista privada que Pablo había solicitado con ellos, y que la mayoría de los comentaristas colocan en este período (Gálatas 2:2). Él nos dice que subió según una revelación, como si, además de la petición de la iglesia, se estuviera ejerciendo sobre él una fuerte presión espiritual; y cuando llegó a Jerusalén, expuso en privado a los que tenían cierta reputación el Evangelio que él estaba predicando entre los gentiles para no correr en vano. Pero, para gran satisfacción de él, ellos no comentaron adversamente sus declaraciones, ni insistieron tampoco en que Tito, un joven griego, fuera circuncidado; y llegaron hasta el punto de reconocer que el Evangelio de la incircuncisión le había sido encomendado a él; y les dieron a él y a Bernabé la mano derecha en señal de compañerismo para que ellos fueran a los gentiles y los otros apóstoles a la circuncisión. El poder del Jesús resucitado se había manifestado tan poderosamente en sus siervos, que no se habló contra su vocación.

El partido fariseo fue derrotado, y se firmó el veredicto en conformidad con el discurso de Jacobo. Pero a partir de ese momento estalló una guerra implacable que acosó al apóstol durante los siguientes diez años de su vida y le hizo derramar muchas lágrimas amargas. Toda iglesia que él establecía era visitada por los emisarios de sus virulentos opositores, quienes afirmaban que Pablo no era apóstol, por cuanto él solo había visto a Cristo en visión y nunca lo acompañó durante los días de su carne. Ellos atacaban el carácter personal de él, tergiversaban su renuencia a recibir dádivas de sus convertidos, insistían con cruel animosidad en sus defectos personales, y en muchos casos tuvieron éxito en alejar de él el amor y la lealtad de los que se habían convertido bajo su ministerio.

A esta cruel persecución se alude constantemente en las epístolas que él escribió a los gálatas y a los corintios; fue algo que hirió a Pablo en lo vivo. Sin embargo, él nunca se consideró derrotado. Con oraciones y lágrimas, con argumentos y persuasiones, con amenazas y reconvenciones, este hombre heroico, valiente, y magnánimo peleó la buena batalla hasta el fin.

12
UNA LECCIÓN SOBRE
LA DIRECCIÓN DEL SEÑOR
Hechos 16

Después de una breve pausa, Pablo le propuso a Bernabé volver a visitar a los creyentes en todas las ciudades en las que ellos habían proclamado la palabra del Señor para ver cómo iban. Esto fue el comienzo de su segundo viaje misionero, que habría de tener consecuencias de largo alcance.

Bernabé sugirió que llevaran a Marcos, como en el viaje anterior. Su compañero rechazó positivamente aceptar esta proposición. Marcos los había abandonado en el umbral de su anterior expedición, y él tenía el grave temor de que volviera hacer lo mismo. Bernabé se mostró fuerte por el otro lado. Tal vez pensaba que tenía más derechos en este asunto, por ser de más edad, y a causa del vínculo sanguíneo que había entre él y el hijo de su hermana. Al fin, la controversia llegó a un punto tan agudo que la iglesia se enteró y tomó el lado de Pablo, pues el relato de Hechos nos dice que cuando Pablo escogió a Silas, y salió, iba «encomendado por los hermanos a la gracia del Señor».

Pablo y Silas atravesaron a Siria y Cilicia, confirmando las nuevas iglesias, las cuales probablemente debían su existencia a los primeros esfuerzos de Pablo. Y así pasaron por las puertas de Cilicia hasta llegar a Tarso, su ciudad natal. Pero allí no hubo recibimiento para él. El antiguo hogar probablemente se había disuelto, o se había cerrado de manera permanente para él. Los dos viajeros pasaron por el estrecho paso montañoso situado detrás de Tarso. Después de una jornada afanosa de algunos días llegaron a los lugares que estaban relacionados con el viaje anterior.

¡Qué bienvenida la que recibiría Pablo! ¡Cuánto tendría que contar y oír! Sin embargo, en el corazón del apóstol había una preocupación especial. En ocasión de su anterior visita le había llamado la atención un joven que había sentido gran admiración hacia él. Pablo preguntó por este joven, llamado Timoteo, y se alegró al saber que el mismo no había sido infiel a las enseñanzas e instrucciones de las mujeres piadosas que habían vigilado la formación de su carácter, y que lo habían instruido en las Sagradas Escrituras.

Todos los informes respecto de Timoteo eran favorables. De él daban buen testimonio tanto los creyentes de Listra como los de Iconio. Cuanto más sabía Pablo de él, tanto más crecía su estimación; y finalmente propuso que Timoteo lo acompañara en sus viajes como su propio hijo en la fe. Él le administró el rito de la circuncisión, no porque lo estimara obligatorio sino por conveniencia, a fin de que no hubiera obstáculo para que su joven ayudante fuera recibido en las sinagogas judías.

Entonces hubo un sencillo servicio de ordenación en que Timoteo fue solemnemente apartado para su gran obra. Los ancianos se reunieron y pusieron las manos sobre su cabeza inclinada, y oraron. En respuesta a la intercesión de fe de ellos, él recibió el don de la palabra sagrada; y Pablo, en años posteriores, le recordó que despertara el don que estaba en él, que había recibido por la imposición de las propias manos de él y las del presbiterio.

Pablo y sus compañeros salieron de Listra y visitaron las iglesias de la altiplanicie de Frigia y Galacia. Dondequiera que iban distribuían la circular de Jacobo. Luego se propusieron ir a las ciudades populosas e influyentes del Asia Menor, tales como Colosas, Laodicea, y Efeso. Sin embargo, esto no habría de ser así: «Les fue prohibido por el Espíritu Santo hablar la palabra en Asia». Años más tarde Pablo llevaría a cabo algo de la obra más grande de su vida en esa misma región; pero por ahora, el Espíritu Santo le cerraba la puerta. En otras partes necesitaban más urgentemente a Pablo ya Bernabé.

Los viajeros, por tanto, tomaron la ruta del norte con la intención de entrar en la importante provincia de Bitinia, situada en las costas del mar Negro; pero cuando llegaron a un punto del gran camino romano situado junto a Misia, e intentaron salir de Asia Menor para ir a Bitinia, el Espíritu no se lo permitió.

Cuando intentaron ir hacia el oeste, fueron frenados; y ahora, cuando buscan ir al noreste, son detenidos; y no había otra cosa que continuar hacia adelante hasta llegar al término del camino, en la costa marítima. Llegaron a la famosa Troas, la antigua Troya. Allí se encontraron con Lucas, cuya presencia a partir de ese punto, se denota mediante el significativo uso de los verbos en la primera persona del plural. Y fue allí donde el varón macedonio invitó al pequeño grupo misionero a cruzar los estrechos y a levantar sobre el continente europeo, que hasta entonces no había sido tocado, el estandarte de Cristo.

Es interesante estudiar el método de dirección que el Espíritu Santo presentó a estos primeros heraldos de la cruz. En gran parte consistió en prohibiciones cuando ellos intentaban tomar una dirección que no era la correcta. Cuando quisieron volver a la izquierda, rumbo al Asia, él los detuvo; y cuando trataron de virar hacia la derecha, hacia Bitinia, él los volvió a detener. Él cerró todas las puertas a lo largo del camino, las trancó, de tal modo que ellos no tuvieran otra alternativa que seguir directamente hacia adelante. En ausencia de cualquier prohibición, se les permitía entender que ellos estaban andando por el sendero para el cual habían sido creados en Cristo Jesús.

Cada vez que usted dude con respecto a su camino, someta su criterio absolutamente al Espíritu de Dios, y pídale que le cierre todas las puertas, menos la correcta por la cual usted debe entrar. Entretanto, continúe por el camino por el cual ya usted ha venido andando.

13
«OH FILIPENSES ...»
Filipenses 4:15

A muchos de los grandes benefactores del mundo se les ha negado la vida del hogar. Les ha tocado vivir de manera solitaria y aislada. Esto le ocurrió en gran medida a un alma independiente, fuerte y heroica. Son pocos los que han sido favorecidos con una disposición más tierna y cordial. Pero a él le tocó no tener un lugar fijo donde vivir, ningún lugar que él pudiera llamar hogar.

Sí, sin la alegría de una hermana o de una hija:
sí, sin el apoyo de un padre o de un hijo;
solo en la tierra y sin hogar sobre el agua,
con paciencia voy hasta cumplir mi obra.

Sin embargo, el apóstol tenía el don maravilloso de ganarse a hombres y mujeres. Ya vimos cómo el manto de su influencia magnética actuó sobre Silas y Timoteo; y los gálatas estuvieron dispuestos hasta a darle sus propios ojos. Pero ahora él iba a ganarse a un grupo de amigos que nunca dejarían de amarlo mientras le durara la vida. Filipos llegaría a ser el lugar más risueño de toda la tierra para él; más que Tarso, que lo había desconocido; más que Jerusalén, que lo desterraría; y cercano al paraíso, que era «muchísimo mejor».

1. Lucas. Parece que el médico amado se encontró con él en Troas. Se conjetura que Lucas, quien había nacido en Filipos, había seguido la ruta de los comerciantes en el ejercicio de su profesión de médico para sus compatriotas. La estada temporal de Pablo en el atestado barrio judío pudo haber provocado el retorno de la aguda enfermedad de que había padecido en Galacia; o pudo haber sido derribado por una fiebre palúdica, para lo cual fue llamado el médico más cercano que estuviera disponible: este médico fue Lucas. El siervo de Dios ganó a su médico para el Salvador. Con el entusiasmo de un ardiente apego, el nuevo discípulo decidió convertirse en su compañero de viaje, a fin de servir en todo tiempo a la sufrida y frágil morada terrenal del intrépido y vehemente espíritu de su amigo.

Lucas entró inmediatamente a disfrutar de la más íntima confianza: forma parte del pequeño grupo al cual Pablo habla una mañana sobre la visión del varón macedonio; ayuda a formular la conclusión, en que Silas y Timoteo estuvieron de acuerdo, de que el rumbo del apóstol estaba a través de las aguas azules del Egeo, movidas y relumbrantes a la luz de la mañana; sale a buscar un pasaje en una de las muchas embarcaciones que están en los muelles; y registra, con mucho amor al mar y con conocimiento de la tierra, las sucesivas etapas de su viaje por mar y tierra hasta Filipos. Según dos expresiones que escribió Pablo, la una desde la casa alquilada en Roma, cuando estuvo encarcelado por primera vez y la otra desde una fría celda, en su segunda prisión, se ve claramente que Lucas llegó a ser muy amado para el apóstol y que se mantuvo tenazmente a su lado. «Lucas el médico amado» (Colosenses 4:14); «Solo Lucas está conmigo» (2 Timoteo 4:11).

2. Lidia. Esta era probablemente una viuda, mujer de considerable capacidad comercial, quien tuvo la energía suficiente para abandonar su ciudad natal, Tiatira, y cruzar el mar para establecerse en Filipos como agente de ventas de las ropas teñidas con púrpura, por las cuales era famoso su pueblo natal. Por encima de todo, Lidia buscaba con anhelo a Dios. La comunidad judía de Filipos por ser muy pequeña y pobre no podía tener su propia sinagoga, y estaba obligada a reunirse junto al río, en un encerrado o huerto protegido de la observación pública. Pero cuando llegaba el día de reposo, ella estaba allí con los miembros de su familia, para oír las Escrituras judías, y buscar a Dios, por si acaso pudiera hallarlo.

Un día de reposo memorable, cuando solo se habían reunido las mujeres, aparecieron en el pequeño círculo unos extranjeros, judíos, quienes se sentaron y hablaron a las mujeres que se habían reunido.

Este fue el primer sermón evangélico que se predicó en Europa. Y es de notarse que fuera dirigido al aire libre a un puñado de mujeres.

El resultado de aquel servicio matutino fue la conversión de Lidia. No está claro si ella recibió el mensaje del apóstol sobre el Señor crucificado y viviente de inmediato o de manera gradual; pero el resultado fue que ella, con toda su casa, llegó a creer en Jesús, a quien Pablo predicaba. Y así como ella estaba segura con respecto a su propia conversión, tuvo el anhelo de que Pablo posara en su casa: «Si habéis juzgado que yo sea fiel al Señor, entrad en mi casa, y posad». Fue un cambio bendito que condujo a consecuencias de largo alcance en la propia vida de ella, y en la de Pablo.

Es imposible saber, según el relato de lo pasado, todo lo que esta mujer cordial y resuelta hizo en los días que siguieron. Sabemos que en cuatro distintas ocasiones la iglesia filipense envió provisiones a su amado fundador y maestro (2 Corintios. 11:9; Filipenses 4:10,18). y esto probablemente se debió a la previsión y generosidad de Lidia. Ninguna otra iglesia cumplió un ministerio tan amplio, porque ninguna otra podía realizarlo. Como Pablo lo intima, en su mayor parte las iglesias estaban en gran pobreza. Y es probable que los filipenses hubieran estado tan paralizados como los demás, de no haber sido por Lidia y su familia, quienes prosperaban con las ganancias de su negocio. Incluso se ha conjeturado que Pablo debió también a ellos mucho de su bienestar de allí en adelante, cuando pasó dos años en el palacio de Cesarea mientras esperaba que lo juzgaran, y otros dos años en la casa alquilada de Roma. Y puede haber sido algún indicio de la próspera amiga que apreciaba a Pablo lo que indujo a Félix a dejarlo en cadenas.

3. Personajes menores, tomados de la vida, aparecen en el lienzo y completan el cuadro. La muchacha histérica, poseída por un demonio, que reconoció a los evangelistas y los siguió. Sus propietarios, quienes engordaban con las ganancias de su adivinación, ya que ella les decía a los mineros dónde se hallaba el oro; a las chicas cuál era el día apropiado para casarse; a los mercaderes cuál era el mejor período para especular. Estos propietarios a su vez se mortificaron cuando Pablo desafió al espíritu a que saliera de su desdichada víctima, con lo cual acabó con las ulteriores esperanzas que ellos tenían de obtener ganancias por medio de ella. Los magistrados romanos, quienes de manera extraña olvidaron las altas tradiciones de su oficio, se dejaron arrebatar por la urgencia del populacho y, sin siquiera pasar por las formalidades de un juicio, con sus propias manos les rompieron la ropa a los acusados por la espalda, y los azotaron mucho, sin haber sido condenados y a pesar de ser romanos. Allí también se hallaba Silas. Quedó muy bien justificado el que Pablo lo escogiera a él, pues se mostró muy capaz de soportar vergüenza y padecer por Jesús. Pero de estos personajes, volvemos nuestra atención al tercer acto principal de la escena, la historia de cuya conversión ha derramado luz y ha dado indecible consuelo a miríadas de corazones angustiados.

4. El carcelero. ¡Probablemente era un hombre rudo y tosco! ¿Qué otra cosa se podía esperar de un hombre que había pasado sus primeros días en el ejército romano, y los últimos en medio de las experiencias duras y brutales de una cárcel provincial romana? Sus manos ciertamente aplicarían bárbaros tratamientos a los dos judíos, acerca de los cuales él había recibido la significativa orden de que los guardase con seguridad. La parte interior de la cárcel era un hueco subterráneo oscuro que estaba debajo de su casa (Hechos 16:34); allí los empujó. Probablemente quedaron tendidos en el mero suelo húmedo; sus espaldas sangrantes quedaron en contacto con el suelo; y sus piernas extendidas por los cepos hasta tal punto que casi se dislocaban sus caderas.

A la media noche los dos presos se sintieron tan felices que no podían contenerse más, y comenzaron a cantar, a canturriar los grandes y antiguos salmos hebreos. En los intervalos, oraban. Fue un sonido que no les gustó a los presos que estaban de pie o tendidos en torno a aquella espesa oscuridad, encadenados con llave a las paredes. Ninguno de ellos pensaba en dormir, «los presos —se nos dice— los oían».

Un terremoto interrumpió el canto, las puertas se abrieron de repente, y las cadenas se soltaron. El carcelero, al despertar, salió al patio de la cárcel, y halló las puertas abiertas. Cuando Pablo y Silas alcanzaron a ver lo, vieron con horror que él sacaba la espada y se preparaba para matarse, en vez de enfrentarse a una muerte ignominiosa por haber sido infiel en el cumplimiento de su responsabilidad. Con un grito, Pablo lo detuvo y lo tranquilizó. Entonces el carcelero pidió luz, se precipitó en la celda, las piernas le temblaban; con cortesía los sacó; les preguntó qué debía hacer para salvarse; le dieron la respuesta de paz; un heterogéneo auditorio se reunió a media noche en torno a los siervos de Dios; él les lavó las heridas con amor; se bautizó; rápidamente les mandó a preparar comida; el nuevo creyente que había sido transformado se regocijó con toda su familia, que también creyó. Un evento le pisaba los talones al otro.

Sin duda alguna, el carcelero llegó a ser uno de los miembros de la iglesia filipense, una comunidad de pureza y hermosura singulares, a la cual el apóstol escribió sus más tiernas palabras, sin una sílaba de represión. Él solo podía dar gracias a Dios siempre que se acordaba de ellos y en sus oraciones siempre rogaba por ellos con gozo.

14
DE FILIPOS A ATENAS
Hechos 17:18

Pablo dejó a Lucas en Filipos, y con sus compañeros viajó a través de Anfípolis y Apolonia hasta Tesalónica, nombre este que vive para siempre en las inscripciones de dos de las primeras epístolas de Pablo. Puede ser que Pablo se sintiera especialmente atraído a esta ciudad a causa de la sinagoga, donde los judíos tenían un servicio semanal en el cual él podía proseguir su obra predilecta de abrir las Escrituras hebreas y alegar, basado en ellas, que el Mesías tenía que sufrir y que él había aparecido en la persona de Jesús de Nazaret. Hizo esto durante tres días de reposo consecutivos, y se sostenía, y mantenía a sus amigos, con la obra de sus propias manos. Se hospedaba en casa de Jasón, quien posteriormente llegó a ser un devoto discípulo y seguidor (Romanos 16:21).

Hacia finales de aquel período el fuerte sentimiento contrario que surgió entre los judíos hizo que fuera imprudente continuar en la sinagoga. Pablo, por tanto, se fue a dar sus conferencias a algún terreno neutral. No podemos decir cuánto tiempo permaneció allí, pero tuvo que haber sido el suficiente para que se formara una iglesia saludable y vigorosa. Había en estos convertidos macedonios algo que atraía inmensamente a Pablo. Su predicación los llevó, más que en otros casos a esperar la segunda venida del Señor. La presión de la angustia que se acentuaba sobre ellos pudo haberlos hecho peculiarmente susceptibles a aquellas radiantes visiones del regreso del Señor que llenaban los pensamientos del apóstol. Ellos incluso fueron más lejos que él, y cayeron en el error de suponer que ese día ya había llegado. En su segunda epístola, el apóstol se apresuró a corregir ese error. Él recuerda, con viva satisfacción, que el Evangelio les llegó a ellos en poder y en el Espíritu Santo.

Este bendito ministerio tuvo que haberle tomado al apóstol algunos meses, y su esfuerzo se hizo más llevadero por razón de las ofrendas que le llegaban de Filipos, las cuales lo aliviaban de la necesidad del trabajo manual (Filipenses 4:16).

Sin embargo, al fin, se les cerró Tesalónica. Pablo y Silas se vieron obligados a huir de noche ante la ira del populacho, incitado por los judíos.

Un viaje de ochenta kilómetros durante la noche los llevó hasta Berea; y allí durante un breve período tuvieron alivio, pues los judíos de Berea eran menos fanáticos que los de Tesalónica, y estuvieron más dispuestos a escudriñar las Escrituras para descubrir por su propia cuenta lo razonable o irrazonable de los conceptos de Pablo. Pero el corazón de él sentía añoranza por los amados hermanos que había dejado para que detuvieran la fuerte marejada de odio que su enseñanza había provocado; y hubiera regresado más de una vez de no habérselo impedido el temor de implicar a Jasón y a otros, quienes, según parece, tuvieron que firmar una fianza para impedir que él volviera a poner su pie en Tesalónica. Él tenía esto en mente cuando dijo que «Satanás nos estorbó» (1 Tesalonicenses 2:18).

Sin embargo, el proyecto de Pablo de regresar a Tesalónica se hizo imposible por cuanto surgió otra tormenta, causada por judíos emisarios de esa ciudad que le seguían los pasos con odio implacable. Al fin no pudo hacer otra cosa que dejar a Timoteo y a Silas en Berea para que vieran si se podía hacer algo más a fin de mantener abierto el camino de regreso, y apresurarse hacia el puerto para tomar el primer barco que saliera. El primer barco salió hacia Atenas.

Atenas. Los que llevaron hasta allí a Pablo se apresuraron a regresar a Berea, y llevaron la orden de Pablo de que Silas y Timoteo se trasladaran a toda prisa al sitio donde él se encontraba. Mientras él los esperaba y confiaba que ellos le darían la seguridad de que podía regresar a las iglesias que acababa de fundar, pasaba por las calles de Atenas y contemplaba los monumentos de la religión de ellos. Por todas partes estaban las proezas del ingenio humano: templos diseñados por Fidias, estatuas esculpidas por Praxiteles.

El corazón del apóstol no se conmovió por los recuerdos de la época clásica o por su apreciación artística. Para él, la ciudad estaba sencillamente llena de ídolos. Esto lo conmovió profundamente, y, no contento con discutir en la sinagoga con los judíos y los prosélitos, todos los días se iba a la plaza de mercado para argumentar con cualquiera que se encontrara, e instaba a todos a que se apartaran de estas vanidades y adoraran solo a Dios. Ningún judío ordinario hubiera podido penetrar tan completamente en el espíritu de este lugar como el gran apóstol lo hizo, ni haber despertado suficiente interés entre sus filósofos para justificar que estos convocaran una asamblea especial del concilio del Areópago para oír una declaración completa de la nueva enseñanza que estaba llegando a sus oídos.

Aquel fue el auditorio más grande a que Pablo había dirigido la palabra. Ante él había filósofos, pedantes, conferenciantes, y estudiantes, todos acostumbrados a discutir los más altos temas dentro del horizonte del pensamiento humano, y a hacer distinciones para las cuales se prestaba con maravillosa sutileza el delicado refinamiento de la lengua griega.

El discurso que Pablo pronunció en aquella ocasión fue absolutamente original. Por su gracia, orden de los pensamientos, grandeza y alcance de los conceptos, en fin, por su majestuosa elocuencia, se destaca entre los discursos que dejó para nosotros el evangelista. El discurso pone de manifiesto la riqueza de intelecto del apóstol y su capacidad para lograr de inmediato la simpatía, la cual le permitía adaptarse muy fácilmente a toda clase de condiciones y de gentes. Son dignos de notar los contrastes entre él mismo y su auditorio. Ellos enseñaban una clase de panteísmo monótono, como si Dios no se distinguiera ya de la materia del mundo; él dijo que Dios era una persona, un Padre que se podía buscar. Algunos sostenían la inmortalidad del alma, tal como Sócrates la había proclamado en ese mismo lugar, pero no tenían ninguna idea sobre la resurrección del cuerpo; él, sin embargo, afirmó sin vacilación que el espíritu volvería a unirse con el cuerpo; y que no solo habría una resurrección real, sino que ya había habido una, y que vendría un día en que Dios juzgaría al mundo por aquel varón que murió en debilidad mortal, pero a quien Dios había levantado de entre los muertos.

Cuando Pablo mencionó la resurrección, muchos de los que estaban en el auditorio comenzaron a burlarse. Los griegos hallaban la perfecta complacencia y la gloria de la vida en el presente. Así que Pablo se apartó de ellos. Los resultados fueron comparativamente pequeños: Dionisio, miembro del augusto tribunal ante el cual él había hablado; una mujer llamada Dámaris, quien probablemente fue el resultado del trabajo general que el apóstol hacía en la ciudad; y otros cuantos, se juntaron con él y creyeron. El Evangelio atrajo más rápidamente a los mercaderes de mente sencilla y a los artesanos de Macedonia que a los cultos literatos de Atenas.

Hasta donde sabemos, el apóstol nunca volvió a visitar a Atenas. De allí salió con tristeza hacia Corinto. Tenía el corazón lleno de un tumulto de pensamientos, de ansiedad por las iglesias recién nacidas que había dejado atrás; anhelaba ver a Timoteo y a Lucas; y se preguntaba qué clase de recepción le darían los cultos y elocuentes corintios; pero más que nunca antes determinó no saber entre ellos ninguna cosa sino a Jesucristo, y a este crucificado. Entretanto, se refrenaba firmemente de todo intento de utilizar la sabiduría humana o la excelencia de las palabras, para no hacer vana la cruz de Cristo.

14

15
«CON DEBILIDAD, Y MUCHO TEMOR»
1 Corintios 2:3

Una travesía de cinco horas en velero a través del golfo Saró- nico llevó al apóstol hasta Cencrea, el puerto de Corinto situado al este de dicha ciudad; pues esta ciudad grande y activa controlaba dos vías de navegación. Por el puerto occidental, Leco, se comunicaba con el Adriático; y por el puerto oriental, Cencrea, con el mar Egeo. Numerosas multitudes eran atraídas a sus predios con propósitos comerciales. Esta posición de dominio le dio, pues ante los ojos del apóstol una extraordinaria importancia. Él siempre anhelaba aprovechar cualquier ventaja que pudiera usar para el Evangelio y para su Señor. El hecho de establecer una bien cimentada iglesia cristiana allí, sería lanzar las semillas de la enseñanza cristiana sobre aguas que las llevarían hacia el este y el oeste.

Pero el apóstol entró en la orgullosa y bella ciudad «con debilidad, y mucho temor y temblor». No podía olvidar el frío desdén que había encontrado en Atenas, lo que era más difícil de sufrir que una violenta oposición. Él estaba profundamente consciente de que era deficiente en aquellos dones de la Sabiduría y de la elocuencia a los cuales los corintios daban tanta importancia. Sabía que ni su palabra ni su predicación podrían realizarse jamás con palabras persuasivas de sabiduría humana.

Había que hacer frente a muchas otras dificultades, las cuales hacían que su ministerio en Corinto fuera aun más difícil, como también que su éxito subsiguiente fuera más conspicuo.

1. La necesidad del continuo trabajo manual. En la primera Epístola a los Corintios Pablo hace gran hincapié en esto. Aunque él siempre sostenía el derecho de que los que predicaban el Evangelio vivieran del Evangelio, no se aprovechaba de tal derecho. No se les debía dar a los comerciantes y mercaderes que atestaban la ciudad procedentes de todas partes ninguna oportunidad para que alegaran que Pablo estaba actuando por motivos mercenarios. Por tanto, volvió a asumir su oficio de hacer tiendas, y estuvo agradecido por cuanto se encontró con dos cristianos judíos que, por decreto del emperador, habían tenido que huir de Roma. El emperador expulsó a todos los judíos de allí. Suetonio, el historiador, nos dice que este decreto se debió a los tumultos causados por un tal Chrestus, con lo cual evidentemente se refiere a las disputas que había en la comunidad judía con respecto a las afirmaciones de Jesús en el sentido de que él era el Mesías que por tanto tiempo habían esperado. Con ellos, por tanto, vivió Pablo y trabajó, por cuanto eran del mismo oficio; y una magnífica amistad brotó entre él y Aquila, y su mujer, Priscila.

2. El odio virulento de los judíos. Según su práctica acostumbrada, Pablo iba todos los días de reposo a la sinagoga y discutía, y persuadía a judíos y a griegos prosélito s en el sentido de que la concepción de las escrituras hebreas era precisamente la de un Mesías que sufriría y sería crucificado. Esto continuó durante algunas semanas; pero la medida de sus labores se redujo algo a causa del fuerte desgaste de su trabajo diario. solo cuando llegaron Timoteo y Silas, pudo él entregarse con más tiempo e intensidad al objeto más acariciado de su vida. Uno de ellos llegó procedente de Tesalónica, y el otro de Berea. Y le trajeron gratas noticias de la firmeza de los que se habían convertido, y sus manos llenas de generosos donativos.

Los hombres influyentes de la comunidad judía se le opusieron, blasfemaron, y lo sacaron de la sinagoga. La actitud de ellos fue más virulenta que la acostumbrada. Su odio culminó cuando el apóstol aceptó con mucho gusto la oferta de un prosélito temeroso de Dios,

Tito Justo, cuya casa estaba junto a la sinagoga, para tener reuniones allí. Este nuevo movimiento tuvo un éxito instantáneo y notable. Entre los que salieron de la sinagoga con el apóstol estaba Crispo, el principal de la misma, el cual creyó en el Señor junto con toda su casa. En la medida en que la nueva casa de reunión se atestaba más, y el movimiento crecía en número e influencia, los judíos se iban exasperando más y más, y al fin se levantaron de común acuerdo, prendieron a Pablo, y lo llevaron ante el gobernador romano, quien resultó ser Galión, hermano de Séneca, el famoso filósofo y tutor de Nerón. Galión era un hombre de extraordinaria cultura y refinamiento, apacible y amable. Él representaba los conceptos amplios y liberales de los romanos educados. Cuando Galión descubrió que la acusación contra Pablo era solo cuestión de palabras, y nombres, y de la ley judía, no quiso saber nada más de los acusadores de Pablo ni de sus acusaciones, sino hizo que sus ayudantes los sacaran del tribunal.

Los griegos simplemente se sintieron muy alegres de que se amontonara el desprecio sobre los odiados judíos, y aprovecharon la oportunidad para apoderarse de Sóstenes, el nuevo jefe de la sinagoga, quien había ocupado el puesto vacante dejado por Crispo, y lo golpearon en la misma presencia del procónsul. Sin embargo, a él no se le dio nada por la travesura de ellos, sino que los observó con perfecta indiferencia. ¿Qué le importaba si a un judío se le daban más azotes o menos?

Pero este incidente tuvo que haber aumentado grandemente el odio de los judíos contra el apóstol y contra sus convertidos; y mucho más cuando, según parece, el mismo Sóstenes se convirtió y se relacionó tan íntimamente con el apóstol que posteriormente se asoció con él para escribir la primera epístola a los Corintios: « ...y el hermano Sóstenes».

3. El carácter de sus convertidos. ¡Con cuánta frecuencia viene el Maestro a sus siervos probados y perseguidos como vino al apóstol! Tal vez ellos estén conscientes de su debilidad y mucho temor; tal vez hablen la Palabra de él con temblor; quizás sean escarnecidos y convertidos en un espectáculo y en un hazmerreír; es posible que estén acorralados por el trabajo, el dolor, y la persecución; pero él está junto a ellos en una visión, y les dice: «No temas, sino habla, y no calles; porque yo estoy contigo, y ninguno pondrá sobre ti la mano para hacerte mal» (Hechos 18:9, 10).

Con este ánimo en su corazón, Pablo trabajó un año y seis meses en esta ciudad pecadora y tuvo un éxito maravilloso. Es verdad que entre los escogidos no hubo muchos sabios, ni muchos poderosos, ni muchos nobles de este mundo. Claro que entre ellos estaban un Crispo, y un Gayo, y un Estéfanas junto con su familia; pero estas eran la excepciones de la regla general. Tal vez las mujeres predominaban en esta joven comunidad, pues el apóstol dedica en su epístola abundante espacio para regular la conducta de ellas. Por lo menos sabemos de Febe, la diaconisa de la iglesia de Cencrea, quien llevó la carta a Roma; y de Cloé, cuyos esclavos de familia le pasaron información secreta a Pablo cuando este estuvo en Efeso.

La mayoría de los convertidos, sin embargo, eran de la casta más baja y de aquellos que se habían contaminado profundamente con los vicios que hacían de Corinto una ciudad notoria. Pero al oír la predicación de la cruz, con el poder del Espíritu Santo, les había ocurrido un cambio maravilloso; de tal modo que habían llegado a ser lavados, santificados, y justificados en el nombre del Señor Jesús, y en el Espíritu de nuestro Dios. Habían sido librados del poder de las tinieblas, y se habían convertido en hijos de la luz y del día: herederos de Dios, y coherederos con el Hijo de su amor.

Pero es evidente que el apóstol estaba muy lejos de encontrarse satisfecho. Se quejaba de que no podía hablarles a ellos como a espirituales, sino como a carnales, como a niños en Cristo; que estaba obligado a darles leche, y no alimento sólido. Aun antes de que él saliera de allí ya probablemente había manifestaciones de espíritu de partido, de confundir la libertad con el libertinaje, de avaricia en las fiestas fraternales, y de herejía en la doctrina de la resurrección.

Al fin, sin embargo, decidió salir de Corinto. Muchas razones lo impulsaron a dar este paso, entre ellas el deseo de proseguir hacia Jerusalén para averiguar los deseos de la iglesia madre. Además, para apaciguar a los elementos conservadores de aquella iglesia, él se había obligado mediante un voto de nazareo y deseaba cumplir la ceremonia final dentro del templo. En Cencrea fue obligado a rasurarse la cabeza por causa de que el mes había expirado; pero llevó consigo el cabello para quemarlo en el gran altar dentro del atrio del templo. Aquila y Priscila probablemente pensaron que Efeso sería un mejor mercado para sus artículos que Corinto, así que viajaron con él. Pero aunque salió de Corinto, la ciudad tuvo un efecto indeleble en sus métodos de pensamiento y expresión. Fue allí donde él estuvo bajo la influencia de aquellos conceptos imperiales que encarnaba Roma, la indiscutible señora del mundo. Allí escribió sus primeras dos epístolas: las Epístolas a los Tesalonicenses. Y así llegó a su fin el primer memorable viaje misionero a Grecia, y por cuarta vez desde su conversión, el apóstol se acercaba a la ciudad que era doblemente querida para él: los recuerdos que tenía de su Señor estaban ahora entrelazados con las sagradas ideas que tenía de David, Salomón, Ezequías, y Esdras.

16
MÁS QUE VENCEDOR
Romanos 8:36, 37

Esto ocurrió hacia el fin del tercer viaje misionero de Pablo. Unos tres años antes él había salido de Antioquía de Siria por tercera vez, luego de una estadía de cierta duración (Hechos 18:23). Su anhelante espíritu no podía descansar en aquella comparativa comodidad y tranquilidad de la vigorosa vida de la iglesia que se estaba estableciendo allí, sino que suspiraba con tierna solicitud por los que se habían convertido por toda la región de Galacia y Frigia. Por tanto, volvió a pasar por las puertas de Cilicia, atravesó las frías mesetas de las regiones superiores, e iba confirmando a todos los discípulos, y trabajando hacia la provincia romana de Asia. Esta se extendía hacia el sudeste, sobre la costa marítima. Antes se le había prohibido entrar en Asia (16:6); pero ahora sus pasos estaban siendo dirigidos hacia allí en forma tan clara como antes habían sido restringidos. Así nuestro soberano Señor retiene de sus siervos el cumplimiento inmediato sus sueños, a fin de que posteriormente vuelvan a ellos cuando sea oportuno.

El apóstol llegó por fin a Efeso para cumplir una promesa que había hecho solemnemente. Antes de eso, yendo de viaje de Corinto a Jerusalén, había pasado allí un día de reposo. En esa ocasión su ministerio había interesado tan profundamente a los judíos que lo instaron a que permaneciera por más tiempo; pero como esto era imposible por causa de la necesidad de apresurarse hacia Jerusalén para cumplir su voto, les dijo: «Volveré a vosotros, si Dios quiere». Fue en cumplimiento de esa promesa que el apóstol visitaba ahora la metrópolis de Asia Menor.

Entre tanto, habían ocurrido muchas cosas. Apolos, el elocuente alejandrino, había visitado la ciudad; allí había conocido a los amigos de Pablo, Aquila y Priscila, quienes estaban esperando que regresara su compañero de trabajo. Por medio de ellos Apolos había sido guiado a una apreciación clara de la verdad; y como consecuencia de esto, su ministerio había llegado a ser más fructífero, tanto para ayudar a los que habían creído, como para refutar poderosamente a los judíos.

Pero Apolo ya se había marchado a Corinto, y Pablo llegó para encargarse y extender la obra que de tan buena manera había comenzado. Al entrar en Efeso, probablemente, comprendía solo de manera nebulosa cuánto tiempo permanecería allí, o los resultados de largo alcance que produciría su residencia en la ciudad.

De hecho, aquello fue un conflicto desde el principio hasta el fin. Cuando todo hubo terminado, hizo el siguiente comentario: «Como hombre batallé en Efeso contra fieras».

1. El campo de batalla. Hubo varias dificultades a las que había que hacer frente. En primer lugar estaba la presión de la masa de seres humanos, extraña, ansiosa, cuyos intereses, metas y métodos de pensamiento eran completamente diferentes de los de él. Pero, además, había un gran sistema de idolatría organizada que se centraba en el templo de Diana. Se decía que la imagen de esta diosa había caído de Júpiter (posiblemente era un meteorito), y estaba encerrada en un templo, el cual se consideraba como una de las maravillas del mundo. La magnificencia de su incalculable riqueza, las piezas maestras del arte humano, la fama de sus espléndidas ceremonias, las dádivas generosas de emperadores y reyes, la asistencia y el servicio de millares de sacerdotes y sacerdotisas, se combinaban para darle una eminencia en influencia y prestigio que no tenía rival. Más podría un humilde misionero protestante que trabajara en una calle poco transitada de Roma tener la esperanza de opacar la magnificencia de la basílica de San Pedro, o disminuir la asistencia de sus numerosas congregaciones, que Pablo esperar que su residencia en Efeso pudiera producir alguna clase de efecto en la adoración a Diana.

En relación con el templo, prosperaba un gran negocio de amuletos y hechicerías. Cada individuo de las inmensas multitudes que acudían a adorar en el templo, sentía el deseo de llevar de regreso algún recuerdo de su visita. Lo que es entre nosotros el negocio de las bebidas alcohólicas, eso era para aquella gente el negocio de estos templecillos que manufacturaban Demetrio y sus artífices. ¡Cuán imposible parecía que un hombre, en tres años, solo con armas morales y espirituales, pudiera producir alguna diferencia en este oficio!

Pero aún más, Efeso estaba profundamente infectada por las artes negras del exorcismo, los magos, y los profesores de misterios cabalísticos. Aun los que se convertían al cristianismo hallaban que les era difícil despojarse de su antigua relación con estas prácticas; y guardaban muy bien sus libros. No es un juego de niños apartar a una nación de salvajes de su confianza en la brujería y los curanderos para que acepten sanos puntos de vista sobre la vida y la providencia divina.

Pero tal vez los más inveterados enemigos de Pablo fueron los judíos de la sinagoga, atrincherados en sus antiguos prejuicios y persistente incredulidad. Ellos estaban endurecidos y eran desobedientes, y hablaban mal de «el Camino».

Tales fueron los obstáculos gigantes que se enfrentaron al humilde hacedor de tiendas cuando estableció su taller en compañía de Aquila y Priscila. Pero mayor era aquel que estaba a favor de él que todos los que estaban contra él.

2. Verifiquemos esta afirmación. Volvamos al libro de los Hechos de los Apóstoles, y preguntémonos si Pablo en realidad fue más que vencedor. La respuesta es inequívoca. Después de tres meses de conflicto con los judíos en su sinagoga, el apóstol fue impelido hacia el procedimiento que él se inclinaba a adoptar en circunstancias similares. Mudó a sus discípulos para la escuela de uno llamado Tiranno, y allí enseñaba diariamente. Tan pronto como pasaba el mediodía, se suspendía el trabajo tanto para el maestro como para los artesanos. Como consecuencia de este ministerio, «todos los que habitaban en Asia, judíos y griegos, oyeron la palabra del Señor Jesús». Esta es una declaración que significa mucho cuando tenemos en mente la numerosa población de aquella provincia.

El comercio de amuletos y encantamientos cayó tanto que los artífices comprendieron que, a menos que hicieran algo al respecto,

sus ganancias se acabarían. Los magos y los exorcistas estaban absolutamente perplejos y confundidos por los milagros mucho más
grandes que eran obrados a través de Pablo, tanto que los pañuelos
con que él se enjugaba el sudor de la frente, y los delantales que usaba en su oficio, se convertían en medio de virtud sanadora cuando
eran llevados de su persona a los enfermos y a los endemoniados. Se
impresionaron tanto de que Cristo tuviera secretos superiores a los
mejores que tenían en sus antiguos libros que muchos de ellos que
habían creído acudieron a confesar y a dar cuenta de sus hechos. Y
muchos de los que habían practicado artes mágicas trajeron sus libros y los amontonaron en una de las plazas abiertas y los quemaron delante de todos. Así era como crecía y prevalecía poderosamente la Palabra del Señor.

Los judíos exorcistas también se callaron. El nombre de Jesús,
cuando era pronunciado aun por aquellos que no creían en él, tenía
un poder sobre los espíritus malos tal que ningún otro nombre podía ejercer; y había sido usado de manera blasfema por judíos am-
bulantes, que habían intentado invocar el nombre del Señor sobre
los que tenían espíritus malos. Pero en un notable caso, el mismo demonio los había reconvenido, gritando: «A Jesús conozco, y sé quién
es Pablo; pero vosotros, ¿quiénes sois?» (Hechos 19:15). Y el demonio había saltado sobre ellos, y los había dominado, de tal modo que
huyeron de la casa desnudos y heridos.

3. Consideremos el talismán de la victoria. Si nos volvemos la
atención de su vida pública hacia el diario de este hombre maravilloso, quien parecía estar solo en sus conflictos y victorias, hallamos un
registro patético de sus aflicciones y pruebas. Nos preguntamos cómo podía un hombre, con tales inconvenientes y ante tales fuerzas
opositoras, ser más que vencedor.

Lo único que preocupaba al apóstol, pues, era el que pudiera ocurrir algo que lo apartase del Señor viviente, amoroso. «¿Quién nos separará del amor de Cristo?» Era la única pregunta digna de consideración. Él era como un hombre que prueba cada eslabón de la cadena sobre la cual se va a mecer en el abismo. De manera detenida y ferviente los ha probado todos, y está satisfecho de que ninguno de ellos
lo apartará del amor de Dios: y puesto que eso es así, está convencido
de que nada puede interceptar aquellas provisiones de la vida y la fortaleza de Dios que le servirán para hacerlo más que vencedor.

¡Oh bendito amor que desciendes a nosotros procedente del corazón de Jesús, la esencia del eterno amor de Dios! Nuestro amor no
es el que sostiene a Dios: el amor de Dios es el que nos sostiene a

nosotros. Él seguirá amándonos para siempre, de tal manera que, cualesquiera sean nuestras dificultades, permanezcamos firmes, inmovibles, abundando siempre en la obra del Señor y siempre más que vencedores por medio de aquel que nos amó.

17
SE AMONTONAN LAS NUBES
Hechos 20:22

Luego del gran alboroto promovido por Demetrio, Pablo mandó llamar a sus discípulos y los exhortó: los encomendó a la gracia de Dios; y luego, con mucha tristeza, se despidió de ellos. Después de hacer esto, se marchó a Macedonia pasando por Troas.

Era la segunda vez que Pablo visitaba a Troas. Allí el apóstol esperaba encontrarse con Tito, quien probablemente había sido el portador de la Epístola a los Corintios, la cual había sido provocada por la triste historia de las disensiones y los desórdenes en la iglesia de aquel lugar, las noticias de los cuales habían llegado a Efeso traídos por miembros de la casa de Cloé. Él había hecho frente a la situación en los términos más severos, y tenía el intenso deseo de saber el resultado de sus palabras. Con frecuencia, desde que escribió la epístola, se había preguntado si no estaría poniendo en peligro toda su influencia para el bien de los nuevos convertidos, y más bien los estaría empujando hacia una posición de desafío y desesperación. La demora de Tito confirmaba sus peores temores; y aunque se le abrió una gran puerta para el ministerio en Troas, no pudo hallar alivio para su espíritu perturbado y anhelante. Despidiéndose de ellos, pues, partió para Macedonia (2 Corintios 2:13).

Con toda probabilidad, Pablo se dirigió de inmediato hacia su amada ciudad de Filipos; pero aun allí, como que aún no recibía noticias de Tito, su carne no sentía alivio. Estaba afligido por todos los lados; afuera había disputas; adentro había temores.

Al fin Dios lo consoló con la llegada del retrasado viajero. Y no solo se alegró por tener a su amigo a su lado sino por saber que su primera epístola había producido buenos resultados y había conducido a una explosión de piadoso arrepentimiento y a un deseo afectuoso a favor del apóstol Después de conferenciar con Tito sobre el estado total de las cosas, Pablo escribió la segunda Epístola a los Corintios.

1. Sus múltiples aflicciones. A través de toda la epístola Pablo habla de la gran angustia por la cual está pasando; y aunque desecha los numerosos alegatos carentes de amor y calumniosos que se hacen contra él, al hacerlo se refiere de manera patética a sus sufrimientos.

En una de las más extraordinarias enumeraciones,antitéticas en cualquier idioma menciona él, entre otras fuentes de angustia, sus desvelos, sus repetidos ayunos, los azotes, las cárceles, los tumultos, los trabajos, y la presión de la vida diaria. Pero tuvo que haber habido otras razones más profundas: tal vez el hecho de verse persistentemente difamado, y de que sus enseñanzas eran descaradamente tergiversadas; o de que el amor de muchos se iba enfriando; o que las iglesias recién fundadas, por las cuales había hecho tantas oraciones y derramado tantas lágrimas, estaban demostrando que eran indignas.

Pero el Padre de misericordias y Dios de toda consolación se acercó a él y lo consoló; y a pesar de todo esta alma que sufría profundamente nunca se abatió ni por un momento abandonó su devoto trabajo por la causa de Dios. Sus cartas abundan en referencias a las ofrendas que se estaban levantando para los santos pobres de Jerusalén en todas las iglesias que él había establecido. Como él tenía la ambición de predicar el Evangelio donde Cristo no se hubiera mencionado, y como no quería edificar sobre el fundamento de otro, predicó el Evangelio a plenitud hasta Ilírico, en las costas del Adriático.

2. Sus amigos. Hay hombres que tienen la maravillosa facultad de atraer a otros a sí mismos. Poseen cierta clase de magnetismo espiritual que atrae a otros. Pablo poseía esta facultad en grado preeminente. Él fue amado como pocos han sido amados, y a su vez, él amó de igual modo. Por tanto, para él tuvo que haber sido un placer especial haber al fin llegado a Corinto y verse en el centro de un gran número de devotos amigos. Ahí estaba Timoteo, su «amado hijo», su «verdadero hijo en la fe»; estaba Tíquico, «amado hermano y fiel ministro y consiervo en el Señor», quien estuvo con él en su última prisión en Roma; estaba Tito, su «compañero y colaborador», su «verdadero hijo en la común fe»; estaba Lucas, «el médico amado», quien lo acompañó hasta Roma y estuvo con él hasta el fin; estaba Trófimo, el efesio, quien hubiera estado con él hasta la muerte de no haber sido porque la enfermedad lo detuvo en Mileto; estaban Aristarco y Segundo, el primero de los cuales probablemente se las ingenió para estar con el prisionero, a fin de poder servir a su ilustre amigo; estaba Sópater, su pariente, bien conocido de la iglesia de Roma; estaba Gayo, un trofeo del primer viaje misionero, quien lo había llevado hasta Derbe; y el otro Gayo, que para este tiempo era su anfitrión; y Jasón, quien le había dado alojamiento en Tesalónica, a riesgo de su propia vida. Y estos eran solo un manojo de la gran cosecha de amigos de Pablo. Cuando escribe la Epístola a los Romanos desde Corinto, en los versículos finales, saluda a veintiséis personas por nombre.

Al fin se hizo necesario que este grupo se desintegrara. Pablo deseaba llegar a Jerusalén para la Pascua, y ya se le había conseguido un pasaje en una de las embarcaciones peregrinas que cada primavera salían de todo puerto del Egeo hacia Palestina. Antes de embarcarse, sin embargo, se descubrió que había un plan de parte de los judíos para asesinarlo, y se vio obligado a alterar su ruta. Con una escolta de amigos marchó a Macedonia, y se embarcó en un velero desde Troas. Él aprovechó la ventaja de este cambio de planes para despedirse otra vez de su querido círculo de hermanos filipenses, los cuales estaban siempre muy cerca de su corazón. Luego se apresuró para reunirse con el pequeño grupo que lo esperaba en Troas, dispuestos a protegerlo y a proteger el tesoro que con tanto afán el había estado recolectando.

3. Presentimientos tristes. Aquel viaje desde Troas, por las escabrosas costas del Asia Menor, en que navegaban de día y anclaban de noche, en algunos sentidos tuvo que haber sido más triste para el pequeño grupo de devotos seguidores de Pablo.

Él no tenía ninguna duda en cuanto al destino del viaje. Él iba ligado en espíritu a Jerusalén, con la seguridad de que allí, como en todas las otras ciudades, lo esperaban las cadenas y las aflicciones. De esto le daba testimonio inequívoco el Espíritu Santo. Prolongó su discurso en Troas hasta la media noche, y mandó a llamar a los ancianos de la iglesia de Efeso para reunirse con ellos en Mileto, pues él sabía que todos aquellos entre los cuales él había estado predicando el reino de Dios no verían más su rostro. Se despedía de los pequeños grupos, los cuales seguían haciéndole señas de despedida a través de las aguas hacia la embarcación que ya iba retrocediendo, como si se estuvieran despidiendo por última vez. Lo que el Espíritu dijo por medio de los discípulos de Tiro solo corroboró lo que él mismo había dicho al corazón de Pablo (Hechos 20:23). Lo que Agabo predijo con un sorprendente simbolismo, ya había sido pronosticado por aquel profeta interior cuya voz no puede sobornarse. Él no se sorprendió cuando se halló en medio de una turba frenética, que lo llevaba apresuradamente por las gradas del templo hacia el atrio inferior, donde querían quitarle la vida, para no cometer sacrilegio en el lugar santo.

Para aquellos que lo amaban, las predicciones sucesivas y unánimes sobre el desastre que se aproximaba eran como la caída de los terrones sobre el ataúd donde reposaban los restos mortales del amigo más querido. Lucas nos ofrece un cuadro patético de la escena que se produjo en la casa de Felipe, su anfitrión en Cesarea. Agabo llegó allí procedente de Jerusalén, le quitó el cinto a Pablo, se ató con él, y anunció que de igual manera, los judíos atarían al varón a quien pertenecía el cinto. «Y al oír esto —dice Lucas—, le rogamos nosotros y los de aquel lugar, que no subiese a Jerusalén» (Hechos 21:12). Según Pablo, ellos lloraron, tanto como para quebrantarle el corazón.

Pero él estaba en maravillosa calma. Más bien parecía que iba a una boda, y no a un funeral. No solo estaba dispuesto a ser atado, sino también a morir en Jerusalén por el nombre del Señor Jesús.

18
EL PROGRESO DEL EVANGELIO
Filipenses 1:12, 13

El espacio nos impide narrar detalladamente el traslado de Pablo desde el atrio inferior del templo de Jerusalén hasta la casa de alquiler en Roma; pero por lo menos podemos considerar sus sucesivas etapas.

1. Hubo el terrible alboroto en el atrio del Templo. Los judíos de Asia, tal vez dirigidos por Alejandro el calderero, se apoderaron de Pablo, pues tenían la impresión de que él había introducido a Trófimo, que ellos sabían era de Efeso, en el atrio reservado para los judíos. Lo arrastraron por las gradas mientras lo golpeaban furiosamente y tenían la intención de matarlo cuando llegaran a la parte de más abajo. Con gran dificultad fue rescatado por Lisias y sus legionarios, quienes rápidamente descendieron del contiguo castillo de Antonio, lo rodearon con sus escudos y lo sacaron en hombros de la turba frenética. No solo como resultado de su serenidad natural y de su dominio propio sino porque él estaba tranquilo en Cristo y deseaba magnificar a su Maestro, Pablo pudo tener una breve conversación con su libertador en medio del tumulto. Obtuvo el permiso para dirigirse al pueblo en su lengua nacional, y en la narración de su vida personal entretejió la resurrección de Jesús de manera tan ingeniosa, que ellos no pudieron hacer otra cosa que oír.

Había coraje viril en su tranquila reconvención a los que habían sido nombrados para que lo examinaran con azotes, y en la declaración de su ciudadanía romana, la cual tuvo que haberlos llenado de profundo respeto. ¡Él no era un criminal común!

En una visión el Señor lo instó a que tuviera ánimo, y le aseguró que el testimonio que él había dado en las gradas de la fortaleza y en los salones del Sanedrín, debía repetirse en la misma Roma, en el mismo corazón del imperio, donde todos los gentiles pudieran oírlo.

Sin duda había algo muy noble y heroico en el porte de Pablo. De lo contrario, su sobrino, quien evidentemente se había infiltrado secretamente entre sus enemigos, y tuvo que haber pasado como un fanático judío, nunca hubiera corrido el riesgo de ser despedazado miembro por miembro por divulgar el complot de los zelotes, quienes se habían juramentado solemnemente a no comer ni beber hasta haber silenciado para siempre la lengua que les causaba más temor que todas las legiones de la escolta de Félix.

2. Pablo sometido a juicio. Pronto fue llevado apresuradamente por un numeroso contingente de soldados, en marcha forzada y de noche, hasta Antípatris, ciudad situada a unos 58 kilómetros de distancia. El día siguiente marcharon otros 40 kilómetros hasta Cesarea, para someterlo a juicio ante Félix, el gobernador romano de Judea. Pero en las repetidas ocasiones en que fue presentado ante Félix, Pablo parecía menos interesado en sí mismo, y más inclinado a aprovechar toda oportunidad de explicar la naturaleza de «el Camino» ante una oposición tan pública, y de razonar con el juez lo referente a la fe en Cristo Jesús. En realidad, en una ocasión habló tan poderosamente en presencia de Félix y de la mujer con quien este vivía en adulterio, que Félix, tocado en la conciencia, tembló de espanto cuando el preso lo constriñó a que reflexionara sobre su vida de descarada infamia.

Cuando Festo sustituyó a Félix, quien había caído en desgracia, el apóstol, en el término de unos pocos días, había impresionado con su fe en Jesús de tal manera al recién llegado, que el gobernador pudo exponer el caso con maravillosa exactitud al rey Agripa, quien llegó allí con su hermana Bernice para presentar sus respetos al nuevo representante del emperador.

Tal vez la oportunidad más grande de Pablo, que él aprovechó al máximo fue aquella en que pudo predicar el Evangelio a una asamblea en que estaba representado todo el estilo de vida, riqueza, y distinción del país. Festo estaba allí con gran pompa y los Herodes, hermano y hermana, sentados en sillas de oro; también estaban los oficiales de la guarnición y los principales hombres de la ciudad. ¡Qué contraste entre la espléndida pompa de aquella ocasión y el pobre preso encadenado que estaba ante el tribunal! ¡Con qué entusiasmo predicó a Cristo aquel día, con el pretexto de que se estaba defendiendo! La historia del Señor que había padecido y resucitado, el cumplimiento de las predicciones de Moisés y de los profetas fueron temas que expuso con la apasionada seriedad de que era capaz, hasta que el gobernador romano pensó que él estaba loco, y el principillo judío tuvo que apelar a todo su ingenio cortesano para desviar el afilado dardo de la elocuencia del preso.

En uno de los cuartos de la guardia del antiguo palacio de los Césares estuvo Pablo custodiado como preso durante dos años; pero se le permitía ver a sus amigos y recibir ayuda de ellos. Su conocimiento de la verdad que es en Jesús se profundizaba cada vez más.

Si usted compara las epístolas que escribió a los tesalonicenses, a los corintios, a los romanos, y a los gálatas, con las que escribió a los efesios, a los filipenses, y a los colosenses, fácilmente discierne la diferencia. En las últimas hallamos menos polémica y defensa de sus motivos y acciones, y más acerca de la unión vital del creyente con su Señor. ¡Ah! ¡Aquellos años que pasó a la vista del mar, restringido por las paredes del castillo y por la cadena que sacudió ante Festo y sus invitados, le sirvieron de provecho, aunque solo fuera para dar a la iglesia las preciosas epístolas que entonces escribió.

Al fin terminó este período de encarcelamiento. Las autoridades eclesiásticas nunca habían cesado de reclamar que él fuera entregado a su jurisdicción, pero por providencia de Dios los gobernadores romanos se negaron firmemente a conceder esta petición. Ellos sabían, y Pablo también, que tal enjuiciamiento solo tendría un fin. Pero finalmente, cuando Festo dio señas de que quería rendirse, Pablo reclamó su derecho, como ciudadano romano, de que su caso fuera juzgado por el mismo emperador.

Esa apelación había que atenderla. Él había apelado a César, ya César tendría que ir. Tan pronto como fue posible fue puesto al cuidado de un centurión para que lo condujera a la ciudad imperial.

En cada escala del viaje Pablo se entregó con todo empeño a aprovechar las oportunidades, hasta donde fuera posible, para la gloria de su Señor.

Zarparon primero en un velero ordinario, y luego, desde Mira, en una nave alejandrina. Este barco pertenecía a la gran flota que traficaba regularmente llevando provisiones a Roma. Desoyendo el consejo de Pablo, el capitán de la nave intentó cruzar la bahía abierta desde Buenos Puertos a Fenice, puertos estos situados ambos al sur de Creta. Pero cuando iban a mitad de la travesía, el viento cambió, y una repentina ráfaga que descendió de las montañas se llevó la gran nave hacia alta mar. En la breve pausa de navegación a sotavento de la pequeña isla de Clauda, recogieron el pequeño bote que se había estado rompiendo en las aguas detrás de la gran embarcación, y cuando lo pusieron a bordo, lo ciñeron con cuerdas para afirmarlo. Hecho esto, no quedaba otra cosa que hacer sino abandonarse a la deriva en el mar abierto. Tres días más tarde se solicitó la ayuda de todas las manos (incluso las de los presos) para arrojar los aparejos de la nave y otros objetos movibles a fin de aligerarla. Y después de muchos días de tormenta, en los cuales no apareció el sol ni la luna, toda esperanza de salvarse se les fue gradualmente esfumando.

Fue entonces cuando Pablo se puso de pie, tranquilo y seguro, con el mensaje de Dios, para que tuvieran buen ánimo y fortalecieran sus desalentados corazones. Él había recibido la seguridad de que aún comparecería ante César. Esa era una oportunidad para predicar la fe en Dios y en el poder de la oración.

Como siempre usaba el sentido común, cuando la nave ancló, Pablo detectó que los marineros querían escapar en el pequeño bote; pero como también tenía algo que estaba por encima del sentido común, son un sentido de lo eterno y divino, tomó pan y, como si estuviera presidiendo la cena del Señor en Corinto o en Filipos, dio gracias en presencia de todos, lo partió y comenzó a comer.

Cuando llegaron a la costa de Malta en aquella melancólica mañana de noviembre parecía que ya no se podría hacer más para el progreso del Evangelio. Pero cuando la víbora cayó de la mano de Pablo y el padre del principal de la isla fue sanado de disentería por medio de la oración del apóstol, y todos los demás de la isla que tenían enfermedades fueron curados por el toque de él, mucho se había hecho para magnificar al Señor.

Ya se estaban acercando a su destino. Pablo había pensado con frecuencia en este momento y lo había anhelado. Unos tres años antes, al escribir a la iglesia de Roma, había dicho: «Porque deseo veras, para comunicaras algún don espiritual». Pero él nunca había previsto que llegaría en esta forma: como componente de un grupo de presos a cargo de legionarios romanos. Pero es casi seguro que bajo sus cadenas pudo efectuar mucho más bien que si hubiera estado libre. Si hubiera estado libre, nunca se le habría presentado la oportunidad de hablar a la guardia del pretorio ni a la familia de César. Así es como Dios responde nuestras oraciones, en formas y con métodos que nosotros no esperamos.

Dios cumplió de esta forma el deseo que tenía Pablo de ver a Roma, probablemente por dos razones. En primer lugar, por razones de seguridad; y en segundo lugar, porque así lo esperaría un auditorio más numeroso. Y estas dos razones pudieran hacer necesario que seamos conducidos en cadenas a nuestra Roma.

No esté ansioso por las limitaciones y los impedimentos de su vida. Son necesarios para que se le presente la oportunidad. La tormenta y el naufragio, el centurión y el capitán del barco, los soldados y los grillos, Cesarea y Roma: todos son elementos que forman parte del plan, todos obran conjuntamente para bien, todos sirven para lograr el ideal de Dios y hacer que usted sea, en sus mejores horas, lo que ha pedido ser.

19
«MÁS QUE TODOS ELLOS»
1 Corintios 15:10

Aun en estos días de comodidad y de comunicación universal, el registro del apóstol como viajero hubiera sido notable; pero cuánto más notable nos parece cuando recordamos que aquellos pasos por las montañas del Asia Menor estaban infestados de bandidos; que el camino pasaba por impetuosos torrentes; que había que atravesar a pie inmensas distancias; que se pasaban muchas penurias en las posadas del camino; que los judíos siempre tenían que ser objeto de suspicacia y de disgusto.

¡Pero qué historia la que dejó! En su primer viaje misionero, estableció iglesias como guarniciones cristianas por todo el camino real del centro de Asia Menor, y atrajo a los entusiastas galos con el más tierno afecto. En el segundo, proclamó el Evangelio en Europa, y fundó iglesias en algunas de las ciudades más famosas e influyentes: Filipos, Tesalónica, Berea, Atenas, Corinto. Estas iglesias quedaron flameando como faros sucesivos en medio de la oscuridad. En el tercero, como un coloso, anduvo a trancos por el Egeo, con un pie en el Asia menor y el otro en Grecia, donde predicó hasta Ilírico. En el cuarto, luego de defender su causa por lo menos ante tres diferentes tribunales, atravesó el Mediterráneo, salvó con sus oraciones y su heroísmo a la tripulación y a los pasajeros del barco que fue destruido por la tormenta, despertó el respeto y el afecto en una isla de bárbaros, y llegó a Roma con uniforme de preso, pero realmente como un vencedor, para desplegar el estandarte de su Maestro en el palacio de los Césares. Después de quedar en libertad, volvió a salir en viajes que tal vez lo llevaron hasta España, pero con toda seguridad lo condujeron a los escenarios conocidos del Asia Menor y Grecia. Así cumple su carrera hasta Roma y el martirio vuelve a estar delante de sus ojos.

Bien podemos averiguar cuál fue el secreto de esta maravillosa obra, a la cual, después del Señor, se debe atribuir la posición del cristianismo en el mundo en este momento. Y si lo hacemos, no lo descubriremos en su talento intelectual ni en su lenguaje elocuente —que eran más que neutralizados por su debilidad física, el «aguijón», y por el hecho de que era «tosco en la palabra» (2 Corintios 11:6)— sino en fuentes de poder que están al alcance de todos nosotros.

1. Notamos que el apóstol tiene un recuerdo vívido de la misericordia que se le ha manifestado. Era como si él nunca pudiera olvidar que había pecado profundamente, ni la manera tan enérgica como había resistido esa misma gracia que ahora predicaba. ¿Cómo podía él alguna vez desesperarse por causa de los hombres, cuando un hombre como él había hallado misericordia? Como un refrán elocuente, esa idea venía a su mente en todos los momentos de angustia, aflicción, y virulenta oposición: «Yo obtuve misericordia por tanto, no me atrevo a desmayar, no debo».

2. También tenemos que mencionar el propósito grande y sencillo para el cual vivió el apóstol. Consumió todas sus fuerzas en el empeño de salvar hombres, y en este empeño estaba preparado para cualquier sacrificio. Igualmente, tuvo hasta el fin el cuidado de instituir y organizar pequeñas comunidades cristianas, las cuales eran absolutamente necesarias para conservar y desarrollar la vida que había sido plantada. ¡Ah, que esta fuera también nuestra única meta! Eso simplificaría grandemente nuestras vidas.

A cada uno de nosotros se encomienda una comisión. Con Pablo, cada uno de nosotros puede decir: «La comisión me ha sido encomendada» (1 Corintios 9:17). Ahora, ciertamente se requiere de los comisionados, no que realicen todos los sueños que les vienen a la imaginación sino que cada uno sea hallado fiel a aquel que lo nombró.

3. Su plan de vida también contribuyó grandemente a su éxito. En realidad, él no tuvo ningún plan. Para él el camino se había preparado en los consejos de Dios desde antes de la creación del mundo; él solo tenía que descubrir ese camino.

Esto hacía que el apóstol fuera muy cauteloso con respecto a su porvenir. No importa lo que sucediera, él tenía que mantenerse en la corriente de la voluntad de Dios. Y no había intervalo entre captar el propósito divino y desmantelar tienda para seguir hacia donde lo guiara tal propósito (Hechos 16:6, 7). «¿Qué propósito tuviste para mí, oh Dios, cuando me creaste, me redimiste y preparaste mi vida? Enséñame a hacer tu voluntad, porque tú eres mi Dios. Tu Espíritu es bueno. Guíame hacia la tierra de rectitud». Esa debe ser la oración de cada obrero cristiano.

a. *Pero, tal vez, el secreto del éxito de Pablo estuvo sobre todo en su facultad para extraer poder de su debilidad.* Él tenía excelentes dones de carácter; de energía; de mando, dirección, y organización; de pensamiento y palabra; pero si no hubiera sido por la presencia de su flaqueza, nunca habría llegado a ser el gran apóstol de los gentiles, ni hubiera realizado una obra tan espléndida.

A juzgar por las palabras de sus detractores, las cuales él parece confirmar, su presencia corporal era débil, y su palabra menospreciable (2 Corintios 10:10). Lo primero se refiere al aguijón en la carne, del cual ya hablamos; y lo segundo, a una falta de aquellas gracias de la oratoria que los griegos esperaban de cualquiera de sus maestros públicos. Aquello era muy humillante para la carne; pero sacaba hasta los últimos restos del orgullo humano, y lo dejaba como un vaso útil para el uso de Maestro, por cuanto entonces él dependía absolutamente de la mano del Señor para que lo dirigiera y le diera poder.

En la primera parte de su vida Pablo fue uno de los alumnos más prometedores de Gamaliel: fuerte, confiado en sí mismo, vehemente, de pensamiento claro, de palabra incisiva, de rápida acción. Entre los hombres de su edad, pocos podían exceder a Saulo de Tarso, quien antes de la edad acostumbrada llegó a ser miembro del Sanedrín de los judíos. ¿Reconocería usted en este al mismo Pablo, al ver la debilidad, el temor, y el mucho temblor de este hombre quebrantado? Pero si Pablo hubiera sido fuerte, él hubiera podido ser —tomamos la expresión en calidad de préstamo— un Apolos, un Crisóstomo, un Agustín, un Lutero, pero nunca hubiera podido ser Pablo. Por cuanto era débil, era fuerte; por cuanto llevaba las cadenas, fue el emancipador de las cadenas; por cuanto era pobre, tuvo el privilegio de hacer ricos a muchos.

b. *Otro elemento en el éxito de la obra del apóstol tiene que hallarse en su abnegación personal.* Este es también un camino en el cual podemos seguirle los pasos a este gran siervo de Jesús. Todos los obreros cristianos, celosos de la venida del reino de Dios, tienen que renunciar de una vez a ciertas complacencias y prácticas, que en sí no son ilícitas, a fin de que el ministerio no tenga mancha y las almas no tengan obstáculos. Cuanto más amplia sea nuestra influencia sobre las almas, tanto más absoluta es la necesidad de considerar el efecto que tendrán sobre otros métodos y acciones en los cuales tenemos amplia libertad de determinación y elección.

c. *No olvidemos la elocuencia de sus lágrimas.* «Por tanto —les dice a los ancianos de la iglesia de Efeso—, velad, acordándoos que por tres años, de noche y de día, no he cesado de amonestar con lágrimas a cada uno» (Hechos 20:31). Cada una de estas palabras es significativa. No contento con exhortarlos de día, él tenía que ocupar sus noches, cuando, fatigado por la emoción, el trabajo, y la enseñanza, su agotado cuerpo tenía ciertamente que reclamar reposo. Durante tres largos años no cesó en su ministerio, sino que lo prosiguió sin descanso, sin interrupción, sin pausa, con las lágrimas de un amante de almas.

¿Por qué parece que a nosotros se nos niega esta fuente de lágrimas? Nosotros lloramos por todas las cosas, menos por causa de la pérdida infinita de aquellos que han rechazado el Evangelio. Por este motivo no humedece nuestras mejillas ni una sola lágrima. Al perder la facultad de derramar lágrimas, hemos perdido también la de producirlas en otros. Son los corazones quebrantados los que hacen que otros corazones se quebranten; son los ojos llorosos los que hacen que otros ojos se inunden de lágrimas de tristeza y arrepentimiento.

d. *Por último, no olvidemos el interés personal del apóstol en sus convertidos por medio de su ministerio.* La declaración: «...de noche y de día, no he cesado de amonestar con lágrimas a cada uno», es evidencia de esto. Y si queremos otra, podemos acudir a Colosenses 1:28: «A quien anunciamos, amonestando a todo hombre, y enseñando a todo hombre en toda sabiduría, a fin de presentar perfecto en Cristo Jesús a todo hombre». Todo el fruto que él había allegado para Dios, lo había recogido a mano. A él le gustaba más la red de mano que la de arrastre. Como su Maestro, él iba adonde fuera necesario con tal de poder librar del demonio a un endemoniado, o persuadir a un Agripa a ser cristiano. Para él era de indecible valor un alma por la cual Cristo murió.

4. Detrás de todo esto estaba el concepto fundamental de que no era él sino la gracia de Dios que estaba en él, y el poder de Dios que obraba a través de él. Al fin y al cabo, esta es la primera y la última lección para el obrero cristiano. Sea usted limpio, puro de corazón y sencillo de motivos. Preocúpese porque no haya fricción entre la voluntad de usted y la de Cristo. Esté ajustado, engranado, bien establecido y acoplado. Domine sus propias actividades y también su natural apatía. Quédese tranquilo hasta que Dios lo impulse. Espere que él obre en usted para querer y hacer la buena voluntad de él. Nada lo hará tan intenso e incesante en su actividad como esto.

Toca a nosotros vivir dando testimonio y sirviendo de tal modo que seamos como obreros que no tienen de qué avergonzarse, buenos administradores de la gran gracia de Dios, colaboradores con Dios, embajadores por medio de los cuales Dios mismo pueda rogar a los hombres que se reconcilien con él.

20
«DE AMBAS COSAS ESTOY PUESTO EN ESTRECHO»
Filipenses 1 :23

Cuando Pablo llegó a Roma, fue tratado con gran deferencia. Se le permitió tomar una casa en alquiler en las cercanías de los cuarteles pretorianos y vivir allí por su propia cuenta. La única señal de que estaba preso era el hecho de que estaba atado de la mano con una cadena a un legionario romano. Los soldados se relevaban cada cuatro o seis horas.

Hubo muchas ventajas en este arreglo. Lo protegió del odio de su pueblo, y le dio una maravillosa oportunidad para sembrar las semillas del Evangelio en las cabeceras de los ríos de población que salían de la metrópoli hacia todo el mundo conocido. Al mismo tiempo, aquello debe de haber sido muy fastidioso. Para un temperamento tan sensible como el del apóstol, tiene que haber sido excesivamente angustioso estar siempre en presencia de otro, y de otro que estaba lleno de la antipatía gentil hacia los hábitos judíos y de insensibilidad hacia el fervor cristiano; no poder hacer ningún movimiento sin que se produjera el ruido metálico de la cadena y sin el consentimiento de su guardián; y tener que realizar sus conferencias, expresar sus oraciones, y dictar sus epístolas bajo aquella rígida mirada, o en medio de brutales y blasfemas interrupciones. Pero esto también pudo hacerlo gracias a Cristo, quien lo fortalecía. Y esto también ayudó al progreso de la causa que él amaba. Muchos de estos curtidos veteranos llegaron a ser discípulos humildes y sinceros. Con un brillo de santa alegría informa él a los filipenses que sus prisiones en Cristo se han hecho patentes en todo el pretorio. Y sabemos que este fue el comienzo de un movimiento que estaba destinado, en el transcurso de tres siglos, a extenderse por todo el ejército y a obligar a Constantino a adoptar el cristianismo como la religión del estado.

Tres días después de haber llegado a Roma, Pablo convocó desde su posada temporal a los principales de las sinagogas de los judíos. Se ha dicho que había sesenta sinagogas para los 60.000 judíos, quienes eran objetos del disgusto y del ridículo de la ciudad imperial. En la primera entrevista, ellos, cautelosamente ocuparon un terreno neutral, y expresaron el deseo de oír y juzgar por ti mismos lo concerniente a aquella secta de la cual solo sabían que era el blanco de la execración universal. En la segunda entrevista, luego de oír las explicaciones y persuasiones de Pablo durante todo un día, se produjo la acostumbrada división de opinión. «Y algunos asentían a lo que se decía, pero otros no creían». Habiendo ofrecido su testimonio a su propio pueblo, conforme a su práctica invariable, ya no quedaba obstáculo para que él se dirigiera a un auditorio más amplio. El mensaje de salvación fue enviado a los gentiles, y estos ciertamente oirían (Hechos 28:28). Por tanto, no nos sorprende que se nos diga que durante los dos años siguientes, «recibía a todos los que a él venían, predicando el reino de Dios y enseñando acerca del Señor Jesucristo, abiertamente y sin impedimento».

Del apóstol se podría decir, como del Señor, que acudían a él de todas partes: Timoteo, su hijo en la fe; Marcos, quien ahora era «útil»; Lucas, con su rápido ojo médico y su delicada simpatía; Aristarco, quien compartía la cárcel con él a fin de atender a sus necesidades; Tíquico de Efeso, «amado hermano y fiel ministro y consiervo en el Señor»; Epafras de Colosas, «consiervo amado, ... fiel ministro de Cristo» para la iglesia de ese lugar; Epafrodito de Filipos, quien llevaba al apóstol las contribuciones liberales del círculo amado que durante muchos años nunca había dejado de recordar a su amigo y maestro; Demas, quien aún no había permitido que lo presente lo apartara de lo eterno e invisible. En las posdatas de sus epístolas, él dice que estos y otros estaban con él. Los miembros de la iglesia de Roma eran bien recibidos, y tuvieron que haber llegado en corriente continua a su humilde morada: Epéneto y María, Andrónico y Junia, Trifena y Trifosa, Apeles el aprobado y la amada Pérsida tuvieron que haber acudido con frecuencia a aquel apartamento en el cual irradiaba la presencia del Señor. Cuando Pablo llegó a Roma la primera vez, estos hermanos habían salido a recibirlo hasta el Foro de Apio y las Tres Tabernas, y no era probable que lo descuidaran ahora, cuando estaba establecido entre ellos.

Luego, ¡qué interés despertarían las epístolas que escribió durante esos dos años! En ellas aparecen la enfermedad de Epafrodito, quien estuvo a punto de morir; el descubrimiento de Onésimo, el esclavo fugitivo, y su conversión; la manera como escribía y despachaba las epístolas. En la descripción de estos hechos, hay rastros evidentes de la celda en que estaba encarcelado.

Casi hay la seguridad de que Pablo fue absuelto cuando se lo sometió a juicio por primera vez y de que quedó en libertad, y que se le permitió dedicarse de nuevo a la obra que amaba, durante unos dos o tres años. Evidentemente, cuando escribió a los filipenses estaba esperando eso: « ...y confío en el Señor que yo también iré pronto a vosotros» (2:24). En la Epístola a Filemón también llega hasta el punto de pedir que se le prepare alojamiento, pues espera ir allí en respuesta a las oraciones de ellos. La tradición universal sostiene que él disfrutó de un intervalo de libertad entre los dos encarcelamientos; y sin esta hipótesis es casi imposible explicar muchas de las cosas incidentales a las cuales él alude en las epístolas que escribió a Timoteo ya Tito, que, hasta donde alcanzamos a ver, no pueden referirse al período que abarca el libro de Hechos.

Como hombre libre una vez más, Pablo ciertamente habría realizado su intención de visitar a Filemón y a la iglesia de Colosas. Y de allí hubiera pasado a la iglesia de Efeso. Luego, después de dejar allí a Timoteo con el encargo de que mandara a algunos que no predicaran otro evangelio que el que había oído de labios de él (1 Timoteo 1:3), proseguiría el viaje hacia Macedonia y Filipos. ¡Qué recibimiento debe de habérsele ofrecido allí! Lidia y Clemente, Evodia y Síntique, Epafrodito y el carcelero, junto con muchos otros compañeros de labor cuyos nombres están escritos en el libro de la vida, tuvieron que haberse reunido para servir a aquel cuerpo frágil y agotado, y para recibir la inspiración de su alma heroica.

De Filipos debe de haber pasado a otras iglesias de Grecia, y entre ellas a Corintio. Finalmente salió con Tito para Creta, donde lo dejó para que arreglara las cosas y estableciera ancianos en cada ciudad (Tito 1:5). Al regresar al continente, escribió la Epístola a Tito, de cuyos mensajes finales deducimos que él iba a pasar el invierno en Nicópolis rodeado de varios amigos, como Artemas, Zenas, Tíquico, y Apolo, quienes estaban inspirados con el espíritu de Pablo, y lo estaban ayudando a fortalecer la organización y a purificar la enseñanza en estas nuevas iglesias.

Sin embargo, esta bendita libertad le fue quitada. Uno de los eventos más terribles de la historia del mundo —la quema de Roma— ocurrió en el año 64 d.C., y Nerón, para apartar de sí la sospecha que lo señalaba a él como el autor del incendio, acusó a los cristianos de ser los incendiarios. Tan pronto como estallaron las furiosas llamas de la primera persecución general, los que vivían en la metrópoli, quienes tienen que haber sido bien conocidos y apreciados por el apóstol, fueron atrapados y sometidos a horribles tormentos; y entretanto se buscaba a sus principales por todo el imperio, los judíos instigaban a los inquisidores. No era probable que escapara un cristiano tan eminente como el apóstol.

Él estaba pasando algún tiempo en Troas, en casa de Carpa, adonde había llegado procedente de Micópolis. Su arresto fue tan repentino que no tuvo tiempo de recoger sus preciosos libros y pergaminos, entre los cuales pudo haber tenido copias de sus epístolas, una Biblia hebrea y algunas copias primitivas de los dichos de nuestro Señor; ni tampoco tuvo tiempo de echarse encima el capote que lo había acompañado en muchas tormentas invernales. De allí fue llevado apresuradamente a Roma.

Un pequeño grupo de amigos lo acompañó, con fiel tenacidad, en este viaje corto y triste: Demas y Crescente, Tito y Tíquico, Lucas y Erasto. Pero Erasto se quedó en Corinto, lugar por el cual pudo haber pasado el pequeño grupo; y Trófimo cayó enfermo en Mileto y hubo que dejarlo allí, pues la guardia romana no soportaba demoras. Así que, por segunda vez, Pablo llegó a Roma.

Pero las circunstancias de este segundo encarcelamiento fueron completamente diferentes de las del primero. En el primero, él tuvo su propia casa alquilada; en el segundo, quedó completamente confinado. La tradición indica que la cárcel Mamertina fue el lugar donde pasó sus últimas semanas o meses. En el primero, se podía llegar a él fácilmente; en el segundo, Onesíforo tuvo que buscarlo con mucha diligencia, y necesitó valor para no avergonzarse de las cadenas del apóstol. En el primero, él fue el centro de un gran círculo de amigos y simpatizadores. En el segundo, el zarandeo de la aflicción había reducido grandemente sus filas, en tanto que él había despachado a otros para que cumplieran misiones distantes. «Solo Lucas está conmigo», es más bien la expresión de la soledad del anciano. Pero ahora, al repasar su carrera, podía decir con humildad y veracidad: «He peleado la buena batalla, he acabado la carrera, he guardado la fe. Por lo demás, me está guardada la corona de justicia».

¿Qué procesos se siguieron para el enjuiciamiento de Pablo? ¿Cuánto tiempo fue mantenido en suspenso? ¿Llegó Timoteo a tiempo para verlo y estar con él en el momento último y supremo? ¿Por qué método fue sometido al martirio? No hay respuesta cierta para estas preguntas. La tradición señala un lugar, a unos cinco kilómetros de Roma, en la vía que conduce a Ostia, donde un verdugo lo decapitó con un hacha, y el espíritu salió de su frágil morada y entró en la casa no hecha de manos, eterna en los cielos. Volvió a ver el rostro que lo había mirado desde los cielos abiertos el día de su conversión y oyó la voz que lo había llamado por su nombre. Él deseo que durante tanto tiempo había tenido de «estar con Cristo» le fue concedido y halló que era «muchísimo mejor» de lo que había pensado.

Así como él había guardado el depósito de Cristo, Cristo había guardado el de Pablo. Y cuando este presentó la cuenta de su mayordomía, ¿quién puede dudar que el Señor lo saludó con aquellas palabras: «Bien, buen siervo y fiel; ...entra en el gozo de tu Señor». ¡Qué bienvenida festiva tiene que haber recibido de parte de millares de seres a quienes él había ayudado para que se apartaran de las tinieblas hacia la luz, del poder de Satanás a Dios, y que ahora iban a convertirse en su corona de gozo en la presencia del Señor! Estos de las altiplanicies de Galacia, y aquellos de la costa marítima del Asia Menor. Estos sacados del prejuicio judaizante, y aquellos sacados de las profundidades de la depravación y del pecado de los gentiles. Estos de la degradada población de esclavos, y aquellos de las filas de los de alta cuna y educados.

21
«CUAN GRANDES LETRAS»
Gálatas 6:11

Se ha supuesto, con muchos razonamientos, que al fin de la Epístola a los Gálatas, el apóstol tomó la pluma de la mano del amanuense, y escribió algo más que su acostumbrado autógrafo breve. Generalmente él se conformaba con unas palabras como aquellas con las cuales termina su Epístola a los Colosenses: «La salutación de mi propia mano, de Pablo. Acordaos de mis prisiones. La gracia sea con vosotros». Pero en el caso de los gálatas, entre los cuales la autoridad de él había sido grandemente impugnada, le pareció necesario dar más hincapié e importancia a sus palabras mediante un prolongado párrafo personal y final. Prácticamente les ruega que le dispensen la forma torpe y la apariencia de su escritura a mano (por causa del defecto de visión que tema); a este defecto también puede estar aludiendo cuando conmovedoramente dice que él lleva en su cuerpo las marcas del Señor Jesús (Gálatas 6:17).

¡Cómo abultan sus cartas el contenido del Nuevo Testamento! Constituyen la cuarta parte. Y su importancia debe medirse no por su longitud sino por su peso. Considere usted los preciosos tesoros que tiene en sus manos: el sublime capítulo del amor (1 Corintios 13); el incomparable argumento sobre la justificación (Romanos 4:5); la gloriosa exposición sobre la obra del Espíritu Santo (Romanos 8); la triunfante esperanza de la resurrección (1 Corintios 15); la tierna revelación del amor entre Jesús y los suyos (Efesios 5). ¡Qué inapreciables son estos tesoros que la iglesia debe, primero, al Espíritu Santo, y luego, al apóstol Pablo, quien actuó como su órgano e instrumento! ¡Cuántos de los más preciosos y útiles pasajes de la Escritura llevan la marca del espíritu tierno, anhelante, ferviente y devoto del apóstol de los gentiles!

Las epístolas reflejan maravillosamente su personalidad. De uno de los grandes pintores se ha dicho que acostumbraba mezclar sus colores con sangre que sacaba de una herida secreta. De Pablo se puede decir que mojaba su pluma en la sangre de su corazón.

No es exagerado decir que, desde el punto de vista humano, el Evangelio de Cristo nunca habría penetrado tan profundamente en las naciones fuertes, prácticas, y vigorosas del Occidente de no haber sido por estas epístolas. Se caracterizan por una virilidad, un orden lógico, un estilo de argumento, una definición en la declaración y en la fraseología, íntimamente vinculado todo a nuestra civilización occidental. Por esta razón. Pablo ha sido el contemporáneo de la civilización occidental a través de los siglos. Él fue el que enseñó a Agustín y quien inspiró a Lutero. Sus pensamientos y conceptos han penetrado en la textura de las mentes más extraordinarias de los siglos del cristianismo. Las semillas que él esparció han dado fruto en las cosechas de la educación moderna, la jurisprudencia, la libertad, y la civilización.

«¡Ah! —se ha dicho con elocuencia— ¿Cuánto le debe el mundo a este apóstol, cuánto le ha debido, y cuánto le deberá, en lo que se refiere a pastores piadosos, misioneros celosos, cristianos eminentes, libros útiles, fundaciones de beneficencia, ejemplos de fe, de caridad, de pureza, de santidad? Toda la especie humana confesará que no hay nadie a quien proclame con tanta armonía, gratitud, y amor, como el nombre del apóstol Pablo».

Tenemos trece epístolas en las cuales la inscripción inicial y la firma son de Pablo. Se admite generalmente la evidencia de su genuinidad y autenticidad. Aun la escuela extremista de la crítica destructiva se ha visto obligada a admitir que las epístolas a los corintios, a los gálatas, y a los romanos, que se hallan en el Nuevo Testamento, son indudablemente de él. Fueron escritas en diferentes períodos entre los años 52 y 68 d.C., y en diferentes circunstancias. Cada una de ellas está impregnada de la naturaleza del mundo externo y del interno, pero todas están llenas de aquella devoción al Señor resucitado que lo condujo a suscribirse con frecuencia como su esclavo: «Pablo, siervo de Jesucristo».

Coloquemos estas epístolas en su orden de composición, y veremos que señalan las sucesivas etapas de progreso en los conceptos que el apóstol tuvo de Cristo. Toda su vida fue una marcha de fortaleza en fortaleza. Y cuando él trepó los escabrosos pasos de la obediencia y de la fe, del crecimiento a imagen de Jesús, del sacrificio personal, y de la experiencia de la cruz, su horizonte se amplió hasta que llegó a caminar en la altura, la anchura, y la profundidad del conocimiento del amor de Cristo, que aun sobrepasaba a su propio conocimiento. Solo tenemos que comparar la Primera Epístola a los Tesalonicenses con la Epístola a los Efesios para percibir de una vez que esta naturaleza noble se había llenado grandemente y había madurado bajo el cultivo del divino labrador.

La clasificación mejor y más natural que he encontrado de sus epístolas es la siguiente:

Grupo escatológico: 1 y 2 Tesalonicenses

Grupo contra los judaizantes: 1 y 2 Corintios, Gálatas, Romanos

Grupo cristológico, y grupo dirigido contra el gnosticismo: Filipenses, Colosenses, Filemón, Efesios

Grupo pastoral: 1 Timoteo, Tito, 2 Timoteo.

Las consideraremos en este orden. 1 y 2 Tesalonicenses. La primera de estas fué escrita probablemente hacia el fin del año 52 y ciertamente desde Corinto. Él había dejado a Timoteo en Macedonia. Después de hacer cuanto pudo para consolar y ayudar a las iglesias recién fundadas, él y Silas se reunieron con Pablo, y los tres tuvieron solemnes conferencias con mucha oración sobre la mejor manera de dirigir y ayudar a los discípulos, en medio de la gran tormenta de oposición por que estaban pasando. Era imposible para ninguno de ellos acudir a prestar les auxilio, y por eso él envió la 1 Epístola a los Tesalonicenses. La segunda la envió el apóstol desde la misma ciudad unos pocos meses después, cuando supo que la primera había sido interpretada en el sentido de que la venida del Señor estaba tan cerca como para justificar la esperanza de una rápida disolución de la sociedad existente.

En cada una de estas epístolas el apóstol insistió más que en cualquiera de las otras en la segunda venida de Cristo. La luz de ese advenimiento iluminaba todo su ser. «Porque el Señor mismo con voz de mando, con voz de arcángel, y como trompeta de Dios, descenderá del cielo; y los muertos en Cristo resucitarán primero. Luego nosotros los que vivimos, los que hayamos quedado, seremos arrebatados».

El motivo de la vida cristiana está menos en el sentido del Cristo que mora en nosotros y más en la esperanza de la venida de Cristo: hay menos de la cruz, y más de la gloria; menos de la dirección invisible que está por encima de todas las cosas en el cielo y en la tierra (lo cual se manifiesta de manera prominente en las epístolas posteriores) y más de la parousia, la presencia personal de Jesús.

1 *Corintios*. Hacia el fin de los tres años que Pablo estuvo residiendo en Efeso, le llegaron noticias, en parte a través de Apolos y en parte por medio de los miembros de la casa de Cloé, acerca de la condición muy desfavorable en que se encontraban los asuntos en Corinto. Poco después de esto, llegó una carta de la misma iglesia, que fue llevada a Efeso por Estéfanas, Fortunato, y Acaico, en la cual la iglesia le pedía consejos sobre cierto número de dificultades prácticas. En tal carta se ponía de manifiesto que había luchas, disputas, inconsecuencias, y otros males más groseros. La carta era suficiente para intimidar a cualquier hombre. ¿Cómo podía él tener la esperanza de remediar tal estado de cosas sin ir personalmente? Y si él iba, ¿cómo sería recibido? En ese tiempo él se hallaba presionado por el terrible conflicto que se estaba librando en Efeso y, por tanto, tenía que permanecer en su puesto. No podía hacer otra cosa que escribir según la dirección del Espíritu Santo. Y el resultado fue esta maravillosa epístola que, más que cualquiera otra, ha provisto dirección práctica a la iglesia en los siglos siguientes y le ha indicado la manera de aplicar los principios del Evangelio a los más complicados problemas morales y sociales. La epístola fue llevada a Corinto por Tito. En esta epístola se siente aún la palpitación de la segunda venida de Cristo; pero hay, además, el sublime concepto del segundo Adán.

2 *Corintios*. Cuando el tumulto estalló en Efeso, el apóstol esperaba anhelosamente el regreso de Tito con noticias sobre la manera como había sido recibida su epístola. Cuando Pablo fue expulsado de Efeso se marchó a Troas, pues estaba seguro de que allí se encontraría con Tito; pero como no sucedió así, se sintió dominado por la ansiedad y se apresuró a continuar viaje hacia Macedonia para buscarlo allí. La aflicción lo rodeaba por todos lados, pues había «de fuera, conflictos; de dentro, temores», hasta que al fin fue consolado con la llegada de Tito, quien le trajo noticias acerca del anhelo de ellos, de su llanto y de su solicitud por el apóstol. Por tanto, escribió la segunda epístola a los Corintios y la envió a la iglesia por manos de Tito y de otro.

Esta es la más personal de todas sus epístolas. En ella nos descubre su corazón; nos permite ver su anhelante ternura, su sensibilidad al amor y al odio, su ansiosa devoción hacia los mejores intereses de los que se han convertido al Señor con su ministerio. Los aspectos espirituales profundos de la vida cristiana, que son tan característicos de las últimas epístolas, se manifiestan especialmente en esta.

Gálatas. Pablo siguió a Tito hacia Corinto y permaneció allí tres meses felices. Pero el gozo del compañerismo con el grupo grande y feliz de amigos que se habían congregado en torno a él resultó grandemente empañado por las noticias que le llegaron sobre la inestabilidad de los gálatas, quienes se estaban apartando del que los «llamó por la gracia de Cristo, para seguir un evangelio diferente». Los pros elitistas se habían metido entre los convertidos y se hacían pasar como representantes de la iglesia de Jerusalén, y en nombre del cristianismo primitivo, habían menospreciado el apostolado de Pablo, cuestionado su autoridad e insistiendo en la necesidad de que los gentiles se circuncidaran y se sometieran a la ley levítica.

Esa fue una hora crítica. Si estos conceptos hubieran prevalecido, el cristianismo hubiera menguado hasta convertirse en una secta judía. El cristianismo gentil estaba en la balanza; estaba en juego la esperanza del mundo. El apóstol se conmovió profundamente, y su justa indignación arde casi en cada declaración, y con ardiente pasión se enfrenta a los argumentos de aquellos que estaban seduciendo a los gálatas para sacarlos de la sencillez y de la libertad que tenían en Cristo.

Con el ardor de su indignación, no solo expresa un pensamiento claro y vigoroso sino que hay indicios de que a él se le estaban revelando áreas adicionales del conocimiento cristiano. Llegó a comprender que el verdadero origen del pueblo judío no había estado en Moisés sino en Abraham, no en el Sinaí sino en las tiendas del patriarca. Abraham fue llamado cuando aún no estaba circuncidado; creyó, y fue justificado por la fe, treinta años antes de someterse al rito distintivo de los judíos. A partir de ese momento Pablo saltó a una posición completamente nueva, desde la cual pudo enfrentar con éxito los asaltos de los judaizantes, y defender a todos los creyentes gentiles como hijos del creyente Abraham y herederos del pacto de la promesa.

Romanos. Cuando se acercaba a su fin su permanencia en Corinto, la mente del apóstol fue atraída hacia la iglesia que se hallaba en la metrópoli del mundo, la cual esperaba visitar muy pronto. Y, a manera de preparación para su visita allí, redactó una sucinta exposición relacionada con las verdades que el Espíritu Santo había revelado a lo más profundo de su pensamiento. Así se originó la más grande de sus epístolas, la epístola a los Romanos. En esta, como en la anterior, hay no solo una clara apreciación y presentación de la gran doctrina de la justificación por la fe sino también un concepto creciente acerca de nuestra identificación con Cristo y su morada en nosotros. Él dice que «fuimos reconciliados con Dios por la muerte de su Hijo», pero «seremos salvos por su vida». Sus palabras fulguran con éxtasis cuando habla de que estamos unidos con aquel que resucitó de entre los muertos, y de la libertad que tenemos de la antigua esclavitud en que estábamos retenidos. Él había presentado sus miembros como armas en su poderosa guerra contra el pecado; había sido crucificado con Cristo, y ya no vivía él, sino Cristo vivía en él. Su vida era de fe en el Hijo de Dios, quien lo amó y se dio a sí mismo por él.

Filipenses. En esta epístola no hay nada polémico. Las anteriores han hecho frente a los detractores y enemigos y los han silenciado. La paz de Dios, que sobrepasa todo entendimiento, guarda su mente y su corazón; y de ese corazón tranquilo sale una gran ola de amor profundo y tierno hacia sus amados amigos de Filipos.

La esperanza de estar vivo cuando venga el Señor es aún la estrella que guía su corazón. Él comprendía, sin embargo, que la voluntad de Dios era mejor, y aprendía de su Maestro el secreto de la humildad que hace que uno se sacrifique a sí mismo. Epafrodito le había traído regalos de amor de los filipenses y fue enviado de regreso a llevar esta carta de amor y gratitud.

Colosenses. Entre los que visitaron a Pablo en su casa alquilada en Roma, hacia el fin de su tiempo de reclusión, estuvo Epafras de Colosas, quien también representó a Laodicea y a Hierápolis, ciudades del Asia Menor situadas en el valle de Lico. Él le contó al apóstol acerca de una extraña herejía nueva que se estaba desarrollando con alarmante rapidez en las iglesias que se habían fundado en aquellas distantes ciudades.

La falsamente llamada filosofía cristiana de aquel tiempo tenía el propósito de cubrir el golfo que existe entre el hombre pecador y el santo Dios con una escalera de existencia míticas, a través de la cual las oraciones del hombre podrían ascender a Dios y las bendiciones de Dios descender sobre el hombre.

La necesidad de hacer frente a este absurdo concepto fue usada por el Espíritu de Dios para revelar una visión más amplia y profunda de la plenitud que hay en Jesús; y al apóstol se le dio una revelación sobre el pleno significado de la ascensión del Señor a la diestra del poder. Él comprendió que todos los principados y poderes, todas las criaturas existentes, todos los seres que están en los cielos y en la tierra y debajo de la tierra, estaban bajo los pies del Señor. Él era el Señor y Rey, que todo lo gobierna, que todo lo llena, que todo lo sostiene.

Al mismo tiempo, su convicción sobre la unión de él con el Señor resucitado quedó aun más definida, y la apreciación de la morada del Señor en su corazón se llenó más de esperanza y gloria. Tíquico fue el que llevó esta epístola a los efesios.

Filemón. Onésimo, el esclavo fugitivo, quien había huido de Filemón, llevado por la necesidad a la casa del apóstol o descubierto en algún antro del crimen por alguno de los compañeros de Pablo que hacían diligencias a fin de obtener misericordia para el apóstol, había sido engendrado a una nueva vida, y ahora no era un esclavo solamente sino un hermano amado. Pablo lo envió de regreso a su señor, quien era amigo de Pablo, y con quien parece que tenía una cuenta de negocios (Filemón 18, 19). Esta epístola, que es un modelo perfecto de la cortesía cristiana, la fue entregada a Onésimo para que le sirviera de presentación ante su amo.

El punto que hay que notar en esta carta es la perfecta paciencia y la certidumbre con que el apóstol espera el triunfo final del amor divino. Él tuvo que haber pensado que, ante los ojos de Dios, Onésimo tenía perfecto derecho a la libertad; pero habría sido muy impropio que él interfiriera entre el señor y su siervo. Que Filemón aprenda que Onésimo es uno con él en el Evangelio, y no pasará mucho tiempo sin que el mismo Filemón proponga su emancipación. Pero mientras Filemón no lo hiciera, Pablo no precipitaría las cosas, y Onésimo tendría que regresar a servir. El principio de acción que hay en este solo ejemplo llegó indudablemente a ser la ley final para la solución de muchos otros problemas difíciles, que se dejaron en manos de la conquista gradual del espíritu de amor.

Efesios. Esta epístola reitera los grandes conceptos del imperio del Señor Jesús y de su capacidad para llenar todo el vacío que hay entre Dios y el hombre, el cual se había previsto en la epístola a los Colosenses. En Efesios se establece de manera notablemente vívida y con poder la doctrina de la identificación con Cristo en su muerte, resurrección y ascensión. Se expone con peculiar belleza y detalle el concepto de la iglesia como esposa de Cristo y como su cuerpo. Pero la peculiaridad sobresaliente de la epístola está en que alude a la vida del hogar del marido y su mujer, de los padres y los hijos, de los amos y los siervos. Pero en estas últimas epístolas, él presenta el matrimonio como el modelo del amor que subsiste entre el esposo celestial y los suyos: «Cristo amó a la iglesia, y se entregó a sí mismo por ella».

1 Timoteo y Tito. Luego de quedar en libertad, Pablo visitó los lugares donde cumplió la primera parte de su ministerio alrededor de las costas del Egeo. Durante este viaje y en este tiempo escribió estas epístolas para dirigir a los jóvenes evangelistas en cuanto al correcto ordenamiento de las iglesias que estaban a su cuidado. Son de sumo interés por cuanto se refieren a muchos detalles domésticos y prácticos. Nunca se cansa de señalar que los grandes principios del Evangelio tienen el propósito de elevar los incidentes más comunes y los deberes de la vida.

2 Timoteo. La edad había suavizado el carácter de Pablo. Solo en lo que se refiere a compañeros; lleno de privaciones, sin capote, sin libros, sin amigos; tiritando en la cárcel; con deseos de levar anclas y abandonarse a la corriente. Quería ver una vez más a su amado hijo en la fe y le escribió para que apresurara sus pasos. La carta es muy patética, muy bella, muy humana. Pero el rayo de su indomable valor y de su fe se proyecta sobre las encrespadas aguas: él ha guardado el depósito del Señor, y sabe que el depósito que él había hecho años antes no estaba menos guardado. Y así toma la pluma en la mano por última vez. En la posdata agrega unos pocos mensajes de ternura. Y con grandes letras agrega las últimas palabras: «El Señor Jesucristo esté con tu espíritu. La gracia sea con vosotros».

Solo Dios puede enumerar los millares de almas que han estado en contacto con las palabras de Pablo, y ellos mismos se han convertido en cartas, expedidas por él, escritas «no con tinta, sino con el Espíritu del Dios vivo».

DISFRUTE DE OTRAS PUBLICACIONES DE EDITORIAL VIDA

Desde 1946, Editorial Vida es fiel amiga del pueblo hispano a través de la mejor literatura evangélica. Editorial Vida publica libros prácticos y de sólidas doctrinas que enriquecen el caudal de conocimiento de sus lectores.

Nuestras Biblias de Estudio poseen características que ayudan al lector a crecer en el conocimiento de las Sagradas Escrituras y a comprenderlas mejor. Vida Nueva es el más completo y actualizado plan de estudio de Escuela Dominical y el mejor recurso educativo en español. Además, nuestra serie de grabaciones de alabanzas y adoración, Vida Music renueva su espíritu y llena su alma de gratitud a Dios.

En las siguientes páginas se describen otras excelentes publicaciones producidas especialmente para usted. Adquiera productos de Editorial Vida en su librería cristiana más cercana.

Vida

DEDICADOS A LA EXCELENCIA

Biblia de Estudio NVI

La primera Biblia de estudio creada por un grupo de biblistas y traductores latinoamericanos. Con el uso del texto de la Nueva Versión Internacional, esta Biblia será fácil de leer además de ser una tremenda herramienta para el estudio personal o en grupo. Compre esta Biblia y reciba gratis una copia de ¡Fidelidad! ¡Integridad!, una guía que le ayudará a aprovechar mejor su tiempo de estudio.

ISBN: 0-8297-2401-X

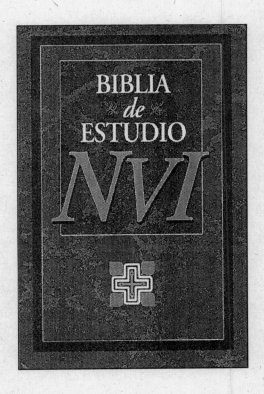

Una vida con propósito

Rick Warren, reconocido autor de *Una Iglesia con Propósito*, plantea ahora un nuevo reto al creyente que quiere alcanzar una vida victoriosa. La obra enfoca la edificación del individuo como parte integral del proceso formador del cuerpo de Cristo. Cada ser humano tiene algo que le inspira, motiva o impulsa a actuar a través de su existencia. Y eso es lo que usted podrá descubrir cuando lea las páginas de *Una vida con propósito*.

0-8297-3786-3

Nos agradaría recibir noticias suyas.
Por favor, envíe sus comentarios sobre este libro
a la dirección que aparece a continuación.
Muchas gracias.

ZONDERVAN

Editorial Vida
7500 NW 25th Street, Suite 239
Miami, Florida 33122

Vida@zondervan.com
www.editorialvida.com